Die Entwicklung des werdenden Europas und damit der westlichen Kultur erweist sich als ein Wechselspiel zwischen den Einflüssen aus dem griechisch-römischen Kulturkreis und einem weiter östlich gelegenen – etwa im Gebiet des heutigen Irak. Die Geschichte der Mythen des Abendlandes ist geprägt von wechselseitigem Austausch östlicher und westlicher Form von Religiosität: angefangen beim Matriarchat bis zur Reformation; von den religiösen Traditionen Zarathustrismus, Judentum, Christentum und Islam bis zu den Strömungen in griechischen, römischen, keltischen und germanischen Mythen. Campbell verfolgt die Entwicklungen dieser geistigen Bewegungen und zeigt beeindruckende Verbindungen der so unterschiedlich erscheinenden Mythen auf.

Joseph Campbell, geboren 1904 in New York, erhielt entscheidende Anstöße zu seiner Arbeit von James Joyce, Thomas Mann und C. G. Jung. Eines seiner größten Verdienste war es, wissenschaftliche Arbeit und ihre Ergebnisse so populär darstellen zu können, wie nur wenige andere Zeitgenossen; dies ließ ihn schon zu Lebzeiten zu einer Legende werden. Neben seiner Lehrtätigkeit und der Publikation zahlreicher eigener Bücher war er auch Herausgeber amerikanischer Ausgaben unter anderem der Werke C. G. Jungs und der Grimmschen Märchen. Die vierbändige Mythologiegeschichte ‹Die Masken Gottes› ist sein Hauptwerk. Joseph Campbell starb 1987.

Joseph Campbell: Die Masken Gottes (59034)

Band 1 Mythologie der Urvölker (30571)
Band 2 Mythologie des Ostens (30572)
Band 3 Mythologie des Westens (30573)
Band 4 Schöpferische Mythologie (30574)

Joseph Campbell

Mythologie des Westens

Die Masken Gottes
Band 3

Mit 32 Schwarzweißabbildungen

Aus dem Amerikanischen von
Hans-Ulrich Möhring

Deutscher Taschenbuch Verlag

Ungekürzte Ausgabe
Dezember 1996
Deutscher Taschenbuch Verlag GmbH & Co. KG, München

Titel der amerikanischen Originalausgabe:
The Masks of God: Occidental Mythology
The Viking Press, New York

ISBN 3-85914-003-5
Umschlaggestaltung: Klaus Meyer
Umschlagfoto Vorderseite: © Photographie Thomas Klinger
(Atelier Klinger & Schug, München)
Satz: Sphinx, Basel
Druck und Bindung: C. H. Beck'sche Buchdruckerei, Nördlingen
Printed in Germany · ISBN 3-423-30573-8

INHALT

Zur Fertigstellung der *Masken Gottes* 9

Teil Eins Das Zeitalter der Göttin 11

Einleitung Mythos und Ritual in Ost und West 13
Kapitel I. Die Braut der Schlange 19
1. Die Muttergöttin Eva 19
2. Das Blut der Gorgo 28
3. Ultima Thule 43
4. Mutterrecht 47

Kapitel II. Die Geliebte des Stieres 55
1. Die Mutter Gottes 55
2. Die zwei Königinnen 58
3. Die Mutter des Minotauros 68
4. Der Sieg der Söhne des Lichtes 88

Teil Zwei Das Zeitalter der Helden 111

Kapitel III. Götter und Helden der Levante:
1500–500 v. Chr. 113
1. Das Buch des Herrn 113
2. Das mythologische Zeitalter 120

3. Das Zeitalter Abrahams 134
4. Das Zeitalter Moses 147

Kapitel IV. Götter und Helden des europäischen Westens: 1500–500 v. Chr. 165
1. Der Dialog von Nord und Süd 165
2. Die Brautschauen des Zeus 171
3. Die Nachtmeerfahrt 182
4. Die Polis 205

Teil Drei Das Zeitalter der großen Klassiker 215

Kapitel V. Die Perserzeit: 539–331 v. Chr. 217
1. Ethischer Dualismus 217
2. Der Fall der Welt und ihre Erneuerung 231
3. Der König dcr Könige 244
4. Der Rest 254
5. Der Gott der Liebe 260

Kapitel VI. Der Hellenismus: 331 v. Chr. – 324 n. Chr. 273
1. Die Vermählung von Ost und West 273
2. Synkretistischer und ethnischer Monotheismus 278
3. Mysterienkult und Apokalypse 292
4. Die Wächter am Toten Meer 311

Kapitel VII. Großrom: ca. 500 v. Chr. – 500 n. Chr. 333
1. Die Kelten 333
2. Etrurien 351
3. Das Augusteische Zeitalter 357
4. Der auferstandene Christus 380
5. Der Schein-Christus 412
6. Die Mission des Paulus 427
7. Der Untergang Roms 435

Teil Vier Das Zeitalter der großen Glaubenslehren 449

Einleitung Der Dialog Europas und der Levante 451

Kapitel VIII. Kreuz und Halbmond 457
1. Die Magier 457
2. Byzanz 463
3. Der Prophet des Islam 477
4. Das Gewand des Gesetzes 489
5. Das Gewand der Mystik 500
6. Der Bann bricht 514

Kapitel IX. Das Wiedererwachen Europas 519
1. Die Insel der Heiligen 519
2. Das Schicksal der Götter 537
3. ROMA 558
4. AMOR 573

Schlußbetrachtung Im Ausklang eines Zeitalters 589

Anmerkungen 595
Abbildungen 621
Register 623

Zur Fertigstellung der Masken Gottes

Wenn ich heute Rückschau halte über die zwölf genüßlichen Jahre, die ich auf dieses sich mir so reich entgeltende Projekt verwandt habe, dann sehe ich ihr Hauptergebnis für mich darin, daß sie mir einen lange und treulich gehegten Gedanken bestätigt haben: den Glauben an die Einheit der ganzen Menschheit, nicht nur in ihrer biologischen Beschaffenheit, sondern auch in ihrer Seelengeschichte. Diese Geschichte hat sich überall in der Art einer einzigen Symphonie entfaltet, deren Themen angekündigt, entwickelt, ausgemalt und umgekehrt, verzerrt und wiedergefunden werden und heute in einem großartigen Fortissimo aller zusammenklingenden Teile unaufhaltsam auf einen gewaltigen Höhepunkt zutreiben, aus dem die nächste große Bewegung hervorgehen wird. Und ich sehe keinen Grund, weshalb irgend jemand meinen sollte, dieselben bereits vernommenen Motive würden in der Zukunft nicht immer noch fortklingen – durchaus in neuen Verbindungen, aber beständig dieselben Motive. Sie alle werden hier in diesen Bänden vorgeführt, ergänzt durch viele Empfehlungen, auf welch vielfältige Weise sie von vernünftigen Menschen zu vernünftigen Zwecken gebraucht werden können – oder von Dichtern zu dichterischen Zwecken – oder von Irren zu Unfug und Unheil. Denn, um mit James Joyce in *Finnegans Wake* zu sprechen: «So samt und sonderlich unmöglich diese Begebenheiten sind, gleichen sie denen, die womöglich stattgefunden haben, wahrscheinlich ebenso sehr, wie irgendwelche andern, die überhaupt nie menschgefunden haben, es wohl je könnten.»

TEIL EINS

Das Zeitalter der Göttin

EINLEITUNG

Mythos und Ritual in Ost und West

1) Dann hätte JESUS es auch nicht verstanden

Die geographische Wasserscheide zwischen den orientalischen und den okzidentalischen Gefilden des Mythos und der Rituale bildet das Tafelland des Iran. Zwei Geistesräume liegen im Osten: Indien und der Ferne Osten, zwei im Westen: Europa und die Levante.

Den gesamten Orient beherrscht der Gedanke, daß der Urgrund des Seins alle Gedanken, Bildvorstellungen und Definitionen übersteigt. Er läßt sich nicht als dies oder das bestimmen. Daher hat, wer Gott, Mensch oder Natur als gut, gerecht, gnädig oder gütig ausgibt, das Problem gar nicht verstanden. Mit gleichem Recht – oder Unrecht – könnte man böse, ungerecht, gnadenlos oder gehässig sagen. Alle derartigen anthropomorphen Aussagen verdekken oder verschleiern das tatsächlich bestehende Rätsel, das über alle rationalen Erwägungen absolut erhaben ist; dennoch ist nach dieser Anschauung eben dieses Rätsel der Urgrund des Seins von uns allen – von allem, was ist.

Das höchste Ziel der orientalischen Mythologie ist es folglich nicht, irgendeine Gottheit oder irgendeinen ihrer Riten als das Nonplusultra festzuschreiben, sondern mit Hilfe dieser Götter und Riten eine darüber hinausgehende Erfahrung anzubahnen: eine Erfahrung der Identität mit jenem Sein alles Seienden, das sowohl immanent als auch transzendent ist und das doch weder ist noch nicht ist. Gebete und Gesänge, Bildnisse, Tempel, Götter, Weise, Definitionen und Kosmologien sind nur Fähren an ein Ufer der Erfahrung jenseits der Denkkategorien und müssen bei der Ankunft verlassen werden. In diesem Sinne heißt es in der indischen *Kena-Upanishad*: «Nicht verstanden von den Wissenden, verstanden von den Nichtwissenden!»[1] Und im chinesischen *Tao-te ching*: «Wer weiß, spricht nicht.»[2]

«Das bist du», erklärt der vedische Weise,[3] und der japanische: «Es ist dein wahres Selbst.»[4]

«O du», ruft ein grundlegender buddhistischer Text, «die du gegangen, gegangen, ans andere Ufer gegangen, vollkommen ans andere Ufer gegangen bist: Erleuchtung, Heil!»[5]

In den westlichen Gefilden des mythologischen Denkens und Bilderschöpfens dagegen, ob in Europa oder der Levante, wird der Seinsgrund gewöhnlich als ein Schöpfer personifiziert, dessen Geschöpf der Mensch ist, und sind die beiden nicht dasselbe; demnach können Mythos und Ritual hier nicht die Funktion haben, eine Erfahrung unaussprechlicher Identität zu katalysieren. Auf sich allein gestellt, kann der Mensch, wenn er sich nach innen kehrt, laut dieser Auffassung nur seine eigene kreatürliche Seele wahrnehmen, wie sie entweder im richtigen Bezug zu ihrem Schöpfer steht oder nicht. Die hohe Aufgabe von Mythos und Ritual ist es im Abendland deshalb, ein Medium der Beziehung – von Gott zu Mensch und von Mensch zu Gott – abzugeben. Als solche Medien bieten sich außerdem Institutionen an, deren Satzungen sich niemals aus einer Erforschung der Natur, sei es der inneren oder der äußeren, ableiten lassen. Sie sind als übernatürliche Offenbarungen von Gott selbst gekommen, wie uns der Mythos einer jeden Institution berichtet, und verkündet werden sie von seinem Klerus im Geiste des Mythos.

Es ergeben sich jedoch gewisse rein abendländische Komplikationen aus der Tatsache, daß dort, wo zwei solche sich widersprechende letzte Instanzen wie Gott und Mensch gegeneinanderstehen, der Einzelne nicht beiden unverbrüchlich die Treue halten kann. Einerseits kann er angesichts dessen, was ihm als die Majestät Gottes erscheint, seinem menschlichen Urteil abschwören, wie im Buch Hiob (40,4): «Siehe, ich bin zu gering. Was kann ich dir erwidern?»[6]

Andererseits kann er nach Art der Griechen zu seinen menschlichen Werten stehen und ihnen zufolge den Charakter seiner Götter beurteilen. Die Frömmigkeit der ersten Art bezeichnen wir als religiös, und wir erkennen sie in allen Traditionen der Levante: Zarathustrismus, Judentum, Christentum und Islam. Die andere bezeichnen wir als humanistisch im weitesten Sinne, und wir erkennen sie in den ursprünglichen Mythologien Europas: der griechischen, römischen, keltischen und germanischen.

Im großen und ganzen läßt sich die neuere Geschichte der abendländischen Mythologie als ein gewaltiges Wechselspiel dieser beiden gegensätzlichen Frömmigkeiten beschreiben, anders gesagt, als ein gezeitenweises stürmisches Hin und Her von Austauschbewegungen, von Ost nach West, von West nach Ost, von Ost nach West und wieder von West nach Ost, angefangen mit dem ersten ernstgemeinten persischen Angriff auf Griechenland im Jahre 490 v. Chr. Mit der Eroberung der Levante durch Alexander wechselten die Gezeiten, die levantinische Flut wich zurück, und es folgten die Siege Roms. Jedoch schon in der frühesten Römerzeit hatte sich eine Gegenströmung westwärts fließender levantinischer Mythologien bemerkbar gemacht. Während der Punischen Kriege, im Jahre 204 v. Chr., wurde der Kult der phrygischen Magna Mater in aller Form in der Stadt eingeführt. Auch der Stoizismus hatte einen levantinisch-orientalischen Einschlag, und auf der Höhe der römischen Macht, in der Zeit der Antonine, wurde der persische synkretistische Mithrakult zur stärksten Religion des Reiches. Mit dem anschließend kommenden Christentum ging das europäische Reich unter, und das levantinische Byzanz machte sich als neues oder zweites Rom seinen Namen ebenso wie seine Rolle zu eigen. Als nächstes brach 622 n. Chr. Mohammeds Offenbarung über die Welt herein und machte sich während des folgenden Jahrtausends berechtigte Hoffnungen darauf, die endgültig letzte Religion der Menschheit zu werden – bis die Gezeiten abermals wechselten. Denn wie Persien bei Marathon zum Stehen gebracht worden war (490 v. Chr.), so erging es dem Islam bei Poitiers (732 n. Chr.). Von da an wurde der aufpeitschende Wüstenruf des Muezzin zum gemeinschaftlichen Gebet Jahr für Jahr weiter zurückgedrängt. Im christianisierten Europa selbst wurde überdies die absolute Autorität der Einen Kirche zunichte gemacht durch das unaufhaltsame Wiedererstarken der ureuropäischen Hochachtung vor der individuellen Urteilskraft und der menschlichen Vernunft. Reformation, Renaissance, Aufklärung und das gegenwärtige Zeitalter der Wissenschaft schlossen sich an und gipfelten in der noch andauernden geistigen Eroberung der Welt durch Europa – wobei allerdings die nächste levantinische Flut bereits steigt.

Die Komplexität und Vitalität des abendländischen Erbes muß zu einem großen Teil den widerstreitenden Ansprüchen zweier Seiten, die man beide gelten läßt, zugeschrieben werden: Auf der einen Seite stehen die Vertreter dessen, was als Wort Gottes ausgegeben wird, und auf der anderen die Fürsprecher des vernunftbegabten Individuums. Nichts wirklich Vergleichbares hat jemals die orientalischen Gemüter östlich des Iran ernstlich beschwert, wo die altc hieratische bronzezeitliche Kosmologie der immerfort kreisenden Äonen – statisch und dennoch unaufhörlich in einem mathematisch unpersönlichen Umlauf von Ewigkeit zu Ewigkeit begriffen – noch heute als das letzte Wort über das Weltall und den Ort des Menschen darin besteht. Obwohl äußerlich in Aufruhr, ist nach diesem Weltbild im tiefsten Grunde alles in Harmonie, alles eine Manifestation des allerhaltenden, alldurchströmenden Seinsgeheimnisses, das alle Gedanken, Bildvorstellungen und Definitionen, das heißt die Suche der Wissenschaft, übersteigt. Wie ein Juwel immerzu Facetten aufscheinen läßt und so den Anschein erweckt, sich zu verändern, aber tatsächlich unverändert bleibt, so entwirft dieses bronzezeitliche Bild des Kosmos, das im Orient noch immer Gültigkeit besitzt, eine feste Welt mit festen Pflichten, Rollen und Möglichkeiten: nicht einen Prozeß, sondern einen Zustand; und der Einzelne, sei er Mensch oder Gott, ist nur ein Aufblitzen der Facetten. Es besteht kein Begriff, nicht einmal eine Ahnung vom Wollen oder Denken als einer schöpferischen Kraft. Wenn der Mensch des Westens damit brilliert, starrt ihn der weise Orientale einfach an, verblüfft, aber mit dem tröstlichen Gefühl, nur einen Teufel am Werk zu sehen, dessen Frist sicher bald ablaufen wird, während er selbst sich unterdessen sicher in all dem gegründet wähnt, was in Mensch, Gesellschaft und Weltall ewig wahr ist, im letzten Geheimnis des Seins. Dieses Wissen hat er, oder meint er wenigstens zu haben, aus dem uralten Weisheitsschatz, den er ebenso wie wir aus der Bronzezeit geerbt hat.

Denn auf einer Stufe der Vergangenheit, die tiefer liegt als das Pingpongspiel zwischen Persien, Griechenland, Rom, Byzanz, Islam und später Europa, lieferte das Vermächtnis der Bronzezeit viele Grundmotive des abendländischen wie auch des orientalischen mythologischen Gedankenguts. Außerdem lagen die Ursprünge dieses Vermächtnisses weder in Indien, wie viele immer noch meinen, noch in China, sondern im Nahen Osten, der Levante, wo die Spaten der archäologischen Forschung Vorstufen freigelegt haben, die bis auf etwa 7500 v. Chr. zurückgehen. Ungefähr um diese Zeit entstanden in den hohen, geschützten Gebirgstälern Kleinasiens, Syriens, des nördlichen Irak und des Iran die Urformen des Ackerbaus und der Viehzucht, und diese bewirkten eine epochale Mutation des ganzen menschlichen Daseins und seiner Entwicklungsmöglichkeiten. Während die ältere Menschheit in ständiger Unsicherheit nur von der Wildbeuterei (Jagen und Sammeln) gelebt hatte, gingen die Menschen jetzt in größerem Umfang zur Bestellung der Erde über. Dörfer, die ihren Nahrungsbedarf anbauten, traten auf den Plan, und ihre ständig anwachsende Zahl dehnte sich in einem breiten Gürtel nach Osten und Westen aus, wo sie um 2500 v. Chr. ungefähr gleichzeitig beide Ozeane erreichte. Unterdessen kam es um 3500 v. Chr. im Ursprungsgebiet, der Kernzone des Nahen Ostens, wo die Entwicklung weitergegangen war, zu einer zweiten epochalen Mutation, als im Zweistromland die grundlegenden Techniken aller höheren Kultur erfunden wurden: Schreiben, Rechnen, Monumentalarchitektur, systematische wissenschaftliche Beobachtung (der Gestirne), Tempelgottesdienst und, alle überragend, die königliche Kunst der Staatslenkung. Die Kenntnis und Anwendung dieser Techniken gelangte etwa 2850 v. Chr. mit den ersten Pharaonen der I. Dynastie nach Ägypten, etwa 2500 v. Chr. nach Kreta und ins Industal, etwa 1500 v. Chr. nach China, und etwa 1000–500 v. Chr. wurde sie an Mexiko und Peru weitergegeben.

Solange diese Entwicklung und Verbreitung sich auf der Stufe des neolithischen Dorfes bewegte, war die Kernfigur aller Mythologie und Anbetung die freigebig schenkende Göttin Erde als Mutter und Nährerin des Lebens und Empfängerin der Toten zur Wiedergeburt. In der frühesten Zeit ihres Kultes (vielleicht ca. 7500–3500 v. Chr. in der Levante) dachte man sich nach Ansicht vieler Anthropologen eine solche Muttergöttin möglicherweise nur als eine lokale Patronin der Fruchtbarkeit. Jedoch schon in den Tempeln der allerersten Hochkultur (Sumer, ca. 3500–2350 v. Chr.) war die überragende Große Göttin sicherlich viel mehr als das. Wie heute im Orient war sie bereits ein metaphysisches Symbol: die Erzpersonifizierung der Kraft von Raum, Zeit und Materie, in deren Bezirk alle Wesen entstehen und vergehen: der Stoff ihrer Leiber, die Gestalterin ihrer Leben und Gedanken und die Empfängerin ihrer Toten. Und alles, was Form oder Name hat – einschließlich des als gut oder böse, gnädig oder zornig personifizierten Gottes –, war ihr Kind, in ihrem Schoß (vgl. Abb. 31 und 32 unten, S. 582 und 583).

Gegen Ende der Bronzezeit und stärker noch beim Anbruch der Eisenzeit (um 1250 v. Chr. in der Levante) wurden die alte Kosmologie und die überlieferten Mythologien der göttlichen Mutter von den jählings eingedrungenen patriarchalen Kriegerstämmen, deren Traditionen hauptsächlich im Alten und Neuen Testament und in den Mythen Griechenlands auf uns gekommen sind, von Grund auf verwandelt, umgedeutet und in großem Umfang sogar unterdrückt. Diese aufrührerischen Kriegerwellen kamen aus zwei ausgedehnten Ursprungsgebieten: die Semiten aus den syrisch-arabischen Wüsten, wo sie als freischweifende Nomaden Schafe und Ziegen hüteten und später das Kamel zähmten; und die hellenisch-arischen Stammesgruppen aus den weiten Ebenen Europas und Südrußlands, wo sie ihre Rinderherden geweidet und frühzeitig das Pferd gezähmt hatten.

In den folgenden Kapiteln wird es uns ein Vergnügen sein, erstens die Allgegenwart der Göttin aufzuzeigen, und zwar selbst in Mythen, in denen sie angeblich keine Rolle spielt, ja nicht einmal vorkommt (Kapitel I); sodann einen kurzen Blick zurück auf die Zeit ihrer Herrschaft zu werfen (Kapitel II); und schließlich (Kapitel III bis IX) einen systematischen Gang durch das mit Tempeln reich bestückte Tal zu unternehmen, in dem die maßgebenden Völker der westlichen Welt ihre Gottesvisionen verewigt haben.

KAPITEL I

Die Braut der Schlange

1
Die Muttergöttin Eva

Niemand, der mit den Mythologien der Göttin aus den Welten der Urvölker, der Antike und des Orients vertraut ist, kann die Bibel aufschlagen, ohne auf jeder Seite Übereinstimmungen zu entdekken, wenn auch umgeformt im Sinne eines den älteren Glaubensanschauungen widersprechenden Standpunktes. In Evas Szene am Baum zum Beispiel deutet nichts darauf hin, daß die Schlange, die ihr erschien und zu ihr sprach, selbst eine Gottheit war, die in der Levante schon mindestens siebentausend Jahre vor der Abfassung des Buches Genesis verehrt worden war. Es gibt im Louvre eine grüne Steatitvase mit einer Inschrift des Königs Gudea von Lagasch von etwa 2025 v. Chr., geweiht einer spätsumerischen Erscheinungsform dieses Gemahls der Göttin unter seinem Titel Ningizzida, «Herr des Baumes der Wahrheit». Zwei sich paarende Vipern, um einen Stab geringelt nach Art des Caduceus des Hermes, des griechischen Gottes des mystischen Wissens und der Wiedergeburt, kommen hinter zwei Türflügeln zum Vorschein, die von zwei geflügelten Drachen zurückgezogen werden, sogenannten «Löwenvögeln» (siehe Abb. 1).[1]

Abbildung 1. Der Schlangengott

Durch ihre wunderbare Fähigkeit, die Haut abzustreifen und so wieder jung zu werden, ist die Schlange auf der ganzen Welt zum Inbegriff des Mysteriums der Wiedergeburt geworden – dessen himmlisches Zeichen der ab- und zunehmende Mond ist, der seinen Schatten abwirft und wieder voll wird. Der Mond regiert und bemißt den lebenschöpfenden Rhythmus der Gebärmutter, durch welche die Wesen kommen und gehen, und damit auch die Zeit. Ihm unterstehen beide Geheimnisse: Geburt gleichermaßen wie Tod, die zusammengenommen zwei Aspekte des einigen Seins sind. Der Mond gebietet über die Gezeiten und den Tau, der in der Nacht fällt, um das Grün, auf dem das Vieh weidet, zu erfrischen. Aber auch die Schlange gebietet über die Wasser. Sie ist eine zwischen den Wurzeln der Bäume lebende Erdbewohnerin, die häufig, mit Wellenbewegungen dahingleitend, Quellen, Sümpfe und Bäche aufsucht, oder sie kriecht wie eine Liane in die Zweige empor, um dort wie eine Todesfrucht zu hängen. Die phallische Assoziation liegt nahe, und als Verschlingerin suggeriert sie auch das weibliche Organ, so daß wir ein Doppelbild erhalten, das unterschwellig auf die Gefühle einwirkt. In gleicher Weise löst die Blitzartigkeit ihres Zustoßens, das gespaltene Vorschnellen ihrer flinken Zunge und das tödliche Brennen ihres Giftes die doppelte Assoziation von Feuer und Wasser aus. Vorgestellt, wie sie sich selbst in den Schwanz beißt, als mythischer Uroboros, läßt sie an die Gewässer denken, die in allen

Abbildung 2. Der Weltbaum

archaischen Kosmologien die schwimmende kreisrunde Insel Erde umringen wie auch unterspülen und durchdringen.

Abbildung 2 von einer elamitischen bemalten Schale der späten Sassanidenzeit (226–641 n. Chr.) zeigt abermals die alte Wächterin des Weltbaumes, dessen Stamm hinauf sie sich windet.[2] In dieser Darstellung wird der gefährliche, warnende Aspekt der Erscheinung deutlich. Allerdings ist Ningizzida wie die Schlange im Garten Eden im allgemeinen denen gewogen, die der Gabe seines Heiligtums mit gebührender Achtung nahen. Abbildung 3 von einem frühen akkadischen Siegel von etwa 2350–2150 v. Chr. zeigt die

Abbildung 3. Der Schlangengott auf dem Thron

Abbildung 4. Gilgamesch an der Axis mundi

Gottheit in menschlicher Gestalt auf einem Thron sitzend, mit dem Sinnbild ihres Caduceus im Rücken und einem Feueraltar vor sich.[3] Ein gekrönter Gott führt einen Frommen vor sie, den Eigentümer des Siegels, gefolgt von einer Figur mit einem Eimer in der Hand und einer Schlange, die ihr vom Kopf herabhängt, einem Diener des Gottes auf dem Thron, entsprechend den Pförtnern in Form von Löwenvögeln auf dem Kelch Gudeas. Der Mond, der Ursprung des Lebenswassers, hängt über dem erhobenen Becher in der Hand des Gottes, aus dem der vorgeführte Myste nunmehr trinken soll.

Die Verbindung des Schlangengottes, des Bechers der Unsterblichkeit und des Mondes ist hier augenfällig, desgleichen ein allen antiken Mythologien gemeinsames Motiv, nämlich das mehrfache Erscheinen eines Gottes in höheren und niedrigeren Aspekten zugleich. Denn der Pförtner am Tor, der Anklopfende einläßt oder abweist, ist eine abgeschwächte Manifestation der Macht der Gottheit selbst. Er ist derjenige Aspekt, den ein Herantretender als ersten erfährt, oder anders ausgedrückt, der prüfende Aspekt des Gottes. Darüber hinaus kann der Gott – und sein prüfender Aspekt ebenfalls – in jeder beliebigen Gestalt oder in mehreren auf einmal erscheinen: anthropomorph, theriomorph, in Gestalt von Pflanzen, Himmelskörpern oder Elementen, etwa im vorliegenden Beispiel als Mensch, Schlange, Baum, Mond und Wasser des Lebens – alle als Aspekte eines einzigen polymorphen Prinzips zu begreifen, das in allen symbolisch erscheint und doch jenseits von ihnen steht.

Eine Serie von drei weiteren Siegeln wird ausreichen, um diese Symbole in Beziehung zur Bibel zu setzen. Das erste ist das kunstvolle syrisch-hethitische Beispiel der Abbildung 4,[4] das den mesopotamischen Helden Gilgamesch in doppelter Gestalt zeigt, wie er nach Art der Löwenvögel auf Gudeas Kelch als Hüter eines Heiligtums auftritt. Doch was wir in diesem Heiligtum finden, hat weder menschliche, tierische noch pflanzliche Gestalt: es ist eine Säule, gebildet aus Schlangenkreisen, an der Spitze gekrönt von einem Symbol der Sonne. Eine solche Stange symbolisiert den Angelpunkt, um den alle Dinge kreisen (die Axis mundi), und entspricht insofern dem buddhistischen Baum der Erleuchtung am «unbeweglichen Ort» im Mittelpunkt der Welt.[5] Um das Symbol der Sonne oben auf der Säule sind vier kleine Kreise zu sehen. Sie, so erfahren wir, symbolisieren die in die vier Himmelsrichtungen ausgehenden Flüsse[6] (vgl. Genesis 2,10–14). Von links tritt der Eigentümer des Siegels herzu, geleitet von einem Löwenvogel (oder Cherub, wie solche Wesenheiten in der Bibel genannt werden), der in seiner linken Hand einen Eimer und in seiner rechten einen erhobenen Zweig hält. Eine Göttin folgt in der Rolle der mystischen Mutter der Wiedergeburt, und darunter ist eine Guilloche, eine labyrinthische Schlingfigur, die in dieser Kunst dem Caduceus entspricht. Wieder erkennen wir also die üblichen Symbole des mythischen Lebensgartens, in dem die Schlange, der Baum, die Weltachse, die ewige Sonne und die unsterblichen Wasser in alle Himmelsrichtungen Gnade ausstrahlen – und in den der sterbliche Mensch von der einen oder anderen göttlichen Erscheinung geführt wird zur Erkenntnis seiner eigenen Unsterblichkeit.

Auf dem nächsten Siegel, Abbildung 5, das die schenkende Fülle des mythischen Gartens zeigt, sind alle Personen weiblichen Geschlechts. Die zwei vom Baum pflückenden Frauen werden als Doppelerscheinung der Unterweltsgöttin Gula-Bau ausgewiesen, deren griechische Entsprechungen Demeter und Persephone sind.[7] Der Mond steht direkt über der dargereichten Frucht, wie in Abbildung 3 über dem Becher. Und die Empfängerin der Gabe, die in der rechten Hand bereits einen fruchttragenden Zweig hält, ist eine Sterbliche.

Wir sehen also, daß in dieser frühen mythischen Anschauung aus dem Nahen Osten – im Gegensatz zu der späteren, streng patriarchalen Anschauung der Bibel – das Göttliche ebenso in weiblicher wie in männlicher Form vorgestellt werden konnte, wobei die als dies oder das bestimmende Form selbst lediglich die Maske eines

Abbildung 5. Der Garten der Unsterblichkeit

letzten Endes unbestimten Prinzips jenseits aller Namen und Formen und dennoch diese durchwaltend war.

Auch von göttlichem Zorn oder von Gefahr findet sich auf diesen Siegeln keine Spur. Mit dem Garten verbindet sich kein Schuldmotiv. Die Gabe der Erkenntnis des Lebens ist hier, im Heiligtum der Welt, um gepflückt zu werden. Und sie schenkt sich willig jedem Sterblichen, ob Mann oder Frau, der mit der rechten Entschiedenheit und Empfängnisbereitschaft danach greift.

Daher kann das frühsumerische Siegel der Abbildung 6[8] unmöglich die Darstellung einer verschollenen sumerischen Version von Adam und Evas Sündenfall sein, wie manche Forscher angenommen haben.[9] Sein Geist entspricht dem Idyll des viel älteren bronzezeitlichen Bildes vom Garten der Unschuld, in dem die zwei begehrenswerten Früchte der mythischen Dattelpalme gepflückt werden wollen: die Frucht der Erleuchtung und die Frucht des unsterblichen Lebens. Die weibliche Figur zur Linken, vor der Schlange, ist fast mit Bestimmtheit die Göttin Gula-Bau (gleichbedeutend, wie gesagt, mit Demeter und Persephone), während die männliche Figur zur Rechten, die kein Sterblicher ist, sondern ein Gott, wie

Abbildung 6. Die Göttin des Baumes

wir seinem gehörnten Mondhelm entnehmen können, nicht minder bestimmt ihr geliebter Sohn und Gemahl Dumuzi ist, der «Sohn des Abgrunds: Herr des Lebensbaumes», der immer wieder sterbende und immer wieder auferstehende sumerische Gott, welcher der Archetypus des fleischgewordenen Seins ist.

Ein passender Vergleich ließe sich mit dem in Abbildung 7 gezeigten griechisch-römischen Relief anstellen,[10] wo Demeter, die Göttin der eleusinischen Mysterien, mit ihrem göttlichen Kind Plutos zu sehen ist (nicht identisch mit dem Unterweltsgott Pluton, wenn auch häufig durch Assimilation der Namen mit ihm gleichgesetzt), von dem der Dichter Hesiod schrieb:

> Wer ihm begegnet und wessen Arme ihn umfassen,
> Den macht er reich und bereitet ihm Segen in Fülle.[11]

Plutos verkörpert auf einer Bezugsebene den Reichtum der Erde, aber in einem weiteren Sinne entspricht er dem Dionysos, dem Gott der Mysterien. In der *Mythologie der Urvölker* und der *Mythologie des Ostens* habe ich eine Reihe solcher Gottheiten besprochen, die gleichzeitig Geliebter und Sohn der Großen Göttin des Alls sind. Indem der Gott im Tod (oder, nach einem anderen Bild, in der Vermählung) an ihren Busen zurückkehrt, wird er wiedergeboren– wie der seinen Schatten abwerfende Mond und die ihre Haut abstreifende Schlange. Demgemäß wurde in den Initiationsriten,

Abbildung 7. Demeter und Plutos

die sich solcher Symbole bedienten (wie die Mysterien von Eleusis), der in der Versenkung zur göttlichen Mutter der Mysterien zurückkehrende Myste in seinem Sinnen und Trachten vom Schicksal seiner sterblichen Hülle (symbolisch der Sohn, der stirbt) losgelöst und mit dem Prinzip identifiziert, das ewig wiedergeboren wird, dem Sein alles Seienden (dem Schlangenvater), woraufhin er in der Welt, in der er nur Leid und Tod erlebt hatte, die Verzückung eines immerwährenden Werdens erkannte.

Man vergleiche damit die Buddhalegende. Als der Buddha sich am unbeweglichen Ort unter dem Baum der Erleuchtung niederließ, machte sich Kāma-Māra, «Lebensgier und Todesfurcht», der Erzeuger der Weltillusion, an ihn heran, um seine Position ins Wanken zu bringen. Er aber berührte mit den Fingern seiner rechten Hand die Erde, und die Legende berichtet, daß die mächtige Göttin Erde mit hundertfachem, tausendfachem, hunderttausendfachem Donnergrollen verkündete: «Ich zeuge für dich!» Da entfloh der Dämon.[12] Der Gesegnete erlangte in jener Nacht die Erleuchtung, und siebenmal sieben Tage verharrte er dort in Glückseligkeit versunken, während sich ringsum ein gewaltiges Unwetter erhob. Weiter hören wir:

> Ein mächtiger Schlangenkönig namens Mucalinda kam aus seiner Wohnung unter der Erde hervor, umschloß den Leib des Gesegneten siebenmal mit seinen Windungen, spreizte seinen großen Hals über dessen Haupt auf und sprach: «Weder Kälte noch Hitze, nicht Mücken, Fliegen, Wind, Sonnenschein, nicht kriechendes Getier sollen dem Gesegneten zu nahe kommen!» Als dann sieben Tage verstrichen waren und Mucalinda an den sich zerstreuenden Wolken erkannte, daß das Gewitter sich gelegt hatte, wickelte er seine Ringe vom Leib des Gesegneten ab, nahm menschliche Gestalt an und huldigte dem Gesegneten, die Hände vor der Stirn zusammengelegt.[13]

In der Lehre und Legende des Buddha erhielt der Gedanke der Befreiung vom Tode eine neue, psychologische Auslegung, die jedoch dem Geist seiner älteren mythischen Ausdrucksformen nicht zuwiderlief. Die alten Motive wurden in eine reifere Formulierung weitergedacht und erhielten durch die Verbindung mit einer wirklichen historischen Persönlichkeit, die den Sinn dieser Motive in ihrem Leben anschaulich vorgeführt hatte, eine neue Unmittelbarkeit, wobei allerdings der Einklang zwischen dem suchenden Helden und den Mächten der lebendigen Welt, die wie er letztlich nur Wandlungsformen des einen Seinsgeheimnisses waren, gewahrt blieb. Folglich herrscht in der Buddhalegende ebenso wie auf den alten nahöstlichen Siegeln eine Atmosphäre wesenhaften Einklangs am kosmischen Baum, wo die Göttin und ihr Schlangengemahl der Suche ihres würdigen Sohnes nach Befreiung von den Fesseln von Geburt, Krankheit, Alter und Tod Unterstützung gewähren.

Im Garten Eden dagegen herrscht eine ganz andere Stimmung. Denn Gott der Herr (sein geschriebener hebräischer Name lautet Jahwe) verfluchte die Schlange, als er erfuhr, daß Adam die Frucht vom Baum der Erkenntnis von Gut und Böse gegessen hatte; und er sprach zu seinen Engeln: «‹Seht, der Mensch ist geworden wie wir; er erkennt Gut und Böse. Daß er jetzt nicht die Hand ausstreckt, auch vom Baum des Lebens nimmt, davon ißt und ewig lebt!› Jahwe schickte ihn aus dem Garten von Eden weg, damit er den Ackerboden bestellte, von dem er genommen war. Er vertrieb den Menschen und stellte östlich des Gartens von Eden die Cherubim [das heißt die Löwenvögel] auf und das lodernde Flammenschwert, damit sie den Weg zum Baum des Lebens bewachten.» (Gen 3,22–24.)[14]

Der erste Punkt, der sich aus dieser Gegenüberstellung ergibt und der sich in zahlreichen noch kommenden mythischen Szenen weiter erweisen wird, ist, daß im patriarchalen Lebenszusammenhang der eisenzeitlichen Hebräer des ersten Jahrtausends v. Chr. die Mythologie, die sie von den älteren neolithischen und bronzezeitlichen Kulturen der von ihnen besetzten und zeitweise beherrschten Gebiete übernommen hatten, eine Umkehrung erfuhr, so daß sie nun das genaue Gegenteil besagte. Und ein zweiter, sich aus dem ersten ergebender Punkt ist, daß demzufolge vielen Grundsymbolen der Bibel eine Ambivalenz eigen ist, die sich durch keinerlei wortgewaltiges Insistieren auf der patriarchalen Auslegung aus der Welt schaffen läßt. Sie sprechen das Herz auf eine bildhafte Weise an, die die worthafte Ansprache des Gehirns genau verkehrt; und dieser

Zwist im Nervensystem wohnt Christentum und Islam genauso inne wie dem Judentum, denn auch sie zehren vom Vermächtnis des Alten Testaments.

Jedoch die Bibel steht im Abendland mit einer solchen Ambivalenz der Aussage nicht allein. Eine ähnliche Sinnverkehrung finden wir im Erbe Griechenlands.

2
Das Blut der Gorgo

Jane Ellen Harrison hat schon Anfang des Jahrhunderts nachgewiesen, daß sich in den ländlichen Festen und den Mysterienkulten Griechenlands zahlreiche Relikte einer vorhomerischen Mythologie gehalten hatten, in der nicht die männlichen Götter des sonnigen olympischen Pantheons den Ehrenplatz einnahmen, sondern eine rätselhaft im Dunkeln bleibende Göttin, die als eine, zwei, drei oder viele auftreten konnte und die Mutter der Lebenden und der Toten war. Ihr Begleiter hatte zumeist Schlangengestalt, und ihre Riten zeichneten sich nicht durch den heiteren Geist mannhafter athletischer Wettkämpfe, humanistischer Kunst, gesellschaftlicher Vergnügungen, festlicher Gelage und Theatervorführungen aus, den die heutige Vorstellung mit dem antiken Griechenland verbindet, sondern hatten ein finsteres und grausiges Gepräge. Geopfert wurden keine schön bekränzten Rinder, sondern Schweine und Menschen; sie wurden den Tiefen dargebracht, nicht den lichten Höhen, und das nicht in glatten, blanken Marmortempeln, die zur Stunde der rosenfingrigen Morgenröte erstrahlten, sondern in dämmerigen Hainen und Feldern, über Gräben, durch die das frische Blut sich in den bodenlosen Abgrund ergoß. «Die angebeteten Wesen», schrieb Jane Harrison, «waren keine vernünftigen, menschgestalten, rechtwahrenden *Götter*, sondern nebelhafte, irrationale, größtenteils übelwollende δαίμονες, Geisterwesen, Schreckgespenster und Spukgestalten und dergleichen, noch nicht ausgeformt und in das Göttliche eingeschlossen.»[15] Überdies war die Atmosphäre der Rituale nicht die eines gemeinsamen Festes im einfachen Geiste des *do ut des*, «Ich gebe, damit du gibst», sondern diese standen im

Abbildung 8. Zeus Meilichios

Zeichen der Vertreibung: *do ut abeas*, «Ich gebe, damit du weggehst»; woran sich allerdings immer die Vorstellung schloß, wenn man den negativen Aspekt des Daimons vertrieben hätte, würden Gesundheit und Wohlergehen, Fruchtbarkeit und Ernte von selbst aus ihrer natürlichen Quelle strömen.

Abbildung 8 stammt von einer in Piräus gefundenen Votivtafel, die einer Form des olympischen Zeus, Zeus Meilichios genannt, geweiht war.[16] Doch daß der himmlische Zeus – von allen Göttern gerade er! – die Form einer Schlange angenommen haben sollte, ist erstaunlich; bemerkt doch Jane Harrison: «Zeus ist einer der wenigen griechischen Götter, die niemals in Begleitung einer Schlange erscheinen.»[17] Sie erklärt diese Anomalie damit, daß sowohl der Name als auch die Gestalt ursprünglich einem lokalen Daimon gehörten, dem Sohn und Gatten der Muttergöttin Erde, deren Kultstätte in Piräus von dem siegreichen Hochgott des arischen

Pantheons aus dem Norden übernommen wurde. Der Name des lokalen Erdgeistes wurde dann dem des Zeus als Beiname hinzugefügt. Und die alljährlichen Frühlingsriten im Kult des Daimons wurden ebenfalls übernommen, samt ihrem ganz unolympischen Opferbrauch, einer Massenschlachtung von Schweinen, die, wie ein griechischer Kommentator bemerkte, «mit einer gewissen eisigen Düsternis» vollzogen wurde.[18]

Eisige Düsternis ist allerdings nicht die Atmosphäre, die man mit den bronzezeitlichen Kulturen des minoischen Kreta und der Kykladen der vorhomerischen Zeit verbindet, von denen die meisten dieser unhellenischen Kulte herzustammen scheinen. Aus ihren herrlichen Kunstwerken spricht im Gegenteil die Atmosphäre eines beschwingten Einklangs mit der Majestät des Weltenlaufs. Ebenso wenig läßt sich behaupten, daß die alte Muttergöttin inmitten ihres Ambientes von Schlangen, Löwen, Fischteichen, Taubenschlägen, Schildkröten, Tintenfischen, Ziegen und Stieren auch in späterer Zeit immer eine gefürchtete und verabscheute Person gewesen wäre. Es stimmt, James G. Frazer hat in *Der goldene Zweig* gezeigt, daß ihr Kult in dem mittlerweile berühmten Hain bei dem Nemi-See in der Nähe von Rom in der Tat finster und unheimlich war. Auf den ersten Seiten seines großen Werkes hat er den Platz folgendermaßen beschrieben:

> In diesem heiligen Haine wuchs ein bedeutungsvoller Baum. In seiner Nähe konnte man zu jeder Stunde des Tages und wohl auch bis tief in die Nacht hinein eine düstere Gestalt umherstreifen sehen. Die Hand des Mannes umklammerte ein blankes Schwert, und immer wieder hielt er vorsichtig Umschau, als erwarte er jeden Augenblick einen feindlichen Überfall. Er war ein Priester und Mörder zugleich, und der Mann, nach dem er ausschaute, sollte ihn über kurz oder lang ermorden, um die Priesterwürde an seiner Statt zu übernehmen. So wollte es die Ordnung des Heiligtums. Wer nach der Priesterwürde strebte, konnte sein Amt nur antreten, wenn er den derzeitigen Priester ermordete. Hatte er diese Tat vollbracht, so blieb er so lange im Amte, bis er selbst von einem Stärkeren oder Geschickteren getötet wurde.
>
> Mit dem Amte, das der Priester nach dieser gefahrvollen Sitte in-

nehatte, war der Königstitel verbunden. Doch hat wohl kein gekröntes Haupt je unsicherer geruht, ist von böseren Träumen heimgesucht worden als das seine. Denn jahraus, jahrein, Sommer und Winter, bei heiterer wie bei trüber Witterung mußte er auf einsamer Wacht stehen, und fand sein Auge einmal unruhvollen Schlummer, so geschah es mit Gefahr seines Lebens.[19]

Eine düstere Szene, fürwahr! Und wir besitzen noch andere aus den Annalen Griechenlands und Roms, die die gleiche Atmosphäre des Grauens erstehen lassen: zum Beispiel die oft erzählte Geschichte der Königin Pasiphae von Kreta und ihrer Liebe zu einem Stier aus dem Meer, und wie ihr Kind, der schreckliche Minotauros, in dem ihm zum Gefängnis erbauten Labyrinth herumgeisterte. Wieder andere vorhellenische Ritualszenen jedoch beschwören eher ein Idyll der Harmonie und des Friedens, der Weisheit und der Wahrsagekraft, ein Idyll für Menschen, deren Herz keine Furcht vor Gespenstern kennt. In einer Sammlung *Über die Natur der Tiere* beschrieb der römische Schriftsteller Aelian (gest. 222 n. Chr.) ein Schlangenheiligtum in Epiros, das zu seiner Zeit dem Gott Apollon geweiht gewesen sein soll, doch in Wirklichkeit – wie die Schlangenkultstätte des Zeus Meilichios – das Relikt einer älteren, vorhellenischen ägäischen Mythologie war.

Auch zu anderer Zeit opfern die Epiroten dem Apollon, teils allein, teils auch sämtliche anwesende Fremde; vorzüglich aber begehen sie einmal im Jahre das größte Fest mit besonderer Würde und Pracht. Es ist aber dem Gott ein Hain mit einer Umgebung rundherum geweiht, und in diesem sind Schlangen, die dem Gott zur Ergötzung dienen. Hier geht die Priesterin, eine Jungfrau, unbekleidet allein hinein und bringt den Schlangen Futter. Den Epiroten zufolge sind diese Schlangen Nachkommen des Python in Delphi. Wenn sie nun die eintretende Priesterin freundlich anblicken und das Futter bereitwillig nehmen, so wird dadurch, nach allgemeiner Überzeugung, ein fruchtbares und gesundes Jahr angezeigt. Wenn sie aber die Priesterin erschrecken und ihnen angebotene Besänftigungsmittel nicht annehmen, so verkünden sie das Gegenteil, und die Menschen erwarten es.[20]

Oder betrachten wir das Vasenbild der Abbildung 9, das im wesentlichen gleichen Geistes ist und den mythischen Baum mit den goldenen Äpfeln im Sonnenuntergangsland der Hesperiden zeigt.[21] Eine riesige gehörnte Schlange ringelt sich um den Baum, und an seiner Wurzel fließt aus einer Höhle in der Erde eine Doppelquelle, während die liebreizenden Hesperiden selbst – verschwisterte Nymphen, die in der Antike als vaterlos geborene Töchter der kosmischen Göttin Nacht galten[22] – sich ringsherum zu schaffen machen. Alles ist genau so, wie es in Eden auch geblieben wäre, wenn der in jüngerer Zeit eingesetzte Patriarch des Anwesens (der alsbald den ungerechtfertigten Anspruch anmeldete, der Erste zu sein, nicht nur das Besitzrecht, sondern auch die Geburt betreffend) nicht Anstoß genommen hätte, als er erfuhr, was da vorging.

Abbildung 9. Der Baum der Hesperiden

Denn inzwischen ist vollkommen klar, daß vor dem gewaltsamen Eindringen der spätbronzezeitlichen und früheisenzeitlichen nomadischen arischen Rinderhirten aus dem Norden und semitischen Schaf- und Ziegenhirten aus dem Süden in die alten Kultzentren der antiken Welt dort eine im wesentlichen organische, vegetabilische, nichtheroische Auffassung von der Natur und den Notwendigkeiten des Lebens bestimmend gewesen war, sehr zum Widerwillen jener Löwenherzen, für die nicht die geduldige Bearbeitung der Erde, sondern der Schlachtspeer und die damit gemachte Beute der Ursprung von Wohlstand und Freude waren. In den älteren Mythen und Riten der Mutter waren die hellen und dunkleren Aspekte des bunt gemischten Lebensganzen gleichermaßen und gemeinsam geehrt worden, wohingegen in den späteren, männlich bestimmten, patriarchalen Mythen alles, was gut und edel ist, den neuen, heroischen Herrengöttern zugesprochen wurde, womit den ursprünglichen Naturmächten nur die Dunkelheit als Wesensmerkmal übrigblieb – und die wurde jetzt auch noch moralisch negativ bewertet. Denn wie eine Fülle von Beweisen zeigt, standen sich die gesellschaftlichen wie auch die mythischen Ordnungen der zwei unterschiedlichen Lebensweisen als Gegensätze gegenüber. Wo man die Göttin als Spenderin und Hegerin des Lebens wie auch als Verschlingerin der Toten verehrt hatte, war den Frauen als ihren Stellvertreterinnen eine übergeordnete Position in der Gesellschaft wie auch im Kult zugefallen. Eine solche Ordnung weiblich bestimmten gesellschaftlichen und kultischen Brauchs wird in einem weiten und allgemeinen Sinne die Ordnung des Mutterrechts genannt. Und bekämpft wird sie ohne Pardon von der Ordnung des Patriarchats mit der Glut gerechter Reden und dem Wüten von Feuer und Schwert.

Daher wimmelt es in den früheisenzeitlichen Dichtungen sowohl im arischen Griechenland und Rom als auch in der benachbarten semitischen Levante von Varianten des Sieges, den ein strahlender Held über das dunkle und – aus dem einen oder anderen Grund – verächtlich gemachte Ungeheuer der älteren Götterordnung erringt, um aus dessen Windungen irgendeinen Schatz zu gewinnen: ein schönes Land, eine Jungfrau, einen goldenen Hort oder schlicht und einfach die Freiheit von der Tyrannei des angefochtenen Ungeheuers selbst.

Das bedeutendste biblische Beispiel ist Jahwes Sieg über den Leviathan, die Schlange des kosmischen Meeres, mit dem er vor Hiob prahlte. «Kannst du [den Leviathan] am Angelhaken ziehen, mit der Leine seine Zunge niederdrücken? Legst du ein Binsenseil ihm in die Nase, durchbohrst du mit einem Haken seine Backe? Fleht es dich groß um Gnade an? Richtet es zärtliche Worte an dich? Schließt es einen Pakt mit dir, so daß du es dauernd nehmen kannst zum Knecht? Kannst du mit ihm wie mit einem Vogel spielen, bindest du es für deine Mädchen an? Feilschen darum die Jagdgenossen, verteilen sie es stückweise unter die Händler? Kannst du seine Haut mit Spießen spicken, mit einer Fischharpune seinen Kopf? Leg nur einmal deine Hand daran! Denk an den Kampf! Du tust es nie mehr.» (Hiob 40,25–32; vgl. auch Psalm 74,13–14.)

Die gleichwertige Tat für die Griechen war der Sieg des Zeus über Typhon, das jüngste Kind der Gaia, der Göttin Erde – eine Tat, mit der die Herrschaft der patriarchalen Götter des Olymp über die älteren Titanenbruten der großen göttlichen Mutter gesichert wurde. Die Gestalt des Titanen, halb Mensch, halb Schlange, wie es heißt, war gewaltig. Er war so groß, daß sein Haupt oft an die Sterne stieß, und seine Arme reichten von Sonnenaufgang bis Sonnenuntergang (siehe Abb. 10). Aus seinen Schultern wuchsen, nach Hesiods Schilderung, hundert Schlangenköpfe mit drohendem Züngeln, während aus den vielen Augen Flammen schossen. Stimmen entfuhren ihm mit mancherlei Tönen, die den Göttern verständlich waren; aber sie schrien auch wie Stiere, brüllten wie Löwen, bellten wie Hunde oder zischten so laut, daß die Berge widerhallten. Und dieses Schreckensding wäre der Herr der Schöpfung geworden, wenn nicht Zeus gegen ihn zum Kampf angetreten wäre.

Unter den Füßen des Göttervaters bebte der Olymp, als er ausschritt, und die Erde stöhnte; von seinem Blitzkeil wie auch aus

Abbildung 10. Zeus gegen Typhon

Augen und Atem seines Widersachers loderte Feuersglut über das dunkle Wasser. Das Meer siedete; gewaltige Wogen gingen über den hoch aufragenden Küsten nieder; der Boden schwankte; Hades, der Gott der Toten, bebte; und sogar Zeus selbst war kurzzeitig erschüttert. Doch als er seine Kraft wieder gesammelt und seine furchtbare Waffe ergriffen hatte, sprang der große Held von seinem Berg und schlug mit dem flammenden Blitzkeil zu, so daß er die sämtlichen zuckenden, schreienden, brüllenden, bellenden, zischenden Häupter in Brand steckte. Das Untier stürzte zu Boden, und die Erdgöttin Gaia stöhnte unter ihrem Sohn. Flammen entfuhren ihm und liefen tobend die steilen Bergwälder dahin, daß die Erde von ihrer Hitze schmolz wie Eisen in der feurigen Schmiede des lahmen Werkmeisters der Götter Hephaistos im Innern der Erde. Alsdann schleuderte der mächtige Götterkönig Zeus, schrecklich in seinem rasenden Zorn, den Brennenden in den weit klaffenden Tartaros, und von der dort liegenden Titanengestalt gehen bis auf den heutigen Tag sämtliche Winde aus, die verderbenbringend über die Meere brausen und den Sterblichen großes Leid bringen, Schiffe zerstreuen, Seeleute untergehen lassen und die erfreulichen Werke der Landbewohner mit Sturm und Staub zunichte machen.[23]

Die Ähnlichkeit dieses Sieges mit dem von Indra, dem König des vedischen Pantheons, über die kosmische Schlange Vritra steht außer Frage.[24] Die zwei Mythen sind Varianten eines einzigen Archetypus. Darüber hinaus ist in beiden die Rolle des Gegengottes einer Figur aus einer älteren Mythologie – in Griechenland der pelasgischen, in Indien der dravidischen – zugeschanzt worden, beidesmal Daimonen, die vorher die Kraft der kosmischen Ordnung selbst symbolisiert hatten, das dunkle Geheimnis der Zeit, die Heldentaten wie Staub aufleckt: die Kraft der unsterblichen Schlange, die Leben abstreift wie Häute und die ihren ständigen Vorwärtsdrang im Kreis der ewigen Wiederkehr für alle Zeit fortsetzen muß, so wie sie bereits von Ewigkeit an in diesem Kreis umläuft, ohne jemals irgendwohin zu gelangen.

Gegen das Symbol dieser unsterblichen Macht schleuderte das Kriegerprinzip der Großtat des bedeutenden Einzelnen seinen Blitzkeil, und für eine gewisse Zeit zerbrach der alte Glaube – und die Hochkultur dazu. Das Reich des minoischen Kreta zerfiel, genau wie in Indien die Hochkultur der zwei dravidischen Städte Harappa und Mohenjo-Daro. In Indien jedoch erstarkte die alte Mythologie der Schlangenkraft bald wieder, bis sie um die Mitte des ersten vorchristlichen Jahrtausends das gesamte Pantheon und den Geist der vedischen Götter – Indra, Mitra, Vāyu und die übrigen – aufgesogen und sie alle in bloße Handlungsträger der Prozesse ihres eigenen, immer noch kreisenden Reigens der ewigen Wiederkehr umgewandelt hatte.[25] Im Westen dagegen sollte das im willensfreien, geschichtsmächtigen Helden verkörperte Prinzip der Unbestimmtheit die Oberhand nicht nur gewinnen, sondern sie auch behalten – bis heute. Außerdem schafft dieser Sieg der Willensfreiheit samt ihrer sittlichen Folgeerscheinung, der individuellen Verantwortung, das erste Unterscheidungsmerkmal des spezifisch abendländischen Mythos – und hierin eingeschlossen sind für mich nicht nur die Mythen des arischen Europa (der Griechen, Römer, Kelten und Germanen), sondern auch die der semitischen und arischen Völkerschaften der Levante (der semitischen Akkader, Babylonier, Phöniker, Hebräer und Araber; der arischen Perser, Armenier, Phryger, Thraker, Illyrer und Slawen). Denn ob wir an die Siege von Zeus und Apollon, Theseus, Perseus, Iason und den übrigen über die Drachen des goldenen Zeitalters denken oder uns den Sieg Jahwes über den Leviathan anschauen, jedesmal lautet die Moral, daß es eine aus eigenem Antrieb handelnde Macht gibt, die größer ist als die Kraft irgendeines erdgebundenen Schlangenschicksals. Alle bedeuten (mit Jane Harrisons Worten) «in erster Linie ein Aufbegehren gegen die Verehrung der Erde und der daimones der Erdfruchtbarkeit».

«Eine Verehrung der Fruchtbarkeitsmächte, die das ganze Pflanzen- und Tierleben einbegreift, ist weit genug, um vernünftig und heilsam zu sein», fügt sie hinzu, «aber indem sich die Aufmerksamkeit des Menschen mehr und mehr auf sein eigenes Menschsein konzentriert, wird eine solche Verehrung zu einem offensichtlichen Herd der Gefahr und der Krankheit.»[26]

Durchaus. Und doch kann man sich des Eindrucks nicht erwehren, daß etwas Gezwungenes und letzlich nicht Überzeugendes den ganzen wackeren Moralposen der strahlenden gerechten Männer der Tat anhaftet, seien sie nun biblischen oder griechisch-römischen Schlages; denn als Rache oder zum Ausgleich liegt das eigentliche Leben und damit die geistige Tiefe und Faszination der Mythen, in denen die Helden auftreten, weiterhin bei den dunklen Wesenheiten der verfluchten und dennoch trächtigen Erde, die, wiewohl geschlagen und unterworfen, mit ihren Kräften niemals völlig aufgesogen werden. Ein Rest Geheimnis bleibt ihnen; und dieser Rest hat die gesamte Geschichte des Abendlandes über immer in den archaischen Symbolen der späteren, «höheren» Systeme geschlummert und davon ausgestrahlt – als ob er verschwiegen sagen wollte: «Aber hört ihr denn nicht das tiefere Lied?»

In der Medusasage zum Beispiel läßt sich die ältere Kunde noch vernehmen, obwohl sie vom Standpunkt der olympischen patriarchalen Ordnung aus erzählt wird. Die Haare der Medusa, der Gorgonenkönigin, waren zischende Schlangen, der Blick ihrer Augen verwandelte Männer zu Stein. Perseus schlug ihr mit einer List den Kopf ab und floh, nachdem er ihn in seine Tasche gesteckt hatte; später trug Athene den Kopf auf ihrem Schild. Doch aus dem durchtrennten Hals der Gorgo sprang das geflügelte Pferd Pegasos, das der Gott Poseidon gezeugt hatte und das später vor den Wagen des Zeus gespannt wurde. Und durch die Mithilfe der Athene brachte Asklepios, der Gott der Heilkunst, das Blut aus den Adern der Medusa an sich, sowohl von ihrer linken Seite als auch von ihrer rechten. Mit jenem tötet er, aber mit diesem heilt er und erweckt er wieder zum Leben.

Demnach vereinte Medusa in sich dieselben zwei Kräfte wie in Indien die schwarze Göttin Kālī, die mit ihrer rechten Hand Gaben spendet und in ihrer linken ein erhobenes Schwert hält. Kālī gebiert alle Wesen des Alls, doch ihre Zunge hängt lang und rot heraus, um damit deren Lebensblut aufzulecken. Sie hat eine Schädelkette um den Hals, ihr Schurz besteht aus abgetrennten Armen und Beinen. Sie ist die Schwarze Zeit, Leben und Tod aller Wesen in einem, der Schoß und das Grab der Welt: die ureine letzte Wirklichkeit der Natur, der selbst die Götter als ausführende Organe dienen.

Oder nehmen wir die sonderbare Sage vom blinden Weisen Teiresias, von dem sogar Zeus und Hera sich einmal ein Urteil erbaten. «Gewiß doch», hatte der König der Götter im Scherz zu seiner

Angetrauten gesprochen: «größer ist eure Lust, als die uns Männern zuteil wird!» Sie bestritt es. Und so zogen sie Teiresias hinzu, da dieser infolge einer merkwürdigen Begebenheit beide Seiten der Liebe kennengelernt hatte. Mit Ovids Worten:

> Denn er hatte im grünenden Wald die Leiber von zwei sich
> paarenden großen Schlangen verletzt mit dem Hieb seines Stabs und,
> aus einem Manne darauf – wie seltsam – zum Weibe geworden,
> sieben Herbste verbracht. Im achten sah er die Schlangen
> wieder und sprach: «Liegt im Hieb, der euch trifft, ein solches Vermögen,
> daß er des Schlägers Natur ins Entgegengesetzte verkehrt, so
> will ich euch treffen aufs neu!» Er traf die Schlangen, da kehrt ihm
> wieder die alte Gestalt, das Geschlecht, in dem er geboren.[27]

Als Teiresias nun den Streit zwischen dem Göttervater und seiner Gattin entscheiden sollte, kannte er deshalb die Antwort – und ergriff für Zeus Partei. Die pikierte Göttin schlug ihn darauf mit Blindheit, doch der Gott gewährte ihm zum Ausgleich die Gabe der Weissagung.

In dieser Geschichte sind die zwei sich paarenden Schlangen genau wie die des Caduceus das Zeichen der welterzeugenden Kraft, die alle Gegensatzpaare durchwaltet: Mann und Frau, Geburt und Tod. In ihr Geheimnis stieß Teiresias unbedacht vor, als er in der Heimlichkeit des grünenden Waldes der unsterblichen Göttin Erde umherwanderte. Sein impulsiver Hieb versetzte ihn zwischen die beiden, entsprechend dem Mittelstab (Axis mundi) der Abbildung 1; und er wurde daraufhin für sieben Jahre – eine Jahreswoche, ein kleines Leben – auf die andere Seite katapultiert, von der er vorher keine Kenntnis besessen hatte. Weshalb er, nunmehr mit Absicht, das lebendige Symbol der zwei, die in ihrem Wesen eins sind, abermals berührte und, da ihm seine eigentliche Gestalt wiederkehrte, von da an der Eine war, der beiderlei Wissen besaß und damit sowohl Zeus, den rein männlichen Gott, als auch die rein weibliche Göttin an Weisheit übertraf.

Die patriarchale Sichtweise unterscheidet sich von der älteren archaischen Anschauung dadurch, daß sie alle Gegensatzpaare –

Mann und Frau, Leben und Tod, richtig und falsch, gut und böse – auseinanderreißt, als ob sie Absoluta an sich wären und nicht bloß Aspekte des größeren Lebensganzen. Dies können wir mit einer solaren im Gegensatz zu einer lunaren mythischen Anschauung vergleichen, da die Dunkelheit vor der Sonne als ihrem Gegenteil flieht, wohingegen in der einen Scheibe des Mondes Dunkel und Helle miteinander spielen. Die Blendung des Teiresias kam demnach daher, daß ihm lunare Weisheit zuteil wurde. Seine Blindheit bestand lediglich gegenüber der Sonnenlichtwelt, in der alle Gegensatzseiten vereinzelt zu sein scheinen. Und die Gabe der Weissagung war die dementsprechende Klarsicht des inneren Auges, das die Dunkelheit des Daseins durchdringt. Teiresias taucht also wie ein Besucher aus der tiefsten unterbewußten Schicht des griechischen Erbes auf, um als geheimnisvolle Erscheinung unter den Figuren jener oberen, sekundären Welt der olympischen Götter und Mythen einherzugehen, durch welche die andere Welt überdeckt worden war – jedoch nicht gänzlich verdrängt.

Denn haben wir nicht bereits die Schlange Zeus Meilichios gesehen? Und war es nicht in solcher Gestalt, daß Zeus sich mit seiner Tochter Persephone begattete, als die Erdgöttin Demeter, die sie ihm geboren hatte, sie in einer Höhle auf Sizilien zurückließ, bewacht von zwei der Schlangen, die sonst vor ihren Wagen gespannt waren?

Der Leser erinnert sich vielleicht an die in der *Mythologie der Urvölker* wiedergegebene Sage,[28] wie die Mutter des göttlichen Mädchens, während dieses dort friedlich an einem Wollmantel mit einem Abbild der ganzen Welt darauf webte, dafür sorgte, daß Zeus von ihrer Gegenwart erfuhr. Er nahte ihr in Gestalt einer riesigen Schlange. Und die Jungfrau empfing den immer wieder sterbenden und immer wieder zum Leben erwachenden Gott von Brot und Wein Dionysos, der in jener Höhle geboren und gestillt, dann als Kleinkind zerrissen wurde und wieder auferstand.

In vergleichbarer Weise nahte in der demselben archaischen Hintergrund entstammenden christlichen Legende Gott Heiliger Geist der Jungfrau Maria in Gestalt einer Taube, und sie empfing – durch das Ohr – Gott Sohn, der in einer Höhle geboren wurde, starb und auferstand und hypostatisch im Brot und Wein der Mes-

Abbildung 11. Aphrodite mit Eroten

se zugegen ist. Denn nicht weniger als die Schlange war die Taube ein Attribut und Begleittier der Großen Göttin des vorhomerischen, vormosaischen Ostens. In Abbildung 11 erscheint sie als Aphrodite, umgeben von ihr huldigenden Eroten, in der linken Hand eine Taube.[29] So reproduziert im Weltpanorama der Mythologie die christliche Dreifaltigkeit – Gott Vater, der väterliche Schöpfer Marias, Gott Heiliger Geist, ihr Gemahl, und Gott Sohn, ihr getötetes und auferstandenes Kind – für ein späteres Zeitalter das orphische Mysterium des Zeus in Gestalt einer Schlange, wie er mit seiner eigenen Tochter Persephone seinen fleischgewordenen Sohn Dionysos zeugt.

Der Sieg der patriarchalen Gottheiten über die älteren matriarchalen war in der griechisch-römischen Sphäre nicht so total wie in den Mythen des Alten Testaments. Jane Harrison hat gezeigt, daß die älteren Götter nicht nur am Rande in solchen abweichenden Formen wie Zeus Meilichios überlebten, sondern auch in den Riten der volkstümlichen Feld- und Frauenkulte und besonders in den Mysterien der Demeter und der Orphiker, weshalb zahlreiche Elemente des Erbes an das Christentum weitergegeben wurden – am offensichtlichsten in den Mythen und Riten der Jungfrau und in der Messe. Denn in Griechenland rotteten die patriarchalen Götter die Göttinnen des Landes nicht aus, sondern nahmen sie zu Frauen, und diesen gelang es zuletzt, wieder Einfluß zu gewinnen, während in der biblischen Mythologie sämtliche Göttinnen ausgemerzt wurden – oder wenigstens meinte man das.

Jedoch wie wir in jedem Kapitel der Bücher Samuel und der Könige lesen, blieben die alten Fruchtbarkeitskulte in ganz Israel weiter in Ehren, sowohl beim Volk als auch bei der Mehrzahl seiner Herrscher. Und selbst im Text des Pentateuch gibt es noch still in Symbolen geborgene Anzeichen für die Weisheit der alten Erdmutter und ihres Schlangengemahls.

> Jahwe sprach zu der Frau: «Was hast du da getan?» Die Frau antwortete: «Die Schlange hat mich verführt, und so habe ich gegessen.» Da sprach Jahwe zur Schlange: «Weil du das getan hast, bist du verflucht unter allem Vieh und allen Tieren des Feldes. Auf dem Bauch sollst du kriechen und Staub fressen alle Tage deines Lebens. Feindschaft setze ich zwischen dich und die Frau, zwischen deinen Nachwuchs und ihren Nachwuchs. Er trifft dich am Kopf, und du triffst ihn an der Ferse.» (Gen 3,13–15.)

Darauf verfluchte Jahwe die Frau dazu, unter Schmerzen zu gebären und ihrem Mann untertan zu sein – womit dem neuen Zeitalter das Siegel des Patriarchats aufgedrückt war. Und er verfluchte auch den Mann, der zu dem Baum gekommen war und die von ihr dargebotene Frucht gegessen hatte. «Im Schweiße deines Angesichts sollst du dein Brot essen, bis du zurückkehrst zum Ackerboden; von ihm bist du ja genommen. Denn Staub bist du, zum Staub mußt du zurück.» (Gen 3,19.)

Aber der Ackerboden, der Staub, von dem das bestrafte Paar genommen worden war, war natürlich die Göttin Erde, zwar beraubt ihrer anthropomorphen Züge, aber dennoch in ihrer elementaren Erscheinungsform weiterhin mit der Aufgabe betraut, den Stoff abzugeben, in den Jahwe, ihr neuer Gemahl, ihrer Kinder

Lebensatem geblasen hatte. Und zu ihr, nicht zum Vater, sollten sie im Tode zurückkehren. Von ihr waren sie genommen, und zu ihr mußten sie zurück.

Wie die Titanen des älteren Glaubens waren Adam und Eva somit die Kinder der Muttergöttin Erde. Als Adam waren sie zunächst einer gewesen und dann als Adam und Eva in zwei gespalten worden. Und der gemaßregelte Mann beantwortete Jahwes Rüffel in einer seinem titanischen Charakter ganz und gar gemäßen Weise. «Adam», so lesen wir weiter, «nannte seine Frau Eva (Leben), denn sie wurde die Mutter aller Lebendigen.» Als die Mutter aller Lebendigen muß demnach Eva selbst als der fehlende anthropomorphe Aspekt der Muttergöttin erkannt werden. Und Adam muß folglich ihr Sohn wie auch ihr Mann gewesen sein: denn die Geschichte mit der Rippe ist eindeutig eine (den Mann bevorrechtende) patriarchale Umkehrung des älteren Mythos vom erdgeborenen Helden, der zur Göttin Erde zurückkehrt, um wiedergeboren zu werden (siehe dazu abermals Abb. 6 und 7).

Außerdem finden wir, wie in den frühbronzezeitlichen Siegeln von Ningizzida und seinem Schlangenpförtner, im ganzen biblischen Text immer wieder deutliche und beweiskräftige Zeichen dafür, daß Jahwe der Herr selbst eine Erscheinungsform der Schlangenkraft war und damit eigentlich selbst der Schlangengemahl der Schlangengöttin des Caduceus, Mutter Erde. Erinnern wir uns erstens an den magischen Schlangenstab, mit dem Mose den Pharao einschüchtern sollte. Jahwe sprach zu ihm: «‹Was hast du da in der Hand?› Er antwortete: ‹Einen Stab.› Da sagte Jahwe: ‹Wirf ihn auf die Erde!› Mose warf ihn auf die Erde. Da wurde der Stab zu einer Schlange, und Mose wich vor ihr zurück. Jahwe aber sprach zu Mose: ‹Streck deine Hand aus, und fasse sie am Schwanz!› Er streckte seine Hand aus und packte sie. Da wurde sie in seiner Hand wieder zu einem Stab.» (Ex 4,2–4.) Derselbe Stab schlug später Wasser aus dem Felsen in der Wüste (Ex 17,1–7). Und als das Volk in der Wüste bald darauf gegen Jahwe murrte:

> Da schickte Jahwe Giftschlangen unter das Volk. Sie bissen die Menschen, und viele Israeliten starben. ... Da betete Mose für das Volk. Jahwe antwortete Mose: «Mach dir eine Schlange, und häng

> sie an einer Fahnenstange auf! Jeder, der gebissen wird, wird am Leben bleiben, wenn er sie ansieht.» Mose machte also eine Schlange aus Kupfer und hängte sie an einer Fahnenstange auf. Wenn nun jemand von einer Schlange gebissen wurde und zu der Kupferschlange aufblickte, blieb er am Leben. (Num 21,6–9.)

In 2 Könige erfahren wir, daß das Volk fortfuhr, das Bildnis der Kupferschlange in Jerusalem zu verehren, und zwar bis zur Zeit des Königs Hiskia (719–691 v. Chr.), von dem es heißt: «Er ... zerschlug die Kupferschlange, die Mose angefertigt hatte und der die Israeliten bis zu jener Zeit Rauchopfer darbrachten – man nannte sie Neuschtan (Kupferbild).» (2 Kön 18,4.)

Sollen wir uns nach alledem darüber wundern, daß der Name des Priesterstammes Levi, der wichtigsten Vorkämpfer Jahwes, von derselben Verbalwurzel stammt wie das Wort Leviathan?[30] Oder daß die Bilder, die zuletzt doch von diesem Gott aufkamen, von dem man sich kein Bildnis machen sollte, ihn mit Schlangenbeinen zeigten (siehe Abb. 25 und 26, S. 314–315 unten)?

3
Ultima Thule

Wir wenden uns jetzt nach Irland, wo die Magie der Göttin des Landes der Jugend in den Elfengeschichten bis heute fortwirkt. Im Mittelalter ergoß sich der mystische Zauber ihres Volkes der Feenhügel in den Sagen von König Artus' Tafelrunde über Europa, und Gawan, Tristan und Merlin erweckten die alten keltischen Fianna und «Ritter vom roten Zweig» in der Rüstung der Kreuzzüge wieder zum Leben. Ein klein wenig früher, in einer wenig erforschten Zeit, etwa 375–950 n. Chr., wurden die epischen Erzählungen, denen diese Helden entstammten, aus damals schon alten mythischen Geschichten geformt.

Die ersten Bewohner Irlands, von denen noch Spuren erhalten sind, erreichten seine Gestade während jener dunklen prähistorischen Zeit zwischen Alt- und Jungsteinzeit, die als Mesolithikum bezeichnet wird. Die Eismassen waren zurückgewichen, aber eine kalte, klamme, dunstige Luft war geblieben, und Möwen flogen über graugrüne Gewässer, auf denen Eisberge wie Schiffe schwammen und die der Lebensraum von Robben, Walrossen und Walen waren. Längst vergangen war das große Zeitalter der paläolithischen Jagd, in dem die wunderbaren bemalten Höhlen Südfrankreichs und Nordspaniens die bedeutendsten religiösen Kultstätten der Welt gewesen waren. Zu ihrer Zeit, etwa 30 000–15 000 v. Chr., hatte es nirgendwo auf Erden etwas ihnen auch nur annähernd Vergleichbares gegeben. Doch als in den Endphasen der Würm-Vereisung das Eis sich weiter zurückgezogen hatte, war es daraufhin zu einer unwiderruflichen Verschlechterung der Jagdbedingungen gekommen. Die halb arktische Tundralandschaft, in der Mammute und Wollnashörner, Moschusochsen und Rentiere ihr Leben fristeten, wich zunächst der Grassteppe, über die ungeheure Herden von Wisenten, Wildrindern, Pferden und Antilopen schweiften; doch dann verdrängte der Wald die Steppen, und das Fleisch wurde bedenklich knapp. Viele der Jägergruppen folgten ihrem Wild nach Norden und wurden in dem Maße, als der Reichtum ihres Lebensraumes zurückging, mit der Zeit zu den Vorfahren jener verstreuten Jäger- und Fischerstämme, die den äußersten Norden noch immer dünn bevölkern. Andere jedoch blieben da und holten sich ihre Nahrung nicht nur aus dem Wald, sondern auch aus dem Meer und von den Küsten. Schon im Magdalénien, während der letzten wildreichen Jahrtausende, waren unter den Jagdwaffen der Fischspeer, der Angelhaken und die Harpune aufgetaucht und hatte man begonnen, in mit Häuten bespannten Weidenbooten dem Wal, dem Walroß und der Robbe nachzustellen – wie es bei den letzten Erben dieser Kultur, den Eskimo, noch heute Brauch ist. Doch in der Folgezeit gingen sowohl die Einsatzbereitschaft der Menschen als auch die Ergiebigkeit der europäischen Jagdgründe derart zurück, daß das Gebiet bloß noch zu einem entlegenen Ödland der letzten verbliebenen, sich schindenden Waldbewohner wurde.

Die Nervenzentren des kulturellen Lebens hatten sich gen Süden und Südosten verschoben, wo die Weideflächen Nordafrikas und Vorderasiens, die heute größtenteils Wüstengebiete sind, noch mächtige Herden ernährten. Eine Welt tätigen Lebens entfaltete sich dort, die in den Felsbildern (jetzt nicht in Höhlen, sondern außen auf Felswänden) des Capsienstils Nordafrikas und Südspaniens bewegt dargestellt ist. Pfeil und Bogen erscheinen in dieser Kunst zum erstenmal, zusammen mit dem Hund als Jagdgefährten. Und während die älteren Malereien des Nordens hauptsächlich Tiere zum Gegenstand gehabt hatten, waren die dieser späteren Capsienkunst von etwa 10 000–4000 v. Chr. größtenteils Menschenszenen in einem schwungvoll fließenden, erzählenden Stil. Außerdem malten diese Szenen zuerst ein Jägerdasein aus, dann aber das Leben von Hirtenstämmen. Denn während der letzten Phasen dieses Endstadiums des Paläolithikums kamen in jenem levantinischen Teil ihres weiten Verbreitungsgebietes, den die Historiker heute als Kernzone des Nahen Ostens bezeichnen, Viehzucht und Ackerbau auf.

Leo Frobenius war der erste, der die Ausdrücke West-Ost-Pendelung und Ost-West-Pendelung zur Bezeichnung der zwei aufeinanderfolgenden Diffusionsbewegungen gebrauchte, die einmal im Paläolithikum die Jagd und dann im Neolithikum den Ackerbau verbreiteten. In seinem immer wieder anregenden Büchlein *Monumenta Terrarum* schreibt er:

> Wir können sagen, daß (im großen und ganzen zu nehmen) der Pendel der Verschiebung des Kulturniveaus in dieser prähistorischen, zumal Steinzeit sich mit dem Ausgangspunkt in Westeuropa am Südrande des Mittelmeeres hin nach Osten über Ägypten, also nach Asien verschob. In der älteren Steinzeit bewegt sich das Kulturniveau also hier (südlich des Randes der einstigen Eismassen) von Westen nach Osten fort. Dann folgt [in Europa] ein Hiatus. – Endlich taucht (im abendländischen Kulturkreis) eine höhere Bronzezeit mit unendlicher Vertiefung von Osten her auf und bewegt sich durch Osteuropa zu Lande in das Baltikum, am nördlichen Mittelmeerrande aber zieht sie von Kleinasien ein in die Ägäis (griechische Kultur), geht mit dem Höchstdruck über nach Italien (Rom) und wirkt sich dann, noch weiter nach Westen ziehend (Spanien, Frankreich, Belgien), aus in der Entstehung der Gotik und klingt im Westpunkt, im rationalistischen England aus im Akkord der Vorbereitung der Weltwirtschaft. Das heißt: von der älteren W.O.-Pendelung durch einen Hiatus getrennt, setzt eine jüngere O.W.-Pendelung mit der Bildung der hohen Kulturen ein.[31]

Und in einem darauf folgenden Werk über Afrika vertiefte Frobenius die Beobachtung weiter.

> Landschaftlich wie geschichtlich ist das Mittelmeer durch die in Sizilien ausklingende Halbinsel Italien in ein westliches und in ein östliches Becken zerlegt. Indem wir die Namen der beiden großen in der Mitte dieser beiden Becken gelegenen Inseln zugrunde legen, können wir das westliche Becken als das sardinische, das östliche als das kretische bezeichnen. Von außen her und kulturmorphologisch ist das Schicksal Nordwestafrikas, also Kleinafrikas bedingt durch die in den Randländern des sardinischen Meeres sich abspielenden Geschehnisse, dasjenige des levantinischen Nordostafrika aber durch Vorgänge, welche die Randländer des kretischen Meeres erlebten. ... Im Jungpaläolithikum lag der Schwerpunkt der europäischen Kultur im Westen; Spanien stand zum großen Teil in der Capsienperiode mit Kleinafrika in Beziehung; im Altpaläolithikum scheint zur Chelléenzeit Kleinafrika mit Westeuropa zusammen eine große Kulturprovinz dargestellt zu haben. – Genau so durchsichtig ist die Abhängigkeit des levantinischen Nordostafrika von den Geschehnissen am Rande des kretischen Meeres und, wie am sardinischen Meer von Westeuropa, so hier von Westasien.[32]

Also kurzum: Während der ganzen fast endlosen Epoche der paläolithischen Jagd waren Nordwestafrika und Westeuropa ein einziger riesiger Kulturraum – die «paläolithische Quellregion», wie Frobenius ihn bezeichnete –, von dem aus eine breite West-Ost-Pendelung die Kulturtechniken des altsteinzeitlichen Menschen nach Asien trug; während in der späteren, viel kürzeren Epoche raschen kulturellen Wandels, die wir das Neolithikum oder die Jungsteinzeit nennen, Vorderasien und Nordostafrika die schöpferischen Kulturherde wurden und die Flut zurück nach Europa strömte, von Ost nach West. Darüber hinaus sind gegenüber Europa, wo die ältesten mythologischen Zeugnisse von Rang aus den paläolithischen Höhlen von etwa 30 000–15 000 v. Chr. stammen, die der Levante aus dem Neolithikum, etwa 7500–3500 v. Chr. Im europäischen Geist leben die strukturierenden Einflüsse der langen Erziehung seiner Völker zu den Verrichtungen der Jagd und damit

Eigenschaften wie individuelles Urteilsvermögen und unabhängiger Leistungswille fort; demgegenüber waren und sind im jüngeren, jedoch kulturell viel komplexeren Nahen Osten Gruppenleben und Autoritätshörigkeit die dem Einzelnen anerzogenen Ideale, so daß dieser in einer solchen Welt im Grunde gar kein Individuum im europäischen Sinne ist, sondern Bestandteil einer Gruppe. Wie wir noch sehen werden, hat in der ganzen wildbewegten Geschichte der gegenseitigen Beeinflussung dieser beiden Kulturwelten mit ihren abwechselnden Pendelungen der unauflösbare Konflikt zwischen den Prinzipien des paläolithischen Einzelnen und der neolithischen geheiligten Gruppe bis heute eine Situation schöpferischen Austauschs ebenso wie gegenseitiger Verachtung erzeugt und aufrechterhalten.

Aber zurück nach Irland.

4
Mutterrecht

Die besondere Nachhaltigkeit und Eigentümlichkeit der Beiträge, die Irland zur frühen Entwicklung des Westens geleistet hat, sind darauf zurückzuführen, daß die Insel, obwohl sie das ganze Paläolithikum über unbewohnt gewesen war, ganz am Anfang der westeuropäischen Bronzezeit um 2500 v. Chr. plötzlich – und aus gutem Grund – eine der produktivsten Quellregionen der abendländischen Szene wurde. Britannien hatte in paläolithischer Zeit zum Festland gehört, aber Irland nicht. Die Insel war also überhaupt erst erreichbar geworden, als das gefährliche jungpaläolithische Abenteuer der Seejagd auf Walrösser, Robben und Wale begann. Doch selbst da brachte man es nicht zu einer dauerhaften Besiedlung.

Die einzigen Überreste aus dieser fernen Zeit sind die bereits erwähnten aus dem Mesolithikum. Sie wurden an der nordöstlichen Küste von Antrim entdeckt, an «erhöhten Stränden» (heute etwa siebeneinhalb Meter über dem Meer), vor allem bei Larne, Kilroot und Portrush und auf Island Magee. Während die Artefakte der ersten drei Fundstätten Ähnlichkeiten mit denen der mesolithischen Kulturen der Ostsee und Nordsee aufweisen, hängen die von Island

Magee, die in Sichtweite von Larne liegt, sonderbarerweise mit den Industrien Nordspaniens zusammen. Diese unterschiedlichen Verbindungen sollten bestehen bleiben und das Schicksal der Insel mitformen. Jedoch die frühen mesolithischen Besucher waren selbst in keiner Weise die Urheber dieses Schicksals. Wer sie waren, was sie nach Irland brachte, wann oder warum, oder warum sie wieder verschwanden, wissen wir nicht. Mit den Worten von R. A. S. Macalister, einst Professor am University College in Dublin und langjähriger Präsident der Royal Irish Academy und der Royal Society of Antiquities of Ireland, ist «ihr Andenken mit ihnen untergegangen. Ihr Leben, ihre Liebe, ihr Haß, ihre Sprache, ihre Sitten und Gebräuche, ihre Gesellschaftsform, ihr Tod, ihre Götter, alle sind wie in einem Traum zerronnen.»[33] Ihre kurzlebigen Siedlungen lassen sich nur vage datieren auf irgendeine Zeit zwischen dem Ende der Eiszeiten im Norden um 7800 v. Chr. und der Periode der frühesten kupfer- und bronzezeitlichen Überreste um 2500 v. Chr., mit denen die Hochgeschichte nicht allein Irlands, sondern ganz Nordwesteuropas erst wirklich anfängt.

Die Triebkraft dieser plötzlichen bronzezeitlichen Entwicklung muß in dem gesehen werden, was Macalister als die wesentliche «impulsive» im Unterschied zur «expulsiven» Ursache der Kolonisierung eines so schwer zugänglichen Landes bezeichnet hat. «Es gibt», erklärt er, «impulsive wie auch expulsive Kolonisierungsgründe. Expulsive Ursachen sind von der Art, daß sie die ursprüngliche Heimat vorübergehend oder auf Dauer unbewohnbar machen – ein Notstand durch den Einfall von Feinden, durch widrige klimatische Bedingungen oder sonst etwas. Impulsive Ursachen sind von der Art, daß sie die neue Heimat anziehend machen; und zweifellos war Gold, von dem man in Irland große Schätze vermutete, die Hauptanziehung, die das Land für Eindringlinge oder für Siedler besaß.»[34] Gold lag funkelnd in den Betten der Flüsse, genau wie in den Tagen der Goldwäscherei im amerikanischen Wilden Westen. «Die große Sammlung von Goldschmuck im National Museum», fährt Macalister fort, «zeigt, daß das Gold im Flußkies fleißig gesammelt wurde, ja, die bronzezeitlichen Goldschmiede haben anscheinend das gesamte Vorkommen aufgebraucht.»[35] Auch reiche Kupfervorkommen sollten in vielen Teilen der Insel gefunden werden, und dies war ebenfalls ein Metall von unschätzbarem Wert. Zinn jedoch, der andere Bestandteil von Bronze, war zunächst nicht verfügbar, da die nächsten Lager im benachbarten britischen Cornwall waren. Sie wurden aber bald schon von den Iren entdeckt und abgebaut. Damit gab es sogar schon in der Blütezeit Babylons, des Mittleren Reiches in Ägypten, Trojas und des minoischen Kreta jenseits der Wildnis des äußersten Nordwestens ein entlegenes sekundäres Zentrum, das halbmondförmigen Goldschmuck, ein bestimmtes flaches Kupferbeil und später, als das Zinn entdeckt worden war, eine eigentümliche Bronzehellebarde in großen Mengen ausführte.

Aber der für den Mythologen besonders interessante und für die Bedeutung Irlands in allen späteren Entwicklungen europäischen Mythen- und Sagenguts nachwirkende Umstand ist, daß die Epoche, in der der Kulturstil der Insel begründet wurde, zwischen dem Verdämmern der großen paläolithischen Zeiten Europas und dem Aufgang der noch größeren patriarchalen Zeiten der arischen Kelten, Römer und Germanen lag. Es war eine Kultur, die sich von den beiden anderen, zwischen denen sie entstand, von Grund auf unterschied. Auch war ihre Lebenszeit durchaus nicht kurz, dauerte sie doch von etwa 2500 bis etwa 500–200 v. Chr., als die ersten keltischen Eisenbesitzer kamen, deren religiöse Überlieferung in den Händen der Druiden lag. Mythologie und Moral waren von bronzezeitlicher Art, bestimmt von Muttergöttin und Mutterrecht, und ihre Beziehung zu dem späteren patriarchalen System der Kelten glich in etwa der, in der die frühe kretisch-ägäische Ordnung zu der des olympischen Griechenland stand.

Tatsächlich kommen selbst in den spätkeltischen Sagen viele verblüffende Angewohnheiten dreister Edelfrauen ans Licht, die die Gebräuche jener Epoche bis in frühchristliche Zeiten bewahrten. Sie waren durchaus keine Ehefrauen nach patriarchaler Fasson. Denn sogar auf der Höhe des keltischen heroischen Zeitalters, etwa 200 v. Chr. bis 450 n. Chr., waren viele der berühmtesten adligen Irinnen noch vorkeltischer Abstammung; und diese benahmen sich in der gebieterischen Art der einstigen Matriarchinnen.

Da wäre zum Beispiel die Episode vom Kopfkissengespräch der Königin Medb von Connacht mit ihrem keltischen Gemahl Ailill von Leinster in dem bizarren Epos «Der Rinderraub von Cooley» (*Tâin bó Cuailnge*).

Die beiden ruhten friedlich in ihrer Burg Cruachan. Das königliche Lager war soeben bereitet worden, da meinte Ailill: «Es stimmt, was man sagt, Liebste, die Frau eines reichen Mannes hat es gut.» Sie erwiderte: «Allerdings. Wie kommst du darauf?» Er fuhr fort: «Mir fiel ein, um wieviel besser es dir heute geht als an dem Tag, als ich dich heiratete.» Da sprach Medb: «Ich war auch ohne dich reich genug.» «Dann habe ich von deinem Reichtum weder viel gewußt noch gehört», entgegnete Ailill, «außer deinem Frauengut, das die feindlichen Nachbarn erbeutet und geplündert haben.»

Darauf gab Medb ihm die Erwiderung einer wahren königlichen Matriarchin, die keines Mannes erschachertes Weib ist, sondern die Herrin ihres eigenes Landes – und dazu die des Königs selbst, mit sämtlichen Vorrechten, die im Patriarchat den Männern vorbehalten sind.

«Keineswegs», erklärte sie ihm, «schließlich hatte ich den Hochkönig von Irland als Vater – Eochaid Feidlech. Er hatte sechs Töchter, und ich war die vornehmste und stolzeste von ihnen. Ich übertraf sie an Anmut und Freigebigkeit, in der Schlacht und im kriegerischen Zweikampf. Ich hatte fünfzehnhundert Krieger in meinem königlichen Sold, lauter Söhne von Verbannten, und die gleiche Zahl an freigeborenen einheimischen Männern, und für jeden Söldner hatte ich zehn weitere Männer und neun weitere und acht und sieben und sechs und fünf und vier und drei und zwei und einen. Und das war nur unsere gewöhnliche Hofhaltung. Mein Vater schenkte mir eine ganze Provinz von Irland, diese hier, die von Cruachan beherrscht wird, und deshalb heiße ich ‹Medb von Cruachan›.»

Daß Königin Medb nicht nur Herrin über ihre eigene Burg war, sondern auch Meisterin in der irischen Kunst dichterischer Übersteigerung, erhellt daraus, daß das hier angegebene Gefolge, wie Macalister nachgerechnet hat, sich auf 40 478 703 000 Personen beläuft, «oder mehr als dreimal die gesamte Einwohnerschaft des heutigen Dublin auf jeder einzelnen Quadratmeile Irlands zusammengedrängt.»[36] Nach dieser Behauptung fuhr die Königin fort.

«Und sie kamen», sagte sie zu ihrem Mann, «von Finn, dem König von Leinster, Rus Ruads Sohn, um mich zu freien, und von Coirpre Niafer, dem König von Temair, einem anderen Sohn Ruads. Sie kamen von Conchobor, dem König von Ulster, Fachtnas Sohn, und sie kamen von Eochaid Bec, und ich wollte nicht. Denn ich verlangte etwas Schwierigeres als Brautgeschenk, als jemals eine Frau von einem Mann in Irland verlangt hatte – er mußte frei sein von Geiz, Eifersucht und Furcht.

Wenn ich einen Geizigen zum Mann nähme, wäre unsere Verbindung unrecht, denn ich bin voll Milde und Freigebigkeit. Es wäre eine Beleidigung, wenn ich großzügiger wäre als mein Gatte, aber nicht, wenn wir beide darin gleich wären. Wäre mein Gatte ein furchtsamer Mann, wäre unsere Verbindung ebenso unrecht, denn ich selbst liebe jede Art von Fährnis. Es wäre eine Beleidigung für eine Frau, mutiger zu sein als ihr Mann, aber nicht, wenn beide gleich mutig sind. Wenn ich einen eifersüchtigen Mann heiratete, wäre das auch unrecht: Ich hatte nie einen Mann, ohne daß ein anderer in seinem Schatten wartete. So bekam ich den Mann, den ich wollte: Rus Ruads anderen Sohn – nämlich dich, Ailill von Leinster. Du bist weder geizig noch eifersüchtig noch träge. Als wir Brautleute waren, brachte ich dir das beste Hochzeitsgeschenk, das eine Braut bringen kann: Gewand für ein Dutzend Männer, einen Streitwagen im Wert von sieben Leibeigenen, die Breite deines Gesichts in rotem Gold und das Gewicht deines linken Arms in Weißgold. Wenn dir daher einer eine Schmach antut oder dich kränkt oder betrübt, steht mir Genugtuung dafür zu, denn du bist ein ausgehaltener Mann.»[37]

Einer der ersten aus der Generation bahnbrechender Keltologen vom Ende des neunzehnten Jahrhunderts, H. Zimmer senior,[38] führt in seiner Erörterung dieser Tirade der Königin Medb aus, daß bei den Kelten der Britischen Inseln «‹die Genugtuung für verletzte Ehre› auch die ‹Morgengabe› des Ehemanns an die Frau bezeichnet»,[39] und diese Genugtuung bestand für Könige «in einer Platte von Gold, so breit wie das Antlitz des Beleidigten» – das durch den Schimpf schamrot geworden war.[40] Folglich liegt die Spitze von Medbs letztem Hieb mit Zimmers Worten darin, daß er «die vollständige Umkehr der Zustände (ist), wie sie unter reinem Vaterrecht bestehen.» Weiter schreibt er:

Medb nimmt sich einen Mann, nicht etwa, wie unterm Vaterrecht ein Mädchen einen Mann nimmt, und auch nicht einen armen Schlucker ..., sondern einen Königssohn und Bruder von Königen, der eben so großen Besitz hat wie Medb: *sie zahlt* das vertragsgemäße Ehegeschenk *an ihn*, *sie gibt ihm die Morgengabe* als Pretium virginitatis; und wie im Vaterrecht der Mann Kebsen als legitim betrachtet, so *beansprucht* Medb «Hausfreunde» (Männer im Schatten des anderen) als *legitimes* Recht, als Bedingung des Ehekontraktes. Es handelt sich nicht um extreme Reden, in der Hitze des Streitens ausgesprochen, sondern um offen von ihrer Seite proklamierte Grundsätze, um stillschweigend von Ailill anerkannte und um offen von Medb in Taten umgesetzte[41]

– wie wir gleich sehen werden.

Denn der derart geschmähte Ailill verlangte eine Zählung der Besitztümer zum Vergleich, und vor den Augen der beiden wurde alles herangebracht: zuerst ihre Eimer, Bottiche und Eisenkessel, Krüge, Waschzuber und Henkelgefäße; Fingerringe, Armbänder, Daumenringe und Goldschätze, dazu ihre Tücher, purpurn, blau, schwarz, grün und gelb, einfarbig grau oder bunt, gelbbraun, kariert und gestreift. Dann wurden ihre ganzen zahlreichen Schafherden von den Feldern und Wiesen und vom freien Gelände vorbeigetrieben und an Zahl und Größe gleich befunden; desgleichen ihre Pferde, desgleichen ihre Herden grunzender Schweine. Als aber ihre Viehherden sich vorbeiwälzten, waren auch sie zwar an Zahl und Größe gleich, doch in der Herde des Königs fiel ein Stier auf, der Weißgehörnte, der das Kalb einer der Kühe Medbs gewesen war, aber der von keiner Frau geleitet sein wollte und sich deshalb der Herde des Königs zugesellt hatte. Unter den Stieren der Königin fand sich nicht seinesgleichen an Größe und Majestät, und als diese Ungleichheit herauskam, sank Medb der Mut, wie als ob sie keinen einzigen Groschen besäße.

Die Königin Medb befragte nun ihren Boten Mac Roth, ob es in irgendeiner der Provinzen Irlands einen dem Weißgehörnten ebenbürtigen Stier gäbe. «Ich weiß, wo ein solcher Stier, ein besserer sogar, zu finden wäre», antwortete Mac Roth. «In der Provinz Ulster, im Land Cuailnge, im Haus von Dáire mac Fiachna. Der

Stier heißt der braune Stier von Cuailnge.» - «Geh hin, Mac Roth», befahl darauf Medb. «Bitte Dáire, mir diesen Stier für ein Jahr zu leihen. Am Ende des Jahres soll er fünfzig einjährige Färsen als Bezahlung für sein Darlehen bekommen und die Rückgabe des braunen Stiers von Cuailnge. Außerdem kannst du ihm dieses bieten, Mac Roth, wenn es das Volk dieses Landes verdrießt, daß sie ihr Kleinod verlieren: Wenn Dáire selbst mit dem Stier kommt, gebe ich ihm einen Teil der schönen Ebene von Ai, der so groß ist wie sein eigener Landbesitz, und einen Streitwagen im Wert von dreimal sieben Leibeigenen, und obendrein meine willigen Schenkel.»

Also zog eine Gesandtschaft, neun Männer mit Mac Roth, von Connacht im Westen über die Insel nach Cuailnge im Nordosten und richtete Dáire aus, wenn er mit dem Stier käme, erhielte er einen Landbesitz von der Größe seines eigenen, dazu einen Streitwagen im Wert von dreimal sieben Leibeigenen und obendrein Medbs willige Schenkel. «Dáire war hocherfreut», lesen wir, «und sprang vor Freude so lange auf und nieder, bis die Nähte des Kissens unter ihm barsten.»[42]

Der Rest der Geschichte kann warten, denn im Moment soll nur gezeigt werden, daß sowohl die Archäologie als auch die alte Dichtung Irlands eines deutlich erweisen: Die patriarchalen, Eisenwaffen tragenden Kelten, die während der letzten drei oder vier Jahrhunderte v. Chr. zur Herrschaft gelangten, bezwangen eine ältere bronzezeitliche Kultur des Mutterrechts, aber löschten sie nicht aus. Der Sachverhalt ähnelt dem Sieg der Eisenwaffen tragenden dorischen Griechen über die bronzezeitliche Ordnung der kretisch-ägäischen Welt – deren Mythen und Riten jedoch weiterbestanden. Wie die bereits angeführten Arbeiten Jane Harrisons erbracht haben, waren nicht nur viele der bekanntesten Homerischen Mythen eigentlich Fragmente einer umgedeuteten vorhomerischen Mythologie, sondern lebte auch unter (und gar nicht einmal tief unter) der sonnigen olympischen Oberfläche in den ländlichen Festen, Frauenriten und Mysterienkulten der Antike eine dunkle und auf uns sogar abschreckend wirkende Schicht archaischer Rituale und Gebräuche fort. In vergleichbarer Weise ziehen in den Epen Altirlands die keltischen Kriegerkönige und ihre strahlenden Streitwagenkämpfer in eine Landschaft voll unsichtbarer Feenburgen ein, in denen ein Geschlecht von Wesen eines früheren mythologischen Zeitalters wohnt: die wunderbaren Tuatha Dé Danann, die Kinder der Göttin Danu, die sich nach ihrer Niederlage in gläserne Zauberhügel zurückzog. Und sie sind auch die Síde oder Shee, das Feenheer, die Elfenjagd der irischen Bauern bis zum heutigen Tag.

«Wer sind sie?» fragt der Dichter Yeats. Und er gibt gleich dreifach Antwort: «‹Gefallene Engel, die weder gut genug waren, um gerettet zu werden, noch schlecht genug, um verloren zu sein›, sagen die Bauern. ‹Die Götter der Erde›, sagt das *Buch von Armagh*. ‹Die Götter des heidnischen Irland›, sagen die Altertumsforscher, ‹die Tuatha Dé Danann, die, als sie nicht mehr verehrt und mit Opfern gespeist wurden, in der Phantasie des Volkes schrumpften und jetzt nur noch wenige Spannen lang sind.›» Doch dann setzt er hinzu: «Man meine nicht, die Feen seien immer klein. Alles an ihnen ist launisch, selbst ihre Größe.»[43]

KAPITEL II

Die Geliebte des Stieres

1
Die Mutter Gottes

Kann Notre-Dame de Chartres identisch sein mit Nuestra Señora de Guadalupe? Kein Katholik würde zögern, vor beiden Bildnissen niederzuknien und zu beten: «Heilige Maria, Mutter Gottes, bitte für uns Sünder, jetzt und in der Stunde unseres Todes.» Dennoch liefe der – gewissermaßen vom Mars kommende – normale Anthropologe, dem Diffusionstheorien ein Greuel sind und für den Vergleiche zwischen Kulturen methodisch unter aller Kritik stehen, Gefahr, mit zwei säuberlich getrennten Monographien zu seinem Planeten des reinen Denkens zurückzukehren: eine über eine rein französische, die andere über eine rein mexikanische Göttin, eingespannt in zwei völlig verschiedene Gesellschaftsordnungen. Danach läßt Unsere Liebe Frau von Chartres den Einfluß eines gallisch-römischen Venusheiligtums erkennen, dessen Nachwirken man im Kult der Schwarzen Madonna in der Krypta der heutigen Kathedrale (12. bis 16. Jahrhundert) beobachten kann, während Unsere Liebe Frau von Guadalupe eindeutig indianischen Ursprungs ist und (jedenfalls nach Aussagen aller eingeborenen Informanten) kaum ein Jahrzehnt nach dem Sturz Montezumas auf dem Platz eines einheimischen Heiligtums, wahrscheinlich der großen Schlangengöttin Coatlicue geweiht, in Visionen erschien. Was natürlich alles wahr wäre und doch nicht wahr genug.

Fragen wir weiter: Kann die Jungfrau Maria identisch mit Venus-Aphrodite sein, oder mit Kybele, Hathor, Ischtar und den übrigen? Wir denken an die Worte der Göttin Isis an ihren Eingeweihten Apuleius um 150 n. Chr., die schon in der *Mythologie der Urvölker* zitiert wurden:

> Da bin ich, ... die Mutter der Schöpfung, die Herrin aller Elemente, der Ursproß der Jahrhunderte, die höchste der Gottheiten, die Königin der Geister, die erste der Himmlischen, die Erscheinung der Götter und Göttinnen in einer Gestalt, die ich des Himmels lichtvolle Höhen, des Meeres wohltätiges Wehen, der Unterwelt vielbeweinte Stille durch meinen Wink leite, deren einzigartiges Walten in vielgestaltigem Bilde, in mannigfachem Brauch, unter vielerlei Namen der ganze Erdkreis verehrt. Dort nennen mich die Erstgeborenen der Menschen, die Phryger, die Pessinuntische Göttermutter, hier die Urbewohner ihres Landes, die Attiker, die kekropische Minerva, dort die meerumfluteten Kyprier die Paphische Venus, die pfeiltragenden Kreter die Diktynnische Diana, die dreisprachigen Sikuler die stygische Proserpina, die Eleusinier die alte Göttin Ceres, andere Juno, andere Bellona; diese dort Hekate, jene Rhamnusia, und, die von den beginnenden Strahlen der aufgehenden Sonne beleuchtet werden, die Äthiopier beider Länder und die durch uralte Weisheit ausgezeichneten Ägypter, durch eigene Bräuche mich ehrend, mit meinem wahren Namen Königin Isis.[1]

Kein guter Katholik würde vor einem Bildnis der Isis niederknien, wenn er wüßte, daß es sie darstellte. Und doch eignet jedes der mythischen Motive, die heute Maria als einer historischen Person dogmatisch zugeordnet werden, auch jener göttlichen Mutter aller Wesen (und das schon zur Zeit und am Ort der Entstehung ihres Kultes), deren besondere Manifestationen Maria und Isis waren: der Mutter und Braut des toten und auferstandenen Gottes, deren älteste bekannte Darstellungen in die Frühzeit um 5500 v. Chr. datiert werden müssen.[2]

In frommen Kulten ist es oft gang und gäbe, den Gesichtskreis des Frommen auf eine einzige lokale Manifestation zu begrenzen, die dann entweder als einmalig oder als ursprüngliche, «wahrste» Form der dargestellten Gottheit verehrt wird. Selbst in Indien bekommen wir von den Lippen Rāmakrishnas (1836–1886), eines führenden Lehrers der Einheit aller Religionen, folgenden Rat an einen Anhänger zu hören: «Du solltest dich zweifellos vor allen Anschauungen verneigen. Aber es gibt etwas, das man unbeirrte Hingabe an *ein* Ideal nennt. Es stimmt, du sollst jeden ehren. Aber du mußt ein Ideal mit deiner ganzen Seele lieben. Das ist unbeirrte Hingabe.» Und zur Verdeutlichung führte er einen Fall aus den Sagen um Krishna und die Gopīs an.[3] «Die Gopīs brachten dem Kuhhirten Krishna von Vrindavan eine so ausschließliche Hingabe entgegen», sagte er, «daß ihnen nichts daran lag, den turbantragenden Krishna von Dvaraka zu sehen.»[4]

Allerdings muß man zwischen den Zielen und Mitteln der Anbetung und denen der Wissenschaft einen Unterschied machen, und was letztere anlangt, gibt es keinen Grund, einen Beweis der Abkunft besonderer von allgemeineren Formen zu fürchten. Es ist ganz einfach eine Tatsache – man drehe und wende sie, wie man will –, daß die Mythologie der Mutter des toten und auferstandenen Gottes der neolithischen und postneolithischen Levante über Jahrtausende hin bekannt gewesen ist. Ihre Beziehung zu dem früheren paläolithischen Kult der nackten Göttin aus der Zeit der Mammutjagd ist unklar;[5] aber die offensichtliche Kontinuität vom Nahen Osten um 5500 v. Chr. bis Guadalupe 1531 n. Chr. steht außer Frage. Die gesamte Welt des Altertums von Kleinasien bis zum Nil und von Griechenland bis zum Industal strotzt von Figurinen der allnährenden, allumfassenden nackten Göttin in unterschiedlichen Posen: mit beiden Händen ihre Brüste darbietend; mit der Linken auf ihre Genitalien deutend und mit der Rechten die linke Brust hinhaltend; ein männliches Kind stillend oder herzend; aufrecht zwischen Tieren stehend; mit ausgestreckten Armen ihre Erkennungszeichen haltend – Halme, Blumen, Schlangen, Tauben oder anderes. Solche Figurinen hängen zudem nachweislich mit den bekannten bronzezeitlichen Mythen und Kulten der vielnamigen Großen Göttin zusammen, deren berühmtesten Tempel einer genau in Ephesos stand, wo im Jahre 431 n. Chr. vom dort tagenden Konzil das Dogma von Maria als Theotókos, «Gottesgebärerin», verkündet wurde. Zu der Zeit wurden die heidnischen Religionen des römischen Reiches unerbittlich verfolgt: Tempel wurden geschlossen und zerstört, Priester, Philosophen und Lehrer verbannt und hingerichtet. So kam es denn, daß zum Schluß und bis in unsere Zeit Maria, die Königin der Märtyrer, die alleinige Erbin sämtlicher Namen und Formen, Leiden, Freuden und Tröstungen der göttlichen Mutter in der westlichen Welt wurde: Sitz der Weisheit ... Kelch der Hingabe ... geheimnisvolle Rose ... goldenes Haus ... Pforte des Himmels ... Morgenstern ... Zuflucht der Sünder ... Königin der Engel ... Königin des Friedens.[6]

2
Die zwei Königinnen

Die in Abbildung 12 gezeigte Vision einer Göttin ist von einem kretischen Siegelabdruck von etwa 1500 v. Chr., der von Arthur Evans unter den Ruinen des labyrinthischen Palastes von Knossos gefunden wurde. Die antike Zivilisation Kretas ist für unsere Untersuchung von besonderer Bedeutung, stellt sie doch das früheste

Abbildung 12. Die Göttin des Weltberges

Hochzentrum entwickelter bronzezeitlicher Formen innerhalb der europäischen Sphäre dar. Die Insel liegt, wie Frobenius vermerkte, im levantinischen Einflußbereich, und die hohe Zeit ihrer Paläste, etwa 2500–1250 v. Chr., entspricht genau der der Industalstädte Harappa und Mohenjo-Daro.[7]

Auf dem Siegelabdruck steht die Göttin mit einem Speer in der Hand auf einem von Löwen flankierten Berg. In ihrem Rücken ist ein Bauwerk, dessen Architrave die charakteristischen «Weihehörner» aller kretischen Kultstätten tragen, und vor ihr steht in einer Haltung, die nach dem Zeugnis anderer Bilder Anbetung bedeutet, eine junge männliche Gestalt, die vielleicht ein Gott ist (ihr toter und auferstandener Sohn und Geliebter), möglicherweise der junge kretische König (der, wenn Frazer recht hat,[8] am Ende jedes Venus-Sonnenzyklus von acht Jahren[9] entweder tatsächlich oder symbolisch geopfert wurde) oder möglicherweise einfach einer, der sie anbetet.

Arthur Evans, dessen Bemühungen im ersten Viertel dieses Jahrhunderts wir die Wiederentdeckung der kretischen Zivilisation verdanken, vertritt in den ganzen sechs Bänden seines monumentalen Werkes *The Palace of Minos*[10] die Ansicht, die zahlreichen Darstellungen von Göttinnen, die im Laufe seiner Ausgrabungen gefunden wurden, seien «dieselbe Große Mutter mit ihrem Kind oder Geliebten, deren Dienst unter verschiedenen Namen und Titeln sich über einen großen Teil Kleinasiens und der syrischen Regionen dahinter erstreckte.»[11] Martin P. Nilsson dagegen, dessen *Geschichte der griechischen Religion* heute das unübertroffene Meisterwerk auf seinem Gebiet ist, lehnt Evans' Ansicht ab und rät zur Vorsicht.

> Die Göttin mit dem Speer in der Hand, die von zwei symmetrisch angeordneten Löwen umgeben auf dem Berg steht, ist der bewaffneten Herrin der Tiere völlig ähnlich. Die Darstellung des Berges leitet unwillkürlich auf die μήτηρ ὀρεία [Bergmutter], die kleinasiatische von Löwen umgebene Kybele, und die Identifikation der Kybele mit Rhea, die Zeus auf Kreta gebar, schien sie mit Kreta zu verbinden. So wurde die Göttin jenes Siegelabdrucks unbedenklich mit der kleinasiatischen Großen Mutter identifiziert. Es ist aber zu bedenken, daß viele Jahrhunderte – wenn man von Hesiod absieht,

ein volles Jahrtausend – zwischen jenem Bild und den Nachrichten über die Große Mutter liegen. Unbeschadet der möglichen oder wahrscheinlichen ethnischen Verbindung zwischen dem minoischen Kreta und Kleinasien dürfte es vorsichtiger sein, erst aus der geschichtlichen Zeit bekannte Züge der Großen Mutter nicht auf die minoische Göttin zu übertragen, sondern sich auf die Feststellung zu beschränken, daß der Siegelabdruck eine der kleinasiatischen ähnliche oder verwandte Naturgöttin zeigt; in den vielen dazwischenliegenden Jahrhunderten kann diese sich entwickelt und verändert haben.[12]

Man möchte meinen, es wäre ratsam, auf eine solche Warnung zu hören. Allerdings ist in den Jahren, die vergangen sind, seit Nilsson diesen Absatz schrieb, auf die gesamte Bühne des Altertums ein neues Licht gefallen, und in seinem grellen Schein sieht es jetzt so aus, als wäre es Evans' Position, die dadurch neu bestätigt wird. Insbesondere hat im Jahre 1953 ein junger britischer Architekt, Michael Ventris, die kretische Linear-B-Schrift entziffert, wobei sich die Sprache schließlich als ein hochaltertümliches Griechisch entpuppte.[13] Zwar stellte sich heraus, daß die Aufzeichnungen lediglich Buchungsbelege waren, die unter anderem Opfer in Tempeln festhielten, jedoch die Götter, denen die Opfer gebracht wurden, waren eben jene, die in der antiken griechischen Überlieferung mit Kreta verknüpft werden. Zum Beispiel:

«Dem diktäischen Zeus Öl.»
«Dem Daidaleion Öl.»
«Der Herrin des Labyrinths einen Topf Honig.»

Überdies ist an einer Ausgrabungsstätte auf dem griechischen Festland, in der man inzwischen Pylos, die mykenische Palaststadt des Königs Nestor aus der *Ilias*, erkannt hat, ein zweiter reicher Fund von Linear-B-Aufzeichnungen gemacht worden, die von einer großen Zahl von Geschenken an den griechischen Meeresgott Poseidon berichten, den Herrn und Gatten (Posei) der Erdgöttin (Dās),[14] darunter Rinder, Schafböcke, Schaffelle, Weizen, Mehl und Wein, Käse, Honig und Salben, Gold und sogar Menschen.[15] Wir erfahren von einer göttlichen Trias, genannt «die zwei Königinnen und Poseidon», des weiteren von «den zwei Königinnen und dem

König».[16] Wir stellen auch fest, daß die Stadt des Königs Nestor in der Nähe des Heiligtums einer Göttin namens Potnia, «Herrin», lag und daß der König dort ein großes Krongut (*témenos*) besaß.[17]

Wissenschaftler haben in diesem Zusammenhang an die Worte erinnert, die Nausikaa, die Tochter des Königs Alkinoos vom Seefahrervolk der Phaiaken, in der *Odyssee* spricht. «Nah dem Pappelweg findest Athenes herrlichen Hain du», erklärt sie dem Odysseus. «Darin sprudelt ein Quell, und ringsum dehnt sich die Wiese. Dort ist des Vaters geweihte Flur [*témenos*] und sein sprossender Garten.»[18]

Doch wie kann nun die Beziehung der Potnia zum König ausgesehen haben, oder die der «zwei Königinnen» zum König, oder die der «zwei Königinnen» zum Gott Poseidon? Und was hat das alles für unsere Vorstellung von der Rolle der Göttin auf Kreta und über Kreta im antiken Griechenland und darüber hinaus zu bedeuten?

Es gibt eine kleine Elfenbeinschnitzerei aus den Trümmern von Mykene, die zwei sitzende Frauen mit einem Kind zeigt (Abb. 13). Die Trias wird heute im Lichte der Erkenntnisse, die man aus den Linear-B-Texten gewonnen hat, als Darstellung der zwei Königinnen und des Königs oder der zwei Königinnen und des jungen Gottes aufgefaßt. «Die Gruppe aus Mykene», erklärt Leonard Palmer, der mit Ventris bei der Entschlüsselung der Schrift zusammenarbeitete, «gilt weithin als die schönste Darstellung der mykenischen ‹göttlichen Familie›. Aber es gibt noch andere Zeugnisse mehr schematischer Art. Man kennt eine Reihe von Terrakottafiguren, die zwei wie siamesische Zwillinge zusammenhängende Frauen zeigen, auf deren gemeinsamer Schulter ein Kind sitzt. Auch sie sind als Darstellungen der zwiefachen Göttin mit dem jungen Gott gedeutet worden.»[19]

In der frühesten aufgezeichneten Mythologie Sumers war der tote und auferstandene Gott Dumuzi-absu, «der treue Sohn des Abgrunds», schicksalhaft mit zwei mächtigen Göttinnen verknüpft, oder besser mit einer Göttin in doppelter Gestalt. Sie war einerseits die Göttin der Lebenden und andererseits die Göttin der Toten. Als erstere war sie die Himmelskönigin Inanna, die in der späteren griechischen Mythologie zu Aphrodite wurde; und als letztere war sie die gräßliche Unterweltskönigin Ereschkigal, aus der im

Abbildung 13. Die zwei Königinnen und der König

griechischen Mythos Persephone wurde. Und der Gott, der im Tode bei der zweiten wohnte, im Leben jedoch der Geliebte der ersten war, hieß bei den Griechen Adonis. Wir bemerken, daß in unserer Figur das Kind von der einen Göttin zur anderen wechselt. Fast bestimmt hätte im alten Sumer eine Trias wie die dieser mykenischen Arbeit Inanna und Ereschkigal dargestellt mit Dumuzi oder seinem Vertreter, dem König, in dem sein Geist sich verkörpert hatte; im antiken Griechenland dagegen hätte sie die große Trias der Mysterien von Eleusis bedeutet: Demeter (die Muttergöttin Erde), Persephone (Königin der Unterwelt) und den jungen Gott, ihr Pflegekind Triptolemos (einst ein kleiner König),[20] von dem es heißt, daß er das Getreide, die Gabe der Demeter, in die Welt gebracht habe und jetzt als Pflegesohn der Persephone im Land der Toten regiere.[21]

Im Vergleich dazu ist Abbildung 14 ein Bild der griechischen Trias von einem frühen rotfigurigen Becher, der in der Umgebung von Eleusis gefunden wurde.[22] Demeter zur Linken reicht ihrem Schützling Triptolemos Getreidehalme, während dieser seinen «krummen Pflug» in einer Weise hält, die an die elementare Analogie Pflug–Phallus denken läßt; hinter ihm steht Persephone mit zwei Fackeln in den Händen, die ihre Würde als Unterweltskönigin

Abbildung 14. Demeter, Triptolemos und Persephone

bezeichnen (vgl. hierzu Abb. 7). «Mutter und Mädchen sind auf dem Bild deutlich unterschieden», meint Jane Harrison; «aber wenn beide zusammen auftreten, ist es nicht selten unmöglich zu sagen, welche die eine und welche die andere ist.» Und: «Demeter und Kore [Persephone], wiewohl ein Gott, sind zwei Personen.»[23]

Somit scheint ein einigermaßen gesicherter Zusammenhang aufgewiesen zu sein zwischen den zwei sumerischen Göttinnen des Mythos vom toten und auferstandenen Gott, den zwei Königinnen der spätkretischen Linear-B-Aufzeichnungen und den bekannten Figuren Mutter und Mädchen (Demeter und Persephone) der griechischen Mysterien von Eleusis, von denen Sokrates im *Gorgias* spricht.[24] Mit anderen Worten, Arthur Evans' These einer Kontinuität der Mythologie der Großen Göttin vom Kerngebiet des Nahen Ostens bis zum minoischen Kreta und von der minoischen bis zur hellenischen Zeit scheint sich bestätigt zu haben; und dessen eingedenk können wir jetzt mit Evans fortfahren und einen tieferen Einblick in die Symbolik der kretisch-mykenischen doppelten Göttin nehmen.

Wir besitzen glücklicherweise eine ihrer Stummheit zum Trotz sehr beredte Urkunde in dem schönen «Ring des Nestor», der von einem Bauern in einem großen Bienenkorbgrab bei Pylos gefunden wurde (Abb. 15): ein Ring aus massivem Gold, 31,5 Gramm schwer, der laut Evans von etwa 1550–1500 v. Chr. datieren dürfte. Er schreibt:

Das Bildfeld wird in Zonen eingeteilt ... durch den Stamm und die waagerecht abgehenden Äste eines großen Baumes ... alt, knorrig und blattlos. Er steht mit weit ausgreifenden Wurzeln auf einem Hügel, in der Mitte des Feldes erhebt sich sein Stamm, weit strecken sich seine waagerechten Äste. ... Die Szenen, die seine Äste auf diese Weise abteilen, gehören in Wirklichkeit nicht der irdischen Sphäre an, sondern dem minoischen Jenseits. Die Analogie zu Yggdrasil ist augenfällig, der Esche «Odins Pferd» und dem altskandinavischen «Baum der Welt».

Oben links:

In der ersten Abteilung des Baumes erkennen wir die minoische Göttin, die in angeregtem Gespräch mit ihrem üblichen Gefährten dasitzt, während über ihrem Kopf zwei Schmetterlinge flattern. Deren symbolische Bedeutung wird zusätzlich dadurch unterstrichen, daß über ihnen zwei kleine Formen mit Andeutungen von Köpfen oben und hakenartigen Fortsätzen an der Seite erscheinen, in denen wir mit einem gewissen Recht die beiden dazugehörigen Schmetterlingspuppen erblicken können. ... So, wie sie hier im Zusammen-

Abbildung 15. Der Baum des ewigen Lebens

hang mit ihren Puppenformen plaziert sind, lassen sie sich schwer anders erklären denn als eine Anspielung auf das Wiedererwachen des menschlichen Geistes nach dem Tode.

Es kann außerdem kaum daran gezweifelt werden, daß sie sich auf die zwei jugendlichen Gestalten beziehen, die neben ihnen auf dem Ring erscheinen, und als Symbole für deren Erfüllung mit neuem Leben verstanden werden müssen.

Der junge Mann mit langen minoischen Locken, der hinter der Göttin steht, hebt seinen rechten Unterarm, während das kurzberockte Fräulein, das ihm mit dem Rücken zum Baum zugewandt steht, ihre Überraschung über die Begegnung ausdrückt, indem sie beide Hände hochhebt. ... Wir sehen hier, wiedervereinigt von der lebenspendenden Kraft der Göttin und symbolisiert durch die Puppen und die Schmetterlinge, ein junges Paar, das der Tod geschieden hatte. Die Begegnung ließe sich angesichts der unten gezeigten Einweihungsszene in der Tat als bleibende Wiedervereinigung eines Ehepaares im Lande der Seligen auffassen.

Oben rechts:

In der nächsten Abteilung, rechts vom Stamm, liegt der heilige Löwe der Göttin in einer Haltung wachsamer Ruhe auf einer Art Bank, umsorgt von zwei Mädchengestalten (wenn auch in Männerkleidung), in denen wir die häufig vorkommenden Darstellungen ihrer zwei kleinen Mägde erkennen. Der Löwe der Göttin hält natürlich über die darunter liegenden Reiche Wache.

Der religiöse Charakter der Szene wird noch weiter verstärkt durch den Zweig ... den «heiligen Efeu», der dem Stamm entspringt. (... In der Pflanze, deren Triebe dem Stamm des Baumes der Welt entspringen, um dem über die unteren Bereiche wachenden Löwen Schatten zu spenden, muß derselbe «heilige Efeu» gesehen werden, der im Zyklus der Wandmalereien die Felssteilhänge hochklettert. Die herzförmigen Blätter und sogar die doppelten Endquasten der Blüten sind deutlich gezeichnet. ... Es ist unmöglich, nicht an den goldenen Zweig zu denken, der dem Aeneas, als er ihn pflückte, den Eingang zum Avernus öffnete [*Aeneis* VI,136ff.]. Aber immer, wenn einer gebrochen wurde, wuchs an seiner Stelle ein anderer Zweig schimmernden Goldes nach. ...)

Unten links und rechts:

Die untere Zone zu beiden Seiten des Stammes, unter den ausgebreiteten Ästen, entfaltet eine einzige durchgehende Szene, die im ganzen die Einweihungsprüfung zu schildern scheint, der unterzogen wird, wer die Halle der Gerechten am Greifenhof betritt. In der linken Abteilung taucht das junge Paar wieder auf, das gleichsam im Takt eines Tanzes einherschreitet und von einer «Greifin» rechts vom Stamm herangewinkt wird, während eine andere ganz links einen Jüngling als profanen Eindringling zurückweist. Rechts vom Stamm, hinter der ersten, führen zwei weitere «Greifinnen» – mit den in der Frühzeit der Neuen Ära [ca. 1550 v. Chr.] üblichen kurzen Röcken bekleidet und mit anbetend erhobenen Händen – die Prozession zu der dem Tribunal vorstehenden Figur an. Diese Figur ist ein geflügelter Greif der sanfteren, pfauengefiederten Art, der auf einem Hochstuhl oder Thron sitzt, während dahinter eine andere weibliche Person steht, in der wir wohl eine Wiederholung der Göttin selbst zu erkennen haben. Eine hervorstechende Eigenschaft des Greifen – in seinem Ursprung auf kretischem Boden adlerköpfig – ist sein durchdringender Blick, der ihn hier für seinen Posten als Oberinquisitor geeignet macht. Darunter, auf dem Hügel am Fuße des Baumes, liegt zwischen Trieben, die anscheinend Kräuter sein sollen, ein hundeartiges Untier, der Vorläufer des Kerberos, aber in einem weiteren Sinne vielleicht auch vergleichbar mit dem Drachen – dem abscheulichen Nidhögg – am Fuße von Yggdrasil.[25]

Der Sinn des Ganzen ist einigermaßen klar. Und das in dieser Szene ausgemalte Bild von einem Leben jenseits des Todes unterscheidet sich toto coelo von dem schauerlichen Hades der späteren epischen Zeit, während es andererseits die freundlicheren antiken Bilder von der Insel der Seligen und dem elysischen Feld heraufbeschwört. Wir denken an Vergils «glückgesegnete Haine»:

largior hic campos aether et lumine vestit
purpureo, solemque suum, sua sidera norunt.

Fülle des Äthers umwebt das Gefild mit purpurnem Lichte,
eigene Sonne kennen sie hier und eigene Sterne.[26]

Wir denken auch an das altsumerische Inselparadies Dilmun inmitten des Urmeeres, das in einem alten Keilschrifttext von etwa 2050 v. Chr. folgendermaßen geschildert wird:

> Der Löwe tötet nicht,
> Der Wolf raubt nicht das Lamm...
> Seine alte Frau sagt nicht: «Ich bin eine alte Frau«,
> Sein alter Mann sagt nicht: «Ich bin ein alter Mann.»[27]

Es ist ein Blick auf jenes «elysische Feld, an (den) Grenzen der Erde», das dem Menelaos, dem Gatten der Helena, im vierten Buch der *Odyssee* von dem alten Meeresgott Proteus beschrieben wird, beim «blonden Rhadamanthys», «wo die Menschen ein leichtes, mühloses Leben erwartet. Dort ist kein Schnee, kein Wintersturm und kein stürzender Regen, sondern immer des Zephyros klingendes, kühlendes Wehen, das von der Flut des Okeanos kommt zur Erquickung der Menschen.»[28]

«Die griechische Religion der geschichtlichen Zeit», meint Nilsson, «ist aus einer Verschmelzung der Religion zweier rasseverschiedenen Völker entstanden, die wir beide leider nur allzuwenig kennen. Fühlbar ist jedoch der tiefgehende Unterschied zwischen der emotionellen Religion der vorgriechischen Bevölkerung, die durch mystische Neigungen geprägt gewesen zu sein scheint, und der nüchternen Religion der indogermanischen Einwanderer, die ihren Göttern den Schutz der ungeschriebenen Gesetze der patriarchalischen Ordnung anvertrauten.»[29]

Ich möchte dieser Bemerkung großes Gewicht beimessen, denn sie kündigt an, was in der ganzen Geschichte der Religionen im Westen allerorten und jederzeit die Hauptursache einer schäbigen, traurigen Chronik von Streit, Schimpf, Zwang und Blutvergießen bleiben sollte. Denn in der levantinischen Sphäre herrscht ebenso wie in der griechischen ein tiefgehender Gegensatz zwischen der vorsemitischen, vorarischen mystisch-emotionalen Religion der agrarischen neolithischen und bronzezeitlichen Bevölkerungen und andererseits «der nüchternen Religion» (nennen wir sie einmal so) der diversen einwandernden Kriegerhorden, «die ihren Göttern den Schutz der ungeschriebenen [später geschriebenen] Gesetze der patriarchalischen Ordnung anvertrauten.» In der Tat ist uns der Keil, der in uns diese gegensätzlichen Neigungen auseinandertreibt, nicht nur «fühlbar», nein, wir erleben ihn in aller Schärfe in unseren Seelen und haben ihn für jede Periode unserer Kultur belegt. Doch in diesem Teil unseres Kapitels wollen wir uns damit begnügen, klarzustellen, daß weder die patriarchalen Arier noch die patriarchalen Semiten Anspruch erheben dürfen auf die freundlichen, mystischen, poetischen Motive der schönen Welt eines Paradieses, das weder verloren noch wiedergewonnen ist, sondern allgegenwärtig im Busen der göttlichen Mutter, in der wir unseren Tod wie auch unser Leben finden, ohne jede Furcht.

3
Die Mutter des Minotauros

Es gibt im University Museum von Philadelphia eine wichtige und faszinierende Terrakotta-Reliefplatte aus Altsumer von etwa 2500 v. Chr. (Abb. 16), die den immer wieder sterbenden und immer wieder zum Leben erwachenden Mondstier zeigt, der in alle Ewigkeit von dem löwenköpfigen Sonnenadler verzehrt wird. Feurige Zeichen göttlicher Kraft zucken aus den vier Beinen des Opfers; ein ruhig seliges Lächeln strahlt von seinem menschlichen Antlitz aus, das von einem großen Stutzbart gerahmt ist, wie er in der archaischen Kunst (der ägyptischen ebenso wie der sumerischen) jene göttlichen Tiere, meistens Schlange oder Stier, auszeichnet, die Symbole der erdbefruchtenden Kraft sind; und sein rechtes Vorderbein hat er hier direkt auf die Mitte eines Hügels gesetzt – das Symbol des Gipfels des kosmischen heiligen Berges, der, wie wir aus zahlreichen Texten wissen, der Leib der Göttin Erde ist. Eine auffallende Form ähnlich den kretischen «Weihehörnern» bezeichnet die Kontaktfläche zwischen der empfangenden Erde und dem gebenden Gott und bildet mit dem mittenhinein gestoßenen Bein des Gottes eine Art Dreizack; und der Gott ist in diesem Bild oben, denn vom Mond, wenn er vom Licht der Sonne verzehrt wird und abnimmt, fallen der lebenserneuernde Tau und der befruchtende Regen herab.

Abbildung 16. Mondstier und Löwenvogel

Aber auch unter der Erde ist Wasser. Der kretisch-mykenische Gott Poseidon, dessen Tier der Stier und dessen Attribut der Dreizack ist, wohnt im Meer, in Quellen und in den Gewässern unter der Erde. In gleicher Weise wohnt in Indien Shiva, der «Große Gott», dessen Tier der Stier, dessen Attribut der Dreizack ist und dessen Frau Pārvatī, «Bergtochter», heißt (ihr Tier ist auch noch der Löwe), in einem seiner Aspekte mit seiner Göttin auf dem Gipfel des Kailasa, aber wird gleichzeitig vor allem im Symbol des Lingam (Phallus) verehrt, das sich aus den Wassern des Abgrunds erhebt und die Yoni (Vulva) der Göttin Erde durchbohrt. Shiva als «kosmischer Tänzer» erscheint, den rechten Fuß fest auf den Rücken eines bäuchlings daniederliegenden Zwerges namens Nichtwissen gesetzt und den linken schräg hochgeworfen. Die Bedeutung dieser Haltung soll sein, daß der Gott des Dreizacks mit dem rechten Fuß der Sphäre des sterblichen Werdens seine göttliche Schöpfungsenergie einflößt und mit dem linken Befreiung von diesem zeitgebundenen Kreislauf gewährt. Die Frage drängt sich mir auf, ob nicht ein ähnlicher Gedanke der Haltung der Vorderbeine dieses Stieres zugrunde liegen könnte.

In den Königsgräbern von Ur, besprochen in der *Mythologie der Urvölker*, fand man in der Grabkammer der Königin Schub-ad einen silbernen Kuhkopf, während der goldene Kopf eines Stieres mit Lapislazuli-Stutzbart als Verzierung des Schallkastens einer eleganten kleinen Harfe im Grabkomplex ihres Gatten A-bar-gi lag, dem Schub-ad mit ihrem ganzen Hofstaat unter die Erde in den Tod gefolgt war.[30] (Diesen Brauch haben wir in der *Mythologie des Ostens* als Satī-Motiv bezeichnet; dort wird auch der Name Satī, eine andere Inkarnation von Shivas ewiger Gemahlin, erläutert.)[31] Der Klang dieser Harfe symbolisierte meines Erachtens das Lied des Mondstieres, mit dem er die Königin Schub-ad dazu aufrief, ihrem Geliebten in das Reich der Königin des Todes zu folgen. Dem zugrunde lag der Mythos von den zwei Königinnen und dem König. Und das Tönen der verzierten Harfe, die Stimme des Stieres, war die Musik jener Mysterien, in denen Leben und Tod als eins erkannt werden.

Der folgende mesopotamische Ritus zur Ersetzung des Trommelfells einer Tempelkesselpauke, beschrieben von Robert Dyson jr. vom University Museum, spricht für die Bedeutung des Stieres und für die Funktion der Kunst in den Riten des Altertums.

> Die Auswahlkriterien des Stieres waren strikt vorgeschrieben: Er durfte von keinem Stachelstock gezeichnet sein und keine weißen Haarbüschel haben, seine Hörner und Hufe mußten unbeschädigt und er selbst pechschwarz sein. Er wurde dann in das sogenannte Mummu-Haus gebracht und auf eine Schilfmatte gestellt, wobei ihm die Beine mit einem Strick aus Ziegenhaar gefesselt wurden. Nach einem Schafopfer wurde das Ritual der «Maulwaschung» vollzogen, indem man dem Stier durch ein Schilfrohr eine Beschwörung ins Ohr flüsterte und ihn dann mit Zedernharz besprengte. Daraufhin wurde er mit einer Kohlenpfanne und einer Fackel irgendwie symbolisch gereinigt. Um ihn herum wurde ein Mehlkreis gestreut, und nach weiteren Rezitationen des Priesters wurde er mit einem Messer getötet. Das Herz wurde mit Zedern- und Zypressenholz und einem besonderen Mehl vor der Kesselpauke verbrannt. Aus einem

nicht näher genannten Grund wurde aus der linken Schulter die Sehne herausgelöst, und dann wurde das Tier enthäutet. Der Leichnam wurde in ein rotes Tuch eingeschlagen und mit dem Gesicht nach Westen begraben. Komplizierte Anweisungen wurden für die Präparierung des Fells erteilt, das dereinst als neues Trommelfell dienen sollte.[32]

Der mythische Mondstier, Gebieter über den Rhythmus des Weltalls, zu dessen Lied alle sterblichen Wesen in einem Reigen von Geburt, Tod und Neugeburt tanzen, wurde durch den Klang der Trommel, der Saiteninstrumente und der Schilfflöten des Tempelorchesters ins Andenken gerufen, und die Anwesenden wurden dadurch mit dem Aspekt des Seins, der niemals stirbt, in Einklang gebracht. Die seligen und doch teilnahmslosen, rätselhaften Mona-Lisa-Züge des von dem Löwenvogel getöteten Stieres deuten auf einen den Eingeweihten bekannten Zustand hin, den Zustand der Weisheit jenseits des Todes, jenseits des Zeitenwandels. Durch seinen Tod, der gar keiner ist, spendet er den Geschöpfen der Erde Leben, eben indem er mit seinem erhobenen Vorderfuß auf das linke Horn des mythischen Symbols deutet.

Das Symbol stellt hier offenbar die Berührungsfläche von Erde und Himmel dar, von Göttin und Gott, die zwei zu sein scheinen, aber in ihrem Wesen eins sind. Denn wie wir aus einem altsumerischen Mythos wissen, waren Himmel (An) und Erde (Ki) am Anfang ein einziger ungeteilter Berg (Anki), dessen unterer Teil, die Erde, weiblich und dessen oberer, der Himmel, männlich war. Aber die beiden wurden (wie Adam in Adam und Eva) von ihrem Sohn Enlil getrennt (in der Bibel von ihrem «Schöpfer» Jahwe), woraufhin die Welt des zeitlichen Werdens erschien (wie es geschah, als Eva den Apfel aß).[33] Die rituelle Vermählung und Beiwohnung sollte als Wiederherstellung des undifferenzierten Urzustands begriffen werden, erwirkt in der Meditation (psychologischer Aspekt) als Neuwerdung der Seele und im Vollzug (magischer Aspekt) als Befruchtung und Verjüngung der Natur. Zugleich sollte man dadurch erkennen, daß es eine Seinsebene, eine Seinsweise gibt, wo dieser Urzustand immer besteht, auch wenn es sich für das Bewußtsein und das Auge der Tagwelt ganz anders darstellt. In seinem höchsten Zustand, heißt das, ist der Stier unsichtbar: schwarz, pechschwarz.

Somit läßt sich sagen, daß genau wie die indische symbolische Form des tanzenden Shiva so auch diese sumerische Terrakotta-Reliefplatte als Ausdruck der (in meinem zweiten Band besprochenen) archaischen bronzezeitlichen Philosophie erkannt werden muß, die im Orient bis zur Stunde fortlebt. In ihrer urtümlichen, unbeabsichtigten Ausprägung ist diese Philosophie durchaus vergleichbar mit dem kindlichen Bewußtseinszustand, den Jean Piaget als «Indissoziation» bezeichnet hat.[34] In ihren entwickelten, höheren Formen jedoch ist sie der wichtigste einzelne schöpferische Faktor in der Geschichte der Kultur. Ihr Einfluß wird unmittelbar erlebt in der äußersten mystischen Ekstase der Nichtdualität, der mythischen Identifikation, und hat sich auf unterschiedliche Weise symbolisch ausgeformt: im altägyptischen «Geheimnis der beiden Männer», im chinesischen Tao, im indischen Nirvāna und in der japanischen Weiterentwicklung der buddhistischen Lehre von der Blumengirlande.[35] Einen Hauch davon spürt man auch in dem Bild vom wiedergewonnenen Paradies in der oft zitierten Stelle bei Jesaja (ca. 740–700 v. Chr.):

> Dann wohnt der Wolf beim Lamm, der Panther liegt beim Böcklein. Kalb und Löwe weiden zusammen, ein kleiner Knabe kann sie hüten. Kuh und Bärin freunden sich an, ihre Jungen liegen beieinander. Der Löwe frißt Stroh wie das Rind. Der Säugling spielt vor dem Schlupfloch der Natter, das Kind streckt seine Hand in die Höhle der Schlange. Man tut nichts Böses mehr und begeht kein Verbrechen auf meinem ganzen heiligen Berg; denn das Land ist erfüllt von der Erkenntnis Jahwes, so wie das Meer mit Wasser gefüllt ist. (Jes 11,6–9.)

Nur daß hier der idyllische Zustand auf einen künftigen Tag verschoben ist, während er nach der älteren Anschauung jetzt besteht, in dieser Welt, wie sie ist, und durch geistige Einweihung als solcher erkannt wird. Es ist die auf unserer Reliefplatte dargestellte Vision vom lunaren Stier und solaren Löwenvogel; doch sie kommt auch auf dem Erdenplan zur Darstellung, nämlich in dem lebendigen Stier und dem lebendigen Löwen, die im Herzen von Mutter Natur in immerwährendem Frieden wohnen, selbst jetzt, wo sie ihr ungeheuerliches Mysterienspiel des Lebens aufführen, das da heißt: «Jetzt frißt du mich.»

Der rätselhaft glückselige, teilnahmslose Ausdruck des Stieres auf der Terrakotta-Reliefplatte taucht mutatis mutandis in den maskenartigen Zügen des indischen tanzenden Shiva wieder auf. Der Gott hält in seiner erhobenen rechten Hand eine Trommel, den Trommelschlag der Zeit, den Takt der Schöpfung, während in seiner offenen linken Hand das Feuer der Erkenntnis der Unsterblichkeit brennt, das die Fesseln der Zeit zerstört. Von Shiva gehen Flammen aus, wie von den vier Beinen dieses Stieres; und in seinem Haar trägt er den Totenschädel als Schmuck, neben dem Sichelmond der Wiedergeburt. Shiva ist der Herr der Tiere (Pashupati), und das ist auch der große sumerische Gott des Todes und der Wiedergeburt Dumuzi-Tammuz-Adonis, dessen Tier dieser selige Stier ist, und ferner auch der griechiche Gott Dionysos – ein kosmischer Tänzer wie Shiva –, der sowohl der zerrissene Stier als auch der reißende Löwe ist:

Auf, erscheine als Stier,
Als hundertköpfige Schlange,
Als feuerschnaubender Löwe!
Bakchos, o Bakchos![36]

Für viele war es so etwas wie ein Schock, als unter den entzifferten Linear-B-Worten der Name Dionysos auftauchte.[37] Kehren wir nun also mit diesem Namen nach Kreta zurück.

In der *Mythologie des Ostens* habe ich die Mythologie des Pharaos behandelt, des Gottkönigs von Ägypten, den man den «Stier seiner Mutter» nannte.[38] Tot in seinem Grabhügel liegend (der ein Symbol der Göttin war) wurde er mit dem seinen Sohn zeugenden Osiris identifiziert, und lebendig auf seinem Thron sitzend (ebenfalls ein Symbol der Göttin) war er Horus, der Sohn des Osiris; und indem diese beiden die ganze mythische Rolle des toten und doch wiederverkörperten Königs der Welt ausfüllten, waren sie eines Wesens. Die kosmische Kuhgöttin Hathor (Hat-hor, «Haus des

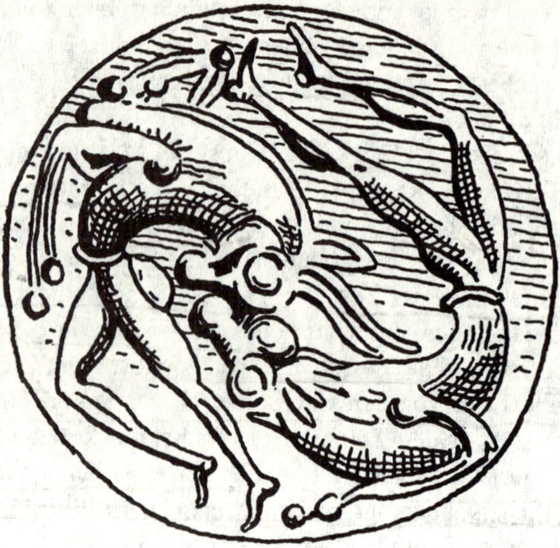

Abbildung 17. Minotauros und Löwenmensch

Horus») stand solcherart auf der Erde, daß ihre vier Beine die Säulen der Weltgegenden waren und ihr Bauch das Firmament. Der Gott Horus in seiner Symbolgestalt als goldener Falke, die von Osten nach Westen fliegende Sonne, trat am Abend in ihren Mund ein, um mit dem nächsten Tagesanbruch wiedergeboren zu werden, und war somit in seinem nächtigen Wesen in der Tat «der Stier seiner Mutter», während er tagsüber als Beherrscher der Lichtwelt ein scharfäugiger Raubvogel war. Außerdem war das Tier des Osiris, der Stier, im heiligen Apisstier verkörpert, der alle fünfundzwanzig Jahre feierlich geschlachtet wurde – was den Pharao von der Verpflichtung entband, den rituellen Königsmord über sich ergehen zu lassen. Mir scheint (auch wenn meines Wissens nach noch niemand diese Vermutung getroffen hat), daß das rituelle Spiel in der kretischen Stierkampfarena für die jungen Gottkönige Kretas denselben Zweck erfüllt haben muß.

Wir besitzen eine Reihe von Darstellungen kretischer Könige, und immer zeigen sie einen jungen Mann um die zwanzig; es gibt keine von einem alten Mann. Es könnte also doch einen Königsmord am Ende jedes Venuszyklus gegeben haben, wenn auch das

Abbildung 18. Das Opfer

häufige Vorkommen der Stierkampfarena in der Kunst Kretas darauf hindeutet, daß eine rituelle Ersetzung stattfand.

Nach Nilssons Ansicht besaß das Stierspringen keinerlei religiösen Hintergrund;[39] aber die schwungvolle Figur der Abbildung 17 scheint mir dieser Auffassung zu widersprechen. Wir sehen einen Stiermenschen – einen Minotauros –, der von einem Löwenmenschen angegriffen wird; und die Analogie zu dem Stier und dem Löwenvogel Sumers läßt sich nicht leugnen. Die Dynamik dieses meisterlichen kleinen Kunstwerks erweckt sogar die Vorstellung eines fortwährenden, unaufhörlichen Kreisens. Denn wie in Sumer, so auch auf Kreta: Während der Löwe das Tier der glühenden Sonnenhitze war, die sowohl den Mond umbringt als auch den Pflanzenwuchs versengt, war der Stier das Tier des Mondes – des ab- und zunehmenden Gottes, der mit dem Zauber seines nächtlichen Taus die Pflanzen wieder genesen läßt, des Gebieters über die Gezeiten und die fruchttreibenden Kräfte der Erde, des Gebieters der Frauen, des Gebieters über den Rhythmus der Gebärmutter.

In der Bildersprache der Mythologie wird im Minotauros die Vorstellung des Mondstieres mit der des Mondmannes oder Mondkönigs gleichgesetzt, was bedeutet, daß in dem uralten agrarischen Ritual vom lebenspendenden Tod des Gottkönigs auf Kreta, wie schon in Ägypten, ein Stier an die Stelle des Königs getreten sein könnte. Daß die Stiere in der Arena tatsächlich *rituell* getötet wurden, wird offenbar in Abbildung 18 gezeigt, wo ein *priesterlicher* Matador einem Tier, das im vollen Stadionsgalopp läuft, den Gnadenstoß versetzt: eine rituelle Tötung. Der Matador und das Schwert, heißt das, vollbringen das gleiche Werk wie der Löwenvogel Sumers, während der Stier in seiner gewohnten Rolle des immer wieder sterbenden und immer wieder zum Leben erwachenden Gottes erscheint: des Herrn (Poseidon) der Göttin Erde.

So ersteht aus den Trümmern ein Ausblick auf das kretische Denken, der dieses in einen gut und weithin bekannten bronzezeitlichen Kontext stellt, jedoch mit besonderer Betonung der Rolle der Frau, wodurch sich das so gewonnene Bild nicht minder von den großen Priesterzivilisationen des Nil und des Landes zwischen Tigris und Euphrat abhebt als von den späteren patriarchalen Griechen. Nilsson schreibt dazu:

> Trotz der Einschränkungen, welche durch die Natur des Materials auferlegt sind, treten einige charakteristische Züge der minoischen Religion im Gegensatz zu der griechischen hervor. Der eine ist das Überwiegen der Göttinnen und der weiblichen Kultdienerinnen. Männliche Götter sind im Vergleich zu den weiblichen recht selten, männliche Kultidole fehlen, und ebenso treten Frauen viel häufiger als Männer in Kultszenen auf. Mit diesem Überwiegen des weiblichen Geschlechts dürfte der emotionelle Charakter dieser Religion, der besonders in den Baumkultszenen hervortritt, zusammenhängen. Die am deutlichsten kenntlichen Kulte sind der Hauskult der Schlangengöttin und der Naturkult in seinen beiden Aspekten, die durch die Herrin und den Herrn der Tiere und durch den Baumkult vertreten werden. Wie diese sich zu den entdeckten Naturheiligtümern verhalten, ist leider nicht zu erkennen. Es sei schließlich die Aufmerksamkeit darauf hingelenkt, daß jede Beziehung auf das Sexualleben, alle phallischen Symbole, wie sie in vielen Religionen und auch in der geschichtlichen Religion Griechenlands so häufig und auffällig sind, in den minoischen Darstellungen fehlen.[40]

Auch Evans hat die Schicklichkeit und den Anstand der minoischen Kunst bemerkt: «von ihrem ältesten bis zu ihrem jüngsten Stadium», schreibt er, «ist kein einziges Beispiel für irgendein Thema anstößiger Natur ans Licht gebracht worden.»[41]

Die Kultur, das haben viele geäußert, war offenbar matriarchal. Aus der Anmut und Eleganz der Frauen in ihren mit Volants besetzten Röcken, ihren freizügigen Dekolletés, ihren schmucken Frisuren und bunten Haarbändern, wie sie an den Höfen, in der Stierkampfarena frei mit den Männern verkehren – liebreizend, strahlend und lebhaft, gestikulierend, plaudernd, sogar ab und an mit männlichen Athletengürteln, um gefährliche Saltos über die Hörner und Rücken der Stiere zu schlagen –, aus all dem spricht eine Kultiviertheit, die seither nicht mehr oft erreicht worden ist. Genau das soll in diesem Kapitel nachdrücklich klargestellt werden: als Hinterfragung der hohen Ansprüche jener stolzen phallischen Sittenordnungen, ob beschnitten oder unbeschnitten, die darauf folgen sollten.

Ein nicht weniger ins Auge springender Kontrast hebt die kretische Welt von den königlichen Staatswesen sowohl Sumers als auch des Nil ab. Ihre Mythologie und Kultur scheint diesen gegenüber ein früheres Stadium bronzezeitlicher Zivilisation zu repräsentieren: einen milderen, freundlicheren Tag vor dem Eintritt in den großen Lauf der eurasischen Weltgeschichte, die sich am besten anhand der Kriege und Siegesdenkmäler seiner selbstsüchtigen Könige datieren läßt. Es gab auf Kreta vor der Ankunft der Griechen keine befestigten Städte. Es hat nur wenige Waffenfunde gegeben. Schlachtenszenen von königlichen Eroberungszügen spielen in der Ausbildung des Stils keine Rolle. Der Ton spricht für den Wohlstand und die Lebensfreude der Allgemeinheit, eine breite Beteiligung aller Klassen an einer entspannten Atmosphäre des Wohllebens und die umfassende Entwicklung eines einträglichen Seehandels mit jedem Hafen der archaischen Welt und sogar – kühnerweise – mit weit jenseits davon liegenden Gegenden.

Die von Arthur Evans aufgestellten Datierungen der kretischen Zivilisation sind von der späteren Forschung modifiziert worden, aber die Grundlinien sind dieselben geblieben und lassen sich, mit den durch spätere Funde veranlaßten Änderungen, wie folgt zusammenfassen:

	Neolithische Anfänge:	vielleicht von ca. 4000 v. Chr. an	
	Frühminoisch	I: bis ca. 2600	
2500 v. Chr.		II: ca. 2600–2300	Vor–Palastzeit
↑		III: ca. 2300–2000	
Blütezeit	Mittelminoisch	I: ca. 2000–1850	
		II: ca. 1850–1700	Frühe Palastzeit
		IIIA: ca. 1700–1660	(Hieroglyphen)
		IIIB: ca. 1660–1580	
↓	Spätminoisch	IA: ca. 1580–1510	Hohe Palastzeit
1500 v. Chr.		IB: ca. 1510-1450	(Linear A)
		II: ca. 1450–1405	
		III: ca. 1405–1100	Mykenische Zeit (Linear B)

Alle Sachverständigen stimmen darin überein, daß die neolithische Schicht aus Kleinasien gekommen sein muß. Von daher sind die Ausgrabungen in Südwestanatolien von besonderem Interesse. Ihre Tonwaren, deren älteste auf etwa 5500 v. Chr. datiert wurden (vgl. aber Anmerkung 2 zu diesem Kapitel), können als Zeugnisse für den frühesten bekannten Hintergrund des kretischen Kultes der Göttin aufgefaßt werden. Darunter befinden sich die Statuette einer nackten Göttin, die auf Leoparden sitzt und diese streichelt;[42] sodann die einer solchen Göttin, die von einem halbwüchsigen Jüngling umarmt wird; noch eine der Göttin mit einem Kind auf dem Arm; und etliche von Frauengestalten allein, liegend oder stehend – aber stets (um die Worte ihres Ausgräbers James Mellaart zu zitieren) «mit bewundernswertem Geschmack und einer vordem und bis in spätantike Zeiten unbekannten Meisterschaft der plastischen Gestaltung» ausgeführt.[43]

Darüber hinaus trat im benachbarten Taurusgebirge, in jener Ecke, wo das südöstliche Kleinasien an Nordsyrien grenzt, etwa 4500–3500 v. Chr. eine überreiche Serie von Frauenfigurinen in Verbindung mit der schönen bemalten Halafware dieser Zone auf; und hier erschien (wie in der *Mythologie der Urvölker* gezeigt)[44] erstmals eine Reihe von symbolischen Formen, die später auf Kreta in den Vordergrund treten sollten: der von vorne gesehene Stierkopf (Bukranion), die Doppelaxt, das Bienenkorbgrab und Figuren der Taube wie auch von Kuh, Schaf, Ziege und Schwein.

In der *Mythologie des Ostens* habe ich gezeigt, daß die ältesten bekannten Tempelanlagen in der Geschichte der Hochkultur um 4000 v. Chr. in diesem Gebiet aufkamen und daß ihre Form einen Bezug auf die weiblichen Genitalien verrät; insbesondere verehrte man dort die Urform der kosmischen Muttergöttin, die Kuh. Die Milch der in ihren Mauern gehaltenen heiligen Kühe war gleichbedeutend mit der Milch der Muttergöttin selbst, deren Kalb das Opfertier war. Und als die dörfliche Hirten- und Bauernkultur, zu der dieser Tempelkomplex gehörte, sich um 4000–3500 v. Chr. nach Süden in das neu erschlossene mesopotamische Meerland ausbreitete, zog dieser Kuhkult mit.[45] Aber sie durchquerte auch den Iran in Richtung Indien, wo sie um 2500 v. Chr. im Kulturkreis des Industals auftauchte, ziemlich genau zur Zeit des Aufstiegs von Frühminoisch II auf Kreta.

Eine wichtige Schule der italienischen Forschung hat von einem «mediterranen Kulturkreis» geschrieben, der sich im Osten bis zum Indus erstreckt habe und von den Mythen und Riten der Großen Göttin und ihres Gemahls bestimmt worden sei.[46] Nilsson äußert sich über diese Gruppe mit einer gewissen Abschätzigkeit.[47] Es ist jedoch schwer vorstellbar, wie man sich das Vorkommen eines einzigen Syndroms symbolischer Formen in zwei Landschaften, die so grundverschieden sind wie die Inselwelt der Ägäis und die tief im Landesinnern liegenden Ebenen Nordindiens, sonst erklären sollte: das beidesmalige Vorkommen einer Göttin, die sowohl gütig (als Kuh) als auch schrecklich (als Löwin) ist und die mit dem Wachstum, der Ernährung und dem Tod aller Wesen und insbesondere dem Pflanzenwuchs zusammenhängt; die in allen ihren Aspekten von einem kosmischen Lebensbaum symbolisiert wird, der zugleich ein Todesbaum ist; und die zum Mann einen Gott hat, dessen Tier der Stier und dessen Wahrzeichen der Dreizack ist und mit dem außerdem der ab- und zunehmende Mond in Zusammenhang steht, und dies in einem Kontext, der zahlreiche Spuren einer Tradition rituellen Königsmordes aufweist. Nach meinem Dafürhalten sind die zwei Mythologien eindeutig Weiterführungen einer einzigen Weltanschauung, deren Ursprungsgebiet die Kernzone des Nahen Ostens war; ging die Diffusionsperiode dem Aufstieg der großen bronzezeitlichen Königsstaaten Sumers und Ägyptens voraus; und war die Triebkraft der ungeheuren Ausdehnung wirtschaftlich: Abschöpfung von Rohstoffen und Handel. In Indien ging diese spätneolithische Handelskultur allmählich nieder und gab dabei ihre Errungenschaften zunächst an die Urbevölkerung und dann an die vedischen Arier weiter.[48] Dagegen erfolgte von Kreta aus eine lebhafte Handelsexpansion, die in der mittel- und der spätminoischen Phase (Mittelminoisch I bis Spätminoisch II) in nordwestlicher Richtung sogar bis zu den Britischen Inseln gelangte. Eine Verbindung zwischen Britannien und der kretischen Sphäre ist inzwischen zweifelsfrei nachgewiesen worden.

Eine zusammenfassende Überschau der britischen Daten und Phasen, auf der Grundlage der archäologischen Erforschung von Stonehenge durch R. J. C. Atkinson, ermöglicht einen Vergleich mit der kretischen Phasenfolge:

1. DIE WINDMILL-HILL-KULTUR, ca. 2300 v. Chr.: Früheste neolithische Kultur in England; Herkunft letztlich aus dem östlichen Mittelmeerraum (Frobenius' kretisches Meer) über die Schweiz, Frankreich und Iberien; verstreute Gruppen an den südlichen Küsten: Bauern und Hirten. Hauptüberreste: große kreisförmige Anlagen aus Ringgräben mit Erdwällen, oftmals mehrere konzentrische Ringe (z. B. auf dem Windmill Hill bei Avebury), die Viehpferche gewesen sein könnten; außerdem längliche Hügelgräber, 3 Meter hoch und mehr, 30 bis 90 Meter lang, mit einem Halbdutzend Leichen oder mehr darin. Siedlungen, größtenteils auf Zeit.[49]

2. DIE MEGALITHKULTUR, ca. 2000 v. Chr.: Überreste: gewaltige Kammergräber an den Westküsten Englands.[50] Sammelgräber, aber fortlaufende Bestattungen, anders als in den Langhügeln von Windmill Hill. (Zeitliche Übereinstimmung mit den irischen Kammergräbern und der großen Zeit des irischen Gold- und Kupferabbaus, von Macalister auf etwa 2000–1600 v. Chr. datiert.)[51] Die Diffusion der Megalithbauweise scheint vom westlichen Mittelmeer (Frobenius' sardinisches Meer) ausgegangen und dann durch Frankreich gezogen zu sein, die Biskayaküste hinauf zur Bretagne und zu den Britischen Inseln. Ihr Zusammenhang mit den viel späteren eisenzeitlichen Megalithüberresten Südindiens von etwa 200 v. Chr. bis 50 n. Chr. ist nach wie vor dunkel.[52]

2a. Entwicklung sekundärer neolithischer Kulturen in England: Lokale Entwicklungen als Folge der Einflüsse von Windmill Hill und megalithischer Einwanderer auf die einheimische mesolithisch-paläolithische Bevölkerung. Sogenannte «Henges»: große, kreisförmige Anlagen, von einer Erdaufschüttung umgeben, die normalerweise von einem einzigen Eingang durchbrochen ist; innen ein Ring von Löchern; ferner dazugehörige Feuerbestattungsgräber. Zum Beispiel Woodhenge: sechs konzentrische Ovale aus Pfahllöchern geben hier den Grundriß eines überdachten Holzbauwerks an; ein Kinderskelett mit gespaltenem Schädel wurde im Mittelpunkt des Ringes begraben gefunden.[53]

3. STONEHENGE I, ca. 1900–1700 v. Chr.: Die erste von drei aufeinanderfolgenden Phasen in der Erbauung des großen Stonehenge: Wall und Löcher im Kreis ringsherum; möglicherweise ein Holzbau in der Mitte. Es ist vermutet worden, daß die Löcher für Opfer an die Erde da waren (das vergossene Blut geschlachteter Tiere, möglicherweise auch Menschen: vgl. das Woodhenge-Kinderskelett oben).[54]

3a. Ankunft der schnurkeramischen Streitaxtleute, ca. 1775 v. Chr.: Arische Herkunft? Kamen über die Nordsee an die englischen Nordostküsten; Ausgangspunkte unbekannt: Urheimat die Weidegebiete vom Rhein bis zu den russischen Steppen. Tonwaren mit Schnurabdruckdekoration (vgl. in Japan die Schicht der Jōmon-Ware, d. h. «schnurverziert», ca. 2500–300 v. Chr.);[55] gelochte steinerne Streitäxte, kriegerisches Gepräge und Kampfausrüstung: Häuptlinge.[56]

3b. Ankunft der Glockenbecherleute, ca. 1775 v. Chr.: Kamen aus dem Rheinland an die englischen Südostküsten. Einzelbestattungen unter Rundhügeln. Verwandte Kulturen in Mittel- und Südwesteuropa weit verbreitet. Kreisförmige Goldscheiben mit Kreuzornament (Sonnensymbolik?).[57]

4. STONEHENGE II, ca. 1700–1500 v. Chr.: Zweite Phase in der Erbauung von Stonehenge: ein Doppelkreis von sechsundsiebzig Löchern, in denen einmal Monolithen aus Blaustein von bescheidener Größe standen (die Positionen der Steine wurden während der Errichtung von Stonehenge III geändert, aber die Beweise für die ältere Anordnung sind unbestritten). Größe der Steine: ungefähr

zwischen 1,80 und 4 Meter hoch; Gewicht bis zu 6,5 Tonnen. Von besonderem Interesse: die Achsenlinie des Eingangs zu diesem Kreis (gekennzeichnet durch eine Gruppe von sechs zusätzlichen Steinen, wodurch es insgesamt zweiundachtzig werden) ist nach dem mittsommerlichen Sonnenaufgangspunkt ausgerichtet – was einen Wechsel von der Erdorientierung von Stonehenge I (Opfergruben: Kult der Erdgöttin?) zu einer Orientierung himmelwärts anzeigt (stehende Steine: Himmels- und Sonnengottheiten). Ferner: die Blausteinmonolithen dieses Heiligtums waren von einem 220 Kilometer Luftlinie entfernten heiligen Berg herangeschafft worden, nämlich von Prescelly Top in Pembrokeshire, Wales – und dessen «in Wolken gehüllter Gipfel» muß nach Ansicht von Atkinson «nicht minder den Eindruck eines Wohnsitzes der Götter gemacht haben als auf einen Wanderer im kretischen Hochland der Ida».[58] Diesen Berg (536 Meter) konnten die Händler sehen, die irische Bronze- und Goldwaren durch Südwales und England zum Kontinent transportierten. Weitere Elemente dieses Kulturkomplexes: lokale Abwandlungen der Becherkeramikformen; irische Kupferhellebarden und sonstige Kriegsgeräte, die (noch einmal mit den Worten Atkinsons) hindeuten auf «einen Kriegeradel, der stark an dem Handel mit den Metallprodukten beteiligt war».[59]

5. DIE WESSEX-KULTUR, ca. 1500–1400 v. Chr.: Kreisförmige Hügelgräber (vor allem in der Umgebung von Stonehenge): Einzelgräber unter einem runden Hügel von oftmals beträchtlicher Höhe, umgeben von einem Graben und mit zahlreichen kostbaren und fremdartigen Schmuckstücken und Waffen darin. Ein mächtiges und reiches aristokratisches Gemeinwesen: Mittelsmänner im irischen Metallhandel (Gold-, Kupfer- und jetzt auch Bronzewaren) mit dem Kontinent, sowohl über Land als auch übers Meer ins minoische Kreta, nach Mykene und zurück. Metallimporte aus Deutschland und Böhmen. Halsketten aus Ostseebernstein (man benutzte jetzt die bronzezeitliche Bernsteinstraße von der Ostsee über Land durch Mitteleuropa an die Adria). Goldgegenstände vom Mittelmeer. Ägyptische Fayenceperlen.[60]

5a. Stonehenge III, 1500–1400 v. Chr.: Der große Kreis aus (ursprünglich) dreißig gewaltigen Sandsteinblöcken, 30 Meter im Durchmesser: sie erheben sich bis zu einer Höhe von etwa 5,5

Metern und haben ein Durchschnittsgewicht von gut 26 Tonnen. Oben liefen Oberschwellen ringsherum, gehalten von einer Zapfenverbindung, wie sie auch am Hintereingang in Mykene benutzt wurde. Innerhalb des Kreises öffnet sich eine Hufeisenform aus fünf Trilithen nach Nordosten (Sommersonnwende), deren höchster 7,3 Meter über den Boden ragt. Und die älteren Blausteine werden jetzt innerhalb der Sandsteinblöcke und diese ergänzend zu einem Kreis und einem Hufeisen umgestellt. Ritzungen auf den Steinen: ein Dolch von einer in den Schachtgräbern Mykenes (1600–1500 v. Chr.) gefundenen Art; ein Axtkopf eines aus Irland eingeführten Bronzetyps (1600–1400 v. Chr.); ein Rechteck als Symbol der Muttergöttin.[61]

Die britischen Daten stimmen vollkommen mit den kretischen überein, und wie Atkinson (der gewiß kein Romantiker ist, sondern ein außerordentlich vorsichtiger Wissenschaftler) erklärt, ist das Monument in gar keiner Weise primitiv, sondern deutet sehr stark auf einen Einfluß aus der mykenischen Kultur jener Zeit hin. Er schreibt:

> Wir haben gesehen, daß durch den Handel die nötigen Kontakte mit dem Mittelmeer hergestellt worden waren. Auch in dem Stonehenge-Dolch kann man, wenn man will, einen direkteren Hinweis auf Mykene erblicken. Wir wissen von Homer, daß Baumeister ebenso wie die Dichter, zu denen er selber zählte, heimatlose Männer waren, die von Stadt zu Stadt wanderten. Ist es dann weniger glaubhaft, daß der Baumeister von Stonehenge selbst ein Mykener war, als daß das Bauwerk mit seiner ganzen einzigartigen und hochkomplizierten Detailgenauigkeit von bloßen Barbaren entworfen und errichtet wurde?
>
> Nehmen wir einmal einen Augenblick an, daß dies mehr als nur eine Vermutung sei. Unter welchen Umständen könnte dann ein in den Überlieferungen und Fertigkeiten der mediterranen Baukunst bewanderter Mann dazu kommen, im fernen kalten Norden unter Barbaren zu arbeiten? Gewiß nur als der kundige Diener eines ferngereisten mykenischen Fürsten, fortis ante Agamemnona; oder auf Geheiß eines britischen Barbarenkönigs, dessen Stimme und Geschenke vernehmbar genug waren, um sogar in den Städten am Mittelmeer Gehör zu finden. ...

> Ich glaube, ... daß Stonehenge selbst Zeugnis ablegt für eine, zumindest zeitweilige, Konzentration politischer Macht in den Händen eines einzigen Mannes, der allein die notwendigen Bedingungen für dieses große Unterfangen schaffen und aufrechterhalten konnte. Wer er war, ob dortselbst gebürtig oder ein Fremder, werden wir nie erfahren; er bleibt eine genauso schattenhafte und unwirkliche Figur wie der König Brutus der mittelalterlichen englischen Geschichte. Und doch, wer als er sollte, wie Artus oder Barbarossa, in der stillen Dunkelheit des Sandsteingewölbes unter der berghohen Aufschüttung des Silbury Hill schlafen? Und ist nicht Stonehenge selbst sein Denkmal?[62]

Kein einziges geschriebenes Wort ist uns aus dieser längst vergessenen Zeit überkommen, als in ganz Europa ein reges Handelsleben tapferer Männer in Gange war, die sich auf gefahrvolle Fahrten wagten, gediegene Schmuckstücke schufen und durch Handelsfäden die Welten der grauen Ost- und Nordsee mit dem strahlenden Blau der Seewege des Südens verknüpften. Nicht einmal Kreta, das Kernzentrum dieses ganzen geschäftigen Treibens, hat uns durch irgendeinen Text wissen lassen, welche Geschichten man sich erzählte, welche Gebete man in den Heiligtümern rezitierte, oder auch nur, welche Sprachen man gebrauchte. Die kretische Hieroglyphenschrift der Frühen Palastzeit (ca. 2000–1660 v. Chr.: Mittelminoisch I bis IIIA; Stonehenge I bis Anfang II) ist noch nicht entziffert. Auch die Linear A hat noch nicht das Geheimnis der großen Hohen Palastzeit preisgegeben (ca. 1660–1405 v. Chr.: Mittelminoisch IIIB bis Spätminoisch II; Stonehenge II und III). Die allgemeine Auffassung zur Zeit scheint zu sein, daß die Sprache von Linear A wie auch die der älteren Hieroglyphenschrift wahrscheinlich der luwisch-hethitisch-arischen Sphäre Anatoliens entstammte,[63] mit anderen Worten, eine Weiterentwicklung des Standes der Urkultur bedeutete, von der das kretische Neolithikum seinen Ausgang genommen hatte. Allerdings ist diese Ansicht von Professor Cyrus Gordon von der Brandeis University in Frage gestellt worden, der in den Tafeln einen syrischen phönikisch-semitischen Wortschatz entdeckt zu haben glaubt. Die Frage ist noch offen. Aber so oder so, das allgemeine Ursprungsgebiet müßte der große Kulturvulkan des Taurusgebirges gewesen sein, von dem, wie wir jetzt sehen und wieder sehen werden, Wellen und Fluten von größter Bedeutung und Wirksamkeit in alle Richtungen ausgingen, schon von der Zeit der Figurinen der Göttin in der Kunst von Hacilar an.

Die Sprache von Linear B dagegen (ca. 1405–1100 v. Chr.: Spätminoisch III), die, wie wir jetzt wissen, eine Frühform des Griechischen war, steht für eine Zeit der Einwanderung aus dem Europa des Nordens: das mykenische heroische Zeitalter von Agamemnon, Menelaos, Nestor und Odysseus, die letzten Tage des langen, fruchtbaren Weltalters der Göttin und die Eröffnung des Weltalters der Kriegersöhne der Götter. In der englischen Phasenfolge haben wir das Auftreten von Angehörigen dieser Kriegerkultur schon um 1775 v. Chr. festgestellt, nämlich der schnurkeramischen Streitaxtleute und wahrscheinlich auch der Glockenbecherleute, in deren Überresten man eine Vermischung von arischen mit kontinentalen vorarischen Rassemerkmalen erkannt hat.[64] Wir haben auch erwähnt, daß die Überreste von Stonehenge I von vor dieser Zeit auf eine Erdorientierung mit Opfern für die Befruchtung der Göttin hindeuten, während in Stonehenge II die Kultanlage nach oben weist, zum Himmel und zur Sonne, und auf einen lokalen Olymp (Prescelly Top) Bezug nimmt. Es ist daher einigermaßen sicher, daß in der Mitte des zweiten Jahrtausends v. Chr. in Nordeuropa ein Prozeß begonnen hatte, in dem die zwei Mythologien, die der Göttin und die der Götter, miteinander verschmolzen.

In der kretisch-mykenischen Sphäre dagegen stand der Kult der Göttin noch obenan. In vergleichbarer Weise hielt sich in Irland, wo der Einfluß der arischen patriarchalen Kriegerhorden durch den Filter Englands abgeschwächt wurde, der ältere Kult der Göttin und verband sich sogar in abenteuerlich glanzvoller Weise mit den Göttern, Helden und wahnwitzigen Kriegertaten ihrer Söhne.

Ich bin in diesem Werk sehr darauf bedacht, das Weltalter und die symbolische Ordnung der Göttin gebührend herauszustreichen, denn die Funde sowohl der Anthropologie als auch der Archäologie zeugen heute nicht nur für einen Unterschied zwischen dem mythischen und sozialen System der Göttin und dem der späteren Götter, sondern auch für die Tatsache, daß in unserer eigenen europäischen Kultur das System der Götter jenes der Göttin überla-

Abbildung 19. Die Göttin mit der Doppelaxt

gert und ausschließt – wenn dieses auch sozusagen als Gegenspieler im Unbewußten der Zivilisation als ganzer wirksam ist.

Psychologisch und soziologisch ist das Problem von außerordentlichem Interesse, denn alle psychologischen Schulen stimmen darin überein, daß das Mutter- und Frauenbild die Psyche anders affiziert als das des Vaters und Mannes. Identitätsgefühle werden fast unmittelbar mit der Mutter verknüpft, Dissoziationsgefühle mit dem Vater. Dort, wo das Mutterbild überwiegt, zerschmilzt daher selbst der Dualismus von Leben und Tod in der Wonne ihrer Tröstung, sind die Welten der Natur und des Geistes nicht getrennt, spricht sich die Bildende Kunst ganz von selbst in ihren Werken aus, ohne die Notwendigkeit einer diskursiven Erläuterung, Allegorisierung oder moralischen Verbrämung, und herrscht ein unterschwelliges Vertrauen auf die Spontaneität der Natur in ihren beiden Aspekten, dem negativen, tötenden, opfernden (Löwe und Doppelaxt) und dem zeugenden und wachsenden (Stier und Baum).

So mag abschließend der schöne mykenische Siegelring der Abbildung 19 unser letzter Altar am Wegesrand für diese Göttin des frühen Gartens der Unschuld sein, der letzte, bevor Nobodaddy (Blakes alter «Niemandsvater») ihren Schlangengeliebten auf dem Bauche kriechen ließ und den Baum des Lebens für alle Zeit verschloß. Wir sehen oben die Sonne und den abnehmenden Sichelmond über einer Form, die der auf der Reliefplatte von Abbildung 16 mit dem Mondstier und dem Löwenvogel ähnelt. Sie bezeichnet dieselbe Trennungslinie zwischen dem Irdischen und dem Himmlischen und hat über sich dieselben beiden Erscheinungen: den vergehenden Mond und die tötende Sonne. Hinter dem Mond steht eine kleine Figur mit einem Stab in der linken Hand, ein wenig in der Art der Löwengöttin von Abbildung 12. Das Persönchen ist von einem großen mykenischen Schild bedeckt und deutet auf den kriegerischen Aspekt der Göttin hin. Denn zu den Attributen der späteren griechischen Athene gehört auch ein Schild (vom jüngeren, kleineren, runden Typ, der am Arm getragen wird), und da der Name *A-ta-na Po-ti-ni-ja* (Athenai Potniai: «die Herrin von Athen») auf den Linear-B-Tafeln vorkommt, ist es zumindest möglich, daß hier eine Vorform der hellenischen Athene als der negative, tötende Aspekt der Göttin dargestellt ist. Ihre rechte Hand deutet auf eine Reihe von sechs Opfertierköpfen am rechten (unserem linken) Rand der Komposition, während am Rand gegenüber zum Ausgleich der überreich fruchtende Baum des Lebens steht, zu dem sich eine kleine Frauengestalt emporstreckt, um davon zu pflücken.

Die Mitte des Feldes nimmt die kretische Doppelaxt ein, die in zwei Richtungen weist: einmal zum Opfer, sodann zu seiner Segenswirkung hin, dem Baum. Wir denken an den großen Baum der Abbildung 15 mit seinem mächtigen toten Stamm, aber dem ewig lebenden Zweig. Der Löwe der Göttin war in jenem Fall von freundlichem, schützendem Wesen, so wie der Tod in dieser Kultur offenbar als hinführend zu ewigem Leben erfahren wurde. So auch hier: Die Göttin der Doppelaxt sitzt gütig unter ihrem Baum, während zwei Anbetende ihr nahen. Der ausgestreckten Hand der ersten reicht sie eine Trias von Mohnsamenkapseln, während sie mit der Linken ihre Brüste anhebt. Die kleine Gestalt zu ihren Knien, beinlos und gewissermaßen der Erde entsteigend, hält in der linken Hand eine winzige Doppelaxt und in der rechten einen blühenden Zweig, womit sie die ganze Aussage noch einmal zusammenfaßt und den Mittelpunkt des Ausgleichs zwischen der kleinen absteigenden Figur mit dem mykenischen Schild und der kleinen aufsteigenden Figur, die Früchte pflückt, abgibt.[65] Man vergleiche die zwei

Kräfte auf der linken und rechten Seite der Gorgo, deren Haupt in der antiken Kunst als am Schild der Athene angebracht dargestellt wird (siehe oben S. 37). Für das vorpatriarchale Zeitalter war diese Tod und Leben enthaltende Göttin selbst der mythische Garten, in dem die zwei Königinnen – die Königin Tod und die Königin Leben – eine waren. Und ihrem treuen Sohn Dumuzi (dem Minotauros), dessen Schicksalsbild der Mondzyklus ist, war sie das Paradies schlechthin.

4
Der Sieg der Söhne des Lichtes

Der Friede und Gnadenreichtum der Göttin, beruhend auf den Opferriten in ihren Tempelhainen, dehnte sich vom Kerngebiet des Nahen Ostens in breiter Front nach Osten und Westen bis zu den Küsten der beiden Weltmeere aus; aber viele der kulturellen Errungenschaften ihrer Herrschaft wurden auch unter die wilden Völkerschaften im Norden und Süden verstreut, die keine seßhaften Bauern wurden, sondern halbnomadische Rinderhirten oder Schaf- und Ziegenhirten. Diese wurden um 3500 v. Chr. für die bäuerlichen Dörfer und Städte zu einer Gefahr, als sie plötzlich in räuberischen Horden auftauchten, die plünderten und wieder abzogen oder im schlimmeren Fall dablieben und die einheimische Bevölkerung versklavten. Sie stammten, wie wir gesehen haben, aus zwei großen Ursprungszonen: den weiten Weidegebieten des Nordens und der syrisch-arabischen Wüste. Um 3000 v. Chr. wurden von solchen Einwanderern machtstrotzende Staatswesen gegründet, und um 2500 v. Chr. war die Herrschaft in Mesopotamien endgültig an eine Reihe starker Männer aus der Wüste gefallen, von denen Sargon von Akkad (ca. 2350 v. Chr.) das erste wichtige Beispiel war und Hammurabi von Babylon (ca. 1728–1686 v. Chr.) das zweite. Sie waren ungefähr Zeitgenossen der Seekönige Kretas, aber mit einer radikal anderen Beziehung zur Göttin.

In einer berühmten Selbstdarstellung des ersten dieser beiden lesen wir:

> Sargon, der mächtige König, der König von Akkad, bin ich. Meine Mutter war eine Gottesherrin, meinen Vater kannte ich nicht, der Bruder meines Vaters wohnt im Gebirge. Meine Stadt ist Azupiranu, welches am Ufer des Eufrat liegt. Es empfing mich die Mutter, die Gottesherrin, im Geheimen gebar sie mich, setzte mich in ein Kästchen aus Schilf, mit Erdpech verschloß sie meine Tür, übergab mich dem Flusse; ohne über mich hinwegzugehen, hob der Fluß mich empor, zu Akki, dem Bewässerer, brachte er mich. Akki, der Bewässerer, holte mich ... herauf. Akki, der Bewässerer, nahm mich zum Sohne an und zog mich auf. Akki, der Bewässerer, machte mich zu seinem Gärtner. Während ich Gärtner war, gewann Ischtar mich lieb, und ich übte ... die Königsherrschaft aus.[66]

Hier hat der König sich eine legendäre Herkunftsgeschichte zu eigen gemacht (oder sie von seinem Chronisten zugeschrieben bekommen), deren Typus auf der ganzen Erde bekannt ist. Dieser Typus entstammt der älteren Mythologie der Göttin und ihres Sohnes, aber mit einer Schwerpunktverschiebung auf den Sohn – der jetzt weder ein Gott noch ein geweihtes Opfer ist, sondern ein politisch ehrgeiziger Emporkömmling. Die Grundmotive im vorliegenden Beispiel sind: 1. eine modifizierte Jungfrauengeburt (Vater unbekannt oder verstorben), 2. ein letzter Wink, daß der Vater ein Berggott war (sein Bruder wohnt im Gebirge), 3. Aussetzung aufs Wasser (Wassergeburt: vgl. den griechischen Erichthonios, den indischen Vyāsa, den hebräischen Mose), 4. Rettung und Aufzucht durch einen Bewässerer (Motiv des Aufwachsens bei einfachen Pflegeeltern, häufig auch bei Tieren, siehe Romulus und Remus; hier wird wieder das Motiv des Wassers betont), 5. der Held als Gärtner (Befruchter der Göttin), 6. Geliebter der Göttin Ischtar (semitische Entsprechung der Inanna und der griechischen Aphrodite).

In der Frühzeit der psychoanalytischen Bewegung schrieb Otto Rank eine wichtige Monographie mit dem Titel *Der Mythus von der Geburt des Helden*,[67] in der er über siebzig Varianten dieses Typus analysierte und verglich: aus Mesopotamien, Ägypten, Indien, China, Japan und Polynesien, Griechenland und Rom, dem Iran, der Bibel, aus keltischen und germanischen, türkischen, estnischen, finnischen und christlichen europäischen Quellen. Er zeigte, daß das Grundmuster mit dem bestimmter neurotischer Tagträume vergleichbar ist, in denen das Individuum sich von seinen wahren Eltern absetzt, indem es sich verschiedenen Phantasien hingibt: 1. Phantasien von adliger oder göttlicher, höherer Abstammung, 2. von Verstoßung oder Aussetzung als Kleinkind, 3. von Adoption durch eine viel niedriger stehende Familie als es selbst (nämlich die seiner leibhaftigen Eltern) und 4. von einer Aussicht auf eine letztliche Rückkehr in seinen «wahren» Stand, verbunden mit einer wunderbaren Demütigung der für die Verstoßung Verantwortlichen und einem allgemeinen Gefühl, in jeder Beziehung Großes geleistet zu haben.

Ranks Analyse verdeutlicht sehr gut den Reiz, den eine solche Legende für ehrgeizige Könige und ihre Biographen gehabt haben muß, aber sie unterschätzt die Bedeutung (oder jedenfalls scheint mir das so) der Ableitung des Typus von einem kosmologischen Mythos. Die ganze Phantasiefolge tritt uns überall im Bereich der weltweiten Verbreitung der zum agrarischen Leben gehörigen Techniken und Riten entgegen und kann folglich nicht als bloße Häufung von Tagträumen behandelt werden, selbständig hervorgebracht aus einer ganz bestimmten individuellen seelischen Verfassung heraus. Ja, es ließe sich fragen, ob die krankhafte seelische Verfassung nicht eher eine Wirkung der Legende ist als ihre Ursache; denn so, wie sie vorliegt, bedeutet die Legende einen Abstieg vom kosmologischen Plan auf eine individuelle Bezugsebene. Sie lenkt daher das Sinnen und Trachten auf ein inferiores Ziel, nämlich statt auf das Erlöschen des Ich im Bilde eines Gottes (mythische Identifikation) genau auf das Gegenteil: die Übersteigerung des Ich in der Pose eines Gottes (mythische Inflation) – von jeher eine chronische Krankheit von Herrschern, seit die Meister in der Kunst, Menschen zu manipulieren, auf den Gedanken kamen, die Rolle des menschgewordenen Gottes zu spielen und dennoch ihren Hals vor der Doppelaxt zu retten. Wie ich in der *Mythologie des Ostens* gezeigt habe,[68] hatte dieses Betrugsmanöver zur Folge, daß das Königsamt sich von der Übermacht der Priesterschaft und der Sterne freimachte, daß der Staat aus einer religiösen (hieratischen) zu einer politischen (dynastischen) Institution wurde und daß das

Zeitalter anbrach, in dem es zum Hauptanliegen der Könige werden konnte, nicht mehr sich selbst, sondern die Welt zu besiegen.

Der unvermeidliche nächste Schritt war eine Rückprojektion dieser königlichen Inflation auf den König der Götter, das Vorbild des irdischen Herrschers, wie in den folgenden Anfangszeilen der Einleitung zum Gesetzbuch des Hammurabi, wo das Schicksal des Monarchen an das des jungen und frisch aufgestiegenen Gottes Marduk geknüpft wird.

> Als der erhabene Gott Anu [Gott des Firmaments], der König der Anunnaki [Unterweltgötter], [und] Enlil [Gott des Weltberges], der Herr Himmels und der Erde, welcher bestimmt die Geschicke des Landes, dem Marduk [Schutzgott der Stadt Babylon], dem erstgeborenen Sohn des Ea [Gott der Wassertiefe], die Herrschaft über alle Menschen bestimmten, unter den Igigi [Oberweltgötter] ihn erhöhten, als sie Babylons erhabenen Namen aussprachen, es in den Weltgegenden übergewaltig machten, darinnen ein ewiges Königtum, dessen Grundlagen wie Himmel und Erde festgegründet sind, ihm festsetzten, damals gaben mir, Hammurabi, dem stolzen Fürsten, dem Verehrer der Götter, um eine Gesetzgebung im Lande erscheinen zu lassen, den Bösen und Schlimmen zu vernichten, damit der Starke den Schwachen nicht schädige, damit ich wie Schamasch [Sonnengott] den Schwarzköpfigen [= Menschen] erscheine und das Land erleuchte, den Menschen Wohlbehagen verschaffe, Anu und Enlil meinen Namen.[69]

Der hier benutzte Typus ist bereits der des üblichen orientalischen Tyrannenstaates, in dem die Herrschergewalt, erlangt durch menschliche Mittel, als Ausdruck des Willens und der Gnade des Schöpfers und Erhalters des Weltalls ausgegeben wird. Frömmigkeit, Gerechtigkeit und Sorge für das Wohlergehen des Volkes bürgen für die Rechtmäßigkeit seiner Herrschaft. Und der Himmelskörper, mit dem der König jetzt gleichgesetzt wird, ist nicht mehr der silberne Mond, der stirbt und aufersteht und außer hell auch dunkel ist, sondern die goldene Sonne, deren feuriges Strahlen ewig ist und vor der Schatten, Dämonen, Feinde und Zweideutigkeiten die Flucht ergreifen. Das neue Zeitalter des Sonnengottes ist angebrochen, und was jetzt folgen soll, ist eine außerordentlich interessante, mythologisch verwirrende Entwicklung (nennen wir sie *Solarisierung*), die das gesamte Symbolsystem der früheren Zeit umkehrt, indem sie den Mond und den Mondstier der mythischen Sphäre der Frau und den Löwen, das Sonnentier, dem Mann zuschlägt.

Die bekannteste mythische Verkündung dieses Sieges des Sonnengottes über die Göttin und ihren Gemahl ist das babylonische Epos vom Sieg Marduks über seine Ururgroßmutter Tiamat, das anscheinend entweder zur Zeit Hammurabis selbst oder kurz darauf verfaßt wurde. Die erhalten gebliebenen Abschriften sind jedoch ein volles Jahrtausend älter, denn sie stammen aus der berühmten Bibliothek des Königs Assurbanipal von Assyrien (ca. 668–626 v. Chr.), jener königlichen Schatzkammer der Gelehrsamkeit, aus der wir das meiste haben, was wir vom semitischen Schrifttum vor der Abfassung der Bibel kennen.

> Als droben der Himmel nicht genannt war, drunten die Feste einen Namen nicht trug, Apsu, der uranfängliche, ihr Erzeuger, Mummu und Tiamat, die Gebärerin von ihnen allen, ihre Wasser in eins vermischten, das Strauchwerk sich nicht miteinander verknüpfte, Rohrdickicht nicht zu sehen war, als die Götter nicht existierten, niemand, sie mit Namen nicht genannt, Geschicke ihnen nicht bestimmt waren, da wurden die Götter in Apsus und Tiamats Mitte geschaffen.

Hier haben wir eine frühe Version des Typus, den die meisten von uns schon aus den Sagen der Griechen kennen: eine ältere und eine jüngere Generation von Göttern. Apsu, Tiamat und ihr Sohn Mummu (ihr Bote, das Wort – vgl. oben S. 70, das «Mummu-Haus») erfreuen sich wie bei den Griechen Uranos, Gaia und ihre Kinder, die Titanen, einer Zeit unangefochtener Herrschaft vor dem Aufstieg und Sieg jener Kriegergötter, die in den Gebeten und Riten der Menschen am meisten geehrt werden. Eine solche Mythologie bedeutet einen tatsächlichen historischen Kultwechsel: in diesen beiden Fällen die Ersetzung eines älteren matriarchalen Kultes durch einen eindringenden patriarchalen. Und wieder in beiden Fällen bestand die Hauptabsicht der kosmischen Genealogie darin, die Ansprüche der älteren Theologie zugunsten der Götter und der Sittenordnung der jüngeren abzuschmettern. So lesen wir:

Lachmu und Lachamu traten ins Dasein, wurden mit Namen benannt. Während sie groß wurden, emporwuchsen, wurden Anschar und Kischar geschaffen, sie überragten jene; sie ließen die Tage lang werden, fügten Jahre hinzu, da ward Anu, ihr Sohn, seinen Vätern ebenbürtig. Anschar machte Anu, seinen Erstgeborenen, sich gleich, und Anu erzeugte als sein Ebenbild Ea. Ea, seiner Väter Herrscher war er, umfassend an Wissen, klug, an Kräften gewaltig, stark, mehr als der Erzeuger seines Vaters, Anschar, nicht hatte er seinesgleichen unter den Göttern, seinen Vätern.

Es kamen zusammen die Brüder, die Götter, sie störten Tiamat, ihre Wächterin, sie verwirrten der Tiamat Gemüt mit Gesang inmitten der Himmelswohnung. Nicht dämpfte Apsu ihr Geschrei, und Tiamat blieb still. Es mißfielen ihre Taten, nicht gut war ihr Wandel, sie betrugen sich frech.

Da begann Apsu, der Vater der großen Götter, die Rede, Mummu, seinen Wesir, zu rufen: «Mummu, mein Wesir, der du mein Gemüt erfreust, komm, zu Tiamat wollen wir gehen!» Sie gingen hin, und vor Tiamat ließen sie sich nieder, sie berieten die Angelegenheit wegen der Götter, ihrer Erstgeborenen. Apsu tat seinen Mund auf, um zu sprechen, er sprach laut zu Tiamat: «Ihr Wandel mißfällt mir, am Tage habe ich nicht Ruhe, nachts schlafe ich nicht. Ich will sie verderben, ihre Wege will ich zerstreuen, Stille soll hergestellt werden, wir wollen schlafen.»

Als Tiamat dieses hörte, wurde sie zornig, schrie ihren Buhlen an. Das Böse nahm sie sich zu Herzen: «Was? Was wir geschaffen haben, sollen wir vernichten? Wenn auch ihr Wandel mißfällt, wir wollen sie doch freundlich pflegen.»

Mummu entgegnete, Apsu zu beraten, ein ungünstiger Rat war der Rat seines Mummu: «Wohlan, ist machtvoll ihr Tun, so verwirre es! Am Tage sollst du dann Ruhe haben, nachts schlafen.» Als ihn Apsu hörte, wurde sein Antlitz glänzend, weil er Böses plante gegen die Götter, seine Söhne. Mummu aber umarmte er, setzte ihn auf seine Knie und küßte ihn.

Alles, was sie in ihrer Versammlung geplant hatten, wurde den

> Göttern, ihren Erstgeborenen, hinterbracht. Als die Götter es hörten, liefen sie umher, wurden stille, setzten sich bedrückt. Der Gewaltige an Weisheit, der Kluge und Mächtige, Ea, der alles versteht, sah ihren Sinn. Er rief gegen Apsu einen Zauberkreis ins Dasein, um das All zu schützen. Kunstvoll machte er seine gewaltige, heilige Beschwörung. Er sprach sie, im Wasser ließ er sie sein, Schlaf goß er über Apsu aus, er lag in süßem Schlummer. Als er Apsu hingelegt hatte, während Schlaf über ihn ausgegossen war, wurde Mummus Manneskraft kläglich abgeschnitten. Er löste Apsus Gefüge, zog ab seine Krone, seinen Glanz nahm er weg, bekleidete sich selbst damit. Als er ihn bezwungen, Apsu erschlagen hatte, band er den Mummu, vergewaltigte ihn. Er schlug auf Apsu seine Wohnung auf, und den Mummu packte er, ihn am Zügel haltend.

Damit sind wir in der Tat auf dem Feld der Psychologie von Freud und Rank angekommen: die mythische Bosheit des Vaters, das Inschutznehmen seitens der Mutter, Geschwisterrivalität (zwischen Mummu, dem älteren, und Ea, dem jüngeren Sohn), schließlich ein Vatermord und seine mythische Rechtfertigung – die zu hinterfragen unerquickliche Folgen haben könnte. Im wesentlichen ist der Mythos eine Umwandlung des älteren Typus, der in unserer Abbildung 16 ausgemalt ist: der Stier, die Göttin und der Löwenvogel dort sind hier der Vater (Apsu), die Mutter (Tiamat) und der Sohn (Mummu). Im vorliegenden Fall sind die Wasser dieser drei undifferenziert. Sie stehen für den Bewußtseinszustand, der im indischen Denken «traumloser Tiefschlaf» und bei Freud «das ozeanische Gefühl» heißt – schließlich war es ja, wie wir hören, Apsus einziger Wunsch, in Frieden zu schlafen.

In der Trias Apsu, Mummu und Tiamat (die übrigens in der älteren mythischen Ordnung wahrscheinlich die Form Tiamat und Apsu-Mummu gehabt hätte) ist der nichtduale Zustand vor der Schöpfung symbolisiert, aus dem alle Formen hervorgegangen sind, die von Mythos und Traum ebenso wie die der taghellen Wirklichkeit. Aber in der neuen Mythologie der großen Götter hat sich die Aufmerksamkeit verlagert auf die vordergründigen Figuren von Dualität und Streit, Macht, Gewinn und Verlust, um die das Denken des Mannes der Tat normalerweise kreist. Während es das Bestreben der älteren Mythologie gewesen war, einen Zustand des Gleichmuts gegenüber den Modalitäten der Zeit und der Identifikation mit dem allem Sein innewohnenden nichtdualen Geheimnis zu fördern (vgl. oben S. 13-14), war die neue genau auf das Gegenteil aus: das Handeln auf dem Feld der Zeit zu unterstützen, wo Subjekt und Objekt in der Tat zwei sind, getrennt und nicht identisch – so wie A nicht B, Tod nicht Leben, Tugend nicht Laster und der Mörder nicht der Ermordete ist. Es ist alles so einfach, sonnenklar und unkompliziert. Der gute jüngere Sohn, der listenreiche Ea, überwindet den bösen Vater nach schönster ödipaler Manier und nimmt den älteren bösen Sohn (der den Vater erkennt und liebt) am Zügel.

Welches Geschick ereilt nun die Mutter Tiamat in dieser normativen Geschichte vom Sieg des Guten?

> Nachdem Ea seine Feinde bezwungen, erschlagen und seinen Triumph über seine Widersacher gesichert hatte, ruhte er friedlich aus inmitten seines Gemaches. Er nannte es Apsu, bestimmte es zu Wohnungen, an seinem Ort gründete er sein Gemach. Ea und Lachamu, seine Braut, setzten sich in Feierlichkeit. Im Gemach der Geschicke, im Haus der Bestimmungen, wurde der weiseste der Weisen, der Kluge der Götter, Marduk, erzeugt. Inmitten des heiligen Apsu wurde Marduk geboren. Es erzeugte ihn Ea, sein Vater, Lachamu, seine Mutter, war's, die ihn gebar. Er saugte an der Brust der Göttinnen, eine Wärterin pflegte ihn, füllte ihn mit Fruchtbarkeiten. Üppig ist seine Gestalt, glänzend der Blick seiner Augen. Heldenhaft sein Auszug, herrscherlich ist er von jeher. Als ihn Ea sah, der Erzeuger, sein Vater, frohlockte er, erglänzte sein Herz, wurde von Freude voll. Er schmückte ihn, Doppelgottesgestalt fügte er ihm zu, gewaltig erhöht über die Götter ist er, mehr als sie alle. Unmöglich kunstvoll sind seine Maße, zu verstehen unmöglich, anzusehen schwierig. Vier sind seine Augen, vier seine Ohren, wenn seine Lippe in Bewegung gesetzt wird, erglüht Feuer. Es wuchsen ihm die Ohren groß, die Augen auch, sie erschauen alles. Erhöht unter den Göttern ist er, überragend seine Gestalt. Bekleidet ist er mit dem Glanz von zehn Göttern, aufs höchste stark. Schreckensglut ist auf ihn gehäuft.
>
> Und zu dieser Zeit erzeugte Anu vier Winde, auf der Oberfläche

> der Wasser Tiamats warf er Wellen auf. Auch füllte er seine Hand, tauchte und erschuf Erde, die von den Wellen emporgetragen wurde. Tiamat wurde unruhig. Tag und Nacht ging sie um. Und die um sie herum [ihre Sprößlinge] riefen der aufgestörten Mutter zu: «Als sie Apsu, deinen Buhlen, umbrachten, tratest du ihm nicht zur Seite. Jetzt sind die vier Winde erschaffen. Du bist innerlich aufgewühlt. Wir können nicht ruhen. Wir können nicht schlafen.»

Die Sage fährt jetzt mit einer Schilderung der wachsenden Wut und Kampflust Tiamats fort. Als Allmutter, «die alles erschafft», gebar sie Riesenschlangen mit spitzen Zähnen, schonungslos im Zermalmen, mit Gift statt mit Blut gefüllt, wütend, schrecklich und bekleidet mit so furchteinflößendem Glanz, daß, wer sie sah, vernichtet ward. Erstehen ließ sie Ottern, Drachen, große Löwen, tolle Hunde, Skorpionenmenschen und verschiedene Sturmdämonen, gewaltig und unwiderstehlich. Insgesamt elf Ungeheuerbruten rief sie ins Dasein, und ihren Erstgeborenen von diesen, Kingu, erhöhte sie und machte in groß unter ihnen. «Durch Zauber geweiht, bist du hoch nun erhoben», sprach sie. «Der Götter Herrschaft habe ich dir gegeben. Erhaben seist du, mein erkorener Gatte! Deinen Namen soll man erhöhen über alle Anunnaki!» Sie gab ihm die Schicksalstafeln, brachte sie an seiner Brust an und sprach: «Dein Befehl sei unwandelbar, bindend dein Ausspruch!» Danach rüsteten sie und ihre Brut sich zur Schlacht wider die Götter.

Der Leser wird hier das Muster des griechischen Krieges der Titanen und Götter wiedererkannt haben, der dunkleren Brut der Allmutter, geworfen aus eigener weiblicher Kraft, und der helleren, schöneren, nachgeborenen Söhne, hervorgebracht aus ihrer Einwilligung in die Befruchtung durch den Mann. Das Muster ergibt sich aus der Überwindung einer lokalen matriarchalen Ordnung durch eindringende patriarchale Nomaden und der Umgestaltung des angestammten Überlieferungsgutes von der fruchtbaren Erde, die diese zu ihren eigenen Zwecken vornehmen. Es ist auch ein Beispiel für die Anwendung eines priesterlichen Kunstgriffes, der *mythologischen Diffamierung*, mit dem seit der Zeit immer wieder gearbeitet wird (hauptsächlich von westlichen Theologen, aber nicht ausschließlich). Er besteht einfach darin, daß man die Götter anderer Völker zu Dämonen erklärt, damit die eigenen Göttern vergrößert, bis sie die Hegemonie über das All haben, und sich dann alle möglichen großen und kleinen sekundären Mythen ausdenkt, um einerseits die Ohnmacht und Bosheit der Dämonen und andererseits die Majestät und Rechtmäßigkeit des großen Gottes oder der großen Götter herauszustellen. Er wird im vorliegenden Falle gebraucht, um nicht nur eine neue Gesellschaftsordnung, sondern auch eine neue Seelenlage mythologisch zu begründen – und insoweit muß man ihm auch zubilligen, daß er kein reiner Betrug ist, sondern in gewisser Hinsicht eine neue Wahrheit ausdrückt: eine neue Struktur des menschlichen Denkens und Fühlens, in kosmische Dimensionen überzogen.

Der Kampf, den wir uns jetzt anschauen wollen, dargestellt als Schlacht von Göttern gegen Titanen vor dem Anfang der Welt, fand in Wirklichkeit in einem kritischen Moment der menschlichen Geschichte zwischen zwei Aspekten der menschlichen Psyche statt, zu einem Zeitpunkt, als im Zeichen des heldenhaften Mannes die hellen und rationalen trennenden Funktionen die Faszination des dunklen Geheimnisses der tieferen Seelenschichten überwanden (jedenfalls in der westlichen Hälfte des großen Raumes der Hochkulturen), den tiefen Geist des Tals, der unsterblich ist, wie es im *Tao-te ching* so schön heißt:

der dunkle mutterschoß sei er benannt
und dieses dunklen mutterschoßes pforte –
genannt wird sie die wurzel des alls
sich hinschlingend durch alles, allgegenwärtig...[70]

Weiter heißt es nun in unserem Kriegsbericht:

Als Tiamat ihr Werk gewaltig gemacht hatte, bereitete sie die Schlacht vor wider die Götter, ihre Sprößlinge. Apsu zu rächen, begann Tiamat Feindseligkeit. Daß sie sich zum Kampf gerüstet hatte, erklärte sie Ea. Als Ea diese Sache hörte, wurde ihm schmerzlich bange, saß er bedrückt. Viele Tage vergingen, da beruhigte sich sein Grimm. Seinen Weg zu Anschar, seinem Vater, lenkte er. Alles, was Tiamat erdacht hatte, erzählte er ihm. Anschar schlug sich auf die

Schenkel, biß sich in die Lippe. Er rief seinen ältesten Sohn Anu und hieß ihn gegen Tiamat antreten, aber er konnte ihr nicht widerstehen und kehrte zurück.

Da versammelten sich alle Götter, aber sie saßen schweigend, voller Furcht. Als Ea ihre Not sah, rief er seinen Sohn Marduk an die Stätte seines Geheimnisses und sprach zu ihm, wie es ihm ums Herz war. «Sohn Marduk, vernimm das Wort deines Vaters, denn du kannst erleichtern sein schweres Herz! Bei Anschar zum Kampfe tritt du auf den Plan jetzt, daß er dich erblicke und Ruhe dann finde!»

Da freute der Herr sich der Worte des Vaters, er eilte herbei und trat hin vor Anschar. Als Anschar ihn sah, ward er froh im Herzen, er küßte seine Lippen, seine Furcht wich. «Ich will gehen», sprach Marduk, der Herr, «und den Wunsch deines Herzens erfüllen. Ist jemals ein Mann dir entgegengetreten? Jetzt sollte Tiamat, ein Weib, dich bekämpfen? Bald wirst du den Nacken Tiamats niedertreten. Aber, o Herrscher und Schicksal der großen Götter, wenn ich als euer Rächer Tiamat bezwingen soll, euer Leben retten soll, macht eine Versammlung, macht übergewaltig mein Los und tut es kund: Mein Ausspruch bestimme anstatt eurer die Schicksale! Unveränderlich sei, was ich erschaffe, unwandelbar, unwiderruflich sei der Befehl meiner Lippe!»

Wirklich eine schöne Geschichte! Wir haben jetzt ein Theater des Mythos betreten, das auch das rationale, nicht mystisch veranlagte Denken ohne Hilfe verstehen kann, denn hier erhielt die Kunst der Politik, die Kunst, Macht über Menschen zu erlangen, für alle Zeit ihr himmlisches Vorbild.

Anschar wandte sich an seinen Wesir Kaka und hieß ihn die Götter versammeln. «Sie sollen sich unterreden, zum Schmaus sich setzen; Brot mögen sie essen und Wein sich bereiten. Tritt vor sie hin und erzähle ihnen: Tiamat, unsere Mutter, haßt uns. Es haben sich ihr die Götter insgesamt zugewandt, sogar die, so ihr geschaffen habt, gehen ihr zur Seite. Die Chaosmutter, die alles erschafft, gab feste Waffen, gebar Schlangen, Drachen, große Löwen, tolle Hunde, erhöhte Kingu zu ihrem Gatten. Ich habe Anu gegen sie ausgesandt, doch er konnte nicht gegen sie bestehen, und jetzt spricht Marduk, der Weise der Götter, zu mir, wenn er unser Rächer sein solle, müsse der Befehl seiner Lippe unwiderruflich sein.»

Das Wort erging, die Götter versammelten sich, küßten einander in der Versammlung, unterredeten sich, setzten sich zum Schmaus, aßen Brot, bereiteten sich Wein, und der Wein verscheuchte ihre Furcht. Ihre Leiber schwollen an vom Trank, sie wurden sorglos und hochgemut und stellten dem Marduk, ihrem Herrn und Rächer, einen fürstlichen Thronsitz auf, darauf er sich vor seinen Vätern niederließ.

«O Herr», sprachen sie, «du bist der geehrteste unter den großen Göttern, dein Los ist ohnegleichen, dein Befehl allmächtig. Erhöhen und Erniedrigen sei in deiner Hand! Fest stehe dein Ausspruch, unanfechtbar sei dein Befehl! Keiner der Götter überschreite deine Grenze! Wir geben dir hiermit die Allkönigswürde.»

Sie breiteten ein Kleid aus in ihrer Mitte [das Sternengewand des Nachthimmels] und sprachen: «Auf deinen Befehl vergehe das Kleid jetzt; gebiete dann wieder, daß neu es entstehe [wie der Nachthimmel beim Durchzug der Sonne]!» Marduk gebot, und siehe, das Kleid war vergangen! Wieder gebot er, und es entstand neu. Als die Götter die Kraft seines Wortes sahen, jubelten sie huldigend: «Marduk ist König!»

Dann verliehen die Götter dem Marduk Szepter, Thron, Königsring und den unwiderstehlichen Donnerkeil. Er machte seinen Bogen fertig, nahm seine Keule in die Rechte, stellte einen Blitzstrahl vor sich nieder, erfüllte seinen Leib mit lodernder Flamme, machte ein Netz, Tiamat darin zu fangen, rief die Winde der Weltgegenden und etliche Wirbelwinde, bestieg seinen unvergleichlich grausigen Sturmwindwagen mit einem Viergespann davor, den Rennern Zerstörer, Schonungslos, Überschwemmer und Flüchtig, deren Zähne voll giftigem Geifer waren, furchtbar im Streit, geübt im Niederwerfen. Als Hemd hatte er einen furchtbaren Panzer angetan, mit schrecklichem Glanz war sein Haupt bedeckt. So machte er sich auf, schlug den Weg ein zu Tiamat, der rasenden. Mit den Lippen hielt er ein Amulett, ein Kraut gegen Gift faßte seine Hand. Von den Göttern umgeben, nahte sich der Herr, der Tiamat ins Innere zu schauen, des Kingu, ihres Buhlen, Plan zu erforschen.

Doch als er hinblickte, war Kingus Rat verwirrt: zerstört sein Verstand, sein Tun schwankend. Die Götter, seine Helfer, die ihm zur Seite gingen, sahen den tapferen Helden verwirrten Blicks. Da brüllte Tiamat auf, den Nacken nicht wendend, auf üppiger Lippe ihm Bosheiten bietend: «Hast du dich zum Herrscher der Götter erhoben! Haben sie sich an ihrer Statt versammelt oder an deiner?»

Marduk erhob seine gewaltige Waffe und schrie ihr entgegen: «Du bist aufgestanden, hast dich hoch erhoben, hast im Herzen getrachtet, Kampf anzuzetteln. Du hast Kingu erhoben zur Buhlschaft mit dir, den unrechtmäßigen Kingu anstelle von Anu. Wider Anschar, den König der Götter, sinnst du Böses. Wider die Götter, meine Väter, hast du deine Bosheit gerichtet. Spann an deine Kraft, bind fest deine Waffen! Tritt vor! Ich und du, wir wollen uns messen.»

Als Tiamat dies hörte, geriet sie ganz außer sich, wurde von Sinnen. Laut schrie sie auf voll wütenden Grimmes, bis in die Wurzeln erzitterten ihre Beine. Den Zauberspruch sagte sie, Beschwörungen murmelnd, auch die Götter feiten ihre Waffen für die Schlacht. Sie traten zusammen, Tiamat und Marduk, sie schritten zum Kampf, sich nähernd zum Streit. Der Herr breitete sein Netz aus und fing sie darin. Tiamat riß den Mund auf, so weit sie konnte, da ließ er den Böswind in sie hineinfahren, und dieser füllte ihren Leib, daß ihr Herz gelähmt wurde und ihr Mund offenstand. Er schoß einen Pfeil ab, zerspaltete ihren Bauch, ihr Inneres zerschnitt er, zerriß das Herz. Als er sie bezwungen hatte, tilgte er ihr Leben aus. Er stellte sich auf ihren Leichnam, da erzitterten die Götter, die ihr zur Seite gegangen waren, und suchten zu fliehen, ihr Leben zu retten. Er aber band sie alle mit seinem Netz, zerbrach ihre Waffen und nahm die Wehklagenden gefangen.

Die giftigen Ungeheuer, die Tiamat geboren und mit Furchtbarkeit bekleidet hatte, warf Marduk in Fesseln, ihre Arme band er nach hinten und trat sie nieder. Kingu bändigte er und warf ihn zu den andern, nahm ihm die Schicksaltafeln, die ihm nicht gebührten. Der Sieger versah sie mit Siegeln und heftete sie an seine Brust, dann kehrte er zum Leichnam der Tiamat zurück, trat auf ihr Bein und zerspaltete ihr mit seiner gnadenlosen Keule den Schädel. Er zerschnitt die Adern ihres Blutes und ließ es den Nordwind ins Verborgene tragen. Als das seine Väter sahen, jauchzten sie freudig und ließen ihm Geschenke und Gaben bringen.

> Da ruhte der Herr und betrachtete ihren Leichnam, erwog, wie er den Klumpen zerteile, Kluges planend. Er teilte sie wie eine Muschel in zwei Hälften, und die eine Hälfte setzte er hin, den Himmel damit zu bedecken. Er zog einen Riegel, postierte Wächter, ihre Wasser nicht herabzulassen, bestellte er sie. Er ging über den Himmel, besah die Stätten, er stellte ein Gegenstück dem Apsu gegenüber, dem Ozean, der Wohnung Eas. Es maß der Herr des Apsu Gestalt, einen Palast so wie diesen errichtete er, Escharra. Im Palast Escharra, den als Himmel er baute, schuf er Stätten für Anu, Enlil und Ea.

Damit war der erste Teil seines Werkes vollbracht. Den Rest brauchen wir hier nur kurz zu streifen. Der siegreiche Marduk bestimmte das Jahr und seinen Tierkreis mit zwölf Zeichen, die Tage des Jahres, die Standorte der verschiedenen Sterne und Planeten und die Bewegung des Mondes: sein Zunehmen bis zur Monatsmitte in Opposition zur Sonne, danach sein Abnehmen und Verschwinden in der Näherung gegen die Sonnenbahn. Dann aber drängte den Gott sein Herz, etwas ganz anderes, etwas wahrhaft wunderbar Kunstvolles zu schaffen.

«Blut will ich binden», vertraute er seinem Vater Ea an, «Gebein entstehen lassen, aufstellen will ich Lulla, ‹Mensch› sei sein Name. Erschaffen will ich Lulla, den Menschen! Es sollen ihm auferlegt werden die Götterdienste, die Götter sollen befriedigt sein.»

Man vergleiche damit den früheren sumerischen Mythos, in dem die Erschaffung des Menschen zum Sklaven der Götter dem Ea und seiner Frau, der Göttin Erde, zugeschrieben wurde.[71] Babylon mit seinem König hatte zu der Zeit noch nicht die Vormachtstellung in der Welt erlangt. Der vorliegende Mythos, wie viele nach ihm kommende, ist ein Beispiel für eine *mythologische Anverwandlung*, bei der ein späterer Gott die Rolle eines anderen übernimmt, mit Unterstützung des früheren Gottes oder ohne.

Marduk erläuterte seinem Vater, auf welche Weise er seinen Plan auszuführen gedachte. Er wollte die Götter in zwei Gruppen teilen, eine gute und eine böse, und aus dem Blut und Bein der Bösen – nämlich derjenigen, die zu Tiamat gehalten hatten – wollte er das Menschengeschlecht bilden.

Ea jedoch erwiderte: «Nimm nur einen der bösen Götter, er soll hingegeben und vernichtet und die Menschen aus seinen Teilen geschaffen werden. Es sollen sich versammeln die großen Götter. Der Schuldbeladenste soll geopfert werden.»

Eas Sohn Marduk stimmte ihm zu. Die Götter wurden versammelt, und der Herr richtete an sie das Wort. «Was zuvor verkündet ward, ist vollbracht. Wer aber war's, der Tiamat zum Aufruhr und zum Kriegstreiben veranlaßte? Hingegeben werde der, seine Strafe will ich ihn tragen lassen, setzt euch beruhigt.»

Darauf erwiderten die Götter einmütig: «Kingu war's, der Tiamat zum Aufruhr und zum Kriegstreiben veranlaßte.» Gefesselt führten sie ihn vor Ea, zerschnitten die Adern seines Blutes und erschufen aus seinem Blut die Menschen. Ea legte den Menschen dann den Dienst der Götter auf und befreite damit die Götter von aller Arbeit.

Nachdem dieses nicht auszudenkende Werk vollbracht war, wurden die Götter ihren verschiedenen kosmischen Stätten zugeteilt; und sie sprachen zu Marduk, ihrem Herrn: «O Herr, der du uns von drückender Knechtschaft befreit hast, welches sei das Zeichen unserer Dankbarkeit? Wohlan, wir wollen ein Gemach bauen, eine Wohnstätte für unsere Nachtruhe! Darin wollen wir ruhen. Und es sei darin auch ein Thron, ein Sitz mit Rückenlehne für unseren Herrn.» Als Marduk dies hörte, erglänzten wie der Tag seine Züge gar sehr, und er sprach: «Also sei Babylon, dessen Werk ihr gewünscht...»[72]

Die epische Erzählung berichtet im weiteren von der Erbauung und Weihung der großen babylonischen Zikkurat und schließt mit einer feierlichen Nennung der fünfzig Ehrennamen ihres Herrn Marduk. Den Ausspruch seines Mundes kann kein Gott aufheben, weit ist sein Herz, groß sein Gemüt, der Sünder und Frevler ist ihm ein Greuel, es freuen sich also die Menschen unseres Herrn Marduk!

In der orientalistischen Literatur ist häufig bemerkt worden, daß der Name der babylonischen ungeheuerlichen Mutter in diesem Weltschöpfungsepos, Tiamat, etymologisch verwandt ist mit dem hebräischen Wort *tehom*, «die Urflut», aus dem zweiten Vers des

Buches Genesis und daß die Schilderungen, wie der Wind Anus über die Tiefe und der Wind Marduks der Tiamat ins Gesicht blies, der Stelle in Genesis 1,2 entsprechen, wo es heißt: «Elohims Wind [oder Geist] schwebte [oder blies] über dem Wasser.» Desgleichen, wie Marduk die obere Hälfte des Mutterleibes als eine Decke ausbreitete, über der die Wasser des Himmels waren, so in Genesis 1,7: «Elohim machte also das Gewölbe und schied das Wasser unterhalb des Gewölbes vom Wasser oberhalb des Gewölbes.» Und wiederum, wie Ea den Apsu bezwang und Marduk die Tiamat, so bezwang Jahwe die Meeresungeheuer Rahab (Hiob 26,12–13) und Leviathan (Hiob 40,25–32; Ps 74,14).

Es kann kein Zweifel daran bestehen, daß die Bilder der verschiedenen Schöpfungsgeschichten der Bibel einem gemeinsamen Fundus sumerisch-semitischer Mythen entstammen, von denen das babylonische Weltschöpfungsepos einer ist. Aber es ist auch festzuhalten (und wird von vielen eifrig ins Feld geführt), daß zwischen der Bibel und gerade diesem Epos «die Divergenzen viel weitreichender und bedeutsamer sind als die Ähnlichkeiten», wie ein Fachgelehrter es ausdrückte.[73] Die Bibel stellt eine spätere Phase der patriarchalen Entwicklung dar, in der das weibliche Prinzip, vertreten in der früheren Bronzezeit von der großen göttlichen Mutter aller Dinge und in diesem Epos von einer ungeheuerlichen Dämonin, auf seinen Elementarzustand, tehom, reduziert wird und der männliche Gott allein aus eigener Kraft die Welt erschafft, so wie in der Vergangenheit die Mutter allein sie erschaffen hatte. Das babylonische Epos nimmt eine Zwischenposition ein in einer Abfolge, die sich logisch in vier Stufen einteilen läßt:

1. Die Welt wird von einer Göttin geboren, die keinen Mann hat.
2. Die Welt wird von einer Göttin geboren, die von einem Mann befruchtet wurde.
3. Die Welt wird durch einen männlichen Kriegergott aus dem Körper einer Göttin gebildet.
4. Die Welt wird ganz allein durch die Kraft eines männlichen Gottes erschaffen.

Wenn wir noch etwas bei dem babylonischen Text verweilen, sehen wir erstens, daß der Gott durch Gewalt zustande gebracht hat, was die Göttin – die immer noch als Mutter anerkannt wird, «die alles erschafft» – ganz von selbst aus sich hervorgebracht hätte, wenn man sie gelassen hätte. Vom Standpunkt der Göttin aus ist daher der Gott, ihr Kind – all seinem Pomp zum Trotz –, in Wirklichkeit nichts weiter als ihr ausführendes Organ, das zu wirken scheint, was von selbst wird. Aber sie gibt ihm das Gefühl, es selbst zu tun, sein schönes Haus aus Bausteinen aus eigener Kraft zu errichten, und handelt damit, wie es sich für eine gute Mutter gehört. Doch andererseits ist dieses Epos weit von einer solchen Einsicht in die Ironie männlicher Werke entfernt. Es ist ein ausgesprochen patriarchales Dokument, in dem das weibliche Prinzip samt seiner Weltanschauung abgewertet wird, und wie immer, wenn eine Kraft der Natur und der Psyche von ihrem Ort ausgeschlossen wird, verkehrt sie sich ins Negative, wird sie eine gefährliche und wütende Dämonin. Die ganze anschließende Geschichte der orthodoxen patriarchalen Systeme des Westens über werden wir finden, daß die Kraft dieser göttlichen Mutter der Welt, die hier von ihren Söhnen diffamiert, beschimpft, beleidigt und gestürzt wird, eine immerwährende Bedrohung ihrer Burg der Vernunft bleiben soll, welche gegründet ist auf eine Erde, die sie für tot halten, aber die in Wirklichkeit lebendig, atmend und stets umbruchbereit ist.

Als zweiter Punkt ist festzuhalten, daß mit diesem Übertritt von der Ebene der Mutter auf die Ebene der Söhne das Gefühl der Identität von Leben und Tod verschwindet, samt dem Glauben an die Fähigkeit des Lebens, seine eigenen guten Formen hervorzubringen, so daß nunmehr alles Hader und Plage ist, Diffamierung des Fremden, Anmaßung, Großspurigkeit und ein untergründiges Schuldgefühl. Dies letztere kommt schließlich in dem Mythos von der Entstehung der Menschen aus dem Blut des verabscheuten Kingu auf den Begriff, geschaffen, den Göttern untertan und dienstbar zu sein – obwohl Kingu weiß Gott (und wir wissen es auch) eigentlich ein größeres Recht auf seine Schicksalstafel hatte als Marduk, der Herr, der ganz einfach Macht besaß.

Und daher letztens die Frage: Welches Bild vom Schicksal des Menschen wird mit diesem großen Sieg entworfen, den die Welt der Götter über die Welt der göttlichen Mutter der Götter erringt? Dies wird erzählt in der berühmten Sage von Gilgamesch, die von vielen als das erste große Epos vom Schicksal des Menschen bezeichnet worden ist. Wir müssen sie hier nicht in aller Ausführlichkeit vorstellen, denn sie ist hinreichend bekannt. Jedoch einige ihrer Hauptinhalte gewinnen eine neue Schärfe, wenn man sie vor dem Hintergrund der Ermordung Tiamats betrachtet.

Gilgamesch war der Name eines Königs der alten sumerischen Stadt Uruk. «Der göttliche Gilgamesch» wird er in der altsumerischen Königsliste genannt. «Sein Vater war ein Lillu-Dämon», erfahren wir. «Er war ein Oberpriester des Landes und regierte 126 Jahre.»[74] In diesem frühen Dokument, das auf Quellen aus den alten sumerischen Städten selbst zurückgeht, erscheint sein Name gleich hinter dem des göttlichen Dumuzi, den wir bereits als den toten und auferstandenen Sohn und Gemahl der Göttin kennen; und vor dem göttlichen Dumuzi kam der göttliche Lugalbanda, der 1200 Jahre regierte. Gilgamesch war in der Tat der letzte jener Könige, deren Regierungszeiten die Länge eines normalen Menschenlebens überstiegen. Er wurde als Gottkönig verehrt, daher der Titel «göttlich». Jedoch in der Darstellung des späteren babylonischen Epos hat sich sein Bild ebenso wie das des menschlichen Schicksals stark verändert.

Noch immer wird er als «zwei Drittel Gott, ein Drittel Mensch» beschrieben, aber als ein Tyrann «ohne Maß»: «Nicht läßt zum Vater Gilgamesch den Sohn, ... nicht läßt zum Liebsten Gilgamesch das Mädchen.» Die Leute riefen die Götter an, und die Götter erhörten ihre Klagen. Sie wandten sich an die Muttergöttin, deren Name hier Aruru lautet. «Du schufst Gilgamesch», sprachen die Götter, «schaff nun den Ausgleich seinem Ungestüm.» Als Aruru dies vernommen hatte, schuf sie in ihrem Herzen ein Ebenbild Anus, des Himmelsgottes, wusch sich die Hände, teilte sich Lehm ab, warf ihn auf den Boden und schuf so Enkidu, den Mächtigen, den Helden.

Die alte Mutter hatte also ihr ursprüngliches Talent doch noch nicht verloren. Wie wir sehen werden, ist sie eigentlich die göttliche Hauptfigur dieser Geschichte – was uns nicht sonderlich überrascht, stammt Gilgamesch selbst doch aus einer Zeit (ca. 2500 v. Chr.) vor dem Sturz der Mutter durch ihre Söhne.

Wie merkwürdig aber ist das Erscheinungsbild ihres jüngsten Kindes Enkidu!

Am ganzen Leib war er mit Haaren bedeckt, mit einem Schopf, der dem der Frauen gleicht, mit Locken, die wie die der Getreidegöttin sprießen. Außerdem kannte er nicht Land noch Leute und war gewandet wie der Gott der Steppentiere und des Viehs. Mit den Gazellen nährte er sich von Gras, zog hin zur Tränke mit den Steppentieren und freute sich mitten unterm Wild am Wasser. Eines Tages stand ein Jäger Enkidu Auge in Auge am Wasserloch gegenüber, und als er ihn sah, wurde sein Antlitz starr. Verängstigt kehrte der Jäger zu seinem Vater zurück. «Mein Vater», sprach er, «es gibt einen Menschen von der Stärke eines Gottes, der mit den wilden Tieren auf den Bergen umherstreift. Ich wage nicht, mich ihm zu nahen. Die Netze, die ich für die Steppentiere stellte, riß er weg.» Der Vater riet ihm, sich an Gilgamesch um Hilfe zu wenden, und als die Kunde von dem Wunder Gilgamesch erreichte, sprach er: «Geh, Jäger, hol dir eine Tempeldirne! Wenn er das Wildgetier zur Tränke führt, soll sie sich ausziehen und sich ihm nackt anbieten. Erblickt er sie, so wird er sich ihr nahen. Von da an wird das Wildgetier, das in der Steppe aufwuchs, vor ihm fliehen.»

Der Jäger brach mit der Tempeldirne auf, und nach drei Tagen kamen sie an das Wasserloch. Ein Tag verstrich, ein zweiter, dann kam am nächsten Tag das Wild und Enkidu darunter, der sich wie die Gazellen von Gras nährte. Die Frau sah ihn. «Das ist er», sagte der Jäger. «Zeig ihm deine Brüste, den Schoß tu ihm auf, er schwelge in deiner Lust! Sei ohne Scheu, und laß ihn zu dir eingehen! Erblickt er dich, so wird er sich dir nahen. Wirf ab dein Kleid, daß er sich auf dich lege, errege seine Lust nach Frauenweise! Die Steppentiere werden vor ihm fliehen, wenn seine Fülle sich dir mitgeteilt.»

Die Frau tat wie geheißen: zeigte ihm ihre Brüste, tat den Schoß ihm auf. Enkidu kam und nahte sich ihr. Sie war ohne Scheu, warf ab ihr Kleid und ließ ihn zu sich eingehen. Sechs Tage und sieben Nächte gingen hin, da Enkidu die Tempeldirne liebte – dann wandte er den Blick nach seinen Tieren. Doch als sie ihn nun erblickten, flohen sie vor ihm davon, und Enkidu erschrak. Sein Leib wurde starr, seine Knie wankten, als sein Wild ihn floh. Schwach wurde er, und es war nicht wie zuvor.

Enkidu kehrte zu der Frau zurück, setzte sich ihr zu Füßen und erhob seine Augen zu ihrem Antlitz. Er hörte auf die Worte, die sie sprach: «Klug bist du, Enkidu, nun wie ein Gott. Was läufst du jetzt noch nach dem Wildgetier? Komm, ich führe dich zum umwallten Uruk, zum Heiligtum Anus und Ischtars, wo Gilgamesch wohnt, der starke Held, der wildstiergleich die Männer übertrifft.» Ihre Worte fanden seinen Beifall. Er sehnte sich nach einem Freund, der sein Herz verstand. «Auf, laß uns gehen!» sprach er. «Ich fordere ihn heraus. Laut rufe ich in Uruk aus: ‹Ich bin der Stärkste! Ich ändere die Geschicke! Geboren in der Steppe, bin ich stark!›»

«So laß uns gehen», sagte sie. «Komm zum umwallten Uruk, wo Männer wohnen, prächtig angetan, wo jeden Tag ein Fest gefeiert wird, wo es Dirnen gibt von herrlicher Gestalt. Dann zeige ich dir Gilgamesch von großer Herrlichkeit und Mannesschönheit – wohl höhere Kraft besitzt er noch als du.»

Sie teilte ihr Gewand in zwei Teile, mit einem Stück bekleidete sie Enkidu, mit dem anderen bedeckte sie sich selbst. Dann nahm sie ihn an der Hand, und wie man ein Kind führt, brachte sie ihn nach Uruk. Dort brachte sie ihm bei, zu essen und zu trinken, sich mit Öl zu salben, Mensch zu werden. Das Volk scharte sich um ihn und sprach: «Dem Gilgamesch gleicht er an Gestalt: Er ist zwar geringer an Wuchs, doch stärkeren Baus.»

Es war aber für Gilgamesch das Bett der Göttin Ischtar aufgedeckt, und als er kam, um sich mit ihr zu vereinen, trat Enkidu auf die Straße und versperrte ihm den Weg. Sie packten sich und gingen in die Knie wie Stiere. Sie zerbrachen den Türpfosten des Tempels, das Mauerwerk erbebte. Schließlich ließ Gilgamesch ab. Sein Zorn verging, er wandte ab seine Brust. Von da an waren die zwei unzertrennliche Freunde.

Man erkennt in dieser seltsamen alten Geschichte sogleich eine wunderbare Herabsetzung des alten Mythologems von der Göttin Inanna-Ischtar und ihrem göttlichen Sohn und Geliebten Dumuzi-Tammuz auf eine Ebene übermenschlicher Sage – zwei Drittel Gott und ein Drittel Mensch. Die Göttin Ischtar in ihrer Eigenschaft als Hure, Mutter, Braut und Führerin ist verkörpert in ihrer Tempeldienerin, und der wilde Enkidu am Wasserloch ist der alte Mondgott in seiner Eigenschaft als Herr der Tiere. Aber eine neue Menschlichkeit ist in unsere Geschichte eingezogen, einfach infolge dieses Ebenenwechsels, der die Figuren nicht mehr als verkörperte Götter, sondern als Sterbliche erscheinen läßt. Zeit, Sterblichkeit und der Schmerz des Menschseins in einer Welt persönlicher Schicksale, die der unseren grundsätzlich verwandt ist, verleihen diesem Stück epische Qualität und «eine dramatische Bewegtheit», wie William F. Albright es gut ausgedrückt hat, «die den schwerfälligen liturgischen Dichtungen der frühen Sumerer ... ganz fremd war.»[75]

Enkidu und Gilgamesch wurden unzertrennliche Freunde, aber nach einer Reihe großartiger mythischer Abenteuer starb Enkidu.

> Still stand sein Herz, als Gilgamesch es berührte. Da erhob der große König die Stimme, einem Löwen gleich, der Löwin auch, der man die Jungen genommen hatte. Er stürzte fort und kehrte gleich wieder zurück, raufte sich die Haare, schleuderte sie zu Boden, riß sich sein Prachtkleid vom Leib und warf es von sich. Dann hieß er seine Kunsthandwerker, ein Standbild seines Freundes zu verfertigen. Er weinte bittere Tränen und irrte über die Steppe.
>
> «Wird's mir nicht, wenn ich sterbe, gehen wie Enkidu?» rief er aus. «Verzweiflung hat mein Inncres erfüllt, vor dem Tod bebend irre ich über die Steppe. Ich werde mich auf den Weg machen und schnell voraneilen.» Und er machte sich auf die Suche nach einem Kraut der Unsterblichkeit.
>
> Es war ein langes Abenteuer: ein Weg über Bergpässe. Er erblickte Löwen und geriet in Furcht. Er hob das Haupt und betete zum Mondgott, und dieser schickte ihm einen wegweisenden Traum, woraufhin er seine Axt ergriff, kräftig auf die Löwen einhieb und sie niederschlug. Dann kam er zu den Bergen des Sonnenuntergangs – am Bergtor wachten Skorpionenmenschen von grauser Schrecknis, deren Anblick tötet. Als Gilgamesch sie sah, wurde sein Antlitz bleich vor Furcht und vor Bestürzung. Einer von ihnen jedoch öffnete ihm ein Tor, und er trat in ein dichtes Dunkel, das er durchquerte, bis er endlich ins Helle kam, wo er in einem großen Garten einen wunderbaren Baum erblickte. Edelsteine trug er, herrliche Trauben hingen daran und Laubwerk aus Lapislazuli. Seine Früchte waren ein köstlicher Anblick. Aber Gilgamesch ging weiter, und am Rande des Meeres – des Weltmeeres – kam er an den Aufenthalts-

ort der geheimnisvollen Schenkin Siduri, die ihn mit den berühmten Worten empfing:

O Gilgamesch, wohin noch willst du laufen?
Das Leben, das du suchst, wirst du nicht finden.
Denn als die Götter einst die Menschen schufen,
Da teilten sie den Tod der Menschheit zu,
Das Leben aber nahmen sie für sich!
Drum fülle dir, o Gilgamesch, den Bauch,
Ergötze dich bei Tage und bei Nacht!
Laß deine Kleider strahlend sauber sein,
Wasch dir das Haupt und bade dich in Wasser,
Blick auf das Kind, das an die Hand dich faßt,
Beglückt sei deine Frau an deiner Brust –
Denn solches alles ist der Menschen Lust!

Das ist nun eine Lektion, die wir alle schon einmal gehört haben, etwa in den Worten des Kohelet (Prediger Salomo):

Dies ist etwas, was ich eingesehen habe: Das vollkommene Glück besteht darin, daß jemand ißt und trinkt und das Glück kennenlernt durch seinen eigenen Besitz, für den er sich unter der Sonne anstrengt während der wenigen Tage seines Lebens, die Gott ihm geschenkt hat. Denn das ist sein Anteil. ...

Da pries ich die Freude; denn es gibt für den Menschen kein Glück unter der Sonne, es sei denn, er ißt und trinkt und freut sich. Das soll ihn begleiten bei seiner Arbeit während der Lebenstage, die Gott ihm unter der Sonne geschenkt hat. ...

Trag jederzeit frische Kleider, und nie fehle duftendes Öl auf deinem Haupt. Mit einer Frau, die du liebst, genieß das Leben alle Tage deines Lebens voll Windhauch, die er dir unter der Sonne geschenkt hat, alle deine Tage voll Windhauch. Denn das ist dein Anteil am Leben und an dem Besitz, für den du dich unter der Sonne anstrengst. (Koh 5,17; 8,15; 9,8–9.)

Gilgameschs Hoffnung und Ziel jedoch sahen anders aus: Er hielt an seiner Suche fest. Darauf schickte ihn die Schenkin weiter zum

Fährmann des Todes, der ihn vielleicht über das kosmische Meer zur Insel der Seligen übersetzen würde, wo der unsterbliche Held der Sintflut – in dieser Version des alten Mythos Utnapischtim genannt – zusammen mit seiner Frau in ewiger Glückseligkeit wohnte. Das alterslose Paar empfing den Wanderer, ließ ihn sechs Tage und Nächte schlafen, gab ihm magische Brote, ließ ihn ein Reinigungsbad nehmen und erzählte ihm von dem Kraut der Unsterblichkeit am Grunde des kosmischen Meeres, das er pflücken müsse, wenn er, wie er begehrte, ewig leben wollte. Und so fuhr Gilgamesch abermals im Boot des Fährmannes des Todes, wie nie einer vor ihm, in der entgegengesetzten Richtung an dieses Ufer der Sterblichkeit zurück. Die Pflanze sei «stechdornähnlich», hatte Utnapischtim ihm gesagt. «Sie sticht dich gleich der Rose in die Hand. Wenn deine Hände diese Pflanze heben, so findest du durch sie ein neues Leben.»

Unterwegs hielt das Boot an. Gilgamesch band sich an die Füße schwere Steine, die ihn hinunter in die Tiefe zogen. Er erspähte das Kraut. Es zerstach ihm die Hände. Aber er pflückte es, löste die Steine, stieg an die Oberfläche zurück und fuhr an den Strand. «Diese Pflanze ist ein Wunderkraut und gibt die Jugend wieder», sagte er zu dem Fährmann. «Ich bring sie ins umwallte Uruk, lasse, das Kraut versuchend, etwas davon essen: Sein Name ist ‹Jung wird der Mensch als Greis›.»

Doch als er an Land gegangen war und sich auf den Weg gemacht hatte, übernachtete er an einem Teich, in den er stieg, um ein Bad zu nehmen. Da roch eine Schlange den Duft des Krautes, stieg aus dem Wasser, raubte die Pflanze, kehrte in ihr Nest zurück und streifte, als sie davon gegessen hatte, ihre Haut ab. Gilgamesch aber – hockte sich hin und weinte.[76]

So kam es denn, daß die Schlangenkraft des unsterblichen Lebens, die im Besitz des Menschen gewesen war, von ihm genommen wurde und ihm jetzt vorenthalten ist – in der Obhut der verfluchten Schlange und der diffamierten Göttin, im verlorenen Paradies, wo die Furcht unbekannt ist.

TEIL ZWEI

Das Zeitalter der Helden

KAPITEL III

Götter und Helden der Levante: 1500–500 v. Chr.

1
Das Buch des Herrn

Die Welt ist voll von Ursprungsmythen, und alle sind sachlich falsch. Die Welt ist auch voll von großen überlieferten Büchern, die die Geschichte des Menschen (aber eng begrenzt auf die jeweilige Gruppe) nachzeichnen: vom Zeitalter mythischer Anfänge über die Etappen zunehmender Wahrscheinlichkeit bis in eine fast innerhalb Menschengedenkens liegende Zeit, in der die Chroniken anfangen, die Kette der Ereignisse bis in die Gegenwart zu verfolgen, und dabei ihre aufgeklärte Tatsachentreue groß herausstreichen. Darüber hinaus dienen auch diese großen überlieferten Bücher, genau wie alle Mythologien der Urvölker, dem Zweck, die Gebräuche, Gefühlsordnungen und politischen Ziele der jeweiligen begrenzten Gruppe zu untermauern. Auf der Oberfläche erwecken sie vielleicht den Anschein gewissenhafter Geschichtsschreibung. In der Tiefe geben sie sich als mythische Erfindungen zu erkennen: dichterische Auslegungen des Lebensgeheimnisses von einem bestimmten voreingenommenen Standpunkt aus. Aber wer ein Gedicht als eine Chronik tatsächlicher Begebenheiten liest, verkennt es, gelinde gesagt. Härter ausgedrückt: er erweist sich als

Dummkopf. Und hinzu kommt, daß die Männer, die diese Bücher zusammenstellten, keineswegs Dummköpfe waren, sondern genau wußten, was sie taten – wie ihre Vorgehensweise allenthalben durchblicken läßt.

Der erste entscheidende Schritt dazu, das Alte Testament (wie jedes andere alte Schriftwerk) als Produkt des literarischen Talents nicht Gottes, sondern des Menschen zu werten und somit als Produkt nicht der Ewigkeit, sondern der Zeit, und zwar einer außerordentlich bewegten Zeit, wurde von Wilhelm Martin Leberecht de Wette (1780–1849) in seinem wegweisenden zweibändigen Werk *Beiträge zur Einleitung in das Alte Testament* unternommen.[1] Dort zeigte er:

1. daß das «Gesetzbuch», von dem es in 2 Könige 22,8 heißt, es sei im Jahre 621 v. Chr. bei Reparaturarbeiten am Tempel Salomos von dem Priester Hilkia «gefunden» worden, der Kern des Buches Deuteronomium war;

2. daß auf der Grundlage dieses angeblichen Fundes der gesamte ältere historische und mythologische Stoff des Alten Testaments vollständig umgearbeitet wurde; und

3. daß die Bücher Exodus, Levitikus und Numeri, die als von Mose während der Wüstenwanderung gegeben auftreten, tatsächlich das Endergebnis einer langen Entwicklung waren: Sie waren das Gesetzbuch einer bereits durch und durch orthodoxen Priesterüberlieferung, das um 400 v. Chr. von dem Priester Esra aus Babylon nach Jerusalem gebracht und kraft der Vollmacht, mit der ihn der Perserkönig Artaxerxes II. ausgestattet hatte, feierlich als Sammlung die gesamte Judenschaft bindender Gesetze eingeführt wurde.[2]

Der fragliche biblische Text liest sich wie folgt:

> Im achtzehnten Jahr seiner Regierung [d. h. 621 v. Chr.] sandte König Josia den Staatsschreiber Schafan, den Sohn Azaljas, des Sohnes Meschullams, in das Haus des Herrn mit dem Auftrag: «Geh zum Hohenpriester Hilkia! Er soll das Geld ausschütten, das in das Haus der Herrn gebracht worden ist und das die Wächter an den Schwellen vom Volk gesammelt haben. Man soll es den Werkmeistern geben, die im Haus des Herrn angestellt sind, und diese sollen es für

die Arbeiter verwenden, die im Tempel die Schäden des Hauses zu beseitigen haben, für die Zimmerleute, Bauarbeiter, Maurer, sowie zum Ankauf von Holz und Bruchsteinen, die man zur Beseitigung der Schäden am Haus des Herrn benötigt. Doch soll man über das Geld, das ihnen übergeben wird, nicht abrechnen. Sie sollen auf Treu und Glauben handeln.»

Damals teilte der Hohepriester Hilkia dem Staatsschreiber Schafan mit: «Ich habe im Haus des Herrn das Gesetzbuch gefunden.» Hilkia übergab Schafan das Buch, und dieser las es. Darauf begab sich der Staatsschreiber Schafan zum König und meldete ihm: «Deine Knechte haben das Geld ausgeschüttet, das sich im Haus vorfand, und es den Werkmeistern übergeben, die im Haus des Herrn angestellt sind.» Dann sagte der Staatsschreiber Schafan zum König: «Der Priester Hilkia hat mir ein Buch gegeben.» Schafan las es dem König vor. Als der König die Worte des Gesetzbuches hörte, zerriß er seine Kleider und befahl dem Priester Hilkia sowie Ahikam, dem Sohn Schafans, Achbor, dem Sohn Michas, dem Staatsschreiber Schafan und Asaja, dem Diener des Königs: «Geht und befragt den Herrn für mich, für das Volk und für ganz Juda wegen dieses Buches, das aufgefunden wurde. Der Zorn des Herrn muß heftig gegen uns entbrannt sein, weil unsere Väter auf die Worte dieses Buches nicht gehört und weil sie nicht getan haben, was in ihm niedergeschrieben ist.»

Da gingen der Priester Hilkia, Ahikam, Achbor, Schafan und Asaja zur Prophetin Hulda. Sie war die Frau Schallums, des Sohnes Tikwas, des Sohnes des Harhas, des Verwalters der Kleiderkammer, und wohnte in Jerusalem in der Neustadt. Die Abgesandten trugen ihr alles vor, und sie gab ihnen diese Antwort: «So spricht der Herr, der Gott Israels: ‹Sagt zu dem Mann, der euch zu mir geschickt hat: So spricht der Herr: Ich bringe Unheil über diesen Ort und seine Bewohner, alle Drohungen des Buches, das der König von Juda gelesen hat. Denn sie haben mich verlassen, anderen Göttern geopfert und mich durch alle Werke ihrer Hände erzürnt. Darum ist mein Zorn gegen diesen Ort entbrannt, und er wird nicht erlöschen.›» (2 Kön 22,3–17.)

Es ist interessant, daß in diesem allerhöchsten religiösen Krisenmoment die Schar nicht zu einem Propheten oder einem Priester geschickt wurde, um das Urteil ihres Gottes in Erfahrung zu bringen, sondern zu einer Prophetin. Und noch interessanter ist die Eröffnung selbst, daß bis zum achtzehnten Jahr der Regierung Josias, 621 v. Chr., niemand von diesem Gesetzbuch des Mose auch nur gehört hatte und alle falsche Götter angebetet hatten. Überdies wollte der Gott Israels sie jetzt schrecklich strafen – wie er es auch binnen fünfunddreißig Jahren tat, als ihre heilige Stadt genommen, der Tempel zerstört, das Volk in die Verbannung verschleppt und ein anderes Volk an seiner Stelle angesiedelt wurde. Dem Josia aber, der seine Kleider zerrissen und vor dem Herrn geweint hatte, sollte nach den Worten der Prophetin wegen seiner Frömmigkeit und Reue der schreckliche Anblick erspart bleiben: Er sollte in Frieden sterben, bevor das Unheil eintrat.

Die Schar der Abgesandten berichtete diese Worte ihrem König, und als er sie vernahm, veranlaßte er eine Säuberung seines Landes, die es verdient, hier ausführlich geschildert zu werden, denn sie war die erste einer langen Reihe derartiger religiöser Maßnahmen in der Geschichte sämtlicher großer Religionen, die von diesem epochemachenden Augenblick in der Bildung des religiösen Geistes des Westens ihren Ausgang genommen haben. Also lesen wir:

> Der König ließ alle Ältesten Judas und Jerusalems bei sich zusammenkommen. Er ging zum Haus des Herrn hinauf mit allen Männern Judas und allen Einwohnern Jerusalems, den Priestern und Propheten und allem Volk, jung und alt. Er ließ ihnen alle Worte des Bundesbuches vorlesen, das im Haus des Herrn gefunden worden war. Dann trat der König an die Säule und schloß vor dem Herrn diesen Bund: Er wolle dem Herrn folgen, auf seine Gebote, Satzungen und Gesetze von ganzem Herzen und ganzer Seele achten und die Vorschriften des Bundes einhalten, die in diesem Buch niedergeschrieben sind. Das ganze Volk trat dem Bund bei.
>
> Hierauf befahl der König dem Hohenpriester Hilkia, den Priestern des zweiten Ranges und den Wächtern an den Schwellen, alle Gegenstände aus dem Tempel des Herrn hinauszuschaffen, die für den

Baal, die Aschera [Ischtar] und das ganze Heer des Himmels angefertigt worden waren. Er ließ sie außerhalb Jerusalems bei den Terrassen des Kidrontals verbrennen und die Asche nach Bethel bringen. Auch setzte er die Götzenpriester ab, die von den Königen von Juda bestellt worden waren und die auf den Kulthöhen, in den Städten Judas und in der Umgebung Jerusalems Opfer verbrannt sowie dem Baal, der Sonne, dem Mond, den Bildern des Tierkreises und dem ganzen Heer des Himmels geopfert hatten. Den Kultpfahl schaffte er aus dem Haus des Herrn und aus Jerusalem hinaus in das Kidrontal und verbrannte ihn dort; er zermalmte ihn zu Staub und streute diesen auf die Gräber des einfachen Volkes. Ferner riß er die Gemächer der Hierodulen am Tempel nieder, in denen die Frauen Schleier für die Aschera webten. Er holte alle Priester aus den Städten Judas weg und machte die Kulthöhen von Geba bis Beerscheba, auf denen die Priester geopfert hatten, unrein. Er zerstörte die Torhöhen, die am Eingang zum Tor des Stadtobersten Josua auf der linken Seite dessen waren, der das Stadttor betrat. Doch durften die Höhenpriester nicht an den Altar des Herrn in Jerusalem treten, sondern nur von den ungesäuerten Broten inmitten ihrer Brüder essen. Ebenso machte er das Tofeth im Tal der Söhne Hinnoms unrein, damit niemand mehr seinen Sohn oder seine Tochter für den Moloch durch das Feuer gehen ließ. Er entfernte die Pferde, die die Könige von Juda zu Ehren der Sonne am Eingang zum Haus des Herrn bei der Zelle des Kämmerers Nethan-Melech am Parwar aufgestellt hatten, und verbrannte die Sonnenwagen im Feuer. Auch die Altäre, die die Könige von Juda auf dem Dach über dem Obergemach des Ahas errichtet hatten, sowie die Altäre, die Manasse in den beiden Höfen des Tempels aufgestellt hatte, ließ der König abbrechen. Er schlug sie dort in Trümmer und warf ihren Schutt in das Kidrontal. Desgleichen entweihte der König die Kulthöhen östlich von Jerusalem, südlich vom Berg des Verderbens, die Salomo, der König von Israel, für Astarte, die Göttin der Sidonier, für Kemosch, den Götzen der Moabiter, und für Milkom, den Greuel der Ammoniter, erbaut hatte. Er zerbrach die Steinmale, hieb die Kultpfähle um und füllte ihre Stätten mit Menschenknochen.

Auch den Altar von Bethel, die Kulthöhe, die Jerobeam, der Sohn Nebats, der Verführer Israels, errichtet hatte, auch diesen Altar zerstörte er samt der Kulthöhe. Er steckte das Höhenheiligtum in Brand, zermalmte die Steine zu Staub und verbrannte den Kultpfahl. Als Josia sich umwandte und die Gräber sah, die dort auf dem Berg waren, ließ er die Gebeine aus ihnen nehmen und auf dem Altar verbrennen. So machte er ihn unrein gemäß dem Wort des Herrn, das der Gottesmann ausgerufen hatte, der diese Drohung aussprach. Und als dann der König fragte: «Was ist das für ein Denkmal, das ich hier sehe?», antworteten ihm die Männer der Stadt: «Das ist das Grab des Gottesmannes, der aus Juda gekommen war und vorausgesagt hatte, was du am Altar von Bethel getan hast.» Da befahl er: «Laßt ihn ruhen! Niemand soll seine Gebeine berühren.» So ließ man seine Gebeine samt den Gebeinen des Propheten, der aus Samaria stammte, ungestört. Auch beseitigte Josia alle Höhentempel in den Städten Samariens, die die Könige von Israel errichtet und durch die sie den Herrn erzürnt hatten. Er verfuhr mit ihnen so, wie er es in Bethel getan hatte. Alle Höhenpriester, die dort waren, ließ er auf den Altären niedermachen und Menschengebeine auf den Altären verbrennen. Darauf kehrte er nach Jerusalem zurück.

Nun befahl der König dem ganzen Volk: «Feiert das Passahfest zur Ehre des Herrn, eures Gottes, wie es in diesem Bundesbuch vorgeschrieben ist.» Ein solches Passah war nämlich nicht gefeiert worden seit den Tagen der Richter, die Israel regierten [fünf- bis sechshundert Jahre vor diesem Zeitpunkt], auch nicht in der ganzen Zeit der Könige von Israel und Juda [das heißt, in den letzten dreihundert Jahren]. Erst im achtzehnten Jahr des Königs Josia wurde dieses Passah zur Ehre des Herrn in Jerusalem begangen. Auch die Totenbeschwörer und Zeichendeuter, die Hausgötter, Götzen und alle Greuel, die im Land Juda und in Jerusalem zu sehen waren, fegte Josia hinweg. So führte er die Worte des Gesetzes aus, die in dem Buch niedergeschrieben waren, das der Priester Hilkia im Haus des Herrn gefunden hatte. Es gab vor ihm keinen König, der so mit ganzem Herzen, mit ganzer Seele und mit all seinen Kräften zum Herrn umkehrte und so getreu das Gesetz des Mose befolgte, und auch nach ihm war keiner wie er. (2 Kön 23,1–25.)

Es ist schwer vorstellbar, wie man klarer hätte zum Ausdruck bringen können, daß bis zum achtzehnten Jahr der Regierung des

Königs Josia von Juda weder die Könige noch das Volk sich im geringsten um das Gesetz des Mose gekümmert, ja, es überhaupt gekannt hatten. Sie hatten den üblichen Gottheiten des damaligen Nahen Ostens gedient, mit allen gebräuchlichen Kulten, die in dieser Passage deutlich genug beschrieben werden, daß wir sie leicht wiedererkennen. König Salomo selbst, der Sohn Davids, hatte den Göttern Kultstätten errichtet und ihre Bilder in seinen Tempel gestellt. Das Haus der Tempeldirnen, der Hierodulen, befand sich im Tempelbezirk, und die Ställe der Pferde des Sonnengottes standen am Eingang. Einerlei also, wie die Urreligion der Hebräer gewesen sein oder was Mose gelehrt haben mag, jedenfalls hatten diese, nachdem sie in Israel und Juda seßhaft und aus Wüstensöhnen zu Bauern geworden waren, die üblichen Bräuche jener Zeit übernommen und den üblichen Göttern Verehrung gezollt. Doch in diesem epochalen Jahr 621 v. Chr. trat ein Priester des Tempels (übrigens der Vater des künftigen Propheten Jeremia) mit einem Buch auf, das den Anspruch erhob, das Gesetzbuch des Mose zu sein (der, sofern er überhaupt jemals gelebt hat, wenigstens sechshundert Jahre vorher gestorben war), und dieses Gesetzbuch lieferte dann das Programm für eine gründliche, verheerende Revolution – deren unmittelbare Auswirkungen allerdings nicht länger anhielten, als der König Josia lebte. Denn, so lesen wir, die folgenden vier Könige taten, «was dem Herrn mißfiel» (2 Kön 23,32.37; 24,9.19). Dann kam das Jahr 586 v. Chr.

> Am siebten Tag des fünften Monats ... rückte Nebusaradan, der Kommandant der Leibwache und Diener des Königs von Babel [Nebukadnezar], in Jerusalem ein und steckte das Haus des Herrn, den königlichen Palast und alle Häuser Jerusalems in Brand. Jedes große Haus ließ er in Flammen aufgehen. Auch die Umfassungsmauern Jerusalems rissen die chaldäischen Truppen, die dem Kommandanten der Leibwache unterstanden, nieder. Den Rest der Bevölkerung, der noch in der Stadt geblieben war, sowie alle, die zum König von Babel übergelaufen waren, und den Rest der Handwerker schleppte Nebusaradan, der Kommandant der Leibwache, in die Verbannung. (2 Kön 25,8–11.)

2
Das mythologische Zeitalter

Das orthodoxe hebräische Schema der Weltalter, das in der Katastrophe der Babylonischen Gefangenschaft gipfelt, läßt sich folgendermaßen zusammenfassen:

I. Der mythologische Zyklus	
1. Die sieben Schöpfungstage	(Gen 1,1 – 2,3)
2. Der Garten Eden und der Sündenfall	(Gen 2,4 – 3,24)
3. Vom Sündenfall zu Noahs Sintflut	(Gen 4–7)
4. Von der Sintflut zum Turm zu Babel	(Gen 8,1 – 11,9)
II. Der legendäre Zyklus	
1. Abraham und der Einzug in Ägypten	(Gen 11,10 – 50,26)
2. Der Auszug aus Ägypten	(Ex 1,1 – 15,21)
3. Die Wüstenjahre	(Ex 15,22 bis Deut incl.)
4. Die Eroberung Kanaans	(Josua)
III. Der chronographische Zyklus	
1. Die Eroberung Kanaans	(Richter)
2. Das vereinte Königreich: ca. 1025–930	(1 und 2 Sam; 1 Kön 1–11)
3. Israel und Juda: ca. 930–721	(1 Kön 12 bis 2 Kön 17)
4. Juda allein: 721–586	(2 Kön 18–25)
5. Babylonische Gefangenschaft: 586–538	

Die Grundtexte, aus denen der mythologische und der legendäre Zyklus geschaffen wurden, sind fünf:

1. Der sogenannte Jahwist (J), der die Mythologie des südlichen Königreiches Juda im neunten Jahrhundert v. Chr. vertritt. Bei ihm heißt der Schöpfer Jahwe (stets übersetzt mit «der Herr»), und der Berg des Gesetzes ist der Sinai.

2. Der sogenannte Elohist (E), der die Mythologie des nördlichen Königreiches Israel im achten Jahrhundert v. Chr. vertritt (allerdings angepaßt an den jahwistischen Standpunkt von einem Bearbeiter, anscheinend aus dem siebten Jahrhundert, der J und E

zusammenstückte). Hier heißt der Berg des Gesetzes Horeb und der Schöpfer Elohim (verstärkender Plural des Wortes *el*, stets mit «Gott» übersetzt).

3. Ein Ritualkodex, das sogenannte Heiligkeitsgesetz (H), das angeblich von Mose auf dem Sinai empfangen wurde, aber anscheinend aus dem siebten Jahrhundert v. Chr. datiert. Erhalten in Levitikus 17–26.

4. Der Ritualkodex des Deuteronomisten (D), in dem der Berg des Gesetzes abermals der Horeb, aber der Schöpfer Jahwe ist. Der Kern von D war fast mit Sicherheit die Gesetzesrolle aus dem Jahr 621 v. Chr. Und schließlich:

5. Die nachexilische Sammlung priesterlicher Verordnungen, die sogenannte Priesterschrift (P), deren Kern das 397 v. Chr. von dem Priester Esra in Jerusalem proklamierte Gesetz ist, erweitert und überarbeitet bis etwa 300 v. Chr. Die Textzusammenfassung des mythologischen und des legendären Zyklus kann unter gar keinen Umständen vor diesem Datum abgeschlossen gewesen sein.[3]

Unsere erste Aufgabe muß es daher sein, gemäß diesen Erkenntnissen die früheren Elemente des mythologischen Zyklus von den späteren zu trennen. Hier sind zwei Mythologien zu unterscheiden, die des Jahwisten (J) aus dem neunten Jahrhundert v. Chr. und die der Priesterschrift (P) aus dem vierten. Auseinanderdividiert lesen sie sich wie folgt:

Die jahwistische Schöpfungsgeschichte: neuntes Jahrhundert v. Chr.

Diese Version beginnt mit Genesis 2,4b.

> Zur Zeit, als Jahwe Erde und Himmel machte, gab es auf der Erde noch keine Feldsträucher und wuchsen noch keine Feldpflanzen; denn Jahwe hatte es auf die Erde noch nicht regnen lassen, und es gab noch keinen Menschen, der den Ackerboden bestellte; aber Feuchtigkeit stieg aus der Erde auf und tränkte die ganze Fläche des Ackerbodens.
>
> Da formte Jahwe den Menschen aus Erde vom Ackerboden und

> blies in seine Nase den Lebensatem. So wurde der Mensch zu einem lebendigen Wesen.
>
> Dann legte Jahwe in Eden, im Osten, einen Garten an und setzte dorthin den Menschen, den er geformt hatte. Jahwe ließ aus dem Ackerboden allerlei Bäume wachsen, verlockend anzusehen und mit köstlichen Früchten, in der Mitte des Gartens aber den Baum des Lebens und den Baum der Erkenntnis von Gut und Böse [möglicherweise auch «Kenntnis aller Dinge»[4]].
>
> Ein Strom entspringt in Eden, der den Garten bewässert; dort teilt er sich und wird zu vier Hauptflüssen. ... Jahwe nahm also den Menschen und setzte ihn in den Garten von Eden, damit er ihn bebaue und hüte. Dann gebot Jahwe dem Menschen: «Von allen Bäumen des Gartens darfst du essen, doch vom Baum der Erkenntnis von Gut und Böse darfst du nicht essen; denn sobald du davon ißt, wirst du sterben.»

Es ist leicht einzusehen, weshalb die priesterlichen Bearbeiter aus dem vierten Jahrhundert v. Chr. nicht bereit waren, dieses hübsche Märchen unter den Tisch fallen zu lassen, obwohl es in jeder Einzelheit von der Version der Schöpfung in sieben Tagen abweicht, die bereits in Genesis 1 gegeben wurde. Wir erkennen den altsumerischen Garten wieder – jetzt aber mit zwei Bäumen statt einem –, den zu hüten und zu pflegen der Mensch bestellt ist. Er soll anscheinend die Rolle der Gilgameschfigur von Abbildung 4 übernehmen; und wir erinnern uns auch, daß Sargon als Gärtner der Göttin Ischtar lieb war. Wiederum wie in Abbildung 4 gehen vier Flüsse von dem Garten aus. Und zuletzt ist anzumerken, daß eines der Hauptmerkmale der levantinischen Mythologie, das sich hier wieder zeigt, die Darstellung des Menschen als des Sklaven oder Dieners Gottes ist. In einem späten sumerischen Mythos, der in der *Mythologie des Ostens* nacherzählt wird, heißt es, daß die Menschen geschaffen wurden, um die Götter von dem mühseligen Geschäft der Feldbestellung zu befreien. Die Menschen sollten diese Arbeit für sie tun und sie durch Opfer verköstigen.[5] Auch Marduk schuf die Menschen zum Dienst der Götter. Und hier wird nun wieder der Mensch geschaffen, um einen Garten zu bebauen.

Die nächste Episode schildert die Erschaffung der Tiere als Helfer des Menschen, die ihm entsprechen, was in auffallendem Kontrast steht zu den berühmten sieben Tagen des 1. Kapitels, wo die Tiere zuerst erschaffen werden. Hier lesen wir im Gegenteil, daß Jahwe, nachdem er Adam erschaffen hatte, «formte aus dem Ackerboden alle Tiere des Feldes und alle Vögel des Himmels und führte sie dem Menschen zu, um zu sehen, wie er sie benennen würde. Und wie der Mensch jedes lebendige Wesen benannte, so sollte es heißen.»

Die idyllische Szene erinnert an die Tage Enkidus unter den Tieren, bevor er von der Tempeldirne verführt wurde, woraufhin die Tiere ihn flohen und die Frau, nachdem sie ihm ein Gewandteil gegeben hatte, seine Blöße damit zu bedecken, ihn in die Stadt Uruk führte, wo er bald darauf starb (siehe oben S. 106–107). In der jetzigen Variante lesen wir, als sich unter den Tieren keine Hilfe fand, die dem Menschen entsprach, «ließ Jahwe einen tiefen Schlaf auf den Menschen fallen, so daß er einschlief, nahm eine seiner Rippen und verschloß ihre Stelle mit Fleisch. Jahwe baute aus der Rippe, die er vom Menschen genommen hatte, eine Frau und führte sie dem Menschen zu.» Woran sich, wie jedermann weiß, der Sündenfall schloß und die Vertreibung aus dem Garten.

Die nächste Episode handelt von der Rivalität der zwei Söhne des ersten Paares. Kain, der ältere, wurde ein Ackerbauer, Abel, der jüngere, ein Schafhirt. «Nach einiger Zeit», lesen wir, «brachte Kain Jahwe ein Opfer von den Früchten des Feldes dar; auch Abel brachte eines dar von den Erstlingen seiner Herde und von ihrem Fett. Jahwe schaute auf Abel und sein Opfer, aber auf Kain und sein Opfer schaute er nicht. Da überlief es Kain ganz heiß, und sein Blick senkte sich.»

Kain erschlug seinen Bruder, und zur Strafe verfluchte ihn Jahwe, wie er bereits seinen Vater Adam verflucht hatte. «Was hast du getan? Das Blut deines Bruders schreit zu mir vom Ackerboden. So bist du verflucht, verbannt vom Ackerboden, der seinen Mund aufgesperrt hat, um aus deiner Hand das Blut deines Bruders aufzunehmen. Wenn du den Ackerboden bestellst, wird er dir keinen Ertrag mehr bringen. Rastlos und ruhelos wirst du auf der Erde sein.» Jahwe machte an ihm ein Zeichen, und dann «ging Kain von

Jahwe weg und ließ sich im Land Nod [Wortspiel mit *nad*, «ruhelos»] nieder, östlich von Eden.» (Gen 2,4b – 4,16.)

Alles in allem fällt dieser frühe judäische Mythos – der sich tief in die Seele des westlichen Menschen eingebrannt hat – in die allgemeine Kategorie, die ich in der *Mythologie der Urvölker* als Gemeingut der Pflanzerkulturen der Tropen besprochen und in zahlreichen Varianten vorgeführt habe: aus Afrika und Indien, Südostasien, Melanesien und Polynesien, Mexiko, Peru und Brasilien. Typische Merkmale solcher Mythen und der zu ihnen gehörigen Riten sind: 1. die Schlange, 2. die Frau, 3. die Ermordung der Schlange, der Frau oder beider, 4. das Wachsen fruchttragender Pflanzen aus dem begrabenen Kopf oder Körper des Opfers, 5. das Entstehen des Todes und der Fortpflanzung zu dieser Zeit und 6. das damit vollzogene Ende des mythologischen Zeitalters.

Allerdings gibt es in den Beispielen der Urvölker keinen Fall, kein Gefühl der Sünde oder Verbannung. Sie stehen dem Leben bejahend, nicht kritisch gegenüber. Des weiteren haben wir schon in unserer Erörterung der frühen mesopotamischen Siegel gesehen, daß während des Neolithikums und der Hochbronzezeit die Symbolgestalt des Baumes kosmologisch und mystisch als Weltachse aufgefaßt wurde, in der alle Gegensatzpaare zusammenkommen (siehe abermals Abb. 1 bis 6, 9, 15 und 19). Die letzte Quelle des biblischen Eden kann daher nicht eine Mythologie der Wüste gewesen sein – das heißt ein primitiver hebräischer Mythos –, sondern war die alte Pflanzermythologie der Ackerbauvölker. Jedoch in der biblischen Neuerzählung ist die ganze Aussage sozusagen um hundertachtzig Grad gedreht worden; und in dieser Hinsicht sind die folgenden Innovationen von besonderem Interesse.

1. *Kains Mord an Abel:* Hier geht der Mord dem Ende des mythologischen Zeitalters nicht voraus, sondern folgt darauf, im Gegensatz zu der Reihenfolge in sämtlichen Urvölkermythen.[6] Außerdem ist er in eine Wiederholung des Sündenfallmotivs verwandelt worden. Der Ackerboden wird Kain keinen Ertrag mehr abwerfen, und er muß ruhelos über die Erde wandern – was natürlich genau das Gegenteil des Ergebnisses ist, das der Ritualmord des Ackerbaumythos gezeitigt hatte. Der Mythos ist auch zu einer Erhebung der Hebräer über die älteren Völker des Landes herge-

nommen worden. Kain war ein Ackerbauer, Abel ein Schafhirt: die Kanaaniter waren Ackerbauern, die Hebräer Schafhirten. Die hebräische Gottheit gibt daher dem letzteren den Vorzug, obwohl der andere der ältere war. Tatsächlich wird das ganze Buch Genesis hindurch immer wieder der jüngere Sohn dem älteren vorgezogen: nicht nur Abel dem Kain, sondern auch Isaak dem Ismael, Jakob dem Esau und Josef dem Ruben. Nach der Moral muß man nicht erst lange suchen. Und wie zum Kontrast hat man einen alten sumerischen Keilschrifttext von etwa 2050 v. Chr. gefunden, mit der Geschichte eines Streites zwischen einem Bauern und einem Hirten um die Gunst der Göttin Ischtar – die natürlich den Bauern vorzieht und zum Mann nimmt. Das Folgende ist der Protest des Hirten:

«Der Bauer mehr als ich, der Bauer mehr als ich,
  Der Bauer, was hat er mehr als ich ...?
Schenkt er mir seinen ersten Dattelwein ein,
  So ich ihm meine gelbe Milch. ...
Gibt er mir sein gutes Brot,
  So ich ihm meinen Honigkäse. ...
Mehr als ich, der Bauer, was hat er mehr als ich?»

Darauf die Göttin:

«Den vielbesitzenden Hirten werde ich nicht nehmen. ...
Ich, die Jungfrau, werde den Bauern nehmen:
  Den Bauern, der die Pflanzen üppig sprießen läßt,
  Den Bauern, der das Korn üppig sprießen läßt.»[7]

Ein Jahrtausend später kamen die patriarchalen Wüstennomaden, und alle Wertungen wurden verkehrt, wie im Himmel, also auch auf Erden.

2. *Die zwei Bäume:* Das Prinzip der mythischen Dissoziation, durch das Gott und seine Welt, Unsterblichkeit und Sterblichkeit auseinandergerissen werden, kommt in der Bibel in einer Dissoziation des Baumes der Erkenntnis vom Baum des unsterblichen Lebens zum Ausdruck. Dieser ist dem Menschen durch einen vorsätz-

lichen Akt Gottes unerreichbar geworden, während in anderen Mythologien Europas ebenso wie des Orients der Baum der Erkenntnis selbst der Baum des unsterblichen Lebens und zudem dem Menschen noch erreichbar ist.

In der *Mythologie des Ostens* habe ich eine Anzahl von Varianten der grundlegenden orientalischen Auffassung erörtert, die von den Theologen des Westens im allgemeinen als «pantheistisch» abgetan worden ist – obwohl sie eindeutig nicht theistisch ist, da für sie «Gott» (*theós*) als Person niemals die letzte Instanz ist. Ebenso wenig ist die Vorsilbe «pan-» hier wirklich angebracht, denn der Anspruch der Lehre geht über das «All» (*pan*) der Schöpfung hinaus. So lesen wir in den Upanishaden:

> Es ist anders als das Gewußte
> und auch jenseits des Unbewußten.[8]

> Seine Gestalt ist nicht sichtbar,
> keiner kann Ihn mit dem Auge erblicken.[9]

Dann aber in denselben Texten direkt:

> Die Weisen, die es in jedem Wesen entdecken,
> wenn sie diese Welt verlassen, werden sie unsterblich.[10]

> Die Weisen, die ihn im eigenen Selbst erschauen,
> haben unendliche Freude, nicht die anderen.[11]

Oder in der Sprache des chinesischen *Tao-te ching:*

> es folgt der mensch der erde
> die erde folgt dem himmel
> der himmel folgt dem Tao
> das Tao folgt sich selbst ...
> das auge sieht es und erkennt nichts
> das ohr hört es und vernimmt nichts ...
> das Tao tut nichts, und nichts bleibt ungetan[12]

Oder auch der japanische buddhistische Vers:

Etwas Langes stellt den langen Körper Buddhas dar.
Etwas Kurzes stellt den kurzen Körper Buddhas dar.[13]

Die abendländische Ablehnung dieser Lehre – oder die Angst, sie zu begreifen, könnte man vielleicht besser sagen – hat den Grund, daß unser Begriff von Religion, der einen von seiner Schöpfung getrennten Schöpfer voraussetzt, von jeder Auffassung fundamental bedroht wird, der zufolge das Göttliche der Welt und zumal ihrem Wesenskern einwohnt. Um noch einmal die Upanishad zu zitieren:

Wer ... dieses erkennt: «Ich bin Brahman!» der wird zu diesem Weltall; und auch die Götter haben nicht Macht, zu bewirken, daß er es nicht wird. Denn er ist die Seele (*ātman*) derselben.

Wer nun eine andre Gottheit verehrt und spricht: «Eine andre ist sie, und ein andrer bin ich», der ist nicht weise; sondern er ist gleich als wie ein Haustier der Götter. So wie viele Haustiere dem Menschen von Nutzen sind, also auch ist jeder einzelne Mann den Göttern von Nutzen. Wenn auch nur ein Haustier entwendet wird, das ist unangenehm, wie viel mehr, wenn viele! – Darum ist es denselben nicht angenehm, daß die Menschen dieses wissen.[14]

Ebenso wenig war es Jahwe angenehm. Und überhaupt ist es denen nicht genehm, die einen Gott verehren. Denn nach dieser Anschauung ist keine eingebildete Gottheit, sondern das Individuum in seiner Ureigenheit die eigentliche Wirklichkeit des Seins:

Schwarz bist als Vogel du, grün mit roten Augen,
Blitzschwanger als Wolke, Jahreszeiten, Meere,
Das Anfanglose bist du, das Allverbreitete,
Aus dem geworden sind die Wesen alle.[15]

Außerdem ist nicht nur das Individuum, sondern alle Dinge sind Epiphanien dieser Wirklichkeit, die in alle Dinge eingegangen ist «bis in die Nagelspitzen hinein, wie ein Messer verborgen ist in einer Messerscheide oder das allerhaltende (Feuer) in dem feuerbewahrenden (Holze).»[16] Und diese alles bejahende, mystisch-poetische Weltanschauung hat es möglich gemacht, daß sogar die höchsten Geisteslehren des Orients sich umstandslos mit den einfachsten vereinigten. Denn was von der schlichten Volksfrömmigkeit als ein außerhalb stehender Gott angesprochen wird, kann in aller Aufrichtigkeit weiter so angesprochen werden – als ein vorscheinender Abglanz des Selbst, welches das Geheimnis jedes Einzelnen ist.

> Er hält den Stiel der Hacke,
> doch seine Hände sind leer.[17]

Nach unserer Bibel dagegen dürfen Gott und seine Welt nicht miteinander identifiziert werden. Gott ist der Schöpfer der Welt, aber er ist in gar keiner Weise die Welt selbst oder irgendein Ding darin, so wie A in gar keiner Weise B ist. In keiner Orthodoxie, der jüdischen, der christlichen und der islamischen nicht, kann daher die Rede davon sein, Gott in der Welt oder in sich selbst zu suchen oder zu finden. Das behaupten bloß die verworfenen Naturreligionen der restlichen Menschheit: die närrischen Weisen des Orients und die verruchten Priester Sumers und Akkads, Babyloniens, Ägyptens, Kanaans und der übrigen – nicht anders als die Hexer und Schamanen des Urwalds und der Steppen. «Sie sagen ja zum Holz: ‹Du bist mein Vater›, und zum Stein: ‹Du hast mich geboren›.» (Jer 2,27.) «Denn», so spricht der Prophet Jeremia, «die Gebräuche der Völker sind leerer Wahn.» (Jer 10,3.)

In jeder umfassenden Überschau der großen und kleinen mythologischen Systeme, denen die Glaubensanschauungen der Menschheit entnommen sind, muß die biblische Gottesvorstellung deutlich abgesetzt werden, weil sie angeblich ein Prinzip zum Ausdruck bringt, zu dem man sich nirgends sonst mit voller Ausschließlichkeit bekennt: das Prinzip der *absoluten Transzendenz* des Göttlichen. In den heiligen Büchern des Orients wird das letzte Geheimnis des Seins in dem Sinne als transzendent bezeichnet, daß es die Erkenntnis, das Denken, die Schau und die Rede der Menschen «transzendiert» (übersteigt). Da man es allerdings ausdrücklich mit dem Geheimnis unseres eigenen Seins und allen Seins jeglicher Art identifiziert, wird es auch für immanent erklärt – in der Tat ist das der Kernpunkt der meisten orientalischen wie auch der meisten heidnischen, urtümlichen und mystischen Einweihungen. Und es scheint mir auch der springende Punkt bei Jahwes Furcht davor zu sein, daß der Mensch (mit den Worten der Upanishad) erkenne: «Ich bin Brahman!» und damit zu Gottes eigentlichem Selbst werde. «Seht, der Mensch ist geworden wie wir», rief Jahwe aus. «... Daß er jetzt nicht die Hand ausstreckt, auch vom Baum des Lebens nimmt, davon ißt und ewig lebt!» Es ist dieselbe Mythologie, aber nach anderen Wertsetzungen umgeformt: Mühe und Plage auf Erden statt Erlangung des Glücks.

3. *Sünde; die verbotene Frucht:* «Irgend jemand gab mir einmal die Bibel», erzählte der indische Heilige Rāmakrishna einem englisch erzogenen Besucher, der gefragt hatte, wie man behaupten könne, Gott wohne in einem Sünder. «Ein Stück daraus wurde mir vorgelesen, es ging immer nur um das Eine: Sünde, Sünde. Man muß einen solchen Glauben haben, daß man sagen kann: ‹Ich habe den Namen Gottes ausgesprochen, ich habe den Namen Rāmas oder Haris wiederholt. Wie kann ich da ein Sünder sein?› Man muß fest an die Herrlichkeit von Gottes Namen glauben.»[18] Damit könnte man es sich zwar unter Umständen etwas zu einfach machen, aber es verdeutlicht die Vorstellung von der Kraft des Göttlichen im Innern, die nur des Denkens an Gott und der Liebe zu ihm bedarf, um zum Wirken erweckt zu werden, im Vergleich zur Vorstellung einer absoluten Wesensverschiedenheit zwischen Geschöpf und Schöpfer, die sich nur durch den Gehorsam des Menschen gegen eine ganz bestimmte Liste verkündeter Gebote überbrücken läßt, und auch so nur sehr wacklig.

Im Falle Adams und Evas gehörte das verkündete Gebot zu einem in Märchen sehr beliebten Typus, den die Volkskundler «die eine verbotene Sache» nennen; zum Beispiel der eine verbotene Ort (verbotene Kammer, verbotene Tür, verbotene Straße), das eine verbotene Ding (verbotene Frucht, verbotener Trank), die eine verbotene Zeit (heiliger Tag, magische Stunde) usw.[19] Das Motiv ist über die ganze Welt verbreitet. Das Orpheustabu: Schau nicht zurück! ist damit verwandt.

Es gibt eine interessante Verwendung des Motivs der «einen

verbotenen Straße» in einigen Urvölkermythen vom Untiertöter, in denen der junge Held das Tabu, das zu seinem Schutz verhängt worden ist, vorsätzlich verletzt und damit in den Einflußbereich einer bösen Macht (oder mehrerer Mächte) tritt, die er bezwingt, um die Menschen von ihrer Unterdrückung zu befreien.[20] Man könnte die Episode im Garten unter einem solchen Gesichtspunkt neu lesen und würde dabei feststellen, daß wir nicht Gott, sondern Adam und Eva die große Welt der Lebenswirklichkeiten zu verdanken haben. Es ist jedoch gewiß, daß die Bildner dieser Geschichte aus dem neunten und vierten Jahrhundert v. Chr. keinen derart abenteuerlichen Gedanken hegten – obgleich etwas Ähnliches in der katholischen Vorstellung angelegt ist, die «das Wesentliche an der biblischen Geschichte» darin sieht: «der Fall, die Zersetzung, wird zugelassen, damit ein größeres Gut komme.»[21] Das größere Gut ist nach dieser Auffassung natürlich die Erlösung durch das Kreuz, den zweiten Baum. Und diese Auffassung hat einen Vorgänger in Paulus und seinem großem Wort: «Gott hat alle in den Ungehorsam eingeschlossen, um sich aller zu erbarmen.» (Römer 11,32. Diese Stelle ist übrigens der geheime Sinn der Zahl 1132, die in James Joyces *Finnegans Wake* ständig in allen möglichen Abwandlungen auftritt.) Dieser Gedanke ist in den Worten *O felix culpa!* ausgedrückt, die zur Feier der Osternacht bei der Weihe der Osterkerze gesprochen werden: *O certe necessarium Adae peccatum, quod Christi morte deletum est! O felix culpa, quae talem ac tantum meruit habere Redemptorem!* – «O wahrhaft heilbringende Sünde des Adam, du wurdest uns zum Segen, da Christi Tod dich vernichtet hat. O glückliche Schuld, welch großen Erlöser hast du gefunden!»[22]

Die Tatsache, daß dieser Gedanke, rhapsodisch ausgemalt in *Finnegans Wake*, so ohne weiteres aus dem Mythos vom Fall im Garten herausgezogen werden kann, verdeutlicht meine These, daß die mythische Bilderwelt der Bibel eine eigene Botschaft birgt, die nicht immer mit der im Text zur Sprache gebrachten identisch sein muß. Denn dieses Buch ist ein Behältnis von Symbolen aus der tiefen Vergangenheit – und die spricht in vielen Zungen.

Wir können uns jetzt dem viel jüngeren Priestermythos von Genesis 1 zuwenden.

Die priesterliche Schöpfungsgeschichte:
viertes Jahrhundert v. Chr.

Im Anfang schuf Elohim Himmel und Erde; die Erde aber war wüst und wirr, Finsternis lag über der Urflut, und Elohims Geist [Wind] schwebte über dem Wasser.

Elohim sprach: «Es werde Licht.» Und es wurde Licht. Elohim sah, daß das Licht gut war. Elohim schied das Licht von der Finsternis, und Elohim nannte das Licht Tag, und die Finsternis nannte er Nacht. Es wurde Abend, und es wurde Morgen: erster Tag.

Dann sprach Elohim: «Ein Gewölbe entstehe mitten im Wasser und scheide Wasser von Wasser.» Elohim machte also das Gewölbe und schied das Wasser unterhalb des Gewölbes vom Wasser oberhalb des Gewölbes. So geschah es, und Elohim nannte das Gewölbe Himmel. Es wurde Abend, und es wurde Morgen: zweiter Tag.

Am nächsten Tag kamen das trockene Land und der Pflanzenwuchs dran. Am vierten Tag wurden Sonne, Mond und Sterne erschaffen, am fünften die Vögel, Seetiere und Fische. Am sechsten Tag wurden die Landtiere erschaffen – und der Mensch. «Laßt uns Menschen machen als unser Abbild, uns ähnlich», sprach Elohim.

«Sie sollen herrschen über die Fische des Meeres, über die Vögel des Himmels, über das Vieh, über die ganze Erde und über alle Kriechtiere auf dem Land.» Elohim schuf also den Menschen als sein Abbild; als Abbild Elohims schuf er ihn. Als Mann und Frau schuf er sie. ... Dann sprach Elohim: «Hiermit übergebe ich euch alle Pflanzen auf der ganzen Erde, die Samen tragen, und alle Bäume mit samenhaltigen Früchten. Euch sollen sie zur Nahrung dienen. Allen Tieren des Feldes, allen Vögeln des Himmels und allem, was sich auf der Erde regt, was Lebensatem in sich hat, gebe ich alle grünen Pflanzen zur Nahrung.» So geschah es. (Gen 1,1–30.)

Es ist alles andere als leicht zu verstehen, wie die Menschen jahrhundertelang davon ausgehen konnten, der jahwistische Paradiesmythos, nach dem der Mensch zuerst erschaffen wird und die Tiere danach, sei als 2. Kapitel einer umgekehrt verlaufenden Geschichte zu lesen, in der zudem Mann und Frau gemeinsam ins Leben treten, «als Abbild Elohims», und nicht Eva erst dann aus Adams Rippe gebildet wird, nachdem man unter den Tieren eine Hilfe für ihn gesucht hat.

Genauso wenig ist es klar, wieso der Mythos von Elohim jemals für die Schilderung einer creatio ex nihilo gehalten werden konnte, einer «Schöpfung aus nichts», wo er doch die Schöpfung aus der Kraft des Wortes beschreibt, das im urtümlichen Denken weit davon entfernt ist, «nichts» zu sein, sondern im Gegenteil das Wesen des ihm zugehörigen Dings ist. Bereits um 2850 v. Chr. gab es einen ägyptischen Mythos von der Schöpfung durch die Kraft des Wortes.[23] Und noch in unserer Zeit sagte ein kleiner Junge von sechseinhalb Jahren zu dem Schweizer Psychologen Jean Piaget: «Wenn es keine Wörter gäbe, wäre es schön langweilig. Man könnte nichts fabrizieren. Wie hätte man die Dinge dann gemacht?»[24]

Außerdem gibt es in diesem Schöpfungsmythos keinen verbotenen Baum.

Schließlich, wenn Adam und Eva, als Abbild Elohims erschaffen, gemeinsam ins Leben traten, dann kann Elohim nicht allein männlich, sondern er muß androgyn gewesen sein, jenseits der Dualität – und warum sollte dann die Gottheit nicht genauso gut in weiblicher wie in männlicher Gestalt angebetet werden?

Liebe ist blind, sagt man. In der merkwürdig verrätselten Geschichte des mythologischen Denkens im Westen hat dieses Kapitel von der Schöpfung Elohims eine ungeheure Rolle gespielt; denn als man es noch für einen Bericht des alten Weltdemiurgen selbst hielt, dem Mose auf dem Berggipfel gegeben, da ging von der Majestät und Schlichtheit dieser Zeilen eine Kraft aus, die mittlerweile gewichen ist. Wir wissen heute, daß sie von einer poetisierenden Priesterhand im Jahrhundert des Aristoteles niedergeschrieben wurden; und die Feststellung, daß die Form des Weltalls im vierten Jahrhundert v. Chr. nach dem Bild der mythischen Welt Marduks eintausendfünfhundert Jahre vorher beschrieben wurde, der zufolge ein Gewölbe die Wasser oben, die als Regen niedergehen, von den Wassern unten, die als Quellen entspringen, scheidet, ist gelinde gesagt enttäuschend. Aber noch mehr ist es die nach wie vor bestehende Unsitte, diese ganzen archaischen Märchen unseren

Kindern als Gottes ewige Wahrheit beizubringen. Ich habe den Mythos der Sintflut bereits in der *Mythologie des Ostens* besprochen,[25] weshalb hier nur noch hinzugefügt werden muß, daß im Buch Genesis zwei Versionen verbunden worden sind. Die ältere Version (J) aus dem neunten Jahrhundert erklärt, daß Jahwe Noah zur Füllung seiner Arche befahl: «Von allen reinen Tieren nimm dir je sieben Paare mit, und von allen unreinen Tieren je ein Paar, auch von den Vögeln des Himmels je sieben Männchen und Weibchen, um Nachwuchs auf der ganzen Erde am Leben zu erhalten.» (Gen 7,2–3.) Demgegenüber sprach laut der anderen Version (P) Elohim zu Noah: «Von allem, was lebt, von allen Wesen aus Fleisch, führe je zwei in die Arche, damit sie mit dir am Leben bleiben; je ein Männchen und ein Weibchen sollen es sein. Von allen Arten der Vögel, von allen Arten des Viehs, von allen Arten der Kriechtiere auf dem Erdboden sollen je zwei zu dir kommen, damit sie am Leben bleiben.» (Gen 6,19–20.)

Die Geschichte vom Turmbau zu Babel ist aus J und biblischen Ursprungs. Sie stellt selbstverständlich den Sinn der Zikkurat auf den Kopf, die nicht dazu gedacht war, den Himmel zu stürmen und zu bedrohen, sondern eine Trittstufe zu bieten, auf der die Himmelsgötter hinabsteigen konnten, um die Verehrung ihrer Sklaven auf Erden zu empfangen.[26] Jedoch eine der Glanzleistungen der Bibel ist die Wortgewaltigkeit, mit der sie sämtliche Weisen der Gottesanbetung außer ihrer eigenen verdammt. Überdies ist Jahwes Vereitelung des Werkes durch die Vermehrung der Sprachen der Völker und deren Zerstreuung über die Erde (als ob es vor 2500 v. Chr. nur eine Sprache auf der Welt und keine Völkerzersplitterung gegeben hätte) hauptsächlich wertvoll als Textbeispiel für die alte hebräische Meinung, alle Sprachen außer dem Hebräischen seien später entstanden. Beim Aufschlagen eines netten kleinen Hebräischlehrbuchs, Erscheinungsdatum 1957, erfährt der Lernende: «Dies ist die Sprache, die Gott sprach.» Die gleiche Vorstellung liegt der indischen Ehrfurcht vor dem Sanskrit zugrunde, nämlich daß die Worte dieser heiligen Sprache die «wahren» Namen der Dinge seien: die Worte, denen zum Schöpfungszeitpunkt die Dinge entsprangen. Die Worte dieser Sprache seien älter als die Welt, sie seien deren geistige Form und Stütze. Daher, indem man sie lernt, komme man der Wahrheit und dem Wesen, der Wirklichkeit und der Kraft des Göttlichen selber nahe.

3
Das Zeitalter Abrahams

Hätte es keinen Fall gegeben, bedürfte es keiner Erlösung. Das Bild des Falls ist daher wesensnotwendig für den christlichen Mythos; die Riten, Feste und Meditationen der Synagoge gründen sich dagegen auf die Legende vom auserwählten Volk.

Nach der gängigen christlichen Auffassung haben alle Menschen von der Widersetzlichkeit des ersten Paares eine Verderbtheit der Natur geerbt, die derart ihr Verständnis verfinstert, ihren Willen geschwächt und sie zum Bösen geneigt gemacht hat, daß ohne das Wunder, mit dem Gott die Schuld und die Strafe für diese Sünde auf sich genommen hat, die Menschheit für alle Zeit von ihrem eigentlichen Ziel geschieden geblieben wäre, nämlich ihren Schöpfer zu erkennen, zu lieben, ihm zu dienen und in ihm selig zu sein. Die optimistische orientalische Vorstellung, daß man durch innere Einkehr von selbst dahin gelangen kann, im Vollbewußtsein der inneren Göttlichkeit zu ruhen (mythische Identifikation), wird hier vollkommen abgelehnt; denn nach dieser Auffassung gibt es im Innern nichts als eine verdorbene kreatürliche Seele, weder göttlich an sich noch fähig, von sich aus irgendeine Beziehung zu Gott herzustellen (mythische Dissoziation). Vielmehr hat Gott in gütiger Vergebung einen Rückweg zu sich angeboten, einen Pfad, ein Licht, und zwar in der Person seines Sohnes, in dessen Kreuz, dem heiligen Holz, die Wirkung des Paradiesbaumes aufgewogen ist (mythische Wiederaufrichtung). Und die Legende vom auserwählten Volk bedeutet nach dieser christlichen Lesart, daß durch Abraham und seinen Samen ein Gottesvolk vorbereitet wurde, das geeignet war, mit Gott am Wunder der Erlösung teilzuhaben, indem es das Fleisch, den Mutterschoß, das Menschentum des Sohnes stellte, der ebenso wahrer Mensch wie wahrer Gott sein sollte (darin lag das Wunder). Bei seinem Tode jedoch riß der Vorhang des Tempels in Jerusalem entzwei (Mt 27,51; Mk 15,38; Lk 23,45), und das mosaische rituelle Gesetz, das bis zu der Zeit das Umsetzungsmittel für die Ziele Gottes in dieser Welt gewesen war, hatte ausgedient. Die sakramentale Ordnung der Kirche wurde das alleinige Umsetzungsmittel für den Willen und die Gnade Gottes auf Erden, und mit den Symbolen des Falls und der Erlösung, des Baumes und des Kreuzes wird von jetzt an bis in alle Ewigkeit das letzte Wort über die Ontologie des Menschen gesprochen sein.

Von der weiterhin bestehenden Synagoge dagegen wird die christliche Lehre der Erbsünde verworfen. Mit den Worten des einstigen Oberrabbiners der jüdischen Gemeinden des Britischen Reiches Joseph Herman Hertz:

> Der Mensch war sterblich von Anfang an, und durch das Vergehen Evas ist der Tod nicht in die Welt getreten. ... Es gibt keinen Verlust der Gottähnlichkeit des Menschen und auch nicht der menschlichen Fähigkeit, in den Augen Gottes recht zu tun; ein solcher Verlust ist auch nicht bis zu den letzten Nachkommen fortgeführt worden. Wenn einige wenige Rabbiner Evas Anteil an der Vergiftung des Menschengeschlechts durch die Schlange beklagen, so erklären sogar sie, daß das Gegenmittel gegen dieses Gift am Sinai gefunden wurde. Mit Recht sind sie der Anschauung, daß das Gesetz Gottes ein Bollwerk gegen vertierte und gottlose Verwüstung ist. Die Psalmisten sprechen gleichfalls oft von Sünde und Schuld; nie aber findet sich dort ein Hinweis ... auf das, was die christliche Theologie «den Sündenfall» nennt. Vergebens sucht man in den Gebeten, selbst in denen der Bußtage, nach dem geringsten Echo der Lehre vom Sündenfall. «Mein Gott, die Seele, die Du mir gegeben, sie ist rein», das ist das tägliche Morgengebet des Juden. «Ja, selbst so rein wie die Seele ist, wenn sie ihre irdische Laufbahn beginnt, so rein kann der Mensch sie seinem Schöpfer zurückgeben» (Midrasch). ...
>
> Die Menschheit, die von Adam abstammte, war hoffnungslos verderbt; die Sintflut fegte sie hinweg. Noah allein blieb übrig, aber bevor weitere Generationen den Weg alles Irdischen gingen, lehnte sich die Menschheit noch einmal in Anmaßung und Gottlosigkeit auf, und sittliches Dunkel überschattete die Erde. «Und Gott sprach, es werde Abraham – und es ward Licht», so tönt uns der inhaltsschwere Spruch des Midrasch entgegen.[27]

«Jahwe sprach zu Abraham», lesen wir in den Anfangszeilen dieser nicht nur für das Judentum, sondern auch für das Christentum und den Islam grundlegenden Legende: «‹Zieh weg aus deinem Land, von deiner Verwandtschaft und aus deinem Vaterhaus in das Land, das ich dir zeigen werde. Ich werde dich zu einem großen Volk machen, dich segnen und deinen Namen groß machen. Ein Segen sollst du sein. Ich will segnen, die dich segnen; wer dich verwünscht, den will ich verfluchen. Durch dich sollen alle Geschlechter der Erde Segen erlangen.› Da zog Abraham weg, wie Jahwe ihm gesagt hatte...» (Gen 12,1–4.)

Der Text ist aus J, also aus dem neunten Jahrhundert v. Chr., ungefähr tausend Jahre später als die Begebenheit selbst, die allerdings niemand so recht in die historische Chronologie einordnen kann. Viele Jahre lang war es unter gewissen Bibelauslegern üblich, ein Datum um 1996 v. Chr. für Abraham anzugeben,[28] der, wie es im Buch Genesis heißt, in «Ur in Chaldäa» geboren wurde und zusammen mit seiner Frau, seinem Vater und seinem Neffen von dort auswanderte, um in das Land Kanaan zu ziehen; eine Weile siedelten sie in Haran (Gen 11,27–32). Dieses Datum fällt in die Zeit der kurzen Restauration und Blüte der sumerischen Kultur, die während der Regierung des frommen Königs Gudea von Lagasch (um 2000 v. Chr.) stattfand; sein Traumgesicht von Ningizzida gab die Inspiration zu unserer Abbildung 1. Auf den großen semitischen Herrscher Sargon von Akkad (um 2350 v. Chr.), dessen Geburtslegende wir schon gelesen haben, war eine Dynastie von zehn Nachfahren gefolgt, die jedoch um 2150 v. Chr. durch den Einfall von Barbaren aus dem Nordosten gestürzt wurde. «Die Drachen des Gebirges», wurden sie genannt, «die dem Gatten die Gattin, den Eltern die Kinder geraubt, das Königtum von Sumer in die Berge geschleppt haben.» Über ihre Volksverwandtschaft wissen wir nichts; ihre Könige nannten sich «König der Guti und der vier Weltteile»; und ihre Herrschaft währte hundert Jahre: ca. 2150 –2050 v. Chr.[29]

An diese Zeit der Verwüstung schloß sich eine eindrucksvolle und vielversprechende, jedoch bedauerlich kurze Restauration der alten sumerischen Kulturformen unter der einheimischen sumerischen III. Dynastie von Ur (ca. 2050–1950 v. Chr.) und unserem frommen König Gudea von Lagasch. Zahlreiche Keilschrifttafeln aus dieser Zeit haben uns alles bewahrt, was wir von den altsumerischen Epen wissen; und neue, gewaltige Zikkurats schossen überall nur so in die Höhe.

«Wenn man sich die große Ausdehnung und die verwickelte Raumgestaltung eines solchen Heiligtums vor Augen hält», schreibt Anton Moortgat über die Ruinen der Zikkurat von Ur, die zu der Zeit gebaut wurde, «und bedenkt, daß die Ausmaße in Ur im allgemeinen geringer waren als etwa in der viel größeren Innin-Stadt Uruk [Stadt der Göttin Inanna], so fühlen wir zwar noch den von Hause aus theokratischen Charakter der sumerischen Gesellschaft heraus, die eine wahre Gemeinschaft von Tempelerbauern war, vergleichbar den mittelalterlichen christlichen Stadtgemeinden, stellen aber zugleich mit Bedauern fest, wie weit unser Wissen um diese Dinge noch von einem wirklichen tieferen Begreifen entfernt ist.»[30]

Solche hochragenden Zikkurats, in einer Stadt nach der andern, kann man sich als Marksteine in der Landschaft vorstellen, durch die der Erzvater Abraham mit seiner Familie und seiner Herde wanderte.

«Mit dem Auftreten Abrahams», erklärt Rabbi Hertz, «ändert sich der Charakter des ersten Buches der Thora. In seinen ersten elf Kapiteln hat es uns einen Bericht von der Dämmerung der Welt und der menschlichen Gesellschaft gegeben. Der Rest des Buches ist den Begründern des Volkes gewidmet, dessen Schicksal im Lichte göttlicher Zwecksetzung das Hauptthema der Heiligen Schrift bildet. ... Mit den Patriarchen [verlassen wir die trübe Welt der Urzeit und] treten wir in das volle Tageslicht der historischen Zeit.»[31]

Manchen mag es ein wenig sonderbar vorkommen, von der Zeit Sumers und Akkads und der großen ägyptischen Pyramiden als von der «trüben Welt der Urzeit» zu lesen und in einem Werk aus unseren Tagen erzählt zu bekommen, daß wir mit Abraham, dessen Lebenszeit sich nicht einmal auf vierhundert Jahre genau fixieren läßt, in ein volles Tageslicht getreten wären. Jedoch wenn Abraham etwa 1996 v. Chr. lebte, was ja durchaus sein kann, dann fällt auf sein Leben ein bißchen Tageslicht vielleicht durch das, was wir von einem der Zikkuraterbauer aus jener Zeit wissen, den er bei irgendeinem bedeutenden Staatsakt tatsächlich gesehen haben könnte, nämlich den König Gudea aus der nicht allzu fernen Stadt Lagasch.

Es gibt einen kostbaren Bericht über die Erbauung der Zikkurat Gudeas zu Ehren des Stadtgottes Ningirsu. Er mag uns eine Ahnung von der Frömmigkeit der damaligen Menschen vermitteln, deren Götter – im Gegensatz zum Gott Abrahams – keiner verheißenen Zukunft angehörten, sondern der schon verblassenden Vergangenheit, und uns so in einem Requiem das alte Erbe vorführen, das kurz davor stand, aufgespalten und weitergegeben zu werden.

Da der Tigris nicht über die Ufer getreten war und die Felder befruchtet hatte, begab Gudea sich zum Tempel des Stadtgottes Ningirsu und erfuhr dort den Willen des Gottes durch einen Traum, den er sich jedoch nicht zu deuten wußte. Daher wandte er sich als nächstes an den benachbarten Tempel seiner göttlichen Mutter Gatumdug. Lesen wir sein Gebet, mit dem er sie um Hilfe ersucht:

> «Meine Königin, Tochter des reinen Himmels, die du rätst, was frommt, die du den ersten Rang im Himmel einnimmst, die du leben machst das Land, du bist die Königin, die Mutter, die Lagasch gegründet hat. Bei dem Volke, das du ansiehst, ist reichlich die Kraft, der Fromme, den du ansiehst, sein Leben wird verlängert. Ich habe keine Mutter: du bist meine Mutter. Ich habe keinen Vater: du bist mein Vater. In dem Heiligtum hast du mich geboren. Meine Göttin Gatumdug, du hast das Wissen von allem Guten. Meiner Mutter möchte ich vortragen meinen Traum!
>
> In meinem Traume hat mir ein Mann, dessen Wuchs den Himmel erreichte, dessen Wuchs die Erde erreichte, welcher nach der Tiara seines Hauptes ein Gott war, an dessen Seite der göttliche Vogel Imdugud [der Löwenvogel von Abb. 16] war, zu dessen Füßen ein Sturm war, zu dessen Rechter und Linker ein Löwe gelagert war, befohlen, sein Haus zu bauen: ich habe ihn nicht erkannt.
>
> Die Sonne erhob sich von der Erde. Ein Weib, wer war sie! wer war sie nicht? –, sie hielt in der Hand einen reinen Schreibgriffel, sie trug die Tafel des guten Gestirnes des Himmels, sie hielt Rat mit sich selbst. Ein zweiter Mann wie ein Krieger: er hielt in der Hand eine Tafel aus Blaustein, er entwarf den Umriß eines Tempels. Vor mir war das reine Tragpolster gelegt, die reine Ziegelform war dar-

auf gestellt: Der Backstein des Schicksals war in der Form. Ein Esel war gelagert auf der Erde zur Rechten meines Königs.»

«Mein Hirte [antwortet die Göttin], deinen Traum, ich will ihn dir erklären: der Mann, dessen Wuchs den Himmel erreichte, die Erde erreichte, welcher dem Kopfe nach ein Gott war, an dessen Seite der göttliche Vogel Imdugud war, zu dessen Füßen ein Sturm war, zu dessen Rechter und Linker ein Löwe gelagert war, ist mein Bruder Ningirsu: er befahl dir, sein Haus, das Eninnu zu erbauen. Die Sonne, die sich von der Erde erhob vor dir, ist dein Schutzgott Ningizzida: wie die Sonne geht er hervor aus der Erde. Das junge Weib, welches einen reinen Schreibgriffel in der Hand hielt, welches trug die Tafel des guten Sternes, welches Rat hielt mit sich selbst, ist meine Schwester Nisaba: den reinen Stern der Erbauung des Tempels kündigte sie dir an. Der zweite Mann, welcher in der Hand hielt eine Tafel aus Blaustein, ist Nin-dub: er zeichnet den Entwurf des Tempels. Der Esel, der gelagert war zur Rechten deines Königs, bist du: im Eninnu lagerst du dich auf die Erde.

An deinem Schatze nimm ab die Siegel, entnimm daraus das Holz, verfertige einen Wagen für deinen König, spanne davor einen Esel. Schmücke diesen Wagen mit reinem Metall und edlen Steinen. Sein geliebtes Emblem fertige an, schreib deinen Namen hinein. Seine geliebte Leier, das klangvolle und ruhmvolle Instrument seiner Beratungen, zu deinem König, dem Herrn Ningirsu, bringe hinein.»

Darauf entnimmt Gudea seinem Schatze die notwendigen Hölzer und verfertigt den Wagen, spannt davor den Esel, stellt das Emblem her, schreibt seinen Namen hinein, läßt die Leier anfertigen und bringt die Geschenke in den Tempel des Ningirsu. Bei Tag und Nacht geht er in den Tempel. An dem Schreckensorte, der Gerichtsstätte, wo Ningirsu die Länder übersieht, opfert er Tiere und verbrennt duftendes Holz, wirft sich endlich nieder vor dem Gott und spricht folgendes Gebet, damit er ihm ein Vorzeichen zur Erbauung des Tempels gibt.

«Mein König Ningirsu, Herr, der hemmt das tobende Wasser, heiliger Herr, geschaffen von dem großen Berg [Enlil], Tapferer, der keine Furcht hat, Ningirsu, ich will dir deinen Tempel bauen. Mein Vorzeichen ist mir nicht gegeben. O Held, du verkündest, was Not tut; Herr Ningirsu, ich kenne nicht den Sinn hiervon. Wie das Innere des Meeres brichst du hervor, wie der Uschu-Baum stehst du fest, wie sprudelndes Wasser braust du, wie ein Wirbelwind stürmst du auf das Feindesland los. Mein König, wie das Innere des Himmels bist du unergründlich. Herr Ningirsu, ich, was weiß ich!»

[Darauf spricht der Gott:] «An dem Tage, wo der rechtmäßige Hirte Gudea seine fromme Hand an das Eninnu, den Tempel meines Königtums legt, wird am Himmel ein Wind das Wasser verkünden: dann soll aus dem Himmel Überfluß dir kommen, das Land soll von Überfluß schwellen. Wenn die Grundlagen meines Tempels gelegt werden, dann soll der Überfluß kommen. Die großen Felder sollen dir Frucht hervorbringen, die Wasser der Gräben und Kanäle sollen steigen. Aus Bodenspalten soll Wasser quellen. In Sumer soll das Öl in Überfluß ausgegossen werden, die Wolle im Überfluß abgewogen werden. Am Tage, wo an meinen Tempel der Ensi [Stadtfürst: Gudea] eine fromme Hand legt, werde ich auf das Gebirge, an den Ort, wo der Sturm wohnt, meinen Fuß setzen; von der Wohnung des Sturmes, dem Gebirge, dem reinen Orte, werde ich dir einen Wind senden, damit er gebe den Hauch des Lebens dem Lande.»[32]

Der König erwachte; er hatte geschlafen. Er schüttelte sich: es war ein Traum. Als man den Tempel erbaut hatte, wurde der Gott in sein Heiligtum getragen und dort unter Jubel die Hochzeit Ningirsus mit der Göttin Baba gefeiert. «Während sieben Tagen», lesen wir weiter, «war gleich die Magd ihrer Herrin, der Sklave und der Herr gingen einander zur Seite, in seiner Stadt lagen der Mächtige und der Niedrige einander zur Seite; auf der bösen Zunge wurden die schlechten Worte verwandelt in gute, alles Üble vom Tempel beseitigt, der Waise tat der Reiche kein Unrecht, die Sonne ließ hervorstrahlen die Gerechtigkeit.»[33]

Mit dem Sturz des letzten Königs der III. Dynastie von Ur um 1950 v. Chr. durch eine Invasion der Elamiten war es um die Einheit der alten Kulturwelt von Sumer und Akkad geschehen. Um noch einmal Moortgat zu zitieren:

An eine Herrschaft über die «vier Weltteile» konnte schon gar nicht mehr gedacht werden. Überall erstanden wieder die alten Stadtstaaten. Ihre politische Führung übernahmen aber vielfach nicht einheimische Fürsten, sondern Fremdlinge: zum geringeren Teil waren es Elamiten, die seit der Akkad-Zeit zwar stark semitisiert worden waren und eine Provinz des sumerisch-akkadischen Reiches gebildet, trotzdem aber stets ihre Eigenart zu bewahren gewußt hatten; zum größeren Teil waren es Nomaden der Wüste, eine neue Welle von Semiten, die sich sprachlich von den ostsemitischen Akkadern durch ihre Namen und dialektische Unterschiede abheben und deren nächste Verwandte, die Kanaanäer, in Syrien und Palästina siedelten. ...

In Isin, in Larsa, in Babel, in Mari, später auch in Assur, überall übernehmen sie die Führung, bekämpfen sich untereinander, bilden Koalitionen und führen Kriege zur Erlangung der Oberherrschaft. Beide Parteien, Elamiten und Westsemiten, finden nach etwa 150–200 Jahren ihren großen Feldherrn und Staatsmann, Rimsin und Hammurabi, bis schließlich der größere von beiden, Hammurabi von Babylon, die Einheit und den Glanz der sumerisch-akkadischen Welt für kurze Zeit wiederherstellen kann.[34]

Gewöhnlich setzte man früher die Regierungszeit Hammurabis irgendwann zwischen 2067 und 1905 v. Chr. an,[35] und diese Datierung wurde dann auf Abraham übertragen, weil man in Amrafel, dem König von Schinar (Gen 14,1), Hammurabi erblicken wollte. Da man Hammurabis Lebenszeit allerdings inzwischen aufgrund neuer Erkenntnisse auf 1728–1686 v. Chr. vordatiert hat, wurde auch Abrahams Lebenszeit vordatiert. T. J. Meek bemerkt dazu: «Obwohl diese Identifikationen heute als falsch erkannt sind, kann das Datum für Abraham immer noch nahe dem Hammurabis liegen.»[36]

Hammurabis Dynastie in Babylon hielt sich bis etwa 1530 v. Chr. und stürzte dann – wie alles in der schnellebigen Welt damals. Aber die neuen Wellen, die weiter von allen Seiten hereinströmten, kamen jetzt größtenteils aus dem Norden, und zwar gab es drei Hauptgruppen:

1. *Die Churriter:* Ein mächtiges Volk von großer Kampfkraft und starkem Expansionsdrang, das schon um 2200 v. Chr. angefangen hatte, vom Kaukasus aus nach Nordmesopotamien hineinzudrükken. Gegen 1800 v. Chr. hatten sie den Persischen Golf erreicht, und von da an zogen sie westwärts nach Syrien und Palästina, wo

sie viele der seßhaft gewordenen Westsemiten verdrängten oder ihnen ihr Blut beimischten.

«Die Forschung ist schon lange darauf aufmerksam geworden», erklärt Meek, «daß es in den Geschichten der frühen hebräischen Patriarchen einige Details gibt, die nicht in eine rein semitische Umwelt passen, weil wir keine semitischen Parallelen haben, aber mit unserem erweiterten Wissen von den Churritern haben wir jetzt exakte churritische Parallelen.» Esaus Verkauf seines Erstgeburtsrechtes zum Beispiel (Gen 25,31–34) war eine Episode ohne jede Parallele, bis sich herausstellte, daß solche Tauschgeschäfte unter den Churritern gebräuchlich waren; und Rahels Diebstahl der Familiengötterbilder ihres Vaters (Gen 31,19), das der Forschung lange Zeit Rätsel aufgegeben hatte, wurde klar, als man fand, daß sie mit diesem Besitz nach churritischem Recht ihrem Gatten Jakob den Anspruch auf das Erbe ihres Vaters sicherte. «Diese und ähnliche Analogien zwischen den frühen Hebräern und den Churritern», meint Meek, «neben dem Vorkommen churritischer Namen und Hinweisen auf die Churriter im Alten Testament, machen ganz deutlich, daß die beiden Wanderungen gemeinsam erfolgten. Churriter und Habiru (Hebräer) wurden zusammen in Mesopotamien angetroffen, und es ist wahrscheinlich, daß sie auch im Westen zusammen anzutreffen waren.»[37]

Damit eröffnet sich ein weitgespannter neuer Horizont, den noch niemand erforscht hat. Denn die Churriter errichteten ein kurzlebiges, aber mächtiges Reich südwestlich des Vansees (im heutigen Kurdistan, dort wo Syrien, die Türkei und der Irak zusammentreffen), das sogenannte Mitannireich (ca. 1500–1250 v. Chr.), zu dem auch Abrahams vorübergehender Aufenthaltsort Haran gehörte. Ferner tauchen in einem um 1400 v. Chr. geschlossenen Vertrag zwischen Mitanni und den benachbarten Hethitern, die das Reich bald darauf erobern sollten, die Namen von fünf vedischen Göttern auf: Indra, Mitra, Varuna und die zwei Ashvins. Die Churriter wurden also, wie es jetzt scheint, wenigstens eine Zeitlang von einer adeligen Oberschicht von Streitwagenkämpfern indoarischer Abstammung geführt; und es kann gut sein, daß diese es waren, welche die neue Kriegsmaschine des leichten zweirädrigen und zweispännigen Streitwagens im Nahen Osten einführten. Denn der

Streitwagen kam erstmals etwa 2000–1750 v. Chr. in der arischen Zone auf und erschien innerhalb der nächsten dreihundert Jahre in fast jedem Teil der bekannten Alten Welt. In Ägypten zog er etwa 1670–1570 v. Chr. mit den asiatischen Hyksoskönigen ein, in Indien etwa 1500–1250 v. Chr. mit den arischen Stämmen, in Griechenland ungefähr zur gleichen Zeit und in China etwa 1523 mit den Shang. Der noch zu erforschende Horizont eröffnet somit den Blick auf eine mögliche, ja unvermeidliche gegenseitige Beeinflussung semitischer und arischer Faktoren bei der Herausbildung des biblischen Mythos in dem Zeitraum, den man für die Patriarchen ansetzt. Einige der Parallelen zum chinesischen Mythos, die in der *Mythologie des Ostens* angemerkt wurden,[38] könnten hier ebenfalls ihre Erklärung finden.

2. *Die Hethiter:* Möglicherweise mit den Churritern verwandt, aber in der Diplomatie wie im Krieg größer als diese. Sie gewannen bald schon die Herrschaft über den größeren Teil der heutigen Türkei. Ihr Aufstieg ungefähr zur Zeit Hammurabis, ihr Höhepunkt und dann ihr jäher Niedergang etwa um die Zeit von Homers Trojanischem Krieg spielten sich ca. 1750–1150 v. Chr. ab.

3. *Die Kassiten:* Sie stammten aus Elam im heutigen Persien, woher China von etwa 2000 v. Chr. an einen beträchtlichen Teil seines neolithischen Kulturgrundstocks bezogen hatte, und bemächtigten sich des sogenannten Meerlands Babyloniens. Vor ihrem Eindringen in Mesopotamien scheinen sie eine Verbindung mit den indoarischen Gruppen eingegangen zu sein, die zu der Zeit nach Indien zogen. Die Kassiten haben keine Mythen schriftlich überliefert, aber wir kennen einige ihrer Götter nach ihren Eigennamen, zum Beispiel Surias (sanskrit Sūrya, die Sonne), Maruttas (sanskrit Marut, der Wind) und Burias (griechisch Boreas, der Nordwind). Anscheinend waren sie, wenigstens bis zu einem gewissen Grade, arischer, vielleicht indoarischer Abstammung.

Mit anderen Worten, es war eine Welt von außerordentlicher Komplexität, aus der das Buch hervorging, das die maßgebliche Inspirationsquelle des abendländischen religiösen Denkens und Handelns werden sollte. Es wäre naheliegend anzunehmen, daß diese Komplexität selbst eine der Ursachen für seine Wirkkraft und seine Aura der Gültigkeit war. Nun mag zwar diese Wirkkraft unsere Gefühle überzeugen und rühren, jedoch der gewissenhafte Forscher, der bestrebt ist, seine Patriarchen im Kontext ihrer Zeit – und sei es der Zeit Hammurabis etwa – anzusiedeln, sieht sich nach wie vor bös im Stich gelassen. So schreibt Kathleen Kenyon, die bedeutende Ausgräberin des Stadthügels von Jericho:

> Sicher ist, daß man keineswegs eine Chronologie auf der Lebensspanne, die den Erzvätern zugeschrieben wird, aufbauen kann, noch kann es als Tatsache gelten, daß Abraham fünfundsiebzig war, als er Haran verließ, und hundert, als Isaak geboren wurde, oder Isaak sechzig, als Jakob geboren wurde, und daß Jakob hundertunddreißig Jahre zählte, als er nach Ägypten ging. Die Skelettfunde in Jericho-Gräbern zeigen, daß die Lebenserwartung in dieser Zeit kurz gewesen ist. Viele Menschen scheinen vor ihrem fünfunddreißigsten Jahr gestorben zu sein und wenige ein Alter von fünfzig Jahren erreicht zu haben. ...
>
> Wenn auch Zeitangaben in Jahreszahlen unmöglich sind, so entspricht der Gesamtcharakter der Periode doch dem, was in biblischen Erzählungen berichtet wird. Die Patriarchen waren Halbnomaden, die in die Küstenebenen zogen, weil das Land dort fruchtbarer war. Sie haben in Zelten unter, aber doch getrennt von den Kanaanäern gewohnt, die in Städten lebten, über deren Aussehen die Archäologie Aufschlüsse beigebracht hat. In Zelten hausende Viehzüchter hinterlassen keine Spuren, die archäologisch greifbar wären; aber wir wissen heute wenigstens etwas über ihre Umwelt.[39]

Im großen und ganzen jedoch sind die Episoden viel überzeugender, wenn man sie als Mythologie statt als Chroniken tatsächlicher Begebenheiten liest, zum Beispiel die folgende merkwürdige Erzählung, die schon einige Motive des späteren Auszugs aus Ägypten unter Mose enthält:

> Als über das Land eine Hungersnot kam, zog Abram nach Ägypten hinab, um dort zu bleiben; denn die Hungersnot lastete schwer auf dem Land. Als er sich Ägypten näherte, sagte er zu seiner Frau Sarai: «Ich weiß, du bist eine schöne Frau. Wenn dich die Ägypter sehen, werden sie sagen: ‹Das ist seine Frau!›, und sie werden mich

erschlagen, dich aber am Leben lassen. Sag doch, du seiest meine Schwester, damit es mir deinetwegen gut geht und ich um deinetwillen am Leben bleibe.» Als Abram nach Ägypten kam, sahen die Ägypter, daß die Frau sehr schön war. Die Beamten des Pharao sahen sie und rühmten sie vor dem Pharao. Da holte man die Frau in den Palast des Pharao. Er behandelte Abram ihretwegen gut: Abram bekam Schafe und Ziegen, Rinder und Esel, Knechte und Mägde, Eselinnen und Kamele. Als aber Jahwe wegen Sarai, der Frau Abrams, den Pharao und sein Haus mit schweren Plagen schlug, ließ der Pharao Abram rufen und sagte: «Was hast du mir da angetan? Warum hast du mir nicht gesagt, daß sie deine Frau ist? Warum hast du behauptet, sie sei deine Schwester, so daß ich sie mir zur Frau nahm? Nun, da hast du deine Frau wieder, nimm sie, und geh!» Dann ordnete der Pharao seinetwegen Leute ab, die ihn, seine Frau und alles, was ihm gehörte, fortgeleiten sollten.

Von Ägypten zog Abram in den Negeb hinauf, er und seine Frau mit allem, was ihm gehörte, und mit ihm auch Lot. (Gen 12,10–13,1.)

Diese Episode stammt vom Jahwisten (J); zu ihrer Ergänzung haben wir die folgende von E, die von einer Zeit viele Jahre später handelt, als Abrams Name schon Abraham war und der seiner Frau Sara. Sie war jetzt über neunzig Jahre alt und er über hundert.

Abraham brach von dort auf und zog in den Negeb. Er ließ sich zwischen Kadesch und Schur nieder und hielt sich in Gerar als Fremder auf. Abraham behauptete von Sara, seiner Frau: «Sie ist meine Schwester.» Da schickte Abimelech, der König von Gerar, hin und ließ Sara holen. Nachts kam Elohim zu Abimelech und sprach zu ihm im Traum: «Du mußt sterben wegen der Frau, die du dir genommen hast; sie ist verheiratet.» Abimelech aber war ihr noch nicht nahegekommen. «Mein Herr», sagte er, «willst du denn auch unschuldige Leute umbringen? Hat er mir nicht gesagt, sie sei seine Schwester? Auch sie selbst hat behauptet, er sei ihr Bruder. Mit arglosem Herzen und mit reinen Händen habe ich das getan.» Da sprach Elohim zu ihm im Traum: «Auch ich weiß, daß du es mit arglosem Herzen getan hast. Ich habe dich ja auch daran gehindert, dich gegen mich zu verfehlen. Darum habe ich nicht zugelassen, daß du sie anrührst. Jetzt aber gib die Frau dem Mann zurück; denn er ist ein Prophet. Er wird für dich eintreten, daß du am Leben bleibst. Gibst du sie aber nicht zurück, dann sollst du wissen: Du mußt sterben, du und alles, was dir gehört.»

Also, so geht die Geschichte weiter, gab Abimelech dem Abraham Sara zurück, dazu Schafe, Ziegen und Rinder, Knechte und Mägde und tausend Silberstücke. Daraufhin trat Abraham für ihn ein, und, wie wir weiter lesen, «da heilte Elohim Abimelech, auch seine Frau und seine Dienerinnen, so daß sie wieder gebären konnten. Denn Jahwe hatte im Haus Abimelech jeden Mutterschoß verschlossen wegen Sara, der Frau Abrahams.» (Gen 20.)

Noch eine andere Variante dieses Abenteuers wird Abrahams Sohn Isaak zugeschrieben – abermals in einer Stelle des Jahwisten (J). Dort heißt es: «Isaak begab sich nach Gerar zu Abimelech, dem König der Philister. ... Als sich die Männer des Ortes nach seiner Frau erkundigten, sagte er: ‹Sie ist meine Schwester.› ... Er dachte: ‹Die Männer des Ortes könnten mich sonst wegen Rebekka umbringen›», usw. (Gen 26,1–17.)

Es ist schwer vorstellbar, wie solche Geschichten selbst vor Jahrhunderten als Chroniken tatsächlicher Begebenheiten, im «vollen Tageslicht der historischen Zeit», aufgefaßt werden konnten; aber heute ist die Schwierigkeit nur noch größer geworden, denn wir haben herausgefunden, daß das Volk der Philister erst im Jahre 1196 v. Chr. aus Kreta an die Gestade Palästinas kam.[40] Damit jedoch würde, wie wir sofort erkennen, die Geschichte dieser bemerkenswerten Familie aus Ur über so viele Jahrhunderte in die Länge gezogen, daß nicht einmal die Abraham und seinem Sohn zugeschriebene Lebensdauer sie hinlänglich erklären könnte. Sodann kommt noch der lästige Umstand dazu, daß Isaak, der Vater Jakobs und Großvater Josefs, nach dieser Beschreibung in einer Periode nach Mose und dem Auszug aus Ägypten in der Blüte der Jahre gestanden hätte, eine Schwierigkeit, die noch größer wird, wenn man sich entsinnt, daß Abraham, sein Vater, bei seinem Zwischenaufenthalt in Gerar Abimelech auf die gleiche Weise hinters Licht geführt hatte.

Ist es denn nicht deutlich genug, daß wir es hier mit den Gesetzen von Mythos, Märchen und Sage zu tun haben statt mit denen irgendeiner bis dato für die Naturgeschichte oder die Historie belegten Faktizität? Die Vergangenheit wird hier, wie in jeder anderen Volksüberlieferung der Welt, nicht im Bemühen um unseren heutigen Begriff von Wahrheit geschildert, sondern mit dem Ziel, einer bestimmten Gesellschaftsordnung und ihrer Weltanschauung den Anschein übernatürlicher Unterstützung zu verleihen. Das war damals – und ist es für solche, die das Wohl einer Gesellschaft höher veranschlagen als die Wahrheit, heute noch und ist es allezeit gewesen – eine hinreichende Rechtfertigung für jede aus den Fingern gesogene Geschichte, von der man den Zeitgeist überzeugen konnte. Außergewöhnlich werden die eben gegebenen bemerkenswerten Beispiele im Grunde allein dadurch, daß im Gegensatz etwa zu den in der *Odyssee* versammelten Mythenfragmenten, denen heutzutage niemand im Vollbesitz seiner geistigen Kräfte geschichtliche Wahrheit nachsagen würde, wir eine von hier bis zum Mond und zurück reichende neuzeitliche akademische Literatur haben, die für die zusammengestückten Fragmente dieser ungefähr zeitgleichen alten Geschichten genau das tut.

4
Das Zeitalter Moses

Sigmund Freud versetzte vielen seiner Bewunderer einen Schock, als er in seinem letzten größeren Werk, *Der Mann Moses und die monotheistische Religion*, die These aufstellte, Mose sei kein Jude, sondern ein ägyptischer Adeliger – genauer gesagt, ein Mitglied des Hauses des häretischen Pharaos Echnaton (reg. ca. 1377–1358 v. Chr.) – gewesen, und in den Jahren unmittelbar nach dem Tod dieses Pharaos, auf den hin es zum Sturz seines Hofes ebenso wie seines monotheistischen Kultes gekommen war, sei Mose mit einer Schar semitischer Siedler aus Ägypten ins Delta gezogen, in dem Bestreben, diese zu dem monotheistischen Glauben Echnatons zu erziehen. Jedoch in der Wüste begehrten diese Leute gegen die Unterdrückung durch seine strenge Zucht auf und erschlugen ihn, und an seiner Stelle übernahm ein midianitischer Priester des arabischen Vulkangottes Jahwe die Führung. Das Andenken seiner Lehre aber war es, die (mit Freuds Worten) «gleichsam aus dem Hintergrund zu wirken fortfuhr, allmählich immer mehr Macht über die Geister gewann und es endlich erreichte, den Gott Jahwe in den mosaischen Gott zu verwandeln und die vor langen Jahrhunderten eingesetzte und dann verlassene Religion des Mose wieder zum Leben zu erwecken.»[41]

Freuds Theorie ist natürlich von allen Seiten angegriffen worden, unter Aufbietung gelehrter Kenntnisse und ohne. Jedoch nach seiner eigenen keineswegs kenntnislosen Auffassung liefert sie die einzig plausible psychologische Erklärung für den eigentümlich zwanghaften Charakter des biblischen Glaubens, der in auffallendem Gegensatz steht zu dem gelösten, dichterischen, ja spielerischen Umgang der Griechen jener Zeit mit der Mythologie. Die biblische Religion besitzt laut Freud den Charakter einer Neurose, in der eine Decke mythischer Gestaltungen ein verdrängtes Gefühl eigener Schuld verbirgt, die man sühnen zu müssen meint und der man doch nicht bewußt ins Auge sehen kann. Die Deckmythen sind dazu da, eine Wahrheit unkenntlich zu machen, nicht sichtbar. Daher das Beharren darauf, daß sie faktisch seien – oder «existentiell», wie der besser klingende Ausdruck lautet. Vom jüdischen Gott wird behauptet, er sei ein «lebendiger Gott», nicht ein bloßer mythischer Gott, ein Gott der Welt wie die anderen, nicht ein rein phantasmagorisches Symbol für etwas, das der Einbildung des Frommen entstammt, wie etwa ein Traum. Er wurde von Mose von außen eingeführt und bleibt auch draußen – als angenommene Tatsache.

Freud meinte, mit seiner Theorie auch den Doppelcharakter Jahwes zu erklären, der einerseits die barbarischen Züge des midianitischen Vulkangottes und der primitiven Schlangenverehrung zeigt, aber dann in den Lehren der Propheten mit ständig wachsender Bedeutung als der All-Gott der Gerechtigkeit Moses und Echnatons hervortritt. Erklärt waren nach Freuds Ansicht auch die Ungereimtheiten der Moselegende, in der er einmal als ägyptischer Adeliger auftritt und im nächsten Moment als arabischer Hirtenjunge, aus dem zum Schluß ein Wüstenschamane wird. «Wir können den Eindruck nicht bestreiten», schrieb er, «dieser Mose von

Kadesch und Midian, dem die Tradition selbst die Aufrichtung einer ehernen Schlange als Heilgott zuschreiben durfte [Num 21,1–9], ist ein ganz anderer als der von uns erschlossene großherrliche Ägypter, der dem Volk eine Religion eröffnete, in der alle Magie und Zauberei aufs strengste verpönt war. Unser ägyptischer Mose ist vom midianitischen Mose vielleicht nicht weniger verschieden als der universelle Gott Aton von dem auf dem Götterberg hausenden Dämon Jahwe.»[42]

Dem bedeutenden Historiker Eduard Meyer war dieser Unterschied ebenfalls aufgefallen. An einer treffend von Freud zitierten Stelle schrieb er: «Mose in Midian ist nicht mehr ein Ägypter und Enkel des Pharao, sondern ein Hirt, dem Jahwe sich offenbart. In den Erzählungen von den Plagen ist von seinen alten Beziehungen nicht mehr die Rede, so leicht sie sich effektvoll hätten verwerten lassen, und der Befehl, die israelitischen Knaben zu töten, ist völlig vergessen.»[43]

Ich möchte die Anschauungen Freuds weder verteidigen noch angreifen. Es fiel ihm nicht leicht, sie öffentlich zu machen, beginnt er doch sein Buch mit den Worten: «Einem Volkstum den Mann abzusprechen, den es als den größten unter seinen Söhnen rühmt, ist nichts, was man gern oder leichthin unternehmen wird, zumal wenn man selbst diesem Volke angehört. Aber man wird sich durch kein Beispiel bewegen lassen, die Wahrheit zugunsten vermeintlicher nationaler Interessen zurückzusetzen.»[44] Das sind noble Worte, und ich werde sie als Abschiedsgeste eines der kühnsten schöpferischen Geister unserer Zeit stehen lassen – zumal meine eigene bescheidene Absicht schlicht darin besteht, ganz grob den Rahmen für das Problem des Auszugs aus Ägypten anzugeben, zuerst in seinem verdeckenden mythologischen und dann in seinem verdeckten historischen Aspekt.

Zunächst einmal: Die Legende von Moses Geburt ist offensichtlich der älteren Geburtsgeschichte Sargons von Akkad (siehe oben S. 89) nachgebildet und eindeutig nicht ägyptischer Herkunft, da Pech und Teer in Ägypten nicht vor der ptolemäischen Zeit, in der man sie aus Palästina einführte, benutzt wurden.[45] Die Legende lautet:

> Ein Mann aus einer levitischen Familie ging hin und nahm eine Frau aus dem gleichen Stamm. Sie wurde schwanger und gebar einen Sohn. Weil sie sah, daß es ein schönes Kind war, verbarg sie es drei Monate lang. Als sie es nicht mehr verborgen halten konnte, nahm sie ein Binsenkästchen, dichtete es mit Pech und Teer ab, legte den Knaben hinein und setzte ihn am Nilufer im Schilf aus. Seine Schwester blieb in der Nähe stehen, um zu sehen, was mit ihm geschehen würde. (Ex 2,1–4.)

Die Episode stammt aus der Schrift des Elohisten, die, wie wir wissen, im achten Jahrhundert v. Chr. in Israel abgefaßt wurde, nicht in Ägypten; und der allgemeine mythische Typus, dem sie folgt, entspricht dem Mythos von der Geburt des Helden, wie er von Otto Rank in dem oben (S. 89–90) genannten Werk erörtert wurde. Allerdings hat Freud darauf hingewiesen, daß unter den über siebzig von Rank analysierten Beispielen für den Typus dieses das einzige ist, in dem das Kind von einer niedrigen Familie ausgesetzt und von einer vornehmen Familie aufgenommen wird. Üblicherweise ist es andersherum.

Freud schreibt, «daß die erste Familie, die, aus der das Kind ausgesetzt wird, in allen Fällen, die sich verwerten lassen, die erfundene ist, die spätere aber, in der es aufgenommen wird und aufwächst, die wirkliche. Haben wir den Mut, diesen Satz als eine Allgemeinheit anzuerkennen, der wir auch die Mosesage unterwerfen, so erkennen wir mit einem Male klar: Mose ist ein – wahrscheinlich vornehmer – Ägypter, der durch die Sage zum Juden gemacht werden soll.»[46]

Der Name Mose selbst ist ägyptisch. Er ist das gewöhnliche Wort für «Kind» und kommt zum Beispiel unter den Namen der Pharaonen der XVIII. Dynastie vor. Vor langen Jahren schon äußerte Eduard Meyer die Ansicht, daß in Moses Falle der erste Teil des Namens – Ra-mose, Thut-mose, Ah-mose oder dergleichen – gestrichen worden sein könnte, um seine ägyptische Herkunft zu verbergen.[47] Jedenfalls zeigt die Vorstellung, eine ägyptische Prinzessin könnte das Wort für hebräisch gehalten haben, daß Geschichtenerzähler ihre Probleme nicht immer ganz durchdenken. Das Märchen fährt fort:

> Die Tochter des Pharao kam herab, um im Nil zu baden. Ihre Dienerinnen gingen unterdessen am Nilufer auf und ab. Auf einmal sah sie im Schilf das Kästchen und ließ es durch ihre Magd holen. Als sie es öffnete und hineinsah, lag ein weinendes Kind darin. Sie bekam Mitleid mit ihm, und sie sagte: «Das ist ein Hebräerkind.» Da sagte seine Schwester zur Tochter des Pharao: «Soll ich zu den Hebräerinnen gehen und dir eine Amme rufen, damit sie dir das Kind stillt?» Die Tochter des Pharao antwortete ihr: «Ja, geh!» Das Mädchen ging und rief die Mutter des Knaben herbei. Die Tochter des Pharao sagte zu ihr: «Nimm das Kind mit, und still es mir! Ich werde dich dafür entlohnen.» Die Frau nahm das Kind zu sich und stillte es. Als der Knabe größer geworden war, brachte sie ihn der Tochter des Pharao. Diese nahm ihn als Sohn an, nannte ihn Mose [hebräisch Mosche] und sagte: «Ich habe ihn aus dem Wasser gezogen [hebräisch *maschah*, ‹ziehen›].» (Ex 2,5–10.)

Die Legende läßt sich vergleichen mit der ungefähr aus der gleichen Zeit stammenden griechischen Geschichte von Perseus, dem Sohn der Prinzessin Danae. Sie war die Tochter des Akrisios, des Königs von Argos. Aus Furcht vor dem vom Orakel prophezeiten Sohn hatte Akrisios sie zusammen mit ihrer Amme in ein ehernes Gemach eingeschlossen. Zeus jedoch schickt einen goldenen Regen herab, von dem die Jungfrau schwanger wird. Mutter und Kind werden darauf gemeinsam in einer Truhe eingesperrt auf dem Meer ausgesetzt, aber von einem Fischer an Land gezogen. Zum Schluß tötet Perseus durch ein seltsames Mißgeschick seinen Großvater Akrisios mit einem Diskos, dem Symbol der Sonne.[48]

Von Perseus werden wir später mehr hören. Im Augenblick interessiert uns nur, daß es für die Darstellung des zukünftigen Erlösers als Pflegeenkel im Haus des tyrannischen Herrschers in anderen Sagen Vorläufer gibt. Ob Mose tatsächlich ein solcher war, wissen wir nicht. Im Grunde wissen wir nicht einmal, ob man sich den Helden einer solchen Sage als eine wirkliche historische Gestalt vorstellen sollte oder als eine rein symbolische Figur im Zusammenhang eines bestimmten Lehr- und Glaubensgebäudes. So oder so, im Falle Moses hat der Elohist diese adelige ägyptische Herkunft und die Legende von der Heldengeburt gegeben, während der Jahwist die Geschichte von der Vermählung unseres Helden mit einer der sieben Töchter eines midianitischen Wüstenpriesters erzählt. Diese andere Geschichte lautet folgendermaßen:

> Die Jahre vergingen, und Mose wuchs heran. Eines Tages ging er zu seinen Brüdern hinaus und schaute ihnen bei der Fronarbeit zu. Da sah er, wie ein Ägypter einen Hebräer schlug, einen seiner Stammesbrüder. Mose sah sich nach allen Seiten um, und als er sah, daß sonst niemand da war, erschlug er den Ägypter und verscharrte ihn im Sand.
>
> Als er am nächsten Tag wieder hinausging, sah er zwei Hebräer miteinander streiten. Er sagte zu dem, der im Unrecht war: «Warum schlägst du deinen Stammesgenossen?» Der Mann erwiderte: «Wer hat dich zum Aufseher und Schiedsrichter über uns bestellt? Meinst du, du könntest mich umbringen, wie du den Ägypter umgebracht hast?» Da bekam Mose Angst und sagte: «Die Sache ist also bekannt geworden.»
>
> Der Pharao hörte von diesem Vorfall und wollte Mose töten; Mose aber entkam ihm. Er wollte in Midian bleiben und setzte sich an einen Brunnen. Der Priester von Midian hatte sieben Töchter. Sie kamen zum Wasserschöpfen und wollten die Tröge füllen, um die Schafe und Ziegen ihres Vaters zu tränken. Doch die Hirten kamen und wollten sie verdrängen. Da stand Mose auf, kam ihnen zu Hilfe und tränkte ihre Schafe und Ziegen. Als sie zu ihrem Vater Reguël zurückkehrten, fragte er: «Warum seid ihr heute so schnell wieder da?» Sie erzählten: «Ein Ägypter hat uns gegen die Hirten verteidigt; er hat uns sogar Wasser geschöpft und das Vieh getränkt.» Da fragte Reguël seine Töchter: «Wo ist er? Warum habt ihr ihn dort gelassen? Holt ihn, und ladet ihn zum Essen ein!» Mose entschloß sich, bei dem Mann zu bleiben, und dieser gab seine Tochter Zippora Mose zur Frau. Als sie einen Sohn gebar, nannte er ihn Gerschom (Ödgast) und sagte: «Gast [hebräisch *ger*] bin ich in fremdem Land.» (Ex 2,11–22.)

Die legendären Analogien zu dieser Episode bringen uns zu den Patriarchen zurück: die Motive erinnern an die Heirat Jakobs. Wie Mose fürchtete Jakob um sein Leben und floh in die Wüste. Er hatte zwar keinen Ägypter ermordet, aber er hatte Esau um sein Erstgeburtsrecht betrogen, und sein Bruder Esau hatte sich geschworen: «Ich werde meinen Bruder Jakob umbringen.» (Gen 27,41.) In der Wüste traf Jakob an einem Brunnen Rahel, die er liebte, und wurde der Hirt ihres Vaters. Er diente sieben Jahre um sie. (Im anderen Fall haben wir sieben Töchter.) Laban betrog ihn, indem er ihm statt Rahel Lea unterschob, und Jakob mußte noch einmal sieben Jahre um sie dienen – woraufhin er mit seinen zwei Frauen, zwei Konkubinen, einer Tochter, großem Reichtum und seinem kostbaren Stamm von zwölf Söhnen floh.

Beiden Geschichten gemeinsam sind die tödliche Bedrohung daheim (ausgehend von einem Verwandten: dem Bruder Esau, dem Großvater Pharao), die Flucht in die Wüste, die Braut am Brunnen (verbunden mit der Zahl Sieben) und dann die Knechtschaft als Hirt ihres Vaters. Ferner führt in beiden Geschichten die Wüstenflucht zu einer direkten Begegnung mit Gott und der Zuweisung eines großen Schicksals. Jakob widerfährt dies in Bethel, wo er seinen Kopf auf einen Stein legte und von einer Treppe träumte, die auf der Erde stand und bis zum Himmel reichte; Engel Gottes stiegen auf ihr auf und nieder, und siehe, Jahwe stand oben (Gen 28,11–13). Ähnlich ging es Mose am brennenden Dornbusch, wo er die Stimme desselben Wüstengottes hörte.

Wie sie uns überkommen ist, stellt diese Episode eine äußerst komplexe Verschachtelung von J- und E-Textstücken dar, die ausgezeichnet die Art veranschaulicht, wie die priesterlichen Bearbeiter aus dem vierten Jahrhundert geschnitten, angestückt und gemischt haben. Ich gebe J in gewöhnlichem Satz wieder, E in Kursivsatz und lasse die Ziffern der Verse stehen. Die Geschichte ist das 3. Kapitel im Buch Exodus.

Der Gott im brennenden Dornbusch

1 *Mose weidete die Schafe und Ziegen seines Schwiegervaters Jethro, des Priesters von Midian.* [Vgl. J, wo er Reguël heißt.] *Eines Tages trieb er das Vieh über die Steppe hinaus und kam zum Elohimberg Horeb.* 2 Dort erschien ihm der Engel Jahwes in einer Flamme, die aus einem Dornbusch emporschlug. Er schaute hin: Da brannte der

Dornbusch und verbrannte doch nicht. 3 Mose sagte: «Ich will dort-
hin gehen und mir die außergewöhnliche Erscheinung ansehen.
Warum verbrennt denn der Dornbusch nicht?»
4 Als Jahwe sah, daß Mose näher kam, um sich das anzusehen, *rief*
Elohim ihm aus dem Dornbusch zu: «Mose, Mose!» Er antwortete:
«Hier bin ich.» 5 Jahwe sagte: «Komm nicht näher heran! Leg deine
Schuhe ab; denn der Ort, wo du stehst, ist heiliger Boden.» 6 *Dann*
fuhr er fort: «Ich bin der Gott deines Vaters, der Gott Abrahams, der
Gott Isaaks und der Gott Jakobs.» Da verhüllte Mose sein Gesicht;
denn er fürchtete sich, Elohim anzuschauen.
7 Jahwe sprach: «Ich habe das Elend meines Volkes in Ägypten
gesehen, und ihre laute Klage über ihre Antreiber habe ich gehört.
Ich kenne ihr Leid. 8 Ich bin herabgestiegen, um sie der Hand der
Ägypter zu entreißen und aus jenem Land hinaufzuführen in ein
schönes, weites Land, in ein Land, in dem Milch und Honig fließen,
in das Gebiet der Kanaaniter, Hethiter, Amoriter, Perisiter, Hiwiter
und Jebusiter. 9 *Jetzt ist die laute Klage der Israeliten zu mir gedrun-*
gen, und ich habe auch gesehen, wie die Ägypter sie unterdrücken.
10 *Und jetzt geh! Ich sende dich zum Pharao. Führe mein Volk, die*
Israeliten, aus Ägypten heraus!» 11 *Mose antwortete Elohim: «Wer bin*
ich, daß ich zum Pharao gehen und die Israeliten aus Ägypten her-
ausführen könnte?» 12 *Elohim aber sagte: «Ich bin mit dir; ich habe*
dich gesandt, und als Zeichen dafür soll dir dienen: Wenn du das Volk
aus Ägypten herausgeführt hast, werdet ihr Elohim an diesem Berg
verehren.»
13 *Da sagte Mose zu Elohim: «Gut, ich werde also zu den Israeliten*
kommen und ihnen sagen: ‹Der Gott eurer Väter hat mich zu euch
gesandt.› Da werden sie mich fragen: ‹Wie heißt er?› Was soll ich ih-
nen darauf sagen?» 14 *Da antwortete Elohim dem Mose: «Ich bin der*
‹Ich-bin-da› [auch übersetzt mit «Ich bin, der ich bin» oder «Ich wer-
de sein, der ich sein werde»]. *» Und er fuhr fort: «So sollst du zu den*
Israeliten sagen: ‹Der «Ich-bin-da» hat mich zu euch gesandt.›»
15 *Weiter sprach Elohim zu Mose: «So sag zu den Israeliten:* ‹Jahwe,
der Gott eurer Väter, der Gott Abrahams, der Gott Isaaks und der
Gott Jakobs, hat mich zu euch gesandt.› Das ist mein Name für im-
mer, und so wird man mich nennen in allen Generationen. 16 Geh,
versammle die Ältesten Israels, und sag ihnen: ‹Jahwe, der Gott eu-

rer Väter, der Gott Abrahams, Isaaks und Jakobs, ist mir erschienen und hat mir gesagt: «Ich habe sorgsam auf euch geachtet und habe gesehen, was man euch in Ägypten antut. [17] Darum habe ich beschlossen, euch aus dem Elend Ägyptens hinaufzuführen in das Land der Kanaaniter, Hethiter, Amoriter, Perisiter, Hiwiter und Jebusiter, in ein Land, in dem Milch und Honig fließen.»› [18] Wenn sie auf dich hören, so geh mit den Ältesten Israels zum König von Ägypten; sagt ihm: ‹Jahwe, der Gott der Hebräer, ist uns begegnet. Und jetzt wollen wir drei Tagesmärsche weit in die Wüste ziehen und Jahwe, unserem Gott, Schlachtopfer darbringen.› [19] *Ich weiß, daß euch der König von Ägypten nicht ziehen läßt, es sei denn, er würde von starker Hand dazu gezwungen.* [20] *Erst wenn ich meine Hand ausstrecke und Ägypten niederschlage mit allen meinen Wundern, die ich in seiner Mitte vollbringe, wird er euch ziehen lassen.* [21] *Dann werde ich die Ägypter zugunsten dieses Volkes umstimmen, und wenn ihr wegzieht, werdet ihr nicht mit leeren Händen gehen.* [22] *Jede Frau kann von ihrer Nachbarin oder Hausgenossin silberne und goldene Geräte und Kleider verlangen. Übergebt sie euren Söhnen und Töchtern, und plündert so die Ägypter aus!»*

Die Frage nach Alter und Ursprung des Namens und Kultes Jahwes ist von vielen behandelt worden, wobei die aufschlußreichste Zusammenfassung der Diskussion von T. J. Meek stammt. Er merkt an, daß in dem eben zitierten Text (Ex 3,15) der Gott in der Wüste von Midian seinen Namen angab als «Jahwe, der Gott eurer Väter, der Gott Abrahams, der Gott Isaaks und der Gott Jakobs», nachdem er die Bedeutung definiert hatte als «Ich-bin-da»; an einer späteren Stelle (Ex 6,3) aus der Priesterschrift des vierten Jahrhunderts verkündet derselbe Gott dagegen: «Ich bin Abraham, Isaak und Jakob als El-Schaddai (Gott, der Allmächtige) erschienen, aber unter meinem Namen Jahwe habe ich mich ihnen nicht zu erkennen gegeben.» Dazu erklärt Meek:

> Der Name ... war den Hebräern fremd, und in ihrem Erklärungsversuch verknüpften sie ihn mit dem Wort *hāyāh*, «sein», genau wie die Griechen, die den Ursprung und die genaue Bedeutung von «Zeus» nicht kannten, den Namen mit ζάω, «leben», verbanden, während er

doch letztlich von indogermanisch *dyu*, «leuchten», stammt. Die These, daß Jahwe arabischen Ursprungs war, stimmt eindeutig mit der alttestamentlichen Überlieferung überein, die ihn mit dem Negeb und mit südlichen Kultstätten wie dem Sinai-Horeb und Kadesch in Verbindung bringt. ... Der wahrscheinlichste [Ursprung des Namens] ist unserer Meinung nach ... die arabische Wurzel *hwy*, «wehen».[49]

Und damit hätten wir alles beisammen: eine luftige Phantasmagorie volkstümlicher Motive und eine Vermengung erheblich voneinander abweichender Götter: 1. Ein grausamer, ungenannter Märchenpharao, der einem Volk nachstellt, dessen Anwesenheit im Delta niemand erklärt hat (Motiv des tyrannischen Unholds), hat 2. eine Tochter, ebenfalls ungenannt, die im Wasser des Nil einen Säugling in einem Korb findet, sich seiner annimmt und ihm den Namen Mose (ägyptisch «Kind») gibt, aus dem sie das hebräische Wort *maschah*, «ziehen», heraushört (modifiziertes Motiv der Jungfrauengeburt mit Aussetzung des Kindes in umgekehrter Richtung: von der bescheidenen in die vornehme Familie); 3. ein midianitischer Priester aus Kadesch, der der Schwiegervater des Helden werden soll (Reguël in J, Jethro in E), hat 4. sieben Töchter (magische 7: sieben Himmelskörper, Regenbogenfarben usw.), die an einem Brunnen auf einen Wüstenflüchtling aus Ägypten treffen, der gerade einen Ägypter umgebracht hat; 6. er heiratet eine von ihnen und wird der Hirt seines Schwiegervaters (Parallele zur Jakoblegende: Flucht in die Wüste, Braut am Brunnen, Dienst als Hirt des Schwiegervaters, zweimal sieben Jahre); 7. die Stimme Jahwes aus dem brennenden Dornbusch erteilt diesem Hirten die kosmische Aufgabe, sein Volk aus den Klauen des tyrannischen Unholds zu retten, woran sich 8. sein magischer Wettstreit mit den Priestern und Zauberern Ägyptens schließt (Schamanenwettstreit), unterstützt von seinem urplötzlich aufgetauchten Bruder Aaron (Motiv der Heldenzwillinge), was 9. seinen Höhepunkt erreicht in den ägyptischen Plagen (die Jahwe aus irgendeinem unmenschlichen Grund gewissenlos verlängert, indem er wiederholt «das Herz des Pharao verhärtet»); und 10. der Auszug aus Ägypten (Motiv der magischen Flucht, Zug durch Wasser, Vergehen der Unterweltsmacht an der Schwelle, entwendeter Schatz aus der Unterwelt usw.; vgl. Abraham und Isaak, die Pharao und Abimelech mit einer List plündern).

Die Aufgabe der priesterlichen Bearbeiter (P) aus dem vierten Jahrhundert v. Chr., die dies alles zusammensetzten, bestand nun darin, die zwei Sagenfäden zum Strang einer einzigen Geschichte zu verzwirnen, und zwar mit einer Aussage, die keine der beiden Sagen ursprünglich gehabt hatte. So lesen wir in den entscheidenden P-Abschnitten, mit denen sie ihre neue Geschichte einführten:

> Das sind die Namen der Söhne Israels, die nach Ägypten gekommen waren – mit Jakob waren sie gekommen, jeder mit seiner Familie: Ruben, Simeon, Levi, Juda, Issachar, Sebulon, Benjamin, Dan, Naftali, Gad und Ascher. Zusammen waren es siebzig Personen; sie alle stammten von Jakob ab. Josef aber war bereits in Ägypten. ... Aber die Söhne Israels waren fruchtbar, so daß das Land von ihnen wimmelte. Sie vermehrten sich und wurden überaus stark; sie bevölkerten das Land. (Ex 1,1–5.7.) ... Daher gingen sie [die Ägypter] hart gegen die Israeliten vor und machten sie zu Sklaven. Sie machten ihnen das Leben schwer durch harte Arbeit mit Lehm und Ziegeln und durch alle möglichen Arbeiten auf den Feldern. So wurden die Israeliten zu harter Sklavenarbeit gezwungen. (Ex 1,13–14.)

Die große, alles überspannende Priesterthese, von der der Pentateuch zusammengehalten wird, war, daß sämtliche Stämme Israels von einem einzigen Vater abstammten, dem ein göttlicher Segen zuteil geworden war, der sich in ihrer gemeinsamen Geschichte erfüllen sollte. Dieser Stammvater war Abraham, der Vater Isaaks, welcher seinerseits Jakob zeugte, den Vater jener zwölf Söhne, die als Ahnherren der zwölf Stämme gelten. Das große erzähltechnische Problem bestand somit darin, die alten Mythen und Sagen der viehzüchtenden Patriarchen der späten Bronzezeit in Beziehung zu setzen erstens zu einem angeblichen ägyptischen Zwischenspiel und zweitens zu der epischen Überlieferung von der eisenzeitlichen Eroberung und Besiedlung Kanaans. Drei offensichtliche Ungereimtheiten lassen sich jedoch ohne weiteres entdecken; entweder wurden sie von den Meistern der Priesterschule nicht erkannt oder ignoriert.

Die erste dieser Ungereimtheiten, die weder die Theologie noch die Wissenschaft bis jetzt so recht zu begründen wußte, entspringt der Tatsache, daß die hebräische Eroberung Kanaans schon lange vor dem frühesten glaubhaften Datum begonnen hatte, das bislang für den Auszug aus Ägypten angesetzt worden ist. Dies wäre das von Freud vorgeschlagene Datum, das, wie wir gesehen haben, in die Zeit gleich nach dem Tod des häretischen Pharaos Echnaton fällt, genauer gesagt, in die achtjährige Spanne 1358–1350 v. Chr., die vor der gewaltsamen Wiedereinsetzung des orthodoxen Amun-Dienstes unter Haremhab verstrich. Freud schreibt:

> Moses energischer Natur entsprach der Plan, ein neues Reich zu gründen, ein neues Volk zu finden, dem er die von Ägypten verschmähte Religion zur Verehrung schenken wollte. Es war, wie man erkennt, ein heldenhafter Versuch, das Schicksal zu bestreiten, sich nach zwei Richtungen zu entschädigen für die Verluste, die ihm die Katastrophe Echnatons gebracht hatte. Vielleicht war er zur Zeit Statthalter jener Grenzprovinz (Gosen), in der sich (noch zur Zeit der Hyksos?) gewisse semitische Stämme niedergelassen hatten. Diese wählte er aus, daß sie sein neues Volk sein sollten. Eine weltgeschichtliche Entscheidung! Er setzte sich mit ihnen ins Einvernehmen, stellte sich an ihre Spitze, besorgte ihre Abwanderung «mit starker Hand». In vollem Gegensatz zur biblischen Tradition sollte man annehmen, daß sich dieser Auszug friedlich und ohne Verfolgung vollzog. Die Autorität Moses ermöglichte ihn, und eine Zentralgewalt, die ihn hätte verhindern wollen, war damals nicht vorhanden.
>
> Zufolge dieser unserer Konstruktion würde der Auszug aus Ägypten in die Zeit zwischen 1358 und 1350 fallen, d. h. nach dem Tode Echnatons und vor der Herstellung der staatlichen Autorität durch Haremhab. Das Ziel der Wanderung konnte nur das Land Kanaan sein. Dort waren nach dem Zusammenbruch der ägyptischen Herrschaft Scharen von kriegerischen Aramäern eingebrochen, erobernd und plündernd, und hatten so gezeigt, wo ein tüchtiges Volk sich neuen Landbesitz holen konnte. Wir kennen diese Krieger aus den Briefen, die 1887 im Archiv der Ruinenstadt Amarna gefunden wurden. Sie werden dort Habiru genannt, und der Name ist, man

weiß nicht wie, auf die später kommenden jüdischen Eindringlinge – Hebräer – übergegangen, die in den Amarnabriefen nicht gemeint sein können.[50]

Wir sehen, daß Freud die Schwierigkeit kurzerhand durch die Annahme auflöste, die Habiru seien nicht die Hebräer gewesen, wohingegen die meisten Wissenschaftler heute genau dieser Meinung sind.[51] Außerdem werden die Dinge noch durch den vielberufenen biblischen Satz (Ex 1,11, aus J) kompliziert, die verfolgten Juden seien gezwungen worden, die Städte Pithom und Ramses zu bauen. Diese wurden erst in der Zeit von Ramses II. errichtet, der 1301–1234 regierte, also ein ganzes Jahrhundert nach Echnaton. Daher legen die meisten derjenigen heutigen Forscher, die den Auszug aus Ägypten für datierbar halten, ihn in diese spätere Zeit. Dennoch herrscht selbst darin Uneinigkeit. Und die späte Datierung vergrößert sogar noch das Problem, den Auszug aus Ägypten mit den Anfängen der Plünderung und Besiedlung Kanaans durch die Habiru zusammenzubringen. Ich möchte es dem Leser überlassen, sich selbst für eine Datierung zu entscheiden, und daher einfach in eine Königsliste der XVIII. und XIX. Dynastie einige der gemachten Vorschläge eintragen, darunter die interessante Vermutung, die Thomas Mann in seinem Roman *Joseph in Ägypten* anstellt, daß die Patriarchen genau zu der Zeit in Ägypten eintrafen, als Freud ihre Nachkommen ausziehen läßt.

VERTREIBUNG DER HYKSOS (*Auszug aus Ägypten?*):[52] ca. 1570 v. Chr.

XVIII. DYNASTIE: 1570–1345

Ahmose I.	1570–1545
Amenhotep I.	1545–1524
Thutmose I. und II.	1524– ca.1502
Königin Hatschepsut	1501–1480
(Die «Tochter des Pharao», die Mose rettete?)[53]	
Thutmose III. (Machtkampf mit Königin H.)	1502–1448
Auszug aus Ägypten? (J. W. Jacks These)[53]	
Amenhotep II.	1448–1422
Thutmose IV.	1422–1413

Amenhotep III.	1413–1377
(Anfänge der Aton-Häresie)	
Amenhotep IV. (Echnaton)	1377–1358
(Amarnazeit: Einfälle der Habiru)	
Josef kommt nach Ägypten? (Th. Manns These)[54]	
Tutanchamon	1358–1349
(Periode der Erschlaffung: praktisch Interregnum)	
Auszug aus Ägypten? (Freuds These)[55]	
(Wiederherstellung des Amunkultes: 1350)	
Eje (faktischer Herrscher Haremhab)	1349–1345
XIX. DYNASTIE: 1345–1200	
Haremhab	1345–1318
Ramses I.	1318–1317
Sethos I.	1317–1301
Ramses II.	1301–1234
(Bauvorhaben: die Städte Pithom und Ramses)	
Auszug aus Ägypten? (Albrights These): ca. 1290[56]	
Merenptah	1234– ca. 1220
Auszug aus Ägypten? (Scharffs These): ca. 1240–1230[57]	
(«Israelitenstele» erwähnt die Niederschlagung eines «israelitischen» Aufstands in Palästina: erstes Auftauchen der Bezeichnung «Israeliten»)	
Sethos II.	1220–1200
Auszug aus Ägypten? (Meeks These): Periode der Verwirrung im Anschluß an den Tod Sethos' II. (dessen Regierung Meek allerdings auf ca. 1214–1194 datiert).[58]	

Soviel also zur ersten der Ungereimtheiten in dem Priesterbericht aus dem vierten Jahrhundert, der alle in Kanaan einwandernden Hebräer aus dem Samen Abrahams abstammen und aus Ägypten kommen läßt. Eine zweite Schwierigkeit ergibt sich daraus, daß die fraglichen Beduinenstämme nicht einer Herkunft waren, sondern ganz verschiedener, und daß sie außerdem nicht in einer einzigen wilden Flut in Kanaan eingefallen waren, sondern in Etappen und aus unterschiedlichen Richtungen. Und als dritte besteht nach wie vor die schon erwähnte sehr gravierende Schwierigkeit, eine Zeit zu finden, zu der Josef und seine Brüder nach Ägypten hätten kommen und dort bleiben können.

Geben wir also unumwunden zu, daß uns bis jetzt niemand erklären konnte, wann, wie oder warum irgendein Teil dieser imposanten Legende sich zugetragen haben soll, ganz zu schweigen von dem Zusammenhang ihrer Etappen. Jedoch als normaler Ursprungsmythos betrachtet statt als Aufschluß über geschichtliche Vorgänge, gibt die Erzählung sogleich Form und Zweck ihrer Aussage preis. Der Form nach haben wir es mit einem Abstieg in die Unterwelt und der Wiederkehr daraus zu tun. In Ägypten (Unterwelt: Land unter den Wellen) einziehen taten die Patriarchen (Josef gerät in den Brunnen und dann hinab nach Ägypten); daraus hervor ging das Volk (Zug durchs Rote Meer).

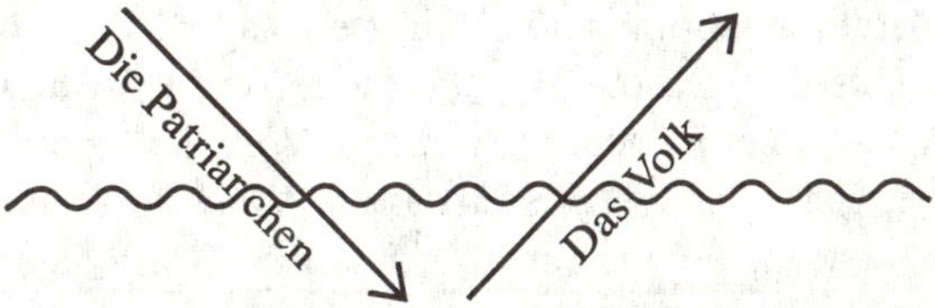

Wie in allen solchen Mythen des Abstiegs und der Wiederkehr wird eine Heilsgabe oder ein Elixier mit nach oben gebracht, im vorliegenden Falle: a) die Erkenntnis Jahwes, b) der Kernverband des auserwählten Volkes und c) das Versprechen, daß dieses schicksalsträchtige Volk ein Gelobtes Land erhalten werde. Im Gegensatz jedoch zu allen anderen Mythen dieser Art ist der Held hier kein Einzelner – nicht einmal Mose –, sondern das ganze Judentum. Es ist hochbedeutsam, daß das spätere Passahfest, das erstmals 621 v. Chr. zum Gedenken des Auszugs aus Ägypten gefeiert wurde (siehe oben S. 118), am Datum der alljährlichen Auferstehung des Adonis stattfindet, woraus dann im christlichen Kult das Osterfest wurde. Sowohl im heidnischen als auch im christlichen Kult ist es ein Gott, der aufersteht, während es im jüdischen Kult das auserwählte Volk ist – das die Erkenntnis und den Beistand seines Gottes während der Qualen erhielt, die es in der Unterwelt des Königs Tod erdulden mußte. So tritt eine grundlegende Verschiedenheit zutage, die dem Judentum in seiner ganzen Geschichte als zweites großes auszeichnendes Merkmal unter den Weltreligionen erhalten geblieben ist: Während nämlich anderswo das Prinzip des göttlichen Lebens in einem einzelnen Gott (Dumuzi-Adonis-Attis-Dionysos-Christus) symbolischen Ausdruck gewinnt, ist es im Judentum das Volk Israel, dessen mythische Geschichte damit den Zweck erfüllt, den in anderen Kulten eine Inkarnation oder Manifestation des Gottes versieht.

In der Haggada des Passahfestes wird im Verlauf der Familienfeier vom Hausvater die folgende Meditation vorgelesen: «In jeder einzelnen Generation ist ein Mensch verpflichtet, sich selbst so zu betrachten, als ob er aus Ägypten gezogen sei.»[59] Jeder Jude, heißt das, ist mit Israel wesenseins – ähnlich wie in der katholischen Messe jeder Krümel der verwandelten Hostie das ganze Fleisch und Blut des geopferten und auferstandenen Christus ist, der zur Hölle hinabfuhr und am dritten Tag wieder emporstieg von den Toten. Und diese jüdische Identifikation nicht mit Gott, der ja transzendent ist, sondern mit dem Volk Gottes als dem einzigen Seienden in der Welt, durch das sein Wille zur Zukunft wirkt, ist sogar so stark, daß bei einem orthodoxen Gottesdienst wenigstens zehn Personen männlichen Geschlechts über dreizehn Jahre zugegen sein müssen, wenn er gültig sein soll (Minjan). Der Einzelne gelangt nicht anders in einen Bezug zu Gott als über diese Gemeinde, den Consensus. Gott – der einzige Gott, den es gibt – steht außerhalb, und der Leib seines auserwählten Volkes ist das einzige, was auf Erden heilig ist. Getrennt davon ist der Einzelne nichts.

Man stelle dieser ausschließlichen Betonung des Gesellschaftlichen die indische Vorstellung gegenüber, wonach man das letzte Erreichen der Wahrheit allein erleben muß, im Yoga, im Wald; oder die chinesische, wonach man die Übereinstimmung mit dem Tao erleben soll, dem Weg der Natur und der Welt, der auch der Weg des eigenen Herzens ist. Im Buch Mose dagegen findet sich der Weg des transzendenten Gottes weder im eigenen Innern noch in der Natur, sondern in der Gruppe – allein in dieser Gruppe mit ihren Gesetzen, den einzigen wirklich maßgeblichen Tatsachen, die man kennen muß.

Man könnte also sagen, daß der legendäre Zyklus des auserwählten Volkes in seinen ersten beiden Teilen darstellt: I. den Einzug der Patriarchen in die Unterwelt des Todes und der Schmerzen zur Wiedergeburt in ein höheres Leben und II. die Wiedergeburt als ein Volk unter Jahwe. Teil III, die Wüstenjahre, ist die Phase der Festigung (Konfirmation) des Volkes in der rituellen Struktur des neuen Lebens unter Jahwe, zu dem es erzogen worden ist; und Teil IV, die Eroberung des Gelobten Landes, feiert den Einzug des Jahwe-Gesetzes in die Weltgeschichte durch den Sieg seines Volkes.

Die Ermordung Moses, die Freud sowohl aus der jüdischen Seelenlage als auch aus den zahlreichen Berichten von gewaltsamen Empörungen gegen Mose in der Wüste (zum Beispiel Numeri 16) ableitet, wäre nach seiner Auffassung das Kerngeschehen (latenter Inhalt) dieses ganzen mythischen Traumes gewesen, weshalb er den Mythos (manifester Inhalt) als verdeckende statt als enthüllende Struktur interpretiert. Ich möchte mich in keine Auseinandersetzung über die Relevanz dieser Theorie gerade für diesen ungemein stark und lang wirkenden legendären Zyklus des jüdischen Volkes hineinbegeben, sondern nur hinsichtlich der umfassenderen allgemeinen Theorie unseres Themas bemerken, daß man in der Mythologie tatsächlich zwei Typen unterscheiden muß: einen Typ (dessen bekannteste Beispiele die biblischen Mythen sind), bei dem das ganze Gewicht auf die historische Wahrheit der Episoden gelegt wird, und einen anderen (beispielsweise die indische Mythologie), bei dem die Episoden als Symbole für etwas anderes, das über sie hinausgeht und in ihnen durchscheint, verstanden werden *sollen*. Natürlich beziehen sich nach Freuds Ansicht beide Typen letzten Endes (latenter Inhalt) auf den kindlichen Wunsch, den Vater (Pharao: Mose) zu töten und in die Mutter (Gelobtes Land) einzugehen. Mein eigener Eindruck allerdings ist, daß selbst Mythen des ersten Typs durchaus mehr als das zu sagen haben und daß Freud mit seinem Ödipusdogma den biblischen Hang zur Verdinglichung in die Wissenschaft eingeschleppt hat. Wieviel genau von den erzväterlichen und mosaischen Legenden auf tatsächliche Geschehnisse im zweiten vorchristlichen Jahrtausend zurückgeht und wieviel auf eifrige Priestergriffel, die erst im ersten Jahrtausend zu Werke gingen, bleibt – vielleicht für immer – eine Frage, auf die jede Antwort eher symptomatisch für die Einstellung des Antwortenden sein dürfte als für die Wahrheit – sei es die geschichtliche oder die göttliche.

KAPITEL IV

Götter und Helden des europäischen Westens: 1500–500 v. Chr.

1
Der Dialog von Nord und Süd

Zum Glück wird es nicht nötig sein, Beweise für den mythologischen Charakter der griechischen, keltischen oder germanischen Mythen beizubringen. Die betreffenden Völker wußten selber, daß es Mythen waren, und auf den europäischen Fachgelehrten, die sie erforschen, lastet nicht die erdrückende Vorstellung, an ihrem Gegenstand sei irgend etwas einzigartig heilig. Es sind nicht viele Vergleiche dieser Mythen mit den biblischen angestellt worden, aber auf dem europäischen Forschungsfeld selbst ist soviel erstklassige, nüchterne Gelehrtenarbeit geleistet worden, daß wir uns in diesem Kapitel endlich sozusagen auf heimischem Boden bewegen.

Friedrich Nietzsche war, glaube ich, der erste, der im griechischen Erbe das Zusammenwirken zweier Mythologien ausmachte: des vorhomerischen bronzezeitlichen Erbes der bäuerlichen Bevölkerung, in dem die Befreiung vom Joch der Individualität durch ekstatische Gruppenriten erreicht wurde, und der olympischen Mythologie des Maßes und der humanistischen Selbsterkenntnis, deren schönsten Ausdruck wir in der antiken Kunst besitzen. Die Großartigkeit der griechischen tragischen Weltsicht lag, wie er erkannte, darin, daß sie das Angewiesensein dieser zwei Geisteshaltungen aufeinander begriff, die als einzelne höchstens eine Teilansicht des menschlichen Daseins bieten können.

Nietzsche war achtundzwanzig, als 1872 *Die Geburt der Tragödie* erschien – im selben Jahr, in dem sein älterer Landsmann Heinrich Schliemann Troja ausgrub und damit den historischen Tatsachenkern in Homers mythischer Welt freilegte. In späteren Jahren kritisierte Nietzsche sein Buch als ein Werk des jugendlichen Pessimismus und Ästhetizismus, verfaßt im Banne Schopenhauers und Wagners, während der Donner der Geschütze des deutsch-französischen Krieges über Europa hinwegging. Die Richtigkeit seiner Einsicht jedoch ist nachgewiesen worden durch die Funde eines guten Jahrhunderts archäologischer Forschungsarbeit auf Feldern, von denen zu seiner Zeit noch nicht einmal die groben Umrisse zu sehen waren.

Nach dem heutigen Wissensstand trafen die frühesten bekannten Volksgruppen um 3500 v. Chr. in Griechenland ein. Es scheint auf der Halbinsel keine paläolithischen oder mesolithischen Siedlungen gegeben zu haben. Die Einwanderer kamen übers Meer aus Kleinasien und brachten eine entwickelte Bauern- und Hirtenkultur hochneolithischen Stils mit: gediegene Tonwaren, Werkzeuge und Waffen aus geschliffenem Stein, Obsidianmesser (von Melos?), die sie weiter einführten, und die üblichen Frauenfigurinen. Sie siedelten sich hauptsächlich auf den Ebenen von Thessalien, Phokis und Boiotien an, bauten kleine rechteckige Flachdachhäuser aus Ziegeln auf Steinfundamenten. Einige zogen nach Norden an die Ufer des Haliakmon im äußersten Südmakedonien, andere wandten sich südlich nach Attika, stießen auf die Peloponnes vor und ließen sich hier und da in Argolis, Arkadien, Lakonien und Messenien nieder; eine Ausdehnung dieser Gruppen nach Westen aber fand wenig oder gar nicht statt.

Dann jedoch, um 2500 v. Chr. nach dem Zeugnis der Trümmer, wurde eine ihrer nördlichsten Städte bei Servia am Haliakmon vom Feuer zerstört; und aufregenderweise tauchen in den Trümmern die Artefakte eines völlig anderen, rohen Hirtenvolkes aus dem Norden auf.

«Die eingedrungene Kultur», bemerkt N. G. L. Hammond in

seiner vortrefflichen Geschichte Griechenlands bis 322 v. Chr., «zeichnet sich durch Tonwaren eines anderen Stils aus: Sie sind von groberer Machart, und zu ihrer Dekoration gehören eingeritzte parallele Zickzacklinien und das Aufsetzen von Perlen- und Arkadenmustern.» Weiter schreibt er:

> Zwei Gräber sind in der Schicht entdeckt worden, die auf die Brandkatastrophe folgt. Im ersten war der Leichnam in zusammengekrümmter Haltung in einer Grube beigesetzt, eine Hand zum Gesicht erhoben; daneben lagen Vasen und eine Obsidianklinge. Im zweiten, das über dem ersten Grab lag, fand man neben dem Skelett Bruchstücke eines Armreifs und eines Deckels aus Marmor, Knochennadeln und einen Tonphallus.
>
> Von Servia aus breitete diese eingedrungene Kultur, schon beeinflußt und bereichert durch den Kontakt mit der thessalischen Kultur, sich ostwärts nach Zentralmakedonien und Chalkidike und südwärts nach Thessalien aus. ... Die Ausbreitung der neuen Kultur ist gekennzeichnet durch Tonwaren mit Ritzverzierung, Spiralmotive, steinerne Streitäxte, phallische Embleme und einen neuen Haustyp. Die phallischen Embleme, deren erste Beispiele in dem Grab bei Servia vorkommen, deuten auf eine Verehrung der männlichen Lebensform hin und stehen in deutlichem Gegensatz zu den Frauenstatuetten der neolithischen thessalischen Kultur. Als die Eindringlinge sich in Dimini und Sesklo in Thessalien niederließen, befestigten sie ihre Dörfer mit einem Ringwall. Später bauten sie Häuser mit einem Vorbau, der oft von Holzsäulen gestützt wurde, und mit einer Feuerstelle im Hausinnern an einer Seite. Solche Häuser waren wahrscheinlich die Prototypen, aus denen sich Jahrhunderte später das typische mykenische Haus entwickelte, das «Megaron».[1]

Die anschließenden Phasen im Dialog dieser beiden prähistorischen Kulturen in Griechenland lassen sich für unsere Zwecke folgendermaßen einteilen:

Phase I: Frühhelladische Zeit – Troja I bis V: ca. 2500–1900 v. Chr.

Ankunft und Durchsetzung frühbronzezeitlicher Formen: rasche Verschmelzung mit neolithischen Vorgängern, eindrucksvolle bauliche Entwicklung.

Troja, das die Dardanelleneinfahrt beherrscht, wächst vom Fischerdorf (Troja I) zum großen Handelshafen an (Troja V).

In Griechenland zwei regionale Töpferstile: 1. nördlich des Isthmos helle Figuren auf dunklem Grund (Handel mit Troja und dem nordwestlichen Kleinasien), 2. südlich des Isthmos dunkle Figuren auf hellem Grund (Handel mit Aigina und den Kykladen).

Phase II: Mittelhelladische Zeit – Troja VI, frühe Phase: ca. 1900–1600 v. Chr.

Gewaltsame Zerstörungen in Ostgriechenland. Auftauchen von Bauten des Megarontyps. Zwei neue Keramiken: 1. eine mattbemalte (aus frühbronzezeitlichen Stilen entwickelt), 2. die «grauminyische» Ware (auf der Töpferscheibe gedreht, Nachbildung von Metallformen).

Untergang von Troja V, Gründung des befestigten Troja VI. Das Pferd erscheint in Troja (eine churritisch-kassitische Neuerung aus dem Osten? – vgl. oben S. 141–143).

Neue und mächtige Dynastie in Mykene (Schachtgräberdynastie I): Skelette in ausgestreckter Haltung, manche 1,70 bis 1,80 Meter groß (viel größer als der minoische Menschenschlag); kunstvolle Grabbeigaben, ausgezeichnete Metallarbeiten in Gold, Silber und Elektron (keine Ähnlichkeit mit minoischen). Weiterhin Handel mit Troja und den Kykladen. Erste direkte Kontakte mit Kreta geknüpft.

Aus den Überresten dieser Phase wird deutlich, daß die aus dem Norden kommenden Arier, Nordmänner oder Indogermanen bereits beträchtliche kulturelle Anstöße von der «Bemalten Keramik» und anderen seßhaften Völkern der Donaugegend erhalten hatten. Sie waren im Grunde keine paläolithischen Jäger, sondern höher entwickelte nomadische Hirten, kulturell – wenn auch nicht temperamentmäßig – vergleichbar mit ihren Zeitgenossen im Nahen Osten, den Akkadern, die unter Sargon von Akkad die Herren der altsumerischen Welt geworden waren. Nachdem sie die südlichen Küsten Griechenlands erreicht und einen Kontakt mit der vornehmen Zivilisation Kretas hergestellt hatten, standen sie im Begriff, deren kulturellen Einfluß aufzunehmen und sich ihm zu unterwerfen.

Phase III: Späthelladische Zeit I – Troja VI, frühe Mittelphase: ca. 1600–1500 v. Chr.

Gipfelzeit Kretas (Spätminoisch IA): Vorherrschaft von Knossos in der ganzen Ägäis.

Beginn der Minoisierung Mykenes: neue Dynastie (Schachtgräberdynastie II): Skelette in zusammengekrümmter Haltung, Pferdewagen, kunstvolle Dolche mit anmutigen eingelegten Jagd- und Kriegsszenen (mykenische Motive, Künstler wahrscheinlich minoisch), Eberzahnhelme (nicht minoisch), Bernsteinschmuck (Ostseebernstein auf Kreta unbekannt). In den Männergräbern: Brustharnische und Totenmasken aus Gold (die Maske weist Gesichtszüge mit Bart und Schnurrbart auf), Schwerte, Dolche, Gold- und Silberbecher, goldene Siegelringe; Stein-, Ton- und Metallgefäße. In den Frauengräbern: goldene Stirnbänder, Toilettenkästchen, Schmuck und Scheiben. Ein thebanisches Fresko zeigt die Frauen in minoischer Tracht.

Große Ausdehnung des mykenischen Einflusses über ganz Argolis und nach Boiotien hinein: ähnliche Dynastien erscheinen in Theben, Iolkos und Orchomenos. Unterdessen nimmt der Handel mit Troja zu.

Phase IV: Späthelladische Zeit II – Troja VI, späte Mittelphase: ca. 1500–1400 v. Chr.

Erhebung Mykenes über Kreta (Spätminoisch IB und II): neue, sehr mächtige mykenische Dynastie (Tholosgräberdynastie I): große, runde Kuppelgräber, die direkt in den Felsen gebrochen, mit Erde zugedeckt, mit Mauerwerk verkleidet und mit wuchtigen Türen verschlossen wurden; lange, nicht überdachte Zugänge. Starke Verschmelzung mykenischer und minoischer Kunstformen (minoisches Übergewicht). Handel über das ganze kretische Meer zum Nachteil von Knossos.

Um 1450: Zerstörung der kretischen Paläste (Erdbeben? Überfall?); Unterbrechung der mykenisch-kretischen Verbindungen; mykenische Kolonie auf Rhodos.

Um 1425: mykenische Kolonie auf Kos.

Hochbronzezeitlicher Handel jetzt auf dem Höhepunkt; im Umlauf sind Handelswaren aus Nubien (Gold), Cornwall, Ungarn und Spanien (Zinn), von der Sinaihalbinsel und aus Arabien (Kupfer); Bernstein von der Ostsee; Felle, Nutzholz, Wein, Olivenöl und Purpurfarbe aus Europa; Seile, Papyrus und Leinen aus Ägypten.

Periode der ägyptischen XVIII. Dynastie und von Stonehenge III.

Phase V: Späthelladische Zeit IIIA – Troja VI, Endphase: ca. 1400–1300 v. Chr.

Hethitische Hegemonie in Kleinasien, Verbindung zu Troja: der hethitische König Mursilis II. (ca. 1345–1315) erwähnt Könige von «Ahhijawa» (Achaier). Achaier kämpfen jetzt als Verbündete der Hethiter und als Söldner in Ägypten. (Zeit Echnatons, 1377–1358: Einfälle der Habiru in Syrien und Palästina.)

Um 1400: mykenische Eroberung Kretas.

Um 1350: Palast von Mykene stark vergrößert: kyklopische Mauern, «Löwentor» usw.; riesige Tholosgräber («Schatzhaus des Atreus», 13,20 Meter hohe Kuppel). Wiederaufschwung der kretischen Städte unter den Achaiern: Erfindung der (mykenischen) Linear-B-Schrift. Auch Troja gedeiht innerhalb mächtiger Festungsmauern.

Um 1325: Ein neuartiges Hauschwert erscheint in der ägäischen Welt (erstmals in Ungarn gebraucht), das auch eine neuartige Rüstung nötig macht: den kleinen Rundschild am Arm (anstelle des über der Schulter getragenen großen Stierfellschildes), den spitzen oder gehörnten Helm, der den Hieb von oben ablenkt.

Um 1300: Zerstörung von Troja VI durch ein Erdbeben.

Phase VI: Homers Troja (Troja VII):
ca. 1300–1184 v. Chr.

Eine mächtige und herrliche Stadt genau wie in der *Ilias*, wohlhabend und mit florierendem Handel...

Damit wären wir bei dem epischen Datum der Homerischen Helden und ihrer Taten angelangt; es ist auch das Datum des Buches der Richter. Die zwei heroischen Zeitalter liefen zeitlich parallel. In beiden Gegenden war eine lange Zeit gegenseitiger Beeinflussung und Angleichung zwischen seßhaften Ackerbauern und eindringenden kriegerischen Hirtenvölkern vorausgegangen, nach der urplötzlich vernichtende Angriffe neuer kriegerischer Hirtengruppen (in Palästina die Hebräer, in Griechenland die Dorier) eine wahrhafte Götterdämmerung und das Ende des Weltalters der Bronzebenutzer herbeiführten. Die Großtaten von Homers «göttlichem Heldengeschlecht» fallen in die Zeit um 1250–1150, und nachdem etwa dreihundert Jahre vergangen waren, nahmen seine Epen Gestalt an. Seine Daten decken sich ungefähr mit den biblischen, nämlich:

um 850: Ilias – Jahwist
um 750: Odyssee – Elohist

Es paßt alles zu gut, um bloß zufällig zu sein; und wie Freud bemerkt hat, besteht noch das zusätzliche Problem, warum das Ergebnis bei den Griechen Dichtung war und bei den Juden Religion.

2
Die Brautschauen des Zeus

Es ist lehrreich, die Geschichte der frühbronzezeitlichen Städte des Industals mit der der ägäischen Städte zu vergleichen. Die Daten der zwei Entwicklungen stimmen ungefähr überein, etwa 2500–1500 v. Chr., und das Ursprungsgebiet der beiden Kulturen war letztlich auch dasselbe: die Kernzone des Nahen Ostens. Doch als die neolithischen und bronzezeitlichen Kulturtechniken und Mythologien dörflichen und städtischen Lebens sich bis zum Indus ausbreiteten, kamen sie in eine Zone unentwickelter paläolithischer und mesolithischer Urwalddörfer: einen der Großräume jener tropischen, zeitlosen, äquatorialen «zweiten Art von Kultur», die Frobenius als den «unsichtbaren Gegenspieler der Kulturgeschichte der Menschheit» bezeichnet hat.[2] Und der Einfluß dieser Umwelt auf die nachfolgende Geschichte der indischen Mythologie und Kultur war von entscheidender Bedeutung.

Die auf vielerlei Weise getöteten, zerschnittenen und verwesenden Menschenleichen, begrabenen Fleischstücke und sonstigen rituell verwendeten Reste der grausigen Riten, die allen tropischen Kulturräumen gemeinsam sind, sollen analog zu den Pflanzenablegern frisches, dauerndes gesellschaftliches Wachstum bewirken. «Diese Menschen», erklärt Frobenius, «leben im Sinne der Pflanze und empfinden sich mit ihr und sie mit sich selbst als identisch.»[3] Das zentrale Mythologem in der gesamten tropischen Äquatorialzone ist das getötete und zerschnittene göttliche Wesen, aus dessen Leichnam die eßbaren Pflanzen wachsen. Die Riten dieser ganzen Zone sind Aufführungen dieses Mythos.[4] Aber auch in den hochbronzezeitlichen Mythologien hieß das zentrale Mythologem Tod und Auferstehung und wurde es in rituellen Menschenopfern oftmals völlig maßlos ausagiert. Als diese Mythen und Riten dann das urzeitliche Indien erreichten, wo sie auf die tropischen trafen und darin aufgingen, entstand eine vielfältige Mischung hoher und niedriger, ausgeschmückter und gänzlich nackter Formen des Ritualmords, deren bekannteste Beispiele der blutgetränkte Kult der schwarzen Göttin Kālī und die auf den Scheiterhaufen ihrer Männer brennenden Witwen sind.

Durch die große Entfernung Indiens von den Ursprungszentren der bronzezeitlichen Kultur starben die vielversprechenden Indusstädte Mohenjo-Daro und Harappa sozusagen noch im Saft stehend ab. Die Archäologie ihrer Ausgrabungsstätten hat keine Anzeichen eines lokalen Kulturfortschritts, sondern nur solche eines allmählichen Niedergangs zutage gefördert;[5] und der Rest des großen Subkontinents verharrte unterdessen auf einer ungefähr dem heutigen Melanesien vergleichbaren Entwicklungsstufe – die vielleicht gar nicht so schlecht ist (für Anthropologen scheint sie jedenfalls ihre Reize zu haben), aber andererseits nicht zu vergleichen dem blühenden mediterranen Welthandel jener Zeit mit Kupfer, Gold, Silber und Bronze, der Mesopotamien und Ägypten, Nubien und Spanien, Irland, Ungarn, Kreta und Arabien zu einer einzigen riesigen aufstrebenden Gemeinschaft zusammenschloß.

Ferner, als die indoarischen Streitwagenkämfer, Viehhirten und Vedensänger mit ihrem Pantheon arischer Götter (Indra, Varuna, Mitra, Vāyu, Agni und die übrigen) um 1500–1000 v. Chr. die Industädte zerschlugen und weiter in die Gangesebene zogen, erschlafften auch sie, obwohl sie noch im Saft standen, und ihr Heldenmut wie auch der ihrer Götter wurde alsbald von dem zeitlosen, alles verschlingenden und erneuernden Urstoff der göttlichen Mutter Kālī aufgesogen, deren träumerischer Bordun immerfort «Friede! Friede! Friede! Friede allen Lebewesen!» brummte, während das Blut enthaupteter Opfer unablässig wie Ambrosia friedlich in ihren Rachen strömte.

In der Ägäis dagegen kamen die neuartigen Kulturen in eine Zone, die in Rufweite von den Nachfahren der paläolithischen Großen Jagd auf den weit ausgedehnten Weidegebieten des Nordens lag; diese hatten zudem jahrhundertelang Einflüsse aus den wesentlichen schöpferischen Zentren des Nahen Ostens empfangen und assimiliert. Das ganze Feld befand sich in einem Zustand merklich erhöhter Energie; und wie wir gerade gesehen haben, folgten nach etwa 2500 v. Chr., als die erste der arischen oder protoarischen Wellen nach Süden stieß, weitere Wellen, eine nach der anderen, bis diesmal nicht die mythische Ordnung der Göttin die Götter verschlang, sondern der Ausgang, im direkten Gegensatz zu Indien, genau andersherum war. Außerdem war, was da verschlungen wurde, nicht die Ordnung ungeheuerlicher melanesischer Kannibalinnen, sondern die jener eleganten, liebreizenden «Pariserinnen», die wir von Kreta her kennen.

Wir waren bereits Zeuge, wie der olympische Zeus den schlangengestalten Sohn und Geliebten der göttlichen Mutter Gaia besiegte. Beobachten wir nun sein Verhalten gegen die zahlreichen hübschen jungen Göttinnen, auf die er traf, als er sozusagen mitten ins fidele Paris geriet. Jeder hat schon davon gelesen, wie er sich voll toller Lust in Stiere, Schlangen, Schwäne und Goldregen verwandelte. Bei jeder mediterranen Nymphe, die er sah, fing er Feuer.

Abbildung 20. Die Schlangengöttin

Als die Griechen mit der Zeit genauso zivilisiert wurden wie die Kreter, setzten die Schürzenjagden ihres höchsten Gottes sie daher theologisch in Verlegenheit – was doch gar nicht nötig gewesen wäre, denn seine ganzen Göttinnen waren in Wirklichkeit nur Aspekte der einen, sozusagen in einem jedesmal anders schillernden Kleid, während er in jeder seiner Epiphanien genauso verschieden war vom Mal davor wie die betreffende Göttin auch. Den Typus für eine solche göttliche Vielfalt in der Einheit gibt die christliche Trinitätslehre: eine göttliche Wesenheit, drei (oder mehr) göttliche Personen. In vergleichbarer Weise sehen wir, daß im Alten Testament die verschiedenen «Engel Jahwes», die zum Beispiel Jakob, Mose und Gideon erschienen, einerseits Jahwe waren und andererseits nicht. Das ist eine typische Angewohnheit von Göttern überall auf der Welt und kann einen, der ihre Gepflogen-

Abbildung 21. Aspekte der Schlangengöttin

heiten genau studiert hat, nicht überraschen; wer sich allerdings nur mit der Aristotelischen Logik auskennt, könnte meinen, etwas Ungewöhnliches sei vorgefallen, und ausrufen: «Herr, deine Wege sind dem Menschen unerforschlich!»

Das besondere Problem, vor das Zeus sich in jener Zeit gestellt sah, bestand einfach darin, daß es überall, wo die Griechen hinkamen, in jedem Tal, auf jeder Insel und in jeder Bucht, eine lokale Erscheinungsform der göttlichen Mutter der Welt gab, der er als der große Gott der patriarchalen Ordnung nach Patriarchenart Herr werden mußte. Und als alle diese Eroberungen von den Systematikern der hellenistischen Zeit zusammengetragen wurden, kam dabei ein recht voller Terminkalender heraus. Eine glückliche Folge dieses übernatürlichen Skandals war, daß er die Griechen endgültig von ihrer gesamten vormaligen Theologie befreite – eine Auswirkung, wie man sie sich auch für andere archaische Mythenwelten gewünscht hätte. Jedoch in der Glanzzeit des Gottes besaßen seine Brautschauen großen gesellschaftlichen Wert, wenn sie auch in den späten Erzählungen, aus denen wir von ihnen hören, mit einer gewissen Frivolität dargestellt werden.

Ein hervorragendes Beispiel für die Komik ebenso wie für die Logik und Funktion dieser Mythologie ist die Sage von der Geburt der Pallas Athene. Der Name erscheint bereits auf einer Linear-B-Tafel von etwa 1400 v. Chr. aus der kretischen Palaststadt Knossos. «A-TA-NA PO-TI-NI-JA», lesen wir: «Der Herrin von Athana.»[6] Das Wort bezieht sich hier auf einen Ort (wie zum Beispiel in dem Titel «Unsere Liebe Frau von Chartres») und ist vorhellenisch. Martin Nilsson glaubt, daß damit eine lokale Göttin gemeint ist, wie sie in den kretischen Haus- und Palastkulten verehrt wurde (Abb. 20 und 21). «Die [kretische] Palastgöttin», schreibt er, «war die persönliche Schutzgöttin des Königs, und das kehrt bei Athene wieder... Sie ist die Beschützerin und persönliche Helferin der Helden.»[7] Allerdings erscheint Athene, wie alle Welt weiß, im griechischen Pantheon nicht als alte kretische Göttin, sondern als junge und frische Olympierin, buchstäblich dem Gehirn des Zeus entsprungen.

Denn Zeus hatte sich ganz am Anfang seiner langen Laufbahn theologischer Überrumpelungen auf Freiersfüßen als erste Frau die Göttin Metis genommen, die Tochter von Okeanos und Tethys, dem uranfänglichen Paar des kosmischen Wassers – und dem genauen Ebenbild des mesopotamischen Paares Apsu und Tiamat. Und wie das älteste Kind des mesopotamischen Urpaares der erstgeborene Sohn Mummu gewesen war, das Wort, der Logos, der Herr der Wahrheit und Erkenntnis, so war auch Metis unendlich klug. Sie war unter allen Göttern die Meistwissende. Außerdem verstand sie die Kunst, sich in viele Gestalten zu verwandeln, und machte sie sich zunutze, wenn Zeus ihr nahen wollte. Zuletzt aber nahm er sie mit einer List, und sie wurde schwanger.

Doch dann erfuhr Zeus, daß ihr zweites Kind ihm den Garaus machen würde, wenn es auf die Welt käme, und so lockte er die Schwangere auf sein Lager und verschlang sie unversehens. Erst einige Zeit später, als er an einem See spazierenging, verspürte er immer stärkeres Kopfweh, das so schlimm wurde, daß er schließlich vor Schmerzen brüllte. Da kam Hephaistos, wie manche meinen, andere sagen Prometheus, mit einer Doppelaxt und spaltete ihm mit einem Schlag den Scheitel. Hervor sprang Athene voll bewaffnet mit weitschallendem Schlachtruf – und von da an behauptete Zeus, daß Metis, die immer noch in seinem Bauch saß, ihm ihren klugen Rat zugute kommen lasse.[8]

Hier liegt gewiß ein anschauliches Beispiel dafür vor, was Freud «Sublimierung» genannt hat, angewandt allerdings auf eine weitgespannte historische (nicht rein individuelle) Situation. Die Sache ähnelt der Entstehung Evas aus Adam, nur daß in diesem Fall die Frau aus der Gottheit selbst hervorgeht. Und wie Eva in ihrer vorhebräischen Inkarnation die Braut der Schlange war (siehe oben S. 19–43), so wurden auf Kreta die Geschenke für A-TA-NA PO-TI-NI-JA einer Schlangengöttin gebracht; und auf dem Brustpanzer der griechischen Athene, der Aigis, ist das zauberkräftige Gorgoneion befestigt, das Haupt der Medusa mit ihren schrecklichen Haaren aus geringelten, zischenden Schlangen.

Wir haben bereits oben (S. 37) von Medusa und der Leben und Tod spendenden Kraft ihres Blutes gesprochen. Wir können jetzt an die Sage von ihrem Bezwinger Perseus denken, der ihr den Kopf abschlug und ihn der Athene zum Geschenk machte. Hammond setzt für den historischen König Perseus von Mykene als den Gründer einer Dynastie ein Datum um 1290 v. Chr. an;[9] und für Robert von Ranke-Graves – dessen *Griechische Mythologie* besonders wegen ihrer assoziationsreichen historischen Anknüpfungen bemerkenswert ist – bedeutet die Sage, daß Perseus Medusa enthauptet, ganz konkret: «die Griechen überrannten die Altäre der Göttin» und «entkleideten die Priesterinnen ihrer Gorgonenmasken», welche apotropäische Gesichter waren, die man trug, um den Profanen abzuschrecken.[10] Das heißt, es kam im frühen dreizehnten Jahrhundert v. Chr. zu einem tatsächlichen historischen Bruch, gewissermaßen einem gesellschaftlichen Trauma, das sich in diesem Mythos niedergeschlagen hat, ganz wie nach Freud der latente Inhalt einer Neurose sich im manifesten Inhalt eines Traumes niederschlägt und dabei doch verborgen bleibt: sich niederschlägt im Unbewußten, doch dem Bewußtsein unbekannt bleibt

1) Mutter Gottes

oder von ihm entstellt wird. Und jedem solchen Deckmythos – jeder solchen Mythologie (auch der biblischen etwa, wie wir gesehen haben) – ist eine Doppelbödigkeit eigen, deren Folgen nicht unterschlagen oder verdrängt werden können. Mutter Natur, Mutter Eva, Mutter Weltherrscherin ist immer da, muß immer bewältigt werden, und je rücksichtloser sie niedergemacht wird, um so schrecklicher wird ihr Gorgoneion sein. Dies kann ihren muttermörderischen Sohn dazu veranlassen, eine Menge außerordentlich spektakulärer Fluchtarbeiten zu vollbringen, und zum Schluß wird er vielleicht sogar der Herr der Erdoberfläche; aber o weh!, was für einen Scheol wird er in seinem Innern erkennen (und doch nicht erkennen), dort wo sein Paradies hätte sein sollen!

Aber lassen wir ihn. Medusa jedenfalls war in ihren schöneren, frischeren, vorolympischen Jahrhunderten eine der zahlreichen Enkelinnen Gaias gewesen, der Göttin Erde, die am Anfang ohne Begattung aus sich selbst den Himmel (Uranos), die Berge (Urea) und das Meer (Pontos) hervorgebracht hatte. Gaia hatte dann ihrem Sohn Uranos das Geschlecht der Titanen geboren – darunter Okeanos und Tethys, denen Metis entstammte, sowie Kronos, Rhea, Themis und auf besondere Weise Aphrodite. Geschwängert von ihrem Sohn Pontos kam Gaia dann mit einem zweiten Wurf nieder, zu dem Phorkys und Keto gehörten, die ihrerseits die Eltern der Graien, der Gorgonen und der Schlange am Ende der Welt wurden, welche die goldenen Äpfel der Hesperiden bewacht. Medusas Name bedeutet «Herrin», «Herrscherin», «Königin». (Wir befinden uns auf vertrautem Gelände, nicht wahr?) Und der Gott der Gezeiten Poseidon, den wir ebenfalls schon (oben S. 60–61) als Sohn und Gatten der zwei Königinnen kennengelernt haben, hatte mit ihr zwei Zwillinge gezeugt, die sie jedoch nicht auf die Welt bringen konnte: Chrysaor, den Helden mit Namen «der mit dem goldenen Schwert», und Pegasos, ein geflügeltes Pferd.

Wie das Pferd in die Ägäis kam, ist immer noch ein wenig rätselhaft. Die Ankunft scheint zwischen 2100 und 1800 v. Chr. etwa erfolgt zu sein, als Troja ein bedeutendes Zentrum war; aber ob es von Norden über Makedonien kam[11] oder von Osten durch Anatolien, aus dem indoarischen Einflußgebiet eingeführt von den Churritern und Kassiten, ist offenbar nicht bekannt. Bekannt je-

Es war d. Baum d. Erkenntnis

doch ist, daß die Struktur und Symbolik des vedisch-arischen Roßopfers, das in Indien zum hohen Ritus der Könige wurde,[12] weitgehend von dem älteren Stieropfer übernommen waren. Weiter hat es den Anschein, als wäre dem Ritual des Stieropfers in der Ägäis das Schweineopfer vorangegangen, das einer außerordentlich urtümlichen, weit verbreiteten mythischen Überlieferungsschicht angehört, die noch deutlich aus den Mythen und Riten der Göttinnen Demeter und Persephone von Eleusis spricht. Ferner weisen die Mythen und Riten des Schweineopfers in Griechenland genaue Analogien zu denen in Melanesien und dem pazifischen Raum auf, welche ihrerseits auf einem mit Mond und Schlange beschäftigten Gedankengut fußten. Ich habe dies alles in der *Mythologie der Urvölker* besprochen[13] und brauche diese Ausführungen hier nicht zu wiederholen; es reicht, wenn ich den Zusammenhang der Reihe Mond-Schlange-Schwein-Stier-Pferd festhalte.

Medusa und die anderen griechischen Göttinnen der alten Titanengeneration, die sicherlich lange vor dem Eintreffen der Hellenen in Griechenland und der Ägäis heimisch waren, weisen alle erdenklichen Anzeichen einer ursprünglichen Beziehung zu einem extrem frühen neolithischen, vielleicht sogar mesolithischen Mond-Schlange-Schwein-Kontext auf, der in den Mythen und Riten Melanesiens und des pazifischen Raumes einerseits und des keltischen Irland andererseits zum Ausdruck kommt. Die übliche Form, in der Medusa erscheint – mit erhobenen Armen, übers Kinn hängender Zunge und aufgerissenen Auge in der Hocke sitzend –, ist ja eine Pose, die für die Jenseitswächterin in den Schweinekulten Melanesiens charakteristisch ist. Dort ist sie eine Wächterdämonin auf dem Weg in die andere Welt, über deren Sperre man nur hinausgelangt, wenn man ihr als Ersatz für einen selbst ein Schwein opfert.[14] Und genau an einem solchen Ort weilt Medusa in ihrer Höhle hinter dem Rand des Tages, auf dem Weg zu dem goldenen Apfelbaum. Man vergleiche auch die Schenkin Siduri im Gilgamesch-Abenteuer (siehe oben S. 109).

Aber gleichzeitig wurde Medusa im antiken Griechenland in den sehr viel späteren mythischen Kontext des Opferrosses gestellt. Denn sie und Poseidon wurden gemeinsam mit einer Pferdemythologie in Verbindung gebracht, was erst *nach* etwa 2000 v. Chr. geschehen sein kann. Auf den mykenischen Linear-B-Tafeln von etwa 1400–1200 v. Chr. sind Opfer an einen Gott I-QO (*hippos*, «Pferd») verzeichnet; und wir wissen, daß Poseidon in hellenischer Zeit auch Hippios genannt wurde.[15] In Gestalt eines Hengstes paarte Poseidon sich mit Medusa als Stute, und sie empfing den geflügelten Pegasos und seinen menschlichen Zwilling Chrysaor. Außerdem gibt es, worauf Robert von Ranke-Graves hinweist, «eine frühe Darstellung der Göttin mit einem Gorgonenhaupt und dem Körper einer Stute».[16] Die Bedeutung des Perseusmythos insgesamt versteht von Ranke-Graves daher so: «Die Griechen überrannten die Altäre der Göttin, entkleideten die Priesterinnen ihrer Gorgonenmasken und nahmen Besitz vom heiligen Pferde.»

Nun aber noch ein letztes Detail: Frazer hat in *Der goldene Zweig* gezeigt, daß eine mythische Verbindung des Pferdes zum Hain der Diana in Nemi bestand, wo der rituelle Königsmord noch in spätrömischer Zeit vollzogen wurde. Der junge Prinz Hippolytos, der von seinen eigenen Wagenpferden zu Tode geschleift wurde, als diese vor einem aus dem Meer auftauchenden Stier des Poseidon scheuten und durchgingen, soll von Diana ins Leben zurückgerufen worden sein und an ihrer Seite als König des Waldes in Nemi regiert haben. «Wir haben ... keinerlei Grund, daran zu zweifeln», fügt Frazer hinzu, «daß der Heilige Hippolytus des römischen Kalenders, der am 13. August, dem Tage der Diana, von Rossen zu Tode geschleift wurde, kein anderer ist als der griechische Held gleichen Namens, der, nachdem er zweimal als heidnischer Sünder gestorben war, wieder glücklich als christlicher Heiliger auferstand.»[17]

Das heißt, wir müssen jetzt dem Bild, das wir uns vom mythischen Kontext Poseidons, Medusas und der Heldentat des Perseus gemacht haben, die Mythologie von Tod und Auferstehung des Mondkönigs hinzufügen und damit den rituellen Königsmord. In der *Mythologie der Urvölker* habe ich den Bericht über einen griechisch erzogenen König der Äthiopier namens Ergamenes erwähnt, der zur Zeit des hellenistischen ägyptischen Königs Ptolemaios II. Philadelphos (309–246 v. Chr.) mit einem Trupp Soldaten in das vordem ehrfürchtig gescheute Heiligtum des goldenen Tempels einmarschierte, die Priester umbrachte, die bis dahin das Orakel für den rituellen Königsmord gestellt hatten, die grausige alte Tradition aufhob und alles gemäß einer neuen Auffassung vom Schicksal, der Aufgabe und der Macht eines Königs umorganisierte.[18] Entsprechend muß, falls Perseus wirklich um 1290 v. Chr. der Gründer einer neuen Dynastie in Mykene war, seine Schändung des Haines der benachbarten Göttin das Ende eines dort geübten hochaltertümlichen Ritus – möglicherweise der Königsmord – markiert haben. Der Mythos seiner wunderbaren Geburt aus dem goldenen Regen des Zeus wäre dann insofern von großer Bedeutung, als damit seiner Tat der Segen eines gottgegebenen patriarchalen Glaubens zuteil geworden wäre, der nunmehr den alten Glauben an die Muttergöttin, worin der Tod das Leben ist, ablösen sollte.

Perseus wurde, wie es heißt, von Zeus auf wunderbare Weise mit der Prinzessin Danae von Argos gezeugt und mit seiner Mutter in einer schwimmenden Truhe auf dem Meer ausgesetzt. Auf der Insel Seriphos wurde sie von einem Fischer an Land gezogen, dessen Bruder Polydektes dort König war, und Danae mit ihrem Kind wurde des Königs Sklavin – oder nach einer anderen Fassung seine Frau; nach noch einer anderen blieb sie bei seinem Bruder Diktys, dem Fischer. Doch wie alle Herrscher in Sagen dieser Gattung war der König ein grausamer Unhold, und um Perseus loszuwerden und sich daraufhin seiner Mutter bemächtigen zu können, erlegte er dem jungen Mann die sehr schwierige, ja unmögliche Aufgabe auf, das Haupt der Medusa zu beschaffen.

Dieses schreckliche Ungeheuer hatte zwei Schwestern, und alle drei besaßen goldene Flügel, eherne Hände, Schlangen um Kopf und Leib gewunden und Eberhauer im Gesicht. So schrecklich war ihr Anblick, daß jeder, der sie sah, zu Stein erstarrte. Auf seinem Weg bestand Perseus verschiedene gefährliche mythische Abenteuer, in deren Verlauf er von den Nymphen geflügelte Schuhe, einen unsichtbar machenden Hut und eine Tasche zur Aufbewahrung des erbeuteten Kopfes erhielt. So ausgerüstet, gelangte er über das äußerste Meer, über den Rand des Tages hinaus, und kam in das Land der Finsternis, in dem alle Sterne und Planeten verschwinden und von dem aus sie wieder erscheinen. Dort traf er zuerst auf die rätselhaften drei Graien, alte, graue Schwestern, die gemeinsam nur einen einzigen Zahn und ein einziges Auge besaßen, und als eine gerade der anderen das Auge weitergab, entriß Perseus es ihnen und wollte es nicht eher wieder herausgeben, als sie ihm den Weg zur Höhle der Gorgonen wiesen – den sie eigentlich bewachen sollten. «In die Höhle wie ein Eber drang er», beschreibt Aischylos das, was dann geschah.[19]

Die Gorgonen schliefen gerade, und während Perseus die Augen von dem versteinernden Anblick Medusas abgewandt hielt, führte ihm Athene, die Schirmherrin der Helden, die Schwerthand (andere sagen, sie ließ ihn die Spiegelung seines Opfers in einem Schild sehen). Mit einem einzigen Hieb seiner sichelförmigen Klinge brachte er die Trophäe in seinen Besitz, steckte sie in seine Tasche, drehte sich um und floh, während aus dem durchtrennten Hals der Medusa Pegasos und Chrysaor sprangen. Die zwei Schwestern setzten ihm nach. Aber Perseus erreichte die Heimat, wo er sein entsetzliches Beutestück hervorholte und es hochhielt, so daß alle es sehen konnten. Da wurde der tyrannische König mit der ganzen Schar seiner versammelten Gäste versteinert – und deshalb ist die Insel Seriphos heute so felsig.[20]

3
Die Nachtmeerfahrt

Der Bedeutungsgehalt weiblicher Figuren in einer patriarchalen Mythologie wird im allgemeinen durch einen Vorgang verdunkelt, den Freud bezüglich des manifesten Trauminhalts «Akzentverschiebung» genannt hat. Ein ablenkendes sekundäres Motiv wird eingeführt, um das herum die Elemente einer Situation neu gruppiert werden: Aufschluß gebende Szenen, Handlungen oder Bemerkungen werden weggelassen, umgedeutet oder nur vage angedeutet; und demzufolge durchwebt «a sense of something far more deeply interfused» das Ganze, eine Ahnung tieferer Verquickungen, die jedoch eher verwirrend als erhellend wirkt.

In den patriarchalen Kosmogonien zum Beispiel werden die normalen Bilder göttlicher Mutterschaft vom Vater übernommen, und wir finden solche Motive wie etwa das indische, wonach der Lotos der Welt dem Nabel des ruhenden Gottes Vishnu entwächst –

wo doch der Lotos in Indien ursprünglich immer für die Göttin Padma, «Lotos», steht, deren Körper das All ist, so daß der lange Stiel vom Nabel zur Blüte eigentlich eine Nabelschnur bedeuten würde, durch welche die Energie von der Göttin zum Gott fließt, von der Mutter zum Kind, nicht andersherum. Oder an der griechischen Sage von der Geburt der Athene aus dem Kopf des Zeus, in der wir bereits einen Fall von «Sublimierung» erkannt haben, fällt uns jetzt auf, daß die «Sublimierung» mit einer Metapher von der Art bewerkstelligt wurde, wie Freud sie als «Verlegung nach oben» bezeichnet hat: Wie die Frau mit der Gebärmutter gebiert, so der Vater mit dem Gehirn. Die Schöpfung durch die Kraft des Wortes ist ein weiteres Beispiel für eine solche Verlegung auf den «Gebärvater»: der Mund die Vagina, das Wort die Geburt. Und eine ungemein wichtige Folge dieser bizarren, aber hochgeehrten Abirrung nach oben ist die Vorstellung, die die gesamte abendländische Geisteshaltung auszeichnet und vor allem von unseren zahlreichen ledigen und homosexuellen großen Lehrmeistern betont wird, nämlich daß Geistes- und Geschlechtsleben Gegensätze seien.

«Durch diese Verschiebung des Akzents, diese Umgruppierung der Inhaltselemente», schrieb Freud in seiner Aufklärung der Traumzensur, «wird der manifeste Traum den latenten Traumgedanken so unähnlich, daß niemand diese letzteren hinter dem ersteren vermuten würde.»[21] Und so ist es in sämtlichen patriarchalen Mythologien gewesen. Die Funktion des weiblichen Faktors ist systematisch abgewertet worden, nicht nur in einem symbolischen kosmologischen Sinne, sondern auch in einem persönlichen, psychologischen. Genau wie in Mythen vom Ursprung der Welt ihre Rolle heruntergespielt oder ganz geleugnet wird, so auch in Heldensagen. Es ist wirklich erstaunlich, in welchem Ausmaß die Frauengestalten in Epos, Drama und Versroman auf den Status bloßer Objekte reduziert oder, wenn sie als eigeninitiativ handelnde Subjekte auftreten, als leibhaftige Dämonen oder als bloße Bundesgenossinnen des männlichen Willens geschildert werden. Der Gedanke eines sinnvollen Dialogs scheint niemals aufzukommen, in dem der Mann, der selbst oder dessen Welt von einer jener verzehrend brennenden Dämoninnen zerrüttet wurde (welche

Tragödie!), von ihr (sozusagen in der Unterwelt) eine die Grenzen seines früheren Gedanken- und Gefühlshorizontes übersteigende Eröffnung erhalten könnte (Erleuchtung, Ganzwerdung, Wiedergeburt). In der gesamten Überlieferung tauchen Bilder auf, die in einem älteren, vorpatriarchalen Kontext offensichtlich auf Einweihungen hingewiesen haben müssen, die der Mann von seiten der Frau empfing; doch ihr Akzent ist stets dermaßen verschoben, daß sie auf den ersten Blick – allerdings nicht mehr auf den zweiten – die patriarchale Auffassung von Tugend und Trefflichkeit (*aretê*) zu stützen scheinen, die sie in Wirklichkeit bis zu einem gewissen Grade widerlegen.

Selbst die moderne Altphilologie hat an dieser patriarchalen Verschiebung tatkräftig mitgewirkt. In der Tat mußte erst eine Altphilolog*in* kommen, die großartige Jane Ellen Harrison, um die Trivialität und Vulgarität der Episode zu bemerken, von der das ganze Gespinst der Ruhmestaten und Tragödien des Trojanischen Krieges angeblich seinen Ausgang nahm: das Urteil des Paris. Sie schrieb:

> In seiner vorliegenden Form ist der Mythos patriarchal genug, um den Geschmack des olympischen Zeus selbst zu treffen, trivial und sogar vulgär genug, um den Stoff für ein antikes Satyrspiel oder eine moderne Opera buffa abzugeben.
>
> «Drei Göttinnen kamen zum Ida,
> Um dort unsterblichen Zwist zu schlichten –
> Welche der drei die Schönste sei
> Und den Schönheitspreis davontragen dürfe.»
>
> Der Anlaß des Streits ist ein goldener Apfel, der «Zankapfel», den Eris [«Zwietracht»] auf der Hochzeit von Peleus und Thetis unter die versammelten Götter geworfen hat. Darauf steht geschrieben: «Die Schönste nehme ihn», oder nach manchen Berichten: «Der Apfel für die Schönste». Die drei hohen Göttinnen begeben sich zum Sohn des Königs, dem Hirten Paris, um ihn urteilen zu lassen. Der Kern des Mythos ist nach dieser Version ein καλλιστεῖον, ein Schönheitswettbewerb.[22]

Und das Ethos, vom dem der Mythos durchdrungen ist, könnten wir hinzufügen, ist Areté, jene Trefflichkeit, die als die eigentliche Seele des Homerischen Helden bezeichnet worden ist – wie sie auch die Seele des keltischen und germanischen Helden ist beziehungsweise des ungebrochenen Mannes überhaupt.

Hier aber wird sie als Eigenschaft auch der weiblichen Seele dargestellt – und genau das ist der Haken daran. In dieser männlichen Traumwelt hat die Trefflichkeit der Frau zu liegen in: a) ihrer äußeren Schönheit (Aphrodite), b) ihrer Treue und Ehrung des Ehebettes (Hera) und c) ihrer Fähigkeit, treffliche Männer zu trefflichen patriarchalen Taten anzustacheln (Athene). Und natürlich kommt zu guter Letzt noch hinzu, daß die Siegerin des Schönheitswettbewerbs – typisch Frau – mogelt. Aphrodite verspricht Paris, wenn er ihr den goldenen Apfel gibt, werde sie ihm die goldene Schönheit Helena zuführen, die bereits mit Menelaos verheiratet ist. «Ein Schönheitswettbewerb», erklärt Jane Harrison mit unverhohlenem Abscheu, «an sich schon vulgär und dazu ärger gemacht durch eine noch vulgärere Bestechung.»[23] Dennoch wurde er anscheinend über Generationen hin als der passende mythische (sprich unwichtige) Auftakt zu dem weltweit edelsten Epos der «Trefflichkeit» (ἀρετή) und allem, was in seinem Troß folgte, hingenommen.

Was folgte, waren die *nóstoi*, die «Heimfahrten» der Trefflichen in der Welt äußerer Taten zu ihren verlassenen Frauen, von denen man erwartet hatte, daß sie zehn (in Odysseus' Falle zwanzig) Jahre lang mit der Duldsamkeit einer Griseldis treusorgend zu Hause hockten (Erlösung durch Liebe auf patriarchalisch). Immerhin erlitt wenigstens einer der heimkehrenden Helden, wie wir wissen, einen gewaltigen Schock.

Nun wirkt in der Psyche, in der Gesellschaft, in der Geschichte und in der Symbolik des Mythos ein Prinzip der Komplementarität, das C. G. Jung in seinen Schriften immer wieder behandelt und mit Beispielen aus allen Winkeln des Erdballs veranschaulicht hat; «soviel wir auch bewußt machen mögen», schrieb er bezüglich der Wirkweise dieses Prinzips, «immer wird noch eine unbestimmte und unbestimmbare Menge von Unbewußtem vorhanden sein, welches mit zur Totalität des Selbst gehört.»[24] Doch dieses Unbewußte schlummert nicht einfach untätig in der Psyche. Wie einem unverwirklichten Potential ist ihm eine gewisse Bereitschaft zur Aktivierung in kompensatorischem Widerspiel zur bewußten Einstellung eigen. Wenn also in der Sphäre der bewußten Aufmerksamkeit ein Nachlassen der Beanspruchung eintritt und das Individuum nicht mehr alle seine Energien auf sein eines angestrebtes Ziel richten muß – wie zum Beispiel das Gewinnen des Trojanischen Krieges –, wenden sich die freigewordenen, disponiblen Energien gewissermaßen zurück und fließen den wartenden Zentren möglicher Erfahrungen und Entwicklungen zu. Dies zeigt, wie Jung darlegt, «daß es nicht in unserer Hand liegt, eine ‹disponible› Energie beliebig auf ein rational gewähltes Objekt überzuführen.»[25] Im Gegenteil, die Überführung liegt zwangsläufig nicht nur außerhalb unserer Kontrolle, sondern verhält sich auch komplementär zum bewußten Wollen; dazu zitiert Jung die Meinung Heraklits («der wirklich ein großer Weiser war», wie er sagt), «daß alles einmal in sein Gegenteil hineinlaufe».[26]

Der alte griechische Philosoph Heraklit (ca. 500 v. Chr.) nannte diesen Vorgang psychischen, historischen und kosmogonischen Umschlagens *enantiodromia*, «das Entgegenlaufen». Und man könnte sich kein besseres Beispiel für diesen Vorgang aussuchen als die zwei gegensätzlichen Epen Homers, mit denen Heraklit und seine ganze Generation aufwuchsen: einerseits die *Ilias* mit ihrer Welt der Areté und des mannhaften Werks und andererseits die *Odyssee*, die lange, völlig unkontrollierte Rückkehr des klügsten Mannes dieser heroischen Generation in das Reich jener Kräfte und Erkenntnisse, die in der Zwischenzeit unbeachtet, unentwikkelt, sogar unerkannt im «anderen Denken» gewartet hatten, sprich in der Frau: dem Denken, das in der älteren ägäischen Zeit jener liebreizenden Geschöpfe auf Kreta sich voll Feingefühl zu Wort gemeldet hatte, aber in dem rein männlichen Heldenzeitalter untergegangen war wie Atlantis.

Jane Harrison zeigt eine aufschlußreiche Serie von Szenen, die nicht von der dichterischen, homerischen Seite der griechischen Überlieferung vom Urteil des Paris stammen, sondern aus dem älteren, wortlosen Erbe der keramischen Kunst. Dort sehen wir, wie zum Beispiel in Abbildung 22, nicht einen Jüngling in der üblichen lässigen Pose eines gewieften Lebemannes, sondern einen Paris in offenkundiger Bestürzung, den der Gott Hermes – der Führer der Seelen in die Unterwelt – regelrecht am Handgelenk packen muß, um ihn zu seiner Aufgabe zu zwingen. «Von wollüstigem Ergötzen an der Schönheit der Göttinnen ist hier nicht das geringste zu merken», bemerkt Jane Harrison.[27] Und in der Tat sieht man nichts dergleichen.

Abbildung 22. Das Urteil des Paris

Es kommt mir hier sehr gelegen, daß Paris sich auf diesem Bild zur Flucht in Richtung Troja wendet, während die Trias des weiblichen Prinzips, der er offensichtlich wegen einer ihn und nicht sie betreffenden Krise ins Auge sehen muß, auf der Seite der griechischen Heimat steht, wo später Agamemnon der Klytemnaistra, Menelaos seiner wiedergewonnenen goldenen Schönen und der große und kluge Odysseus (als einziger der Situation gewachsen) der Penelope und ihrer Heerschar von Freiern entgegentreten sollten. Ich würde vorschlagen, wir denken uns weiter rechts das kurze Leben voller Taten und Ruhm, Krieg, Areté, Zeus und Apollon und auf der linken Seite außer den alten Göttinnen der hohen Zeit des Mutterrechts die mystischen Inseln der Kirke, der Kalypso und der

Nausikaa, mit Hermes in der Rolle des Führers der Seelen in die Unterwelt und zu Erkenntnissen jenseits des Todes.

Heinrich Schliemann vermutete zu Recht, daß es tatsächlich einmal ein Troja und einen Trojanischen Krieg gegeben hatte, ließ sich von den Fingerzeigen der Heldensage leiten und fand sowohl Troja als auch Mykene. In gleicher Weise grub Arthur Evans Knossos und den Labyrinthpalast aus, indem er der Schlagrute der antiken Mythen folgte. Aber, wie Martin Nilsson feststellt: «An einem Orte schlug sie fehl, als Dörpfeld den Palast des Odysseus auf Ithaka suchte, und jetzt verstehen wir auch, warum. Die Odyssee ist keine Heldensage, sondern eine Novelle, die um das geläufige Motiv der ihren lange abwesenden und tot geglaubten Mann treu erwartenden Gattin aufgebaut ist.»[28] Sicher, einerseits. So weit, so gut. Aber in dieser einseitigen Sicht erscheint die Novelle nur von dem nach patriarchalen, sekundären Kriterien verschobenen Standpunkt aus. Penelope aber hat noch ganz andere Tiefen aufzuweisen.

Der Schutzgott der *Ilias* ist Apollon, der Gott der Lichtwelt und der Trefflichkeit heldischer Männer. Der Tod bedeutet im Blickfeld dieses Werkes das Ende; nichts Grausiges, Wundersames oder Gewaltiges wartet hinter dem Schleier des Todes, nur zitternde, hilflose Schatten. Die Tragik des Werkes liegt genau in seiner tiefen Freude an der Schönheit und Trefflichkeit des Lebens, dem edlen Liebreiz schöner Frauen, dem wahren Wert wackerer Männer – bei gleichzeitiger Anerkennung der endgültigen Tatsache, daß das Ende von all dem Staub und Asche ist. In der *Odyssee* dagegen ist der Schutzgott der Irrfahrt des Odysseus der Schelm und Seelenführer Hermes, Schirmherr der Wiedergeburt auch und Gebieter über die Erkenntnisse jenseits des Todes, die seinen Eingeweihten noch im Leben zuteil werden können. Er ist der Gott, dem das Symbol des Caduceus, der zwei ineinander geringelten Schlangen, zugeordnet ist, und er ist das männliche Element, das die Überlieferung mit der Trias jener Schicksalsgöttinnen – Aphrodite, Hera und Athene – verbindet, die in der großen Sage den Trojanischen Krieg auslösten.

Der Krieg dauerte zehn Jahre und die Fahrt des Odysseus noch einmal zehn. Nun hat aber der große alte Meister der Altphilologie Gilbert Murray vor Jahrzehnten schon in seinem Buch über den

Aufstieg der griechischen Heldensage darauf hingewiesen, daß im klassischen Altertum das Bestreben, den Mond- und den Sonnenkalender aufeinander abzustimmen (die zwölf Mondmonate von 354 Tagen plus einige Stunden und das Sonnenjahr von 364 Tagen plus einige Stunden), seinen Höhepunkt in dem «großen neunzehnjährigen Zyklus» des Astronomen Meton erreichte. Murray schreibt über diesen Zyklus: «Am letzten Tag des neunzehnten Jahres, der nach griechischer Rechnung auch der erste des zwanzigsten Jahres war, traf der neue Mond mit der neuen Sonne der Wintersonnwende zusammen; das nannte man das ‹Zusammenkommen von Sonne und Mond› (Σύνοδος Ἡλιου καὶ Σελήνης) – etwas, das sich volle neunzehn Jahre vorher nicht ereignet hatte und sich weitere neunzehn Jahre nicht wieder ereignen würde.»[29]

Murray merkt an, daß Odysseus nach Ithaka zurückkehrte, «als der leuchtendste Stern emporstieg, welcher vor allen Eos', der Frühgeborenen, kommenden Lichtglanz verkündet» (*Odyssee* XIII,93–94). Er fand «im zwanzigsten Jahr» wieder heim zu seiner Frau, das heißt, er kam mit dem zwanzigsten Jahr, sobald das neunzehnte abgeschlossen war (XXIII,102.170; XVII,327; II,175). Er kam mit dem neuen Mond an dem Tage, den die Athener «Alt-und-neu» nannten, «wenn der neue Mond sich erhebt und der alte entschwindet» (XIX,307; XIV,162). Aber dieser neue Mond war auch der Tag des Apollonfestes, der Sonnwendfeier (XX,156; XXI,258), und es war Winter. Außerdem besaß Odysseus genau 360 Eber (XIV,20), von denen täglich einer geschlachtet wurde; desgleichen sind die Rinder des Helios sieben Herden von je fünfzig, also insgesamt 350 an der Zahl. Odysseus geht im Westen unter die Erde, besucht das Totenreich und kommt im äußersten Osten herauf, «wo der frühgeborenen Eos Sitze und Tanzplätze sind und des Helios strahlender Aufgang» (XII,3–4)[30] – indessen Penelope, wie wir alle wissen, zu Hause saß und ein Gewebe webte und wieder auftrennte, genau wie der Mond.

Die Mythenforscher des neunzehnten und frühen zwanzigsten Jahrhunderts machten immer gern in dieser Weise Sonnen- und Mondanalogien ausfindig, weil diese einen Punkt bestätigten, der zu ihrer Zeit gerade deutlich wurde, nämlich daß die Bilderwelt unseres Mythenerbes zum großen Teil aus der kosmologischen

Symbolik der Bronzezeit stammt. Aber wir müssen dieser wichtigen Erkenntnis jetzt als zusätzliche Einsicht einen Grundgedanken *aller* heidnischen religiösen Erleuchtungswege des Ostens wie des Westens während der Zeit, von der wir handeln (erstes Jahrtausend v. Chr.), hinzufügen, nämlich daß die Einkehr des Geistes (symbolisiert vom Sonnenuntergang) in der Erkenntnis einer Identität in esse von Individuum (Mikrokosmos) und All (Makrokosmos) gipfelt, mit deren Zustandekommen die Prinzipien Ewigkeit und Zeit, Sonne und Mond, Mann und Frau, Hermes und Aphrodite (Hermaphroditos) und die zwei Schlangen des Caduceus in einer einzigen gelebten und geschauten Wirklichkeit zusammengebracht sind.

Das Bild von dem «Zusammenkommen von Sonne und Mond» ist überall ein Symbol für diesen Moment, und die einzigen ungelösten Fragen hinsichtlich seiner Universalität lauten: 1. Wie weit reicht es zurück? 2. Wo ist es erstmals entstanden? 3. Wurde es von Anfang an sowohl psychologisch als auch kosmologisch verstanden?

Im indischen Kundalinī-Yoga des ersten nachchristlichen Jahrtausends werden die zwei geistigen Kanäle zu beiden Seiten des zentralen Wirbelsäulenkanals, den hinauf die Schlangenkraft durch Bewußtseins- und Atemkontrolle gebracht werden soll, mit dem Wirken von Mond und Sonne gleichgesetzt; ihre Beziehung zum Mittelkanal entspricht genau der der zwei Schlangen zum zentralen Stab in unserer Abbildung 1, dem Hermesstab. In Abbildung 2 sehen wir das Zusammenkommen von Sonne und Mond abermals in einem bedeutsamen Zusammenhang mit der Schlange und dem Achsenstab, dem Baum oder der Wirbelsäule. Die Symbolik war in Europa, China und Japan, bei den Azteken und den Navaho bekannt; es ist unwahrscheinlich, daß die Griechen sie nicht gekannt haben sollen.

Somit erscheint, sehr gelinde gesagt, die Vereinigung von Odysseus und Penelope zu Beginn des zwanzigsten Jahres in einem etwas interessanteren Licht als das Los der bloß geduldigen Griseldis. Um es ein klein wenig stärker auszudrücken: Da Penelope die einzige Frau von nicht übernatürlichem Wesen in dem ganzen Buch ist, ist es (für mich wenigstens) klar, daß die Begegnungen mit Kirke, Kalypso und Nausikaa für Odysseus Seelenabenteuer im mythischen Reich der Archetypen bedeuten, wo der Mann die Bedeutung der Frau *erfahren* muß, bevor er sie im Leben richtig empfangen kann.

1. Das erste Abenteuer des Odysseus nach seiner Abfahrt mit *zwölf Schiffen* von den Gestaden des besiegten Troja war ein Piratenüberfall auf Ismaros, eine thrakische Stadt. «Ich zerstörte die Stadt und tötete ihre Bewohner», schildert er diesen Akt. «Aber die Weiber und reichen Schätze nahmen und teilten so wir, daß keinem der gleiche Anteil der Beute verkürzt ward.» (IX,41–42; S. 126.)[31] Der brutalen Tat folgte *ein von Zeus gesandter Sturm*, durch den die Segel der Schiffe zerfetzt wurden. Daraufhin wurden sie *neun Tage lang ohne jede Kontrolle* herumgeworfen und von diesem Wind des Gottes über die Grenzen der bekannten Welt hinausgetragen.

2. «Am zehnten betrat ich *der Lotophagen Land*», erzählt Odysseus, «die Blumen als Speise genießen.» (IX,83–84; S. 127.) Aber diejenigen von seinen Männern, welche davon kosteten, sehnten sich nicht mehr danach heimzukehren (Lethe-Motiv, Vergessen: Hinwendung des Geistes auf den mythischen, das heißt inneren Bereich); deshalb schleppte er die Weinenden zurück auf die Schiffe, fesselte sie an die Balken des hohlen Verdecks und ruderte davon.

3. Odysseus und seine Flotte befanden sich jetzt in einem mythischen Bereich schwieriger Prüfungen und Übergänge. Zuerst kamen sie in *das Land der Kyklopen*, «weder nah noch auch fern» (IX,117; S. 128), wo der einäugige Riese Polyphemos, ein Sohn des Gottes Poseidon (der bekanntlich der Herr der Gezeiten und der Mann der zwei Königinnen war, ferner der Mann der Medusa), mit seinen Herden in einer Höhle hauste.

«Riesenhaft ragt er empor, ein Wunder, und gleicht keinem Manne, der sich von Brot ernährt; er gleicht einem waldigen Felsen, der im hohen Gebirge vor anderen einsam im Licht steht.» (IX,190–192; S. 130.)

Odysseus wählte *zwölf Männer* aus, die besten seiner Gefährten, ließ die Schiffe am Strand und machte sich auf zu der gewaltigen Höhle. Sie war überreich angefüllt mit Käse, gesondert eingepferchten Lämmern und Zicklein, Milchkübeln, Molkeschüsseln; und als die Schar eingetreten war und sich in Erwartung der Gastfreundschaft niedergelassen hatte, kam der Besitzer und trieb seine Herden herein. Er trug eine mächtige Bürde dürren Holzes, die er krachend in der Höhle zu Boden warf, so daß alle furchtsam zurückwichen und sich verbargen. Einen riesigen Türstein, wie ihn zweiundzwanzig starke vierrädrige Gespanne nicht hätten heben können, setzte er vor den Eingang der Höhle, ließ sich nieder, molk seine Schafe und Ziegen und brachte die Jungen zu ihnen. Dann machte er Feuer und erspähte seine Gäste.

Zwei wurden gleich zum Abendessen verspeist, zwei am nächsten Morgen zum Frühstück und zwei am Abend darauf (*sechs weniger*). Doch die Gefährten hatten unterdessen einen mächtigen Pfahl hergerichtet, mit dem sie dem Kyklopen sein eines Auges ausstechen wollten; und als der schlaue Odysseus, der angab, *Niemand* zu heißen, dem Riesen nahte und ihm Wein anbot, fiel Polyphemos, nachdem er zur Genüge getrunken hatte, zu Boden «und lag dort, mit dem starken Nacken seitlich gebeugt, und des Schlafes allbezwingende Macht ergriff ihn.» (IX,371–373; S. 135.) Wein und Brocken von Menschenfleisch, das er gerade verschlungen hatte, brachen aus seinem Schlund, und er rülpste betrunken. Weiter berichtet Odysseus:

Ich aber trieb sogleich den Pfahl hinein in die Asche,
Bis er sich glühend erhitzte. Ich sprach zu den Freunden und flößte
Mut ihnen allen ein, daß keiner mir furchtsam entwiche.
Als nun der Pfahl vom Holze des Ölbaums, so grün er gewesen,
In der Asche zu brennen begann und feurig erglühte,
Zog ich ihn aus dem Feuer heraus. Die Freunde umstanden
Mich und waren bereit. Die Gottheit hauchte uns Mut ein.
Sie ergriffen den Pfahl jetzt, dessen Spitze geschärft war,
Und sie stießen ins Auge hinein ihn, während ich oben
Stemmte und drehte, dem Mann gleich, der mit dem Bohrer von oben
Bohrt in das Schiffsholz hinein, wenn die andern unten den Riemen
Auf den Seiten fassen und unaufhörlich ihn schwingen.
So nun trieben ins Auge den feurigen Pfahl wir und drehten.

Heißes Blut drang hervor und umströmte ihm quellend das Auge.
Lider und Brauen versengte die Lohe; der Stern seines Auges
Brannte hinweg, und prasselnd verzehrte das Feuer die Wurzeln.
So wie ein schmiedender Mann die große Axt und das Breitbeil
Hin in das kalte Wasser taucht und das glühende Erz dann
Zischend dampft und sich härtet – denn Härte gewinnt da das Eisen –
So auch zischte sein Auge auf um den Pfahl von dem Ölbaum.
Fürchterlich heulte er auf, und ringsum hallte der Felsen.
Angstvoll stürzten wir weg in die Höhle. Er riß aus dem Auge
Wieder den Pfahl heraus, der befleckt vom strömenden Blut war,
Schleuderte weit ihn fort und wütete wild mit den Händen.
Laut rief er jetzt die andern Kyklopen herbei, seine Nachbarn,
Welche die Höhlen der windumwehten Höhen bewohnten.
Diese hörten sein lautes Geschrei und kamen gegangen,
Standen vor seiner Höhle und fragten, was ihn bekümmre.
«Warum, Polyphemos, rufst du so laut und von Schmerzen gebrochen
Durch die göttliche Nacht und störst uns alle im Schlafe?
Nimmt dir gewaltsam ein Sterblicher deine Schafe und Ziegen?
Bringt man gar dich selbst um, gewaltsam oder auch listig?»
Aus der Höhle rief Polyphemos wieder und sagte:
«Niemand bringt mich, o Freunde, mit List hier oder Gewalt um.»
Sie aber gaben ihm Antwort mit den geflügelten Worten:
«Bist du allein in der Höhle und tut dir niemand Gewalt an,
Hat dir wohl Zeus eine Krankheit gesandt, der keiner entgehn kann.
Darum bitte den Vater um Hilfe, den Herrscher Poseidon.»
So nun redeten sie und gingen. Da lachte das Herz mir,
Als sie der Name getäuscht und mein listiger, trefflicher Anschlag.
(IX,375–414; S. 135–136.)

Blieb allerdings noch das Problem, aus der verrammelten Höhle hinauszukommen. Der stöhnende Kyklop tappte mit den Händen umher, hob den Stein von der Tür und setzte sich in den Eingang. Odysseus band unterdessen listig drei feiste, wollige Widder aus der Herde zusammen, «schöne und große Tiere mit dunkelfarbener Wolle», und zwar insgesamt sechs Triaden von dieser Art. Der mittlere Widder von den dreien trug immer einen Mann, der sich an die Unterseite klammerte, während die zwei an den Seiten ihn schützten. Er selbst packte sich einen starken jungen Widder, den weitaus besten von allen, und schmiegte sich unter den wolligen Bauch; und sobald die erste Morgenröte erschien, drängten sich die neunzehn Widder zusammen mit der Herde aus der Höhle, von sieben Männern belastet.

Man beachte: die symbolische Durchbohrung des Auges («Bull-Auge»: analog zur Sonnentür ins Jenseits vor manchen Megalithgräbern); den symbolischen Namen Niemand (Selbstentäußerung am Eingang zum Jenseits: weil er nicht auf seiner weltlichen Person beharrte, seinem Namen und seinem Ruhm, kam Odysseus am Wächter der kosmischen Schwelle vorbei und gelangte in eine Sphäre transpersonaler Kräfte, über die das Ich keine Macht hat); Identifikation mit dem Widder (symbolisch ein Sonnentier: vgl. den ägyptischen Amun).

4. Die Schiffe segelten zur *Insel des Aiolos*, des Windgottes (pneuma, spiritus): eine schwimmende Insel, wo der Gott und seine zwölf Kinder, sechs Töchter und sechs Söhne, hinter einer Mauer von Erz wohnten. «Und er gab die Töchter alle den Söhnen zum Weibe. Immer bei Vater und Mutter saßen am Tisch sie und schmausten, und es standen vor ihnen unzählige Schüsseln voll Speisen.» (X,7–9; S. 142.)

«Und er gab einen Schlauch mir mit aus festester Stierhaut» [eigentlich: «aus der Haut eines neunjährigen Stieres»], sagte Odysseus. «Darin verschloß er Wege und Bahnen den heulenden Winden... Mit einer Schnur von schimmerndem Silber schloß er im hohlen Schiffe den Schlauch, damit ihm keiner der Winde entweiche. Mir aber gab er des Zephyrs sanften Hauch zum Begleiter, daß er die Schiffe und Männer führte.» (X,19–26; S. 142.)

Neun Tage und neun Nächte lang fuhren die Schiffe auf den aus dem Schlauch kommenden Winden, und am zehnten war die heimische Küste in Sicht. Doch während Odysseus schlief, öffneten seine Männer den Schlauch, um zu sehen, welche Reichtümer er enthielt, und ein heftiger Sturmwind trug die kleine Flotte zu Aiolos zurück, der sich diesmal jedoch weigerte, sie zu empfangen.

Man kann in diesem und dem folgenden Abenteuer symbolische Darstellungen einer häufigen psychischen Erfahrung entdecken:

zuerst die Hochstimmung (Jungs Ausdruck ist «Inflation»), dann die Depression, die Pennälern und Heiligen wohlvertraute manisch-depressive Phasenfolge. Nachdem sie die erste Stufe genommen hatte – nennen wir sie die Überschreitung einer Schwelle zu einer Art Erleuchtung –, wähnte die Schar sich bereits am Ziel; doch das Wagnis hatte kaum angefangen. In individualpsychologische Begriffe gefaßt: Während Odysseus, der beherrschende Wille, schlief, öffneten seine Männer, die unbeherrschten Funktionen, den Schlauch (die eine verbotene Sache). In soziologische Begriffe gefaßt: Die individuelle Leistung wurde vom Kollektivwillen zunichte gemacht. Oder die zwei Begrifflichkeiten zusammengenommen: Odysseus hatte sich noch nicht von der Identifikation mit seiner Gruppe, seinen Gruppenidealen, Gruppenurteilen usw. freigemacht; aber Selbstentäußerung bedeutet auch Gruppenentäußerung. Und nach der geistbeflügelten sozialen Inflation folgte so:

5. *Die Deflation, die Erniedrigung, die dunkle Nacht der Seele:* «Wir segelten weiter mit kummerbeladenem Herzen. Doch den Mut der Männer erschöpfte das ständige Rudern. Nirgends erschien uns Toren ein Ziel und nirgends die Heimkehr.» (X,77–79; S. 144.) Am siebten Tag solcher Plagerei erreichten sie *das Land der Laistrygonen*, eine üppige Stätte vieler Herden, und ein Spähtrupp ging an Land.

Sie erblickten vor sich eine Stadt und fingen vor der Stadt ein Gespräch mit einem Wasser holenden Mädchen an. Sie war die Tochter des Königs und führte sie in ihr Haus, wo sie auf ihre Mutter trafen, groß wie der Gipfel eines Berges und schrecklich anzuschauen. Die Mutter rief den König, und er, gleichfalls ein Gigant, ergriff einen der Gefährten und packte ihn zum Mahl, woraufhin die anderen bestürzt davonrannten. Der König stieß einen Kriegsschrei aus, und sogleich strömten von allen Seiten zahllose Laistrygonen zur Küste und zerschmetterten mit riesigen Steinen alle Schiffe bis auf eines.

6. Derart gedemütigt, geschwächt und geschlagen, war unserer großer Irrfahrer Niemand nunmehr für seine erste wesentliche Begegnung mit dem weiblichen Prinzip bereit, jedoch nicht nach den Spielregeln von Areté, Schönheit, Treue, Geduld oder Inspiration, sondern nach den Regeln, die die *schöngelockte Kirke* diktierte, eine

Nymphe, die der allen Menschen Licht bringende Helios mit einer Tochter des Okeanos gezeugt hatte.

Das Schiff landete heimlich an Kirkes Insel, und zwei Tage und Nächte ruhten die Männer an Land, und Leid verzehrte ihre Herzen. Doch als der dritte Tag dämmerte, ergriff Odysseus Lanze und Schwert, stieg auf eine Höhe und erspähte Rauch, der aus dem Wald dahinter aufstieg. Auf dem Rückweg zu seinen Männern tötete er einen Hirsch mit hohem Geweih, und sie labten sich daran und weinten um ihre verlorenen Gefährten. Dann zog eine Schar auf Kundschaft los, und in einem Waldtal entdeckten sie die Wohnung der Kirke, gebaut aus behauenem Stein.

Bergbewohnende Wölfe lagen umher dort und Löwen,
Von der Kirke verwandelt durch unheilschaffende Kräuter.
Diese Tiere griffen die Männer nicht an, sondern standen
Auf und umwedelten sie mit ihren buschigen Schweifen.
So wie um ihren Gebieter, wenn er vom Mahl kommt, die Hunde
Wedelnd springen, denn er bringt ihnen leckere Bissen,
So umwedelten klauengewaltige Wölfe und Löwen
Sie, die in Furcht gerieten, als sie die Untiere sahen.
Auf dem Torweg der lockigen, schönen Göttin vernahmen
Kirkes Gesang sie von innen; sie sang mit lieblicher Stimme,
Ging am Webstuhl dabei und webte ein großes Gewebe,
Zart und von herrlicher Schönheit, wie es Göttinnen schaffen.
Und der Männergebieter Polites, der teuerste, liebste
Mir von allen meinen Gefährten, sagte zu ihnen:
«Freunde, drinnen ist jemand und geht hin und her an dem Webstuhl.
Lieblich singt er dabei, es tönet ringsum der Estrich,
Göttin oder ein sterbliches Weib, doch laßt sie uns rufen.»
So nun sprach er zu ihnen, sie aber hörten und riefen.
Und die Göttin öffnete gleich die schimmernde Türe,
Kam heraus und rief sie, und arglos folgten ihr alle.
Nur Eurylochos blieb vor dem Haus, er ahnte die List schon.
Kirke führte die Männer herein und hieß sie sich setzen,
Mischte ihnen Käse, Gerstenmehl, gelblichen Honig
In den pramnischen Wein hinein und mengte die Speise

Mit verderblichen Kräutern, damit sie die Heimat vergäßen.
Sie aber tranken den Trank, den sie gab. Mit der Rute berührte
Alle sie dann und trieb sie in die Kofen von Schweinen.
Köpfe, Stimmen und Borsten hatten sie jetzt wie die Schweine,
Auch den Wuchs, doch blieb der Verstand wie vorher erhalten.
Kirke sperrte die Weinenden ein und schüttete ihnen
Früchte der Kornelkirsche hin und eßbare Eicheln,
Futter für die auf der Erde sich suhlenden, hausenden Schweine.
(X,210–243; S. 148.)

Nachdem der entsetzte Eurylochos die Nachricht zum Schiff gebracht hatte, warf Odysseus sich sein großes ehernes Schwert um, dazu seinen Bogen, und ging los. Unterwegs jedoch kam ihm *Hermes mit dem goldenen Stab* in der Gestalt eines Jünglings entgegen, dem der Flaum zu sprossen beginnt in der holdesten Zeit der Jugend, gab ihm die Hand und reichte ihm dann *ein treffliches Kraut*, Moly nennen es die Götter, um ihn vor Kirkes Zauber zu schützen. Dann warnte er ihn vor ihrer Ränke und sprach: «Wenn dich Kirke berührt mit der langen, geschmeidigen Rute, zieh sogleich dein scharfgeschliffenes Schwert von der Hüfte, stürme auf Kirke ein, wie wenn du sie morden wolltest. Dann wird sie furchtsam dich bitten, mit ihr das Lager zu teilen. Du aber weigre dich nicht, der Göttin Bett zu besteigen, daß sie die Freunde entzaubert und dich gastlich bewirtet. Aber laß sie den Eid der seligen Götter erst schwören, daß sie dir kein anderes Leid und Übel ersinne, dir die Kräfte nicht raube und feig und schwächlich dich mache.» (X,293–301; S. 150.)

Hermes ging durch die waldige Insel fort zum Olymp, und Odysseus tat wie geheißen. Und als Kirke den Eid geschworen und vollendet hatte, bestieg er endlich ihr herrliches Lager, indessen ihre Dienerinnen sich im Saal zu schaffen machten, vier Mädchen, geboren von Quellen und Hainen und heiligen Flüssen, die sich ins Salzmeer ergießen. Die in Schweine verwandelten Männer wurden bald darauf hereingetrieben, und Kirke ging durch ihre Reihen und bestrich jeden mit einem anderen Zauberkraut. «Von den Gliedern fielen die Borsten ab, die das arge Kraut erzeugte, das Kirke ihnen listig gegeben. Jüngere Männer wurden sie jetzt, als sie vorher gewesen, und viel schöner und stattlicher waren an Wuchs sie und Ansehn.» (X,393–396; S. 153.)

Diese «heilige Hochzeit» eines Helden, der zu Hause 360 Eber hatte, mit einer Göttin, die Männer in Schweine und wieder zurück verwandelt, schöner und stattlicher als zuvor, ruft uns in Erinnerung, daß in der Mythologie und den Riten Demeters und Persephones von Eleusis und in dem Fest der Anthesterien das Schwein das Opfertier war und Tod und Wiedergeburt versinnbildlichte[32] – wie es auch in den melanesischen Riten der Fall war, die wir bereits erwähnt haben. Geschützt vom Rat und der Kraft des Hermes, des Gottes mit dem Caduceus, war Odysseus auf Kirkes Insel in einen Kreis von Initiationen getreten, die gegenüber seiner früheren heroischen Lebenswelt die Kehrseite des zwieschlächtigen antiken Erbes bedeuteten. In der *Odyssee* wie in der Mythologie Melanesiens war die Göttin, die in ihrem schrecklichen Aspekt die kannibalische Unholdin der Unterwelt ist, in ihrem gütigen Aspekt die Führerin in dieses Reich und seine Wächterin und als solche die Spenderin unsterblichen Lebens.

7. Wir erfahren daher als nächstes, daß Kirke sich erboten hat, Odysseus den Weg in *die Unterwelt* zu weisen. «Göttlicher Laertiade, erfindungsreicher Odysseus», sprach sie, «... ihr müßt einen anderen Weg zunächst jetzt vollenden, müßt zu Hades' Haus und der schrecklichen Persephoneia und des Thebaners Teiresias wissende Seele befragen, müßt zu dem blinden Seher, der unverletzbar im Geist ist, denn auch dem Toten gewährte Persephoneia die Einsicht. Er allein ist besonnen, als Schatten flattern die andern.» (X,488–495; S. 155–156.)

Eine außerordentlich wichtige Eröffnung! Nicht alle im Haus des Hades sind bloße Schatten. Wer wie Teiresias das Geheimnis der zwei Schlangen gesehen hat und damit in Berührung gekommen ist, wer also, in gewissem Sinne wenigstens, beides gewesen ist, Mann und Frau, der kennt die Wirklichkeit von beiden Seiten, die jedes Geschlecht schattengleich nur auf seiner Seite erlebt, und hat in eben dem Maße das Wesen des Lebens für sich gewonnen, lebt also ewig.

Es gibt bei Sophokles ein Wort, das sich auf die Mysterien von Eleusis bezieht: «Dreimal selig sind die Sterblichen, die dieser Weihen Ziel geschaut und gehn zum Hades; denn es gibt allein für sie dort Leben, für die andren aber alles Leid.»[33]

Diese Vorstellung ist für das reife griechische Denken grundlegend, gerade durch sie unterscheidet es sich von seinem Abklatsch im akademischen Neoklassizismus. Sie ist der Ausdruck einer organischen Synthese der beiden Welten des doppelten griechischen Erbes, ja, man könnte sagen, daß sie letztlich das Pflücken vom zweiten wie auch vom ersten Baum im Garten Eden bedeutet – was unserem beklagenswerten Paar, das der anderen Tugendlehre folgte, verweigert wurde.

Auf Kirkes Anweisungen hin segelte Odysseus nunmehr mit seinem Schiff an den Rand der Welt, wo er zum Land und der Stadt der Kimmerer kam, gehüllt in Dunst und Gewölk, ein Land ewiger Nacht. Dort goß er sein Opfer für die Toten in eine Grube, die er ausgehoben hatte (im Gegensatz zu den olympischen Opfern, die emporgeschickt werden), und die Geister strömten mit hellem Geschrei von allen Seiten heran. Er redete mit denen, die er kannte: mit seiner Mutter, Teiresias, Phaidra, Prokris, Ariadne und mit vielen anderen, mit Agamemnon und mit Achilleus. Auch sah er dort den kretischen König Minos, den Sohn des Zeus, der in der Hand ein Szepter hielt und auf seinem Thron die Toten richtete.

Nun aber von Furcht erfaßt, daß Persephone ihm das Haupt der Medusa senden könnte, eilte der Irrfahrer davon und kehrte zu Kirke zurück, seiner Mystagogin, die ihm die letzte Unterweisung erteilte.

8. *Der Weg zur Insel des Helios und die Gefahren unterwegs:* Die Gefahren auf dem Weg waren: a) die Sirenen und b) entweder die Schlagenden Felsen oder auf einer anderen Strecke Skylla und Charybdis. Die erste Gefahr symbolisiert die Verlockung der Seligkeit des Paradieses oder, wie die indischen Mystiker sagen, den «Saft»: das Verweilen im Genuß paradiesischer Wonnen (die Seele ergötzt sich am erreichten Ziel) statt des Weiterstrebens nach unentzweiter, transzendenter Erleuchtung. Die anderen beiden Gefahren bedeuten gleichermaßen die letzte Schwelle der mystischen Vereinigungserfahrung, die über die Gegensatzpaare hinausführt: ein erlebtes Hinausgehen über die Kategorien der Logik (A ist nicht B, Du bist nicht Das), über alle Formen der Wahrnehmung zu ei-

nem wachen Teilhaben an dem allen Dingen innewohnenden Bewußtsein. Odysseus entschied sich für die Strecke zwischen dem Gegensatzpaar Skylla und Charybdis und gelangte hindurch.

Auf der Insel des Sonnengottes jedoch, zu der sie dann kamen, schlachteten, brieten und verzehrten seine Männer voll menschlicher Begierde etliche von den Rindern des Helios, während Odysseus schlief. Sie setzten wieder Segel und fuhren los, aber «schnell fiel und sausend Zephyros über uns her mit tosendem, brausendem Wirbel. Beide Taue des Masts zerriß uns der wütende Sturmwind.» (XII,407–409; S. 189.) Das Schiff kenterte und sank mit seiner ganzen Mannschaft bis auf Odysseus selbst, der, an Kiel und Mastbaum geklammert, überlebte – am Ende allein.

Und das war der Höhepunkt dieser Geistesfahrt.

Die Analogie dieser Krise zu der anderen der ersten großen Schwellenüberschreitung liegt auf der Hand. Auch der Gegensatz zum höchsten indischen Ideal der Erleuchtung ist offensichtlich. Denn wäre Odysseus ein Weiser Indiens gewesen, wäre er jetzt nicht allein auf dem Meer zurück zu seiner Frau Penelope getrieben, um das, was er gelernt hatte, im häuslichen Leben Frucht tragen zu lassen. Er hätte sich mit der Sonne, Helios, vereinigt – und wäre auf ewig Niemand geblieben. Und das bezeichnet auch, kurz gesagt, die Trennungslinie zwischen Indien und Griechenland, zwischen dem Weg der Ent-bindung und dem Weg tragischer Einbindung.

Man kann in der Tat die zwei Fahrten des Odysseus unter Kirkes Schirm, einerseits ins Land der Väter und andererseits zur Insel des Sonnengottes, mit den zwei Wegen vergleichen, die in den indischen Upanishaden von etwa 700–600 v. Chr. gelehrt werden, dem Weg des Rauches und dem Weg der Flamme.[34] In Indien wie in Griechenland hatte die Überlieferung von diesen zwei Wegen ursprünglich nicht zur arischen, sondern zur vorarischen Komponente des vereinigten Erbes gehört. Außerdem wurde sie den brahmanischen Göttern des arischen Patriarchats (nach einem in der *Kena-Upanishad* erhaltenen Mythos) von einer Göttin mitgeteilt: Umā, einer überaus bezaubernden Erscheinungsform der grausigen Kālī.[35]

Sowohl in Griechenland als auch in Indien war ein Dialog zwischen den zwei gegensätzlichen Ordnungen des patriarchalen und des matriarchalen Denkens zugelassen worden, wie er in der biblischen Tradition ausschließlich zum Vorteil der männlichen Seite bewußt unterdrückt wurde. Aber obwohl in Griechenland wie in Indien diese gegenseitige Beeinflussung gefördert wurde, waren die Ergebnisse in den zwei Kulturräumen nicht identisch. In Indien gewann die Macht der göttlichen Mutter schließlich in einem solchen Maße die Oberhand, daß das Prinzip der männlichen Ich-Initiative bis hin zur Austilgung des Willens zum individuellen Leben verdrängt wurde;[36] dagegen behaupteten in Griechenland der männliche Wille und das männliche Ich nicht nur ihren Stand, sondern gediehen in einer Weise, die zu der Zeit einzigartig auf der Welt war: nicht im Sinne des zwanghaften «Ich-will» der Kindheit (der normale Ich-Begriff im Orient), sondern im Sinne einer von «Ich-will» wie «Du-sollst» ledigen eigenverantwortlichen Intelligenz, welche die Welt der empirischen Tatsachen vernünftig betrachtet und eigenständig beurteilt, mit dem letzten Ziel, nicht irgendwelchen Göttern zu dienen, sondern den Menschen zur Reife zu führen. So hat Karl Kerényi auch die griechische Welt definiert: «eine vornehmlich sonnenhafte Welt, obwohl nicht die Sonne, sondern der Mensch in ihrem Mittelpunkt steht.»[37]

Damit kommen wir zur Heimfahrt, der Rückkehr des Odysseus aus der Unterwelt und von der Insel des Sonnengottes.

9. *Die Insel der Kalypso:* Wunderbarerweise schwamm der zurückkehrende Odysseus auf seinem Wrackrest noch einmal zwischen Skylla und Charybdis hindurch und trieb neun Tage auf dem Meer, bis er am zehnten Tage ans Ufer der Insel Ogygia geworfen wurde, wo die schöngelockte Kalypso wohnte. Die liebreizende Göttin, die dort in einer Grotte inmitten von zarten Wiesen, Blumen, Reben und Vögeln lebte und mit holder Stimme sang, während sie am Webstuhl hin- und herging und mit goldenem Schiffchen webte, pflegte ihn, bis er wieder zu Kräften kam. Er blieb acht Jahre bei ihr (eine Oktave, ein Äon) und vertiefte die Lehren, die er von der ersten Nymphe empfangen hatte, der schöngelockten Kirke. Als zuletzt die Zeit seiner Abreise nahte, sandte Zeus den wegweisenden Gott Hermes mit dem Auftrag zu ihr, sie möge ihren Eingeweihten schnellstmöglich entlassen. Widerwillig gehorchte sie. Er baute sich ein Floß, und als sie ihn gebadet und in duften-

de Gewänder gekleidet hatte, sah sie zu, wie er ablegte und auf dem Meer entschwand.

10. Doch Poseidon, der immer noch über die Blendung seines Sohnes, des Kyklopen, zürnte (wir kehren Stufe für Stufe, Station für Station durch die Wasser dieses tiefen, dunklen Nachtmeers der Seele zurück), schickte sämtliche Stürme, das Floß zu zerschmettern, und abermals in die salzige Flut geschleudert, schwamm Odysseus zwei Tage und Nächte lang. (Zum Glück für unsere heutigen sportlichen Rekorde nehmen wir die Mythen der Griechen nicht so wörtlich wie die der Bibel!) Schließlich wurde er auf der *Insel der Phaiaken* nackt an Land gespült. Hier folgte dann die charmante Episode mit der kleinen Prinzessin Nausikaa und der Schar ihrer Mägde, die zum Ballspielen an den Strand kamen. Dabei fiel ihnen der Ball ins Wasser, die Mädchen kreischten, und der große Mann, der langgestreckt im Gebüsch lag, erwachte von ihren Schreien. Er erschien, einen Zweig vor sich gehalten, und nach der ersten Furcht gaben die Mädchen (wieder das weibliche Prinzip, jetzt aber in entzückender Kindlichkeit) ihm Kleidung und zeigten ihm den Weg zum Palast.

An diesem Abend berichtete der große, weitgereiste Mann beim Gastmahl allen die Abenteuer seiner zehn Jahre; und die guten und freundlichen Phaiaken rüsteten ihm ein Schiff mit einer tüchtigen Mannschaft aus, das ihn nach Hause bringen sollte.

Decken und Tücher legten sie für den hehren Odysseus
Auf das Verdeck des Schiffes, damit er sanft dort entschlummre.
Selber nun stieg er ein und legte sich schweigend zur Ruhe.
Sie aber setzten sich, wie es die Ordnung gebot, an die Ruder,
Knüpften das Tau des Schiffes los vom durchlöcherten Steine,
Lehnten zurück sich dann und schlugen das Meer mit den Rudern.
Süßer, erquickender Schlummer senkte sich ihm auf die Lider,
Tiefer, lieblicher Schlaf, der nahe Bruder des Todes...
(XIII,73–80; S. 193)

11. Und: *«... der edle Odysseus erwachte von seinem Schlaf auf heimischer Erde.»* (XIII,187–188; S. 196.)

Hätte man es noch deutlicher sagen können?

Als Odysseus sich in den Tiefen der Nacht dem Palast der Kirke genaht hatte, war Hermes sein Führer geworden, und als die Zeit kam, von Kalypso zu scheiden, war wieder Hermes der Bote: der Führer der Seelen, der Gott mit dem Caduceus und den drei Göttinnen. Jetzt dagegen, wo er nach langer Fahrt aus dem Nachtmeer mythischer Formen aufgetaucht war und sich wieder auf der Ebene des Wachlebens mit ihrer Welt gesellschaftlicher (nunmehr häuslicher) Realitäten befand, sollte seine Führerin *Athene* sein. Sie erschien ihm am Strand in der Gestalt eines jungen Mannes, «jugendlich schön und stark, wie die Knaben der Könige aussehn, in einem Mantel, der doppelt gefaltet lag um die Schultern, an den Füßen Sandalen und in den Händen der Wurfspieß. Als Odysseus sie sah, ging er freudig bewegt ihr entgegen, redete zu ihr mit geflügelten Worten...» (XIII,222–227; S. 197.)

Athene hatte bereits seinen Sohn Telemachos dazu bewegt, aus dem Palast seiner Mutter herauszutreten, den die um ihre Hand anhaltenden Freier im Bunde mit den Mägden zu einem Bordell gemacht und geplündert hatten. Sie hatte sich in der Gestalt eines Fremden vor das Tor des Palastes gestellt, und der Jüngling, der mit bekümmertem Herzen unter den Freiern gesessen und von seinem trefflichen Vater geträumt hatte, sah den Besucher und stand auf, um ihn auf dem Torweg zu begrüßen. Nach dem Mahl an jenem Abend hatte sie ihm geraten, auf die Suche nach seinem Vater zu gehen, und ihn auf den Weg geschickt. Jetzt also brachte sie die beiden zusammen.

Und die Begegnung fand in der Hütte des Sauhirten statt.

Damit erleben wir in diesem Epos von Auszug, Einweihung und Rückkehr aufs neue, daß das archaische eleusinisch-melanesische Schweinemotiv die zentrale Aussage trägt und den Rahmen für die hohen Momente abgibt, in denen die zwei Welten von Ewigkeit und Zeit, Tod und Leben, Vater und Sohn verschmelzen.

Die noch verbleibenden Episoden sind:

12. *Odysseus' Ankunft zu Hause:* Von Athene äußerlich in einen Bettler verwandelt (noch immer Niemand), wurde der heimgekehrte Herr des Hauses nur von seinem Hund und seiner uralten Amme erkannt. Diese erspähte über seinem Knie die alte Narbe einer Wunde, die ihm einst ein Eberhauer gerissen hatte. (Man

vergleiche Adonis und den Eber, Attis und den Eber und in Irland Diarmuid und den Eber.) Odysseus hieß die Amme schweigen und noch eine Weile dem schamlosen Treiben der Freier und Mägde in seinem Hause zusehen; denn jetzt sollte der letzte Akt kommen:

13. Penelope hatte sich bereit erklärt, denjenigen von den Anwesenden zu heiraten, der den starken Bogen ihres Gemahls spannen und *zwölf Beile durchschießen* könne. Keiner der Freier vermochte den Bogen auch nur zu spannen. Mehrere mühten sich redlich. Der frisch hinzugekommene Bettler meldete sich daraufhin und wurde verhöhnt. Dann aber richteten sich aller Augen auf Odysseus,

> ...der schon den Bogen bewegte,
> Ihn nach den Seiten drehte und sorgsam hier und dort prüfte,
> Ob in der langen Zeit nicht Käfer das Holz ihm zerfressen.
> ... Aber Odysseus
> Dreht und drehte den großen Bogen und prüfte genau ihn.
> So wie ein Mann, der im Lautenspiel und Gesange geübt ist,
> Mühlos versteht, mit dem neuen Wirbel die Saite zu spannen,
> Wenn er den festen Schafdarm oben und unten verknüpft hat,
> So auch spannte Odysseus mühlos den mächtigen Bogen.
> Mit der Rechten prüfte er jetzt die Sehne des Bogens,
> Und sie zwitscherte schön wie das liebliche Zwitschern der
> Schwalbe.
> Angst ergriff da die Freier, und sie erblaßten vor Schrecken.
> Mächtig rollte der Donner des Zeus jetzt, das Zeichen des Gottes,
> Und mit freudigem Herzen hörte der Dulder Odysseus,
> Daß ihm der Sohn des verborgenen Kronos ein Zeichen gesendet.
> Nach dem scharfen Pfeil griff er jetzt, der vor ihm auf dem Tisch lag,
> Während im hohlen Köcher noch alle die anderen steckten,
> Welche die Schar der achaiischen Jünglinge bald nun verspürte.
> Bogen hielt er und Pfeil und zog in die Sehne die Kerbe,
> Saß im Sessel und sandte den Pfeil genau auf das Ziel hin.
> Keines der Beile verfehlte sein Flug, und vom ersten
> Fuhr der eherne Pfeil durch alle hindurch und heraus dann.
> (XXI,393–422; S. 322–323.)

Nachdem der Sonnenheld seinen Zug durch die zwölf Zeichen und seine Herrschaft im Palast derart demonstriert hatte, ging er gewaltig daran, die Freier zu erschießen. «So starben sie jammervoll klagend, zappelnd und zuckend noch mit den Füßen, aber nicht lange.» (XXII,472–473; S. 337.) «Wann du immer es wünschst, wird dir dein Lager bereitet», sprach zu guter Letzt die kluge und treue Penelope zu ihm. «Sprich mir jetzt von dem Kampf, daß auch ich von ihm weiß und ihn kenne, denn es ist gut, daß ich jetzt schon erfahre, was uns bevorsteht.» (XXIII,257–262; S. 346.)

4
Die Polis

Der Sprung aus dem dunklen Zeitalter der barbarischen Kriegerkönige Homers in das Tageslicht des strahlenden Athen – das sich im fünften Jahrhundert v. Chr. plötzlich wie eine rasch aufgehende Blume zur verheißungsvollsten Neuheit auf Erden entfaltet hatte – ist vergleichbar einem stufenlosen Übergang vom Knabentraum (mythologisch getriebenes Leben) zum selbstbestimmten Jungmannesalter. Der menschliche Verstand, der es zuletzt gewagt hatte, den keifenden alten goldgeschuppten Drachen «Du-sollst» zu töten, stimmte jetzt, erfüllt von der Ahnung des Neuen, sein eigenes Löwengebrüll an. Und wie das brennende Brüllen der aufgehenden Sonne die Herden der Sterne zerstreut, so blies das neue Leben das alte aus, nicht allein für Griechenland, sondern (wenn sie eines Tages die Augen zu öffnen gelernt hat) für die ganze Welt.

«Die Verfassung, nach der wir leben, vergleicht sich mit keiner der fremden; viel eher sind wir für sonst jemand ein Vorbild als Nachahmer anderer», erklärte Perikles (495?–429) in seiner berühmten Totenrede, in der er das Leben pries, um dessen Bewahrung die Athener zu der Zeit im Peloponnesischen Krieg kämpften.

> Mit Namen heißt sie, weil der Staat nicht auf wenige Bürger, sondern auf eine größere Zahl gestellt ist, Volksherrschaft. Nach dem Gesetz haben in den Streitigkeiten der Bürger alle ihr gleiches Teil,

der Geltung nach aber hat im öffentlichen Wesen den Vorzug, wer sich irgendwie Ansehen erworben hat, nicht nach irgendeiner Zugehörigkeit, sondern nach seinem Verdienst; und ebenso wird keiner aus Armut, wenn er für die Stadt etwas leisten könnte, durch die Unscheinbarkeit seines Namens verhindert. Sondern frei leben wir miteinander im Staat und im gegenseitigen Verdächtigen des alltäglichen Treibens, ohne dem lieben Nachbarn zu grollen, wenn er einmal seiner Laune lebt... Dann haben wir uns bei unsrer Denkweise auch von der Arbeit die meisten Erholungen geschaffen: Wettspiele und Opfer, die jahraus, jahrein bei uns Brauch sind, und die schönsten häuslichen Einrichtungen, deren tägliche Lust das Bittere verscheucht. Und es kommt wegen der Größe der Stadt aus aller Welt alles zu uns herein. So können wir von uns sagen, wir ernten zu grad so vertrautem Genuß wie die Güter, die hier gedeihn, auch die der übrigen Menschen.

Anders als unsre Gegner sorgen wir auch in Kriegssachen. Unsere Stadt verwehren wir keinem, und durch keine Fremdenvertreibungen mißgönnen wir jemandem eine Kenntnis oder einen Anblick, dessen unversteckte Schau einem Feind vielleicht nützen könnte; denn wir trauen weniger auf die Zurüstungen und Täuschungen als auf unsern eigenen, tatenfrohen Mut. Und in der Erziehung bemühen sich die andern mit angestrengter Übung als Kinder schon um Mannheit, wir aber mit unsrer ungebundenen Lebensweise wagen uns trotz allem in ebenbürtige Gefahren. ...

Wir vereinigen in uns die Sorge um unser Haus zugleich und unsre Stadt, und den verschiedenen Tätigkeiten zugewandt, ist doch auch in staatlichen Dingen keiner ohne Urteil. Denn einzig bei uns heißt einer, der daran gar keinen Teil nimmt, nicht ein stiller Bürger, sondern ein schlechter, und nur wir entscheiden in den Staatsgeschäften selber oder denken sie doch richtig durch. Denn wir sehen nicht im Wort eine Gefahr fürs Tun, wohl aber darin, sich nicht durch Reden zuerst zu belehren, ehe man zur nötigen Tat schreitet. Denn auch darin sind wir wohl besonders, daß wir am meisten wagen und doch auch, was wir anpacken wollen, erwägen, indes die andern Unverstand verwegen und Vernunft bedenklich macht. Die größte innere Kraft aber wird man denen mit Recht zusprechen, die die Schrecken und Freuden am klarsten erkennen und darum den Gefahren nicht

> ausweichen. Auch im Edelmut und der Treue ist ein Gegensatz zwischen uns und den meisten. Denn nicht mit Bitten und Empfangen, sondern durch Gewähren gewinnen wir uns unsre Freunde. Zuverlässiger ist aber der Wohltäter, da er durch Freundschaft sich den, dem er gab, verpflichtet erhält – der Schuldner ist stumpfer, weiß er doch, er zahlt seine Leistung nicht zu Dank, sondern als Schuld. Und wir sind die einzigen, die nicht so sehr aus Berechnung des Vorteils wie aus sicherer Freiheit furchtlos andern Gutes tun.[38]

Nach einer Feuerprobe, wie nur wenige sie überstanden hätten, hatten die Griechen die zahlenmäßig weit überlegenen Truppen Persiens vernichtend zurückgeschlagen, nicht nur einmal, sondern viermal, und standen jetzt auf der Schwelle des Jahrhunderts, das die Reifung des menschlichen Verstandes weltgeschichtlich am entscheidendsten vorantreiben sollte. Zu Recht waren sie stolz, Freie zu sein statt Sklaven, die einzigen auf der Welt, die endlich gelernt hatten, wie man menschenwürdig lebt: nicht als Diener eines Gottes, gehorsam einem herbeigeredeten göttlichen Gesetz, noch auch als eingepaßte Schräubchen im Getriebe einer gleichgültig umlaufenden kosmischen Ordnung, sondern als vernünftig urteilende Menschen, deren Gesetze per Abstimmung beschlossen und nicht «erhört» wurden, deren Kunstschaffen die Humanität feierte und nicht die Divinität (denn selbst die Götter waren jetzt Menschen geworden) und in deren Wissenschaften folglich zu guter Letzt die Wahrheit gegen die Einbildung das Haupt erhob. Eine aufgedeckte kosmische Ordnung wurde nicht als ein Raster für die menschliche Ordnung aufgefaßt, sondern als deren Rahmen oder Begrenzung. Auch wurde die Gesellschaft nicht über die in ihr lebenden Menschen in einen Stand der Heiligkeit erhoben. Man begreift, was für ein Wunder an neuer Gesinnung die großartige, irdische Humanität der griechischen Polis nach diesen ganzen von der Religion bestimmten Jahrtausenden in der Welt darstellte. Wie H. D. F. Kitto so treffend sagt: «Die Griechen hatten herausgefunden, wie man am richtigsten lebt, und sicher hätte ein Grieche diese Entdeckung seiner Landsleute allen anderen vorangestellt.»[39]

Die Auswirkung dieser Wende auf das Panorama der Mythologie zeigt sich erstens in dem extremen Anthropomorphismus des griechischen Pantheons und zweitens in der vagen und doch stets empfundenen Gegenwart der Macht der Moira, des Schicksals, das selbst den Göttern Schranken setzt. Im Gegensatz zu der älteren bronzezeitlichen Auffassung von einem friedlichen, mathematisch geordneten und vom Rhythmus der Planeten bestimmten Prozeß, in dessen Räderwerk alle Dinge verschaltet sind und als dessen ausführende Organe sie dienen, behauptet die griechische Anschauung einen undefinierbaren Bezirk, in dessen Grenzen sowohl die Götter als auch die Menschen ihre individuellen Willen betätigen, immer in Gefahr, die undefinierten Grenzen zu verletzen und zu Fall zu kommen, und doch mit genug Spiel – wenn auch eingeschränkt –, um von Menschen ersonnene Ziele schöne Wirklichkeit werden zu lassen.

Im Gegensatz auch zu der biblischen Auffassung (die im Islam noch pointierter wird), wonach ein willensfreier personaler Gott, selbst unbegrenzt durch Gesetze, der Ordnung des Weltalls vorausgeht, waren die griechischen Götter Aspekte des Weltalls – Kinder des Chaos und der großen Erde, genau wie die Menschen. Und selbst das Chaos und die große Erde brachten unsere Welt nicht durch schöpferische Willensäußerungen hervor, sondern wie Samen Bäume hervorbringen, aus der natürlichen Selbstentfaltung ihrer Wesenheit heraus. Das Geheimnis dieser Selbstentfaltung kann man in den Mysterien und das ganze Leben hindurch still erfahren oder erahnen, aber es ist nicht definierbar als der Wille, das Werk oder der göttliche Plan einer Person.

Es stimmt, daß in den Homerischen Epen die große männliche Person Zeus in einer Weise über der Handlung des Stückes steht, die zunächst der Rolle Jahwes zu ähneln scheint. Zeus jedoch beherrscht das Geschehen nur hinsichtlich des Menschen, ist er doch selbst an die Fügung des Schicksals gebunden. Außerdem treten seiner Macht selbst innerhalb seines Herrschaftsbereichs andere Götter entgegen, ja sogar Menschen, die andere Götter für ihre Sache einnehmen. In der späteren Dichtung dann, wo die Tendenz auftritt, Zeus über die Moira zu erheben und seinen persönlichen Willen zum Schicksal zu erklären, ist dieser Wille nicht willkürlich, sondern wird als Naturgesetz begriffen, und die persönliche Besonderheit des Gottes wird derart zurückgenommen, daß Zeus lediglich ein männlicher Name für das wird, was ansonsten Moira heißt.

Zu keiner Zeit in der Geschichte des eigentlich griechischen Denkens taucht daher die Vorstellung eines Buches mit moralischen Satzungen auf, die ein personaler Gott aus einer den Naturgesetzen vor- und übergeordneten Sphäre heraus erläßt. Der sowohl für die Synagoge als auch für die Moschee kennzeichnende Gelehrtentyp, an dem die akribische Suche nach dem letzten Körnchen Sinngehalt in der Schrift höher geehrt wird als alle Wissenschaftlichkeit, konnte die Griechen nie begeistern. In den großen levantinischen Traditionen steht solche Scholastik an erster Stelle und damit im Gegensatz zu der wissenschaftlichen Einstellung der Griechen: denn wenn die von der Wissenschaft erforschte Erscheinungswelt nur eine Ausgeburt des Willens Gottes und dieser göttliche Wille veränderlich ist, wozu sollte dann überhaupt eine Erforschung der Natur nutz sein? Die ganze Erkenntnis des Welturgrundes, nämlich des Willens Gottes, ist dem Menschen durch die Gnade Gottes in dem Buch, das er gegeben hat, mitgeteilt worden. Ergo: Lies, lies lies, steck deine Nase in seine gesegneten Seiten, und überlaß es den Heiden, den Mond anzuschmachten.

Die Griechen schmachteten den Mond an – und jetzt fahren die Menschen zum Mond, der doch kein Gott ist, wie sich herausgestellt hat. Die vernunftgeleitete Erforschung der Welt als eines Feldes von beobachtbaren Tatsachen fing, wie wir alle wissen, mit den Griechen an. Denn als sie den Mond, oder die rosenfingrige Morgenröte, anschmachteten, fielen sie nicht davor auf ihr Angesicht, sondern traten heran, Mensch zu Mensch, oder Mensch zu Göttin – und fanden schon damals, was auch wir gefunden haben: daß zwar tatsächlich alles ein Wunder ist, aber sich dennoch überprüfen läßt.

Thales von Milet (ca. 640–546 v. Chr.) war der erste empirische Philosoph in den Annalen der Welt und bei seinem Tod ein uralter Mann. Er soll «das Wasser für den Urgrund [ἀρχή] der Dinge» erklärt haben, aber auch, «daß alles von Göttern erfüllt sei» und «der Magnetstein besitze Seele, weil er das Eisen in Bewegung setzt.»[40]

Es fällt uns heute etwas schwer, über zwei derartige Aussagen in Aufregung zu geraten, zumal sie wenig mehr zu sagen scheinen, als was die Mythen schon Jahrhunderte vorher gesagt hatten, daß nämlich alles von Göttern erfüllt und aus der Wassertiefe hervorgegangen sei. Jedoch das Neue hier ist eine neue Einstellung: nicht Glaube an eine überkommene Lehre oder ihre passive Hinnahme, sondern aktive, denkende Untersuchung. Die Implikationen dessen werden deutlich, wenn man feststellt, daß Anaximander (ca. 611–547 v. Chr.), der Schüler des Thales, die Gedanken seines Meisters nicht wiederholte, sondern etwas völlig anderes sagte, nämlich daß die Arché das ἄπειρον sei, «das Unbegrenzte, Unendliche»: weder Wasser noch sonst eines der Elemente, sondern eine von allen verschiedene Substanz, die unendlich sei und aus der alle Himmel und die Welten in ihnen hervorgingen.

Im Unbegrenzten sind die Gegensatzpaare: feucht und trocken, warm und kalt usw. Aus ihrem Wechsel entsteht die Welt. «Aus welchem Stoff den jeweils entstehenden Dingen aber die Entstehung wird, dahin müssen sie auch zugrunde gehen», erklärt Anaximander. «Denn sie zahlen einander Strafe und Buße für die Ungerechtigkeit, gemäß der Festsetzung (Ordnung) der Zeit.»[41]

Im Winter begehe die Kälte Ungerechtigkeit gegen die Hitze, im Sommer die Hitze gegen die Kälte; doch ein Prinzip der Gerechtigkeit sorge für den Ausgleich. Die Erde hänge frei im Raum, von nichts getragen, aber an Ort und Stelle gehalten, weil in gleichem Abstand von allem. Die Himmelskörper seien Räder aus Feuer; Donner und Blitz, Sturmwinde. Das Leben sei aus dem feuchten Element im Zuge seiner Verdunstung durch Feuer hervorgegangen; der Mensch hätte anfangs Fischgestalt gehabt.

Mit Anaximander haben wir in der Tat einen großen Schritt über die ältere, personifizierende Mythenbildung hinaus getan. Und ein anderer Schüler des Thales brachte noch eine weitere Auffassung vor: Die Arché ist Luft, der Atem, sagte Anaximenes (ca. 585–526). Durch Verdünnung und Verdichtung teile sie sich in verschiedene Substanzen auf: Verdünnt werde die Luft Feuer, verdichtet Wind, Wolke, Wasser, Erde und Stein.[42]

Wir müssen anmerken, daß auch in Indien zu dieser Zeit eine Entwicklung des philosophischen Denkens erfolgte, die wir am besten aus dem Sānkhya-System und den Klassifikationen der Jainas kennen;[43] und auch dort wurde eine vernunftgeleitete Forschung nach der Ursubstanz oder dem Urelement unternommen. Es wurde je nachdem gesehen im Raum oder Äther (*ākāsha*), aus dem sich die Elemente Luft, Feuer, Wasser und Erde in dieser Reihenfolge verdichtet hätten; im Atem (*prāna*); in der Dyade Seele und Nichtseele (*jīva-ajīva*); als numinose Kraft (*brahman*); als Leere (*shūnyatā*)... Eine Klassifikation aller Wesen einschließlich der Götter nach der Zahl ihrer Sinne, der Gedanke einer Entwicklung und Entartung der Formen und das alles in Wechselbeziehung zu einer inneren, psychologischen Wissenschaft versprachen darüber hinaus eine außerordentlich differenzierte Ausbildung der objektiven Forschung.

In Indien jedoch trug der Grundsatz der Unvoreingenommenheit nie den Sieg davon über die praktische Anwendung, vor allem zu psychologischen und gesellschaftlichen Zwecken. Die brillanten Kosmologien, die aus einem großen Aufbruch des schöpferischen Denkens heraus entstanden sein müssen (möglicherweise um 700–600 v. Chr.), waren schon zur Zeit des Buddha (563–483) bloße Folien geworden: Bilder zur frommen Betrachtung in der Absicht, das Bewußtsein von der Welt *abzuziehen*, nicht auf sie hinzulenken. Der Forschergeist, dem sie wohl einmal entsprungen waren, hatte sich bereits zu einer statischen Tradition mechanischer Wiederholung verhärtet; und wie in Religionen üblich, wurden Kosmologien auch dann noch beibehalten und den unkritischen Jungen beigebracht, als die bekannten Tatsachen sie längst widerlegten. So hieß es für eine mögliche orientalische exakte Wissenschaft bald: Ruhe in Frieden.

In der griechischen Welt war die Gesinnung, die der indischen am nächsten kam, die der dionysisch-orphischen Bewegung, die im sechsten vorchristlichen Jahrhundert ihren Höhepunkt in dem streitbaren Puritanismus von Buddhas älterem Zeitgenossen Pythagoras (ca. 582–500 v. Chr.) erreichte. In der älteren orphischen Lehre war eine negative Haltung zur Welt eingenommen worden. In dem großen orphischen Mythos wurde der Mensch als eine Mischung aus der Asche des Dionysos und der Titanen dargestellt.[44] Die Seele (dionysischer Faktor) war göttlich, aber der Körper (titanischer Faktor) hielt sie gefangen. Das Schlagwort dafür lautete *soma sema*, «der Körper ein Grab». Und eine Lehre des Denkens wie des Handelns, die sich ganz mit der indischen Asketik deckte, wurde von eingeweihten Meistern an einen kleinen Jüngerkreis weitergegeben. Die Seele, so hieß es, kehrt wiederholt ins Leben zurück, gefesselt an das Rad der Wiedergeburt (sanskrit *samsāra*). Durch Askese (sanskrit *tapas*) jedoch kann der Körper von seiner titanischen Schlacke geläutert (sanskrit *nirjarā*, «Nichtalterung, Häutung») und die Seele befreit werden (sanskrit *moksha*, «Befreiung»). Auch Rituale, die die Versenkung (sanskrit *bhakti*, «liebende Hingabe») in den göttlichen Wirker förderten, waren hilfreich. Und wenn schließlich der Eingeweihte in der Ekstase (*samādhi*) zu seinem innersten Wesenskern (*svasvarūpam*) durchdrang, war er selbst göttlich (*shivāham*, «Ich bin Shiva»).

> Ein reines Leben führe ich, seit ich
> Eingeweihter des Zeus vom Ida wurde
> und des nächtlichen Zagreus ekstatischen Rausch
> und die rohverschlingenden Mähler feierte
> und der Bergmutter die Fackeln schwang
> und geheiligter kuretischer Bakchant
> genannt wurde.
> Weißgekleidet fliehe ich der Menschen
> Zeugung und Geburt, kein Grab
> berühre ich und verschmähe
> atmende Nahrung als Speise.[45]

Zu den Exerzitien gehörte eine vegetarische Lebensweise, wie wir den letzten beiden Zeilen entnehmen; und wenn wir die Aussage davor über das Feiern der «rohverschlingenden Mähler» wörtlich nehmen sollen, so muß im orphischen wie auch im dionysischen Kult ein rituelles Essen von rohem Fleisch (Omophagie) stattgefunden haben. Es hat auch den Anschein, als wäre irgendeine heilige Hochzeit entweder vollzogen oder simuliert worden. Wir hören zuerst von der Verschleierung des Neophyten als Braut, dann davon, daß ein Líknon, ein schaufelförmiger Weidenkorb, mit einem Phallus und Früchten darin vor ihn gebracht wurde (vgl. oben Abb. 7), und schließlich, daß ihm eine Schlange aus Gold oben in den Busen gesteckt und unten herausgezogen wurde: der Gott als Vater seiner selbst, wiedergeboren vom Mysten.

Ich kann keinen *grundlegenden* Unterschied zwischen diesen Angaben und der indischen Jaina-Sānkhya-Vedānta-Lehre von der Befreiung feststellen, höchstens den, daß diese Lehre sich in Griechenland nie richtig durchsetzte, sondern untergeordnet und im Widerspruch zur allgemeinen positiven Einstellung der Kultur blieb. Es hat Versuche gegeben zu zeigen, daß die Bewegung aus Indien stammte, aber die Wahrscheinlichkeit ist nicht groß. Wahrscheinlicher ist ein gemeinsamer Ursprung in der archaischen bronzezeitlichen Ordnung, die in ihren letzten Phasen eine negative Umwandlung – von mir als die *Große Wende* bezeichnet[46] – durchmachte, als nach Jahrhunderten der Überfälle, des Mordens und Raubens erst in Ägypten und dann in Mesopotamien eine Klageliteratur entstand. Der Brennpunkt des religiösen Interesses verschob sich daraufhin für viele von dieser Welt auf die nächste, und Übungen, die in früheren Zeiten auf das Erlangen der Vollkommenheit gerichtet gewesen waren, wurden jetzt in Mittel zur Flucht umgeformt.

Der Name Orpheus selbst gehört zur ältesten Schicht griechischer Namen: den auf -eus endenden (zum Beispiel Atreus). Sie sind vorhomerisch. Frühe Darstellungen zeigen ihn, wie er mit der Kraft seines Gesangs Tiere anlockt; auch als Sänger der Festversammlung, dessen Zuhörer bezeichnenderweise Männer sind. Karl Kerényi meint sehr einleuchtend, daß Orpheus die Grundidee einer Initiation verkörpere, die auch die wildesten Wesen, Tiere und in der Wildnis lebende Männer, verwandelt. Eine solche Gestalt könnte bei der Einweihung junger Männer von Bedeutung gewesen sein – in der wilden Natur, unter Ausschluß von Frauen. Dort «erschloß sich ihnen in Gesang und Musik etwas Wesentliches, von der blutvergießenden Wildheit Erlösendes ..., das den Zeremonien des Übergangs aus dem unreifen Alter in das reife einen tieferen Sinn gab.» Der Verkünder dieses Mysteriums spielte auf der Leier, aber war mehr als bloß ein Sänger.

Später, in der Periode des griechischen Stadtlebens, losgelöst vom älteren Boden stammesgebundener Männergeheimriten, paßten die sogenannten Ὀρφεοτελεσταί, die «Weihepriester des Orpheus», ihre geistigen Künste den neuen religiösen Bedürfnissen an. Die Arten ihrer Durchführung teilten sich jetzt in eine niedrige, weitgehend rituelle und eine höhere, rein geistige, philosophische Richtung, wo die Initiatoren in der Tat Philosophen waren: zuerst die Pythagoreer, aber dann auch andere, Empedokles etwa, bis hin zu den uns so lieben und wohlbekannten Gästen des Platonischen Gastmahls.[47]

In der Lehre des Pythagoras wurde die philosophische Suche nach der Arché, dem Ursprung und Urgrund aller Dinge, weitergetrieben zu einem Nachdenken über das Problem des Zaubers der Orphischen Leier selbst, durch den die Herzen der Menschen besänftigt, geläutert und des Göttlichen in ihnen wieder teilhaftig werden. Sein Schluß war, daß die Arché die Zahl sei, die in der Musik hörbar werde und durch eine Resonanzwirkung die Seele berühre und in bestimmte Stimmungen versetze. Dieser Gedanke liegt den Künsten Indiens und des Fernen Ostens gleichermaßen zugrunde und geht vielleicht bis auf das Pyramidenzeitalter zurück. Es war jedoch, soweit wir wissen, Pythagoras, der ihn erstmals systematisch ausführte als ein Prinzip, durch das Kunst, Psychologie, Philosophie, Rituale, Mathematik und sogar Wettkämpfe als Aspekte einer einzigen Wissenschaft von der Harmonie begriffen werden konnten. Darüber hinaus war dieser Ansatz durch und durch griechisch. Indem er Saiten der gleichen Spannung abdrückte, so daß sie verschiedene Töne gaben, und die Teillängen maß, entdeckte er die Zahlenverhältnisse 2:1 für die Oktave, 3:2 für die Quinte und 4:3 für die Terz. Darum, so erklärt Aristoteles, hielten die Pythagoreer die Elemente der Zahlen für die Elemente aller Dinge und den ganzen Himmel für Zusammenklang und Zahl.[48] So wurde denn zu guter Letzt Wissen, nicht Ekstase der Weg zur Erkenntnis; und den alten Wegen des Mythos und der rituellen Kunst gesellte sich harmonisch das beginnende Abenteuer der griechischen Wissenschaft im Dienste des neuen Lebens hinzu.

1) s. in „D. Kunst d. Fuge"
2) Vorsicht! Pythagor. Komma!!

TEIL DREI

Das Zeitalter der großen Klassiker

KAPITEL V

Die Perserzeit: 539–331 v. Chr.

1
Ethischer Dualismus

Im November des Jahres 1754 trat ein junger Franzose, Abraham Hyacinthe Anquetil-Duperron (1731–1805), als gemeiner Soldat in die französische Armee ein, um nach Indien zu segeln, wo er zu finden hoffte und in der Tat fand, was von den Werken des sagenumwobenen persischen Propheten Zarathustra auf der Erde übriggeblieben war. Im Jahre 1771 erschien seine Ausgabe des *Zend-Avesta*; und der Fortschrit, den die Orientalistik seitdem zu einem Verständnis des Einflusses dieser Schriften auf die Lehren sowohl des Christentums als auch des Islam gemacht hat, war zwar ungemein langsam, aber sicher und überzeugend.

Die Worte des persischen Propheten sind wie Juwelen in der Fassung eines späteren liturgischen Werkes überliefert, des sogenannten *Yasna*, «Opfer», das eine Sammlung von Gebeten, Bekenntnissen, Anrufungen und dergleichen ist, geordnet von Priesterhand je nach den Ritualen, in denen sie benutzt wurden. Die Kapitel fallen in drei Abteilungen: Kapitel 1–27 sind priesterliche Anrufungen; Kapitel 28–34, 43–51 und 53 sind die *Gāthās* des Propheten (Predigten, Gesänge und Verkündigungen in einem erheblich älteren Dialekt als das übrige Werk); und Kapitel 35–42, 52 und 54–72 sind wieder priesterliche Anrufungen, die eine stärker systematisierte Theologie erkennen lassen als die ursprünglichen *Gāthās* selbst.

L. H. Mills setzt in der Einleitung zu seiner Übersetzung des *Yasna* für die *Gāthās* einen Zeitraum ungefähr zwischen 1500 und 900 v. Chr. an.[1] Eduard Meyer datiert den Propheten auf etwa 1000 v. Chr.[2] Und Hans Heinrich Schaeder weist ihm aufgrund der Beobachtung, daß die in den *Gāthās* gezeichnete Gesellschaftsordnung den Propheten in eine Welt «kleine(r) Gaufürsten, die sichtlich nicht unter einem gemeinsamen Oberherrn stehen», stellt, ein Datum vor dem Aufstieg des medischen Großreiches im siebten Jahrhundert v. Chr. zu.[3] Andererseits gibt es eine einflußreiche Richtung, die einen König Vishtāspa, der in den *Gāthās* genannt wird,[4] mit Hystaspes, dem Vater des Königs Dareios, gleichsetzen und so den Propheten sogar auf etwa 550 v. Chr. vordatieren möchte.[5] Das Problem ist äußerst kompliziert, Argumente und Fürsprecher haben alle Seiten. Jedoch die Beweise für das hohe Alter der Sprache, die Gesellschaftsordnung und die religiöse Atmosphäre können nicht leichtfertig – nicht einmal gewichtig – vom Tisch gefegt werden. Sie sind da. Und Eduard Meyer, ein Meister seines Faches, bemerkt mit gelehrter Verwunderung: «Daß es noch immer Gelehrte gibt, die die Gleichsetzung dieses Königs mit Dareios' Vater Hystaspes für möglich oder auch nur für diskutabel halten, gehört zu den Unbegreiflichkeiten, die sich auf diesem Gebiet besonders stark und verhängnisvoll geltend gemacht haben, und zeigt, wie völlig fern so manchen bedeutenden Philologen auch hier alles Verständnis für Geschichte und historisches Denken liegt.»[6]

Meyer hat Zarathustra «die erste Persönlichkeit, die schöpferisch gestaltend in die Religionsgeschichte eingreift», genannt.[7] Noch früher war natürlich der Pharao Echnaton, «dessen solarer Monotheismus aber keinen Bestand gehabt hat».[8] Dagegen können die großen Fragen, die in den Gāthā-Dialogen zwischen dem Gott der Wahrheit Ahura Mazdā und seinem Propheten Zarathustra erstmals zur Sprache gebracht wurden, die gesamte Geschichte der abendländischen ethischen Religiosität hindurch – im Gegensatz zur metaphysischen Religiosität des Orients – in vielfältigen Echos und Echos dieser Echos vernommen werden: auf griechisch, lateinisch, hebräisch und aramäisch, arabisch und in jeder Sprache des Westens.

Das erste radikal Neue an dieser Lehre bestand darin, daß sie die Frage der letztgültigen Natur und Bestimmung des Menschen wie auch der Welt rein ethisch abhandelte. Im indischen Orient wurde niemals der Versuch gemacht, in den religiösen Bereich irgendein Prinzip grundsätzlicher Weltreform oder Welterneuerung einzuführen. Die kosmische Ordnung der Äonen, immerfort kreisend in einem gewaltigen Reigen unvermeidlicher Wiederkehr – von Ewigkeit zu Ewigkeit –, konnte durch keinen Akt des Menschen jemals von ihrem majestätischen Lauf abgebracht werden. Die Sonne, der Mond, die Sterne auf ihren Bahnen, die verschiedenen Tierarten und die Kasten des orthodoxen indischen Gesellschaftssystems würden für alle Zeit fest in ihrer Einrichtung verharren; und Wahrheit, Tugend, Ekstase und wahres Sein lagen wie eh und je darin, zu tun, was von jeher getan worden war – ohne Murren, ohne Ich, ohne eigenes Urteil, genau wie vorgeschrieben. Dem Einzelnen standen daher nur zwei Wege offen: Entweder er nahm das ganze System hin und bemühte sich, seine Rolle als Darsteller in dem Stück zu spielen, nach besten Kräften, ohne Hoffnung oder Furcht; oder er entsagte, löste sich von allem und ließ das Narrenstück weiterlaufen. Das höchste Sein alles Seienden (oder buddhistisch ausgedrückt, die Leere der wahnhaften Erscheinungswelt) lag jenseits des Zugriffs ethischer Urteile, überhaupt jenseits aller Gegensatzpaare: gut und böse, richtig und falsch, Sein und Nichtsein, Leben und Tod. Der Weise (wie man solche nannte, die nach vielen Leben zuletzt zur Einsicht in die Müßigkeit allen Hoffens gelangt waren), «gequält vom Feuer des Weltumtriebs, der aus Geburt, Tod usw. besteht, geht – wie einer dessen Kopf brennt zum Wasser –»[9] daher entweder in den Wald, um dort über das Nichtsein des Seienden hinauszuspringen, oder er bleibt im Feuer, um sich durch unablässige Hingabe an die eitle Welt – ohne Hoffnung, aber voller Mitleid – bereitwillig zu Nichts verbrennen zu lassen.

Die Ausrichtung einer solchen Denkungsart war metaphysisch; nicht ethisch oder rational, sondern transethisch, transrational. Und wie in Indien, so war auch im Fernen Osten, ob in den mythischen

Gefilden des Shintō, des Taoismus und Konfuzianismus oder im Mahāyāna-Buddhismus, die Welt etwas, das es nicht zu reformieren galt, sondern das man nur erkennen und verehren und dessen Gesetzen man gehorchen mußte. Persönliche und gesellschaftliche Unordnung entstand aus dem Abweichen von diesen kosmischen Gesetzen, und eine Reform ließ sich nur durch die Rückkehr zur unwandelbaren Wurzel erzielen.

Nach Zarathustras neuer mythischer Anschauung dagegen war die Welt, so wie sie war, verderbt – nicht von Natur, sondern durch ein Unglück – und mußte durch menschliches Handeln reformiert werden. Weisheit, Tugend und Wahrheit lagen daher in der Bindung an sie, nicht in der Losbindung von ihr. Und die Trennungslinie der Entscheidung zwischen Sein und Nichtsein war ethischer Natur. Im Urzustand nämlich war die Schöpfung Licht, Weisheit und Wahrheit gewesen, woraufhin sich jedoch Finsternis, Trug und Lüge eingeschlichen hatten, und die Pflicht des Menschen bestand nun darin, diese durch seine Rechtschaffenheit in Gedanke, Wort und Tat auszurotten.

Genauer gesagt, haben nach dieser Lehre zwei gegensätzliche Mächte die Welt, in der die Menschen leben, gestaltet und erhalten sie: einmal Ahura Mazdā, der Herr des Lebens, der Weisheit und des Lichtes, der Schöpfer der rechten Ordnung; doch dann auch sein Widersacher Angra Mainyu, der Dämon der Lüge, der, als die Welt erschaffen war, jedes ihrer Teilchen verdarb. Diese zwei Mächte sind gleichursprünglich, denn sie sind von Ewigkeit an dagewesen. Allerdings sind sie nicht beide ewig, denn der Dämon der Lüge muß am Ende der Zeit, wenn die Wahrheit allein obsiegen wird, zunichte gemacht werden. Damit hätten wir neben der ersten Neuheit des zarathustrischen Systems, seiner ethischen Grundeinstellung, eine zweite, nämlich seine fortschrittsgläubige Sicht der kosmischen Geschichte. Diese ist nicht der alte, unaufhörliche Kreislauf der archaischen bronzezeitlichen Mythologien, sondern eine einmalige und endgültige Abfolge von Schöpfung, Fall und fortschreitender Erlösung, die in einem letzten, entscheidenden, unumstößlichen Sieg des einen ewigen Gottes der Gerechtigkeit und Wahrheit gipfelt. Doch lesen wir die Worte des Propheten selbst:

Verkünden will ich denn die beiden Geister zu Anbeginn des Daseins,
Von denen der Heiligere also sprach zum Argen:
«Nicht stehen unsrer beider Gedanken, nicht unsere Verkündigungen, nicht unsere Ratschlüsse
Noch unsere Glaubensbekenntnisse, nicht unsere Worte noch unsere Werke,
Nicht unsere Wesenheiten, nicht unsere Seelen miteinander in Einklang!»

Verkünden will ich denn dieses Daseins Anbeginn,
Den mir der Allweise Herr, der es ja weiß, kund tat.
Die unter euch, die diesen Spruch nicht so verwirklichen,
Wie ich ihn denke und kund tue,
Denen wird des Daseins Ende zum Weheruf![10]

Eine dritte Lehre spricht von bestimmten, vom Schöpfer ausgehenden Mächten, die ihre Entsprechungen im Menschen erwecken. An vorderster Stelle unter diesen stehen die Erzengel «Guter Sinn» und «Rechte Ordnung», denen «Herrschaft» und «Frömmigkeit» zur Hilfe eilen, begleitet von «Vollkommenheit» und «Unsterblichkeit». Entgegengesetzt sind ihnen die Mächte der Lüge, genannt «Böser Sinn» und «Falscher Anschein», «Feigheit», «Heuchelei», «Elend» und «Verderben». Diese beiden Seiten treten später systematisiert als gegensätzliche Hierarchien guter Amesha Spentas und böser Daēvas auf – woher denn auch die christlichen Ordnungen der Engel und Teufel stammen. In den *Gāthās* jedoch gibt es noch kein Anzeichen für eine solche systematisierte Angelologie; die verschiedenen Mächte werden fast unterschiedslos genannt und angerufen, um den Geist des Frommen zu beflügeln. Darüber hinaus sind sie sowohl «Gott» als auch «von Gott»; und sie haben ihre Entsprechung im «hellichten Sinn» jedes Menschen.

Der ich Euch, Allweiser Herr, umwandeln will mit Gutem Sinn:
Gewährt mir beider Welten – der stofflichen wie auch der geistigen – Segnungen kraft göttlichen Rechts, durch die es (seine) Mitstreiter in seliges Gefild versetze![11]

Von hoher Bedeutung ist überall der Gedanke der individuellen Willens- und Entscheidungsfreiheit. Man soll nicht dem Trott oder irgendwelchen Befehlen folgen wie ein Herdentier, sondern als denkender Mensch handeln. In einem bekannten Vers lesen wir:

> Vernehmet mit den Ohren höchste Werte, betrachtet mit hellichtem Sinn
> Die beiden Bekenntnisse der Entscheidung, Mann für Mann, jeder für sich selbst,
> Um – ihrer wohl gewahr – noch vor dem Großen Gang für uns sich zu erklären.[12]

Wer sich für seine Sache entschieden hat, soll daran festhalten, nicht allein im Denken, sondern auch in Wort und Tat. Denn so schrieb der Prophet:

> Wer seinen Sinn bald besser bildet, Allweiser, und bald böser,
> Der bildet so auch seine Wesenheit – durch Werk und Wort.
> Sie schmiegt sich seinen Neigungen, Wünschen, Überzeugungen an.
> In Deinem Ratschluß wird sie dereinst abgesondert sein.[13]

Wenn dann die Bahn des Lebens durchlaufen ist, wird die Seele an der Cinvat-Brücke, der Brücke des Gerichts, erfahren, was sie sich verdient hat.

Es gibt eine denkwürdige Darstellung dieser Brücke in einem späten zarathustrischen Werk, «Das Buch Ardā Virāf», verfaßt zu einem nicht gesicherten Zeitpunkt in der spätsassanidischen Periode der nachhellenistischen zarathustrischen Restauration (226–641 n. Chr.). Das Dokument schildert die an Dante erinnernde Fahrt eines glühenden Visionärs, der lebendigen Leibes in Trance ins Jenseits gelangt. Also beginnt sein Bericht :

> Mit dem ersten Schritt im Namen des Guten Denkens, dem zweiten Schritt im Namen des Guten Wortes und dem dritten Schritt im Namen der Guten Tat kam ich an die Cinvat-Brücke, die sehr breite und starke, erschaffen von Ahura Mazdā. Dort angekommen, sah ich

die Seele eines Verstorbenen, die in den ersten drei Nächten zu Häupten der Leiche sitzen bleibt, und sie sprach diese Worte der Gāthās: «Wohl dem, der Sorge trägt, daß sein eigenes Wohl das eines andern ist!»

Und in diesen drei Nächten ward dieser Seele so viel Wohl, Trost und Lust, wie sie in der Welt geschaut hatte, und das bemaß sich nach dem Trost, dem Glück und der Freude, die sie gespendet hatte. Als dann der dritte Morgen dämmerte, verzog sich diese fromme Seele in den süßen Duft der Bäume, süßer als alle Düfte, die ihrer Nase unter den Lebenden geschmeichelt hatten, und dieser Dufthauch kam zu ihr aus dem Süden, der Gegend Gottes.

Da erschienen ihr ihre eigene Religion und ihre eigenen Werke in Gestalt einer Jungfrau, schön anzuschauen, mit voll entwickeltem Wuchs und schwellenden Brüsten, das heißt, ihre Brüste wölbten sich nach unten, was Herz und Seele entzückt. Und ihre Gestalt war so strahlend wie ihr Anblick erfreulich und ihre Betrachtung reizvoll. Die Seele an der Brücke fragte die Jungfrau: «Wer bist du? Was für ein Wesen bist du? Niemals habe ich in der Welt der Lebenden eine Jungfrau von anmutigerer Gestalt und schönerem Körper gesehen, als du sie besitzt.» Sie antwortete: «O Jüngling voll guter Gedanken, guter Worte, guter Werke und guter Religion, ich bin deine eigenen Handlungen. Deines guten Willens und deiner guten Taten wegen bin auch ich groß und gut, süß duftend, obsiegend und sorgenfrei, wie du es siehst. Denn in der Welt hast du die Gāthās gesungen, das gute Wasser geopfert, das Feuer gehütet und den Frommen Ehre erwiesen, die zu dir kamen von nah und fern. War ich auch anfangs schon drall, so wurde ich es durch dich noch mehr, war ich schon gut, so wurde ich durch dich noch besser, saß ich schon auf leuchtendem Sitz, so wurde mein Sitz durch dich noch leuchtender, war ich schon erhöht, so wurde ich durch dich noch mehr erhöht – durch deine guten Gedanken, guten Worte und guten Werke.[14]

Als er diese schöne Begegnung der Seele mit ihrer Fravashi (ihrem überirdischen Alter ego, poetisch auch «Geist des Weges» genannt) mit angesehen hatte, wurde der fahrende Ardā Virāf von zwei Engeln, dem «Gottesgehorsam» und dem «Verehrungswürdigen Feuer», an der Hand genommen, die Brücke verbreiterte sich, und er schritt hinüber, wo ihn dann noch weitere Engel schützten. Zahlreiche Weggeister der Gerechten, die auf die zu ihnen gehörenden Lebenden warteten, verneigten sich vor ihm zum Gruß. Auch ein richtender Engel war da, in der Hand eine gelbgoldene Waage, mit der er die Frommen und die Bösen wog. Seine zwei Beschützer sagten zu Ardā Virāf: «Komm her, damit wir dir Himmel und Hölle zeigen: den Ort der Aufrichtigen und den Ort der Lügner: die Wirklichkeit Gottes und der Erzengel und die Unwirklichkeit Angra Mainyus und seiner Dämonen: die Auferstehung der Toten und den künftigen Körper.»

Die zwei Beschützer, der Gottesgehorsam und das Verehrungswürdige Feuer, führten den Visionär zuerst an einen Ort, wo er die Seelen verschiedener Menschen sah, die immer in derselben Stellung standen. «Wer sind diese hier?» fragte er. «Und warum stehen sie so?» Darauf antworteten seine zwei Beschützer: «Diesen Ort nennt man ‹Die in derselben Stellung Stehenden›. Diese Seelen stehen hier bis zum Kommen des künftigen Körpers. Es sind die Seelen jener Menschen, deren Tugend und Sünde gleich groß sind. Ihre Strafe ist Kälte oder Hitze vom Wechsel der Atmosphäre, und sie haben keine sonstige Pein.»

Der Visionär und seine Führer setzten dann den ersten Schritt in das Sterngefild, den Ort, wo gute Gedanken ihren Lohn empfangen. Die Seelen dort flammten von Licht gleich dem Funkeln der Sterne, und ihre Throne und Sitze waren leuchtend und erhaben und voll von Glücksglanz. «Was für ein Ort ist das?» fragte der Wanderer. «Was sind das hier für Menschen?» Und er erhielt den Bescheid: «Das sind die Seelen derjenigen, die in der Welt keine Verehrung darbrachten, keine Gāthās sangen, keine Verwandtenehen schlossen und keine Königsherrschaft, Landesherrschaft oder Sippenherrschaft ausübten, sondern durch andere Tugend fromm wurden.»

Der zarathustrische Dante tat dann den zweiten Schritt in das Mondgefild, wo gute Werke ihren Lohn finden. «Dies sind die Seelen», erfuhr er, «die in der Welt keine Verehrung darbrachten, keine Gāthās sangen, keine Verwandtenehen schlossen, sondern durch andere Tugend hierherkamen, und ihr Licht gleicht dem Licht des Mondes.»

Mit dem dritten Schritt gelangte er in das Sonnengefild, wo gute Taten ihren Lohn finden. Dort war das Strahlen, das da heißt «das Höchste der Höchsten», und er sah die Frommen auf goldgewirkten Thronen und Teppichen. Ihr Licht war dem Licht der Sonne gleich. «Dies sind die Seelen», sagte man ihm, «die in der Welt gute Herrschaft, Landesherrschaft und Sippenherrschaft ausgeübt haben.»

Er machte noch einen vierten Schritt und kam an den Ort des Glanzes, genannt «Allherrlich», wo ihm die Seelen der Verstorbenen entgegenkamen, den Segenswunsch sagten, Lobgesang darbrachten und sagten: «Wie bist du hierher gekommen, o Frommer? Aus jenem vergänglichen, unheilvollen Dasein bist du zu diesem unvergänglichen, unheilfreien Dasein gekommen. Koste also die Unsterblichkeit, denn hier siehst du ewige Wonne.»

Von einem goldgewirkten Thron erhob sich der Erzengel Guter Sinn. Er faßte die Hand des Besuchers, und mit den Worten: «Gutes Denken, gutes Wort, gutes Werk», brachte er ihn mitten unter Gott, die Erzengel und die Seligen, dazu die Weggeister von Zarathustra und seinen Söhnen wie auch die übrigen Religionsbringer und Religionsführer, deren er niemals leuchtendere oder bessere gesehen hatte.

«Sieh, dies ist Ahura Mazdā!» sagte der Erzengel Guter Sinn, und Ardā Virāf erwies ihm Verehrung. Doch als Ahura Mazdā sprach, stauntc er, denn er sah zwar ein Licht und hörte eine Stimme und verstand: «Dies ist Ahura Mazdā», aber er sah keinen Körper. «Verehrung dir, Ardā Virāf!» sagte die Stimme. «Sei willkommen! Du bist aus jener vergänglichen Welt zu diesem reinen Ort des Lichtes eingegangen.» Ahura Mazdā befahl den beiden Führern: «Bringt Ardā Virāf hin und zeigt ihm die Stelle der Belohnung der Gerechten und der Bestrafung der Glaubensfeinde!»

Also wurde er an den Ort der Freigebigen gebracht, die reich geschmückt einhergehen, und zu denen, welche die Gāthās gesungen hatten. Sie trugen goldbestickte und silberbestickte Gewänder. Er sah die Seelen derjenigen, die Verwandtenehen geschlossen hatten; die der guten Herrscher und Könige, der Großen und der Aufrichtigen; Frauen von vortrefflichen Gedanken, Worten und Werken, fügsam, die ihren Mann als Herrn angesehen, Wasser,

Feuer, Erde, Bäume, Rinder, Schafe und alle übrigen guten Schöpfungen Gottes geehrt und die Rituale der Religion vollzogen hatten, ohne zu zweifeln. Diese hatten juwelenbesetzte Kleider aus Gold und Silber an. Es waren auch die Seelen derjenigen da, welche die Schriften auswendig gekannt, die Riten feierlich begangen hatten; Krieger und Könige, deren vortreffliche Waffen aus Gold waren, mit Juwelen besetzt, herrlich gearbeitet. Er sah die Seelen derjenigen, die viele schädliche Wesen auf der Erde getötet hatten; Ackerbauern in schwerer, majestätischer Tracht, die den Geistern des Wassers und der Erde, der Bäume und des Viehs Lobpreis darbrachten; Künstler, die in der Welt ihren Herrschern und Führern gut gedient hatten; Hirten, die ihre Herden vor Wölfen, Dieben und Tyrannen bewahrt hatten; Hausväter und Richter, Oberhäupter von Dorfsippen, Lehrer und Prüfer, Fürsprecher und Schlichter und die um ihrer Frömmigkeit willen Herausragenden: alle auf Thronen sitzend, groß, glänzend und reichverziert, in einem strahlenden Lichtraum, nach Basilienkraut duftend, voll Glücksglanz und Freude, ohne Überdruß.

Aber der Wanderer schildert in seinem Bericht von seiner großen Vision noch andere Stätten:

> Ich kam zu einem großen, schrecklichen, höllenfinsteren Fluß. In diesem Fluß befanden sich viele Seelen und Weggeister. Einige waren nicht imstande hindurchzukommen, einige kamen nur mit großem Ungemach hindurch, und einige kamen leicht hindurch. Und ich fragte: «Was für ein Fluß ist dies? Und diese Menschen, welcher Art sind sie, die in solchem Ungemach stehen?» Der Gottesgehorsam und das Verehrungswürdige Feuer erwiderten: «Dieser Fluß sind die vielen Tränen, die die Menschen aus ihren Augen lassen, hinter den Abgeschiedenen her, und Jammern und Klagen und Weinen machen sie gar viel. Diese Tränen vergießen sie ungesetzlich, und sie vermehren dadurch diesen Fluß. Diejenigen, die nicht imstande sind hinüberzukommen, sind solche, für die nach ihrem Hinscheiden viel Jammern und Klagen und Weinen gemacht wurden. Und die, die leichter hindurchkommen, sind solche, für die es in geringem Maße getan wurde. Sage darum zu der Welt: ‹Solange ihr in der irdischen Welt seid, macht nicht ungesetzlich viel Jammern und

Klagen und Weinen, da so viel Unheil und Schwierigkeiten daraus entstehen für die Seelen eurer Hingeschiedenen!›»

Dann kehrte Ardā Virāf zu der Cinvat-Brücke zurück.

Jetzt aber sah ich die Seele eines der Glaubensfeinde, der in jenen drei Nächten, in denen sie zu Häupten ihres Leichnams saß, so viel Elend gezeigt wurde, wie sie nie zuvor in der Welt gesehen hatte. Und ich fragte: «Wessen Seele ist das?» Ein kalter, stinkender Wind schlug ihr aus der Gegend der Dämonen entgegen, dem Norden, und darin sah sie ihre eigene Religion und ihre eigenen Werke daherkommen in Gestalt einer schlampigen Frau, nackt, verkommen, glotzäugig, krummbeinig, dürrhüftig und unendlich befleckt, ein Fleck neben dem andern. Sie war in der Tat die abscheulichste, widerwärtigste und schmutzigste Kreatur, und sie stank.

Die böse Seele sprach also: «Wer bist du, deren ich in der Schöpfung des Gottes der Wahrheit und des Dämons der Lüge nie eine häßlicher, schmutziger und stinkiger gesehen habe?»

«Ich», sagte die Frau, «bin deine eigenen schlechten Handlungen, o Jüngling voll böser Gedanken, böser Worte, böser Werke und böser Religion. Deines Willens und deiner Taten wegen bin ich abscheulich und gemein, frevelhaft, krank, verdorben, übelriechend, elend und geplagt, wie du es siehst. Denn wenn du einen beim Vollzug der Riten, in Lobpreis, Gebet und Gottesdienst, beim Hüten und Schützen des Wassers, des Feuers, des Viehs, der Bäume und der anderen guten Schöpfungen sahst, tatest du dagegen den Willen des Herrn der Lüge und seiner Dämonen mit unrechten Handlungen. Und wenn du einen sahst, der den von nah und fern kommenden Guten und Ehrbaren gastfreundliche Aufnahme mit verdienten Geschenken und Mildtätigkeit gewährte, so warst du im Gegenteil geizig und hieltest deine Tür verschlossen. Denn war ich auch anfangs schon ungesetzlich, so wurde ich durch dich noch ungesetzlicher, war ich schon schrecklich, so wurde ich durch dich noch schrecklicher, war ich schon zittrig, so wurde ich durch dich noch zittriger, und siedelte ich schon in der nördlichen Gegend der Dämonen, so wurde ich durch dich noch weiter nördlich angesiedelt – infolge jener bösen Gedanken, bösen Worte und bösen Werke, die du übtest.»

Dann tat diese böse Seele den ersten Schritt in das Gefild Böser Gedanken, den zweiten in das Gefild Böser Worte und den dritten in das Gefild Böser Werke. Doch die Engel faßten meine Hand, so daß ich ohne Schaden durch alles hindurchging. Auf diese Weise schaute ich Kälte, Hitze, Dürre und Gestank von einem solchen Ausmaß, wie ich es nie zuvor in der Welt gesehen noch auch davon gehört hatte.

Ich sah die gierige Hölle, tief gleich einem grauenhaften Brunnen, an einem sehr engen und schreckenerregenden Ort, nach unten gehend, in einer Finsternis so dunkel, daß man einen an der Hand fassen muß, und mit einem Gestank von solcher Art, daß jedermann, dem ein solcher Wind in die Nase kommt, sich mühen wird, fest zu bleiben, aber trotzdem zittern und stürzen muß, und in solcher engsten Enge, daß es niemandem möglich ist zu bestehen. Und jedermann denkt: «Ich bin ganz allein.» Und wenn bloß drei Tage und Nächte vorüber sind, meint er, die neuntausend Jahre seien zu Ende, da die Zeit abgelaufen ist und die Auferstehung des Körpers geschieht. «Die neuntausend Jahre sind nun voll», sagt er, «aber sie werden mich nicht mehr loslassen!» Überall, auch wo es nicht so schlimm ist, steht das Ungeziefer doch bergehoch, und es zerreißt und nimmt die Seele der Glaubensfeinde hinweg und zerstreut sie, wie ein Hund einen Knochen. Aber geführt von Gehorsam und Feuer kam ich leicht vorüber.

Ich sah die Seele eines Mannes, dem eine Schlange, einem Balken gleich, durch das Gesäß eindrang und durch den Mund wieder herauskam. Und viele andere Schlangen nahmen alle seine Glieder in Besitz. Ich fragte: «Was für eine Sünde hat dieser Mensch im körperlichen Dasein begangen, daß es seiner Seele eine so schwere Vergeltung einträgt?» Ich bekam zur Antwort: «Dies ist die Seele eines Mannes, der in der Welt Päderastie trieb.»

Ich sah die Seele einer Frau, der man immerzu Unrat und Schmutz der Menschen Becher auf Becher zu trinken gab. Und ich fragte: «Was für eine Sünde hat dieser Mensch in seinem körperlichen Dasein begangen, daß es seiner Seele eine so schwere Vergeltung einträgt?» Sie erwiderten: «Dies ist die Seele einer glaubensfeindlichen Frau, die menstruierend sich nicht fernhielt und sich nicht in gesetzmäßiger Weise verhielt, sondern sich Wasser und Feuer näherte.»

Ich sah auch die Seele eines Mannes, dem man die Haut vom Kopf abzog. Er hatte in der Welt einen frommen Mann getötet. Ich sah die Seele eines Mannes, in dessen Mund unaufhörlich der Menstruationsausfluß von Frauen gegossen wurde, während er sein eigenes Kind briet und verzehrte. «In der Welt», wurde mir gesagt, «hatte dieser glaubensfeindliche Mann mit einer menstruierenden Frau Verkehr.»

Die Anblicke dieses schrecklichen Schmerzensloches nahmen kein Ende. An ihren Brüsten hing eine Frau, die in der Welt ehebrecherisch gewesen war, von unten angefressen von scheußlichen Tieren; es gab Männer und Frauen, unterschiedlich stark angefressen, die in der Welt ohne Schuhe gegangen, ohne anständige Kleidung dahergekommen waren oder im Stehen uriniert hatten; einer, dessen Zunge bis zum Kinn heraushing und von scheußlichen Kreaturen gefressen wurde, war in der Welt ein Verleumder gewesen; dann kam auf einer Streckbank ein Geizhals, auf dessen ganzen Körper tausend grausame Dämonen eintrampelten und ihn gräßlich quälten; Frauen, die ihren Kindern die Milch vorenthalten hatten, gruben mit ihren Brüsten Berge auf; andere rissen sich die Brüste mit Eisenkämmen auf, weil sie ihren Gatten untreu gewesen waren; eine leckte ständig mit ihrer Zunge an einem heißen Ofen, sie hatte in der Welt ihren Herrn beschimpft; viele hingen an einem Bein, während ihnen durch alle Leibesöffnungen Frösche, Skorpione, Schlangen, Ameisen, Fliegen, Würmer und andere scheußliche Kreaturen hinein- und hinauskrochen, weil sie im Leben falsch gewesen waren; und dann stand noch ein Mann in Gestalt einer Schlange, aber mit menschlichem Kopf als Säule da, er war vom rechten Glauben abgefallen...

Es liegt reichlich unerfreulicher Stoff zum Nachdenken in der Feststellung, daß sowohl in dieser Vision des Ardā Virāf als auch in Dantes *Göttlicher Komödie* die Höllenqualen viel anschaulicher beschrieben sind, mit unendlich stärkerer Einbildungskraft, als die Seligkeit des Paradieses, wo wir nie etwas anderes zu sehen bekommen als verschiedene Lichtstärken und sanfte Scharen, die schön gekleidet dasitzen, dastehen oder einherschlendern. Die wahrhaft grauenhafte Chronik der Martern zieht sich noch über Seiten hin;

und als der gräßliche und stinkende Höllenschlund in seinem ganzen Umfang in Augenschein genommen war: «Da», schreibt der Visionär, «sah ich den Bösen Geist, den tödlichen Weltverderber, dessen Gesetz Bosheit ist, wie er die in der Hölle in einem fort schmähte und verhöhnte und ihnen zurief: ‹Warum habt ihr jemals mein Werk verrichtet und, eures Schöpfers vergessen, nur meinen Willen getan?›» Doch endlich:

> Danach brachten meine zwei Engelführer, der Gottesgehorsam und das Verehrungswürdige Feuer, mich aus diesem finsteren, grausigen Ort ins ewige Licht und an die Versammlungsstätte Ahura Mazdās und seiner Engel. Und als ich ihm Verehrung erweisen wollte, sprach Ahura Mazdās gnädig zu mir: «Ein vollkommener Diener bist du mir gewesen, o frommer Ardā Virāf. Du bist mir als Bote von den mich Anbetenden auf Erden gekommen. Geh jetzt zu ihnen zurück, und wie du gesehen und verstanden hast, so sprich aufrichtig zur Welt. Sage, Ardą Virāf, zu den mich Anbetenden: ‹Es gibt nur einen Weg der Frömmigkeit, den Weg der ersten Religion; die andern Wege sind gar keine. Nehmt den einen Weg, der Frömmigkeit ist, und weicht nicht davon ab, ob in Wohl oder Wehe, unter keinen Umständen; sondern übt gute Gedanken, gute Worte und gute Werke. Und wisset auch dies: Das Rind ist Staub, das Pferd ist Staub, Silber und Gold sind Staub, und der Körper des Menschen ist Staub. Der allein vermischt sich nicht mit Staub, welcher in der Welt die Frömmigkeit preist und Pflichten und gute Werke verrichtet.› Du bist vollkommen, Ardā Virāf, gehe hin und gedeihe: denn jede Lauterkeit und Läuterung, die du tust und hältst im Gedenken an Gott, kenne ich, ich kenne sie alle.»

«Und als ich diese Worte hörte», schließt das wundersame Werk, «verneigte ich mich tief vor dem Schöpfer Ahura Mazdā, woraufhin die zwei großen Engel, der Gottesgehorsam und das Verehrungswürdige Feuer, mich wacker und glücklich an diesen mit Teppichen ausgelegten Ort beförderten, wo ich jetzt schreibe.

Möge der Glücksglanz der guten Religion der Mazdayasnier triumphieren!

Fertiggestellt in Gesundheit, Wohlergehen und Freude.»[15]

2
Der Fall der Welt und ihre Erneuerung

Der persische Mythos von Schöpfung, Fall und Erneuerung der Welt, der nicht nur die messianischen Vorstellungen des Judentums und Christentums zutiefst beeinflußt hat, sondern auch ihre Parodie in der Marxschen proletarischen Apokalypse des Schlußkapitels von *Das Kapital*, Band I, ist nur in einer späten Pehlevischrift (mittelpersisch) bewahrt, dem *Bundahish*, «Urschöpfung», die wie das «Buch Ardā Virāf» ein Erzeugnis der spätsassanidischen Restauration 226–641 n. Chr. war. In ihrer gegenwärtigen Form wurde sie erst etwa 881 n. Chr. abgeschlossen.[16] Sie enthält folglich vieles, was einer viel späteren Zeit und einem volkstümlicheren Glauben angehört als die Prophezeiungen, aus denen sie ihren hauptsächlichen Inhalt bezieht: die Lösung des kosmischen Konfliktes von Gut und Böse. Allerdings hat schon der Altmeister der Iranistik James Darmesteter über die zarathustrische Tradition bemerkt: «Kein anderer großer Glaube auf der Erde hat jemals so ärmliche und magere Denkmäler seiner einstigen Pracht hinterlassen.»[17] Aufgrund der Verwüstungen zuerst durch Alexander den Großen (331 v. Chr.) und dann, nach der mühsamen Wiederherstellung, durch die Fanatiker des Islam (641 n. Chr.) ist späteren Jahrhunderten selbst an Ruinen beklagenswert wenig vom einstmals großen Bau der Religion des persischen Herrscherhauses übriggeblieben.

Also weiß das *Bundahish* zu berichten:

Die zwei Schöpfer, durch deren Widerspiel alles in dieser Welt gebildet worden ist, so daß sie in jedem ihrer Teile eine Beschaffenheit hat, die sowohl gut als auch böse ist, mit sich selbst in Konflikt und von Unordnung geprägt, existierten von Ewigkeit an; doch werden sie nicht beide für alle Ewigkeit bestehen bleiben. Am unvermeidlichen Ende wird die dunkle und böse Macht Angra Mainyu mit ihrer ganzen Brut für alle Zeit in einer Welterneuerungskrise zerstört, auf welche die gesamte Geschichte zusteuert – und zu deren Verwirklichung jeder Einzelne kategorisch aufgerufen ist. Mit den Worten des Propheten Zarathustra selbst:

Die beiden Geister zu Anfang, die Zwillinge, durch ein Traumgesicht sich offenbarend,
Sie sind im Sinnen, Reden, Handeln das Bessere und das Böse.
Zwischen diesen Beiden schieden recht für sich die Gutsichtigen, nicht die Übelsichtigen. ...

Wir aber möchten die sein, die dieses Dasein hier herrlich gestalten!
Allweiser, und ihr Himmelsfürsten all, herbei! – Eure Bündnisse bringend – und du, göttliches Recht!
Auf daß die Gedanken dort vereint seien, wo Erkenntnis ihr Paargenosse sein wird.[18]

Ahura Mazdā (so lesen wir im *Bundahish*) wußte kraft seiner Allwissenheit von Ewigkeit an, daß Angra Mainyu existierte; dieser aber war sich wegen seines Afterwissens über die Existenz des Lichtes nicht im klaren. Die Schöpfung begann, als Ahura Mazdā in transzendenter Weise geistige Wesen hervorbrachte, die dreitausend Jahre lang in einem gänzlich transzendenten Zustand verharrten: bewegungslos, ohne Denken und mit ungreifbaren Körpern. Am Ende jener Zeit erhob sich der Geist der Finsternis, erkannte die helle Pracht und unternahm wegen seiner Mordgier und seiner neidischen Natur einen Ansturm, um das Licht auszulöschen. Er mußte jedoch feststellen, daß dessen Stärke größer war als seine eigene, und so kehrte er verärgert in seinen Abgrund zurück und schuf dort Dämonen, die vereint gegen das Licht aufstanden.

Darauf ging der Herr des Lichtes und der Wahrheit dem Unhold der Lüge entgegen, weil er kraft seiner Allwissenheit die Art des Ausgangs kannte, und bot diesem Frieden an. Da dachte der: «Weil er machtlos ist, darum bietet Ahura Mazdā Frieden an.» Doch Ahura Mazdā sagte: «Du bist weder allwissend noch allmächtig; daher kannst du weder mich zunichte noch meine Geschöpfe von mir abtrünnig machen. Doch setzen wir neuntausend Jahre als Frist durcheinandergehenden Streits fest.» Denn er wußte, dreitausend Jahre lang würde alles nach seinem Willen gehen, dreitausend Jahre lang würde eine Mischung der beiden Willen herrschen, und in den letzten dreitausend Jahren würde, im Anschluß an die Geburt Zarathustras, der Wille des anderen gebrochen werden. Zusammen mit den ersten dreitausend Jahren gleichbleibender Zustände würde das insgesamt zwölftausend Jahre machen. Angra Mainyu, der aufgrund seines Afterwissens das Ende nicht absehen konnte, war mit dieser Vereinbarung zufrieden. Er kehrte in seinen Abgrund zurück, und das Spiel begann.

Als ersten Schritt brachte Ahura Mazdā den Guten Sinn und den Himmel hervor, der andere den Bösen Sinn mit Lüge. Der Gute Sinn gab das Licht der Welt, die Gute Religion, die Rechte Ordnung, die Herrschaft, die Frömmigkeit, die Vollkommenheit und die Unsterblichkeit. Daraufhin brachte der Herr Mazdā als zweiten Schritt das Heer der Gestirne mit vier Hauptleuten in den Weltgegenden hervor, den Mond, die Sonne und dann das Wasser, die Erde, die Pflanzen, die Tiere und den Menschen.

Angra Mainyu war unterdessen wieder in Schlaf gesunken. Aber am Ende dieser dreitausend Jahre erschien die Teufelin Jahī (Menstruation) und schrie: «Erhebe dich, Vater von uns allen, denn ich werde jetzt den Streit in der Welt anzetteln, daraus dem Ahura Mazdā und seinen Erzengeln Leid und Elend erwachsen wird! Ich werde den gerechten Mann, den wirkenden Stier, das Wasser, die Pflanzen, das Feuer und die ganze Schöpfung vergiften.» Da sprang Angra Mainyu auf und küßte sie auf die Stirn, woraufhin jene Beschmutzung, die man Menstruation nennt, an der Dämonin auftrat. «Was ist dein Wille?» fragte er. «Verlange, daß ich dir gebe!» «Ein Mann ist mein Wille», antwortete sie. «Gib ihn mir!» Der Körper Angra Mainyus, der die Gestalt eines Frosches gehabt hatte, verwandelte sich daraufhin in den eines jungen Mannes von fünfzehn Jahren. Damit zog er Jahīs Verlangen auf sich.

Da raste Angra Mainyu vor Bosheit, sprang wie eine Schlange gegen die Gestirne an und warf die ziehenden Planeten auf sie, so daß die feste Himmelsordnung zerstört wurde. Sein zweiter Stoß ging gegen das Wasser, auf das sich die Dürre legte. Als nächstes schüttete er Schlangen, Skorpione, Frösche und Eidechsen in die Erde, so daß nicht einmal ein Fleck von der Größe einer Nadelspitze frei von scheußlichen Wesen blieb. Die Erde bebte, und die Gebirge hoben sich. Angra Mainyu durchstieß die Erde und drang bis zur Mitte vor; dieser Gang ist jetzt der Weg zur Hölle. Viertens ließ er die Pflanzen vertrocknen. Doch der Engel des Pflanzenwuchses zerstieß sie und mischte sie mit Wasser, das der Engel des Regens herabfließen ließ. Da sprangen auf der ganzen Welt Pflanzen hervor wie Haare auf den Häuptern der Menschen. Und aus den Keimen all dieser Pflanzen entstand inmitten des Weltozeans der Baum aller Samen, der nur eine einzige Wurzel hat, keine Äste, keine Rinde, süß und saftig ist er. Und der Vogel Greif ruht darauf, und wenn er abfliegt, streut er Samen ins Wasser, die dann mit dem Regen zurück zur Erde fallen.

Sodann entstand in der Nähe dieses ersten Baumes ein zweiter, der Gaokerena-Baum voll weißem Haoma (sanskrit Soma), der dem Alter entgegenwirkt, die Toten wiederbelebt und Unsterblichkeit verleiht. An seine Wurzel setzte Angra Mainyu eine Eidechse, daß sie ihn schädige; aber um diese Eidechse fernzuhalten, wurden zehn Kar-Fische erschaffen, die unentwegt seine Wurzel umkreisen, solcherart, daß einer seinen Kopf immer auf die Eidechse gerichtet hat. Und zwischen diesen beiden Bäumen stieg ein Berg auf mit 9 999 000 Myriaden Höhlen, dessen Aufgabe es ist, das Wasser zu schützen; daher fließt aus seinen Höhlen Wasser in Kanälen in alle Länder.

Was die Pflanzen anlangt, so trug vor dem Kommen Angra Mainyus keine einzige Dornen oder Rinde, sondern wie der Baum aller Samen waren sie süß und glatt.

Der fünfte Angriff Angra Mainyus war gegen das alleingeschaffene Rind gerichtet, das Urtier, das am Ufer des Flusses Daiti in Eran Vej, dem mittleren der sieben Länder der Erde, weiß und glänzend wie der Mond in Gestalt einer Kuh graste, als der Feind wie eine Fliege angestürmt kam. Habsucht, Mangel, Schmerz, Hunger, Krankheit, Begierde und Trägheit wurden dem Tier eingeflößt; und als das alleingeschaffene Rind starb, fiel es auf die rechte Seite. Seine Seele kam heraus, stellte sich davor und schrie zu Ahura Mazdā so laut wie zehntausend Männer, wenn sie alle auf einmal schreien. «Wem ist denn das Hüteramt über die Wesen anvertraut worden, da doch Verderben über die Erde hereingebrochen ist? Wo ist der Mann, von dem du einst erklärtest: ‹Ich werde ihn erzeugen, damit er den Gedanken der Fürsorge lehre›?»

Der Herr des Lichtes erwiderte: «Du bist krank, o Seele des Rindes, geschlagen von Angra Mainyu. Wenn die Zeit gekommen wäre, diesen Mann auf der Erde erstehen zu lassen, hätte Angra Mainyu nichts ausgerichtet.»

Die Seele des Rindes wanderte ins Sterngefild und schrie in gleicher Weise; dann ins Mondgefild und ins Sonnengefild. Aber der Weggeist des Propheten Zarathustra wurde ihr gezeigt, und sie war besänftigt. Sie sprach: «Ich werde die Geschöpfe der Erde nähren.» Sie hatte ihr Einverständnis mit einer irdischen Schöpfung in der Welt erneuert.

Da nun der Körper des alleingeschaffenen Rindes auf die rechte Seite gefallen war, war unterdessen sein Same zum Mond gebracht und dort im Mondlicht geläutert worden. Aus diesem geläuterten Samen entstanden dann ein männliches und ein weibliches Tier, woraufhin auf Erden die 282 Arten in Paaren auftraten: Vögel in der Luft, Vierbeiner an Land, Fische im Wasser. Dort, wo das Mark des Rindes herauskam, wuchsen fünfundfünfzig Getreidearten und zwölf Arten von Heilpflanzen. Aus seinen Hörnern wuchsen Erbsen, aus seiner Nase Lauch, aus seinem Blut die Rebe, aus der Wein gemacht wird, aus seinen Lungen die rautenartigen Kräuter und aus der Mitte seines Herzens Thymian.

Der sechste Angriff Angra Mainyus wurde dann gegen Gayōmart geführt, den erstgeschaffenen Menschen, der in seiner Geistgestalt mit dem alleingeschaffenen Rind in Eran Vej gelebt hatte, dem mittleren der sieben Länder der Erde. Ahura Mazdā, der Herr des Lichtes, hatte zuvor den Schlaf über Gayōmart gebracht, solange, wie man braucht, um eine Gebetsstrophe herzusagen. Er schuf den Schlaf in der Gestalt eines fünfzehnjährigen, lichten, hohen Jünglings. Als Gayōmart wieder aus dem Schlaf hervorkam, hielten seine Augen Ausschau nach dem Großen. Er sah jedoch die Welt finster wie die Nacht, und von der Erde war nicht mehr als eine Nadelspitze frei vom Ansturm der schädlichen Tiere. Das Himmelsgewölbe war im Begriff, sich zu drehen, Sonne und Mond fingen an zu wandeln, die Planeten lagen im Kampf mit den Sternen.

Angra Manyu ließ auf Gayōmart den Dämon des Todes los, aber seine Zeit war noch nicht gekommen. Gayōmarts Lebensspanne war auf dreißig Jahre festgesetzt. Habsucht, Mangel, Schmerz, Hunger, Krankheit, Begierde und Trägheit wurden ihm dann eingeflößt; und als er starb, fiel er auf die linke Seite und ergoß seinen

Samen. Der Same des Rindes war vom Mond geläutert worden; der Gayōmarts aber wurde von der Sonne geläutert. Außerdem entstanden bei seinem Verscheiden aus seinen Gliedern acht edle Metalle: Gold, Silber, Eisen, Kupfer, Zinn, Blei, Quecksilber und Diamant.

Der Same blieb vierzig Jahre in der Erde, bewahrt vom Engel «Heilige Frömmigkeit», bis aus ihm in der Gestalt einer Pflanze mit einem Stengel und fünfzehn Blättern daran – jedes Blatt ein Jahr – das erste Menschenpaar wuchs, die Arme umeinander geschlungen und die Leiber so dicht, daß man nicht erkennen konnte, wer der Mann war, wer die Frau und ob sie getrennte lebendige Seelen besaßen. Aus der Pflanzengestalt wurden sie zwei Menschen, Māshya und Māshyoi; der Atem ging in sie ein, welcher die Seele ist, und Ahura Mazdā sprach: «Menschen seid ihr, die Eltern der Welt, so erschaffen, daß ihr vollkommenen Sinnes seid. Erfüllt die Pflichten des Gesetzes, denkt gute Gedanken, sprecht gute Worte, verrichtet gute Werke, und ehrt nicht die Dämonen!»

Ihrer beider erster Gedanke war, einander wohlzutun. Die erste Tat war, hinzugehen und sich gründlich zu waschen. Ihre ersten Worte waren, daß Ahura Mazdā Wasser und Erde, Pflanzen, Tiere, Sterne, Mond und Sonne und alles Gedeihen geschaffen hatte. Doch dann bemächtigte sich der Feind, der Widerspruch, ihres Sinns, und sie erklärten, Angra Mainyu hätte alles geschaffen.

Sie hatten dreißig Tage lang nichts gegessen und ein Blättergewand getragen, da trafen sie auf eine Ziege und molken mit ihrem Mund die Milch aus ihrem Euter. Māshya sagte: «Bevor ich diese Milch getrunken hatte, war ich glücklich. Jetzt aber, wo mein gemeiner Körper getrunken hat, ist meine Lust noch lustvoller.» Der zweite Teil dieser üblen Rede verstärkte die Macht der Dämonen, die daraufhin den Geschmack der Nahrung senkten, so daß von hundert Teilen nur ein einziger übrigblieb.

Nach wieder dreißig Tagen begegneten sie einem fetten und weißbackigen Schaf, das sie schlachteten. Engel brachten ihnen bei, mit Holz Feuer zu machen, und sie machten aus dem Fleisch einen Braten. Sie warfen drei Handvoll ins Feuer und sagten: «Das ist der Anteil des Feuers», und ein Stück warfen sie zum Himmel empor und sagten: «Dieser Anteil gehört den Engeln.» Ein Geier trug vor ihnen etwas davon, und ein Hund verzehrte den ersten Bissen. Sie zogen sich jetzt Fellkleidung an, hoben in der Erde eine Grube aus, der sie Eisen entnahmen, und als sie daraus mit Steinen eine Schneide gehämmert hatten, hackten sie Holz damit und bauten einen hölzernen Schutz vor der Sonne.

Angra Mainyu stiftete jedoch das Paar zum Streiten an, so daß sie einander an den Haaren rissen und die Wangen zerkratzten. Dämonen schrien: «Ihr seid Menschen! Verehrt den Dämon, damit ihr euren Dämon der Bosheit beschwichtigt!» Māshya tötete eine Kuh und goß die Milch in die nördliche Himmelsrichtung. Dadurch gewannen die Dämonen soviel Macht, daß das Paar die nächsten fünfzig Jahre über kein Verlangen nach geschlechtlichem Verkehr hatte. Dann jedoch brach der Quell der Begierde zuerst in Māshya auf, dann in Māshyoi. Er sagte zu ihr: «Wenn ich dein Geschlecht sehe, erhebt sich mein Begehren.» Sie sagte: «Wenn ich dein großes Begehren sich erheben sehe, bin auch ich erregt.» Also wurde es ihr beiderseitiger Wunsch, und sie überlegten: «Das wäre auch während dieser fünfzig Jahre unsere Pflicht gewesen.»

Ihnen wurden ein Junge und ein Mädchen geboren. Doch die zärtliche Liebe zu ihren Kindern war so groß, daß die Mutter das eine verschlang und der Vater das andere. Ahura Mazdā nahm daher diese derart große Zuneigung von ihnen, damit das Kind lebendig geliebt werde. Und es wurden ihnen sieben Zwillingspaare geboren, jedes Paar Bruder und Schwester, Mann und Frau.[19]

Wie das zweite Kapitel des Buches Genesis verrät dieser zarathustrische Mythos seine Herkunft aus dem Pflanzerkulturkreis, der in der *Mythologie der Urvölker* behandelt wurde.[20] Jedoch in den Mythologien der Urvölker gibt es keine solche moralische Kritik des Lebens und der Welt wie in diesen levantinischen Sündenfallgeschichten und folglich auch nicht das Motiv der Erneuerung.

Sowohl Bibel als auch *Bundahish* geben den Fall als die Antwort auf das moralische Rätsel des Bösen in der Welt aus; dennoch gehen ihre Auffassungen von dem mythischen Geschehen vollkommen auseinander, ebenso ihre Auffassungen von der Erneuerung. Denn im persischen Mythos wird das Böse von einem kosmischen Standpunkt aus als dem Fall des Menschen vorausgehend gesehen, mit dem es im Grunde nur seinen Höhepunkt erreichte; in der Bibel dagegen geht der Fall *vom Menschen aus*, dessen Ungehorsam Unheil zeitigt, in der natürlichen Welt ebenso wie für ihn selbst. So erklärt Joseph Klausner in seinem wichtigen Werk über die Messiasvorstellung in Israel:

> Das natürliche Böse (Katastrophen) war in den Augen der Propheten das Ergebnis des menschlichen Bösen. Gott, der Schöpfer der Natur, kann nicht die Wurzel des Bösen sein: wenn dem nicht so wäre, würden zwei Kräfte, Gut und Böse, von Ihm in chaotischem Wechsel gebraucht werden und wäre Sein Wesen nicht vollendet, harmonisch, wesenhaft groß. Die Taten des Menschen sind daher die Wurzel des Bösen in der Gesellschaft ebenso wie in der Natur.[21]

Und noch einmal an anderer Stelle:

> Die Weisen Israels betrachteten das natürliche Böse (Unglück) im Gegensatz zu denen Griechenlands nichts als etwas Selbständiges, sondern als das Ergebnis des menschlichen Bösen (Vergehen). Da die Propheten an den einen und einzigen Gott glaubten, nicht an viele Götter als Verkörperung der Naturkräfte, gute und böse, waren sie zu dem Schluß *gezwungen*, daß sowohl Gutes als auch Böses von dem einen und einzigen Gott ausgehen. Und wenn Gutes und Böses von dem *einen* höchsten Wesen ausgehen, dessen Natur absolut vollkommen und harmonisch sein muß (ansonsten wäre es nicht *einer* und einzig, und somit bliebe Raum zum Glauben an eine Dualität), dann erschafft das höchste Wesen notwendig das Böse *wegen* böser Menschen und *für* böse Menschen. Wenn also das Böse böser Menschen, das heißt das menschliche Böse, ein Ende nähme, so würde *alles Böse* aufhören, sogar das natürliche Böse im allgemeinen.[22]

Wie das Böse seine Wurzel in Gott gehabt haben kann und doch nicht in Gott, sondern in bösen Menschen, werde ich nicht aufzuschlüsseln versuchen; aber der Unterschied dieses Gedankenknäuels zur zarathustrischen Lehre rechtfertigt einen Augenblick der Überlegung. Denn in dem persischen Mythos ist die für die Verderbtheit der Schöpfung angegebene Ursache nicht eine Person, sondern ein Prinzip, die Lüge, die philosophisch der indischen Māyā entspricht, der welterschaffenden Macht der Illusion; dagegen war die Sünde Adams und Evas der Ungehorsam, der eher eine Sache pädagogischen als ontologischen oder auch nur eigentlich ethischen Interesses ist – zumal die Ethik des Gebotes selbst durchaus in Frage gestellt werden könnte. Dennoch legt die alttestamentliche Anschauung großes Gewicht auf den Gehorsam gegen eine Unmenge von anscheinend willkürlichen Befehlen dieser Art (Nahrungstabus, Sabbatgesetze, bildlose Anbetung, Beschneidung, Endogamie und dergleichen mehr). Auch im Zarathustrismus wird auf solche Dinge viel Wert gelegt: Verwandtenehe, Beseitigung geschnittener Haare und Fingernägel, trockenes Holz fürs Feuer, Menstruationsunreinheit usw. Doch wenn man die gravierenderen, tieferen Aspekte der beiden Traditionen vergleicht und nicht dabei stehenbleibt, daß beide Stammesgebräuche zum kosmischen Gesetz erheben, erkennt man, daß sie zwei gegensätzliche mögliche Entwicklungen entwerfen.

Die biblische Anschauung, die den Fall als Vergehen gegen Gott in den Rahmen der menschlichen Geschichte stellt, grenzt die weitergehende kritische Frage nach dem Wesen dieses Gottes aus, verunglimpft das Wesen des Menschen und fördert außerdem eine zunehmend unhaltbare Versteifung auf die historische Wahrheit ihres Mythos; demgegenüber wird die andere, kosmische Sichtweise des Problems in geradezu philosophische Symbole gekleidet und sollte, wie spätere Jahrhunderte zeigen, einer der maßgeblichen Anstöße für jeden größeren geistigen Angriff auf die Hegemonie der biblischen Buchstabengläubigkeit im Westen werden.

Die Messiasvorstellung in Israel war, wie Klausner gut zeigt, in ihrem Wesen nicht kosmologischer, sondern politischer Natur. Ihr zentrales Anliegen war die Erhebung Israels zur führenden Kraft in der Welt. «Im Messiasglauben des Volkes Israel», schreibt Klausner, «*geht die politische Seite Arm in Arm mit der ethischen Seite und die nationalistische mit der universalistischen*».[23] In der Zeit vor dem Sturz Jerusalems (586 v. Chr.) hatte das Schwergewicht der prophetischen Lehre auf der Forderung gelegen, an den Satzungen des Herrn festzuhalten, das heißt als Juden zu leben, nicht als Heiden. Der von dem ersten Jesaja gepriesene Messias war genaugenommen der damalige junge König von Juda gewesen, Hiskia (reg. 727–698 v. Chr.); und Joseph Klausner führt dazu den Talmudspruch an: «Der Heilige, gesegnet sei Er, wollte Hiskia zum Messias und Sanherib zum Gog und Magog machen» (*Sanhedrin* 94a); ebenso das Wort des Amoräers Rabbi Hillel: «Es wird für Israel keinen Messias mehr geben, denn sie haben ihn schon in den Tagen Hiskias genossen» (*Sanhedrin* 98b und 99a).[24] Der Ausdruck «Tag des Herrn» bezog sich in jener Zeit nicht auf das Weltende oder das Ende der Zeit samt Auferstehung der Toten und allem übrigen. Diese Vorstellungen waren aus ihrer zarathustrischen Quelle noch nicht in den biblischen Glaubensstrom eingeflossen.

Aber in dieser Quelle war die Erlösung kosmologisch, nicht politisch gedacht und sollte sie, von Ahura Mazdā vorausgewußt, am Ende der Weltspanne von zwölftausend Jahren eintreten, wenn er erschien und die Lebenden und die Toten richtete. Das letzte Ziel des Propheten Zarathustra war es daher in vollem Ernst gewesen, durch seine Lehre die Verwandlung der Erde zu bewirken, auf welche hin die Welt wieder so wäre, wie sie am Anfang gewesen war, unbedeckt von Finsternis, Leid und Tod. «Unvergänglich wird werden die Welt der Wahrheit», lesen wir in einem spätavestischen Text, «... nicht alternd, nicht sterbend, nicht verwesend, nicht faulend, ewig lebend, ewig gedeihend, so daß freies Belieben herrscht; wenn die Dahingegangenen wieder auferstehen werden, für die Lebenden Vernichtungslosigkeit kommen wird, dann wird er [Ahura Mazdā] das Leben nach seinem Willen zu einem wundervollen machen.»[25]

Als wirkliche Erscheinung auf dem Erdenplan im ersten vorchristlichen Jahrtausend mag Zarathustra in den spärlichen Angaben über sein Leben, die uns überliefert sind, nicht getreu gezeichnet sein. Aber auf der Symbolebene, als Vertreter des zarathustrischen vollkommenen Menschen, erscheint er in diesen Aufzeichnungen, die offensichtlich keine Chronik, sondern den Mythos seiner Laufbahn geben wollen (wie das Leben des Buddha und das Leben Christi), in deutlichstem Licht, das heißt als eine Offenbarung oder symbolische Verkörperung der Wahrheit, in der er lebte, die er lehrte und deren Glücksglanz, wie wir lesen, ihm zuteil ward «für die Zustimmung zur Religion, für das Bekenntnis zur Religion, für die Betätigung der Religion, so daß er von dem ganzen körperlichen Dasein an Wahrheit der wahrhaftigste, an Herrschaft der beherrschendste, an Pracht der prächtigste, an Glücksglanz der glänzendste, an Sieg der siegreichste war.»[26]

Mit seiner Geburt und Lehrtätigkeit in der Welt waren die letzten dreitausend der Weltspanne von zwölftausend Jahren angebrochen – am Ende welcher Frist sein geistiger Sohn Saoshyant, «der künftige Heiland», der Messias der Welt, erscheinen wird, um den Sieg der Wahrheit über die Lüge zu krönen und die Urschöpfung Gottes für alle Zeit wieder aufzurichten.

Wie die Legende berichtet, lag der Geburtsort Zarathustras, wie der des ersten Menschen Gayōmart und des alleingeschaffenen Rindes, am Fluß Daiti in Eran Vej, dem mittleren der sieben Länder der Erde. Er lachte, als er auf die Welt kam. Es heißt: «Bei dessen Geburt und Heranwachsen Wasser und Pflanzen sich freuten, bei dessen Geburt und Heranwachsen Wasser und Pflanzen zunahmen, bei dessen Geburt und Heranwachsen alle vom Heiligen Geist erschaffenen Geschöpfe sich Heil verhießen.»[27]

Die Dämonen nahmen die Sache allerdings anders auf. Angra Mainyu stürmte aus den nördlichen Gegenden herbei und schrie seiner Horde zu: «Vernichtet ihn!» Aber der heilige Säugling sang laut das Gebet Ahuna Vairya, und die Dämonen wurden vertrieben. «Der Wille des Herrn ist das Gesetz der Gerechtigkeit», betete er. «Die Reichtümer des Guten Sinnes sollen demjenigen werden, der in dieser Welt für Ahura Mazdā wirkt und die Kraft, die er ihm gegeben hat, nach seinem Willen einsetzt, um den Armen zu helfen.»[28]

Es wird berichtet, daß der Prophet drei Frauen hatte. Aber daß wir es bei diesen eher mit mythischen als mit historischen Gestalten zu tun haben, verrät die Bemerkung: «Er nahte seiner Frau Hvōvi dreimal, und jedesmal ging der Same in die Erde.» Das will sagen, sie war die Göttin Erde selbst. Und der Engel, der den Samen des erstgeschaffenen Menschen Gayōmart empfangen hatte, empfing auch die Stärke und den Glanz dieses Samens.[29] Zum Zeitpunkt der kosmischen Erneuerung sollten aus diesem Samen drei Söhne geboren werden: Uchshyat-ereta, Uchshyat-nemah und schließlich der Messias Saoshyant. Denn das Mädchen Eredat-fedhrī sollte beim Baden im See Kansaoya am Ende der Weltspanne von zwölftausend Jahren von diesem Samen schwanger werden und den Heiland Saoshyant auf die Welt bringen, nachdem seine beiden Vorläufer schon auf die gleiche Weise von zwei anderen Jungfrauen geboren worden waren, Srūtat-fedhrī und Vanghu-fedhrī.[30]

Über den Hergang der künftigen Erneuerung aber ist folgendes offenbart:

> Wie Māshya und Māshyoi, als sie aus der Erde emporgewachsen waren, zuerst Wasser verzehrten, dann Pflanzen, dann Milch, dann Fleisch, und wie die Menschen, wenn die Zeit ihres Sterbens nahe ist, zuerst des Fleisches, dann der Milch, dann des Brotes sich enthalten und ohne Lust bis zum Sterben nur Wasser trinken, in derselben Weise wird in dem Millenium des Hushētarmāh [= Uchshyat-nemah; dem letzten Millenium] die Kraft der Lust sich vermindern, so daß die Menschen durch das Essen eines Gerichts drei Tage und drei Nächte satt bleiben.
>
> Nachher werden sie sich des Fleisches enthalten, aber Pflanzen und Milch verzehren. Später enthalten sie sich auch des Milchtrinkens, dann enthalten die sich des Pflanzenessens und trinken nur noch Wasser. Bevor der Saoshyant kommt, leben sie zehn Jahre, ohne zu essen, aber sie sterben nicht.[31]

Laut *Bundahish* folgt die Auferstehung der Toten auf das Kommen des Saoshyant. Zuerst werden die Gebeine des Gayōmart aufgerüttelt, dann die von Māshya und Māshyoi und dann die der übrigen Menschen. Wenn alle wieder ihre Körper angenommen haben, wird jeder seinen Vater, seine Mutter, seinen Bruder, seine Frau und seine anderen Verwandten erkennen. Weiter lesen wir:

> Dann findet die Versammlung ... statt, in welcher alle Menschen zu dieser Zeit zugegen sein werden. In dieser Versammlung sieht jeder seine guten Werke und seine bösen Werke. Dann wird in dieser Versammlung ein gottloser Mensch so offenkundig werden wie ein weißes Schaf unter lauter schwarzen. In dieser Versammlung wird,

so ein Gerechter in der Welt der Freund eines Gottlosen war, der Gottlose vor dem Gerechten klagen: «Warum hast du, als wir in der Welt waren, mich mit den guten Werken, die du selbst übtest, nicht bekannt gemacht?» Wenn der Gerechte ihn nicht unterwiesen hat, dann muß er in der Versammlung Scham empfinden.

Dann wird man die Gerechten von den Gottlosen trennen, dann wird der Gerechte für das Paradies bestimmt, und den Gottlosen werden sie zurück in die Hölle werfen. Drei Tage und drei Nächte werden sie in der Hölle körperlich die Strafen abbüßen, dann wird der Gottlose im Paradies körperlich die Seligkeit dieser drei Tage mitansehen. Wie gesagt ist; an dem Tag, wenn der Gerechte von dem Gottlosen getrennt wird, da stürzen jedem die Tränen auf die Füße herab. Wenn sie dann einen Vater von der Gattin, einen Bruder von dem Bruder und einen Freund von dem Freund trennen, dann empfängt jeder den Lohn seiner Taten, und sie weinen, der Gerechte über den Gottlosen und der Gottlose über sich selbst. Denn es wird vorkommen, daß der Vater gerecht und der Sohn gottlos ist; es wird vorkommen, daß ein Bruder gerecht und einer gottlos ist. ...

Wenn Gōcīhar [wohl ein Meteor] am Himmel von einem Mondstrahl zur Erde fällt, so wird die Erde in so großer Angst sein wie ein Schaf, wenn ein Wolf es anfällt. Alsdann schmelzen das Feuer und das Metall des Shatvaīr [Erzengel der Metalle] in den Gebirgen und Bergen, und es steht auf der Erde wie ein Strom. Dann werden alle Menschen in das geschmolzene Metall steigen und rein werden. Wenn einer gerecht ist, so kommt es ihm gerade so vor, als ob er beständig in warmer Milch ginge; aber wenn er gottlos ist, dann scheint es ihm ebenso, als wenn er in der Welt beständig in geschmolzenem Metall ginge.

Dann kommen in höchster Freude alle Menschen zusammen, Vater und Sohn und Bruder und Freund, und sie fragen einander: «Wo bist du diese vielen Jahre über gewesen, und was war der Richterspruch über deine Seele? Bist du ein Gerechter oder ein Gottloser gewesen?» Zuerst sieht die Seele den Leib und erkundigt sich bei ihm mit diesen Worten. Alle Menschen werden einstimmig und zollen lauten Preis dem Ahura Mazdā und den Erzengeln. ... Saoshyant und seine Gehilfen vollziehen ein Opfer, während sie die Toten wiederherstellen, und schlachten den Stier Hadhayōsh bei dem Opfer.

Von dem Fett dieses Stieres und vom weißen Haoma bereiten sie das Lebenselixier und geben es allen Menschen, und alle Menschen werden unsterblich für immer und ewig. Und dies ist gesagt: Wer die Größe eines Mannes besaß, den werden sie dann im Zustand eines vierzigjährigen Mannes herstellen. Welcher klein gestorben war, den werden sie dann im Zustand eines fünfzehnjährigen herstellen. Und sie geben jedem sein Weib und zeigen ihm die Kinder von seinem Weib. Sie (die Auferstandenen) tun wie jetzt in der Welt, aber Kinderzeugung findet nicht mehr statt. ...

Es heißt: Wer kein Opfer gebracht hat und kein Gētīkharīd [achttägige Messe] bestellt hat und kein Kleid als fromme Gabe verschenkt hat, der ist dort nackt. Und er bringt dem Ahura Mazdā ein Opfer, und die himmlischen Engel bringen ihm ein Kleid.

Alsdann schlägt Ahura Mazdā den Angra Mainyu [und jeder Erzengel seinen Widersacher]. Gōčīhar verbrennt die Schlange in dem geschmolzenen Metall, und der Gestank und die Unreinigkeit, die in der Hölle waren, werden in diesem Metall verbrannt, und sie wird ganz rein werden. Und das Versteck, in das Angra Mainyu floh, wird er [Ahura Mazdā] in das Metall stecken, und das Land der Hölle gibt er der Glückseligkeit der Welt zurück. Die Erneuerung findet in den Welten statt nach seinem Willen, und die Welt wird unsterblich für immer und ewig. Es ist auch gesagt: Die Erde wird eine eislose Fläche ohne Unebenheiten sein. Selbst den Berg, dessen Gipfel die Richterbrücke [Cinvat-Brücke] trägt, drücken sie nieder, und er wird nicht mehr bestehen.[32]

3
Der König der Könige

Der mächtige assyrische Herrscher Tiglatpilesar III. (reg. 745–727 v. Chr.) war der Erfinder einer neuen Methode, den Willen besiegter Völkerschaften zu brechen. Dieses Mittel wurde von der ganzen weiteren Dynastie fortgeführt: von Salmanassar V. (reg. 726–722), Sargon II. (reg. 721–705), Sanherib (reg. 704–681), Assarhaddon (reg. 680–669) und Assurbanipal (reg. 668–626); aus der zerstörten Keilschriftbibliothek des letzten stammen die meisten unserer Kenntnisse über die altsemitische Welt. Davor hatte einer der bevorzugten Gebräuche solcher Eroberer darin bestanden, alles, was lebte in einer Stadt, einfach abzuschlachten – wie es zum Beispiel von Josuas Kriegern in Jericho erzählt wird. «Mit scharfem Schwert weihten sie alles, was in der Stadt war, dem Untergang, Männer und Frauen, Kinder und Greise, Rinder, Schafe und Esel.» (Jos 6,21.) Genauso machten sie es mit Ai (Jos 8,24), mit Gibeon, Makkeda, Libna, Geser, Eglon, Hebron, Debir und dem ganzen Negeb, «um sie dem Untergang zu weihen», wie geschrieben steht; «Israel sollte keine Gnade bei ihnen walten lassen, sondern sie ausrotten, wie es Jahwe dem Mose befohlen hatte.» (Jos 10,6 – 11,20.) Im anderen Falle konnte der Sieger auch ganze Städte zu Fron und Abgaben zwingen, so Manasse die Stadt Megiddo und Sebulon die Stadt Kitron (Ri 1,27ff.). Aber der erste Brauch hatte den Nachteil, daß der Sieger sich seiner Untertanen beraubte, und der zweite den, daß ganze Einwohnerschaften intakt und aufstandsbereit blieben.

Tiglatpilesar hatte daher die geniale Idee, die wesentlichen Lebensfasern, die die Menschen an die Heimaterde banden, zu durchtrennen, indem er ganze Bevölkerungen in weit entfernte Gebiete verpflanzte. Babylonien wurde 745 genommen und ein großer Teil seiner Menschen ausgesiedelt: Inschriften nennen nicht weniger als fünfunddreißig Stämme dieses Landes, die auf diese Weise niedergezwungen und verschleppt wurden.[33] Im Jahre 739 wurde Armenien zertreten, und daran anschließend wurden dreißigtausend Unglückliche aus den Bezirken von Hamat vom König in die Provinz Tuschan am oberen Tigris getrieben. Nicht besser erging es den Bewohnern von Kalne in Syrien, an deren Stelle Aramäer aus Elam angesiedelt wurden.[34] Als der Prophet Amos in Israel seinen Weheruf anstimmte, hielt er dem Volk diese nationalen Katastrophen der Nachbarn als Warnung vor Augen. «Weh den Sorglosen auf dem Zion», rief er, «und den Selbstsicheren auf dem Berg von Samaria. ... Zieht hinüber nach Kalne, und seht euch dort um! Geht von da nach Hamat, in die große Stadt, und steigt hinunter nach Gat, ins Land der Philister!» (Am 6,1–2.) Bevölkerungen wurden von Osten nach Westen, von Westen nach Osten, von Norden nach Süden und von Süden nach Norden geworfen, bis der letzte Rest des älteren, bodenständigen Gefühls eines Volkszusammenhangs ausgetrieben war.

Die welthistorische Rolle der Könige von Assyrien, kann man daher sagen, bestand in der Austilgung der Vergangenheit und der Schaffung einer gründlich durchmischten nahöstlichen Bevölkerung vieler Völker und Rassen, die seit der Zeit im wesentlichen so geblieben ist. Auf ihr eigenes Haupt häuften sie unterdessen jedoch ein außerordentlich gefahrvolles Karma. Im Jahre 616 v. Chr. bildete Nabopolassar, der König eines wiedererstarkten Babylon, mit Kyaxares, dem arischen König der mittlerweile aus dem Nordosten herandrängenden Meder, eine Allianz, und gemeinsam erhoben sie sich gegen die Assyrer, deren Hauptstadt Ninive 612 fiel. Daraufhin gingen die mißhandelten Völker des Reiches derart gründlich zu Werke, daß Eduard Meyer von dem Ergebnis sagen konnte: «Es war eine Katastrophe gewaltigster Art. Nicht nur ein Reich ging zugrunde, das noch vor kurzem Vorderasien beherrscht hatte; fast das ganze Volk, welches jahrhundertelang der Schrecken und die Geißel der Völker gewesen war, wurde vernichtet. ... Gründlicher ist nie ein Volk vernichtet worden als die Assyrer.»[35]

Fünfundsiebzig Jahre lang teilten sich nun die Meder, die den Norden unter sich hatten, und die chaldäischen Könige von Babylon im Süden die Herrschaft über den Nahen Osten. Unter den letzteren ragt besonders Nebukadnezar II. (reg. 604–562 v. Chr.) heraus, den der Prophet Jeremia als Jahwes Knecht bezeichnete, der das Volk von Juda für seinen sündhaften Ungehorsam strafe (Jer 25,8–9). Das nördliche Königreich Israel war 721 einer Allianz von Juda und Assyrien erlegen, und Juda selbst fiel 586 an Nebukadnezar, «Jahwes Knecht». Beide Bevölkerungen wurden deportiert. Jedoch um die Mitte des sechsten Jahrhunderts trat auf der politischen Bühne des Nahen Ostens ein neuartiger Herrscher mit einem neuen Staatsgedanken auf. Vier meisterhafte Schläge waren es, die der Perser Kyros der Große führte. Zuerst stürzte er im Jahre 550 den König Astyages von Medien, und anstatt ihm die Augen auszustechen, die Haut bei lebendigem Leib abzuziehen oder ihn sonstwie nach Art sämtlicher Könige vor ihm zu mißhandeln, wies er ihm einen Wohnsitz in der Hauptstadt zu. Als nächstes rückte er angesichts der Bedrohung durch eine Allianz von Nabonid von Babylon, Amasis von Ägypten, dem mächtigen Kroisos von Lydien und dem griechischen Stadtstaat Sparta direkt gegen den Hauptwidersacher Kroisos vor und war am Ende des Jahres 546 der Herrscher über Anatolien – woraufhin er seinem besiegten Feind die Regierung der Stadt Barene bei Ekbatana übertrug. Drittens erging an ihn im Jahre 539 auf seinem Marsch nach Süden gegen Babylon von den Marduk-Priestern aus dem dortigen Haupttempel die offene Einladung, in die Stadt einzuziehen und von ihr Besitz zu ergreifen, was er auch tat. Und nachdem er der Herr über ganz Vorderasien geworden war, erwies er viertens in Babylon dem Stadtgott Marduk seine Verehrung, schickte die im Tempel verwahrten erbeuteten Götterbilder zahlreicher führender Städte des Nahen Ostens an ihre Heimatorte zurück und gab schließlich Befehl, das Volk von Juda solle in seine Heimat zurückgeführt und der Tempel von Jerusalem wieder aufgebaut werden. «Der Adel seines Wesens», schreibt Eduard Meyer, «leuchtet uns in gleicher Weise entgegen aus den Berichten der Perser, die er zur Weltherrschaft führte, der Juden, die er befreite, und der Hellenen, die er unterwarf.»[36] So lesen wir etwa im Buch Esra (1,7–11):

> König Kyros gab auch die Geräte des Hauses Jahwes zurück, die Nebukadnezar aus Jerusalem weggeschleppt und in das Haus seines Gottes gebracht hatte. König Kyros von Persien übergab sie dem Schatzmeister Mithredath, und dieser zählte sie Scheschbazar, dem Oberen von Juda, vor. Das war ihre Zahl: 30 goldene Opferschalen, 1000 silberne Opferschalen, 29 Räucherpfannen, 30 goldene Becher, 410 silberne Becher, 1000 sonstige Geräte. Insgesamt waren es 5400 Geräte aus Gold und Silber. All das brachte Scheschbazar mit, als er mit den Verschleppten von Babel nach Jerusalem zurückkehrte.

Der zweite Jesaja, der um 539 v. Chr. in der Zeit der Rückkehr aus dem Exil schrieb, nannte den edlen König Kyros von Persien den «Gesalbten» Jahwes, den Jahwe selbst an der rechten Hand gefaßt hatte, «um die Völker zu unterwerfen, um die Könige zu entwaffnen, um ihm die Türen zu öffnen und kein Tor verschlossen zu halten» (Jes 45,1). Zwar hatte Kyros selbst Ahura Mazdā als seinen Führer angesehen, aber der hebräische Prophet wußte es besser: Die Stimme Gottes, die er gehört hatte, war die Jahwes gewesen, die da sprach:

> Ich selbst gehe vor dir her und ebne die Berge ein. Ich zertrümmere die bronzenen Tore und zerschlage die eisernen Riegel. Ich gebe dir verborgene Schätze und Reichtümer, die im Dunkel versteckt sind. So sollst du erkennen, daß ich Jahwe bin, der dich bei deinem Namen ruft, ich, Israels Gott.
>
> Um meines Knechtes Jakob willen, um Israels, meines Erwählten, willen habe ich dich bei deinem Namen gerufen; ich habe dir einen Ehrennamen gegeben, ohne daß du mich kanntest.
>
> Ich bin Jahwe, und sonst niemand; außer mir gibt es keinen Gott. Ich habe dir den Gürtel angelegt, ohne daß du mich kanntest, damit man vom Aufgang der Sonne bis zu ihrem Untergang erkennt, daß es außer mir keinen Gott gibt. Ich bin der Herr, und sonst niemand.

Zur Krönung des Ganzen soll Jahwe in direktem Widerspruch zum Dualismus der zarathustrischen Lehre zu Kyros gesagt haben: «Ich erschaffe das Licht und mache das Dunkel, ich bewirke das Heil und erschaffe das Unheil. Ich bin Jahwe, der das alles vollbringt.» (Jes 45,2–7.)

Der Prophet zieht im weiteren alle anderen Götter durch den Schmutz, deren Bilder der König der Könige, der Gesalbte des Herrn, unter großem Aufwand ihren Tempeln zurückerstattet hatte; und er frohlockt dann mit wortgewaltigem Gesang über das Wunder der Wiederaufrichtung, das der Herr durch einen ausländischen König gewirkt hatte.

Doch die Priester des Gottes Marduk von Babylon flossen ebenfalls über vor Lobpreis, denn der letzte chaldäische König Nabonid war ein Anbeter des Mondgottes Sin von Haran gewesen, dessen Kult er zur Bestürzung des Marduk-Klerus begünstigt und wiedereingesetzt hatte.[37] Kyros in seiner noblen Art wies Nabonid einen Wohnsitz in Karmanien an, während in der Stadt des Marduk die Tempelschreiber in ihrer religiösen Art den Erlöserkönig feierten. Ihre Lobeshymne ist auf einem Tonzylinder erhalten, dem Kyroszylinder, der nach sieben oder acht verstümmelten Zeilen am Anfang, in denen über die Häresie des Nabonid geklagt wird, folgenden interessanten Text bietet:

> ... feindseliger Weise ließ er das tägliche Opfer aufhören... Die Verehrung Marduks, des Königs der Götter... Alle Leute richtete er durch ein Joch ohne Erleichterung zugrunde. Ob ihrer Wehklage ergrimmte der Herr der Götter gewaltig und ... wandte er, faßte Erbarmen. Die Gesamtheit aller Länder musterte er, hielt nach ihm Ausschau, ja, er suchte einen gerechten Fürsten nach Herzenswunsch, um seine Hände zu erfassen. Kyros, König von Anschan, dessen Namen sprach er aus, berief ihn zur Herrschaft über das All. Das Land Kuti, die Gesamtheit der Umman-Manda [Meder] beugte er unter seine Füße. Die schwarzhäuptigen Menschen, die er seine Hände gewinnen ließ, in Recht und Gerechtigkeit nahm er sich ihrer an. Marduk, der große Herr, der Schützer seiner Menschen, blickte freudig auf seine frommen Taten und sein gerechtes Herz, nach seiner Stadt Babylon zu ziehen befahl er ihm, ließ ihn einschlagen die Straße nach Babylon, indem er wie ein Freund und Genosse ihm zur Seite ging. Seine weit ausgebreiteten Truppen, deren Zahl gleich den Wassern des Stromes nicht bekannt ist, zogen waffengerüstet ihm zur Seite. Ohne Kampf und Schlacht ließ er ihn einziehen in Babylon, seiner Stadt. Babylon bewahrte er vor Drangsal. Nabonid, den König, der ihn (Marduk) nicht verehrte, lieferte er (Marduk) ihm (dem Kyros) in seine Hände. Die Leute von Babylon allzumal, ganz Sumer und Akkad, die Großen und Statthalter, beugten sich unter ihn, küßten seine Füße, freuten sich seiner Herrschaft, es leuchtete ihr Antlitz. Den Herrn, der durch seine Macht Tote zum Leben gebracht, alle mit Vernichtung und Unbill verschont hatte, segneten sie freudig, bewahrten seinen Namen.

Das Folgende läßt der Text dann den neuen König der Könige sprechen:

> Ich bin Kyros, der König des Alls, der große König, der mächtige König, König von Babylon, König von Sumer und Akkad, König der vier Weltgegenden, ... dessen Dynastie Bel [Marduk] und Nabu

[der Bote Bels] lieben, dessen Königtum sie zur Erfreuung ihrer Herzen wünschten. Als ich friedlich in Babylon eingezogen war, unter Jubel und Freude im Palaste der Fürsten den Wohnsitz der Herrschaft aufschlug, machte mir Marduk, der große Herr, das weite Herz der Babylonier geneigt, während ich täglich auf seine Verehrung bedacht war. Meine weit ausgebreiteten Truppen zogen friedlich innerhalb Babylons umher, in ganz Sumer und Akkad ließ ich keinen Feind aufkommen. Des Inneren Babylons und aller seiner Kultstätten nahm ich mich gern an. Die Einwohner Babylons ... befreite ich von dem Joche, das ihnen nicht ziemte. Ihrer Wohnungen Verfall besserte ich aus, ließ aufgraben ihren Einsturz. Über meine frommen Taten freute sich Marduk, der große Herr, und mir, dem Kyros, dem König, der ihn verehrt, dem Kambyses, meinem leiblichen Sohne, und allen meinen Truppen erwies er sich huldvoll in Gnaden, und wir priesen gern und freudig vor ihm seine erhabene Gottheit. Die Gesamtheit der in Throngemächern wohnenden Könige aller Weltgegenden, vom oberen Meere bis zum unteren Meere, ... die Könige des Westlandes, die Zelte bewohnen, sie alle brachten ihren schweren Tribut und küßten in Babylon meine Füße. Von ... bis nach der Stadt Assur und Susa, Agade, Eschnunak, Zamban, Me-Turnu, Deri, nebst dem Gebiete des Landes Gutium, der Städte jenseits des Tigris, deren Ansiedlungen seit alter Zeit gegründet waren, die Götter, die in ihnen wohnten, brachte ich an ihren Ort zurück und ließ sie eine ewige Wohnug beziehen. Die Gesamtheit ihrer Leute vereinigte ich und stellte ihre Wohnstätten wieder her. Und die Götter von Sumer und Akkad, die Nabonid zum Zorn des Herrn der Götter nach Babylon hineingebracht hatte, ließ ich auf Befehl Marduks, des großen Herrn, unbehelligt in ihren Heiligtümern eine Wohnung der Erfreuung des Herzens beziehen. Die Götter allesamt, die ich in ihre Städte gebracht habe, mögen täglich vor Bel und Nabu die Länge meiner Tage aussprechen, ein gnädiges Wort für mich einlegen und Marduk, meinem Herrn, sagen: «Des Kyros, des Königs, der dich verehrt, und des Kambyses, seines Sohnes, ... möge...»[38]

Es ist nicht bekannt, wie viele Priesterschaften sonstiger Landes- und Stadtgötter so erpicht wie die Jerusalems und Babylons darauf waren, den Ruhm für den allgemeinen Sieg einzustreichen, und sich dazu den Gang der Geschichte nach ihrer eigenen übernatürlichen Kausalität zurechtlegten. Aber dafür wissen wir, daß wenigstens eine einflußreiche Partei in Kyros' eigener zarathustrischer Religion über diese ganze Entwicklung erzürnt war – ganz wie es die jahwistische Partei der Juden über den Dienst ihrer Könige an fremden Götzen gewesen war. Denn als Kyros im Jahre 529 v. Chr. während eines Krieges gegen einfallende Stämme an der iranischen Nordostgrenze im Kampf fiel, drohte ein gefährliches Intrigenspiel der persischen Priester – der Magier – eine Zeitlang, alles zunichte zu machen, was er erreicht hatte, und den persischen Staat von innen zu zersetzen, so wie die Blutbäder der Jahwisten den Hebräerstaat vernichtet hatten.

Getreu dem Vorbild seines Vater hatte Kambyses, der Sohn des Kyros, 525 Ägypten erobert und damit das Vereinigungswerk abgeschlossen: Ein einziges mächtiges Reich vieler Kulturen und Völker umfaßte jetzt die ganze Alte Welt von der Ägäis bis zum Indus und vom Kaspischen Meer bis in den nubischen Sudan. (Auch die alte nubische Hauptstadt Napata wurde zu der Zeit genommen und der Regierungssitz nach Meroe verlegt, das nach der Schwester des Kambyses benannt worden sein soll. Wir sind damit in einem großen Kreis an den Zeitpunkt zurückgekehrt, der in der *Mythologie der Urvölker* als Hintergrund des dort erzählten sudanesischen Märchens von Meroe-Napata angegeben wird.)[39] Wie Kyros in Babylon, so erwies Kambyses in Ägypten den dortigen Göttern seine Verehrung, verneigte sich vor ihnen und bekleidete sich mit der Aura ihres Segens. Kambyses wurde zum Pharao. Drei Jahre blieb er in Ägypten. Doch er hatte einen jüngeren Bruder namens Smerdis gehabt, den sein Vater zum Statthalter der Provinzen Baktrien, Choresmien, Parthien und Karmanien gemacht hatte; und um sich vor möglichen Intrigen von dieser Seite zu schützen, hatte Kambyses vor seinem Abmarsch zum Nil seinen Bruder ermorden lassen.

Die Ermordung war geheimgehalten worden. Aber ein Magier namens Gaumāta, der dem ermordeten Bruder ähnlich sah, gab sich für diesen aus und stachelte andersdenkende Elemente zum Aufstand an. Vieles spricht dafür, daß der Aufruhr wenigstens zum Teil religiöse Gründe hatte, denn zahlreiche Tempel wurden von dem priesterlichen Usurpator zerstört. Anfang 522 erhob dieser falsche Smerdis dann Anspruch auf den persischen Thron. Kambyses, der von Ägypten herbeigeeilt kam, fiel im März 522 im Kampf, gestand allerdings vor seinem Tod noch die Ermordung seines Bruders. Dennoch wagte niemand, sich gegen den Betrüger zu erheben, bis ein junger, ziemlich entfernter Vetter des Achaimenidenhauses mit Namen Dareios sich vom Schicksal berufen fühlte und im September 522 den Usurpator samt seinem ganzen Hof erschlug. Ende Februar 521 war der Aufstand niedergeschlagen, und der junge König der Könige Dareios I. war der Beherrscher der Welt.[40]

In Behistan gibt es eine berühmte Felsinschrift in drei Sprachen, Altpersisch, Elamitisch und Babylonisch, welche diesen Sieg verkündet und ihn im einzelnen beschreibt, wobei viele Male der Führung nicht durch Jahwe oder Marduk, sondern durch den persischen Gott gedacht wird.

> Ich bin Dareios, der große König, König der Könige, König in Persien, König der Länder, des Hystaspes Sohn, des Arsames Enkel, der Achaimenide. ...
>
> Es spricht der König Dareios: Acht meines Geschlechtes waren vordem Könige. Ich bin der neunte. Neun sind wir in zwei Reihen Könige. ... Nach dem Willen Ahura Mazdās bin ich König; Ahura Mazdā übertrug mir die Herrschaft. ... In diesen Ländern habe ich einen Mann, der umsichtig war, wohl gehalten; wer feindlich war, den habe ich streng bestraft. Nach dem Willen Ahura Mazdās wandelten diese Länder in meinem Gesetz. Wie ihnen von mir gesagt wurde, so taten sie. ...
>
> Es spricht der König Dareios: Dies ists, was ich tat nach dem Willen Ahura Mazdās, nachdem ich König geworden war. Einer, namens Kambyses, des Kyros Sohn, aus unserem Geschlechte, der war hier König. Jener Kambyses hatte einen Bruder, namens Smerdis, von derselben Mutter und demselben Vater wie Kambyses. Da tötete Kambyses jenen Smerdis. Als Kambyses den Smerdis getötet hatte, war es dem Volke nicht bekannt, daß Smerdis getötet worden war. Darauf zog Kambyses nach Ägypten. Als Kambyses nach Ägypten gezogen war, da wurde das Volk feindlich, und die Lüge

wurde groß im Lande, sowohl in Persien, als auch in Medien und den übrigen Ländern.

Es spricht der König Dareios: Da war ein Mann, ein Magier, namens Gaumāta, der empörte sich von Pischijauuada, von einem Berge, namens Arakadrisch, aus. Am 14. Uijakna [11. März 522] war es, als er sich empörte. Das Volk log er also an: «Ich bin Smerdis, des Kyros Sohn, des Kambyses Bruder.» Darauf wurde das ganze Volk abtrünnig von Kambyses und ging zu jenem über, sowohl Persien als auch Medien und die übrigen Länder. Die Herrschaft ergriff er. Am 9. Garmapada [2. April 522] war es, da ergriff er die Herrschaft. Darauf starb Kambyses durch eigene Hand.

Es spricht der König Dareios: Diese Herrschaft, die Gaumāta der Magier dem Kambyses entrissen hatte, diese Herrschaft hatte von alters her unserem Geschlechte gehört. Dann entriß Gaumāta der Magier dem Kambyses sowohl Persien als auch Medien und die übrigen Länder, brachte sie an sich, machte sie zu seinem Eigentum, er ward König.

Es spricht der König Dareios: Es war niemand, weder ein Perser noch ein Meder noch irgend einer unseres Geschlechtes, der jenem Gaumāta dem Magier die Herrschaft entrissen hätte. Das Volk fürchtete ihn sehr, er möchte viele Leute töten, die vormals Smerdis gekannt hatten; deswegen möchte er die Leute töten: «damit man mich nicht erkenne, daß ich nicht Smerdis bin, des Kyros Sohn». Niemand wagte etwas zu sagen in betreff Gaumātas des Magiers, bis ich kam. Da flehte ich zu Ahura Mazdā. Ahura Mazdā brachte mir Hilfe. Am 10. Bagajadisch [29. September 522] war es, da tötete ich mit wenigen Männern jenen Gaumāta den Magier und die Männer, die seine vornehmsten Anhänger gewesen waren. Es gibt ein Schloß namens Sikajauuatisch in einer Gegend namens Nisaja in Medien, dort tötete ich ihn, entriß ihm die Herrschaft. Nach dem Willen Ahura Mazdās ward ich König. Ahura Mazdā übertrug mir die Herrschaft.

Es spricht der König Dareios: Die Herrschaft, die von unserem Geschlecht genommen war, brachte ich zurück, stellte es an seinen Platz so wie vordem. Ich baute die Tempel auf, die Gaumāta der Magier zerstört hatte. Ich gab dem Volke wieder das Weideland, die Viehherden und die Wohnungen, und zwar in den Häusern, die ihnen Gaumāta der Magier entrissen hatte. Ich stellte das Volk an seinen Platz so wie vordem, Persien, Medien und die übrigen Länder. Ich brachte wieder, was weggebracht worden war. Nach dem Willen Ahura Mazdās tat ich dies. Ich gab mir Mühe, bis ich unser Haus an seinen Platz gestellt hatte so wie vordem. Ich gab mir Mühe nach dem Willen Ahura Mazdās, bis es wurde, als ob Gaumāta der Magier unser Haus nicht weggebracht hätte.

Es spricht der König Dareios: Folgendes tat ich...[41]

Der Text schildert des weiteren in großer Ausführlichkeit für alle kommenden Jahrhunderte die Wunder der Regierung eines der genialsten Herrscher in der Weltgeschichte, Dareios' I., des Gebieters über den gesamten Nahen Osten von 521 bis 486 v. Chr. Er war ein Zeitgenosse des Buddha (563–483) und des Konfuzius (551–478) und kann zu Recht mit ihnen in einem Atemzug genannt werden, da er wie sie das Siegel höchster geistiger Autorität repräsentiert, das anschließend jedem der mythologischen Räume aufgeprägt werden sollte, als da wären: der levantinische Despot unter Gott, der indische Yogi und der chinesische Weise. Laut eigener Aussage war Dareios nach dem Willen Ahura Mazdās König gewesen. Seine Regierung war demzufolge das Instrument dieses Willens und als solches der einzige Maßstab für das moralisch Rechte gewesen; und jeder Feind eines solchen Königs arbeitet dem Feind Gottes in die Hände – Angra Mainyu, dem Dämon der Lüge.

4
Der Rest

Oswald Spengler scheint der erste gewesen zu sein, der darauf aufmerksam machte, daß von der Zeit der Perser an die kulturelle Entwicklung des Nahen Ostens nicht in Nationen vonstatten gegangen ist, sondern in Kirchen, und zwar nicht etwa in postneolithischen, erdverwurzelten Urgemeinden, sondern in freischwebenden Sekten ohne geographische Begrenzung. Durch das schreckliche Umpflügen, Zermalmen und Herumwerfen der Völker, das der gesamte Kulturraum über die Jahrhunderte hin hatte erdulden müssen, waren die älteren Zusammenhänge ausgetilgt worden. Das erste Weltalter der Entstehung und anfänglichen Blüte der Hochkultur im Nahen Osten war vorbei, und im Werden war etwas Neues – noch nie Dagewesenes.

Das Großreich des Dareios erstreckte sich von den griechischen Ionischen Inseln bis zum Industal und vom Kaspischen Meer bis zu den oberen Katarakten des Nil; und während der kommenden zwei Jahrtausende keimte und blühte auf diesem geeinten Feld eine neue, glänzende Zivilisation sich gegenseitig befehdender und verachtender Sekten, eng verwandt im Geiste, aber in den Lehrmeinungen weit auseinandergehend. Wie man zum Beispiel unmöglich irgend etwas von Europa begreifen könnte, ohne zu erkennen, daß Frankreich, Deutschland und England bei aller Verschiedenheit im Geiste als Komponenten der europäischen Ordnung doch geistig aus einem Guß sind, so werden wir, wenn wir die Bedeutung und Wechselwirkung der unterschiedlichen und doch verwandten grassierenden Sekten des Nahen Ostens von der Zeit Kyros' des Großen bis zu Mohammed und den Kreuzzügen verstehen wollen, einerseits die Affinitäten und andererseits die Differenzen betrachten müssen, die zwischen erstens den persischen, jüdischen und chaldäischen Mythen aus der frühesten Phase dieser Entwicklung, sodann den urchristlichen, byzantinischen und gnostischen Mythen aus der Blütezeit der Kultur und schließlich den Mythen des Aufstiegs und totalen Sieges des Islam bestehen.

Mit seinem Auge für das symbolisch Wesenliche sah Spengler das von der Kuppel gebildete bauliche Innere (Hadrians Mausoleum in Rom, die Hagia Sophia in Konstantinopel und die Moscheen in der ganzen islamischen Welt) als Ausdruck der neuen levantinischen Erfahrung des Raumes und der Wunderwelt der Schöpfung darin. Der Himmelsdom, von einer Wüste oder Ebene aus gesehen, gibt das Vorbild für das begrenzte und doch hochstrebende, höhlenähnliche Innere ab, das durch den Kuppelbau geschaffen wird. Und in den Mythen der neuen Levante – wie in dem zarathustrischen Mythos der Weltspanne von zwölftausend Jahren – hatten Zeit und Raum symmetrisch abgemessene Grenzen mit Anfang, Mitte und Ende, in denen jedes Seiende und jedes Ereignis sowohl seine Zeit als auch seinen Sinn oder Grund hatte.

Tatsächlich ist in dieser begrenzten Höhlenwelt der levantinischen Mythologien jeder Erscheinung eine wundersame Märchenhaftigkeit eigen, so als ob ein einziger einströmender Geist in allen wohnte. Wir sind überall in dem abgezirkelten Bannkreis *eines* Raumes, *einer* Zeitspanne, *eines* alldurchdringenden Geistes gefangen – und in der Vorstellung *einer* wahren Lehre. Jede solche Lehre ist zudem in einer magischen, märchenhaften Weise ein für allemal als bleibender Schatz einer bestimmten Gruppe offenbart worden, und folglich gibt es auch *eine* autorisierte Gruppe.

Eine solche Gruppe ist, wie gesagt, keine geographisch festgelegte Nation, sondern eine Kirche, eine Sekte, die Gemeinschaft im Besitz eines magischen Schatzes, und die Ummünzung ihres Schatzes unterliegt bestimmten Märchengesetzen, sprich, den Satzungen der Gruppe. Mitgliedschaft in ihr ist daher keine Frage von Zeit oder Ort, sondern von Kenntnis und Ausführung der Satzungen, die zugleich weltlich und religiös sind, offenbart, nicht von Menschen erdacht, und kategorisch, nicht hinterfragbar. Wenn man ihnen gehorcht, bescheren sie Wundergaben, deren gleichen die Welt noch nicht gesehen hat – Märchengaben; wenn man sie jedoch übertritt, und sei es nur zufällig, bescheren sie eine magische Katastrophe, gegen welche die Stärke und der Wille des Einzelnen – oder auch der nunmehr vom Unglück verfolgten Gruppe, deren Organ er ist – nichts ausrichten können. Daher liegen das Wohl und Wehe, die Tugend und der Wert von allen und jedem nicht in schöpferischem individuellen Sinnen und Trachten, sondern in der Teilnahme an den Gebräuchen der Gruppe. Was die Willensfreiheit anlangt, die in dieser Kultur im allgemeinen grundsätzlich vertreten wird, so erschöpft sie sich darin, den Einzelnen verantwortlich zu machen für seine Entscheidung, zu gehorchen oder nicht zu gehorchen. Es kommt ihm nicht zu, zu bestimmen, was gut und was böse ist.

So wie Spengler die sittliche Ordnung dieses neuen levantinischen oder, wie er sagt, magischen Weltgefühls definiert,

> ist der magische Mensch mit seinem geistigen Sein nur *Bestandteil eines pneumatischen Wir*, das von oben sich herabsenkend in allen Zugehörigen ein und dasselbe ist. Als Leib und Seele gehört er sich

allein; aber etwas anderes, Fremdes und Höheres weilt in ihm und deshalb fühlt er sich mit all seinen Einsichten und Überzeugungen nur als Glied eines *consensus*, der als Ausfluß des Göttlichen den Irrtum, aber auch jede Möglichkeit eines wertsetzenden Ich ausschließt. Wahrheit ist für ihn etwas anderes als für uns [die wir eine europäische Mentalität haben, heißt das]. Alle unsre auf *eigenem Einzelurteil* beruhenden Erkenntnismethoden sind für ihn Wahnwitz und Verblendung, und ihre wissenschaftlichen Ergebnisse ein Werk des Bösen, der den Geist verwirrt und über seine Anlagen und Ziele getäuscht hat. Hier liegt das, uns ganz unfaßbare Geheimnis des magischen Denkens in seiner höhlenhaften Welt: die Unmöglichkeit eines denkenden, glaubenden, wissenden Ich ist die Voraussetzung aller Grundvorstellungen aller dieser Religionen.[42]

Der erste Jesaja (ca. 740–700 v. Chr.) hatte in dem jungen König Hiskia den Messias gesehen. Zwei Jahrhunderte später war ein zweiter Jesaja (ca. 545–518 v. Chr.) nicht weit davon entfernt, die Vorstellung auf Kyros zu übertragen. Der erste hatte vorausgesehen, daß nach Jahwes Zornestag ein gleichsam vom Feuer geläuterter «Rest» als Hoffnungsträger der erneuerten Verheißung übrigbliebe. In einer berühmten Prophezeiung schrieb er:

> An jenem Tag wird Israels Rest – und wer vom Haus Jakob entkommen ist – sich nicht mehr auf den stützen, der ihn schlägt, sondern er stützt sich in beständiger Treue auf Jahwe, auf den Heiligen Israels. Ein Rest kehrt um zum starken Gott, ein Rest von Jakob. Israel, wenn auch dein Volk so zahlreich ist wie der Sand am Meer – nur ein Rest von ihnen kehrt um. Die Vernichtung ist beschlossen, die Gerechtigkeit flutet heran. Ja, Gott, der Herr der Heere, vollstreckt auf der ganzen Erde die Vernichtung, die er beschlossen hat. (Jes 10,20–23.)

Dem zweiten Jesaja und dem Priester Esra, der ein Jahrhundert nach ihm kam, war der Befehl Kyros' des Großen, Jerusalem und den Tempel wiederherzustellen, als Erfüllung dieser Prophezeiung erschienen. Esra zufolge lauteten seine Worte:

> Jahwe, der Gott des Himmels, hat mir alle Reiche der Erde verliehen. Er selbst hat mir aufgetragen, ihm in Jerusalem in Juda ein Haus zu bauen. Jeder unter euch, der zu seinem Volk gehört – sein Gott sei mit ihm –, der soll nach Jerusalem in Juda hinaufziehen und das Haus Jahwes, des Gottes Israels, aufbauen; denn er ist der Gott, der in Jerusalem wohnt. Und jeden, der irgendwo übriggeblieben ist, sollen die Leute des Ortes, in dem er ansässig war, unterstützen mit Silber und Gold, mit beweglicher Habe und Vieh, neben den freiwilligen Gaben für das Haus Gottes in Jerusalem. (Esra 1,2–4.)

Das Echo war zunächst nicht sehr ermutigend. Die Zahl derer, die in die zerstörte Stadt zurückkehrten, wird angegeben mit «42 360 Personen. Dabei waren ihre Knechte und Mägde nicht mitgerechnet; das waren im ganzen 7337 Personen; dazu kamen noch 200 Sänger und Sängerinnen.» (Esra 2,64–65.) Man nimmt an, daß diese Gruppe im Jahre 537 oder 536 v. Chr. eintraf. Der Wiederaufbau des Tempels wurde 520 in der Regierungszeit des Dareios in Angriff genommen. Seine Einweihung fand im Jahre 516 statt. Danach jedoch hören wir wenig Neues, bis unter der Regierung Artaxerxes' I. (465–424 v. Chr.) Nehemia, der nach eigenen Aussagen «Mundschenk beim König» war (Neh 1,11), auf seine Bitte hin als Statthalter nach Jerusalem gesandt wurde und die Stadt noch immer weitgehend in Trümmern liegend antraf (Neh 2,11–17). Er begann mit dem Wiederaufbau der Mauern. Aber der große Tag, der als Tag der eigentlichen Neubegründung des Judentums gilt, kam erst unter der Regierung Artaxerxes' II. (404–358 v. Chr.), als im Jahre 397 der Schriftgelehrte Esra mit einer großen Schar Getreuer und Vollmacht vom König aus Babylon in Jerusalem eintraf und entsetzt war über das, was er dort vorfand. Er berichtet:

> [Es] kamen die Obersten zu mir und sagten: «Das Volk Israel und die Priester und die Leviten haben sich nicht ferngehalten von der Bevölkerung des Landes und ihren Greueltaten, von den Kanaanitern, Hethitern, Perisitern, Jebusitern, Ammonitern, Moabitern, Ägyptern und Amoritern. Sie haben von deren Töchtern Frauen genommen für sich und ihre Söhne. So hat sich der heilige Same mit den Völkern des Landes vermischt, und die Obersten und Beamten

waren bei diesem Treubruch die ersten.» Als ich das hörte, zerriß ich mein Gewand und meinen Mantel; ich raufte mir die Haare und den Bart und setzte mich erschüttert nieder. (Esra 9,1–3.)

Esra betete zu Gott um Verzeihung für sein Volk, er warf sich nieder vor dem Haus Gottes, und eine sehr große Gemeinde von Männern, Frauen und Kindern versammelte sich, und sie gesellten sich zu ihm in seinem Schmerz und weinten. Weiter lesen wir:

Dann machte man in Juda und Jerusalem allen Heimkehrern bekannt, sie sollten sich in Jerusalem versammeln. Jeder, der nicht binnen drei Tagen komme, wie es die Vorsteher und Ältesten beschlossen hätten, dessen ganzer Besitz solle der Vernichtung anheimfallen und er selbst solle aus der Gemeinde der Heimkehrer ausgeschlossen werden. Da versammelten sich nach drei Tagen alle Männer von Juda und Benjamin in Jerusalem; es war am zwanzigsten Tag des neunten Monats. Das ganze Volk ließ sich auf dem Platz vor dem Haus Gottes nieder. Alle zitterten wegen der Sache, um die es ging, aber auch wegen des Regens, der niederging. Der Priester Esra stand auf und sagte zu ihnen: «Ihr habt dem Herrn die Treue gebrochen; ihr habt fremde Frauen genommen und so die Schuld Israels noch größer gemacht. So legt nun vor Jahwe, dem Gott eurer Väter, ein Bekenntnis ab, und tut, was er wünscht: Trennt euch von der Bevölkerung des Landes, insbesondere von den fremden Frauen!» Darauf antwortete die ganze Gemeinde laut: «Alles, was du uns gesagt hast, müssen wir tun. Aber es sind viele Menschen, und es ist Regenzeit; da kann man nicht im Freien bleiben, und die Angelegenheit ist nicht an einem oder zwei Tagen abzumachen. Denn viele von uns haben sich in dieser Sache verfehlt. Unsere Vorsteher sollen darum die ganze Gemeinde vertreten. Alle, die in unseren Städten fremde Frauen geheiratet haben, sollen dann zu festgesetzten Zeiten herkommen, dazu die Ältesten und Richter jeder einzelnen Stadt, bis wir den Zorn unseres Gottes, der wegen dieser Sache entbrannt ist, von uns abgewendet haben.»

Nur Jonathan, der Sohn Asaëls, und Jachseja, der Sohn Tikwas, sprachen gegen diesen Vorschlag; Meschullam und der Levit Schabbetai unterstützten sie. Die Heimkehrer machten es aber so, wie vorgeschlagen worden war. Der Priester Esra wählte Männer aus, für jede Großfamilie ein Familienoberhaupt; alle wurden mit Namen aufgerufen. Am ersten Tag des zehnten Monats traten sie zusammen, um die Sache zu untersuchen, und am ersten Tag des ersten Monats waren sie fertig mit den Fällen aller Männer, die fremde Frauen geheiratet hatten ...; sie trennten sich nun von ihren Frauen, auch wenn sie von ihnen Kinder hatten. (Esra 10,7–17.44.)

Damit hatte der Rest des auserwählten Volkes, für eine Weile wenigstens, wieder Frieden mit seinem Gott geschlossen.

5
Der Gott der Liebe

Der persische König der Könige ließ den Glanz seiner Gerechtigkeit einerseits über die ionischen Stadtstaaten an der Westküste Kleinasiens erstrahlen, der Satrapie I seines historisch beipiellosen Herrschaftsbereiches, und andererseits über die ältesten Zentren der indischen Kultur im Panjab, der Satrapie XX. Darüber hinaus waren der Anblick seiner überragenden Hoheit, symbolisiert in der Pracht seines Thrones und seines Palastes in Persepolis, und die despotischen Methoden, die in seinen Händen die Nerven und Sehnen des bis dahin mächtigsten Gesellschaftskörpers der Welt wurden, zu seiner Zeit so ungeheuer eindrucksvoll, daß er trotz der nur knapp zweihundert Jahre, in denen sein Königtum bestand, für alle folgenden Jahrhunderte *die* Idealgestalt und Symbolfigur königlicher Majestät und Herrschaft geblieben ist. In Indien am Hofe und in der Staatstheorie Candragupta Mauryas (ca. 322–293 v. Chr.), dessen Despotismus in Kautilyas *Arthashāstra*, dem «Lehrbuch der Kunst, seinen Willen durchzusetzen», seinen reinsten Ausdruck fand, und in China unter Shih Huang-ti (221–206 v. Chr.), wo das «Buch des Fürsten von Shang» (*Shang-tzu*) das Gegenstück zu Kautilyas Werk bildete, wurde das Vorbild des persischen Königs der Könige nachgeahmt und zum Maßstab für alle orientalischen Ideale erfolgreichen politischen Handelns bis zum heutigen Tag erhoben. Ferner läßt sich in den alttestamentlichen prophetischen Visionen der Majestät Gottes erkennen, daß sie letztlich den Stempel des persischen Königs der Könige tragen. Von seiner Regierung und seinen Regierungsmethoden lesen wir in dem Werk seines griechischen Untertanen Herodot. Sein Glanz war Ahura Mazdā; aber das Werkzeug seiner Majestät war die Peitsche.

Auf der lichtdurchfluteten kleinen griechischen Halbinsel jedoch, außerhalb der Wohlfahrt dieses levantinischen Gottesstaates, entwickelte sich in der Polis, die Perikles in seiner berühmten Rede gepriesen hatte, ein ganz anderer Begriff von Majestät und Herrschaft und von der Gottheit, deren Gegenwart die beste Stütze des Rechts und des Lebens wäre. Unvermeidlicherweise mußte dort, wo die individuelle Trefflichkeit in einem solchen Maße geehrt wurde wie in Griechenland, die Kraft und das Prinzip der Liebe – Eros – nicht allein als *ein* Gott, sondern als *der* alles beseelende Gott begriffen werden. Denn niemand bringt es zu Trefflichkeit in seinem Lebenswerk, wenn er es nicht liebt, in sich selbst, wenn er sich nicht liebt, oder in seiner Familie, wenn er sein Zuhause nicht liebt. Die Liebe bringt alles zum Blühen, ein jedes nach seinen eigenen Anlagen, und ist damit der wahre Pädagoge der offenen, freien Gesellschaft; «denn», wie Agathon in seiner Tafelrede erklärte, die Platon in seiner Schilderung des großartigsten Gelages der Weltgeschichte unsterblich gemacht hat, «jedermann leistet dem Eros freiwillig jeden Dienst. Was aber jemand freiwillig einem Freiwilligen zugesteht, das erklären die ‹Könige der Stadt›, die Gesetze, für gerecht.»[43]

Vor vielen Jahren schon ließ Warner Fite den Schwindel einer spätviktorianischen Version des Platonischen Liebesideals platzen, als er einer des Griechischen nicht mehr mächtigen Generation klarmachte, daß Jowett in seiner englischen Übersetzung (die allgemeine Schullektüre war) *orthós paiderastein*, «auf rechte Art Knaben lieben», mit «true love» wiedergibt, «wahre Liebe».[44] Damit wußten dann alle – wie die meisten längst geahnt hatten –, daß Knabenliebe, Päderastie oder Sodomie, in den meisten verkündeten Sittenkodizes der Welt ein abscheuliches Vergehen wider die Natur, Platons musterhafter Schar als einzig wahrer Weg zum Geistigen und als Sublimierung der bloßen Natur galt, ihrer Veredelung zu gepflegter Unterhaltung, Dichtung, Wissenschaft, Trefflichkeit und dem vollkommenen Stadtstaat.

In solchen Initiationsriten wie denen der Ureinwohner Australiens spielt die Päderastie eine Rolle bei der Abnabelung der Jungen von der Mutter und ihrer Einführung in die geheimen Kenntnisse des Mannseins; aber durch weitere Riten werden sie dann zurückgeführt ins Dorf und in die Ehe.[45] Auch in der pädagogischen Sphäre und Atmosphäre der oben (S. 213) beschriebenen orphischen Sänger in der Wildnis war die vorübergehende Einbindung der jungen Männer in eine rein männliche Gesellschaft eine Vorbereitung fürs Leben, eine Art Vorschule. Doch im vornehmen Kreis der Löwen von Athen in der großen Zeit von 450 bis 350 v. Chr. etwa war die pädagogische Atmosphäre durchweht vom Hauch der Ewigkeit. Alles, was wir von dieser Zeit lesen, hat ein wunderbares jünglingshaftes Flair schimmernder, zeitloser Himmel an sich – unberührt vom vulgären Ernst einer heterosexuellen Bindung an das profane Leben. Auch die Kunst des schönen stehenden Akts ist bei all ihrem Liebreiz und Charme letztendlich geschlechtslos – wie die Stimme eines Sängerknaben. Das fällt einem sofort ins Auge, wenn man sich zum Vergleich die Gupta-, Cālukya- und Rāshtrakūta-Kunst Indiens anschaut. Um eine Bemerkung Heinrich Zimmers zu zitieren:

> Die griechische Plastik erklomm ihren Gipfel der Vollendung über die Porträtierung der schönen athletischen Körper attraktiver Knaben und Jünglinge, die bei nationalen religiösen Wettspielen in Olympia und anderswo Preise im Ringen und Wettlauf gewonnen hatten; die indische Plastik dagegen beruhte in ihrer großen Zeit auf jenen eingehenden Erfahrungen des lebendigen Organismus und der Mysterien des Lebensprozesses, welche die auf dem Yoga-Weg erlangte innere Einsicht mit sich bringt – und sie hatte gleichzeitig ein entschieden heterosexuelles Flair, destilliert und verfeinert zu einem subtilen, betörenden Wohlgeruch. Die griechische Kunst ging aus Erfahrungen des Auges hervor, die indische aus denen des Blutkreislaufs.[46]

Bei dem römischen Satiriker und Dichter Juvenal (ca. 60–140

n. Chr.) findet sich eine vielsagende Zeile, in der er sich mißbilligend über die Vorgänge in einem geheimen Frauenkult ausspricht:

Nil ibi per ludum simulabitur,
omnia fient ad verum ...

«Nichts wird da wie im Spiel nachgeahmt, alles geschieht im Ernst.»[47]

Wie es einem im Jünglingsalter zum Guten gereicht, wenn man eine Zeitlang in einer reinen Männerwelt leben, denken und spielen kann, wo der Geist unangefochten von den Forderungen weiblichen Ernstes sich in eigener spielerischer Weise zu Wissenschaft und Ästhetik, Philosophie und Wettkampf heranbilden kann, kurz, zur Welt des Logos, in der sogar Eros mit einer unorganischen Ausdünstung auftritt, so war auch für den Westen und die Welt überhaupt jener Moment außerordentlich glücklich zu nennen, der uns – eine Zeitlang – die «Sängerknabenschule» der Griechen bescherte. Und ihr Höhepunkt war die große Festszene mit den jungen und alten Löwen im Hause des Dichters Agathon.

Der Leser wird sich an den magischen Augenblick erinnern. Sokrates hob an, von der Liebe zu sprechen – wie er darüber von der weisen Diotima gelernt hatte, von der wir sonst nichts wissen, als was er berichtet.

«Die Rede über den Eros aber, die ich einstmals von einer Frau aus Mantineia, von Diotima, gehört habe», sagte er, «die in diesen Dingen und in vielem anderen weise war und den Athenern durch ein Opfer vor einer Pest einst zehn Jahre Aufschub der Krankheit verschaffte und die auch mich in den Dingen der Liebe unterrichtet hat – die Rede also, die sie gehalten hat, will ich wiederzugeben versuchen.»[48]

Wie Zeus mit Metis in seinem Bauch (siehe oben S. 176–177), so ging es Sokrates mit Diotima. In seinem Lob der Liebe können wir die Vergeistigung einer älteren, vorhellenischen Weisheit aus der Welt der Schlangenköniginnen Kretas, aus der Welt der Kirke und der Kalypso erkennen. Jedoch im Vaterschoß seiner Denkerstirn ist die Überlieferung umgeformt worden, so daß sie nun zu der unorganisch duftendenen Atmosphäre des Gastmahls paßt. Wir können nur vermuten, wie sie aus Diotimas eigenem Munde geklungen haben könnte. Allein so, wie sie uns von Sokrates kommt, kennen wir sie. Und so berichtete der alte Satyr sie seinen Festgenossen:

«Wer den richtigen Weg zu dieser Sache geht», begann sie, «muß in seiner Jugend damit anfangen, daß er den schönen Leibern nachgeht und, wenn sein Führer ihn richtig leitet, zuerst einen Leib lieben und dort schöne Reden erzeugen. Dann aber soll er gewahr werden, daß die Schönheit an irgendeinem einzelnen Leibe mit der an jedem anderen verschwistert ist, und daß es höchste Einsichtslosigkeit wäre – wenn anders man dem Schönen an der äußeren Gestalt nachgehen muß –, die Schönheit an allen Leibern nicht für eine und dieselbe zu halten. Wer das aber eingesehen hat, muß zum Liebhaber aller schönen Leiber werden, in dieser heftigen Liebe zu jenem einen aber nachlassen, sie gering schätzen und für unwichtig ansehen.

Dann aber wird er die Schönheit in den Seelen für köstlicher halten als die im Leibe, so daß es ihm genügt, wenn einer an seiner Seele wohlgeartet ist, mag er auch nur einen geringen Reiz haben; ihn wird er lieben und Sorge zu ihm tragen und solche Reden zeugen und suchen, wie sie junge Leute besser machen können. Jetzt aber wird er gezwungen, auf das Schöne in den Einrichtungen und Gesetzen zu schauen und dabei innezuwerden, daß alles in sich verwandt ist, damit er dann das Schöne im Bereich des Leibes für etwas Geringes hält.

Nach den Einrichtungen aber muß man ihn zu den Wissenschaften führen, damit er nunmehr auch die Schönheit der Wissenschaften schaut und in einer Sicht, die bereits die Fülle des Schönen umfaßt, nicht mehr in sklavischer Gebundenheit an das Schöne bei einem Einzelnen so niedrig und engherzig bleibt, daß er sich mit der Schönheit eines Knaben oder eines bestimmten Menschen oder einer einzelnen Einrichtung begnügt, sondern sich auf das weite Meer des Schönen wendet und im Betrachten viele schöne und herrliche Reden und Gedanken zeugt in ungemessener Weisheitsliebe, bis er, dort gestärkt und gefördert, dann ein einzigartiges Wissen von solcher Art zu Gesicht bekommt, das sich auf ein Schönes von folgender Art bezieht. Versuche mir nun», sagte sie, «so aufmerksam als möglich zu folgen.

Wer bis dahin in der Liebe erzogen ist, indem er die schönen Dinge der Reihe nach richtig betrachtet, der gelangt nunmehr zur Vollendung in der Liebeskunst und erblickt plötzlich ein Schönes von erstaunlicher Natur, eben jenes, Sokrates, um deswillen ja auch alle früheren Mühsale da waren. Es ist erstens ein immer Seiendes, das weder entsteht noch vergeht, weder zunimmt noch abnimmt. Zweitens ist es nicht teilweise schön und teilweise häßlich, auch nicht zuweilen schön, zuweilen nicht, auch nicht in bezug auf das eine Ding schön, auf das andere dagegen häßlich, auch nicht hier schön, dort aber häßlich, als sei es nur für die einen schön, für die anderen dagegen häßlich. Dieses Schöne zeigt sich ihm auch nicht als bloße Erscheinung, wie ein Antlitz oder wie Hände oder sonst etwas, woran der Leib teilhat, aber auch nicht als irgendeine Aussage oder ein einzelnes Wissen, noch irgend als ein Seiendes, das sich irgendwo an einem anderen findet, etwa an einem Lebewesen oder an der Erde oder am Himmel oder sonst an etwas, sondern es ist es selbst, an sich selbst, mit sich selbst, eingestaltig und immer seiend. Alles andere Schöne aber hat an jenem Anteil, etwa in der Weise, daß dieses andere entsteht und vergeht, während es selbst weder mehr oder weniger wird noch sonst in irgendeiner Hinsicht etwas erleidet. Wenn also jemand dadurch, daß er auf die rechte Art Knaben liebt, von diesen Dingen aus hinansteigt und jenes Schöne zu schauen beginnt, so wird er wohl nahezu an das Letzte rühren. Denn das bedeutet den rechten Weg zu den Dingen der Liebe gehen oder von einem anderen geführt werden, daß man, mit diesen schönen Dingen hier beginnend, um jenes Schönen willen immer weiter hinaufsteigt, wie auf Stufen: von einem schönen Leibe zu zweien und von zweien zu allen schönen Leibern, und von den schönen Leibern zu den schönen Einrichtungen und von den Einrichtungen zu den schönen Wissenschaften, bis man dann von den Wissenschaften aus zu jener Wissenschaft gelangt, die die Wissenschaft von nichts anderem als von jenem Schönen selbst ist, und er schließlich das erkennt, was das Schöne selbst ist.

An dieser Stelle im Leben, mein lieber Sokrates», sagte die fremde Frau aus Mantineia, «wenn überhaupt irgendwo, ist das Leben für den Menschen lebenswert: wenn er das Schöne selbst schaut. Wenn du es einmal erblickst, so wirst du den Eindruck haben, daß es ganz anders ist als Gold und Gewänder und als die schönen Knaben und Jünglinge, bei deren Anblick du jetzt erschüttert wirst und bereit bist, du genau so wie viele andere, den Geliebten anzusehen, immer mit ihm zusammen zu sein und womöglich weder zu essen noch zu trinken, sondern immer nur zu schauen und beisammen zu sein. Was glauben wir erst», sagte sie, «wenn es einem zuteil würde, das Schöne selbst lauter, rein und unvermischt zu sehen, nicht voll von menschlichem Fleisch und von Farben und von all dem anderen sterblichen Flitter, sondern wenn er das göttliche Schöne selbst in seiner Eingestaltigkeit zu sehen vermöchte? Glaubst du», sagte sie, «es werde ein Mensch ein schlechtes Leben führen, der dorthin schaut und das anblickt und mit ihm zusammen ist? Oder denkst du dir nicht», sagte sie, «daß dort und dort allein, wenn er das Schöne schaut durch das, wodurch es sichtbar wird, ihm das zuteil wird, daß er nicht nur Schattenbilder der Tüchtigkeit zeugt, da er ja auch nicht ein Schattenbild berührt, sondern das Wahre, weil er das Wahre berührt. Und wenn er die wahre Tüchtigkeit erzeugt und aufgezogen hat, ist ihm vergönnt, gottgeliebt zu werden, und dann kann, wenn überhaupt ein Mensch, auch er unsterblich sein.»[49]

Wir haben uns jetzt zu einer solchen elysischen Höhe aufgeschwungen, daß Worte nicht mehr hinreichen. Trotzdem sind ganze Bibliotheken mit den Worten angefüllt, die dieser unsterblichen Rede der weisen Diotima gewidmet wurden. Von allem, was sich zu ihren Ausführungen über den Weg der Schönheit und Liebe bemerken ließe, werde ich nur zwei markante Punkte herausgreifen, die für die Metamorphose der Mythologie im fünften vorchristlichen Jahrhundert bedeutsam sind, nämlich:

1. *Die Betonung des Körpers*: Spengler hat, wie mir scheint, eine außerordentlich wichtige Feststellung getroffen, als er den Körper (*soma*), den schönen stehenden Akt, als die Signatur und das Ursymbol der antiken – oder wie er sagt, apollinischen – Erfahrungsform bestimmt hat. Im Gegensatz einerseits zum magischen Gefühl der Welthöhle mit seinem *einen* Raum, seiner *einen* Zeitspanne, seinem *einen* allem einwohnenden Geist und andererseits dem späteren nordeuropäischen, gotischen – oder wie Spengler sagt, faustischen – Gefühl von und Sehnen nach Unendlichkeit war der

griechische Geist fast ausschließlich mit dem beschäftigt, was sich den Sinnen darbietet. Diese Konzentration kam ebenso im Steinkörper des antiken Tempels zum Ausdruck wie in der Bildhauerkunst des nackten Leibes. Sie war ferner die Inspiration der Euklidischen Mathematik (eine Mathematik statischer Körper) und der Politik der Polis (das von ihrer Akropolis aus sichtbare Gebiet). Oder mit Spenglers eigenen Worten:

> Die antike Statue in ihrer prachtvollen Leibhaftigkeit, ganz Aufbau und ausdrucksvolle Fläche ohne irgend einen nichtkörperlichen Hintergedanken, enthielt für das antike Auge alles ohne Rest, was Wirklichkeit hieß. Das Stoffliche, sichtbar Begrenzte, Greifbare, unmittelbar Gegenwärtige – damit sind die Merkmale dieser Art von Ausdehnung erschöpft. Das antike Weltall, der *Kosmos*, die wohlgeordnete Menge aller nahen und vollkommen übersehbaren Dinge ist durch das körperliche Himmelsgewölbe abgeschlossen. Es gibt nicht mehr. Unser Bedürfnis, jenseits dieser Schale wieder «Raum» zu denken, fehlte dem antiken Weltgefühl vollständig. Die Stoiker haben sogar die Eigenschaften und Verhältnisse von Dingen für Körper erklärt. Für Chrysipp ist das göttliche Pneuma ein Körper; für Demokrit besteht das Sehen im Eindringen von stofflichen Teilchen des Gesehenen. Der Staat ist ein Körper, der aus der Summe aller Körper der Bürger besteht; das Recht kennt nur körperliche Personen und körperliche Sachen. Und endlich findet dies Gefühl seinen erhabensten Ausdruck in dem Steinkörper des antiken Tempels. Der fensterlose Innenraum wird von der Säulenstellung sorgfältig verhehlt; außen aber befindet sich keine einzige gerade Linie. Alle Treppenstufen habe eine leise Schwingung nach außen, und zwar jede von anderem Grad. Die Giebel, der Dachfirst, die Seiten sind geschwungen. Jede Säule hat eine leichte Schwellung; keine steht vollkommen senkrecht und hat den gleichen Abstand von der nächsten. Aber Schwellung, Neigung und Abstand ändern sich von den Ecken bis zur Seitenmitte in einem sorgfältig abgetönten Verhältnis. So bekommt der ganze Körper etwas geheimnisvoll um einen Mittelpunkt Kreisendes. Die Krümmungen sind so fein, daß sie dem Auge gewissermaßen nicht sichtbar, nur fühlbar sind. Eben dadurch aber wird die Tiefenrichtung aufgehoben. Der gotische Stil

strebt, der dorische *schwingt*. Der Innenraum der Dome zieht mit Urgewalt empor und in die Ferne; der Tempel ist in majestätischer Ruhe hingelagert.[50]

Die griechische Vorstellung und Erfahrung des Eros ist also fest an den Körper gebunden, und wie die weise Frau Diotima uns sagt, muß alles Darüberhinausgehen zum «Schönen selbst» nicht nur an der körperlichen Besonderheit ansetzen, sondern muß in der Schau des Schönen letztendlich auch bei dem bleiben, «wodurch es sichtbar wird». Der griechische Geist unternimmt nicht den Sprung in irgendeine solche Sphäre der Entkörperung oder Vorkörperlichkeit, wie sie für bestimmte Spielarten des spätantiken neuplatonischen Denkens typisch wird. Und dennoch *gibt es* ein Darüberhinausgehen – was uns zu unserem zweiten Punkt bringt.

2. *Die Vorstellung der Schönheit in allem:* Wie wir gesehen haben, hielt Thales «das Wasser» für den Urgrund (ἀρχή) aller wahrnehmbaren Dinge, Anaximander «das Unbegrenzte», Anaximenes «die Luft», die Pythagoreer «die Zahl» – und jetzt sind wir ungefähr ein Jahrhundert später in eine Gedankenwelt eingetreten, in der die Liebe – der und als Schönheit – die Arché, die Ursubstanz aller Dinge geworden ist. Wie jeder Philosophiestudent im ersten Semester weiß, identifizierten Platon und seine Schule dieses Prinzip in sehr interessanter Weise mit dem älteren Prinzip der Zahl, der Harmonie und der Sphärenmusik, das ja bereits mit dem geheimnisvollen Zauber des Orphischen Leierspiels und Gesangs, wodurch selbst das Herz des Hades und die Tiere der Wildnis besänftigt wurden, in Verbindung gebracht worden war. Ferner und letztens ist gezeigt worden, daß sich hinter der Orphik dunkel die Gestalt des Dionysos abzeichnet, der im Grunde derselbe mächtige Gott des Todes und der Auferstehung ist, den wir schon in Osiris, Tammuz und dem schönbärtigen goldenen Stier der eleganten Harfe aus den Königsgräbern von Ur ausgemacht haben. So wird jetzt die Szene von einem wahrhaft gewaltigen Schwall älterer mythischer Stoffe, Figuren und Motive überschwemmt, der unterschiedlich zusammengewürfelte Versatzstücke aus dem ganzen tiefen, dunklen und trüben Brunnen des Schlangengottes und seiner Braut mit heraufbringt: die Symbolik des Mondstieres, den toten

und auferstandenen göttlichen König, jene faszinierenden Harfen des Mondkönigs aus den Königsgräbern von Ur und die großen Namen Osiris, Tammuz, Attis, Adonis, Dionysos und alle übrigen.

In Hesiods *Theogonie* (um 750 v. Chr.) wird der Liebesgott Eros unter den vier erstentstandenen Gottheiten genannt. Zuerst kam das Chaos, dann Gaia, die Mutter Erde, als dritte wird der Tartaros aufgeführt, der dunkle Schlund des Hades unter der Erde, während die vierte Eros war, «der der schönste ist unter den todfreien Göttern, der Gliederlösende, aller Götter und aller Menschen Sinn und verständige Absicht bezwingt er in ihrer Brust.»[51] Hesiod berichtet sonst nichts von diesem Gott. Bei Homer taucht Eros überhaupt nicht auf. Er stammt aus der alten vorhellenischen ägäischen Schicht mythologischen Denkens. Als Kind der Aphrodite ist er mit dieser eindeutig und fest verbunden, und in den späteren allegorischen Mythenbildungen tritt er (als Venuskind Cupido) mit Bogen und vergiftetem Pfeil auf, durchbohrt harte ebenso wie sanfte Herzen und bringt ihnen damit den Tod oder die Heilung durch Lust. Die Allegorie ist treffend und ansprechend, bezeichnet sie doch auf literarische Weise die Wirkung der Liebe auf den Menschen. Aber wie unser ganzer Rundblick über die Vorgeschichte der Ägäis ergeben hat, sind die Göttin Aphrodite und ihr Sohn genau die große kosmische Mutter und der immer wieder sterbende und immer wieder zum Leben erwachende Gott, der ihr Kind ist. Die ganzen vielfältigen Mythen über die Abstammung des Eros deuten ausnahmslos auf einen solchen Hintergrund hin. Er ist die Ausgeburt des Chaos. Er ist aus dem Ei der Nacht geschlüpft. Er ist einmal der Sohn von Gaia und Uranos, dann von Artemis und Hermes, dann wieder von Iris und Zephyros – alles Wandlungsformen desselben mythologischen Hintergrunds, die sämtlich auf den zeitlosen Katalog uns mittlerweile wohlvertrauter Mythologeme verweisen: das freiwillige Opfer, in dessen Tod unser Leben liegt, dessen Fleisch unsere Speise und dessen Blut unser Trank ist; das Opfer in der Gestalt des jungen, miteinander schlafenden Paares im urtümlichen Liebestodritual, das im Augenblick der Ekstase getötet und dann sakramental gebraten und verspeist wird;[52] das Opfer in Gestalt des von einem Eber getöteten Attis oder Adonis, des von Seth erschlagenen Osiris, des von den Titanen zerrissenen, gebratenen und verspeisten Dionysos. In den neckischen späteren Allegorien um Eros (Cupido) und sein Opfer *erscheint der Gott in der Rolle des dunken Feindes* – des anstürmenden Ebers, des dunklen Bruders Seth, der Titanenhorde –, und *der Liebende ist der verkörperte sterbende Gott.* Doch wir wissen, daß in dieser Mythologie mit ihrer Verwurzelung in jenem Mysterium, das im alten Ägypten «das Geheimnis der beiden Männer» genannt wurde,[53] der Totschläger und sein Opfer zwar auf der Bühne scheinbar miteinander im Streit liegen, hinter den Kulissen aber im Einvernehmen stehen – wie es bekanntlich auch in dem dunklen Mysterium der Liebe der Fall ist, worin das Leben verzehrt und erlöst, erschaffen und gerechtfertigt wird.

In den alten Mythen der Urvölker und der archaischen Welt, denen wir so viele Seiten gewidmet haben, wurde das Schwergewicht in den Riten und Nacherzählungen dieses Mythologems im allgemeinen auf den göttlichen, mythischen Aspekt des Mysteriums gelegt. Die Gefühle und das Verderben des menschlichen Opfers wurden mit großer Geste systematisch übergangen. Die indischen Satī-Rituale und Menschenopfer für Kālī gingen nicht nur gleichgültig über den einzelnen Menschen hinweg, vielmehr fanden sie geradezu in der Absicht statt, eine Geisteshaltung ichloser Ergebung gegenüber den mythologisch gegründeten Archetypen der Gesellschaftsordnung zu wecken und auszubilden.[54] Aber in Griechenland mit seinem apollinischen Sinn für die individuelle Form und der Freude an ihr, ihrer Schönheit und ureigenen Trefflichkeit, verschob sich bei denselben alten elementaren Mythologemen das Schwergewicht drastisch von der Seite des ständig wiederholten Archetypus auf die der einmaligen Individualität jedes besonderen Opfers – und nicht nur auf die jeweilige Individualität, sondern auch auf die gesamte Ordnung jener Werte, die sich im Gegensatz zu den unpersönlichen Werten der Gruppe, der Art oder der rein natürlichen Ordnung als eigentlich persönlich bezeichnen lassen. Diesen dramatischen, epochalen und, soweit unsere Zeugnisse belegen, beispiellosen Standpunktwechsel (vom Unpersönlichen zum Persönlichen) möchte ich hier als das griechische – das europäische – Wunder herausstellen. Er läßt sich mit einer evolutionären psychischen Mutation vergleichen. Andernorts wurden die Besonderheiten des Individuums, seine neuen Gedanken und seine individuellen Wünsche und Freuden im Namen der absoluten Normen der Gruppe mit strenger Hand unter den Tisch gekehrt; in Griechenland aber wurden die besonderen Trefflichkeiten eines jeden rechtlich und pädagogisch respektiert – wenigstens theoretisch, wenn auch nicht immer in Wirklichkeit, zum Beispiel wenn das Individuum zufällig eine Frau oder ein Sklave war. Auch der menschliche Verstand und sein Denkvermögen wurden geehrt. Der Maßstab menschlichen Verhaltens war zusehends nicht mehr der Kindergartengehorsam («brav sein», machen, was man gesagt und beigebracht bekommt), sondern eine vernünftige individuelle Entwicklung («das gute Leben») unter Gesetzen, die nicht für gottgegeben erklärt, sondern als Produkte eines rein menschlichen Urteils begriffen wurden. Und was die Gottheit betraf, so konnte sogar Zeus denken, urteilen, lernen und sich im Laufe der Zeit sittlich bessern.

KAPITEL VI

Der Hellenismus: 331 v. Chr. – 324 n. Chr.

1
Die Vermählung von Ost und West

Es ist die Ansicht vertreten worden, das Absinken der griechischen Mythologie vom Rang der Religion auf den der Dichtung sei die Schuld des ungemein kritischen griechischen Denkens gewesen, das sich bereits im sechsten und fünften Jahrhundert v. Chr. gegen den Mythos wandte. Oft schwingt in solchen Äußerungen die Vorstellung mit, der Polytheismus sei eine niedere, kritikanfällige Form der Religion, der Monotheismus dagegen nicht: folglich sei der Polytheismus, als die Griechen ihm denkerisch zu Leibe rückten, ausgeräumt und so der Weg freigemacht worden für die offenbarte christliche Wahrheit des einen Gottes in drei Personen mit seinem Pantheon von Engeln, seinem Gegenpantheon von Teufeln, seiner Gemeinschaft der Heiligen, Vergebung der Sünden und Auferstehung des Fleisches wie auch der Multipräsenz (in jedem geweihten Tropfen Wein und jeder geweihten Hostie) des toten und auferstandenen Sohnes Gottes – wahrer Gott und wahrer Mensch –, der auf wunderbare Weise von der jungfräulichen Mutter Maria geboren ward. In Wirklichkeit jedoch wurden die Olympier von den Griechen niemals mit dem höchsten Sein alles Seienden verwechselt. Wie die Menschen, waren auch die Götter von der Großen

Mutter geboren worden. Zwar stärker und mit längerem Leben bedacht als jene, waren sie doch deren Brüder. Außerdem waren sie nur zeitweilige Beherrscher des Weltalls, das sie einer früheren Generation göttlicher Kinder der Göttin abgerungen hatten, und sie sollten die Herrschaft – wie Prometheus wußte – dereinst an eine spätere Generation abtreten. Im Grunde waren sie die Archetypen der Ideale des griechischen Stadtstaates, und mit seinem Untergang gingen auch sie.

Doch in der hellenistischen Epoche, als Alexander der Große, der glänzende Schüler des Aristoteles, nach seinem Gewaltzug durch die gesamte Levante bis nach Indien nunmehr Griechenland, Indien, Persien, Ägypten und sogar die Juden außerhalb Jerusalems in *einer* Welt zusammengebracht hatte, da trat die griechische Religion in ein neues Stadium ein: gekennzeichnet einerseits durch einen grandiosen Universalismus und andererseits durch eine persönliche, innerliche Unmittelbarkeit. Weit davon entfernt zu sterben, ließen die schönen Götter ihren inspirierenden Hauch über ganz Asien wehen und erweckten damit im Indien der Maurya, im China der Han und zuletzt in Japan neue religiöse und ästhetische Formen, während sie im Westen Rom wachrüttelten und im Süden den uralten Kulten der Göttin Isis und ihres Geliebten eine neue Bedeutung verliehen.

Einen Eindruck von der Einstellung der hellenistischen Griechen zur Religion erhält man bei dem Mythographen Maximos von Tyros (2. Jahrhundert n. Chr.):

> Der Gott, der Vater und Schöpfer alles Seienden, der älter ist als die Sonne oder der Himmel, größer als die Zeit und die Ewigkeit und aller Wandel der Natur, ist von keinem Gesetzgeber zu nennen, von keiner Stimme auszusprechen und von keinem Auge zu schauen. Weil wir aber sein Wesen nicht erfassen können, behelfen wir uns mit Wörtern und Namen und Bildern aus Blattgold und Elfenbein und Silber, mit Pflanzen und Flüssen, Berggipfeln und Sturzbächen; wir sehnen uns, ihn zu erkennen, und so benennen wir in unserer Schwäche seine Natur nach allem, was schön ist in dieser Welt – ganz wie es irdischen Verliebten ergeht. Der schönste Anblick für sie sind die wirklichen Züge des Geliebten, aber der dadurch ausge-

lösten Erinnerung wegen fühlen sie sich glücklich beim Anblick einer Leier, eines kleinen Speeres, eines Stuhles vielleicht oder einer Rennbahn oder was sonst in der Welt das Andenken des Geliebten wachruft. Was soll ich weiter Bilder untersuchen und darüber Urteile abgeben? Wenn nur die Menschen erkennen, was göttlich ist, wenn sie nur erkennen: das ist alles. Wenn ein Grieche durch die Kunst des Phidias zum Andenken des Gottes bewegt wird, ein Ägypter durch die Anbetung von Tieren, dieser durch einen Fluß, jener durch Feuer – so verstimmen mich ihre Meinungsverschiedenheiten nicht. Wenn sie nur erkennen, wenn sie lieben, wenn sie gedenken![1]

Obwohl man in dem riesigen Vielvölker- und Vielkulturenreich der Perser gegenüber den Göttern der eroberten Völker eine löbliche Toleranz übte, wurde doch weder vom König der Könige noch von irgendeinem Priester des Magierklerus jemals der Versuch unternommen, ein allgemeines synkretistisches Einheitssystem zu schaffen. Die persische religiöse Toleranz war ein Ausdruck kluger Politik, nicht des Glaubens. Auch zögerten die Perser, wenn es politischen Zielen dienlich war, keine Minute, fremde Altäre zu entweihen. Als Alexander in den Jahren 336–330 v. Chr. in Persien einfiel, gab er strengen Befehl, kein Heiligtum, gleich welcher Art, anzutasten; doch als die Perser fast zwei Jahrhunderte zuvor versucht hatten, Griechenland zu überrennen, hatten sie Tempel zerstört, Götterbilder verbrannt und Altäre entweiht – mit dem gleichen sich gerecht dünkenden Eifer, der Elia und Elisa, Josia und Hiskia bewegt hatte, denn schließlich waren auch sie levantinische «Monotheisten», für die es keinen anderen wahren Gott gab als ihren eigenen.[2] Die Griechen waren über eine solche Ruchlosigkeit sowohl erzürnt als auch entsetzt, und Aischylos gab in seiner patriotischen Tragödie *Die Perser* diesen gottlosen Akten der Schändung und der Hybris die Schuld an der einem Wunder gleichkommenden Niederlage der mächtigen persischen Flotte in ihrem unglaublichen Debakel bei Salamis. Er schrieb:

Dort harrt auf sie der Leiden höchstes, das sie trifft
Als Hochmuts Buße, gottverruchten Sinnes Lohn,
Die sich auf Hellas' Boden Götterbilder nicht

Gescheut zu rauben noch Brand zu legen an ihr Haus:
Altäre – spurlos fort, der Gottheit Bilder – ganz
Entwurzelt, um und um gestürzt aus Sockels Grund!
So bös nun ihre Taten, kleiner nicht ist, was
Sie dulden und was – droht...[3]

Nachdem Dareios I. sich zum Herrn der Welt gemacht hatte, sandte er im Sommer des Jahres 490 v. Chr. eine Flotte aus, um Athen zu unterwerfen. Seine Armee landete an der Küste bei Marathon – und das übrige weiß jedes Schulkind. Aischylos kämpfte und sein Bruder fiel im Gefecht: 6400 Perser und 192 Athener lagen tot auf dem Schlachtfeld. Dareios aber begann sogleich, die nächste, noch größere, viel größere Flotte und Armee für einen zweiten Anlauf auszurüsten. Er starb jedoch; und sein Sohn Xerxes der Große (reg. 486–465 v. Chr.) schickte ein Jahrzehnt nach Marathon die größte Heeresmacht gegen Athen, die die Welt je auf einem Haufen gesehen hatte – ungefähr eine halbe Million Männer, aus allen Teilen seines Reiches zusammengezogen, und eine Flotte von über 3000 Schiffen, unter seinem persönlichen Oberbefehl. Jedoch Leonidas hielt mit 300 heldenmütigen Spartanern den Paß von Thermopylai drei volle Tage lang. Sie starben, erdrückt von einer Armee, die mit Peitschen vorwärtsgetrieben wurde, und rings um sie herum lagen 4000 tote Perser. Danach wurde am 23. September 480 im Hafen von Salamis die Blüte der persischen Flotte, 1200 Schiffe, von einer griechischen Flotte von 380 Schiffen vor den entsetzten Augen des Königs der vier Weltgegenden ausmanövriert und mit verheerenden Verlusten besiegt – und damit war der Orient, könnten wir sagen, in seine Schranken gewiesen worden.[4]

Europas Antwort hieß Alexander. Und binnen zwei Generationen nach seinem Tode im Alter von dreiunddreißig Jahren wurde er im Orient als Gott gefeiert.

Er war zumindest der Schöpfer einer neuen Welt. Und von den zahlreichen Dingen, die sich über diese Welt sagen ließen, ragen vier heraus, die eine besondere Bewandtnis für unsere Untersuchung der Geschichte des Mythos haben.

Erstens bemerken wir, wie schon erwähnt, nicht bloß Achtung für die Götter aller Religionen, sondern eine fast wissenschaftlich zu nennende Bemühung, Analogien zu erkennen, so daß bestimmte Gottheiten der verschiedenen Länder nach und nach miteinander identifiziert und als eine verehrt wurden: Isis und Demeter, Horus und Apollon, Thot und Hermes, Amun und Zeus. Die Griechen in Baktrien und Indien identifizierten Krishna mit Herakles und Shiva mit Dionysos, und im Westen erblickten die späteren Römer nicht nur in den griechischen Göttern, sondern auch in den keltischen und germanischen achtbare Entsprechungen ihrer eigenen. Vor der Alexanderzeit hatte es viele regionale synkretistische Bestrebungen gegeben, zum Beispiel die großen ägyptischen Priestersynthesen von Re und Amun, Ptah und Osiris und die meisterliche Vereinigung von Re, Osiris, Seth, Horus und Thot in einer einzigen großartigen Mythologie. Desgleichen hatte es in Indien und China regionale Synkretismen in Hülle und Fülle gegeben, und wie in Griechenland brachte man den Göttern anderer Völker im allgemeinen eine maßvolle Wertschätzung entgegen. Dennoch scheint vor der Zeit Alexanders des Großen der Gedanke eines systematisch kultivierten kulturübergreifenden Synkretismus nirgends wirklich gefaßt oder wenigstens praktiziert worden zu sein. Wir können darin eine Ausdehnung der griechischen Achtung vor dem Individuum über die Grenzen Griechenlands hinaus sehen, ferner eine Anwendung der Vorstellung eines Reiches von Freien anstelle eines Tyrannenstaates auf die Sphäre des Denkens. Denn in dieser Periode erweiterte sich das Perikleische Ideal der Polis zum Alexandrinischen Ideal der Kosmopolis: der Oikumene, der bewohnten Welt im ganzen als des gemeinsamen Besitztums der zivilisierten Menschheit.

Der zweite Punkt, den es für diese Periode festzuhalten gilt, ist die Rolle der Philosophie und der Wissenschaft bei der verfeinerten Auslegung und Weiterbildung des Mythos. Im Griechenland des sechsten und fünften Jahrhunderts hatten die Philosophen eine Beziehung der dionysisch-orphischen Bewegung zum philosophischen Denken erkannt, und in den Kulten des Orients entdeckten sie jetzt analoge Möglichkeiten. In der babylonischen Astronomie und Mathematik – von deren archaischem Stadium praktisch sämtliche Hochmythologien des Ostens wie des Westens ihren Ausgang genommen hatten[5] – fanden sie neue Anstöße zu einer Vertiefung ihrer eigenen kosmologischen Anschauungen; und aus den Weiterentwicklungen dieser beiden Wissenschaften in hellenistischer Zeit bezog man völlig neue Ideen hinsichtlich des Aufbaus der Welt, die für das abendländische mythische Denken (zum Beispiel in Dantes *Divina Commedia*) bis ins Jahrhundert des Kopernikus, in dem die Sonne die Erde als Mittelpunkt der makrokosmischen Ordnung ablöste, grundlegend bleiben sollten.

Punkt drei wäre dann der Einbruch des griechischen forschenden Verstandes mit Alexander in Indien, wo in den verschiedenen Yogaschulen der jainistischen, buddhistischen und brahmanischen Zentren eine vollkommen unvorhergesehene Art philosophischer Forschung entstanden war. Ein Verständnis der praktisch psychologischen – im Gegensatz zur kosmologischen – Bewandtnis der Mythologie, das weitaus tiefer war als alles, was der Westen bis in die Zeit Nietzsches, Freuds und Jungs zustande bringen sollte, kam in diesen Disziplinen zum Ausdruck. Jedoch in der Zwischenzeit sollte ein gewaltiger Strom nur halb begriffener psychosomatischer mystischer Lehren aus Indien in die Einsiedeleien und Klöster, Schulen und Universitäten des vergleichsweise unbedarften Westens fließen – woraus dann eine Reihe von bunt gemischten gnostischen, theosophischen und hermetischen Kulten und Bewegungen hervorging.

Schließlich bleibt noch als vierter Punkt, den wir in dem formen- und farbenreichen Kontext der hellenistischen Welt erwähnen müssen, daß nach ungefähr zweihundert Jahren europäischen Einflusses auf Asien die Gezeiten wieder zu wechseln begannen, bis sich bald schon eine mächtige Gegenwelle erhob, die in den Siegen des Christentums über die Götter und Philosophien des klassischen Altertums kulminierte, mit dem anschließenden, siebenhundert Jahre währenden Daniederliegen der Kultur des europäischen Westens als Folge.

2
Synkretistischer und ethnischer Monotheismus

Den Polytheismus können wir definieren als die Anerkennung und Verehrung einer Mehrzahl von Göttern, die Monolatrie als die

Verehrung eines einzigen Gottes, des eigenen, unter Anerkennung anderer. (In theologischen Traktaten wird mitunter der Begriff «Henotheismus» fälschlich in diesem Sinne gebraucht. Der Ausdruck Henotheismus wurde von Max Müller eigens im Hinblick auf die vedische Theologie geprägt, wo ein Gott nach dem anderen als höchster gepriesen wird. Ebenso kann im späteren Hinduismus ein Frommer erst Shiva, dann Vishnu und dann wieder die Göttin als höchste Gottheit preisen, ganz im Geiste des Vedawortes: «Was nur das Eine ist, benennen die Redekundigen vielfach.»[6]) Monotheismus ist der Glaube, daß es letztlich nur einen wesenhaften Gott gebe; dabei müssen zwei Arten von Monotheismus unterschieden werden: 1. die einschließende, kosmopolitische, offene, synkretistische Art und 2. die ethnische, geschlossene und ausschließende Art. Ethnischer Monotheismus ist der Glaube, daß der von der eigenen Gruppe verehrte Gott der einzige sei, alle anderen Götter dagegen falsch. Der synkretistische Monotheismus begreift alle Gottesvorstellungen als begrenzt und leitet daraus einen letztlich unfaßbaren Gott ab, der über allen Göttern steht und den alle eigentlich meinen. Ein schönes Beispiel dafür ist das «Universal Prayer» (1738) von Alexander Pope, von dem die folgenden drei Strophen mit ihrem gestelzten Ton zur Verdeutlichung ausreichen:

Allvater! den zu jeder Zeit,
An jedem Ort der Erd
Der Heil'ge, Wilde, Weise als
Jehova, Zeus, Gott ehrt. ...

Nicht wage diese schwache Hand
Zu schleudern deinen Zorn
Und Fluch auf jeden, den im Land
Ich dir zum Feind erkorn. ...

Zu dir, deß' Tempel ist das All,
Altar Erd, Himmel, See,
Ein Chor der Wesen laut erschall,
Allnaturs Weihrauch weh![7]

Das markanteste Beispiel für ethnischen Monotheismus ist natürlich der nachexilische Monotheismus der Bibel, der dann an das Christentum und den Islam weitervererbt wurde; die am reichsten entwickelten Systeme des synkretistischen Monotheismus dagegen waren die des hellenisierten Nahen Ostens, Roms, Indiens der Gupta- und der Folgezeit und (im weitesten Sinne) des europäischen Humanismus seit der Renaissance. Epikureismus, Buddhismus und der Hinduismus in seinen höheren Formen sind insofern Ausnahmen, als in ihnen das Letzte nicht als «Gott» personifiziert oder irgendwie anthropomorphisiert wird. Jedoch im höheren synkretistischen und mitunter sogar ethnischen Monotheismus, wo die Gottheit als absolut unbekannt begriffen werden kann (*deus absconditus*, «verborgener Gott»), bietet sich ein Anknüpfungspunkt für eine berechtigte Verbindung der Theologie mit diesen trans- oder nichttheologischen Glaubensformen.

Ein frühes Vorspiel zu den Monotheismen des Hellenismus und der Römer, der Renaissance und des achtzehnten Jahrhunderts läßt sich im antiken Griechenland in den vielberufenen Worten des Xenophanes aus Kolophon (um 536 v. Chr.) erkennen, dem angeblichen Gründer der eleatischen Schule, von der Platon bestimmte mythologisch gefärbte Züge seiner Philosophie hatte.

> Ein einziger Gott, unter Göttern und Menschen am größten, weder an Gestalt den Sterblichen ähnlich noch an Gedanken. ... Gott ist ganz Auge, ganz Geist, ganz Ohr. ... Stets am selbigen Ort verharrt er sich gar nicht bewegend, und es geziemt ihm nicht hin- und herzugehen bald hierhin bald dorthin. ... Doch wähnen die Sterblichen, die Götter würden geboren und hätten Gewand und Stimme und Gestalt wie sie. ... Die Äthiopier behaupten, ihre Götter seien stumpfnasig und schwarz, die Thraker, blauäugig und rothaarig. ... Alles haben den Göttern Homer und Hesiod angehängt, was nur bei Menschen Schimpf und Tadel ist: Stehlen und Ehebrechen und einander Betrügen. ... Doch wenn die Ochsen und Löwen und Rosse Hände hätten oder malen könnten mit ihren Händen und Werke bilden wie die Menschen, so würden die Rosse roßähnliche, die Ochsen ochsenähnliche Göttergestalten malen und solche Körper bilden, wie jede Art gerade selbst ihre Form hätte.[8]

Oder hören wir noch einmal den Spruch des Antisthenes (geb. etwa 444 v. Chr.): «Gott ist niemand gleich; deshalb kann ihn niemand aus einem Bilde erkennen.»[9]

Xenophanes war ein Zeitgenosse des Buddha und laut Aristoteles der erste, der an die Einheit aller Dinge glaubte.[10] Das Eine, die Einheit aller Dinge, welche Gott sei, dachte er sich weder begrenzt noch unbegrenzt, weder in Bewegung noch in Ruhe – eine Anschauung, die dem indischen Begriff vom Brahman oder der Leere denkbar nahe kommt. Antisthenes war der Gründer der kynischen Schule (*kynikos*, «hündisch»), und sein berühmtester Schüler Diogenes (412?–323 v. Chr.) bietet sich für einen Vergleich mit bestimmten indischen Asketen an. Er hauste (bezeichnenderweise) in einem großen ausgedienten irdenen Gefäß vor dem Tempel der Großen Mutter, und um das «Hündische» seiner Zurück-zur-Natur-Philosophie vorzuführen, verrichtete er überall schamlos seine Notdurft, wo ihn der Drang gerade ankam. Alexander der Große soll ihm als dem zweitberühmtesten Mann der Welt einen Besuch abgestattet haben, und als der junge König fragte, ob der Bettler sich einen Wunsch von ihm ausbitten wolle, entgegnete der Kyniker: «Du stehst mir in der Sonne. Tritt bitte zur Seite!» So ging Diogenes mit erheblich größerer Konsequenz als sein später Nachfolger Jean-Jacques Rousseau den ganzen Weg zurück zu dem, was er für den Stand des Menschen in der Natur hielt. Das bewußt «Hündische» der späteren Zenmeister Chinas und Japans war ein anderer Ausdruck derselben Zurückweisung sowohl der Annehmlichkeiten als auch der Ideale der Zivilisation, desgleichen die taoistische Vorstellung des Lao-tzu – ungefähr zeitgleich mit Diogenes –, in den Zustand des «unbehauenen Klotzes» zurückzukehren, des mit leerem Kopf dasitzenden Weisen.[11] Vielleicht sollten wir auch eine gewisse Verwandtschaft mit dieser Haltung in Christi Verwerfung der Welt erkennen: «Wenn du vollkommen sein willst, geh, verkauf deinen Besitz und gib das Geld den Armen; so wirst du einen bleibenden Schatz im Himmel haben; dann komm und folge mir nach.» (Mt 19,21.)

«Wäre ich nicht Alexander, so wollte ich Diogenes sein», soll der politische Herr der Welt der Überlieferung nach gesagt haben; und der Kyniker: «Wäre ich nicht Diogenes, so wollte ich Alexander sein.» Jedoch in ihren maßgeblichen Richtungen machte sich die griechische Religiosität niemals die kynische Vorstellung zu eigen, der Mensch ohne Zivilisation sei der eigentliche *Mensch*. Für die Griechen, ja für das europäische Denken überhaupt zeichnet die Fähigkeit der Vernunft den Menschen in einem solchen Maße aus, daß ihre Auslöschung nicht die Rückkehr zur Natur bedeutet, sondern die Flucht davor – vor der *Menschen*natur. Wenn also die Trefflichkeit (*areté*) einer Art aus einem ihrer Natur gemäß geführten Leben erwächst, dann muß das Menschenleben vernunftgemäß sein und darf weder ekstatisch zuteil gewordenen sogenannten «göttlichen Offenbarungen» folgen noch der animalischen oder vegetabilischen Auslöschung der menschlichen Fähigkeiten. Außerdem entwickelt sich die Vernunft nicht in völliger Einsamkeit, sondern in Gemeinschaft; denn wie der Kaiser Marc Aurel (den Matthew Arnold «die vielleicht schönste Gestalt in der Geschichte» genannt hat)[12] in seinen Mahnworten an sich selbst schrieb:

> Wenn das Geistige uns gemeinsam ist, so ist auch die Vernunft, kraft deren wir vernünftig sind, gemeinsam; gilt dies, so ist auch die Vernunft, die, was zu tun und nicht zu tun ist, vorschreibt, gemeinsam; gilt dies, so ist auch das Gesetz gemeinsam; gilt dies, so sind wir Staatsbürger; gilt dies, so haben wir Anteil an einem Staatswesen; gilt dies, so ist die Welt gleichsam ein Stadtstaat. An was für einem gemeinsamen Staatswesen sonst, wird man fragen, hat das ganze Menschengeschlecht teil? Von dorther aber, von diesem gemeinsamen Stadtstaat, stammt in uns gerade auch das Geistige, das Vernünftige, das Gesetzliche; oder woher sonst? Wie das Erdige in mir von irgendwelcher Erde abgetrennt ist und das Feuchte von einem andern Element und das Hauchförmige von einer Quelle und das Warme und Feurige von einer eigenen Quelle (denn nichts kommt aus dem Nichts, wie es auch nicht in das Nichtseiende weggeht), so kommt also auch das Geistige von irgendwoher.[13]

An anderer Stelle schreibt er: «Das Hervortretende ... in der menschlichen Anlage ist das Gemeinschaftsgefühl.»[14] Und: «Die Menschen sind wegen einander geboren.»[15]

Ferner, da ein seiner Natur gemäß geführtes Leben Freude und Schönheit ebenso wie Trefflichkeit hat, muß daher Trefflichkeit – das heißt, «Tugend» im rechten Verständnis – sein eigener Lohn sein und *ist* es auch. Oder mit den Worten, die der philosphierende Kaiser dafür findet:

> Der eine ist, wenn er etwas Rechtes an einem tut, geneigt, die Gunst ihm vorzurechnen. Der andere ist zwar dazu nicht geneigt, aber sonst denkt er bei sich wie an einen Schuldner und weiß, was er getan hat. Der Dritte weiß gewissermaßen nicht einmal, was er getan hat, sondern ist gleich einem Weinstock, der eine Traube getragen hat und nichts anderes dazu sucht, wenn er einmal die eigene Frucht getragen hat. Das Pferd, wenn es gelaufen ist, der Hund, wenn er die Spur verfolgt hat, die Biene, wenn sie Honig gemacht und dadurch einem Menschen Gutes getan hat, sie schreien es nicht heraus, sondern wenden sich zu anderem Tun, wie ein Weinstock dazu, wieder in der richtigen Zeit die Traube zu tragen. Zu denen also muß man gehören, die gewissermaßen ohne innere Aufmerksamkeit so handeln.[16]

In etwa der gleiche Gedanke scheint zunächst in den Worten Jesu enthalten zu sein: «Laß deine linke Hand nicht wissen, was die rechte tut.» Aber im Zusammenhang gelesen, ändert die christliche Mahnung ihre Aussage:

> Hütet euch, eure Gerechtigkeit vor den Menschen zur Schau zu stellen; sonst habt ihr keinen Lohn von eurem Vater im Himmel zu erwarten. Wenn du Almosen gibst, laß es also nicht vor dir herposaunen, wie es die Heuchler in den Synagogen und auf den Gassen tun, um von den Leuten gelobt zu werden. Amen, das sage ich euch: Sie haben ihren Lohn bereits erhalten. Wenn du Almosen gibst, soll deine linke Hand nicht wissen, was deine rechte tut. Dein Almosen soll verborgen bleiben, und dein Vater, der auch das Verborgene sieht, wird es dir vergelten. (Mt 6,1–4.)

Zurückhaltend bemerkt Matthew Arnold hierzu: «Die Motive Lohn und Strafe sind aus einem falschen Verständnis derartiger Reden heraus von vielen christlichen Moralisten auf befremdliche Art überbewertet worden – sehr zur Verschlechterung und Verunstaltung des Christentums.»[17] Und als Kontrast führt er die oben zitierte Stelle des stoischen Cäsaren an.

Die Auffassung und Wertung der Tugend, die sich durch all das zieht, deckt sich im wesentlichen mit der Homerischen Areté. Jedoch eine neue Innerlichkeit, Reife, Mündigkeit ist dazugekommen. Denn das vergleichsweise jugendliche Ideal der kraftstrotzenden, wunderbar körperbetonten früheren Jahrhunderte, in denen den kampfbereiten Griechen alles nach Wunsch geriet, war lange schon von dem Siechtum des späten fünften und frühen vierten Jahrhunderts v. Chr. ausgehöhlt worden. Auf die Siege der Generation des Aischylos über Persien war eine Reihe innerer Katastrophen gefolgt: der Peloponnesische Krieg 431 und 413–404, der Korinthische Krieg 395–387, der Thebanische Krieg 371–362 und schließlich 335 v. Chr. die schreckliche Zerstörung Thebens durch Alexander den Großen und der Fall der innergriechischen Hegemonie an den jungen und unbarmherzigen Herrscher aus dem Norden.

Gilbert Murray hat die Jahrhunderte zwischen der Blüte des klassischen Athen und dem Sprießen des von Grund auf anderen Gartens des frühen Christentums als Zeit der Erschlaffung bezeichnet.[18] Die Zustände waren vergleichbar denen in Indien zur Zeit des Buddha und in China zur Zeit des Konfuzius; jedesmal befand sich die ältere Gesellschaftsordnung im Prozeß der Auflösung: Die Zentren der höheren Kultur fielen vor der rohen Gewalt der jeweiligen «Barbaren», und für die Philosophie stellte sich einerseits soziopolitisch die Frage, wie man eine zerfallende Zivilisation wieder gesund machte, und andererseits moralisch und psychologisch die Frage, wie der Einzelne in der zerbrechenden Welt seine Menschlichkeit bewahren und entwickeln konnte. Was der Buddha in der Predigt von Benares dazu sagt, ist bekannt:

> Alles Leben ist leidvoll.
> Leiden entsteht aus unwissendem Begehren.
> Das Leiden kann zum Erlöschen (*nirvāna*) gebracht werden.
> Der Weg dazu ist der edle achtfache Pfad: rechte Erkenntnis, rechter Entschluß, rechte Rede, rechtes Handeln, rechter Lebenserwerb, rechte Anstrengung, rechte Achtsamkeit, rechte Sammlung.

Die Gesetze des Weltalls sind für den buddhistischen Sucher nach dem Ausweg an sich nicht von Interesse. Es gibt kein von Gott abgeleitetes Sittengesetz, denn es gibt keinen Gott, und die Götter oder Prinzipien, von denen die Welt in Form gehalten wird, sind selbst die Netze, Fallen und Hindernisse, denen der Yogi entgehen muß. Den achtfachen Pfad des Buddha betritt man aus eigenem Entschluß, entgegen der Ordnung des Weltalls. Und wenn der Sieger alle Furcht und alles Begehren ganz und gar in sich abgetötet hat, stellt sich paradoxerweise eine Ekstase der Transzendenz aller selbstbegrenzten Wesen und des Mitleids für sie ein.

Im Gegensatz zu diesem Yogaweg individueller Loslösung lehrt die Weisheit des Konfuzius die gesellschaftliche Neuordnung durch individuelle Untadeligkeit, und die edle Menschlichkeit dieses Denkansatzes hat viele zu einem Vergleich mit den Griechen veranlaßt. Jedoch ein Unterschied liegt in dem Konservatismus der Chinesen gegenüber den erfinderischen, vernunftgeleiteten Experimenten der griechischen Schulen auf allen Gebieten. Sowohl im Konfuzianismus als auch im Taoismus war es das chinesische Ideal, den Einzelnen in Einklang mit seiner eigenen Natur und der Weltordnung zu bringen; und in der stoischen Überlieferung des Westens war der Leitgedanke – anscheinend – derselbe. Ebenso wurde in Ost wie in West die kosmische Ordnung selbst gemäß der alten sumerisch-babylonischen Vorstellung eines ewigen Kreislaufs immer wiederkehrender Äonen begriffen, wobei der Mensch als Mikrokosmos ein Organ des Ganzen bildete. Wie die taoistischen Lehrer des Quietismus der Gesellschaft entsagten, um sich in Harmonie mit der Natur zu bringen, so auch die griechischen Kyniker; und wie die Konfuzianer die Prinzipien des Lebens im Einklang mit der Natur (mit dem Tao) in das gesellschaftliche Beziehungsgeflecht einzubringen suchten, so auch die griechischen Stoiker und, wirkungsvoller als diese, die Römer. Jedoch in ihren Ansätzen zur Erforschung der Natur wie auch in ihren Auffassungen vom Einzelnen und vom Staat trennte antike und chinesische Denker eine Kluft, die kaum hätte breiter sein können.

Zunächst einmal befand sich gegenüber der chinesischen Weltanschauung, die archaisch blieb, die griechische Wissenschaft während des hellenistischen Zeitalters in einer Phase beispielloser

Umwälzung. Während die orientalischen Weisen philosophisch über die abwechselnden Einflüsse der männlichen und der weiblichen Kraft, Yang und Yin, auf die kosmische Harmonie von Himmel, Erde und Mensch sinnierten, setzten die Griechen, auf den sumerisch-babylonischen Anfängen aufbauend, sich bereits mit dem Problem heliozentrische oder geozentrische Astronomie auseinander. Aristarchos von Samos (ca. 310–230 v. Chr.) vertrat die Ansicht, die Erde und alle Planeten bewegten sich in Kreisen um die Sonne, während die Sonne selbst und die Sterne ortsfest seien. Er konnte jedoch seine These nicht *beweisen*, und als Hipparchos von Nikaia (ca. 190–126 v. Chr.) das Problem mit einer geozentrischen Hypothese unter Zuhilfenahme von Epizyklen und exzentrischen Kreisen zur Erklärung der Planetenbahnen anscheinend besser gelöst hatte, behielt sein System Geltung, bis Kopernikus (1473–1543 n. Chr.) die Sache richtigstellte.[19] Eratosthenes von Kyrene (275–200 v. Chr.) hatte unterdessen den Erdumfang mit einer Abweichung von bloß 300 Kilometern gemessen, geschlossen, daß man auf dem Westweg von Spanien nach Indien segeln könne, und den Gedanken geäußert, der Atlantik könne der Länge nach von einer Landmasse (Amerika) geteilt sein.[20] In der Medizin entdeckte indessen Herophilos von Chalkedon (3. Jahrhundert v. Chr.) die Nervenverbindung von Gehirn und Rückenmark, und Erasistratos von Iulis (ebenfalls 3. Jahrhundert) traf die Unterscheidung zwischen motorischen und sensorischen Nerven.[21] Im griechisch-römischen Stoizismus war daher die Natur, mit der sich der Mensch in Einklang bringen sollte, nicht die der älteren mythischen Weltanschauungen, wenngleich in der Vorstellung der Natur als eines einzigen großen Organismus und dem Gedanken des Entstehens und Vergehens der Welt in periodisch wiederkehrenden Zyklen hochbedeutsame altsumerische Inhalte beibehalten wurden.

Ein weiterer Unterschied – wenn es auch in vieler Hinsicht den Anschein hat, als hätten griechische und chinesische Weise weitgehend ähnlich gedacht[22] – ist der, daß die hellenistische Erziehung eine Sache der Allgemeinheit war, während die chinesische eine feine Beschäftigung der Vornehmen blieb, teils auch wegen der Schwerverständlichkeit der chinesischen Schrift. Entsprechend war das chinesische Staatswesen in der Theorie wie in der Praxis Ausdruck archaischer mythischer Vorstellungen von einer göttlichen Einsetzung des Kaisers, der kraft des himmlischen Mandats als ein Organ des Kosmos regierte, während für die Griechen der Staat von Menschen – ob Despoten oder Gewählten – regiert wurde, die verabredete menschliche Gesetze ausführten, nicht übermenschlich verfügte.

Den am längsten und nachhaltigsten wirkenden Ausdruck fanden die sittlichen, politischen und kosmologischen Implikationen des hellenistischen synkretistischen Monotheismus in den Schriften der großen Persönlichkeiten der griechisch-römischen Stoa, vor allem in den Werken ihres griechisch-phönikischen Gründers Zenon (336?–264 v. Chr.), des römischen Schriftstellers Seneca (4 v. Chr. – 65 n. Chr.), des lahmen phrygisch-römischen Sklaven Epiktet (ca. 60?–120 n. Chr.) und des Kaisers Marcus Aurelius Antoninus (121–180 n. Chr.). Epiktet und Marc Aurel sind besonders interessant, denn sie repräsentieren am deutlichsten die beiden Extreme gesellschaftlichen Schicksals; von jedem der beiden wissen wir, daß er aus dem Leben spricht. Auf der einen Seite fragt der Sklave:

> Aber wie ist es möglich, glücklich zu leben, wenn man nichts hat, nackt, ohne Haus und Herd im Elend sein Dasein fristet, ohne Diener und ohne Heimat auskommen muß? Siehe, da hat euch Gott einen Mann gesandt, der durch die Tat gezeigt hat, daß es möglich ist. «Seht mich an: Ich habe kein Haus, keine Heimat, keinen Besitz, keinen Diener. Ich schlafe auf dem blanken Boden. Ich habe keine Frau, keine Kinder, keinen schäbigen Gouverneurspalast, sondern nur die Erde, den Himmel und einen armseligen Rock. Und was fehlt mir? Lebe ich nicht ohne Leid und ohne Angst? Bin ich nicht frei?[23]

Und vom anderen Pol der Kaiser:

> Welch geringer Teil der unendlichen und gähnenden Ewigkeit ist jedem zugeteilt! Denn schnell verschwindet er im Ewigen. Welch geringer Teil der ganzen Substanz! Welch geringer Teil der ganzen Seele! Auf welch geringer Scholle der ganzen Erde gehst du! All

dies bedenke und stell dir nichts als wichtig vor als zu handeln, wie deine eigene Natur es weist, und zu leiden, wie die allgemeine Natur es bringt.[24]

Zenon von Kition auf Zypern, ein scheuer und schweigsamer Ausländer, wenigstens zum Teil phönikischer Herkunft, wurde in Athen erstmals um 300 v. Chr. bekannt als ein Philosoph, der zu denen, die ihm zuhören wollten, in einer öffentlichen Säulenhalle, der Bunten Stoa, sprach. Seine Schule bekam daher den Namen Stoa, Säulenhalle. Und weil die Makellosigkeit seiner Lebensführung der seiner Lehre standhielt, scharte er mit der Vornehmheit seines Wesens wie auch seiner Anschauungen eine Anhängerschaft trefflicher junger Männer um sich. Als er starb, veranstaltete ihm die Stadt Athen das Staatsbegräbnis eines Helden.[25]

Seine zwei bedeutendsten Schüler, Kleanthes aus Assos in der Troas (um 260 v. Chr.) und Chrysippos aus Soloi in Kilikien (gest. 206 v. Chr.), entwickelten die Lehre weiter, jener mit einem platonischen Akzent und dieser, indem er die Götter, Helden und mantischen Kulte des Volkes einarbeitete. Poseidonios aus Apameia in Syrien (135?–50? v. Chr.) hingegen, der sich auf der Insel Rhodos mit ihrem regen Handelshafen niederließ, vollbrachte mit ungeheurer Gelehrsamkeit eine enzyklopädische Synthese des religiösen und wissenschaftlichen Denkens seiner Zeit, die sowohl das krönende theoretische Werk der Stoa als auch eines der Wunder der Alten Welt war. Laut Poseidonios sind Physik und Theologie zwei Aspekte eines einzigen Wissens, da Gott der ganzen Natur immanent wie auch unendlich transzendent sei. Die Wissenschaft habe sich daher mit dem stofflichen Körper zu befassen, deren lebendiger Geist Gott sei.

Für alle diese Denker ist Gott, der Geist, der die Welt erfüllt, vernünftig und absolut gut. Folglich kann auch nichts geschehen, was nicht – im Ganzen gesehen – absolut gut ist. Das ist im wesentlichen die Lehre von der besten aller möglichen Welten, über die sich Voltaire in *Candide* lustig macht. Aber mit starken Worten neu verkündet wurde sie von Nietzsche in seinem rhapsodischen *Also sprach Zarathustra*, wo das Wort «gut» nicht «angenehm» meint, sondern «trefflich» und der Ruf an jeden ergeht, sein Schicksal zu lieben: amor fati. Auch Oswald Spengler verleiht dieser Anschauung in seinem von Seneca übernommenen Motto Ausdruck: *Ducunt fata volentem, nolentem trahunt:* «Den Willigen führt das Geschick (die Schicksalsgöttinnen), den Unwilligen zerrt es.» Es ist eine Anschauung, die aus Mut und Freude entspringt, nicht aus vernunftgerechter Beweisführung: aus einer Lebensinbrunst und Lebensbejahung jenseits jedweder Abwägung von Lust und Schmerz. Sie läßt das buddhistische Mitleid (*karunā*) weit hinter sich, denn Mitleid rechnet mit Leid. Und auch Hiobs Problem wird überwunden, weil es ebenfalls auf der Anerkennung des Leids beruht. Mit Senecas Worten: «Nicht *was*, sondern *wie* du erträgst, ist von Belang.»[26] Und abermals: «Durchmessen wir beliebige Länder: keine Verbannung kann man finden; nichts nämlich, was in der Welt ist, ist fremd für einen Menschen.»[27]

«Groß ist Gott», verkündete der lahme Sklave Epiktet:

> Das ist der Zauberstab des Hermes: «Berühre damit, was du willst, und es wird zu Gold.» Nein, aber bring mir, was du willst, und ich werde es in etwas Gutes verwandeln. Bring mir nur Krankheit, Tod, Not, Beschimpfung, ein drohendes Todesurteil. Alles wird durch den Stab des Hermes zu etwas Nützlichem.[28]

> «Groß ist Gott, weil er uns diese Werkzeuge geschenkt hat, mit denen wir die Erde bearbeiten. Groß ist Gott, weil er uns Hände, einen Hals zum Schlucken und einen Magen gegeben und es ermöglicht hat, daß wir wachsen, ohne es zu merken, und im Schlaf zu atmen.» Das sollten wir bei jeder Gelegenheit singen und dabei den größten und göttlichsten Hymnus erschallen lassen, weil er uns die Kraft gegeben hat, dies zu begreifen und dabei den richtigen Weg einzuschlagen.[29]

> Du aber bist um deiner selbst willen da, du bist ein Stück von Gott. Du hast in dir einen Teil von ihm.[30]

Das Ideal der Gleichgültigkeit gegen Schmerz und Lust, Gewinn und Verlust in der Verrichtung der eigenen Lebensaufgabe, das für diese stoische Lebenshaltung von entscheidender Bedeutung ist, läßt an das indische Ideal des Karma-Yoga denken, wie es die *Bhagavadgītā* beschreibt: «Wahrlich, der Mensch, den diese nicht erregen, ... der gleichmütig bleibt in Freude und Leid, weise – er ist fähig zur Unsterblichkeit.»[31] «Führe daher immer das zu tuende Werk ohne Anhaften aus; denn ein Mensch, der seine Werke ohne Anhaften vollbringt, erreicht das Höchste.»[32] Allerdings wird in Indien jedem seine Lebensaufgabe von den Kastenvorschriften bestimmt, während sie im griechisch-römischen Verständnis jedem von seiner eigenen Vernunft eröffnet und bestimmt wird; denn Gott ist hier Geist, Erkenntnis und wahre Vernunft.[33] Ferner ist der Zustand des Nirvāna, der Loslösung in der ekstatischen Trance, in der das letzte Ziel des indischen Yoga besteht, etwas völlig anderes als das griechische Ideal der Ataraxía, der Unbeirrtheit des *vernünftigen* Geistes durch Lust und Schmerz. Dennoch besitzen die beiden Anschauungen viel Vergleichbares, vor allem ihre Verwurzelung in dem, was christliche Gelehrte gern «Pantheismus» nennen und was grundlegend sowohl für den Orient (ob Indien oder Ferner Osten) als auch für die antike Welt ist – und wozu die biblische Sicht, ob in jüdischer, christlicher oder islamischer Ausprägung, in unnachgiebigem, geradezu aggressivem Widerspruch steht.

In einer Welt, die selbst göttlich ist, der Gott allüberall immanent ist, im Antrieb des Vogelflugs, im Blitz, im Regen, im Feuer der Sonne, vollzieht sich in allem Sichtbaren, allen Gedanken und allen Taten eine Epiphanie des Göttlichen, die – für solche, die sie wahrnehmen – ein Selbstzweck ist, um ihrer selbst willen geschieht. Für alle, in allem findet eine allumfassende Offenbarung statt. Hingegen in einer Welt, die nicht selbst göttlich ist, sondern deren Schöpfer woanders weilt, teilt sich die Gottheit nur durch eine *besondere* Offenbarung mit – wie auf dem Sinai oder in Christus oder in den Worten des Koran. Rechtschaffen sein heißt dann, sich in Einklang bringen nicht mit der Natur, sondern mit Sinai, mit der Lehre Christi oder mit dem Koran. Und man lebt nicht einfach, um die Rolle, die ein reiner Selbstzweck ist, gut zu spielen, so wie der Weinstock Trauben trägt, sondern, wie Christus gesagt hat, damit der Vater es vergilt. Das Ziel ist nicht hier und jetzt, sondern irgendwo anders.

Wie der konservative Judaist Jacob Hoschander dargelegt hat, finden sich die ersten unverwechselbar monotheistischen, nicht bloß monolatrischen Äußerungen der Bibel im zweiten Jesaja aus der Zeit Kyros' des Großen, ungefähr 539 v. Chr.[34] Dennoch war der derart universalisierte Gott immer noch im besonderen der Gott des Hauses Jakob, von dem man annahm, er habe Kyros den Sieg verliehen, auf daß sein Volk zurückgeführt werde (Jes 41–49). Und in den späteren Äußerungen Esras, in der Priesterschrift, deren Verfasser den Pentateuch zusammenstellten, und im jüdischen Schrifttum bis in die Römerzeit hinein gab es keine Abweichung von dieser Grundauffassung. Sogar Philo Judaeus (ca. 20 v. Chr. – 54 n. Chr.), der hellenisierteste unter den jüdischen semiplatonischen Philosophen, konnte sich, wie Joseph Klausner gezeigt hat, nicht dazu durchringen, sich Gott immanent zu denken. Klausner schreibt:

> Indes ist der Logos des Philo von dem des Heraklit und der Stoiker wesentlich verschieden. Während für die beiden letzteren die Weltvernunft oder die «beseelte Materie» mit der Gottheit identisch ist, sodaß sie zu einem *Pantheismus*, ja in gewissem Sinne zu einem *Materialismus* gelangen – auch «beseelte Materie» ist eben nur Materie – bedeutet für Philo, den *Juden*, die Gottheit ein von der Welt gesondertes, aber niemals in der Welt eingeschlossenes Wesen... In der Tat gelangten zwei der bedeutendsten Gräzisten zu dem Schluß, daß der «Logos» Philos und das «Wort» des Evangeliums Johannis, der von Philo abhängig ist, mit dem «Logos» Heraklits, der Stoa und Epiktets nur den Namen gemeinsam haben; der philonische «Logos» sei eine fast vollständig originale Schöpfung, die reife Frucht der jüdischen Exegese.[35]

«In der Welt der Wirklichkeiten gibt es Gutes und Böses; wie konnte Gott», fragt Klausner, «der das höchste Gute und höchste Vollkommene ist, eine Welt erschaffen, in der es auch Böses gibt, das ja das eigentlich Unvollkommene ist?»[36]

Worauf ihm der lahme phrygische Sklave von der anderen Seite schon die Antwort gegeben hat:

> Wenn wir zu einer Mahlzeit geladen sind, so nehmen wir vorlieb mit dem, was kommt; und man würde den für ungesittet halten, der zu dem Hausherrn sagen wollte, er solle ihm Fische oder Kuchen vorsetzen. Und doch verlangen wir in der Welt Dinge von den Göttern, die sie nicht geben, und zwar, obwohl dessen, was sie uns gegeben haben, so viel ist.[37]

Seine Gabe, alle Dinge zu Gold zu machen, dankte Epiktet der Zauberkraft des Hermesstabes.

3
Mysterienkult und Apokalypse

Im Japanischen bezieht sich der Begriff *jiriki*, «eigene Kraft», auf solche aus eigener Kraft beschrittenen Erkenntniswege wie den Stoizismus oder im Orient den Zen-Buddhismus, während *tariki*, «äußere Kraft, Kraft des anderen», sich auf Wege bezieht, die auf die Vorstellung eines Erlösers bauen: in Japan der Amida-Buddhismus. Indem man den Namen des unendlich strahlenden Sonnenbuddhas aus dem Glückvollen Land anruft, wird man mit dem Tode in seinem Paradies wiedergeboren und erlangt dort Nirvāna.[38] In der Zeit des Hellenismus gab es als westliches Gegenstück zu diesem Volksbuddhismus die zahlreichen Mysterienkulte, deren Einfluß immer mehr zunahm, bis in der spätrömischen Zeit erst der Mithraismus, dann das Christentum kaiserliche Unterstützung gewannen und damit bald die Oberhand.

Schließlich sind wir nicht alle Philosophen. Viele brauchen eine Atmosphäre mit Weihrauch, Musik, Gewändern und Prozessionen, Gongs, Glocken, dramatischen Aufführungen und Schreien, um über sich hinausgetragen zu werden. Für sie sind die verschiedenen Religionsformen da – in denen allerdings in den meisten Fällen die Wahrheit derart in Symbole verpackt wird, daß sie keiner, der nicht schon ein Philosoph ist, noch wahrnehmen kann. Es sind Einweihungsgrade ersonnen worden, durch die das Bewußtsein über die Ebenen der Symbole hinaus zu immer erhabenerer Klarheit getragen werden soll – gewissermaßen durch den Schleier hinter dem

Schleier hindurch. Aber die höchsten Klarheiten unterscheiden sich danach, ob sie in den Kulten gemacht werden, in denen das Göttliche als immanent und transzendent zugleich begriffen wird, oder nach Maßgabe der orthodoxen zarathustrischen, jüdischen, christlichen und mohammedanischen Liturgien, wo die ontologische Trennung zwischen Gott und Mensch, Schöpfer und Geschöpf beibehalten wird.

In Kulten des ersten Typs gilt es, die zwei Kräfte, «äußere» und «innere» Kraft, letztlich als identisch zu erkennen. Der als ein Äußerer verehrte Erlöser ist zwar tatsächlich außen, gleichzeitig ist er aber auch das eigene Selbst. «Alle Dinge sind Buddhadinge.» Dagegen ist in den großen nahöstlichen Orthodoxien eine solche Identität undenkbar, die Vorstellung allein verbietet sich schon. Angestrebt wird nicht, die Erfahrung zu machen, daß das eigene Selbst hier und jetzt dasselbe Geheimnis birgt wie das Sein alles Seienden, sondern in dieser Welt einen Gott zu erkennen, zu lieben und ihm zu dienen, der von einem getrennt (mythische Dissoziation),[39] wenn auch ganz nahe (Allgegenwart) ist, und mit ihm glücklich zu sein, wenn die Zeit abgelaufen und die Ewigkeit erreicht sein wird. Der Gegenstand (der «Gott») von Kulten des ersten Typs ist niemals eine irgendwo anders befindliche Person, die man erkennen und lieben und der man dienen muß, sondern ein Zustand innerer Klarheit, in den man durch die initiatorische, erkenntnisauslösende Metapher des «Gottes» gelangt, die gewissermaßen als ein Zeichen wirkt. Die Funktion eines solchen Zeichens ist es, eine psychische Veränderung von unmittelbarem eigenen Wert herbeizuführen, während die Funktion der orthodoxen Mythologie darin besteht, Bewußtsein und Willen auf einen künftigen Seelenzustand zu fixieren.

Als ein Beispiel für den ersten, den heidnisch-orientalischen Typ können wir den einst so mächtigen, iranischstämmigen Kult der Mithramysterien nehmen, der während des Hellenismus als eine Art zarathustrische Häresie im Nahen Osten zur Blüte gelangte und in der Römerzeit der bedeutendste Rivale des Christentums in Asien war und auch in Europa, wo er sich im Norden bis nach Südschottland ausbreitete. Dieser Kult hatte sieben Weihegrade. Im ersten wurde der Myste «Rabe» (*corax*) genannt, und in den

Riten trugen die Offizianten Masken der Tierkreiszeichen: denn die Astronomie machte in dieser Zeit durch die Anwendung griechischen Gedankenguts auf die Ergebnisse jahrhundertelanger sumerisch-chaldäischer Beobachtungen eine neue Entwicklung durch. In sämtlichen Religionen dieses Zeitalters stellte jetzt der Tierkreis die begrenzende, immerfort umlaufende Sphäre der raumzeitlichen Kausalität dar, in der der unbegrenzte Geist wirkt – unbewegt und doch allbewegend. Die Bahnen der sieben sichtbaren Himmelskörper – Mond, Merkur, Venus, Sonne, Mars, Jupiter und Saturn – stellte man sich als Schalen um die Erde vor, durch die die Seele zur Geburt herabgestiegen war. Der Einzelne hatte von jeder dieser Sphären eine bestimmte raumzeitliche Eigenschaft mitbekommen, die einerseits seinen Charakter mitbestimmte, aber andererseits eine Beschränkung bedeutete. Daher sollten die sieben Einweihungsstufen das schrittweise Hinausgehen des Geistes über die sieben Beschränkungen erleichtern, dessen krönender Abschluß das Eingehen in den eigenschaftslosen Zustand war.

Der Rabe, der schwarze Todesvogel, mit dem der Myste in den ersten Weihen identifiziert wurde, trug diesen symbolisch über die Mondsphäre hinaus, die hier wie überall das Zeichen des Ab- und Zunehmens im Lebenskreislauf von Geburt und Tod war: der nährenden, lebenspendenden Energien der vegetabilischen Natur. Identifiziert mit dem Raben, schwang sich die Phantasie des Mysten über den physischen Körper hinaus der Wandlungs- und Auflösungsarbeit entgegen, flog gleichsam durch das Mondtor in die zweite Sphäre: die des Merkur (griechisch Hermes, ägyptisch Thot, germanisch Wotan, Odin), die Sphäre okkulter Kräfte, der Magie und der Weisheit der Wiedergeburt.

In einem zweiten Ritus gelangte der Kandidat, der jetzt «Verborgener» (*cryphius*) hieß, vom Merkur in die Venussphäre mystisch getönter Trugbilder von Wunscherfüllungen, wo er abermals Einweihungserfahrungen machte. Dann erhielt er den Rang eines «Soldaten» (*miles*) und trat damit in den Kreis der Sonne ein, den Bereich geistiger Überheblichkeit und Macht, wo ihm auf einem Schwert ein Kranz hingehalten wurde, den er mit der Hand zurückstieß, so daß er hinfiel; Mithra allein solle sein Kranz sein, erklärte er. Hierauf wurde er ein «Löwe» (*leo*) und nahm an einem sakramentalen Mahl aus Brot und Wasser mit Wein vermischt teil, dem Ritus der höheren Weihen, auf den hin er durch das Sonnentor in die fünfte, die Mars-Zone des Wagemuts und der Kühnheit kam, wo er die phrygische Mütze und die lockere iranische Kleidung des Erlösers Mithra selbst anlegte und den Titel «Perser» (*Perses*) annahm.

Zwei weitere Wandlungen standen ihm noch bevor. Zuerst mußte er in seinem Herzen das Ungestüm der Kühnheit stillen, gelangte damit zu Jupiter und wurde jetzt «Sonnenläufer» (*heliodromus*) genannt. Schließlich stieg er von Jupiter zu Saturn auf und wurde jetzt zum «Vater» (*pater*) geweiht. Die auf dem Weg durchlaufenen Prüfungen hatten dazu gedient, die stoische Tugend des Gleichmuts gegen Lust und Schmerz in ihm auszubilden, während ihm durch symbolische Erscheinungen bestimmte Grundhaltungen eingeprägt worden waren. Die Riten wurden normalerweise in einer Grotte gefeiert, die als Symbol der Welthöhle das alte Mythologem der Einheit von Makrokosmos (Weltall), Mesokosmos (Liturgie) und Mikrokosmos (Seele) veranschaulichte. Und im Nachsinnen über die Lehre von der Immanenz Gottes wurde der Myste stufenweise bis zur letzten Erfahrung der transzendenten Wirklichkeit seines eigenen Wesens geführt.[40]

Der inspirierende Gott, zu dessen Verkörperung der Eingeweihte mit der Zeit werden sollte, war der altarische Mithra – vedisch Mitra –, dessen Name zum erstenmal in dem oben (S. 142) erwähnten Vertrag von etwa 1400 v. Chr. zwischen den Hethitern und dem Mitannireich auftaucht. Dort erscheint dieser Gott als einer von fünf vedisch-arischen Göttern, die gerufen werden, daß sie den Pakt bezeugen und gutheißen, nämlich: Mitra, Varuna, der Untiertöter Indra und die zwei pferdelenkenden Zwillinge, die Ashvins oder Nāsatyas. Man darf bei ihm also sowohl von einem hohen Alter als auch von einer nördlichen arischen Herkunft ausgehen, auch wenn er in den *Gāthās* Zarathustras nicht erwähnt wird. In den *Yashts* des späteren Avesta (etwa 6. Jahrhundert v. Chr.) taucht der Name des öfteren in seiner persischen Form auf, und er ist dort der größte einer Gattung von Engeln, der sogenannten Yazatas, der «Verehrungswürdigen». Als «Herr der weiten Triften» wird er vom Schöpfer selber gepriesen und hat «tausend Ohren», «zehntausend Augen», genau wie der vedische Untiertöter Indra. «Als ich den Mithra, der weite Triften hat, erschuf», soll Ahura Mazdā seinem Propheten Zarathustra erklärt haben, «da machte ich ihn ... gleich anbetungswürdig, gleich preiswürdig wie mich selbst.»[41]

Den Rang eines höchsten Symbols dürfte Mithra jedoch erst in der hellenistischen Zeit erlangt haben, in der er in zwei verwandten, aber unterschiedlichen Manifestationen auftrat. Abbildung 23 zeigt eine Darstellung aus dem zweiten nachchristlichen Jahrhundert, wie sie buchstäblich zu Hunderten in ganz Europa gefunden wurde. Das Modell scheint von einem Bildhauer der Schule von Pergamon gegen Ende des dritten Jahrhunderts v. Chr. geschaffen worden zu sein, möglicherweise inspiriert von den Zügen Alexanders.[42] In lockerer iranischer Tracht und mit der typischen phrygischen Mütze auf dem Kopf, die viele Jahrhunderte später (und keineswegs zufällig) zur Zeit der französischen Revolution von den Propheten des Lichtes der Vernunft übernommen wurde, vollzieht der schneidige Heiland und Held seinen höchsten symbolischen Akt als Tauroctonus, Töter des Urstieres – eine Rolle, die im orthodoxen zarathustrischen Weltbild dem verruchten Widersacher Angra Mainyu zugefallen war (siehe oben S. 234–235).

Abbildung 23. Stiertötender Mithra

Wir erinnern uns, daß nach der gängigen zarathustrischen Anschauung alles Böse in der Welt dem Dämon der Lüge zugeschrieben wird, der am Schluß, wenn der Heiland Saoshyant erscheint, vernichtet wird, und daß sämtliche guten Werke im Hinblick auf das Herbeibringen dieses messianischen Tages verrichtet werden. Ein geschichts- und fortschrittsorientierter, apokalyptischer Zug liegt der ganzen Tradition zugrunde. Dagegen kommt hier in dieser hellenistischen Darstellung des persischen Gottes und Heilands Mithra ein neues – oder vielleicht wiederauflebendes uraltes – Verständnis des unvordenklichen mythischen Symbols des Opfers zum Ausdruck.

Ich möchte den Leser noch einmal auf die in der *Mythologie der Urvölker* beschriebenen brutalen Riten des ermordeten, zerstükkelten und begrabenen göttlichen Wesens hinweisen, aus dessen Körper alle eßbaren Pflanzen wachsen.[43] Nach der in diesen Riten ausagierten Anschauung gilt es die Welt nicht zu verbessern, sondern zu bejahen, selbst in dem Aspekt, der dem vernünftelnden Moralisten als ihre gräßlichste widergöttliche Sündhaftigkeit erscheint. Genau darin liegt nämlich ihre schöpferische Kraft, denn aus Tod, Verfall, Gewalt und Schmerz entsteht Leben. Mit den Worten von William Blake: «Das Brüllen der Löwen, das Heulen der Wölfe, das Wüten der stürmischen See und das vernichtende Schwert sind Teile der Ewigkeit, zu groß für das Auge des Menschen.»[44] Heldentum liegt also nach einer solchen Auffassung nicht in dem Willen, die Welt zuinnerst zu reformieren, sondern sie zu bejahen. In den Mysterienkulten des griechisch-persischen Hellenismus war genau diese mystische, weltliebende Art optimistischer Bejahung vorherrschend, nicht die orthodoxe Weltverbesserei.

Franz Cumont, dessen Forschungen wir das meiste verdanken, was wir über den Mithraismus wissen, hat bemerkt, daß in den feiner gearbeiteten Darstellungen des stiertötenden Mithra die Züge des Gottes beim Stoß mit dem Messer einen Ausdruck von Schmerz und Mitleid haben und er somit die Schuld – ein problematisches Wort – des Lebens, das vom Tode lebt, auf sich nimmt.[45] In der entsprechenden christlichen Darstellung vom Opfer am Kreuz bleibt entgegen der Aussage, der Heiland habe die Sünden der Menschheit auf seine Schultern genommen, eine schreckliche

Schuld haften an den Juden, von denen er verdammt, an Judas, von dem er verraten, und an Pontius Pilatus, von dem er gekreuzigt wurde. Denn dort ist der Gottmensch das Opfer, das Opferlamm, während hier der Gottmensch der Opferpriester ist. (Man vergleiche das kretische Opfer der Abbildung 18.) Er selbst führt die brutale Tat aus, durch welche die Welt immer und immer wieder erneuert wird. Er ist der Löwenvogel, der Sonnenvogel der Abbildung 16; und obwohl der Stier in unseren Augen leidet, ist er tatsächlich derselbe kosmische Stier mit dem archaischen Lächeln.

An Abbildung 23 fällt uns auf, daß dort, wo das Messer in den Stier fährt, das Blut in Form von Getreide hervorkommt – was übereinstimmt mit dem bereits in Erinnerung gebrachten alten Mythos wie auch mit dem zarathustrischen Motiv vom Getreide, das aus dem Mark des Rindes entsteht (siehe oben S. 235). Unten gleitet eine Schlange dahin, die wie immer das Prinzip des Lebens im Erneuerungskreislauf, das den Tod abstreift, verkörpert. Der Hund, der im iranischen Mythos der Freund und Doppelgänger des Menschen ist und der in der Geschichte vom ersten Menschenpaar den ersten Bissen Fleisch fraß (siehe oben S. 237), frißt hier als Archetypus des vom Opfer genährten Lebens das Getreide (das Blut), während der Skorpion, der nach den Hoden des Stieres schnappt, ebenfalls den Sieg des Todes versinnbildlicht – da der Tod ebenso wie das Leben ein Aspekt des einen Daseinsprozesses ist.

In den Symbolen des Stiers und des Skorpions ist auch eine astronomische Anspielung zu sehen; denn in den Jahrhunderten, in denen die Grundlagen der ganzen astrologischen Bildersprache geschaffen wurden (ca. 4300–2150 v. Chr.), stand das Tierkreiszeichen des Stieres am Frühlings- und der Skorpion am Herbstäquinoktialpunkt. Der Löwe war damals das Zeichen der Mittsommersonne, mit der der Abstieg zum Winter begann, und der Wassermann stand im Haus der Wintersonnwende, wo der Sonnengott, Sol invictus, alljährlich am 25. Dezember wiedergeboren wurde.

In den Grotten des hellenistischen Mithrakultes wurden alle diese Feste des Sonnenkreislaufs in Maskenriten gefeiert, mit denen Initiationen verbunden waren. Aus zahlreichen Quellen erfahren wir von einem wirklichen Stieropfer, dem *Taurobolium*, das über einer Grube vollzogen wurde, in der der Myste lag, so daß er in einem Schwall des heißen Stierblutes getauft wurde.[46] Zwei Wächter, einer vor und einer hinter dem Opfer, hatten brennende Fakkeln in der Hand, die eine nach oben, die andere nach unten gehalten, um den Aufstieg des Lichtes in die Oberwelt beziehungsweise seinen Abstieg in die Unterwelt zu versinnbildlichen: Sonnenaufgang, Sonnenuntergang, Frühlings- und Herbstäquinox, Geburt, Tod und das Kreisen der lichten Kraft ausgehend vom zentralen Akt des Opfers. Diese zwei sogenannten Dadophoren konnten auch einen Stierkopf und einen Skorpion als Verkörperung der entsprechenden Tierkreiszeichen in den Händen haben. Sie sind mit den beiden neben Christus gekreuzigten Schächern verglichen worden, von denen der eine zum Paradies aufstieg und der andere zur Hölle hinabfuhr; auch mit dem mittelalterlichen christlichen Motiv der klugen Jungfrauen, die brennende Lampen nach oben, und der törichten Jungfrauen, die gelöschte Lampen nach unten halten.[47] Allerdings erhalten solche Zeichen in der üblichen christlichen Auslegung eine moralische Wendung, so daß ihr mystischer Sinn verschwindet; würde dieser nämlich beibehalten, so wäre selbst die Hölle erlöst, während beim christlichen Dualismus alles darauf ankommt, daß die Sünde absolut böse, die Hölle ewig ist und die dort befindlichen Seelen für alle Zeit verdammt sind.

Aus dem wenigen, was wir von der mythischen Lebensgeschichte des persischen Heilands Mithra wissen, schälen sich eine Reihe von Parallelen zu christlichen und zu zarathustrischen Mythologemen heraus. Jedoch genau wie im Fall der Dadophoren sind sie zwar auf einer Ebene analog und entstammen durchaus derselben Quelle, verkörpern dabei aber eine völlig andere Haltung zur Natur der Welt und des Menschen: eine mystische Bejahung im Gegensatz zu einem moralischen Bessernwollen und eine Neubegründung der älteren urtümlichen und allgemein heidnischen Bestimmung des Opfers.

Wie Gayōmart, dessen antithetische Entsprechung er in gewissem Sinne ist, wurde Mithra am Ufer eines heiligen Flusses unter einem heiligen Baum geboren. In der Kunst erscheint er mitunter als nackter Junge, der mit seiner phrygischen Mütze auf dem Kopf und einer Fackel in der einen und einem Messer in der anderen Hand aus dem «gebärenden Stein» (*petra generix*) hervorkommt.

Seine Geburt soll *solo aestu libidinis*, «durch die bloße Hitze der Libido» erfolgt sein,[48] und wie C. G. Jung in einer seiner zahlreichen Erörterungen dieses Themas dargelegt hat, sind hier alle elementaren Muttersymbole der Mythologie vereinigt: Erde (der Stein), Holz (der Baum) und Wasser (der Fluß).[49] Die Erde hat den archetypischen Menschen – in jungfräulicher Geburt – zur Welt gebracht. Und damit wir die Geburt als symbolisch erkennen (nicht als prähistorisches Ereignis, wie man etwa bei einem Adam oder einem Gayōmart behaupten könnte), sind Hirten als Zeugen der Geburt in der Nähe, die wie in Weihnachtsszenen von der Geburt Christi mit ihren Herden kommen, um den Heiland anzubeten. Christus, der zweite Adam, war der Erneuerer des Menschenbildes. Im persischen Heiland Mithra sind die zwei Adams vereint; denn in seine Ableistung der Taten des zeitlich-irdischen Lebens spielte keine Sünde, kein Fall mit hinein. Mit seinem Messer schnitt der Knabe die Früchte des Baumes ab und machte sich aus seinen Blättern Kleider: abermals wie Adam – aber ohne Sünde. Und es gibt eine weitere Szene, die ihn zeigt, wie er Pfeile auf einen Felsen schießt, aus dem Wasser quillt und einen knienden Betenden erfrischt. Wir besitzen den dazugehörigen Mythos nicht, aber das Bild ist mit der Episode verglichen worden, wo Mose in der Wüste mit seinem Stab Wasser aus dem Felsen schlägt (Ex 17,6). Mose jedoch sündigte, denn er schlug zweimal und bekam folglich den Eintritt in das Gelobte Land verwehrt – so wie Adam sündigte und das Paradies verwehrt bekam. Doch der Heiland Mithra aß die Frucht des Mutterbaumes und holte das Wasser des Lebens aus seinem Mutterfelsen – ohne Sünde.

Der Urstier weidete auf einer Bergwiese, als der junge athletische Gott ihn bei den Hörnern packte und sich aufschwang. In wildem Galopp warf das Tier ihn alsbald ab, aber er hielt sich weiter an den Hörnern fest und ließ sich mitschleifen, bis das große Tier erschöpft zusammenbrach. Nun faßte er es an den Hinterbeinen, legte sie sich über seine Schultern, und es begann der sogenannte *Transitus*, die schwierige Aufgabe, den lebendigen Stier mit dem Kopf nach unten auf einem mit Hindernissen übersäten Weg in seine Höhle zu ziehen. Diese qualvolle Probe des Helden ebenso wie des Stieres wurde zum Symbol sowohl für das menschliche Leid

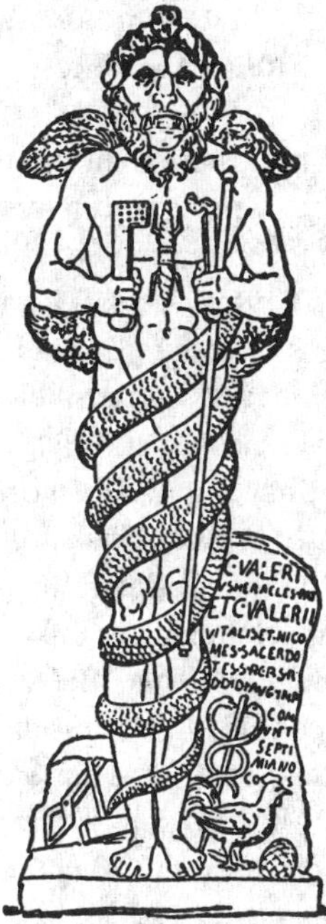

Abbildung 24. Zervan Akarana

im allgemeinen als auch für die besonderen Prüfungen des Mysten auf seinem Erleuchtungsweg – entsprechend (wenn auch mit kaum vergleichbarer Kraftaufbietung) der Via crucis des späteren christlichen Kultes. Als er an seiner Höhle angelangt war, gab ein vom Sonnengott gesandter Rabe dem Heiland Bescheid, der Augenblick des Opfers sei gekommen, woraufhin dieser den Stier bei den Nüstern faßte und ihm das Messer in die Flanke stieß. (Wir sehen, daß der Rabe des ersten Weihegrades hier mit dem Opfer des Stieres verbunden ist, des Mondtieres; siehe abermals Abb. 16.) Weizen sproßte aus dem Rückenmark des Tieres und aus seinem Blut der Weinstock – sie gaben das Brot und den Wein für das sakramentale Mahl. Sein vom Mond gesammelter und geläuterter Same – wie in dem orthodoxen zarathustrischen Mythos oben S. 235 – erzeugte die nützlichen Tiere, die dem Menschen dienstbar sind. Schließlich kamen noch die schon in der abgebildeten Szene bemerkten Tiere der göttlichen Mutter des Todes und der Wiedergeburt, um ihre diversen Aufgaben zu erfüllen: der Skorpion, der Hund und die Schlange.[50]

Doch dieser Mythos und dieses Ritual, in dem der Myste «im Blute des Stieres gebadet» wurde, waren nur die Vorstufe zu einem tieferen, umfassenderen Geheimnis, symbolisiert in der zweiten großen Erscheinung des Kultes: Zervan Akarana, die «Unendliche Zeit». Die in Abbildung 24 gezeigte Darstellung dieses Geheimnisses wurde in den Ruinen des Mithratempels der römischen Hafenstadt Ostia gefunden, wo sie 190 n. Chr. von einem gewissen C. Valerius und seinen Söhnen geweiht worden war. Ein nackter Männerkörper hat den Kopf eines Löwen. Auf seinem Rücken hat er vier Flügel mit den Symbolen der Jahreszeiten darauf. In jeder Hand hält er einen Schlüssel und in der linken dazu noch ein Szepter der Herrschergewalt. Eine Schlange, die sich in sechs Windungen um seinem Körper emporringelt, hat ihren Kopf (die siebte Windung) auf seinen Scheitel gelegt. Und das Symbol auf der Brust des Mannes ist der feurige Blitzkeil, dem nichts widerstehen kann.[51]

Aber dieses Symbol des feurigen Blitzkeils ist genau in der gleichen Form das übliche Attribut eines bestimmten Buddhas, des Buddhas Vajradhara, «Blitzkeilträger», Sinnbild der höchsten Erleuchtung, deren sichtbare Manifestationen die in Zeit und Raum erscheinenden Buddhas nur sind. Ein solcher Blitzkeil kann vom Buddha in der Hand gehalten werden oder auf seiner Brust eingraviert sein, wo er (um Heinrich Zimmers Worte zu zitieren) «die Waffe oder Substanz der adamantenen Wahrheit und Wirklichkeit, verglichen mit der alle anderen Substanzen brüchig sind», bezeichnet.[52] Der Sanskritausdruck *vajra* bedeutet sowohl «Blitzkeil» als auch «Diamant». Wie der Diamant nicht von anderen Steinen zerschnitten werden kann, so werden alle Dinge vor dem Blitzkeil zunichte; sie gehören in die bloße Erscheinungssphäre und können keinen Widerstand bieten. In dem Zweig des Buddhismus, der sich Vajrayāna nennt, «Blitzkeilweg» (Shingon in Japan), und der eine äußerst kühne und buntschillernde, magisch-mystische Form des Tantrismus ist,[53] kann der buddhistische Mystiker durch bestimmte Meditationen, Haltungen und Zauberformeln die in ihm schlummernde Vajrakraft materialisieren und sie dann entweder zur Hexerei oder zum Erlangen der höchsten Erleuchtung nutzbar machen.[54]

In der *Mythologie des Ostens* habe ich gezeigt, daß sich ein deutlicher iranischer Einfluß in den volksreligiösen chinesischen und japanischen Sekten des Sonnenbuddhas Amitābha-Amitāyus (*amitābha*, «unermeßlicher Glanz»; *amitāyus*, «unermeßliches Leben»; in Japan Amida genannt) erkennen läßt, dessen Verehrung um 100 n. Chr. im nordwestlichen Indien aufkam und sich von dort aus in den Fernen Osten ausbreitete.[55] Der Kult beruht auf dem Glauben an die «äußere Kraft» (*tariki*) und zeichnet sich aus durch die häufig wiederholte Anrufung *Namu Amida Butsu*, «Verehrung dem Amida Buddha», wodurch Geist und Herz der erlösenden Gnade dieses unendlich barmherzigen Heilands bereitet werden. Aber jetzt müssen wir feststellen, daß in genau denselben Jahrhunderten der Einfluß des hellenisierten Iran sich noch stärker nach Westen ausdehnte, wo die in ganz Europa stationierten römischen Armeen mithräische Riten feierten. In den Tälern der Donau und des Rheins, in Italien und Südfrankreich und stellenweise bis nach Spanien hinein finden sich Kultstätten in reicher Menge. Viele der ins römische Europa geschleppten levantinischen Sklaven waren Mysten, ebenso etliche der späten Kaiser von Commodus (reg. 180–192 n. Chr.) bis Julian (reg. 361–363). Der kaiserliche Kultus des Sol invictus, eingesetzt von Aurelian (reg. 270–275), vermischte sich mit dem des Mithra. Und da der Synkretismus den einheimischen Religionen Europas nicht weniger entgegenkam als denen des Orients, entstand in der ganzen posthellenistischen Welt – von Schottland bis Nordafrika und im Osten bis Indien, mit Ausläufern sogar bis in den Fernen Osten – ein einziges überquellendes und farbenprächtiges religiöses Weltreich mit einem unendlichen Formenreichtum, das auf vielen Ebenen sämtliche Pantheons der Völker verband und versöhnte: das keltische, das germanische, das römische, das griechische und die orientalischen.

Hören wir nicht wirklich in der Anrufung *Nama, Nama Sebezio*, die auf mithräischen Kultstätten aus dem Europa des zweiten und dritten Jahrhunderts graviert steht, ein Echo des Rufes *Namu Amida Butsu*?[56] Die hier angerufene Gottheit ist eindeutig der griechische Sabazios, der, wie Jane Harrison gezeigt hat, eine Form des Dionysos war – symbolisch dargestellt von jener goldenen Schlange, die man in den orphischen Einweihungsriten zur Bekundung der Einheit von Gott und Anbetendem «durch den Busen» schlüpfen ließ (siehe oben S. 212–213). Und erkennen wir nicht in der populären Verkörperung des Hindugottes Vishnu als Narasimha, «Mensch-Löwe», unseren Löwenmann wieder?

Doch kehren wir zur Abbildung 24 zurück. In der Ecke unten links fallen uns die Zange und der Hammer des Vulcanus auf, des Gottes des Feuers und der Metallbearbeitung: des Feuers, durch welches das Metall aus seinem Erz geholt wird und mit dem der Schmied Formen schafft. Unten rechts ist der Hahn, der Verkünder der neuen Sonne. Vor ihm liegt der Tannenzapfen als Symbol der Samen des Lebens, erzeugt von dem sich immer wieder selbst erneuernden kosmischen Baum. Und schließlich wiederholt sich die Schlange, die den Körper des Löwenmannes umwindet, in dem Caduceus, der nicht nur der Form, sondern sicher auch dem Sinn nach dem auf dem Kelch des Königs Gudea von Lagasch entspricht (Abb. 1). Die eine Schlange der Hauptfigur ist im Caduceus zu zweien geworden – so wie Adam zu Adam und Eva wurde. Sie winden sich an der Achsenstange (Axis mundi) empor, dem Rückgratstab des Löwenmannes selbst, der das A und O aller Zeitigungen der Zeit ist.

Mit anderen Worten, das synkretistische Mythengut dieser kosmopolitischen Epoche war in keiner Weise ein aus allen Winkeln der Erde zusammengekratzter Mischmasch. Die Symbolik war durchweg denkbar einheitlich und stimmte zudem mit einem allen von alters her gemeinsamen Erbe überein. Denn alle diese Religionen der ackerbauenden Hochkulturen waren im Grunde aus einigen (erstaunlich wenigen) im Neolithikum, der Bronze- und der Eisenzeit gemachten Einsichten entstanden, jeweils angepaßt an Landschaften und Lebensformen, die etwas (aber nicht völlig) andere Anforderungen stellten; deshalb konnten sie in diesem Zeitalter des Austauschs zwischen den Kulturen auch von jedem, der in seiner eigenen Überlieferung zu Hause war, ohne weiteres zusammengebracht werden. Die Parallelen sind wirklich nicht schwer zu erkennen, selbst heute noch – wenigstens für Forscher, die nicht derart auf den üblichen jüdisch-christlichen Transzendenzbegriff eingeschworen sind, daß sie nicht einmal dann das Alphabet der Immanenz buchstabieren können, wenn sie ihr Leben lang damit gearbeitet haben.

In der vedisch-arischen Tradition, mit der die persisch-arische verwandt ist, erscheint der Gott Mitra (persisch Mithra) stets verbunden mit Varuna – und zwar so fest verbunden, daß die beiden im allgemeinen mit einem einzigen Dualsubstantiv benannt werden, Mitrāvarunau. In den Hymnen wird Varuna meist als der Gott des kosmischen Rhythmus (*rita*) des kreisenden Sternenhimmels beschrieben,[57] während seine andere Hälfte, der Gott Mitra, das Licht der Morgenröte hervorbringt, die des Nachts von Varuna zugedeckt war. In der spätvedischen Ritualliteratur wird angeordnet, daß Mitra am Opferpfahl ein weißes und Varuna ein schwarzes Schlachttier dargebracht werden muß. Und im *Shatapatha-Brāhmana* wird die zusammengesetzte Person Mitra-Varuna in «der Rat und die Kraft» zergliedert. «Diese», heißt es, «sind seine zwei Aspekte. Mitra ist der Rat, Varuna die Kraft; Mitra das Priesteramt, Varuna die Königsherrschaft; Mitra der Wissende, Varuna der Ausführende.»[58] Vergleichen wir damit Abbildung 24, so sehen wir, daß Zervan Akarana ebenfalls ein doppelter Gott ist: ein nackter Löwenmann, umringelt von einer siebenwendigen Schlange. Der Löwe symbolisiert das Sonnenlicht, das ewig ist, die Schlange den rhythmischen Kreislauf der lunaren Gezeiten des kosmischen Wandels, die niemals ein Ende nehmen. So ist die Figur genau das, was ihr Name sagt: Zervan Akarana, «Unendliche Zeit», in der Ewigkeit und Zeit, wiewohl zwei, doch eins sind. Aber falls irgendwer meinen sollte, er würde diese Figur irgendwo jenseits der Grenzen der Zeit (die ja grenzenlos ist) jemals antreffen, so hätte er den Kern seiner Einweihung nicht verstanden und müßte zurückversetzt werden, vermutlich wieder auf die Rabenstufe.

Die Schlange hat sieben Windungen: es sind die Windungen der Zeitlichkeit. Sie wurden in der hellenistischen Welt mit den sieben Himmelskörpern identifiziert, nach denen unsere Wochentage benannt sind als Sonn-Tag, Mond-Tag, Mars-Tag (germanisch Ziu), Merkur-Tag (germanisch Odin/Wotan), Jupiter-Tag (germanisch Thor/Donar), Venus-Tag (germanisch Frigg) und Saturn-Tag. Wir haben bereits gesehen, daß der Myste auf seinem Weg nach oben diese sieben Schleierschichten vor der adamantenen Wahrheit durchstieß. Und diese Wahrheit ist uns jetzt im Symbol des Löwenmannes gezeigt worden.

Auf diesem Einweihungsgang wurde, wie wir gesehen haben, als Wiederholung der Stiertötung durch den Heiland Mithra auf halbem Wege das Taurobolium vollzogen. Analog dazu erschlug in der vedischen Mythologie Indiens der Kriegerkönig und Retter der Götter Indra den allumschlingenden Vritra, der zwar eine Schlange war, aber dennoch auch als Stier beschrieben wird. Er ist der negative Aspekt der Kraft Varunas, und Indra, sein Mörder, ist in vieler Hinsicht die Gestalt, die dem persischen stiertötenden Mithra analog ist. Von beiden heißt es, sie hätten tausend Augen. Beide sind aktive Vordergrundaspekte der in der Zeit wirkenden Licht- oder Sonnenkraft. Beide erneuern durch ihre Tat die Welt. Und in Riten, durchgeführt zum Wohl ehrwürdiger Personen, verleiht der Nachvollzug ihres Opfers dem Nutznießer die Erkenntnis des ewigen Lebens. Wie wir zum Beispiel in der vedischen *Taittirīya-Saṃhīta* lesen: «Mittels Mitra opfert der Priester für ihn [den Nutznießer] Varuna ... befreit ihn von Varunas Schlinge, so daß selbst dann, wenn sein Leben fast dahin ist, er wahrlich lebt.»[59] Somit entsprechen die persischen Symbole des Löwenmannes und des Stiertöters ganz genau den vedischen Figuren Mitra-Varuna und Drachenstiertöter.

Mehr noch, genau wie die beiden Fackelträger, die Dadophoren, bei der Tat des persischen stiertötenden Mithra zugegen waren, so haben wir im vedischen Kontext ein zusammengehöriges Paar, das ebenfalls das Prinzip der Syzygie – der Einheit scheinbarer Gegensätze – verkörpert, nämlich die Nāsatyas oder Ashvins, die pferdelenkenden Zwillinge. Sie werden unter anderem mit Himmel und Erde (oben und unten), Ewigkeit und Zeit, Priester und König, den zwei Hälften des einen Geistesmenschen identifiziert.[60] Ich möchte daher noch einmal auf die Namen der fünf vedischen Gottheiten aufmerksam machen, die für den besagten Vertrag zwischen Hethiter- und Mitannikönigen von etwa 1400 v. Chr. zu Zeugen angerufen wurden. Es handelte sich eben um Mitra, Varuna, Indra und die Nāsatyas, die pferdelenkenden Zwillinge, genau um jene fünf also, die ihr vollkommenes Gegenstück in Zervan Akarana

(= Mitrāvarunau), dem stiertötenden Mithra und den Dadophoren des Mithrakultes haben – der übrigens in genau dem Teil des Nahen Ostens entstanden zu sein scheint, in dem elfhundert Jahre zuvor die Reiche der Hethiter und von Mitanni geblüht hatten.[61]

Es gäbe noch viel mehr zu erzählen; aber wir haben das Thema bereits so weit verfolgt, wie es in einem Werk dieses Umfangs noch vertretbar sein dürfte. Wenigstens hoffe ich, eindeutig klargestellt zu haben, daß, wenn einige Fachgelehrte sich damit schwergetan haben, in den synkretistischen Mysterienkulten der hellenistischen Zeit etwas anderes zu erkennen als ein Kunterbunt von Kindereien, die Schuld dafür nicht ausschließlich im Altertum liegt. Diese Kulte waren dazu da, auf die eine oder andere Art eine psychische Wandlung in dem nach Erleuchtung Strebenden zu bewirken, infolge deren sein Bewußtsein in der Erkenntnis zur Ruhe kommen sollte, daß das Göttliche bei aller Transzendenz zugleich jedem Teilchen des Alls und allen seinen Wesen innewohnt; in der Erkenntnis, daß die Dualität sekundär ist; und in der Erkenntnis, daß es nicht das Ziel des Menschen sein kann, die Dualität am Ende der Zeit zum Verschwinden zu bringen wie in der ethischen dualistischen Lehre des Propheten Zarathustra, da die Zeit grenzenlos ist und daher niemals endet. Die Unendliche Zeit, Zervan Akarana, hält alles in ihrer Zange fest, formt alle Dinge mit ihrem Hammer und gewährt doch durch ihre harten Weihen Einsicht in die adamantene Wirklichkeit, die hier und jetzt, jenseits des verhüllenden Schleiers der Dualität, die wahre Ewigkeit von uns allen ist.

Diese Lehre ist im wesentlichen identisch mit der der Yogaschulen Indiens; und eine besonders auffallende Analogie besteht zum Kundalinī-Yoga der Guptaperiode und ihrer Folgezeit. Sein Ziel war es und ist es, die «Schlangenkraft», die geistige Kraft des Yogi, von ihrem tiefsten Sitz an der Wurzel des Rückgrats einen inneren Pfad hinaufzuführen bis zum Scheitelpunkt des Kopfes, wobei sie sieben Stufen durchläuft, auf denen jeweils die psychischen Beschränkungen der darunter liegenden Erfahrungsebenen überwunden werden.[62] Wie in Indien, so erkannte auch in diesen hellenistischen Mysterien der glücklich Eingeweihte seine eigene Göttlichkeit und wurde darauf als Gott verehrt: denn was könnte es für ein besseres Zeichen des Göttlichen geben als einen Menschen, in dem das eigene Göttliche innere Wirklichkeit geworden war? Was für eine bessere Anleitung zur eigenen Vervollkommnung? Auch wurde der Einfluß der heidnischen Mysterienkulte dieses Zeitalters keineswegs nur von solchen Wirrköpfen empfunden, wie sie der geneigte Leser (und ich mit ihm) zu Recht bedauern oder geringschätzen würde. Kein Geringerer als Marcus Tullius Cicero (106–43 v. Chr.) schrieb in seinem *De legibus* über die griechischen Mysterien von Eleusis:

> Unter den vielen edlen und göttlichen Gaben, die dein Athen hervorgebracht und für das Leben der Menschen beigesteuert hat, scheint mir keine wertvoller als jene Mysterien, durch die wir aus einem unkultivierten und grausamen Leben zur Menschlichkeit emporgebildet und zivilisiert worden sind und die ersten Weihen empfangen haben, die so heißen und in Wahrheit die rechten Prinzipien des Lebens sind, durch die wir nicht nur freudig zu leben, sondern auch mit besserer Hoffnung zu sterben gelernt haben.[63]

Die Riten der Demeter und der Persephone von Eleusis, der Isis von Alexandria, des Mithra der Perser und der Großen Mutter Kybele aus Kleinasien beeinflußten und bereicherten sich im Laufe dieser Jahrhunderte gegenseitig – auf der Grundlage der ihnen allen gemeinsamen Fähigkeit, das Wunder des Lebens als etwas Göttliches zu empfinden und zu erfahren und sich daran zu freuen. Im Gegensatz dazu finden wir, daß in der orthodoxen zarathustrischen Kirche wie auch im Judentum und später im Christentum und im Islam das letzte Ziel nicht die Erkenntnis des ewigen Lebens in dieser Welt war und auch nicht sein konnte – denn sie alle stellten sich letztlich keine unendliche Zeit vor, sondern einen Punkt, an dem die Zeit anfing, und einen anderen, an dem sie wieder aufhörte; glaubten, die Welt und ihre Bewohner würden als überwiegend böse abgeurteilt werden, wenn sie auch einer gewissen ontologischen Besserung fähig seien; und erkannten (vor allem Judentum, Christentum und Islam) in der materiellen Welt kein immanentes Göttliches, sondern begriffen Gott als absolut anders und abgesondert, wenn er auch allgegenwärtig war und dem Menschen (mit einem Wort des Koran) «näher als die Halsschlagader». Das heißt, während in den heidnischen Mysterien mit der Weltvernichtung letztlich immer eine seelisch-geistige Krise im Mysten gemeint war, durch die das Schattenspiel der Erscheinungswelt wie durch einen Blitzkeil zerschmettert und das adamantene Sein alles Seienden im Nu und ein für allemal erkannt wurde, bezog sich dagegen dieselbe Symbolik der Weltvernichtung in den orthodoxen, ethisch geeichten levantinischen Religionen historisch auf einen künftigen endgültigen Untergangstag.

Die älteren jüdischen Schriften über den Tag des Messias waren ganz einfach von der Vorstellung ausgegangen, daß der jüdische Staat unter einem König aus dem Geschlecht Davids wiederhergestellt und daraufhin die Juden von allen Völkern bereitwillig als das wahrhaft auserwählte Volk Gottes anerkannt würden. Jedoch in der hellenistischen Zeit, vor allem etwa von 200 v. Chr. bis 100 n. Chr., drängte sich etlichen Juden plötzlich der überaus erregende Gedanke auf, ihr eigener nationaler Messias wäre eigentlich der kosmische Messias der Endzeit (wie der Saoshyant), auf dessen Erscheinen hin herrlich und mit Donnerknall die Auferstehung der Toten, die Aufhebung der Zeit und alles übrige folgen würden. Überdies stünde dieser Tag unmittelbar bevor. Eine üppige, phantastische apokalyptische Literatur trieb erst unter den Juden, dann aber auch unter den Christen reiche Blüten: das *Buch Henoch*, die *Testamente der zwölf Patriarchen*, die *Apokalypse des Baruch*, die *Himmelfahrt Mosis* und so weiter, vor allem aber unter den christlichen Schriften die Christus selbst zugeschriebenen Worte, die das Ende der Tage und seine eigene glorreiche Wiederkehr betreffen. Es lohnt sich durchaus, sie hier vollständig wiederzugeben, denn in direktem Gegensatz zu der Einweihungssymbolik des eben behandelten Mysterienkultes bringen sie den typischen Standpunkt einer Apokalypse sehr deutlich zum Ausdruck – abgesehen davon, daß sie die Kosmologie der begrenzten Zeit der frühchristlichen Kirche und (anscheinend) Christi selber in vollem Umfang entfalten. Die Stelle ist Markus 13,3–37, Parallelen finden sich in Matthäus 23 und Lukas 21; siehe auch 2 Thessalonicher 2 und die Offenbarung des Johannes.

Und als er auf dem Ölberg saß, dem Tempel gegenüber, fragten ihn Petrus, Jakobus, Johannes und Andreas, die mit ihm allein waren:

«Sag uns, wann wird das geschehen, und an welchem Zeichen wird man erkennen, daß das Ende von all dem bevorsteht?» Jesus sagte zu ihnen: «Gebt acht, daß euch niemand irreführt! Viele werden unter meinem Namen auftreten und sagen: ‹Ich bin es!› Und sie werden viele irreführen.

Wenn ihr dann von Kriegen hört und Nachrichten über Kriege euch beunruhigen, laßt euch nicht erschrecken! Das muß geschehen. Es ist aber noch nicht das Ende. Denn ein Volk wird sich gegen das andere erheben und ein Reich gegen das andere. Und an vielen Orten wird es Erdbeben und Hungersnöte geben. Doch das ist erst der Anfang der Wehen.

Ihr aber, macht euch darauf gefaßt: Man wird euch um meinetwillen vor die Gerichte bringen, in den Synagogen mißhandeln und vor Statthalter und Könige stellen, damit ihr vor ihnen Zeugnis ablegt. Vor dem Ende aber muß allen Völkern das Evangelium verkündet werden. Und wenn man euch abführt und vor Gericht stellt, dann macht euch nicht im voraus Sorgen, was ihr sagen sollt; sondern was euch in jener Stunde eingegeben wird, das sagt! Denn nicht ihr werdet dann reden, sondern der Heilige Geist. Brüder werden einander dem Tod ausliefern und Väter ihre Kinder, und die Kinder werden sich gegen ihre Eltern auflehnen und sie in den Tod schicken. Und ihr werdet um meines Namens willen von allen gehaßt werden; wer aber bis zum Ende standhaft bleibt, der wird gerettet.

Wenn ihr aber den unheilvollen Greuel an dem Ort seht, wo er nicht stehen darf – der Leser begreife [dieser Einschub gilt modernen Textkritikern als Beweis, daß die hier Jesus nachgesagten Worte nicht wirklich seine eigenen waren] –, dann sollen die Bewohner von Judäa in die Berge fliehen; wer gerade auf dem Dach ist, soll nicht hinabsteigen und ins Haus gehen, um etwas mitzunehmen; wer auf dem Feld ist, soll nicht zurückkehren, um seinen Mantel zu holen. Weh aber den Frauen, die in jenen Tagen schwanger sind oder ein Kind stillen. Betet darum, daß dies alles nicht im Winter eintritt. Denn jene Tage werden eine Not bringen, wie es noch nie eine gegeben hat, seit Gott die Welt erschuf, und wie es auch keine mehr geben wird. Und wenn der Herr diese Zeit nicht verkürzen würde, dann würde kein Mensch gerettet; aber um seiner Auserwählten willen hat er diese Zeit verkürzt.

Wenn dann jemand zu euch sagt: ‹Seht, hier ist der Messias!›, oder: ‹Seht, dort ist er!›, so glaubt es nicht! Denn es wird mancher falsche Messias und mancher falsche Prophet auftreten, und sie werden Zeichen und Wunder tun, um, wenn möglich, die Auserwählten irrezuführen. Ihr aber, seht euch vor! Ich habe euch alles vorausgesagt.

Aber in jenen Tagen, nach der großen Not, wird sich die Sonne verfinstern, und der Mond wird nicht mehr scheinen; die Sterne werden vom Himmel fallen, und die Kräfte des Himmels werden erschüttert werden. Dann wird man den Menschensohn mit großer Macht und Herrlichkeit auf den Wolken kommen sehen. Und er wird die Engel aussenden und die von ihm Auserwählten aus allen vier Windrichtungen zusammenführen, vom Ende der Erde bis zum Ende des Himmels.

Lernt etwas aus dem Vergleich mit dem Feigenbaum! Sobald seine Zweige saftig werden und Blätter treiben, wißt ihr, daß der Sommer nahe ist. Genauso sollt ihr erkennen, wenn ihr all das geschehen seht, daß das Ende vor der Tür steht. Amen, ich sage euch: Diese Generation wird nicht vergehen, bis das alles eintrifft. Himmel und Erde werden vergehen, aber meine Worte werden nicht vergehen. Doch jenen Tag und jene Stunde kennt niemand, auch nicht die Engel im Himmel, nicht einmal der Sohn, sondern nur der Vater.

Seht euch also vor, und bleibt wach! Denn ihr wißt nicht, wann die Zeit da ist. Es ist wie mit einem Mann, der sein Haus verließ, um auf Reisen zu gehen: Er übertrug alle Verantwortung seinen Dienern, jedem eine bestimmte Aufgabe; dem Türhüter befahl er, wachsam zu sein. Seid also wachsam! Denn ihr wißt nicht, wann der Hausherr kommt, ob am Abend oder um Mitternacht, ob beim Hahnenschrei oder erst am Morgen. Er soll euch, wenn er plötzlich kommt, nicht schlafend antreffen. Was ich aber euch sage, das sage ich allen: Seid wachsam!»

4

Die Wächter am Toten Meer

Wenn die Schlacht von Marathon den entscheidenden Punkt des Widerstandes des europäischen Geistes gegen Asien bezeichnet, dann wäre auf der Gegenseite der Endpunkt der levantinischen Toleranz gegenüber dem Heidentum Europas mit der Gegenreaktion des wahren «Restes» auf die Aufstellung eines griechischen Götterbildes – des «unheilvollen Greuels» – auf dem jüdischen Altar im Tempelhof zu Jerusalem erreicht. So geschehen im Jahre 167 v. Chr., und der Übeltäter war Antiochos IV. Epiphanes (reg. 175–164 v. Chr.), der Seleukidenkönig von Syrien. Im Ersten Buch der Makkabäer lesen wir:

> Damals trat ein Priester auf aus dem Geschlecht des Jojarib namens Mattathias; sein Vater war Johanan, der Sohn Simeons. Er stammte aus Jerusalem, hatte sich aber in Modeïn niedergelassen. ... Als er das gotteslästerliche Treiben in Judäa und in Jerusalem sah, sagte er: «Ach, warum bin ich geboren, daß ich erleben muß, wie man mein Volk vernichtet und die heilige Stadt zerstört? Ohnmächtig mußte man zusehen, wie sie in die Gewalt ihrer Feinde geriet, wie die heilige Stätte Fremden in die Hände fiel. Ihr Tempel wurde wie ein ehrloser Mann, ihre Kostbarkeiten schleppte man als Beute fort. Auf den Plätzen erschlug man ihre kleinen Kinder; ihre jungen Männer fielen unter dem Schwert des Feindes. Welches Volk hat nicht ein Stück des Reiches erhalten, hat sich nicht seinen Anteil an der Beute errafft? Ihren ganzen Schmuck nahm man ihr weg. Die Freie wurde zur Sklavin. Seht, unser Heiligtum, unsere Zierde und unser Ruhm, liegt verödet; fremde Völker haben es entweiht. Wozu leben wir noch?» Und Mattathias und seine Söhne zerrissen ihre Gewänder, zogen Bußkleider an und gaben sich tiefer Trauer hin.
>
> Da kamen die Beamten, die vom König den Auftrag hatten, die Bewohner zum Abfall von Gott zu zwingen, in die Stadt Modeïn, um die Opfer durchzuführen. Viele Männer aus Israel kamen zu ihnen; auch Mattathias und seine Söhne mußten erscheinen.
>
> Da wandten sich die Leute des Königs an Mattathias und sagten: «Du besitzt in dieser Stadt Macht, Ansehen und Einfluß und hast die Unterstützung deiner Söhne und Verwandten. Tritt also als erster vor, und tu, was der König angeordnet hat. So haben es alle Völker getan, auch die Männer in Judäa und alle, die in Jerusalem geblieben sind. Dann wirst du mit deinen Söhnen zu den Freunden des Königs

gehören; auch wird man dich und deine Söhne mit Silber, Gold und vielen Geschenken überhäufen.»

Mattathias aber antwortete mit lauter Stimme: «Auch wenn alle Völker im Reich des Königs ihm gehorchen und jedes von der Religion seiner Väter abfällt und sich für seine Anordnungen entscheidet – ich, meine Söhne und meine Verwandten bleiben beim Bund unserer Väter. Der Himmel bewahre uns davor, das Gesetz und seine Vorschriften zu verlassen. Wir gehorchen den Befehlen des Königs nicht, und wir weichen weder nach rechts noch nach links von unserer Religion ab.»

Kaum hatte er das gesagt, da trat vor aller Augen ein Jude vor und wollte auf dem Altar von Modeïn opfern, wie es der König angeordnet hatte. Als Mattathias das sah, packte ihn leidenschaftlicher Eifer; er bebte vor Erregung und ließ seinem gerechten Zorn freien Lauf: Er sprang vor und erstach den Abtrünnigen über dem Altar. Zusammen mit ihm erschlug er auch den königlichen Beamten, der sie zum Opfer zwingen wollte, und riß den Altar nieder... Dann ging Mattathias durch die Stadt und rief laut: «Wer sich für das Gesetz ereifert und zum Bund steht, der soll mir folgen.» Und er floh mit seinen Söhnen in die Berge; ihren ganzen Besitz ließen sie in der Stadt zurück.

Damals gingen viele, die Recht und Gerechtigkeit suchten, in die Wüste hinunter, um dort zu leben. Ihre Kinder und ihre Frauen und auch ihr Vieh nahmen sie mit; denn ihre Lage zu Hause war unerträglich geworden. (1 Makk 2,1–30.)

Damit, so der Bericht, begann der Aufstand, der zur Gründung des jüdischen Staates der makkabäischen Priesterkönige (auch Hasmonäer genannt) führte.

Das Volk indessen war durchaus nicht einer Meinung; auch wohnten keineswegs alle in Palästina. Es gab Gemeinden in Ägypten, Babylonien, Syrien und Anatolien, auf den griechischen Inseln und in Rom. Außerdem war das Privileg, sich selbst nach eigenen Gesetzen richten zu dürfen, vielerorts ein in aller Form zugestandenes Recht. Und in vielen dieser weit verstreuten Synagogengemeinden wurden die Gottesdienste nicht auf hebräisch, sondern auf griechisch gehalten. Gerade für sie – vor allem für die große jüdi-

Abbildung 25. IAO als Anguipede

sche Gemeinde im ägyptischen Alexandria – unternahm man es im dritten bis ersten vorchristlichen Jahrhundert dann auch, das Alte Testament ins Griechische zu übersetzen. Die daraus hervorgegangene Version wird die Septuaginta genannt, das lateinische Wort für «siebzig», weil es der Sage nach zweiundsiebzig Übersetzer gab (sechs aus jedem der zwölf Stämme) – und ihre Fassungen des heiligen Textes waren auf wunderbare Weise identisch.[64]

Doch mit der griechischen Sprache und den griechischen Gebräuchen kam natürlich auch griechisches Gedankengut. Einige Gemeinden duldeten Mischehen; manche ihrer Mitglieder traten in Gymnasien ein, übten dort nackt wie die Griechen und bevorzugten angezogen griechische Kleidung. Manche hielten sich nicht einmal an die Beschneidung. Ferner gab es Proselyten aus anderen Glaubensrichtungen, die nicht die Beschneidung vollziehen, sondern nur den Sabbat feiern, Jahwe verehren und die Speisevorschriften beachten wollten. Es gab sogar Juden, die sich an hellenistischen Kulten beteiligten. In Mesopotamien hatten jüdische Frauen, wie William Tarn ausführt, seit Jahrhunderten schon in die alljährlichen Klagen ihrer Nachbarinnen um Tammuz eingestimmt; und jetzt hatte in Kleinasien Jahwe selbst einen griechischen Namen bekommen, Theos Hypsistos, Höchster Gott – ein Name, den später sogar Philo aufgriff. «Auch Sabazios wurde mit dem Gott der Juden durch die scheinbare Identität Sabazios der Herr und Herr Sabaoth gleichgesetzt», bemerkt Tarn; und im Jahre 139 wurden einige Juden aus Rom vertrieben, weil sie angeblich den Kult des Zeus Sabazios hatten einführen wollen.

Zeus – Sabazios – Sabaoth – Jahwe – Hypsistos: «Diese Kulte»,

Abbildung 26. IAO als Anguipede

meint Tarn, «waren offenbar bedeutend genug, um Antiochos IV. glauben zu machen, daß es keine unüberwindlichen Schwierigkeiten geben würde, wenn er überall, sogar in Judäa, den Zeuskult einführe.»[65]

Nur wenige kurze Jahre vor der Ausgabe seines beleidigenden Befehls hatten sich zwei Bewerber um das Amt des Hohenpriesters im Tempel von Jerusalem getrennt und nacheinander an ihn gewandt und um Unterstützung gebeten: Iason aus der Familie der Oniaden und Menelaos von den Tobiaden. Beide waren Hellenisierer. Zuerst gewann Iason, dann Menelaos, und bald brach in der Gemeinde ein offener Bürgerkrieg aus, bei dem Syrien, Ägypten, Arabien und ein wildes Durcheinander aller möglichen Familien- und Sektenfraktionen ihre Hand im Spiel hatten – neben Rom, das sich nunmehr im Westen als wachsende Bedrohung für Antiochos erhob, und noch Persien im wiedererstarkenden Osten.

Eine Vorstellung davon, wie weit die «Verräter am Gesetz in Israel», wie sie in 1 Makkabäer 1,11 genannt werden, in ihrer Übernahme des Griechentums tatsächlich gingen, vermittelt ein Blick auf die Abbildungen 25 und 26 – die keineswegs ungewöhnlich für die Zeit sind. Wie Erwin R. Goodenough (in dessen monumentalem zwölfbändigen Werk über jüdische Symbole in der griechisch-römischen Zeit diese Amulette besprochen werden) gezeigt hat, finden sich schon in frühen palästinensischen Gräbern viele Siegel, auf denen jüdische Namen neben Götterfiguren aus Ägypten, Syrien und Babylonien stehen; und im Zweiten Buch der Makkabäer heißt es an einer Stelle (12,32–45), daß an den Leichen etlicher Juden, die im Kampf für Jahwe gefallen waren und nun zur Bestattung hergerichtet werden sollten, «Amulette der Götter von Jamnia» entdeckt wurden.[66]

Unsere Abbildungen stellen einen Typus dar, den die Fachwissenschaft als «Anguipeden» bezeichnet, den schlangenfüßigen Gott. Auf Amuletten trägt er meistens den Namen IAO. Bemerkenswert ist der Hahnenkopf. Dieser wird in manchen Fällen zu einem Löwenkopf, wir befinden uns also offenbar auf dem Weg zurück zum mithräischen Zervan Akarana. Hahn und Löwe sind beide Sonnensymbole. An anderen Figuren ist der Phallus betont, wie es nur recht und billig ist für einen Gott, dessen Initiationsritus die Beschneidung ist; aber daß er in einem unserer Beispiele außerdem noch in Verbindung mit einem Adler umringelt von einer Schlange auftritt, ist ziemlich außergewöhnlich. Die eigenartige kleine Figur mit Hörnern rechts davon wird von Goodenough mit dem altägyptischen Gott Anubis identifiziert, trägt sie doch in der linken Hand ein Sistrum (eine Art Rassel) und «ein eigentümliches gezinktes Instrument» in der rechten.[67]

Der jüdische Anguipede wird normalerweise als ein Kriegsgott dargestellt, der am rechten Arm einen Schild trägt und in der linken Hand die Peitsche des Helios hält. Auf seinem Kopf sehen wir in einem Fall die Figur des Ares, des griechischen Kriegsgottes. Wieder ein anderes Beispiel zeigt ihn als Helios, den Sonnengott, auf einem Löwen stehend, der wiederum ein Krokodil niedertrampelt. Die zweite, kleinere menschliche Gestalt in diesem Fall ist der Gott Harpokrates – eine spätägyptische Form des Horuskindes –, die linke Hand zum Mund geführt und im rechten Arm ein Füllhorn. Im hellenistisch-römischen Zeitalter faßte man die Geste, mit der dieses Kind die Hand an die Lippen legt, als Mahnung zu schweigen auf; ihr Sinn erschließt sich uns aus dem folgenden mithräischen Text:

«Sehn wirst du, wie die Götter scharf auf dich schauen und gegen dich heranziehen. Dann lege du sofort den Zeigefinger der Rechten auf den Mund und sprich: ‹Schweigen, Schweigen, Schweigen, Symbol des unvergänglichen, lebendigen Gottes: schütze mich, Schweigen!› Dann pfeife in langem Pfeifen, dann schnalze und sprich»,[68] nämlich andere magische Worte.

In der Zeit der Makkabäer waren die Anführer der Hellenisierer in Jerusalem die Sadduzäer, unter denen es Priesterfamilien gab, die behaupteten, von dem Priester und Patriarchen Zadok abzustammen (Zadok > Sadduzäer), und gegen sie traten vor allem die Pharisäer auf, die «Abgesonderten», die für sich eine strengere Rechtgläubigkeit in Anspruch nahmen – obwohl sie in Wirklichkeit das althebräische Vermächtnis eines künftigen Tages Jahwes mit der Vorstellung des Weltendes aus der zarathustrischen Eschatologie verquickt hatten. Der jüdische Geschichtsschreiber Josef ben Matthias (ca. 37–95 n. Chr.) oder Flavius Josephus, wie er seinen Namen lieber schrieb, berichtet in seinem *De bello Judaico* über diese beiden Sekten.

«Die [Sekte] der Pharisäer», schreibt er, «widmet sich, wie es heißt, mit besonderer Sorgfalt der Gesetzesauslegung, und sie nehmen auch den ersten Platz ein unter den Sekten. Für sie ist alles dem Schicksal und Gott anheimgestellt. Wohl stehe es in erster Linie dem Menschen zu, zwischen Recht- und Unrechttun zu wählen, doch bei jeglichem Tun sei auch das Schicksal beteiligt. Es seien zwar alle Seelen unsterblich, aber nur die Seelen der Guten fänden Eingang in einen anderen Körper, während die der Schlechten ewiger Verdammnis ausgeliefert seien.»[69]

Mit anderen Worten, obwohl sie durchaus streng in der Einhaltung der zeremoniellen Gesetze waren, hatten sie den Glauben an die Unsterblichkeit der Seele, die Auferstehung des Leibes und eine künftige Vergeltung zu ihren Anschauungen hinzugenommen. Zudem glaubten sie auch an einen Messias, der in den letzten Tagen der Welt käme, und an ein Pantheon von Engeln.

«Für die zweite Gruppe», erklärt Josephus weiter, «die der Sadduzäer, existiert das Schicksal überhaupt nicht, und Gott, so behaupten sie, habe gar nichts zu tun mit bösem Handeln, ja es interessiere ihn überhaupt nicht, vielmehr sei es dem Menschen anheimgegeben, das Gute oder das Schlechte zu wählen, und die Menschen griffen nach dem einen oder dem anderen, je nachdem, wie sich der einzelne entscheide. Ein Fortleben der Seele, ferner Belohnung und Strafe im Hades verwerfen sie.»[70]

Tatsächlich waren die Sadduzäer trotz ihrer Hellenisierungsbestrebungen diejenigen, welche sich in Sachen der Lehre ausschließlich an das alte Gesetz hielten und jede einzelne der volkstümlichen Ansichten ablehnten, die ihre Gegner von den Persern abgeguckt hatten. Außerdem standen sie politisch mehr als die Pharisäer dem herrschenden Geist der Makkabäer nahe, die immerhin nach wie vor Vasallen der hellenistischen Seleukiden waren, wenn es ihnen jetzt auch freistand, ihrem Gott nach eigenem Ermessen zu dienen. Die Sadduzäer waren, kurz gesagt, die aristokratische Partei: intelligente, konservative, kultivierte Snobs. «Während es bei den Pharisäern eine gegenseitige Freundschaft gibt und die Eintracht im Interesse der Gemeinschaft gefordert wird, verhalten sich die Sadduzäer zueinander recht unfreundlich. Im Verkehr mit ihren eigenen Leuten geben sie sich ablehnend wie Fremden gegenüber.»[71]

Nun wird aber in der Geschichte der Levante und insbesondere im Judentum und Islam eine Tatsache aufs krasseste deutlich: Wenn die Religion mit einer Gemeinschaft (oder, wie wir oben S. 162 dafür gesagt haben, mit einem Consensus) identifiziert wird und diese Gemeinschaft wiederum sich nicht mit einem wirklichen bodenständigen, soziopolitischen Organismus identisch fühlt, sondern mit einem in den Gesetzen einer Kirche oder Sekte verkörperten transzendentalen Prinzip, dann sind ihre Auswirkungen auf das weltliche politische Staatswesen, innerhalb dessen sie gedeiht, aber mit dem sie sich nicht identifiziert, zwangsläufig und vorhersehbar zerstörerisch. Das alttestamentliche Buch der Könige beschreibt im einzelnen die schrecklichen Folgen einer solchen Intransigenz in der Geschichte der Königsherrschaft Davids, und wir werden jetzt beobachten können, wie sie sich abermals – mit verstärkter Heftigkeit – in der verheerenden inneren Zersetzung des Staates auswirkte, für den die Makkabäer so tapfer gekämpft hatten.

Denn als der wackere Mattathias und seine Söhne an den griechischen Altären ihr Werk verrichtet hatten, zogen er und seine Anhänger durchs ganze Land. «Alle unbeschnittenen Kinder, die sie in dem Gebiet Israels fanden, beschnitten sie gewaltsam. Sie verfolgten die frechen Frevler; in allem, was sie taten, hatten sie Glück. Sie entrissen das Gesetz der Gewalt fremder Völker und der Hand der Könige. Dem Sünder ließen sie keine Macht.» (1 Makk 2,46–48.)

Auf Mattathias folgte sein ältester Sohn Judas Makkabäus: «Er glich im Kampf einem Löwen, einem jungen Löwen, der sich brüllend auf die Beute stürzt. Er verfolgte die Sünder und spürte sie auf; er vertilgte alle, die sein Volk verwirrten.» (1 Makk 3,4–5.) Ja, es gelang ihm sogar, den Apollonius zu erschlagen, den Beauftragten des Antiochos: «Apollonius sammelte Truppen aus den fremden Völkern und dazu ein großes Heer aus Samarien, um gegen Israel Krieg zu führen. Als Judas davon erfuhr, zog er ihm entgegen und besiegte und erschlug ihn. Viele kamen in diesem Kampf um; die übrigen flohen. Danach holte man sich die Beute. Judas nahm das Schwert des Apollonius an sich; er gebrauchte es in jedem Kampf, solange er lebte.» (1 Makk 3,10–12.) Judas verbündete sich mit der aufstrebenden Macht Rom. Doch er fiel im Kampf gegen eine syrische Armee, die der verräterische hellenisierende Hohepriester Jerusalems Alkimus gegen ihn zu Hilfe gerufen hatte.

Judas' Nachfolge trat sein jüngerer Bruder Jonathan (reg. 160–143) an, aber nunmehr wandte sich das Blatt und «erhoben die Abtrünnigen in allen Teilen Israels wiederum ihr Haupt, und alle Übeltäter wagten sich wieder ans Licht.» (1 Makk 9,23.) Alkimus, der hellenisierende Hohepriester, hatte jetzt im Grunde den Befehl über die Stadt, und getreu seinem Programm der Verschmelzung von jüdischem und «modernem» Leben lockerte er die Einhaltung des mosaischen Gesetzes und wollte sogar die Mauern des inneren Tempelvorhofs niederreißen lassen. Gleichzeitige Intrigen mit Rom und mit Syrien, wunderbare übernatürliche Eingriffe, Hungersnöte und Hinrichtungen schlossen sich in verwirrend rascher Folge in ganz Israel an. Jonathan nahm Zuflucht in einer Wüstenstadt, die er befestigen ließ, und im Jahre 152 v. Chr., nach dem Tod des Alkimus, kehrte Jonathan mit syrischer Hilfe siegreich nach Jerusalem zurück, befestigte die Stadtmauern und machte es wieder zu einer heiligen Stadt (1 Makk 9,24 – 10,20).

Es gab jetzt allerdings keinen geweihten Hohenpriester. Außerdem hatte der verstorbene Inhaber des Amtes Alkimus dem Emporkömmlingsgeschlecht der Tobiaden, nicht den berechtigten Oniaden angehört; und um die Widerrechtlichkeit der Situation noch schlimmer zu machen, faßte Jonathan der Makkabäer nun den Plan, sich selbst zum Laubhüttenfest des Jahres seines Sieges in dieses heilige Amt einsetzen zu lassen. Er starb neun Jahre später, und das Amt ging an seinen Bruder Simon über, der von einer «großen Versammlung der Priester, des Volkes, der Führer des Volkes und der Ältesten des Landes» wie auch von dem Seleukidenkönig von Syrien bestätigt wurde. Dieser Frevel wurde auf Bronzetafeln verewigt, auf denen beschlossen stand, «Simon solle für immer ihr Anführer und Hoherpriester sein, bis ein wahrer Prophet auftrete. ... Alle hätten ihm zu gehorchen. Jede Urkunde im Land müsse in seinem Namen ausgestellt werden. Auch dürfe er sich in Gold und Purpur kleiden.» (1 Makk 14,28.41.43.)

Simon regierte nur acht Jahre (142–134). Auf einer Inspektionsreise gab sein Schwiegersohn angeblich ihm zu Ehren in Jericho ein großes Gastmahl, machte ihn betrunken und ließ ihn umbringen. Seine Frau und zwei seiner Söhne wurden eingekerkert und später grausam ermordet, aber sein dritter Sohn, Johannes Hyrkanos, dem die Flucht gelungen war, übernahm sogleich das Hohepriesteramt und regierte danach einunddreißig glückliche Jahre (134–104), in denen er mit beträchtlichem Erfolg nach allen Seiten Krieg führte.[72] Aber, wie Josephus erklärt, «die Erfolge des Johannes selbst und seiner Söhne riefen Mißgunst hervor, die wiederum unter der einheimischen Bevölkerung eine Rebellion verursachte. In Massen schlossen sich die Leute gegen sie zusammen und ruhten nicht, bis es zum offenen Krieg kam, in dem sie freilich unterlagen.»[73]

Die sich da erhoben hatten und geschlagen worden waren, waren aber die Pharisäer, die Johannes Hyrkanos in den ersten Jahren seiner Herrschaft begünstigt hatte, aber die er danach verriet. Er ließ etliche ihrer Anführer zu einem Festessen einladen, und als das Essen vorbei war, forderte er sie auf, die Gottgegebenheit seiner Herrschaft anzuerkennen. Daraufhin bekam er von einem anwesenden alten Pharisäer namens Eleasar zu hören, wenn er wahrhaft gerecht sein wolle, so solle er das Priesteramt abtreten, auf das sein Geschlecht keinen rechtmäßigen Anspruch habe. Nach diesem Vorfall wandte Hyrkanos nicht nur seine Gunst den Sadduzäern zu, sondern verbot in aller Form die Befolgung pharisäischer Riten. Offenbar kam es auch im Laufe dieser Regierungszeit, etwa 110 v. Chr., dazu, daß die Gemeinschaft der erst in neuerer Zeit entdeckten Schriftrollen vom Toten Meer sich dorthin zurückzog, weit nach Osten in die Wüste, ungefähr fünfzehn Kilometer von der Stelle am Jordan entfernt, wo Johannes der Täufer später wirken sollte.

Denn in der Stadt Jerusalem verschärfte sich der Kampf der beiden rivalisierenden Sekten zusehends und schließlich so sehr, daß viele meinten, der prophezeite Krieg am Ende der Tage, die Apokalypse, sei gekommen. Johannes Hyrkanos starb im Jahre 104 v. Chr., nachdem er seiner Frau die Regierung und die Hohepriesterwürde seinem Sohn Aristobulos übertragen hatte. Der Sohn jedoch warf seine Mutter ins Gefängnis und ließ sie dort verhungern, er wandelte «die Regierungsform in eine Königsherrschaft um und setzte sich als erster die Krone auf», wie Josephus erzählt.[74] Damit fügte er seinem Sakrileg noch ein weiteres hinzu; denn wenn die Familie kein Recht auf die Hohepriesterwürde des Zadok besaß, dann genauso wenig auf das Königtum Davids. Zusätzlich lief die Übernahme beider gesalbter Ämter praktisch darauf hinaus, daß er sich die Rolle des letzten apokalyptischen Messias anmaßte.

Aristobulos sollte nicht lange genug leben, um sich seiner blasphemischen Tat freuen zu können. Denn er ließ seinen Bruder Antigonos von Meuchelmördern umbringen, und als er daraufhin selber Blut spie und es von einem Diener hinausgetragen wurde, stolperte dieser zufällig und verschüttete das Blut genau an der Stelle, die noch vom Blut des ermordeten Bruders befleckt war. Als der König nach dem Anlaß des darauf erhobenen entsetzten Geschreis fragte, gab man ihm Antwort, und er verstarb auf der Stelle; er hatte bloß ein klägliches Jahr regiert (104–103).[75]

Alexandra, die Witwe des Aristobulos, ließ dessen überlebende Brüder aus dem Gefängnis frei, in das er sie geworfen hatte, und heiratete den ältesten, der ihr der Gemäßigste und Besonnenste zu sein schien, Alexander Jannaios (reg. 103–76). Dieser jedoch brach schnurstracks eine Reihe von Kriegen vom Zaun, im Norden, Süden, Osten und Westen, während er gleichzeitig mit seinen ausländischen Söldnertruppen alle jüdischen Aufstände niederschlug. Die Pharisäer gerieten zusehends in Wallung. Josephus berichtet: «In einer Abfolge von Schlachten fielen ihm nicht weniger als 50 000 Juden zum Opfer, und zwar innerhalb von sechs Jahren. Freilich sollte er an diesen Siegen keine Freude erleben, denn sie kosteten ihn seine eigene Herrschaft. So verzichtete er auf Kriegshandlun-

A) abere. Zeitenwende

gen und versuchte, auf diplomatischem Weg zu einer Aussöhnung mit den Unterworfenen zu gelangen. Diesen war sein Gesinnungswandel und sein wenig konsequentes Handeln eher unangenehm, und als er die Leute fragte, unter welchen Voraussetzungen er sie denn zur Ruhe bringen könne, da antworteten sie: ‹Wenn du stirbst.›»[76]

Unterdessen wandten sich die Pharisäer an den syrischen Seleukiden Demetrios um Hilfe, und der kam natürlich. Er rückte mit einem Heer von Juden und Syrern gegen Jerusalem an, das die Streitmacht des Alexander Jannaios besiegte; doch nach dem Sieg liefen sechstausend seiner Juden zu Jannaios über, und der syrische König zog ab.[77] Daraufhin nahm der König und Hohepriester von Jerusalem Rache an den Pharisäern. «Sein Zorn», berichtet Josephus, «nahm nun ein solches Ausmaß an, daß er sich in seiner Grausamkeit nicht mehr vor einem Frevel wider Gott scheute. 800 von den Gefangenen ließ er nämlich inmitten der Stadt kreuzigen und unmittelbar unter ihren Augen deren Frauen und Kinder niedermetzeln; und er selbst sah dabei mit seinen Dirnen zu, während er ein Zechgelage abhielt. Das Volk war darob so entsetzt, daß in der folgenden Nacht 8000 seiner Gegner aus ganz Judäa die Flucht ergriffen; ihnen war erst nach seinem Tod die Rückkehr in die Heimat beschieden.»[78]

Mit diesem Tod im Jahre 76 v. Chr. aber kamen die Pharisäer an die Macht, was zur Folge hatte, daß die Mordwelle umschwappte und in die andere Richtung lief. Neue Säuberungen, Brudermorde, Verrätereien, Hinrichtungen und Wunder hielten das Königreich in Aufruhr, bis nach einem Jahrzehnt solch wahnsinnigen Rasens die römische Legion des Pompeius von einem der Brüder, die zu der Zeit um die Krone stritten, um Hilfe in seiner heiligen Sache angerufen wurde. Und auf diese Weise kam Jerusalem, die Stadt Gottes, im Jahre 63 v. Chr. unter die Herrschaft der Römer.

Die Gemeinde der Schriftrollen vom Toten Meer, die ihren Wüstensitz in der Nähe der Wirkungsstätte Johannes' des Täufers hatte, gehört genau in diese Zeit; und es ist (da alle gläubigen Juden zu der Zeit annahmen, die Geschichte ihres Volkes gebe den Ausschlag über das Schicksal der Schöpfung) sicher kein Wunder, daß der Gedanke um sich griff, das Ende der Welt stehe bevor, ja, der

Endkrieg und Umbruch der «Geburtswehen des Messias», der schreckliche Entscheidungskampf am Harmagedon, sei bereits in vollem Gange. Die Mythologie war zur Geschichte geworden, und Propheten erblickten allüberall glänzende Wunder der Verheißung wie des Untergangs. Die Sadduzäer und Pharisäer hatten Hand in Hand mit den mächtigen Makkabäern (die jetzt nach einem mutmaßlichen Vorfahren des Mattathias Hasmonäer genannt wurden) ihr Gelobtes Land in eine regelrechte Hölle verwandelt – während eine vierte und ganz anders geartete Sekte sich mit der Absicht, sich für den unmittelbar bevorstehenden Tag der Tage zu rüsten, in tiefem Ernst in die Wüste und ans Tote Meer zurückzog.

Diese Essener (denn so nannte sich die Sekte) hielten sich für Mitglieder der letzten Generation auf Erden, und sie bereiteten sich auf jenen letzten Augenblick des Herrn vor, in dem der Messias erscheinen würde. Der Krieg würde siegreich enden, hauptsächlich deshalb, weil sie sich auf die Seite des Lichtes schlugen, und die Erde würde daraufhin wieder neu werden. So nämlich hatten sie es beim Propheten Habakuk gelesen: «Das Land wird erfüllt sein von der Erkenntnis der Herrlichkeit des Herrn, so wie das Meer mit Wasser gefüllt ist.» (Hab 2,14.) Als Entstehungszeit der Schriftrollen vom Toten Meer wird mittlerweile die Spanne zwischen etwa 200 v. Chr. und dem ersten jüdischen Aufstand gegen Rom 66–70 n. Chr. angenommen. Es sind die ältesten derzeit bekannten hebräischen Handschriften. Ihr Inhalt ist von zweierlei Art:

1. Biblische Textfragmente aus der Zeit der Septuaginta, also bis zu dreihundert Jahre älter als die orthodoxe masoretische Bearbeitung des Alten Testaments und mehr als tausend Jahre als die älteste zuvor bekannte hebräische Bibelhandschrift (Codex Babylonicus Petropolitanus, 916 n. Chr.); und

2. Orginalschriften der Essenersekte. Von diesen wären in erster Linie folgende zu nennen:

A) Die Rolle über den Krieg der Söhne des Lichtes gegen die Söhne der Finsternis

Das ist eine fast vollkommen erhaltene Rolle aus Leder, fast drei Meter lang, 15 Zentimeter breit, in einer Pergamenthülle.[79] In ihr wird in allen Einzelheiten ein Kriegsplan über vierzig Jahre entworfen, nach dem die Essener in drei Feldzügen die Welt für Gott erobern wollten. Die ersten beiden Feldzüge sollten gegen Mesopotamien, Syrien, Ägypten und die anderen unmittelbaren Nachbarländer gehen und insgesamt sechs Jahre dauern, woraufhin ein Sabbatjahr der Ruhe folgen würde. Der letzte Feldzug sollte gegen die entfernter wohnenden Völker der Erde geführt werden und neunundzwanzig Jahre dauern plus vier eingeschaltete Sabbatjahre (die der Feind offenbar ebenfalls einzuhalten hatte). Der Titel dieser Rolle läßt zarathustrischen Einfluß erkennen, der überall durchscheint, vermischt mit Anklängen der frühen jüdischen Propheten, deren Aussagen hier jedoch auf eine Zeit bezogen werden, an die in den älteren Jeremiaden kein Gedanke war. Und obwohl alles im voraus bekannt war, selbst die Dauer jedes Feldzuges, mußten sich die Menschen (oder wenigstens jene Auserwählten unter den Menschen, die Mitglieder dieser Sekte waren) mit ganzer Kraft an der Aktion beteiligen.

Eine Vorstellung vom Geist dieses Kriegsplanes kann uns die folgende Anweisung geben:

> Auf die Trompeten des Aufrufs der Gemeinde soll man schreiben: Berufene Gottes. Und auf die Trompeten des Aufrufs der Führer soll man schreiben: Fürsten Gottes. Und auf die Trompeten der Verbände soll man schreiben: Ordnung Gottes. Und auf die Trompeten der angesehenen Männer, der Familienoberhäupter der Gemeinde, wenn sie sich versammeln im Versammlungshaus, soll man schreiben: Bestimmungen Gottes für den Rat der Heiligkeit. Und auf die Trompeten der Lager soll man schreiben: Frieden Gottes in den Lager seiner Heiligen. Und auf die Trompeten ihres Aufbruchs soll man schreiben: Krafttaten Gottes, um den Feind zu zerstreuen und in die Flucht zu schlagen alle, die Gerechtigkeit hassen, und Abkehr der Gnadenerweise an denen, die Gott hassen. Und auf die Trompeten der Kampfabteilungen soll man schreiben: Ordnungen der Abteilungen Gottes zur Rache seines Zornes an allen Söhnen der Finsternis. Und auf die Trompeten des Aufrufs der Männer der Zwischentruppen, wenn die Tore des Krieges geöffnet werden zum Ausmarsch gegen die Schlachtreihe des Feindes, soll man schreiben:

Gedenken der Rache zur Zeit Gottes. Und auf die Trompeten der Gefallenen soll man schreiben: Hand der Stärke Gottes im Kampf, zu fällen alle Gefallenen der Treulosigkeit. Und auf die Trompeten des Hinterhalts soll man schreiben: Geheimnisse Gottes, um die Gottlosigkeit zu vernichten. Und auf die Trompeten der Verfolgung soll man schreiben: Geschlagen hat Gott alle Söhne der Finsternis, nicht wendet er seinen Zorn bis zu ihrer Vernichtung. ...

Und wenn sie zum Kampf ziehen, sollen sie auf ihre Feldzeichen schreiben: Wahrheit Gottes, Gerechtigkeit Gottes, Ehre Gottes, Gericht Gottes, und dahinter die gesamte ausführliche Anordnung ihrer Namen. Und wenn sie sich dem Kampf nähern, sollen sie auf ihre Feldzeichen schreiben: Rechte Gottes, Festzeit Gottes, Bestürzung Gottes, Erschlagene Gottes, und dahinter das ganze Verzeichnis ihrer Namen. Und wenn sie zurückkehren vom Kampf, sollen sie auf ihre Feldzeichen schreiben: Erhebung Gottes, Größe Gottes, Lobpreis Gottes, Ehre Gottes, mit dem ganzen Verzeichnis ihrer Namen.[80]

B) Die Gemeinderegel

Eine Handschrift aus Leder in zwei Rollen, 24 Zentimeter breit und ursprünglich, als sie noch zusammengenäht waren, vielleicht 1,80 bis 2,10 Meter lang.[81] Inhaltlich hat der Text zwei Bestandteile: erstens eine lehrhafte Unterweisung über die beiden Geister, zweitens Regeln, nach denen die Sekte organisiert war und auf ihr historisches Werk vorbereitet wurde.

Und er [Gott] schuf den Menschen zur Herrschaft über den Erdkreis und bestimmte ihm zwei Geister, darin zu wandeln bis zur vorbestimmten Zeit seiner Heimsuchung. Das sind die Geister der Wahrheit und des Frevels. An der Quelle des Lichtes ist der Ursprung der Wahrheit, aber aus der Quelle der Finsternis kommt der Ursprung des Frevels. In der Hand des Fürsten des Lichtes liegt die Herrschaft über alle Söhne der Gerechtigkeit, auf den Wegen des Lichtes wandeln sie. Aber in der Hand des Engels der Finsternis liegt alle Herrschaft über die Söhne des Frevels, und auf den Wegen der Finsternis wandeln sie. ... Aber der Gott Israels und der Engel seiner Wahrheit helfen allen Söhnen des Lichtes. Und er hat die Geister des Lichtes und der Finsternis geschaffen, und auf sie hat er jedes Werk gegründet, und auf ihre Wege jeden Dienst. Den einen (Geist) liebt Gott in alle Ewigkeit, und an allen seinen Taten hat er Wohlgefallen für immer. Den anderen, seinen Rat verabscheut er, und alle seine Wege haßt er ewiglich. ...

Aber Gott hat in den Geheimnissen seiner Einsicht und in seiner herrlichen Weisheit ein Ende gesetzt für das Bestehen des Frevels, und zur festgesetzten Zeit der Heimsuchung wird er ihn vernichten auf ewig. Und dann wird die Wahrheit der Welt für immer hervorkommen; denn sie hat sich dahingeschleppt auf den Wegen der Gottlosigkeit unter der Herrschaft des Frevels bis zum Zeitpunkt des bestimmten Gerichtes. Und dann wird Gott durch seine Wahrheit alle Werke des Menschen läutern und wird sich einige aus den Menschenkindern reinigen, indem er allen Geist des Frevels aus dem Innern ihres Fleisches tilgt und sie reinigt durch heiligen Geist von allen gottlosen Taten. Und er wird über sie sprengen den Geist der Wahrheit wie Reinigungswasser (zur Reinigung) von allen Greueln der Lüge und dem Sich-Wälzen in unsauberem Geist, um die Rechtschaffenen zu unterweisen in der Erkenntnis des Höchsten und der Wahrheit der Söhne des Himmels und klug zu machen, die vollkommen im Wandel sind. Denn sie hat Gott erwählt zum ewigen Bund, und ihnen gehört alle Herrlichkeit des Menschen. Und Frevel wird nicht mehr sein, zuschanden werden alle Werke des Trugs. ... Denn Seite an Seite hat sie [die beiden Geister] Gott gesetzt bis zur bestimmten Zeit und zur neuen Schöpfung. Und er weiß um das Wirken ihrer Werke zu allen ewigen Zeiten. Und er gab sie den Menschen zum Anteil, damit sie Gutes und Böses erkennen können, um das Los zu werfen über jedes Lebewesen entsprechend seinem Geist zur festgesetzten Zeit der Heimsuchung.

«Und dies», so lesen wir als nächstes, «ist die Ordnung für die Männer der Gemeinschaft, die sich willig erweisen, umzukehren von allem Bösen und festzuhalten an allem, was er befohlen hat nach seinem Wohlgefallen, daß sie sich scheiden von der Versammlung der Männer des Frevels, daß sie gehören zur Gemeinschaft im Gesetz und im Besitz.»[82]

Am auffälligsten an der streng geordneten Art dieses kommunitären, puritanischen, pseudomilitärischen Kasernenlebens, das die Essener zur Erreichung ihres Zieles für nötig erachteten, sind die Gelübde der Keuschheit, der Armut und des Gehorsams, die Jahre und Stufen des Noviziats, die halb sakralen Gemeindemahlzeiten und der Wert, den sie auf eine bestimmte rituelle Waschung legten. Das Mutterhaus der Sekte war mit ziemlicher Sicherheit der große Gebäudekomplex, den man im Wadi Qumran, an der nordwestlichen Ecke des Toten Meeres, ausgegraben hat. In der Nähe gibt es einen ausgedehnten Friedhof, auf dem überwiegend Männer liegen; und in dieser Umgebung also wurden zur Zeit des jüdischen Aufstands die kostbaren Texte in verschiedenen Verstecken – Höhlen und Felsspalten in der Wüste – hastig beiseite geschafft. Bewohnt war die Anlage nach heutigen Schätzungen von etwa 110 v. Chr. bis 67/70 n. Chr., wobei sie während der Regierung des Herodes 31–4 v. Chr. eine Zeitlang leerstand, ohne daß man eine Erklärung dafür gefunden hätte.

Man glaubt, daß um das Mutterhaus herum ein Lager war und daß es auch in den Städten des Landes Zellen oder Andachtsgruppen der Essener gab. Josephus merkt die Ähnlichkeit der essenischen mit der orphischen Bewegung der Griechen an, sowohl in der Mythologie als auch in den Sitten; und Zusammenhänge lassen sich jetzt auch mit dem buddhistisch-hinduistischen Ideal klösterlichen Lebens vermuten. Denn wir besitzen ausreichend Belege für das Einsickern indischer Einflüsse in die hellenistisch-levantinische Sphäre jener Zeit. Eine Felsinschrift des buddhistischen Königs Ashoka (reg. 268–232) in der Nähe von Kandahar in Südafghanistan ist auf griechisch und aramäisch abgefaßt.[83] Und ein anderer Text Ashokas erklärt, daß der buddhistische König Missionare zu Antiochos II. von Syrien, Ptolemaios II. von Ägypten, Magas von Kyrene, Antigonos Gonatas von Makedonien und Alexander II. von Epiros sandte[84] – alles einflußreiche Herrscher in wichtigen Zentren der hellenistischen Welt.

Die archäologische Datierung der Ruinen, die paläographische Datierung der Schriftrollen, unser Wissen über die Geschichte der Makkabäer und die Stelle über die Essener bei Josephus verbinden sich nahtlos zu einem Bild von dem allgemeinen soziohistorischen

Umfeld, aus dem die Qumransekte hervorging. Als weiterer Beitrag zu unserer Kenntnis ihres Denkens wäre zuletzt noch zu nennen:

C) Der Habakuk-Kommentar

Das ist ein stark beschädigtes Fragment, nur 1,50 Meter lang und ungefähr 14 Zentimeter breit, an den Rändern angefault, so daß etwa 5 Zentimeter wegfallen.[85] Stellen aus dem alttestamentlichen Buch Habakuk (6. Jahrhundert v. Chr.) werden hier umgedeutet und auf die Makkabäerzeit bezogen, was damit gerechtfertigt wird, daß der Prophet von den Kriegen der «letzten Tage» spreche, und die seien jetzt angebrochen.

> *Denn siehe, ich lasse erstehen die Chaldäer, das bittere und ungestüme Volk.* [Hab 1,6.] Seine Deutung bezieht sich auf die Kittäer [die Römer], die schnell sind und stark im Kampf, viele zu verderben, so daß das Land unterworfen wird der Herrschaft der Kittäer. Sie haben in Besitz genommen viele Länder und glauben nicht an die Gesetze Gottes. ... Und über flaches Feld ziehen sie daher, um die Städte des Landes zu schlagen und zu plündern.[86]

Zu Eingang dieses Textes werden zwei Personen genannt, die in der ersten Aufregung nach der Veröffentlichung des Dokuments einige auf den Gedanken brachten, die ganze Mythologie von Leben, Kreuzigung, Auferstehung und Wiederkehr des Messias Jesus sei im Gründer der Essenergemeinde von Qumran vorweggenommen worden. Lesen wir doch:

> *Darum ist das Gesetz ohnmächtig.* [Hab 1,4.] Deutung: daß sie [die Anführer der Juden] das Gesetz Gottes verworfen haben. *Und in Ewigkeit kommt das Recht nicht heraus; denn der Gottlose umstellt den Gerechten.* Seine Deutung: Der Gottlose, das ist der gottlose Priester, und der Gerechte, das ist der Lehrer der Gerechtigkeit.[87]

Es ist heute praktisch sicher, daß die als gottloser oder böser Priester bezeichnete Person der eine oder andere der regierenden Hohenpriester Jerusalems war. Eine Reihe von Forschern ist der Ansicht, es handele sich um Jonathan Makkabäus (reg. 160–142 v. Chr.), der sich, wie wir gerade gesehen haben, als erster seines Geschlechtes das heilige Amt anmaßte.[88] Andere weisen die Rolle dem Simon (reg. 142–134) zu, der durch einen auf Bronzetafeln geschriebenen Beschluß in aller Form in dem Amt bestätigt wurde.[89] Eine dritte Vermutung hat auf Johannes Hyrkanos (reg. 134–104) gelautet, der sich nicht nur zum Hohenpriester, sondern auch zum König salben ließ – in welchem Falle der kühne Tadler Eleasar der Lehrer der Gerechtigkeit gewesen sein könnte, und ein Rückzug der Pharisäer (oder vielleicht eines extremen Flügels der pharisäischen Partei) in die Wüste um 110 v. Chr., was innerhalb dieser Regierungszeit läge, könnte dann den Anstoß zur Gründung des Zentrums in Qumran gegeben haben.[90]

In den Schriftrollen wird der böse Priester als Prediger der Lüge, Mann der Lüge, Lügenprophet, Mann der Falschheit und Mann des Spottens bezeichnet, alles Beinamen, die an die zarathustrische Vorstellung von der Lüge als dem Herrn der Finsternis und der Wahrheit als dem Wesen des Lichtes denken lassen.

Ein anderer Text aus den Schriften vom Toten Meer, nur das Fragment eines Kommentars zum alttestamentlichen Buch Nahum, spricht vom «Löwen des Zorns, der ... Menschen lebendig aufhängte»; damit müßte aller Wahrscheinlichkeit nach Alexander Jannaios (reg. 104–78) gemeint sein, der, wie wir gesehen haben, in einer Nacht achthundert Jerusalemer Juden kreuzigen und vor ihren Augen ihre Frauen umbringen ließ, während er sich mit seinen Dirnen verlustierte.[91] Wie Josephus berichtet, flohen danach viele Juden zum Schutz in die Wüste. «Es war eine Nacht», schreibt Duncan Howlett, «wie die Welt sie selten gesehen hat. Müssen wir noch länger nach dem bösen Priester aus den Schriftrollen vom Toten Meer suchen?»[92]

Für den bösen Priester finden wir somit wenigstens vier in Frage kommende Kandidaten, während der einzige Name, der für den angeblich vom bösen Priester verfolgten Lehrer der Gerechtigkeit vorgeschlagen worden ist – und das auch ohne große Überzeugung –, der des tapferen alten Pharisäers Eleasar ist. Waren die Essener also eine Abspaltung von den Pharisäern? Die Frage ist offen. War der Lehrer der Gerechtigkeit der Gründer der Sekte?

Wurde er von dem bösen Priester gekreuzigt? Erstand er von den Toten? Und wird er als Messias wiederkommen? Ich möchte Millar Burrows zu diesen Punkten zitieren.

«Der Lehrer kann ... gekreuzigt worden sein. Er kann auch gesteinigt oder sonst auf irgendeine Weise hingerichtet worden sein. Er kann aber auch eines natürlichen Todes gestorben sein. ... Weder der Kommentar zu Habakuk noch sonst ein Text aus Qumran, soweit bisher veröffentlicht, spricht aus oder deutet unzweideutig an, daß der Lehrer hingerichtet worden sei.» Ferner: «Auf jeden Fall gibt es keinen Beleg dafür, daß man geglaubt hätte, er sei schon auferstanden.» Und schließlich ist es Burrows zufolge «ganz ungewiß», ob der Lehrer mit dem Propheten oder Messias am Ende der Tage identifiziert wurde.[93] Aus einem anderen Text der Bewegung, der sogenannten «Damaskusschrift» (1895 entdeckt und zuvor für einen pharisäischen Text gehalten), wissen wir, «daß man noch einen Lehrer der Gerechtigkeit, einen Ausleger des Gesetzes, einen Propheten und zwei Messiasse erwartete.» Aber, so schließt Burrows: «Ob der Lehrer der Gerechtigkeit, der schon erschienen war, mit irgendeiner dieser künftigen Personen in irgendeinen Zusammenhang gesetzt wurde und in welchen, das ist gänzlich ungewiß.»[94]

Sicher ist dagegen, daß wir in den Schriftrollen vom Toten Meer den «Sitz im Leben» (um den Ausdruck von F. M. Cross zu verwenden)[95] der jüdischen Apokalyptik des späten Hellenismus gefunden haben und daß die christliche Mission aus dem allgemeinen Dunstkreis dieser Bewegung hervorging. Um noch einmal Cross zu zitieren: «Wie die Urkirche unterschied sich die Essenergemeinschaft von den Genossenschaften der Pharisäer und anderen Bewegungen im Judentum durch das Bewußtsein, schon ‹die berufene und erwählte Gemeinde der Endzeit› zu sein.»[96] Ein Unterschied ist allerdings festzustellen. Während nämlich der Essener mit seiner Auffassung vom «Ende der Tage», an dem er lebte, dem Messias entgegenwartete, war für den Frühchristen der Messias bereits gekommen. Er stand sozusagen auf einem neuen Grund.[97] Der maßgebende Glaubensinhalt der Gemeinde vom Toten Meer war, daß Jahwe wie schon in alter Zeit die Heerscharen der Heiden auf sein Volk losgelassen hatte zur Bestrafung seiner Sünden; und in diesem Sinne standen die Essener direkt in der Nachfolge der alten

Propheten. Während jedoch Amos, Hosea, Jeremia und die übrigen das hebräische Verhängnis historisch begriffen hatten, war die Ideologie jetzt von zarathustrischem eschatologischen Gedankengut durchschossen. Der älteren Auffassung zufolge wurde das Volk bestraft, aber ein Rest würde überleben, um die Herrschaft des messianischen Hauses David in der Welt wiederaufzurichten. Jetzt besagte die Vorstellung im Gegenteil, daß der bevorstehende Tag das Ende der historischen Zeit selbst sei, das Ende des kosmischen Kampfes der beiden Geister des Lichtes und der Finsternis; ferner, daß in dem Aufruhr jenes Gottestages, der nunmehr mit großen Schritten nahte, der in den künftigen Stand der Vollkommenheit gelangende Rest keiner anderen jüdischen Sekte angehören würde als dieser einen, die sich in ihrem Wüstenkloster am Toten Meer eisern auf ihre hohe Bestimmung vorbereitete.

Die frühchristliche Auffassung war weitgehend genauso. Allerdings, etliche Gelehrte haben das bemerkt, hatten die Christen auf ihrem «neuen Grund» das alttestamentliche Gesetzes- und Ausschließlichkeitsdenken, das in den Schriftrollen immer noch aus jedem Abschnitt spricht, hinter sich gelassen. Der kosmische Entscheidungskrieg der Söhne des Lichtes gegen die Söhne der Finsternis war überstanden, und die alte Ethik des Gerichts konnte daher der Liebe weichen. Wir lesen in der «Gemeinderegel» der Sekte vom Toten Meer, an dem Eintrittswilligen sei es, «Gott zu suchen ...; und alles zu lieben, was er erwählt hat, und alles zu hassen, was er verworfen hat; ... und alle Söhne des Lichtes zu lieben, jeden nach seinem Los in der Ratsversammlung Gottes, aber alle Söhne der Finsternis zu hassen, jeden nach seiner Verschuldung in Gottes Rache.»[98] Dagegen lauteten die Worte, die mit dem tatsächlichen Kommen des Messias zu vernehmen waren:

> Ihr habt gehört, daß gesagt worden ist: «Du sollst deinen Nächsten lieben und deinen Feind hassen.» Ich aber sage euch: Liebt eure Feinde und betet für die, die euch verfolgen, damit ihr Söhne eures Vaters im Himmel werdet; denn er läßt seine Sonne aufgehen über Bösen und Guten, und er läßt regnen über Gerechte und Ungerechte. Wenn ihr nämlich nur die liebt, die euch lieben, welchen Lohn könnt ihr dafür erwarten? Tun das nicht auch die Zöllner? Und wenn

ihr nur eure Brüder grüßt, was tut ihr damit Besonderes? Tun das nicht auch die Heiden?

Ihr sollt also vollkommen sein, wie es auch euer himmlischer Vater ist. (Mt 5,43–48.)

Was, zarathustrisch ausgedrückt, besagen will: Ihr müßt über Gut und Böse, die ineinander geringelten Schlangen, hinausgehen zum Stand des Löwenmenschen. Man vergleiche das oben (S. 37–39) besprochene Geheimnis des Teiresias und im biblischen Kontext den Zustand des Menschen vor dem Sündenfall.

Bis hierhin also hat es den Anschein, als ließe sich die christliche Mythologie in ihren Ursprüngen als Auswuchs alttestamentlichen Denkens unter persischem Einfluß begreifen, dem bis jetzt noch nichts eigens Griechisches anhaftet – höchstenfalls die Betonung der Liebe und (möglicherweise) der Begriff der ganzen Menschheit anstelle des ausdrücklich jüdischen Menschentums. Jedoch zum Thema Messias gibt es noch mehr zu erzählen; und dafür wenden wir unsere Augen nach Rom.

KAPITEL VII

Großrom: ca. 500 v. Chr. – 500 n. Chr.

1
Die Kelten

Caesars Gallische Kriege seit 58 v. Chr., die Europa der Herrschaft Roms öffneten, wie die Kriege des Pompeius die Levante geöffnet hatten, brachen die Macht der Kelten, die jahrhundertelang eine ständige Plage für die Städte des Südens gewesen waren. Auf die Iberische Halbinsel waren sie im fünften Jahrhundert v. Chr. vorgedrungen und hatten sie bis Cadiz hinunter besetzt, und ihre sieben Monate dauernde Belagerung Roms im Jahre 390 v. Chr. war nur einer von zahlreichen Einfällen in Italien gewesen. Im Osten wurde 280 v. Chr. Thessalien überrannt, Griechenland heimgesucht, Delphi geplündert, und im Jahr darauf wurde die (nach einem keltischen Volk benannte) Landschaft Galatien in Kleinasien zu einem Zentrum, von dem aus Kriegstrupps bis nach Syrien ausschwärmten, bis dann im Jahre 232 v. Chr. König Attalos I. von Pergamon die Galater unterwarf. Die berühmte hellenistische Siegesstatue des «Sterbenden Galliers» zeigt einen ihrer stattlichen blonden Krieger mit dem typischen keltischen Torques, einem Halsring aus Gold.

Das älteste Ursprungsgebiet des keltischen Kulturkreises waren die Alpen und der süddeutsche Raum, und die Jahrhunderte seiner Entwicklung gliedern sich in die Phasen der frühen Eisenzeit in Europa: 1. die Hallstattkultur ca. 900–400 v. Chr. und 2. die La-Tène-Kultur ca. 550–15 v. Chr. Die erste Kulturphase zeichnete sich in ihren Anfängen dadurch aus, daß neben den Bronzegeräten allmählich solche aus Eisen eingeführt wurden, hergestellt von einer Klasse wandernder Schmiede, die im späteren Mythengut als gefährliche Zauberer auftauchen – etwa in der deutschen Sage von Wieland dem Schmied. Das Bild des aus dem Stein gezogenen Schwertes in der Artussage läßt den magischen Eindruck ahnen, den ihre Kunst, Eisen aus seinem Erz zu gewinnen, machte. Mircea Eliade hat in einer faszinierenden Untersuchung der Riten und Mythen der Eisenzeit gezeigt, daß ein Leitgedanke dieser Mythologie der Stein als mütterlicher Felsen und das Eisen, die eiserne Waffe als sein Kind war, hervorgeholt von der Geburtshelferkunst der Esse.[1] Man vergleiche damit oben (S. 299) die Geburt des schwerttragenden Heilands Mithra aus einem Stein.

«Schmiede und Schamanen stammen aus dem gleichen Nest», lautet ein jakutisches Sprichwort, das Eliade zitiert.[2] Der angeblich unzerstörbare Körper des Schamanen, der auf Feuer gehen kann, entspricht der Beschaffenheit eines durch Feuereinwirkung hervorgebrachten Metalls. Und die Fähigkeit des Schmiedes an seiner feurigen Esse, dem rohen Gestein der Erde solch unsterblichen «Donnerkeilstoff» abzugewinnen, ist ein Wunder entsprechend dem der geistigen (etwa mithräischen oder buddhistischen) Einweihung, durch die der Einzelne lernt, sich mit seinem eigenen unsterblichen Teil zu identifizieren. In einigen buddhistischen Tempeln Japans kann man das Bildnis eines eisern meditierenden Weisen sehen, der Fudō, «Unbeweglich» (sanskrit Acalanātha, «der unbewegliche Herr»), heißt und mit grimmigem Gesichtsausdruck in einem flackernden Feuer sitzt, ein Schwert von adamantener Härte aufrecht in der rechten Hand wie Mithra, als er dem Stein entsteigt. Und im biblischen Wort vom «Rest», das erstmals in Jesaja 10,21–22 auftauchte, finden wir die Vorstellung angewandt auf die Gestalt des Helden nicht als eines geläuterten Einzelnen, sondern als eines gesäuberten Volkes, eines erprobten und bewährten Consensus, der die Sache Jahwes durch alle Zeit hin trägt.

Wir können also aus den Eisengeräten, die unter den ältesten Hallstattrelikten (um 900 v. Chr.) gefunden wurden, schließen, daß mit ihnen die rituelle Kunst, Schwerter aus Steinen zu ziehen, sei es in der Schmiede der Seele oder in den Feuern der Esse, in Europa Einzug hielt. Hallstatt selbst, der Modellfundort, liegt in Österreich, fünfzig Kilometer südöstlich von Salzburg. Schweine, Schafe, Rinder, Hunde und Pferde waren die domestizierten Tiere. Blockhütten und Knüppeldämme sprechen für die rauhen äußeren Lebensumstände, und die Verzierung von Ton- und Metallwaren, Waffen, Geschirren, Fibeln und dergleichen war nicht minder roh: leblos, starr symmetrisch, geometrisch und steif. Der europäische Bauernkittel und eine spitze Kappe scheinen die normale Tracht gewesen zu sein. Die übliche Bestattungsart war die Verbrennung, obwohl auch Beerdigungen vorkamen. Der älteste Sitz der Kultur war Böhmen und Süddeutschland, aber in ihrem letzten Jahrhundert breitete sie sich bis auf die Iberische Halbinsel und in die Bretagne, nach Skandinavien und auf die Britischen Inseln aus, womit ein Grund gelegt wurde, auf dem die anschließende keltische Blüte der La-Tène-Zeit (ca. 550–15 v. Chr.) emporsproß.

La Tène, der Modellfundort für die glänzende zweite Eisenzeit in Mittel- und Westeuropa, liegt in der Schweiz, etwa acht Kilometer von Neuenburg entfernt. Hier fand man ein zehnspeichiges Wagenrad von einem Meter Durchmesser, mit einem Eisenband beschlagen; zwei Joche für Pferdegespanne; Teile eines Packsattels und kleineren Geschirrzierat in großer Menge; ovale Schilde, Teile eines Langbogens, 270 Lanzenspitzen und 166 Schwerter – etliche davon in Bronzescheiden, die kunstvoll in dem typischen krummlinigen Stil des Hochkeltentums dekoriert sind.

Die Belagerung Roms durch die Kelten und ihr Eindringen in Kleinasien geschahen zu dieser Zeit. Die Flut ergoß sich ostwärts nach Südrußland, aber ihre Hauptstoßrichtung ging nach Westen, wo sie die älteren Orte der Hallstattkultur überschwemmte. Im späten fünften Jahrhundert v. Chr. wurden das Rheinland und elbländisches Gebiet besetzt, und Anfang des vierten Jahrhunderts überquerte man den Kanal: Die «Brythonen» genannten Stämme wanderten in das heutige England ein und die «Goidelen» in Irland, von wo aus sie dann in Schottland, Cornwall und Wales eindrangen. Gallien und Iberien wurden ebenfalls von Volksgruppen des La-Tène-Komplexes besetzt, und bis Caesar im Jahre 52 v. Chr. Vercingetorix und den helvetischen Bund besiegte, blühte im gesamten europäischen Norden und Westen eine vitale gemeinsame Kultur, in der Einflüsse aus Etrurien, Griechenland und den Zentren des Nahen Ostens wirkten, aber die sich in erster Linie durch ihren ureigenen barbarischen Glanz auszeichnete. Im sechsten Buch seines *Gallischen Krieges* schrieb Julius Caesar über sie:

> In ganz Gallien gibt es zwei Klassen von Menschen, die irgendwelche Geltung und Ehre genießen. Denn das niedere Volk nimmt beinahe die Stellung von Sklaven ein. Es darf von sich aus nichts unternehmen und wird auch zu keiner Versammlung hinzugezogen. Da die meisten durch Schulden, durch große Abgaben oder von den Mächtigeren ungerechterweise bedrückt werden, begeben sie sich in den Dienst der Vornehmen, die dann gegen sie dieselben Rechte haben wie Herren gegen Sklaven. Der eine von den beiden Ständen ist der der Druiden, der andere der der Ritter.
>
> Die Druiden versehen den Gottesdienst, besorgen die öffentlichen und privaten Opfer und legen die Religionssatzungen aus. Bei ihnen finden sich in großer Zahl junge Männer zur Unterweisung ein, die ihnen hohe Verehrung entgegenbringen. Denn bei allen öffentlichen und privaten Streitigkeiten urteilen und entscheiden die Druiden. Sie setzen Belohnung und Strafe fest, wenn ein Verbrechen begangen wurde, ein Mord geschah, Erbschafts- oder Grenzstreitigkeiten ausbrechen. Fügt sich ein Privatmann oder ein Volksstamm ihrem Entscheid nicht, so schließen sie die Betroffenen vom Gottesdienst aus. Dies stellt bei ihnen die härteste Strafe dar. Die so Ausgeschlossenen gelten als gottlose Verbrecher, ihnen gehen alle aus dem Wege, ihre Annäherung und ihr Gespräch meidet man, um nicht aus der Berührung mit ihnen Nachteil zu erleiden. Ihnen wird, auch wenn sie ihn nachsuchen, kein Rechtsbescheid erteilt, noch wird ihnen irgendwelche Ehrung erwiesen. An der Spitze aller Druiden steht der, der bei ihnen das höchste Ansehen genießt. Nach seinem Tode tritt an seine Stelle der, der unter den übrigen an Würde hervorragt, oder, wenn mehrere gleiche Bewerber da sind, entscheiden in dem Wettstreit die Stimmen der Druiden, bisweilen gar die Waffen. Sie tagen

zu einer bestimmten Jahreszeit an einer geheiligten Stätte im Lande der Carnuten,[3] das ungefähr in der Mitte ganz Galliens liegt. Hier treffen sich von überall alle, die Streitigkeiten haben, und beugen sich ihrer Entscheidung und ihrem Urteil. Ihre Lehre soll in Britannien aufgekommen und von dort nach Gallien gelangt sein, und auch jetzt noch reist, wer sie genauer erforschen will, meist, um sie zu lernen, dorthin.

Die Druiden ziehen gewöhnlich nicht mit in den Krieg und zahlen auch keine Abgaben wie die anderen, sind vom Waffendienst befreit und genießen Erlaß aller Leistungen. Durch so große Vorrechte verlockt, begeben sich viele freiwillig in ihre Lehre oder werden von ihren Eltern und Verwandten zu ihnen geschickt. Sie sollen dort Verse in großer Zahl auswendig lernen; deswegen bleiben einige zwanzig Jahre in der Lehre. Sie halten es für Sünde, sie schriftlich niederzulegen, während sie fast in allen übrigen Angelegenheiten, in Staats- und Privatgeschäften, die griechische Schrift benützen. Sie scheinen mir aus zwei Gründen dies eingeführt zu haben: Sie wollen nicht, daß die Lehre unter der Menge verbreitet werde, noch daß die Schüler, sich auf das Geschriebene verlassend, das Gedächtnis weniger übten. In der Regel geschieht es bei den meisten, daß sie, gestützt durch das Geschriebene, im Lerneifer und im Gedächtnis nachlassen. Vor allem wollen sie davon überzeugen, daß die Seelen nicht vergehen, sondern nach dem Tode von einem zum anderen wandern. Sie glauben, daß vor allem diese Lehre, wenn die Todesfurcht beseitigt sei, zur Tapferkeit ansporne. Viel disputieren sie außerdem über die Gestirne und ihren Lauf, über die Größe der Welt und der Erde, die Natur der Dinge und über das Walten und die Macht der Götter und teilen das der Jugend mit.

Der zweite Stand ist der der Ritter. Wenn ein Bedürfnis vorliegt oder ein Krieg ausgebrochen ist – dies pflegte vor Caesars Ankunft in der Regel alle Jahre einzutreten, daß sie selbst Feindseligkeiten eröffneten oder welche abwehrten –, stehen diese alle im Felde und haben, wie ein jeder von ihnen durch sein Geschlecht oder seine Mittel einflußreich ist, möglichst viele Gefolgsleute oder Hörige um sich. Darin erkennen sie den einzigen Einfluß und die einzige Macht.

Die Gallier sind sämtlich in hohem Maße religiös. Aus diesem Grunde opfern die, welche von schweren Krankheiten befallen sind und in Kampf und Gefahr schweben, anstelle der Opfertiere Menschen oder geloben deren Opfer und bedienen sich hierbei der Druiden als Opferpriester. Sie sind nämlich der Ansicht, die waltende Macht der Götter könne nicht versöhnt werden, wenn nicht für das Menschenleben wieder ein Menschenleben hingegeben werde. Sie bringen auch von Staats wegen derartige Opfer dar. Andere Stämme haben Gebilde von ungeheurer Größe, deren aus Ruten zusammengeflochtene Glieder sie mit lebenden Menschen füllen; sie werden dann von unten angezündet, und die von der Flamme Eingeschlossenen werden getötet. Die Opferung der bei Diebstahl, Raub oder anderen Verbrechen Ergriffenen ist nach ihrer Ansicht den unsterblichen Göttern angenehmer; aber sooft es an solchen Menschen fehlt, schreiten sie zur Opferung sogar Unschuldiger.

Als Gott verehren sie besonders Mercur.[4] Er hat die meisten Bildnisse, ihn halten sie für den Erfinder aller Künste, ihn für den Führer auf Wegen und Wanderungen, ihm sprechen sie den größten Einfluß auf Gelderwerb und Handel zu. Nach ihm verehren sie Apollo, Mars, Jupiter und Minerva. Von diesen haben sie ungefähr dieselbe Vorstellung wie die anderen Völker: Apollo soll Krankheiten vertreiben, Minerva die Anfangsgründe des Handwerks und der Künste lehren, Jupiter die Herrschaft über die Götter ausüben, Mars Kriege führen. Ihm geloben sie, sooft sie einen Kampf beschlossen haben, meist die Kriegsbeute. Nach dem Sieg opfern sie die erbeuteten Tiere und bringen die übrige Beute an einen Ort. Bei vielen Stämmen kann man an heiligen Stätten aus dieser errichtete Haufen sehen. Es geschieht nur selten, daß jemand unter Mißachtung der Religion Erbeutetes bei sich zu verstecken oder das Geweihte wegzuschaffen wagt. Die furchtbarste, martervollste Hinrichtung ist hierfür festgesetzt.

Alle Gallier rühmen sich, vom Vater Dis abzustammen, und behaupten, das sei ihnen von den Druiden überliefert worden. Deswegen bestimmen sie alle Zeiträume nicht nach der Zahl der Tage, sondern der Nächte [weil Dis der Gott der Unterwelt ist]. Die Geburtstage, den Beginn der Monate und Jahre berechnen sie so, daß der Tag erst auf die Nacht folgt. In den übrigen Lebensgewohnheiten unterscheiden sie sich von den übrigen im allgemeinen dadurch, daß sie ihren Söhnen, außer wenn sie erwachsen sind und das

Kriegshandwerk ausüben können, öffentlich keinen Zutritt zu sich erlauben und es für eine Schande halten, wenn man in der Öffentlichkeit einen Sohn im Kindesalter an der Seite seines Vaters sieht.[5]

Da es aus den Epochen von Hallstatt und La Tène, ja selbst aus der Römerzeit kein keltisches Schrifttum gibt, müssen wir uns erstens auf die Berichte von Caesar, Strabon, Plinius, Diodorus Siculus und einigen wenigen anderen verlassen,[6] sodann auf einige Steindenkmäler aus der Römerzeit und schließlich – als beste Zeugnisse – auf eine Fülle von Hinweisen aus den spätkeltischen Dichtungen Irlands, Schottlands und Wales', denen die Elfenmärchen des neueren Irland und die im Kern keltische Fabelwelt des Artusromans hinzugezählt werden müssen.

Es gibt zum Beispiel einen eigentümlichen Dichterzauber, den Amergin, der bedeutendste Dichter der einwandernden goidelischen Kelten, gesungen haben soll, als ihre Schiffe an der irischen Küste landeten:

Ich bin der Wind, der auf die See atmet.
Ich bin die Woge des Meeres.
Ich bin das Rauschen der Wellen.
Ich bin der Ochse der sieben Schlachten.
Ich bin der Geier auf dem Felsen.
Ich bin ein Strahl der Sonne.
Ich bin die Schönste der Pflanzen.
Ich bin ein wilder Eber an Kühnheit.
Ich bin ein Lachs im Wasser.
Ich bin ein See in der Ebene.
Ich bin ein Wort der Weisheit.
Ich bin die Lanzenspitze in der Schlacht.
Ich bin der Gott, der im Haupte das Feuer schafft.

Wer schleudert Licht in die Versammlung auf dem Berge?
Wer kündet das Alter des Mondes?
Wer macht kund die Stelle, wo die Sonne kauert,
wenn nicht ich?[7]

Viel ist um dieses Gedicht und andere seiner Art geschrieben worden, wobei man Affinitäten des druidischen Denkens zu Hinduismus, Pythagoreismus und der späteren Philosophie des irischen Neuplatonikers Johannes Scotus Eriugena (ca. 815–877 n. Chr.) sehen wollte. Der Text des Zaubers stammt aus dem irischen «Buch der Invasionen» (*Lebor Gabála*), das zwar nur in Handschriften aus dem Spätmittelalter erhalten, dennoch aber eine spätestens auf dem achten Jahrhundert n. Chr. stammende Sammlung alter Stoffe ist, von denen manche durchaus auf die ersten Einwanderungen der Goidelen in Irland zurückgehen könnten.[8] Caesars Bemerkung, die Kelten fürchteten sich nicht vor dem Tod, weil sie an ein Weiterleben glaubten, scheint manchen den Anspruch dieses Gedichtes auf ein hohes Alter zu bestätigen, obgleich andere es für ein spätes Werk aus der großen Zeit der Höfe von Tara und Cashel halten, dem vierten und frühen fünften Jahrhundert n. Chr.[9]

In jedem Falle spricht sich in dem Gedicht und der Weltsicht, die es verkündet, eher ein Glaube an die Allgegenwart des Zauberers aus als eine ausgefeilte mystische Theologie.[10] Ein Fachgelehrter hat den Vergleich zu den «prahlerischen Äußerungen wilder Medizinmänner» gezogen,[11] und ein anderer meint: «was der Dichter für sich in Anspruch nimmt, ist weniger die Erinnerung an frühere Daseinsformen als die Fähigkeit, nach Belieben alle Gestalten anzunehmen; dadurch gelangt er auf eine Ebene mit seinen übermenschlichen Widersachern und damit in den Stand, sie zu überwinden.»[12] Solche Vorstellungen sind grundlegend für das Wirken des Schamanen.[13] Sie können jedoch ohne weiteres zu etwas Höherem fortgebildet werden, so etwa in Indien, wo der Schamane zum Yogi wurde und sein eigenes Selbst als das kosmische Selbst und damit als den Wesenskern aller Dinge erkannte. Man vergleiche zum Beispiel Amergins Lied mit der oben (S. 127) zitierten Strophe aus der *Shvetāshvatara-Upanishad*:

> Schwarz bist als Vogel du, grün mit roten Augen,
> Blitzschwanger als Wolke, Jahreszeiten, Meere,
> Das Anfanglose bist du, das Allverbreitete,
> Aus dem geworden sind die Wesen alle.

Es ist nicht möglich, den Schamanen kategorisch vom Mystiker zu trennen. Außerdem ist es vom Schamanismus der Urvölker zu den höchsten Formen archaischen und orientalischen Denkens, in denen Mikrokosmos und Makrokosmos als eines begriffen und transzendiert werden, kein so großer Schritt wie von diesen zu der Anschauung eines Menschen, für den Gott außen und abgesondert ist. Ja, in der gesamten Geschichte europäischer Mythenbildung ist die Tendenz der späteren mystischen Formen, sich mit den Formen des keltischen und germanischen Mythos zu verbinden und sich auf sie zu stützen, bestimmend für die Entwicklung von vielem gewesen, was in unserer Literatur von höchstem geistigen Adel ist.

Die irischen mythologischen Zyklen berichten von etlichen Einwandererwellen, die vom Kontinent nach Irland kamen und deren letzte das Volk des Dichters Amergin brachte, die sogenannten Söhne des Mil oder Milesier. Jedoch die fleißigen christlichen Mönche, deren Federn wir die Bewahrung dieser Überlieferungen verdanken, waren sehr darum bemüht, ihre Gestalten mit den nicht minder mythischen Figuren der Bibel zu verbinden, und so ist das, was davon letztlich auf uns gekommen ist, eine Art Kamelopard, zusammengesetzt aus zwei Unsinnsstammbäumen, die auch durch noch so großen gelehrten Aufwand bis heute nicht sicher mit irgendeinem Stück wirklicher Menschheitsgeschichte verknüpft werden konnten.

Zum Beispiel waren die ersten Ankömmlinge in Irland Banba und zwei andere Töchter Kains, die mit einer Schar von fünfzig Frauen und drei Männern übers Meer kamen, dort aber an der Pest starben. Als nächstes kamen drei Fischer, die «voll Dreistigkeit sich Banbas, der Insel der schönen Frauen, bemächtigten». Nachdem sie jedoch heimgekehrt waren, um ihre Frauen zu holen, fanden sie in der Sintflut den Tod.[14] Die Enkelin Noahs, eine gewisse Cessair, kam mit ihrem Vater, ihrem Mann, einem dritten Herrn namens Ladru, der «der erste tote Mann auf Erin» war, und abermals fünfzig Jungfrauen; aber sie erlitten Schiffbruch, und alle bis auf Finntain, ihr Mann, der jahrhundertelang lebte, kamen in der Sintflut um.[15]

Banba, muß der Leser wissen, ist der Name einer Göttin, nach der Irland selbst liebevoll genannt wird, und bedeutet «Schwein»;

damit wären wir wieder auf vertrautem Grund: auf der Insel einer nördlichen Kirke. Ein irisches Volkmärchen, das in der *Mythologie der Urvölker* erzählt wird, berichtet von der Tochter des Königs über das Land der Jugend, die auf Erden als Mädchen mit einem Schweinekopf erschien – der sich allerdings wegküssen ließ.[16] Antike Autoren haben von Inseln in den keltischen Trutzwinkeln geschrieben, auf denen Priesterinnen wohnten. Strabon beschreibt eine an der Mündung der Loire, auf der orgiastische Kulte gefeiert wurden und die kein Mann betreten durfte, und eine andere vor Britannien, wo die Opfer denen der Demeter und der Persephone auf Samothrake ähnelten.[17] Der römische Geograph Mela (um 43 n. Chr.) berichtet von neun Jungfrauen auf der winzige Île de Sein vor der Pointe du Raz an der Westküste der Bretagne, die im Besitz wunderbarer Kräfte waren und von denen Seefahrer sich weissagen lassen konnten.[18] Schweine spielten eine herausragende Rolle in den Mythen und Riten von Demeter und Persephone, die selbst als Schweine auftreten konnten.[19] Das Schwein taucht ferner in Totenkulten auf. Bei der Behandlung der keltischen Fraueninseln ist daher von einigen Forschern darauf hingewiesen worden, daß man auf den kleinen Kanalinseln Alderney und Herm wie auch auf Er Lanic im Golf von Morbihan wichtige vorkeltische Begräbnisstätten ausgegraben hat. «Die Gräber», erklärt ein Kenner der Materie, «bringen uns zu vorkeltischen Völkern zurück und geben somit der Ansicht Auftrieb, daß die Inselkulte einem tiefverwurzelten Glauben der einheimischen Bevölkerung Ausdruck verliehen und nicht unbedingt keltischen Ursprungs waren. Ja, wenn wir die Geschichten über diese Frauengemeinschaften ernst nehmen, kommen wir schwerlich daran vorbei, gleichzeitig zuzugeben, daß sie wahrscheinlich neben der druidischen Religion und nicht als deren Teil existierten und daher das religiöse Brauchtum eines vordruidischen Glaubens weitergeführt haben müssen.»[20]

Im Anschluß an die vorsintflutlichen Einwanderungen Banbas, der Fischergruppe und der Enkelin Noahs kam das groteske Geschlecht der Fomore auf die grüne Insel; manche von ihnen hatten keine Füße, manche hatten nur eine Seite, und alle waren Abkömmlinge des biblischen Ham. Sie waren Riesen, wurden aber dennoch von den nächsten Ankömmlingen besiegt, den Leuten des

Partholon aus Iberien, die «nicht klüger waren als die anderen». Bis auf einen starben sie jedoch alle an der Pest – und dieser eine, Túan mac Cairill genannt, der bis in die christliche Zeit überlebte, war es, der dem heiligen Finnian die ganze Geschichte des alten Irland mitteilte.[21]

Als nächstes kamen die Leute des Nemed, ebenfalls Nachkömmlinge Noahs, über die Iberische Halbinsel wie die Partholonier. Sie wurden von den Fomore unterworfen, die sich von der Niederlage erholt hatten und das Land von einem gläsernen Turm aus beherrschten, der auf der Insel Tory vor der Nordwestküste von Donegal stand. Die Nemedier mußten fortan alljährlich am Abend vor Allerheiligen zwei Drittel der Ernte des Jahres und der in dem Jahr geborenen Kinder ausliefern.

Nun kamen die Fir-Bolg. Einige Wissenschaftler haben die Ansicht vertreten, sie könnten die tatsächliche vorkeltische Bevölkerung Irlands und die Fomore ihre Götter gewesen sein. Unter den letzteren gab es einen Kriegsgott namens Nét, seinen gefährlichen Enkel Balor mit dem bösen Blick und einen Gott des Wissens, Elatha. Die Fir-Bolg kamen wie die Erbauer der Megalithen über Iberien aus Griechenland und sollen von einer Königin regiert worden sein, die Tailtiu hieß. Den Chroniken zufolge bezwangen sie die Fomore, aber wurden ihrerseits von den Nächstkommenden besiegt, den strahlenden Tuatha Dé Danann, dem Volk (Tuatha) der Göttin Danu – das seinerseits den letzten in dieser legendären Serie unterlag: dem Volk des Dichters Amergin, den Milesiern, die von manchen für Kelten gehalten werden. Daraufhin zogen sich die geschlagenen Tuatha in Feenhügel zurück, unsichtbar wie Glas, wo sie in ganz Irland bis auf den heutigen Tag wohnen.

Einige der auffallendsten Züge in der buntschillernden Mythologie der Tuatha Dé Danann sollen hier erwähnt werden. Der erste ist die überragende Bedeutung einer Konstellation von Göttinnen, die in vieler Hinsicht den größeren und kleineren Göttinnen Griechenlands entsprechen. Danu (Genitiv Danann), die der ganzen Gruppe den Namen gibt, wird Mutter der Götter genannt und entspricht der Gaia. Sie ist die Erdmutter, die Spenderin der Fruchtbarkeit und Fülle, und könnte eine der Gottheiten gewesen sein, denen Menschenopfer gebracht wurden. Zwei Hügel in Kerry heißen «the Paps of Anu», Anus Brustwarzen, Anu aber ist eine Variante ihres Namens, von der Verbalwurzel *an*, «nähren».

Brigit oder Brig (irisch *brīg*, «Macht», kymrisch *bri*, «Würde, Ehre»), die Schirmherrin der Dichtung und Wissenschaft, vertritt einen anderen Aspekt der Göttin und war die von Caesar genannte keltische Minerva. Der Volkskult der heiligen Brigit, durch den ihre Verehrung in christliche Zeiten hineingetragen wurde, hatte zum Mittelpunkt ein heiliges Feuer in Kildare, dem kein männliches Wesen nahen durfte und das im täglichen Wechsel von neunzehn jungfräulich reinen Nonnen und am zwanzigsten Tag von der Heiligen selbst gehütet wurde. Brigit war außerdem die Kulturbringerin. John A. MacCulloch bemerkt zu ihr: «Sie muß einer Zeit entstammen, in der die Kelten Göttinnen statt Götter verehrten und in der das Wissen – Heilkunde, Bodenbau, Inspiration – Sache der Frauen und nicht der Männer war.»[22]

Die große Vaterfigur dieses Pantheons war der Unterweltsgott, den Caesar mit Dis, Pluto oder Hades gleichsetzte. Sein gallischer Name war Cernunnos, was vielleicht «der Gehörnte» bedeutet, von *cerna*, «Horn»,[23] und in den irischen Heldensagen heißt er Dagda, von *dago devos*, «der gute Gott». Auf den gallischen Monumenten wird er mit Hörnern oder Geweih und einem keltischen Torques um den Hals dargestellt (wie auf dem Altar aus Reims, dessen Bild in der *Mythologie des Ostens*, Abb. 20, wiedergegeben ist) oder mit drei bärtigen Köpfen (wie in einer Statue, die im französischen Condat gefunden wurde); auch kann er auf seinem Arm einen Sack des Überflusses tragen, aus dem ein Körnerstrom quillt.

Auf den Monumenten ist er eine Gestalt von eindrucksvollem Gebaren. In den irischen Heldensagen dagegen ist er eine Art Clown – und damit berühren wir eines der profundesten Wesensmerkmale sämtlicher nordeuropäischer Mythologien, ob keltisch oder germanisch: Selbst ihre größten Götter und Göttinnen treten in Formen auf, in denen das unbefangene Auge keinerlei Bezug zur Religion erkennen kann.

Dagda war der Vater sowohl Banbas als auch Brigits und besaß darüber hinaus einen Kessel, von dem «keine Gästeschar jemals undankbar schied» und dessen Inhalt die Toten aufweckte und dichterische Inspiration schenkte. Ein solcher Kessel deutet jedoch auf die Herkunft von einer Göttin hin, und daß ein Gott zum Vater älterer Göttinnen erklärt wird, verrät ebenfalls, daß hier eine patriarchale Gottheit sich matriarchale Inhalte anverwandelt hat – ganz nach Art der Siege von Zeus, Apollon und Perseus über die bronzezeitlichen Göttinnen und Priesterinnen der Ägäis.

Es wird uns daher nicht überraschen, wenn wir hören, daß Dagda eines Tages die große Kriegsgöttin Mórrígan traf und mit ihr schlief: dieselbe, die in der späteren Dichtung die «fatale» Schwester des Königs Artus werden sollte, Fata Morgana, Morgan la Fée. Er erspähte sie, als sie sich gerade in einem Fluß wusch, einen Fuß auf Echumech im Norden und den anderen auf Loscuinn im Süden gesetzt. Am selben Tage aber hatten die Fomore ihm eine Suppe vorgesetzt und ihn aufgefordert, sie auszutrinken. Sie hatten den ungeheuren Kessel ihres Königs Balor mit dem bösen Blick mit viermal zwanzig Gallonen Milch, viermal zwanzig Gallonen Mehl und Fett gefüllt und hatten noch Ziegen, Schafe und Schweine dazugetan. Dies alles hatten sie zusammengekocht und dann in ein riesiges Loch in der Erde gegossen. Doch Dagda, ein mächtiger Gott, nahm eine große Kelle, in deren Schöpfteil ein Mann und eine Frau hätten liegen können, und er schob sich die volle Kelle solange in den Mund, bis das ganze Loch völlig leer war; danach langte er noch mit der Hand hinab und kratzte alles aus, was zwischen Erde und Geröll übriggeblieben war.

Nun übermannte Dagda der Schlaf, und alle Fomore lachten, denn sein Bauch war wie ein Kessel von der Größe eines Hauses. Doch bald schon erhob er sich und ging seines Weges, so schwer er war. Auch seine Kleidung war gewiß kein erbaulicher Anblick: Er trug einen Umhang bis zu den Ellbogen und einen braunen Mantel, vorne lang, aber hinten kurz; das Schuhwerk an seinen Füßen waren aus Pferdeleder mit der Haarseite außen; und er hatte eine Gabel auf Rädern bei sich, die acht Männer kaum hätten tragen können, so daß die Spur, die er zurückließ, tief genug für den Grenzgraben einer Provinz gewesen wäre. Während er also in diesem Zustand auf dem Heimweg war, begab es sich, daß er auf die Mórrígan, die alte Schlachtenkrähe, bei ihrer großen Waschung traf.[24]

Aber wie wir bereits dem Kopfkissengespräch der Königin Medb und ihres keltischen Gemahls Ailill entnehmen konnten, waren die vorkeltischen Göttinnen in Irland keineswegs ihrer Macht beraubt, wenn sie auch unterworfen waren. In dem grotesken Epos vom Krieg um den braunen Stier von Cuailnge, den Medb durch ihre Schamlosigkeit heraufbeschwor, als sie nach dem Stier schickte und sich selbst mit zur Bezahlung anbot, spürt man noch die Herrschaft weiblicher Mächte selbst über die Schicksale des Krieges – in scharfem Gegensatz zum Geist des griechischen Epos, in dem zwar Aphrodite und Helena die wahren und tieferen Schicksalsgöttinnen waren, aber dennoch die Götter und Helden das Geschehen größtenteils an sich gerissen hatten.

Cúchulinn zum Beispiel, der irische Achilleus dieser eigenartigen keltischen Ilias, wurde eines Nachts von einem schrecklichen Geschrei aus dem Norden so plötzlich aufgeweckt, daß er aus dem Bett fiel und wie ein Sack auf den Boden schlug. Er eilte ohne Waffen aus dem östlichen Teil des Hauses, bis er auf dem freien Feld war, und seine Frau Emer trug ihm seine Waffen und sein Gewand nach. Er lief dem Laut hinterher über die große Ebene, und bald hörte er das Poltern eines Wagens von der Seite des lehmigen Distrikts Culgaire her und sah vor sich einen Wagen, vor den ein rotes Pferd gespannt war:

> Das Pferd hatte nur ein Bein, und die Deichsel des Wagens ging durch den Leib des Pferdes und war vor der Stirn mit einem Pflock befestigt. Auf dem Wagen saß eine rote Frau mit roten Augenbrauen, die einen roten Mantel und ein rotes Kleid anhatte. Ihr Mantel hing hinten zwischen den zwei Rädern des Wagens herab, so daß er auf dem Boden schleifte. Neben dem Wagen ging ein großer Mann, auch er mit einem roten Mantel um und einen Gabelstock aus Haselholz geschultert, und er trieb eine Kuh vor sich her.
>
> «Der Kuh», sagte Cúchulinn zu dem Mann, «gefällt es gar nicht, daß ihr sie forttreibt.» Darauf erwiderte die Frau: «Sie geht dich nichts an, es ist nicht die Kuh eines Freundes oder Genossen von dir.» Cúchulinn wandte sich ihr zu. «Alle Kühe von Ulster gehen mich etwas an», sagte er. «Du willst also über die Kuh entscheiden?» entgegnete die Frau. «Da mutest du dir zuviel zu, o Cúchulinn!» Er fragte: «Warum ist es die Frau, die mich anredet, warum nicht der

Mann?» «Du hast dich ja nicht an den Mann gewandt», sagte die Frau. «Doch, das habe ich», versetzte Cúchulinn, «aber du hast an seiner Stelle geantwortet.» «Er ist Uar-gaeth-sceo Luachair-sceo», sagte die Frau. «Ach du Schreck, die Länge des Namens ist erstaunlich», sagte Cúchulinn. «Meinethalben also rede du mich an, denn der Mann sagt ja nichts. Wie ist denn dein Name?» «Die Frau, die du anredest», sagte der Mann, «ist Faebor beg-beoil cuimdiuir folt scenb gairit sceo uath.»

«Einen Narren macht ihr aus mir», sagte Cúchulinn und sprang auf den Wagen. Er setzte seine zwei Füße auf die Schultern der Frau und seinen Speer auf ihren Scheitel. Sie warnte: «Laß nicht spitze Waffen auf mir spielen!» «Dann nenne mir deinen wahren Namen», sagte Cúchulinn. «Geh denn weg von mir», sagte sie. «Ich bin ein Spruchweib, und er ist Dáire mac Fiachna aus Cuailnge. Diese Kuh habe ich als Lohn für ein Gedicht erhalten.» «Wir wollen dein Gedicht hören», sagte Cúchulinn. «Geh nur weg von mir», wiederholte die Frau. «Hör auf, so über meinem Kopf herumzufuchteln!»

Cúchulinn stieg ab und stellte sich zwischen die zwei Wagenräder, und sie sang ihm ein Schmähgedicht. Darauf wollte Cúchulinn abermals auf ihren Wagen springen, aber auf einmal waren das Pferd, die Frau, der Wagen, der Mann und die Kuh verschwunden. Da sah er, daß sie ein schwarzer Vogel geworden war, der auf einem Zweig in der Nähe saß.

«Ein gefährliches zauberisches (*doltach*) Weib bist du!» sagte Cúchulinn. «Dolluid (Zauber, Schaden) wird man diesen Ort künftig nennen», antwortete die Frau. Und wirklich hieß er darauf Grellach Dolluid.

«Wenn ich nur gewußt hätte, daß du es bist», sagte Cúchulinn, «würden wir uns nicht so trennen.» «Was du auch getan hättest», sagte sie, «es hätte dir Unheil gebracht.»

«Du kannst mir nichts anhaben», sagte Cúchulinn. «Gewiß kann ich das», sagte die Frau. «Dein Tod liegt jetzt und fortan in meiner Hand.» Und dann ließ ihn die alte Schlachtenkrähe wissen, was sie ihm zugedacht hatte. «Ich habe diese Kuh aus dem Síd (Feenhügel) von Cruachan gebracht, um sie vom Stier des Dáire mac Fiachna bespringen zu lassen, dem braunen Stier von Cuailnge. Du wirst nur noch so lange am Leben bleiben, bis das Kalb, das sich im Leib dieser Kuh befindet, ein Jährling ist, und dieses Kalb wird der Anlaß zur Táin bó Cuailnge [siehe oben S. 50ff.] sein.»

«Nur noch berühmter wird jene Táin mich machen», sagte Cúchulinn.

«Ich werde ihre Krieger töten,
ich werde ihre großen Schlachten brechen,
ich werde die Táin überleben!»

«Das wird dir nicht gelingen», sagte die Frau. «Denn wenn du mit einem ebenso starken, ebenso siegreichen, ebenso gewandten, ebenso schrecklichen, ebenso unermüdlichen, ebenso edlen, ebenso tapferen, ebenso großen Mann wie du kämpfen wirst, werde ich ein Aal sein, und ich werde in der Furt um deine Füße Schlingen ziehen, daß es ein großer Nachteil für dich sein wird.»

«Ich schwöre bei den Göttern, bei denen die Ulter schwören», sagte Cúchulinn, «ich werde dich gegen die grünen Steine der Furt quetschen, und dir wird nimmer Heilung von mir werden, wenn du mich nicht läßt!»

«Ich werde dir auch eine graue Wölfin werden», sagte sie, «und ich werde dein Fleisch von deiner rechten Hand bis zu deinem linken Arm reißen.»

«Ich werde dich mit meinem Speer treffen», sagte er, «und dir das linke oder rechte Auge auswerfen, und dir wird nimmer Heilung von mir werden, wenn du mich nicht läßt.»

«Ich werde dann eine weiße, rotohrige Kuh werden», sagte sie, «und ich werde in den Teich in der Nähe der Furt gehen, in der du mit einem Mann kämpfst, der ebenso gewandt in Kunststücken ist wie du, und hundert weiße, rotohrige Kühe hinter mir her, und ich und alle hinter mir her werden in die Furt einbrechen, und es wird ‹die Wahrheit der Männer› an dem Tag gegen dich entschieden und dir dein Kopf abgehauen werden.»

«Ich werde einen Wurf aus meiner Schleuder auf dich tun», sagte er, «und dir das rechte oder linke Bein damit brechen, und keine Hilfe wird dir von mir werden, wenn du mich nicht läßt.»

Darauf verzog sich die Mórrígan in den Feenhügel von Cruachan in Connacht, und Cúchulinn kehrte nach Hause zurück.[25]

Abbildung 27. Esus

Die Göttin Mórrígan als ein Schicksalsgesicht aus den Feenburgen der Tuatha Dé Danann wird auch Badb genannt, die Krähe oder der Kranich der Schlacht, und wie die anderen Göttinnen der keltischen, germanischen, griechischen und römischen Welten erscheint sie im allgemeinen als Dreiheit. Die Abbildungen 27 und 28 stammen von zwei Seiten eines keltischen Altars, der unter Notre-Dame in Paris gefunden wurde und jetzt im Cluny-Museum aufbewahrt wird. Auf der ersten fällt eine Gestalt in Jägertracht einen Baum, und darüber steht sein Name, *Esus*. Auf der anderen sieht man einen Stier unter einer Fortsetzung des Baumes, der geradezu aus seinem Körper zu wachsen scheint, und auf seinem Rücken stehen drei Kraniche. Darüber lesen wir die Worte *Tarvos Trigaranos*, «der Stier mit den drei Kranichen».

Der bedeutende Keltologe der Jahrhundertwende H. d'Arbois de Jubainville brachte den Stier auf diesem gallischen Altar mit

Abbildung 28. Der Stier mit den drei Kranichen

dem braunen Stier des irischen Epos, Esus mit Cúchulinn, die drei Kraniche mit der Göttin Mórrígan und die dargestellte Episode mit der eben besprochenen Geschichte zusammen.[26] J. A. MacCulloch meint, das Kalb des braunen Stieres, dessen Heranwachsen das Maß für die Lebenszeit des Helden geben sollte, sei Cúchulinns tierischer Doppelgänger; und da der gallische Esus anscheinend ein Vegetationsgott war, dem Menschenopfer an Bäumen aufgehängt wurden, könne der Mythos mit einem Stieropfer zur Mehrung des Pflanzenwuchses zusammenhängen.[27] Analogien zur Mithramythologie deuten sich an: der getötete Stier, aus dessen Fleisch Pflanzen sprießen, und die Opferung als ein Akt, den der menschliche Doppelgänger des Stieres vollzieht (siehe oben Abb. 23). In der gallisch-römischen Zeit, in die diese Altarbilder gehören, können solche Analogien zwischen den Kulturen unmöglich übersehen worden sein. Wir müssen also jetzt erkennen, daß in den aberwitzigen Heldentaten dieses Epos des Nordens die Göttin des Feenhügels, die abwechselnd als Erdmutter, Kulturbringerin, Muse und Schicksals- wie Kriegsgöttin auftritt, in menschlicher oder in tierischer Gestalt, letzten Endes gleichbedeutend mit den großen Göttinnen des Nahen Ostens ist, ebenso wie in den mythischen Taten der keltischen Kriegerhelden mit Cúchulinn an der Spitze Motive enthalten sind, die von dem alten bronzezeitlichen schlangengestalten Sohn und Gemahl der Großen Mutter herkommen, Dumuzi-Tammuz.

2
Etrurien

In der schönen Landschaft der Toskana westlich der Apenninen, zwischen den Kelten im Norden und der aufstrebenden Macht Rom, lagen die zwölf autonomen Städte des alten etruskischen Bundes symbolträchtig um den heiligen Bolsenasee herum. Die Ursprünge ihrer Kultur liegen in der Villanovazeit (ca. 1100–700 v. Chr.), die sich mit der Hallstattzeit im Norden (siehe oben S. 334f.) überschneidet und im Süden ungefähr für die gleiche Entwicklungsstufe steht. Eine große Zahl von eigentümlichen Bestattungsurnen, die dicht beieinander in großen Feldern beigesetzt waren, deuten nicht nur auf eine anhaltende Sorge für die Toten hin, sondern auch auf eine bestimmte Vorstellung von der läuternden und verwandelnden Kraft des Feuers im Hinblick auf den zukünftigen Seelenzustand. Otto-Wilhelm von Vacano hat die Symbolik dieser Urnen gedeutet.

«Entscheidende Bedeutung», schreibt er, «maßen die Bestattenden offensichtlich der Vollständigkeit des Gebeins bei, das man aus dem verglühten Scheiterhaufen sammelte, dessen Reste, um nur ja auch den geringsten Knochenteil noch zu erfassen, mit in den Urnenschacht gefüllt wurden.» Viele der Urnen waren menschgestaltig und wurden sogar auf Tonthrone gestellt; andere hatten die Form von Hütten.

Weiter erklärt von Vacano:

Hinter alledem steht der Glaube an eine Verwandlung der Toten im Grab zu Wesen neuer, gesteigerter Macht, die Vorstellung, daß sie zunächst hilflos seien wie Neugeborene und angewiesen auf die Sorge der Hinterbliebenen in jenem Zwischenzustand, da sie tief im Schoß der Erde einem neuen Leben gleichsam entgegenkeimen. ...

Dies sind Auffassungen, wie sie damals in großen Wellen über Europa hin und auch in Asien wirksam geworden sind. Im Kaukasus vielleicht oder im Iran mag der Herd ihrer Entstehung liegen. ... Die Urne ist im Bereich dieser früheisenzeitlichen Kulturen eine Art hermetisches Gefäß, in dem sich ein geheimnisvoller Verwandlungs- und Schöpfungsprozeß abspielt.

Sehr schön bestätigt er dann unsere eigenen Beobachtungen zur keltischen Eisenzeit, wenn er ausführt:

Das Besondere dabei ist vor allem der Glaube an eine läuternde und verwandelnde Kraft des Feuers. In zahllosen Schmiedemärchen und -legenden, in den Sagen vom «junggeglühten Männlein», dem über der Glut siedenden Erneuerungskessel, dem Medea-Pelias-Mythos haben solche Vorstellungen ihren Niederschlag gefunden. Andererseits gehört zu den Initiationsriten der Schamanen die Erfahrung jenes Traumprozesses, in dem der Adept von einem Ahnengeist geschunden und zerstückelt und seine Knochen von allem Blut und Fleisch befreit werden. Nur das Skelett bleibt erhalten, das dann mit neuem Fleisch und Blut umkleidet und so in ein Wesen verwandelt wird, das Herr ist über Zeit und Raum, obgleich es Körper hat.[28]

Der Bund der etruskischen Städte hatte seine große Zeit von etwa 700 bis zum Jahr 88 v. Chr., das sie selbst als ein Endjahr begriffen. Wiederholt vom Norden her von den barbarischen La-Tène-Kelten geplündert und vom Süden her nach und nach von der wachsenden Macht und Realpolitik Roms aufgerieben, blieben sie in ihrer Zeit die Enklave eines provinziellen, kolonisierten Konservatismus, indem sie das Stil- und Heiligkeitsempfinden eines rasch untergehenden Zeitalters bewahrten. Von Vacano hat darauf hingewiesen, daß die Zwölf, zu der sich die Städte ihres Bundes zu-

Abbildung 29. Das Einschlagen des Jahresnagels

sammengefunden hatten, eine heilige, symbolische Zahl war, die von religiösen, nicht von praktischen Erwägungen bestimmt war. «Wie Sternbilder um den Polarstern scharen sich diese geheiligten Stätten um jenen noch nicht wieder aufgefundenen Hain des Gottes Voltumna im Gebiet von Bolsena, das die Römer Volsinii, die Etrusker selbst Velzna nannten.»[29]

Voltumna, der Gott dieses Haines, war androgyn – jenseits der Gegensatzpaare. Alljährlich wurde auf einem Fest, das man mit den üblichen antiken Wettkämpfen und akrobatischen und musischen Vorführungen in dem Hain feierte, zum Zeichen der Unabwendbarkeit des Schicksals der Jahresnagel in die Wand des Tempels der Göttin Nortia (Fortuna) eingeschlagen.[30] Abbildung 29 stammt von der Rückseite eines etruskischen Spiegels von etwa 320 v. Chr. Die geflügelte Göttin in der Mitte hält in der rechten Hand einen Hammer und in der linken den Jahresnagel. Ihr darüber eingeritzter Name ist Athrpa, was an die griechische Atropos anklingt. Uns fällt dabei der Eberkopf an der Hand mit dem Nagel auf, ebenso die Position des Hammers genau an den Genitalien des jungen Mannes zur Rechten der Göttin. Er ist Adonis (etruskisch Atune), der vom Eber aufgespießt, getötet und entmannt wurde. Die Frau an seiner Seite ist Aphrodite, seine Geliebte. Und das anmutige Paar gegenüber ist den Beischriften nach Atalante und Meleager, dem ebenfalls ein Eber zum Schicksal wurde.

Die alte Geschichte erzählt, daß bei der Geburt des Meleager seiner Mutter die Parzen erschienen; Klotho, die erste, prophezeite, er werde ein edelmütiger Mensch, Lachesis, die zweite, er werde ein Held sein, und Atropos, die dritte, sprach, er werde so lange leben, bis das Holzscheit im Herdfeuer völlig verbrannt sei. Da sprang seine Mutter Althaia von ihrem Lager auf, raffte das Scheit aus dem Feuer und verbarg es in einer Truhe. Meleager wuchs heran und wandte seinen ganzen Sinn auf die Jagd. Doch Artemis, die Göttin der wilden Tiere, die einst von seinem Vater Oineus, dem König von Kalydon, erzürnt worden war, als dieser sie bei einem großen Opfermahl nicht bewirtet hatte, ließ einen Eber los, der so gewaltig war, daß niemand ihn erlegen konnte. Mit den Worten des römischen Dichters Ovid:

> Blutunterlaufen sprühn die Augen Feuer, der Nacken
> starrt, es stehn wie ein Wall, wie ragende Spieße die Borsten.
> Heiß aus dem keuchenden Maul überströmt den mächtigen Bug ihm
> Geifer, es drohen gleich Elephantenzähnen die Hauer.
> Blitz aus dem Rachen ihm flammt, es brennt das Laub von dem
> Anhauch.[31]

In seiner Not lud der König Oineus die Helden aus sämtlichen Gegenden Griechenlands zum Wettstreit um die Erlegung dieses Ebers ein, und alle großen Namen kamen: Kastor und Pollux, Idas und Lynkeus, Theseus, Admetos, Iason, Peleus und viele andere. Aber mehr als alle anderen erregte die schöne Jungfrau Atalante Aufsehen, deren vielfältige reiche Begabung schon früher zur Geltung gekommen war, als sie zwei Kentauren, die sie eines Tages rauben wollten, erschossen und als sie bei den Leichenspielen für einen

Fürsten den Peleus, den Vater des Achilleus, im Ringkampf geworfen hatte.

Viele wurden im Laufe dieser berühmten Jagd von dem Eber getötet. Die erste, die das Tier mit dem Speer traf, war Atalante; Meleager gab ihm den Todesstoß. Aber der Jüngling war bereits von der Schönheit der herrlichen Jägerin (die in allen diesen Männerkämpfen nackt antrat wie ihre männlichen Konkurrenten) schwerer getroffen worden als der Eber von ihrem Speer; und als das Tier endlich tot war, gab er ihr das Fell.

Dagegen erhoben seine Onkel, die Brüder seiner Mutter, heftig Einspruch. Sie wollten, daß die Trophäe innerhalb der matriarchalen Familie bliebe, und ein Zank von fast irischen Ausmaßen entbrannte, in dessen Verlauf die Onkel dem Mädchen die Trophäe entrissen und daraufhin von Meleager getötet wurden. Nun holte seine Mutter voll Wut über die Ermordung ihrer Blutsverwandten (aber vielleicht auch erbost über die Dreistigkeit der wilden Range, die das alles angezettelt hatte) das angekohlte Holzscheit aus dem Versteck und warf es ins Herdfeuer. Da starb ihr Sohn noch beim Zerlegen des Ebers.[32]

Wieder einmal steht das Schwein im Brennpunkt der Symbolik von Tod, Schicksal, Unterwelt und Unsterblichkeit! Von den auf dem Spiegel dargestellten Personen war der von einem Eber getötete Adonis ein Gott und Meleager ein Prinz. Das will sagen, Götter sowohl als Menschen werden von der Macht der Göttin, symbolisiert vom Eber, gelenkt.

Es ist erstaunlich, aber mittlerweile unbestreitbar, daß der Symbolbestand auf der ganzen Welt in solchem Maße konstant ist, daß man in ihm eine einzige Bilderschrift erkennen muß, durch die Ahnungen eines im Leben erfahrenen Tremendum Ausdruck erhalten. Augenfällig ist auch, daß diese Symbole – oder wie wir so oft sagen, «Götter» – nicht nur in höheren Kulturen, sondern auch bei vielen Priestern und Visionären einfacher Kulturen nicht für Mächte an sich gehalten werden, sondern für Zeichen, durch welche die Mächte des Lebens und ihre Offenbarungen erkannt und freigesetzt werden: Mächte der Seele wie auch der lebendigen Welt. Ferner können die Zeichen wie im Falle dieser etruskischen Komposition zu ganz neuen dichterischen Aussagen über die großen letzten

Dinge zusammengestellt werden, und von so einem Bildgedicht aus zittern neue Ahnungswellen durch das gesamte Spektrum des weltweiten Mythenerbes. Daraus wird ersichtlich, daß vielleicht vom Anbruch der menschlichen Kultur an ein polymorphes Gespräch zwischen den verschiedenen Kulturen im Gange ist, das Einsichten eröffnet in den Bedeutungsgehalt sowohl der Symbole selbst als auch der Lebens- und Geistesgeheimnisse, auf die sie das Denken einstimmen.

Die *Disciplina Etrusca* führte den Geist der alten bronzezeitlichen Kosmologie mit ihren ewig umlaufenden, nicht umkehrbaren Zyklen bis in eine späte Zeit fort, und auch das Bild des Raumes war den orthodoxen Überlieferungen entnommen: vier Richtungen und die Punkte dazwischen, jeweils unter der Ägide einer Gottheit, dazu als neunte und höchste Tinia, der Gott des Himmels, den die Römer mit Jupiter gleichsetzten. Die Könige der einzelnen Städte, die jeweils die Verkörperung Tinias waren, trugen jeder einen mit Sternen bestickten Mantel, der den Himmel symbolisierte. Jeder färbte sein Gesicht rot, trug ein Szepter mit einem Adler obendrauf und fuhr in einem von weißen Rossen gezogenen Wagen. Mit jedem Mondviertel zeigte der König sich feierlich seinem Volk und opferte, um den Willen des Schicksals in Erfahrung zu bringen; auf dem Schlachtfeld ritt er vor seinen Männern einher. Wie bei den Kelten könnte der König nach Ablauf einer Frist von acht oder zwölf Jahren geopfert worden sein. Die Größe der Tumuli dieser Könige und der Reichtum der Grabbeigaben bezeugen einen königlichen Todeskult, während der von Frazer in *Der goldene Zweig* analysierte Brauch im Hain von Nemi es fast als gesichert erscheinen läßt, daß dieser Kult den alten Ritus des Königsmordes bis in die Spätzeit bewahrte.

Nach der Einnahme der Stadt Veji durch Rom im Jahre 396 v. Chr. war das Schicksal Etruriens besiegelt. Doch obwohl die militärische Macht und die weltlichen Gesetze des aufkommenden Imperiums die Oberhand gewannen und die Bewohner Etruriens im Jahre 88 v. Chr. das römische Bürgerrecht erhielten, blieb die Autorität in Priesterdingen dennoch bei den alten etruskischen Meistern. Noch 408 n. Chr. boten etruskische Blitzbeschwörer den von Alarich und seinen Goten bedrängten Römern ihren Rat und ihre Hilfe an, und es gibt sogar einen Bericht, wonach Papst Innozenz I., der zu der Zeit Bischof der Stadt war, ihnen die öffentliche Vorführung ihrer Kunst der Blitzbeschwörung gestattete.[33]

«Das ist es», schrieb der römische Stoiker Seneca, «was uns (die Römer) von den Tuskern, den Meistern in der Beobachtung der Blitze, unterscheidet: Wir meinen, daß die Blitze dadurch entstehen, daß Wolken aufeinanderstoßen; sie dagegen haben die Auffassung, daß die Wolken eigens deswegen zusammengestoßen werden, damit es blitzt. Denn da sie alles auf Gott beziehen, haben sie die Vorstellung, daß die Blitze nicht durch ihr Auftreten als solches bedeutungsvoll sind, sondern daß sie überhaupt nur deshalb entstehen, weil sie göttliche Zeichen geben sollen.»[34]

Und damit tun wir den Schritt vom Altertum in die neue Welt.

3
Das Augusteische Zeitalter

Plutarch berichtet von Romulus und Remus, daß sie die Zwillingssöhne einer Jungfrau aus dem Königsgeschlecht des Aeneas waren. Sie war von ihrem Vater Amulius, dem Bruder des Königs Numitor von Alba, gezwungen worden, eine Vestalin zu werden. Kurz nachdem sie das Gelübde abgelegt hatte, fand man, daß sie schwanger war, und sie wäre lebendig begraben worden, wenn nicht ihre Base, die Tochter des Königs, um ihr Leben gebeten hätte. Eingesperrt brachte sie zwei Knaben von außerordentlicher Größe und Schönheit zur Welt, die Amulius voll Furcht einem Diener mit dem Befehl übergab, sie zu beseitigen. Der Mann aber setzte sie in einen kleinen Trog, den er zum Fluß brachte und am Ufer stehenließ, und als der Fluß anstieg, trug er das kleine Boot an eine sanft abfallende Stelle, in deren Nähe ein wilder Feigenbaum wuchs. Eine Wölfin kam und säugte die Knaben, ein Specht brachte ihnen Speise. Beide Tiere gelten dem Mars als heilig, und so schenkten sie auch – erzählt Plutarch – der Mutter Glauben, die den Gott Mars als ihren Vater angab. Andere dagegen erklären, der Vater sei ihr eigener Vater Amulius gewesen, der in voller Rüstung als der Gott bei ihr erschienen sei.

Nach einer Zeit, in der sie von den Tieren versorgt wurden, entdeckte der Schweinehirt des Amulius die Zwillinge und zog sie heimlich auf oder, wie andere sagen, mit Wissen und Beistand des Königs: denn es heißt, sie gingen zur Schule und bekamen guten Unterricht in Lesen und Schreiben. Sie erhielten die Namen Romulus und Remus von dem Wort *ruma*, «Euter» – der Wölfin. Als sie heranwuchsen, zeigten sie sich tapfer. Zu ihresgleichen und Geringeren waren sie freundlich, aber die Aufseher des Königs verachteten sie; auch taten sie sich im Lernen ebenso hervor wie im Laufen, Jagen, der Abwehr von Dieben und der Befreiung von Unterdrückten.

Als einmal ein Streit zwischen den Kuhhirten des Königs und denen seines Bruders ausbrach, fiel Remus im Verlauf der Auseinandersetzung erst in die Hände des Bruders und dann in die des Königs. Romulus griff die Stadt an, befreite seinen Zwillingsbruder und tötete den Tyrannen und dessen Bruder. Dann nahmen die Zwillinge von ihrer wiedergefundenen Mutter Abschied und zogen davon, um in der Gegend, wo sie ihre Kindheit verbracht hatten, ihre eigene Stadt zu gründen. Ein Streit entstand darüber, wo diese Stadt stehen sollte, und sie kamen überein, ihn durch Vogelschau beizulegen. Doch als Remus sechs Geier sah, Romulus aber von zwölfen sprach, wurden sie handgemein, und Remus kam ums Leben.

Plutarch schreibt, als Romulus zur Gründung Roms schritt, ließ er Männer aus Etrurien kommen, daß sie die Zeremonien nach der Disciplina Etrusca leiteten. Weiter führt er aus:

> Es wurde nämlich auf dem jetzigen Comitium eine runde Grube ausgehoben und Erstlinge von allem, was man der Sitte nach als gut oder der Natur nach als notwendig in Gebrauch hatte, da hineingelegt. Zuletzt brachte jeder eine Handvoll Erde aus dem Lande, woher er gekommen war, und warf sie darauf, und dann rührte man alles durcheinander. Diese Grube benennen sie mit demselben Worte wie das Weltall: mundus. Hierauf beschrieb man um sie wie um das Zentrum eines Kreises die Stadtgrenze. Der Gründer befestigt an einem Pflug eine eherne Pflugschar, spannt einen Ochsen und eine Kuh davor und zieht selbst, rings an der Stadtgrenze ent-

> langgehend, eine tiefe Furche, und Aufgabe der Hinterhergehenden ist es, die Schollen, die der Pflug aufwirft, nach innen zu werfen und darauf zu achten, daß keine draußen liegen bleibt. Durch diese Linie bestimmen sie den Verlauf der Mauer... Wo man ein Tor einzulegen beabsichtigt, zieht man die Pflugschar heraus, hebt den Pflug hinüber und schafft so einen Zwischenraum. Daher gilt die ganze Mauer als geweiht außer den Toren; hielte man auch sie für geweiht, so wäre es ja ein religiöser Verstoß, Dinge, die notwendig, aber nicht rein sind, hereinzuholen oder hinauszubefördern.[35]

Frauen für seine Stadt beschaffte Romulus durch seinen berühmten Raub der Sabinerinnen, durch den die Sabiner erst Verwandte und dann Bürger Roms wurden. Weitere Kriege vergrößerten den Herrschaftsbereich. Schließlich starb Romulus – oder vielmehr, er verschwand, und zwar auf eine für all diejenigen interessante Art, die gern über das mythologische Klima des römischen Reiches im Jahrhundert der Geburt und des Todes, der Auferstehung und des Verschwindens Christi nachdenken möchten.

Denn die Lebensspanne unseres Biographen Plutarch (ca. 46–120 n. Chr.) umfaßt sowohl die Jahre der Mission des Paulus (gest. ca. 67 n. Chr.) als auch die der Abfassung der Evangelien (ca. 75–120 n. Chr.); während der Kontrast zwischen der «modernen» Einstellung des Römers zu Wundern und der «religiösen» der levantinischen Heiligen sowohl für unsere Thematik hier als auch für jedes allgemeine Verständnis der Schizophrenie Wissenschaft/Religion in der modernen abendländischen «Kirche» von Bewandtnis ist. Ich möchte daher meinen Autor Wort für Wort zitieren.

Plutarch hat eben von der römischen Eroberung Etruriens und dem Fall Vejis, seiner bedeutendsten Stadt, berichtet. Nun fährt er fort:

> Wenn er [Romulus] aber das eroberte Land ganz nach eigenem Gutdünken unter die Soldaten verteilte und den Vejentern die Geiseln zurückgab, ohne sie [die Patrizier] befragt und ihre Zustimmung erhalten zu haben, so bedeutete das geradezu eine Beschimpfung des Senats. Daher regten sich Verdacht und Verleumdung gegen ihn, als Romulus nach kurzer Zeit unerwartet verschwand. Und zwar

verschwand er an den Nonen des Juli, wie er jetzt, des Quintilis, wie er damals hieß (7. Juli), und es ist nichts Sicheres und Unbestrittenes über seinen Tod je zu erfahren gewesen als eben die angegebene Zeit. Denn noch jetzt werden an diesem Tage viele Gebräuche geübt, die an das damalige Geschehen erinnern. Doch darf man sich über diese Ungewißheit nicht wundern, da doch noch, als Scipio Africanus nach dem Abendessen in seinem Hause starb, nichts Sicheres und Bestimmtes über seine Todesart bekannt wurde, sondern die einen sagen, er sei eines natürlichen Todes gestorben, da er von jeher leidend war, andere, er habe sich selbst vergiftet, wieder andere, seine Feinde seien nachts beim ihm eingedrungen und hätten ihn erdrosselt. Dabei lag Scipios Leichnam offen zur Schau, für alle zu sehen, und der Anblick des Körpers erweckte bei allen den Verdacht, daß etwas Gewaltsames geschehen sei. Von Romulus aber, als er plötzlich verschwunden war, ist weder ein Teil seines Körpers noch ein Rest seiner Kleider je gesehen worden, sondern die einen vermuteten, die Senatoren hätten ihn im Tempel des Vulcanus überfallen und getötet, den Körper dann zerteilt, und jeder habe ein Stück im Bausch der Toga versteckt weggetragen. Andere meinen, weder im Tempel des Vulcanus noch allein in Anwesenheit der Senatoren sei das Verschwinden erfolgt, sondern draußen beim sogenannten Ziegensumpf habe Romulus gerade eine Versammlung gehalten, als wunderbare, unbeschreibliche, unglaubliche Dinge und Wandlungen am Himmel vor sich gingen: das Licht der Sonne erlosch, und Nacht brach herein, doch keine sanfte und ruhige, sondern furchtbarer Donner krachte, und Hagelstürme brausten von allen Seiten herein. Die große Masse lief flüchtend auseinander, und die Vornehmen drängten sich zusammen. Als das Unwetter zu Ende war und die Sonne herauskam, sammelte die Menge sich wieder am selben Platz, und es begann ein Suchen nach dem König und ein allgemeines Verlangen, aber da gestatteten die Vornehmen nicht, daß man prüfte und forschte, sondern sie hießen alle den Romulus verehren und anbeten: er sei zu den Göttern entrückt und werde nun aus einem guten König ein gnädiger Gott für sie werden. Die meisten glaubten das, gingen fröhlich davon und beteten mit frohen Hoffnungen zu Romulus. Es gab aber auch einige, die scharfe und feindselige Kritik übten und die Patrizier durch die Beschuldigung beunruhigten, sie wollten dem Volke alberne Märchen aufbinden, nachdem sie selbst den König umgebracht hätten.

Da kam ein Mann von vornehmstem Stande und von bewährter Rechtschaffenheit, ein zuverlässiger und vertrauter Freund des Romulus selbst, einer der aus Alba Zugezogenen, Julius Proculus, auf das Forum, legte einen Eid auf die höchsten Heiligtümer ab und erklärte vor allem Volk, ihm sei, als er seines Weges ging, von der Gegenseite herantretend Romulus erschienen, schön und groß anzusehen wie niemals zuvor und mit feurig glänzenden Waffen geschmückt. Erschrocken über diesen Anblick habe er gerufen: «O König, was haben wir dir getan oder was hast du im Sinn, daß du uns in ungerechtem und bösem Verdacht und die ganze Stadt verwaist in unendlicher Trauer zurückgelassen hast?» Darauf habe Romulus erwidert: «Es war der Wille der Götter, mein Proculus, daß ich so lange Zeit unter den Menschen weilen, eine Stadt, zu größter Macht und höchstem Ruhm bestimmt, erbauen und dann wieder den Himmel bewohnen sollte, aus dem ich kam. Darum gehab dich wohl und sage den Römern, daß sie, wenn sie Besonnenheit vereint mit Tapferkeit üben, zum höchsten Gipfel menschlicher Macht gelangen werden. Ich werde euch der gnädige Gott Quirinus sein.» Dies erschien den Römern glaubwürdig wegen des Charakters des Redenden und wegen seines Eides. Doch auch etwas wie eine gottgesandte innere Erschütterung wirkte mit: niemand widersprach, jede Verdächtigung und Verleumdung ließ man fahren, betete zu Quirinus und verehrte ihn als einen Gott.[36]

Wem kam beim Lesen dieser Passage nicht die Erinnerung an jene andere Begegnung auf dem Weg, die Lukas in seinem 24. Kapitel schildert? na ja!!

Am gleichen Tag waren zwei von den Jüngern auf dem Weg in ein Dorf namens Emmaus, das sechzig Stadien von Jerusalem entfernt ist. Sie sprachen miteinander über all das, was sich ereignet hatte. Während sie redeten und ihre Gedanken austauschten, kam Jesus hinzu und ging mit ihnen. Doch sie waren wie mit Blindheit geschlagen, so daß sie ihn nicht erkannten. Er fragte sie: «Was sind das für Dinge, über die ihr auf eurem Weg miteinander redet?» Da blieben sie traurig stehen, und der eine von ihnen – er hieß Kleopas – antwortete ihm: «Bist du so fremd in Jerusalem, daß du als einziger nicht weißt, was in diesen Tagen dort geschehen ist?» Er fragte sie: «Was denn?» Sie antworteten ihm: «Das mit Jesus aus Nazareth. Er war ein Prophet, mächtig in Wort und Tat vor Gott und dem ganzen Volk. Doch unsere Hohenpriester und Führer haben ihn zum Tod verurteilen und ans Kreuz schlagen lassen. Wir aber hatten gehofft, daß er der sei, der Israel erlösen werde. Und dazu ist heute schon der dritte Tag, seitdem das alles geschehen ist. Aber nicht nur das: Auch einige Frauen aus unserem Kreis haben uns in große Aufregung versetzt. Sie waren in der Frühe beim Grab, fanden aber seinen Leichnam nicht. Als sie zurückkamen, erzählten sie, es seien ihnen Engel erschienen und hätten gesagt, er lebe. Einige von uns gingen dann zum Grab und fanden alles so, wie die Frauen gesagt hatten; ihn selbst aber sahen sie nicht.»

Da sagte er zu ihnen: «Begreift ihr denn nicht? Wie schwer fällt es euch, alles zu glauben, was die Propheten gesagt haben. Mußte nicht der Messias all das erleiden, um so in seine Herrlichkeit zu gelangen?» Und er legte ihnen dar, ausgehend von Mose und allen Propheten, was in der gesamten Schrift über ihn geschrieben steht. So erreichten sie das Dorf, zu dem sie unterwegs waren. Jesus tat, als wolle er weitergehen, aber sie drängten ihn und sagten: «Bleib doch bei uns; denn es wird bald Abend, der Tag hat sich schon geneigt.» Da ging er mit hinein, um bei ihnen zu bleiben. Und als er mit ihnen bei Tisch war, nahm er das Brot, sprach den Lobpreis, brach das Brot und gab es ihnen. Da gingen ihnen die Augen auf, und sie erkannten ihn; dann sahen sie ihn nicht mehr. (Lk 24,13–31.)

Doch kehren wir wieder zu unserem nüchternen Römer zurück; dieser kommentiert die Erscheinung des Romulus folgendermaßen:

Das Ganze gleicht dem, was bei den Griechen die Sage über Aristeas von Proikonnessos und Kleomedes von Astypalaia erzählt. Aristeas soll nämlich in der Werkstatt eines Walkers gestorben sein, und als seine Freunde kamen, um den Leichnam zu holen, war er fort, und einige Leute, die gerade von der Reise zurückkamen, sagten, Aristeas sei ihnen begegnet, wie er auf dem Weg nach Kroton wanderte. Kleomedes, heißt es, war von übernatürlicher Körperkraft und -größe, aber in seinem Wesen gestört und nicht recht bei Verstand, und verübte viele Gewalttätigkeiten. Zuletzt schlug er in einer Knabenschule den Stützpfeiler des Daches mit seiner Hand mitten entzwei, so daß das Dach einstürzte und die Knaben zu Tode kamen. Als er verfolgt wurde, flüchtete er sich in eine große Kiste, schloß den Deckel und hielt ihn von innen so fest, daß viele Männer mit vereinten Kräften ihn nicht öffnen konnten. Als man dann die Kiste zerschlug, fand man den Mann weder tot noch lebendig darin vor. Erschreckt schickte man Abgesandte nach Delphi, denen die Pythia die Antwort gab:

«Letzter ist der Heroen Kleomedes von Astypalaia.»

Auch der Leichnam der Alkmene soll, als man ihn hinaustragen wollte, verschwunden und ein Stein auf dem Bett liegend gefunden worden sein, und noch viele andere Fabeln der Art erzählt man, womit man entgegen der gesunden Vernunft das sterbliche Wesen zum Range des Göttlichen zu erheben sucht.

Die Göttlichkeit der Tugend ganz und gar zu leugnen ist unfromm und niedrig, aber Himmel und Erde durcheinanderzubringen ist Torheit. Will man sicher gehen, so möge man mit Pindar sagen: «Eines jeden Leib folgt dem übergewaltigen Tode, lebendig aber bleibt in Ewigkeit sein Urbild.» Denn das allein stammt von den Göttern. Es kommt von dort, und dorthin geht es wieder, nicht mit dem Leib, sondern wenn es sich ganz und gar vom Leib gelöst und geschieden hat, ganz lauter geworden ist und fleischlos und rein. Denn diese Seele ist trocken und die beste nach Heraklit, wie ein Blitz aus der Wolke herausfliegend aus dem Leib; die aber noch mit Leiblichem vermischt ist und voll davon, die ist, wie schwerer, nebelhafter Dunst, schwer herauszuziehen und emporzuheben. Man braucht also durchaus nicht die Leiber der Guten wider die Natur mit in den Himmel aufsteigen zu lassen, aber glauben darf man durchaus, daß die tugendhaften Seelen kraft ihrer göttlichen Natur und nach göttlichem Recht aus Menschen zu Heroen, aus Heroen zu Dämonen, aus Dämonen – wenn sie wie in Weihen gereinigt und geheiligt und allem Sterblichen, dem Erleiden Unterworfenen entronnen sind –

nicht nach dem Gesetz eines Staates, sondern nach der Wahrheit und gesunder Vernunft zu den Göttern emporgehoben werden und so zur schönsten und seligsten Vollendung gelangen. ...

Übrigens soll Romulus im Alter von vierundfünfzig Jahren und im achtunddreißigsten Jahr seiner Regierung von der Erde verschwunden sein.[37]

Die Römer gebrauchten zwei Worte, um göttliche Wesenheiten oder Mächte zu bezeichnen, nämlich *deus*, was wir im allgemeinen mit «Gott» übersetzen, und *numen*, wofür wir keine rechte Entsprechung haben. Die Wurzel *nv-*, von der dieses Wort stammt, bedeutet (merkwürdigerweise) «nicken», woraus sich für *numen* die Bedeutung «Wink, Geheiß, Wille» und weiter «göttlicher Wille, göttliche Macht, göttliches Walten» ergibt.[38] Ethnologen haben für diesen römischen Ausdruck bei den Urvölkern eine ganze Reihe von Entsprechungen gefunden, zum Beispiel melanesisch Mana, dakota Wakon, irokesisch Orenda und algonkin Manitu, die sich sämtlich auf eine *immanente* magische Kraft beziehen, von der bestimmte Erscheinungen infiziert werden. Der «Wink» wäre somit nicht als von außen, sondern als aus dem Innern des Gegenstandes der Betrachtung kommend erlebt worden. Darum, während das lateinische Wort *deus* von der Wurzel *div-*, «leuchten», mit sanskrit *deva*, «Gott», verwandt ist und auf ein Wesen mit bestimmter Personalität hinweist, läßt *numen* vielmehr an den Impuls eines Willens oder einer Kraft ohne personale Bestimmtheit denken. Wir können uns hier an das japanische Empfinden göttlicher Wesenheiten (*kami*) erinnern, das in der *Mythologie des Ostens* im Zusammenhang mit dem Shintoismus besprochen wurde.[39] Denn wie in Japan, so auch im frühen Rom: Das lebendige Weltganze wurde sowohl in seinen großen als auch in seinen geringeren Aspekten mit einem Gefühl des Staunens über sein bloßes Dasein betrachtet. In einem Brief Senecas gibt es eine Stelle, die diesen Punkt anspricht:

Wenn du findest einen von alten und über die übliche Größe hinausgewachsenen Bäumen bestandenen Hain, den Anblick des Himmels durch den Wuchs einer den anderen verdeckender Zweige verhindernd – diese Erhabenheit des Waldes, das Geheimnisvolle des Or-

> tes und die Verwunderung über den in einer offenen Landschaft so dichten und ununterbrochenen Schatten wird in dir den Glauben an göttliches Walten wecken. Wenn eine Höhle, tief aus den Felsen ausgewaschen, den Berg über sich trägt, nicht von Menschenhand geschaffen, sondern durch Kräfte der Natur zu solcher Weite ausgehöhlt, wird sie deine Seele durch eine Ahnung von Gottesfurcht erbeben lassen. Bedeutender Flüsse Quellen verehren wir; das unvermittelte Hervorbrechen eines starken Stromes aus dem Verborgenen besitzt Altäre; verehrt werden die Quellen heißer Gewässer, und manche Seen hat entweder schattiges Dunkel oder unergründliche Tiefe geheiligt.[40]

Die wichtigsten römischen Numina waren die des Hauses, wo der erste Offiziant der Pater familias war. Der häusliche Kult drehte sich erstens um das Geheimnis des zeitlichen Familienzusammenhangs, zum Ausdruck gebracht in Ritualen zu Ehren der Ahnen (*parentes*) und in Festen für die Gesamtmasse der Toten (*manes*). Die Numina des Haushalts wurden ebenfalls geehrt: die der Vorratskammer (*penates*) und des häuslichen Besitzstandes (*lares*). Die Hüterin des Herdfeuers Vesta wurde als Göttin personifiziert und der Hüter der Tür Janus als Gott. Auch bestand der Glaube an ein Numen der Zeugungskraft jedes Mannes, seinen *genius*, und der Empfängnis- und Gebärkraft der Frau, ihre *iuno*. Genius und Iuno lebten und starben mit dem einzelnen Menschen. Sie standen ihm im Leben als Schutzgeister zur Seite und konnten als Schlangen dargestellt werden. Unter griechischem Einfluß wurde die Iuno-Kraft später zur Göttin Juno als Wächterin über Geburt und Mutterschaft fortgebildet und diese dann mit der griechischen Hera identifiziert. Einer Reihe von Numina, die den verschiedenen Phasen des Ackerbaus vorstanden, wurde ebenfalls gehuldigt: Sterculinius beschützte die Düngung der Felder, Vervactor das erste Umbrechen des Bodens, Redarator die zweite, Imporcitor die dritte Pflügung, Sator die Aussaat ... und so weiter bis hin zu Messia, die die Ernte beschützte, Convector die Einfahrt, Noduterensis die Tenne, Conditor das Bergen des Getreides im Speicher, Tutilina das lagernde Korn und Promitor seine Herausnahme zum Gebrauch.[41]

Andere Numina, deren Gegenwart ständiger erlebt wurde, erlangten weiterreichende Bedeutung, so Jupiter, der Gott des lichten Himmels und des Gewitters, später identifiziert mit Zeus; Mars, der Kriegsgott, mit Ares gleichgesetzt; Neptun, der Gott der Gewässer, mit Poseidon identifiziert; Faunus, der Schützer des tierischen Lebens; Silvanus, der Gott des Waldes. In vergleichbarer Weise wurde von den weiblichen Mächten Ceres mit Demeter identifiziert, Tellus Mater mit Gaia, Venus, ursprünglich eine Marktgöttin, mit der kyprischen Aphrodite und Fortuna mit Moira. Auch hören wir von Flora, der Göttin der Blumen und Blüten, Pomona, der Göttin des Obstes, Carmenta, einer Göttin der Quellen und der Geburt, und Mater Matuta, zuerst eine Göttin des Frühlichts und dann der Geburt.[42]

In der weiteren Sphäre des Staatskultes war das Gegenstück zum Pater familias der König, ursprünglich ein Gottkönig. Sein Palast war das vornehmste Heiligtum, die Königin war seine göttliche Gemahlin. Wir haben erwähnt, daß im Haus das Numen des Herdfeuers die Göttin Vesta war. In der größeren Familie des Staates wurde dasselbe heilige Prinzip die ganze Geschichte des heidnischen Rom hindurch in einem Rundtempel geehrt, in dem sechs hoch angesehene Frauen eine reine Flamme hüteten. Die Flamme wurde am Ende jedes Jahres gelöscht und auf urtümliche Weise mit Feuerstöcken wieder entfacht. Die Tracht der vestalischen Jungfrauen war die Hochzeitstracht einer römischen Braut; und wenn die geweihte Nonne ihr Gelübde ablegte, faßte der Pontifex Maximus, der oberste Priester der Stadt, sie feierlich und sprach dabei zu ihr: «Te, Amata, capio. – Ich ergreife dich, Geliebte.» Die beiden wurden symbolisch zu Mann und Frau. Und wenn die Vestalin ihr Keuschheitsgelübde brach, wurde sie lebendig begraben.

Die Übereinstimmung dieser Verehrung des vestalischen Feuers, in jeder Einzelheit, mit den Riten des Königsmordes und der Neuentzündung des heiligen Feuers, wie sie in der *Mythologie der Urvölker* beschrieben wurden,[43] könnte kaum größer sein. Die Mythologie solcher Riten kam aus dem Neolithikum und der Bronzezeit. Daher, obwohl wir aus den frühesten Jahrhunderten der Stadt keine schriftlichen Zeugnisse besitzen, ist deutlich, daß dieselbe große Mythologie der kreisenden Äonen, Jahre und Tage wie alle anderen Hochkulturen der Welt auch die Zivilisation Roms formte – sowohl räumlich in der Anlage der Stadt, wie sie in der Sage von der Gründungszeremonie des Romulus beschrieben wird, als auch kalendarisch in den Einteilungen ihres Lebens.

In früher Zeit, zuletzt Ende des sechsten Jahrhunderts v. Chr., wurde Rom von einem etruskischen Geschlecht regiert, den Tarquiniern aus Tarquinii (heute Tarquinia). Sie wurden etwa 509 v. Chr. vertrieben, woraufhin der epochale Vorgang der Hellenisierung der römischen Religion einsetzte, der deren lokale, archaische Gebräuche mit dem neuen Humanismus der rasch wachsenden Hauptzentren der Zivilisation in Einklang brachte. In den Jahrzehnten der Etruskerregierung waren Tempel gebaut und mit Reliefs und Kultbildern aus Ton ausgestattet worden; doch was Stein anlangte, so mußte Rom auf die Ankunft griechischer Künstler warten. Auch die sibyllinischen Bücher wurden von den Tarquiniern aus Cumae im Süden in Rom eingeführt. Cumae war eine alte heilige Stadt etwa zwanzig Kilometer westlich von Neapel, gegründet schon im achten Jahrhundert v. Chr. von den Griechen und besonders berühmt für seine Orakelhöhle, wo die Sibylle weissagte, auf die Vergil in der IV. Ekloge (*Bucolica*) anspielt. Die alte Frau, die zu der Zeit die Sibylle war, suchte die Stadt mit einem Bündel von neun prophetischen Büchern auf, von denen drei gekauft und zur sicheren Verwahrung im Jupitertempel vergraben wurden, wo sie gelegentlich angerufen wurden, bis sie dem Feuer des Jahres 82 v. Chr. zum Opfer fielen.

Wie Plutarch berichtet, handelten ihre Prophezeiungen von «furchtbaren Ereignissen», und «viele Zerstörungen und Verlegungen griechischer Städte, viele Einfälle barbarischer Heere und Vernichtungen von Reichen» legten für sie Zeugnis ab.[44] Sie scheinen zudem die Weltgeschichte in Zeitalter eingeteilt zu haben, denen verschiedene Metalle und Gottheiten zugeordnet wurden.[45] Und nach den berühmten Worten Vergils zu urteilen, sollte im sibyllinischen Kreislauf auf das Ende, dem dieser sich zuneigte, wie überall in solchen mythischen Zyklen ein goldenes Zeitalter des Neubeginns folgen.

Also dichtete Vergil:

Letzte Weltzeit ist nun da cumaeischen Sanges;
groß aus Ursprungsreine erwächst der Zeitalter Reihe.
Nun kehrt wieder die Jungfrau, kehrt wieder saturnische Herrschaft,
nun wird neu ein Sproß entsandt aus himmlischen Höhen.
Sei der Geburt nur des Knaben, mit dem die eiserne Weltzeit
gleich sich endet und rings in der Welt eine goldene aufsteigt,
sei nur, Lucina, du reine, ihm hold.[46]

Dieses Gedicht mit seinem wunderbaren «Knaben» wurde im christlichen Mittelalter als eine Voraussagung Christi aufgefaßt, und Vergil wurde deshalb als eine Art heidnischer Prophet verehrt. Seine Vorstellung vom kommenden goldenen Zeitalter ähnelt ein wenig der Eschatologie der jüdischen apokalyptischen Schriftsteller, und seine Lebensdaten, 70–19 v. Chr., fallen genau in die Zeit der Essener von Qumran. Jedoch in dem erbaulichen römischen Gedicht herrscht nicht der Aufruhr irgendeines Krieges der letzten Tage. Gezeichnet wird das Bild einer *Wiederkehr* des goldenen Zeitalters im natürlichen Lauf eines ewig umlaufenden Zyklus, nicht der allentscheidende Übergang in einen immerwährenden Endzustand des Weltalls an einem «Tag des Messias». Und schließlich war der fragliche Knabe kein Messias irgendwelcher Art, sondern ein normales Menschenkind, geboren in eine vornehme Familie aus der Bekanntschaft des Dichters zu einer Zeit, die Vergil zu Recht als Anbruch eines Weltalters des Friedens (für solche, die willens waren, ihn zu genießen) unter der Herrschaft Roms betrachtete. Auch darf man Vergils bildhafte Sprache nicht wörtlich und konkret, sondern man muß sie dichterisch als eine antike Redefigur verstehen.

Um das Jahr 100 v. Chr. stellte der römische Pontifex Maximus Quintus Mucius Scaevola ganz im Geiste eines stoischen Weisen die Theorie einer dreifachen Götterwelt auf, indem er die Götter der Dichter, der Philosophen und der Staatsmänner unterschied. Von diesen seien die ersten beiden Gattungen für die Masse des Volkes ungeeignet und nur die zweite wahr. Jedoch eine vierte und weitaus mächtigere Göttergattung als die, an welche er gedacht hatte, machte sich zu seiner Zeit schon in Rom breit, die Götter nämlich des Nahen Ostens, deren Anziehungskraft weder dichterisch noch philosophisch im griechischen Sinne war und deren Einfluß überdies letztlich nicht die Bewahrung, sondern die Auflösung der sittlichen Ordnung Roms und seiner Zivilisation bewirken sollte.

Die erste Bekanntschaft mit diesen ungemein kraftgeladenen fremden Mächten machte man im Jahre 204 v. Chr., als die karthagische Armee Hannibals immer noch eine Bedrohung in Italien darstellte. Wiederholte Gewitter und Hagelstürme hatten den Eindruck erweckt, die Götter selbst hätten sich aus irgendeinem Grund gegen das Volk Roms gewandt, und man befragte die sibyllinischen Bücher. Die Antwort lautete, der Feind könne nur vertrieben werden, wenn der Kult der Großen Göttin der phrygischen Stadt Pessinus in Rom eingeführt werde. Diese Magna Mater war Kybele, die Mutter und Braut des immer wieder sterbenden und immer wieder auferstehenden Heilands Attis; und diese beiden waren einfach die dortige Form des Paares, das wir inzwischen recht gut kennen: Inanna und Dumuzi, Ischtar und Tammuz. In der hochetruskischen Zeit war, wie Abbildung 29 zeigt, der urverwandte Mythos von Aphrodite und ihrem toten und wiedererweckten Geliebten Adonis in Italien eingeführt worden. Jetzt wurde auf Anraten der sibyllinischen Bücher Kybele Magna Mater in der Gestalt eines großen schwarzen Steines ins Land geholt und in einem Tempel auf dem Palatin aufgestellt. Wir haben bereits den Einfluß des Mithrakultes im Reich geschildert. Eine dritte Religion dieser Art, diesmal aus Alexandria stammend, war die der mittlerweile hellenisierten Isis und ihres Gemahls, der jetzt Serapis hieß (von dem Namen Osiris-Apis). Alle diese vordem lokalen Kulte waren im hellenistischen Zeitalter mit den verwandten griechischen Überlieferungen der dionysischen, orphischen und pythagoreischen Bewegungen verquickt worden – zu denen noch eine Prise spätchaldäisch-hellenistischer Astrologie hinzugekommen war, so daß sie ein Gemisch makro-mikrokosmischer Lehren bildeten, das im Abendland in der einen oder anderen Form bestimmend bleiben sollte, bis die Wissenschaft der Renaissance mit der alten Kosmologie eines geozentrischen Weltalls aufräumte und Wunder eröffnete, die alles übertrafen, was die Weisen der alten mystischen Wege sich je erträumt hatten.

Herausragende Erscheinungen in dieser Entwicklung waren der

bereits oben (S. 288) erwähnte griechische Stoiker Poseidonios (ca. 135–50 v. Chr.), sein wortgewaltiger Schüler Cicero (106–43 v. Chr.), Ciceros Freund Publius Nigidius Figulus (ca. 98–45 v. Chr.), sodann Vergil (70–19 v. Chr.), Ovid (40 v. Chr. – 17 n. Chr.), Apollonios von Tyana (1. Jahrhundert n. Chr.), Plutarch (ca. 46–120 n. Chr.), Ptolemaeus (2. Jahrhundert n. Chr.) und Plotin (ca. 205–270 n. Chr.). In den Werken all dieser Männer wird ein «moderner» Ton laut; denn die Wissenschaften ihrer Zeit brachten, genau wie die der unseren, Tatsachen über die natürliche Ordnung zutage, die in den alten Kosmologien keinen Platz mehr fanden, so daß die Aufgabe des Tages darin bestand, die wesentlichen geistigen Einsichten der Vergangenheit festzuhalten und dabei gleichzeitig zu neuen Horizonten vorzustoßen.

Vielleicht das erhellendste einzelne Beispiel für die Art, in der das alte Wissen in Begriffe übersetzt wurde, die dem neuen gemäß waren, ist Ciceros «Scipios Traum», mit dem er seine Schrift *De re publica* beschloß. Der junge Mann, den er sich als Gegenstand seiner Betrachtung ausgewählt hatte, Scipio Africanus der Jüngere, hatte etwa 185–129 v. Chr. gelebt und soll seinen Großvater Scipio Africanus den Älteren (237–183 v. Chr.), der viele Jahre zuvor in Afrika einmarschiert war und Hannibal geschlagen hatte, in einer Traumvision gesehen haben. In der Schilderung offenbart der Ältere seinem Enkel, außer seiner Zukunft, eine neue geistige Sicht sowohl des Weltalls als auch des Platzes des Menschen darinnen.

«Als wir uns dann getrennt hatten, um zur Ruhe zu gehen», läßt Cicero den jungen Mann erzählen, «umfing mich ... ein festerer Schlaf als gewöhnlich. Da zeigte sich mir ... Africanus in der Gestalt, die mir von seinem Bildnis her besser als aus eigener Erinnerung bekannt war.»

Der hier angeschlagene psychologische Ton ist schon interessant. Die Stimmung der Vision ist subjektiv. Es wird nicht von uns verlangt, an sie als tatsächliche Geistererscheinung eines Toten zu glauben. Die Atmosphäre ist die eines poetischen, nicht eines religiösen Mythos.

Africanus sprach: «Wie lange wird dein Geist am Boden haften bleiben? Siehst du denn nicht, in welche Bezirke du gekommen bist?» Und er wies ihm die Wunder eines Weltalls aus neun Kreisen oder besser Kugelschalen. «Die eine von ihnen ist die des Himmels», sagte er, «die äußerste, die alle anderen umfaßt, die höchste Gottheit selbst, die die anderen umschließt und in sich enthält. In ihr sind jene ewig kreisenden Bahnen der Fixsterne fest eingefügt. Unter ihr liegen die sieben Sphären, die sich rückwärts drehen in entgegengesetzter Bewegung zur Himmelssphäre.» Africanus nannte sie in ihrer Reihenfolge: Saturn, Jupiter, Mars, Sonne, Venus, Merkur – und der Mond. «Unterhalb seiner aber», fuhr er fort, «gibt es nichts mehr als Sterbliches und Vergängliches bis auf die Seelen, die durch das Geschenk der Götter dem Menschengeschlecht gegeben sind; oberhalb des Mondes ist alles ewig. Denn sie, die die Mitte und die neunte ist, die Erde, bewegt sich nicht und ist zuunterst, und zu ihr strebt alles Gewichtige durch eigene Schwere.»

Dies ist die Kosmologie der hellenistischen Wissenschaft, die später von Ptolemaeus systematisiert und bis auf Dante weitergereicht wurde. Sie stammt letztlich von der Astrologie der Zikkurat ab, doch ist die Erde hier zu einer Kugel geworden, die wie in einer russischen Puppe inmitten konzentrischer Sphären ruht; sie ist nicht mehr die flache Scheibe von ehedem, umgeben von einem kosmischen Meer.

Der Träumende sprach: «Was ist dies für ein mächtiges und süßes Tönen, das meine Ohren erfüllt?» Und die Vision gab ihm zur Antwort:

> Dies ist der Ton, der, zusammengefügt mit ungleichen, aber im rechten Verhältnis zueinander abgestimmten Intervallen, durch den Schwung und die Bewegung der Sphären selbst hervorgebracht wird und, Hohes mit Tiefem mischend, verschiedene Zusammenklänge ausgleichend hervorbringt. Denn nicht lautlos können so ungeheure Bewegungen in Gang kommen, und die Natur bringt es mit sich, daß das jeweils Äußerste auf der einen Seite tief, auf der andern Seite aber hoch klingt. Daher vollzieht sich der Umlauf jener obersten, die Fixsterne tragenden Himmelssphäre, deren Umdrehung schneller ist, mit einem hohen, durchdringenden Ton, mit dem tiefsten hingegen der der untersten hier, der Mondsphäre; denn die Erde,

die neunte in der Reihe, verharrt in unbeweglichem Verweilen stets am selben Ort, die Mitte des Weltalls einnehmend. Jene acht Kreisläufe aber, unter denen zwei die gleiche Kraft haben, erzeugen sieben, durch Intervalle getrennte Töne, die Zahl, die fast aller Dinge Knotenpunkt ist. Das haben kluge Menschen mit Saiten und Tönen nachgeahmt und sich damit die Rückkehr an diesen Ort eröffnet gleich anderen, die kraft überragenden Geistes im menschlichen Leben göttliche Studien getrieben haben. Von diesem Tönen allzusehr erfüllt, sind die Ohren der Menschen dafür taub geworden, und kein Sinn in euch ist abgestumpfter [als der Gehörsinn]... Dieses durch das überschnelle Kreisen des ganzen Weltalls erzeugte Getöse ist aber so gewaltig, daß die Ohren der Menschen es gar nicht fassen können, so wie ihr auch nicht gegen die Sonne sehen könnt und von ihren Strahlen eure Sehschärfe und eure Wahrnehmungskraft besiegt wird.

Die Zahlentheorie des Pythagoras, bezogen auf das Prinzip der Harmonie im Weltall, in Kunst und Wissenschaft und in der Seele, wird hier als das neue Bild des Weltalls und einer modernen, säkularisierten Lebensweise hingestellt. Die archaische Ordnung des hieratischen Staates mit seinen Kasten, Opfern und alledem und von Kunst und Wissenschaft als vor allem zur Verklärung eines solchen Staates dienenden Betätigungen gehört der Vergangenheit an. Kunst und Wissenschaft und jene anderen hier angesprochenen «göttlichen Studien» «überragender Geister» werden nach hellenisierter, humanistischer Art begriffen. Dennoch ist die Lehre im wesentlichen unberührt geblieben.

Im weiteren kam die Erscheinung nun auf die Sphäre der Erde, ihre Pole und ihre heißen und gemäßigten Zonen zu sprechen.

Du siehst ferner, daß die Erde von einer Art von Gürteln umschnürt und umgeben ist, von denen die zwei, die am meisten voneinander abliegen und beiderseits unter den Himmelspolen gelagert sind, in Eis erstarrt sind, wie du siehst, während dort die mittelste und größte Zone von der Glut der Sonne ausgedörrt wird. Zwei Zonen sind bewohnbar, von denen dort die südliche, deren Bewohner eure Gegenfüßler sind, nichts mit euch zu tun hat; diese andere, gegen Norden gewandte hingegen, die ihr bewohnt, sieh nur, in einem wie kleinen Teile von ihr ihr beheimatet seid! Das ganze Land nämlich, das von euch bewohnt wird, eingeengt im Norden und Süden, breiter in seitlicher Erstreckung, ist nur etwas wie eine kleine Insel, umspült von jenem Meer, das ihr das Atlantische, das Große, das ihr den Ozean nennt auf eurer Erde, und wie klein es doch ist trotz seines großen Namens, das siehst du ja!

In überraschendem Gegensatz zu allen mythologischen Welterklärungen bis dahin wird die Bedeutung des eigenen Heimatlandes mit seinem ortsgebundenen Wertsystem und Gesichtskreis hier geschmälert, nicht vermehrt. Die Anschauung entspricht einem einsichtigen menschlichen Verstand, der sich über die Größe der Welt im klaren war und der die Ausblicke, die ihm die neue Wissenschaft, die neue Politik und die neuen Lebensmöglichkeiten boten, begrüßte und nicht ablehnte. Staatslenkung und Politik sollten nun einen weltlichen und keinen pseudoreligiösen Zuschnitt mehr haben; und dennoch sollten, wie die folgenden Partien der Unterweisung zeigen, weder die Staatskunst noch die Seele des Menschen dadurch die geringste Einbuße erleiden. Denn Africanus fuhr fort:

Der Geist eines jeden Menschen ist der eigentliche Mensch, nicht die äußere Gestalt, auf die man mit dem Finger zeigen kann. Wisse also, daß du Gott bist, wenn anders Gott ist, was lebt, empfindet, sich erinnert, voraussieht und was den Körper, über den es gesetzt ist, so lenkt, leitet und bewegt, wie jener höchste Gott dieses Weltall; und wie das zu einem gewissen Teil sterbliche Weltall der ewige Gott selbst, so bewegt den gebrechlichen Körper der ewige Geist. Denn was immer sich bewegt, ist ewig; was aber ein anderes in Bewegung setzt und was selbst von anderswoher angetrieben wird, das muß notwendig, wenn es ein Ende seiner Bewegung hat, auch ein Ende seines Lebens haben. Allein also, was sich selbst bewegt, hört, weil es niemals von sich selbst verlassen wird, auch niemals auf, sich zu bewegen; ja, auch für das Übrige, was sich bewegt, ist dies der Quell, dies das Prinzip der Bewegung. Für das Prinzip aber gibt es keinen Ursprung, denn aus dem Prinzip geht alles hervor, selbst aber kann es aus nichts anderem hervorgebracht werden; denn das wäre kein Prinzip, was anderswoher entstünde. Wenn es aber niemals entsteht, dann geht es auch niemals zugrunde. Da also offenbar ist, daß ewig das ist, was sich selbst bewegt: wen gibt es da, der bestreiten möchte, daß diese Eigenschaft den Seelen gegeben ist? Unbeseelt ist nämlich alles, was durch einen von außen kommenden Antrieb in Bewegung gesetzt wird; was aber beseelt ist, das wird durch eine in ihm enthaltene, ihm eigene Bewegung angetrieben. Denn dies ist die eigentümliche Natur und Kraft der Seele. Wenn sie das einzige von allem ist, was sich selbst bewegt, dann ist sie sicherlich nicht entstanden und ist ewig.

Sie übe du in allen edlen Dingen!

Das aber stellt uns vor die Frage, was die edlen Dinge sind, die der Mensch üben soll, und die Antwort beweist wieder den Mann der Vernunft.

«Das Edelste aber», sprach der alte Soldat und Staatsmann, «ist das Mühen um das Wohl des Vaterlandes. Hat sie sich darin betätigt und geübt, so wird die Seele sich schneller zu dieser Wohnstatt, in ihre Heimat emporschwingen, und sie wird das umso rascher tun, wenn sie schon, während sie noch im Körper eingeschlossen ist, nach draußen strebt, was außerhalb des Körpers ist betrachtet und sich, so sehr sie kann, von ihm löst.»[47]

Für die typisch römische Art, in der hier der Wert des selbstlosen Dienstes am Staat für die Seelenbildung betont wird, war die Figur dieses greisen Retters seiner Heimatstadt ein denkbar geeigneter Repräsentant. Sie steht in schroffem Gegensatz zu dem orientalischen, weltverneinenden Ton vieler der neu ins Land kommenden Kulte, in denen die Scheidung der zeitlichen von der ewigen Ordnung so verstanden wurde, daß zur geistigen Vollendung eine gänzliche Abkehr von der einen und die Hingabe an die andere erforderlich seien. In der orphisch-pythagoreischen Bewegung wurde eine derartige Vorstellung mit dem Aphorismus *soma sema* («der Körper ein Grab») ausgedrückt. Cicero, der gute Stoiker, kommt jetzt direkt auf diese Frage zu sprechen.

«Hier fragte ich», läßt er den jungen Visionär erzählen, «... ob er denn lebe und mein Vater Paulus und andere, die wir gestorben glaubten. ‹Du irrst›, erwiderte er, ‹das Leben haben diejenigen, die aus den Fesseln des Leibes sich wie aus einem Kerker emporgeschwungen haben, und was euch Leben heißt, ist Tod.›»

Da rief der junge Mann voller Verzweiflung seinen Vater Paulus an: «Ich bitte dich, heiligster und bester Vater, wenn dies das wahre Leben ist, wie ich Africanus sagen höre, was weile ich noch auf Erden?»

Und sein Vater, der ihm gleichfalls erschienen war, antwortete:

> So ist es nicht; wenn nicht der Gott, dessen heiliger Bezirk all das ist, was du schaust, dich aus diesen Fesseln des Körpers befreit, kann dir der Zutritt hierher nicht offenstehen. Denn unter dem Gesetz sind die Menschen erschaffen, daß sie jenen Ball, den du inmitten dieses Raumes siehst und der Erde genannt wird, hüten, und es ist ihnen die Seele gegeben worden von jenen ewigen Feuern her, die ihr Gestirne und Sterne nennt und die, kugelförmig und rund gestaltet und mit göttlichen Geistern beseelt, ihre Bahnen und Kreise mit wunderbarer Schnelligkeit vollenden. Darum mußt du, Publius, und müssen alle Frommen ihre Seele noch im Gewahrsam des Körpers belassen und dürfen nicht ohne Geheiß dessen, von dem sie euch gegeben worden ist, aus dem Leben als Menschen scheiden, damit es nicht so scheint, als hättet ihr euch der menschlichen Aufgabe, die euch von dem Gott zugewiesen worden ist, entzogen. ... Pflege du Gerechtigkeit und frommen Sinn, der etwas Großes ist gegen Eltern und Verwandte, das Größte aber dem Vaterland gegenüber. Ein solches Leben ist der Weg zum Himmel und in diese Gemeinschaft derer, die ihr Leben schon vollendet haben und, vom Körper gelöst, jenen Ort bewohnen, den du da siehst ..., welchen ihr mit von den Griechen übernommenem Namen die Milchstraße nennt.[48]

So erkannte Cicero zwar die orphische Soma-sema-These an, legte aber als wahrhaft römischer Geist allen sittlichen Nachdruck auf die Bestimmung der menschlichen Seele im Zeitenlauf. Er schrieb:

> Allen, die ihr Vaterland bewahrt, ihm geholfen, es gefördert haben, ist im Himmel ein fester Platz bestimmt, an dem sie glückselig ein ewiges Leben genießen. Denn es gibt nichts, was jenem höchsten Gott, der die ganze Welt regiert, unter allem, was auf Erden ge-

schieht, willkommener wäre als die auf Recht gegründeten Vereinigungen und Gemeinschaften von Menschen, welche man Staaten nennt. Ihre Lenker und Erhalter sind von hier ausgegangen und kehren hierher zurück.[49]

Der Grundgedanke unterscheidet sich kaum von dem des indischen Karma-Yoga, wie ihn die weisen Könige Ajātashatru und Jaibali in den ältesten Upanishaden lehren.[50] Und wie die indischen Meister der Selbst- und der Staatszucht lehrt Cicero in seiner Vision Ablösung und Pflichterfüllung zugleich. «Die Seelen derer, die sich den Genüssen des Körpers überlassen», erklärt er, «sich gleichsam zu ihren Dienern hergeben und unter dem Antrieb der den Genüssen dienstbaren Lüste der Götter und der Menschen Rechte verletzt haben, die müssen, wenn sie den Körpern entglitten sind, um die Erde selber kreisen und kehren erst, nachdem sie viele Jahrhunderte lang umgetrieben worden sind, an diesen Ort zurück.»[51]

Es ließe sich nur schwer eine genauere Analogie zur Reinkarnationslehre des Orients erdenken – und dennoch unterscheidet sich der ganze Ton des Römers vom indischen ebenso sehr wie die römische Auffassung von den Pflichten des Menschen von der indischen. Für den römischen Bürger waren «göttliche Studien» [oder «göttliche Bestrebungen»: *divina studia*] keine Frage der Kastenzugehörigkeit, sondern der eigenen Urteilskraft; auch lag ihr letztes Ziel nicht in der Befreiung von der Welt, sondern im verständigen Einsatz für das menschliche Wohl, solange man sich noch in ihr aufhielt. Vergil trug im sechsten Buch der *Aeneis* eine andere Version dieser selben Mythologie vor und erwarb sich damit die Auszeichnung, in späterer Zeit Dante durch eine andere Offenbarung dieser Landschaft der Seele leiten zu dürfen. Dennoch bestand auch zwischen Vergil und Dante ein Unterschied, insofern nämlich, als für den Römer der Geist im Zentrum der Erde nicht satanisch war, sondern göttlich.

Christliche Autoren, selbst die freisinnigsten unter ihnen, haben nie einen Sinn für die Frömmigkeit der heidnischen Römer entwikkeln können: zum Beispiel jene Verehrung des Kaisers, die Augustus, der Gönner Vergils, von Staats wegen einführen ließ. Die beiden Aussagen Ciceros, der Weg zum Himmel bestehe im Dienst am Vaterland und jeder solle sich selbst als Gott erkennen, bereiteten die Stimmung vor für den späteren Kaiserkult, den Vergil mit einer bekannten Stelle seiner Aeneis stützte,[52] desgleichen Ovid in seinen Metamorphosen.[53] Denn schließlich, wo jeder Fisch und jede Fliege Göttlichkeit in sich trägt, wieso sollte da das Oberhaupt des Staates nicht als Primus inter pares verehrt werden? Man darf eine solche Hochachtung nicht mit der christlichen Vergöttlichung des Zeitgenossen Augusti, Jesus, vergleichen. Denn nach christlicher Auffassung sind die Welt und ihre Wesen nicht vom Göttlichen durchtränkt. Die Vergöttlichung Jesu bedeutet eine extreme Hervorhebung weit über alles hinaus, was dort möglich wäre, wo alle Dinge in ihrem Wesen Numina sind. Vom römischen Standpunkt aus war denn die christliche Weigerung, einem Bildnis des Kaisers ein Quäntchen Weihrauch zuzugestehen, nicht nur ein Akt des Aufruhrs gegen jene Göttlichkeit des Weltalls, die jeder Mythos und jede philosophische Weltanschauung in der bekannten Menschheitsgeschichte (ausgenommen nur die der bis dahin völlig unbekannten Bibel) als letzte Wahrheit aller Wahrheiten gelehrt hatte: sie war nackter Atheismus.

Während Augustus in seiner Regierungszeit von 27 v. Chr. bis zum Jahre 14 n. Chr. dem Staat die äußere Form der Republik soweit als möglich beließ, erneuerte er doch zugleich die alten religiösen Fundamente der Stadt mit großer kaiserlicher Geste. Sein Palast wurde das zentrale Heiligtum des Staates, wie es in alter Zeit der Palast des Gottkönigs gewesen war. Ein neuer Vestatempel wurde mit dem Palast verbunden, und die den Vestalinnen erwiesenen öffentlichen Ehren wurden vermehrt. Dem Apollo, seinem Schutzgott, dem er den Sieg bei Actium über Antonius und Kleopatra zu verdanken meinte, wurde auf dem Palatin ein Tempel errichtet, und an einer markanten Stelle auf dem neuen Forum erstand ein Tempel des Mars Ultor («Rächer»), des göttlichen Stammvaters des julischen Geschlechts, dem die Rache für Caesars Ermordung nachgesagt wurde. Dieser Tempel wurde dann die heilige Stätte für alle Familienriten der Dynastie wie auch für die Einsetzung der Provinzmagistrate, die Beschlußfassung des Senats über Frieden und Krieg, die Niederlegung der Triumphinsignien und der gewonnenen Feldzeichen und das feierliche Einschlagen des Jahresnagels.

Im Jahre 17 v. Chr. wurde ein gewaltiges Jubiläum, das Säkularfest, gefeiert, um in eindrucksvoller Form den von Vergil in seiner IV. Ekloge verkündeten Gedanken der erneuerten Welt zur Darstellung zu bringen. Herolde forderten in sämtlichen Stadtvierteln zur Beteiligung aller auf, nur die Sklaven waren ausgeschlossen. Trauerverpflichtungen wurden aufgehoben, Gerichtsverhandlungen ausgesetzt. Vom 26. bis 28. Mai wurde Räucherwerk zur Reinigung der Häuser verteilt. Vom 29. bis 31. Mai erhielten die Behörden von den Bürgern Ährenbündel, die zur Verteilung an die Darsteller und Zuschauer der Festspiele bestimmt waren. Und in der Nacht vor dem Tag des 1. Juni nahm das große dreitägige Fest seinen Anfang.

Ich möchte die Schilderung dieser Tage mit den Worten von Ludwig Deubner geben, dessen Aufsatz über römische Religion in Chantepie de la Saussayes *Lehrbuch der Religionsgeschichte* mir in den zwanziger Jahren die Augen öffnete für den gemeinsamen Hintergrund, den Vergils Knabe des goldenen Zeitalters und der christliche apokalyptische Messias im archaischen Mythos haben.

> In der ersten Nacht opferte Augustus den Moeren 9 Schafe und 9 Ziegen, worauf Bühnenspiele folgten; 110 Matronen veranstalteten Sellisternia [Götterschmause auf Sesseln] für Juno und Diana. Am Tage des 1. Juni opferte Augustus und nach ihm sein Schwiegersohn Agrippa dem Jupiter Optimus Maximus je einen Ochsen; auf dem Campus Martius wurden in einem hölzernen Theater latinische Spiele aufgeführt. In der darauffolgenden zweiten Nacht opferte Augustus den Ilithyien (Geburtsgöttinnen) je 9 Kuchen von 3 verschiedenen Sorten. Am Tage des 2. Juni opferte Agrippa für sich und Augustus der kapitolinischen Juno Regina eine Kuh. Nach seinem eigenen Gebet sprach Agrippa 110 Matronen ein Gebet vor. Die Spiele waren dieselben wie am Tage vorher. In der dritten Nacht opferte Augustus der Mutter Erde eine trächtige Sau; die Matronen veranstalteten Sellisternia. Am Tage des 3. Juni opferten Augustus und Agrippa dem Apollo und der Diana je 9 Kuchen von den schon in der zweiten Nacht verwendeten Sorten. Die Gebete bei den Op-

> fern all dieser Tage und Nächte erflehten Schutz des Staates und Volkes in Krieg und Frieden, Sieg, Gesundheit und Segen für das Volk und die Legionen, für die Person und Familie des opfernden Kaisers und das Kollegium der Fünfzehnmänner. Nach der Opferhandlung, die am Tage des 3. Juni stattfand, sang ein Chor von je 27 Knaben und Mädchen, deren Eltern noch am Leben waren, sowohl auf dem Palatin, wo Apollo und Diana verehrt wurden, wie auf dem Kapitol das von Horaz gedichtete Festlied. ... Den Beschluß des dritten Tages machten Bühnenspiele, Wagenrennen und Vorführungen von Gauklern. Es folgten dann noch ein paar Tage mit verschiedenartigen Aufführungen, in denen die Aufregung des Festes verebbte.
>
> Vergleicht man die augusteische Säkularfeier mit der früheren, so liegt ihr Ideengehalt klar zutage. Das alte Fest war ausschließlich eine Nachtfeier und an die finsteren Götter der Unterwelt, Pluton und Persephone, gerichtet. Es galt Unheil zu tilgen, Sünden abzuwaschen, die Gewalten der Finsternis zu versöhnen, den Rachen des Todes zu beschwichtigen, Schranken aufzurichten zwischen dem, was war, und dem, was werden sollte. Das neue Fest verbindet mit der Nachtfeier die Tagesfeier. Es verkündet allen, die es hören wollen, die triumphierende Botschaft: durch Nacht zum Licht. Und nicht Pluton und Persephone werden in den nächtlichen Begehungen angerufen, sondern die im Dunkel der Erde waltenden, Leben spendenden Mächte, die auch aus ihrem Bereiche den Segen zum Licht heraufsenden sollen, den Rom so inbrünstig erfleht. Die Totenfeier des alten Säkulum wandelte sich in eine Auferstehungsfeier des neuen, und als der Heiland des anbrechenden Zeitalters erscheint der Kaiser der freudetrunkenen Menge, umflossen von der Glorie apollinischen Glanzes.[54]

Unübersehbar kündigt sich in diesem Gedanken schon der mit dem Christentum vollzogene Wechsel des Gottestages vom Samstag, dem Saturni dies, «Tag Saturns» (Saturn ist der Gott und Planet der Kälte, Finsternis und Hemmung), zum neutestamentlichen «Sonn-tag» an: Sol invictus, Zeichen des Lichtes, Sieg über die Finsternis und Wiedergeburt.

Augustus wurde nach seinem Tode in den Kreis der römischen Staatsgötter erhoben; in dieser Ehre war ihm der ermordete Julius

Caesar vorangegangen, dem schon ein Tempel auf dem Forum errichtet worden war. Zu Lebzeiten hatte Augustus einen offenen Kult seiner Person in Rom nicht zugelassen – nur seinem Genius waren Opfer gebracht worden. In den Provinzen jedoch war er als Exponent des Geistes des römischen Staates verehrt worden, und wer sich weigerte, ihm in dieser Eigenschaft zu opfern, beging ein politisches Verbrechen, das mit dem Tode bestraft werden konnte. Nach seinem Ableben wurde für die Durchführung seines Kultes eine besondere Priesterschaft eingesetzt – woraufhin in späteren Jahren für jeden der vergöttlichten Kaiser eine besondere Priesterschaft entstehen sollte, «so daß eine vollständige Entwertung der Apotheose eintrat», wie Deubner bemerkt.[55]

Commodus (reg. 180–192 n. Chr.) war der erste, der sich zu Lebzeiten in Rom als Gott verehren ließ; Aurelian (reg. 270–275) ließ sich «Herr und Gott» (*dominus et deus*) nennen; und Diokletian (reg. 284–305) machte Nägel mit Köpfen und ordnete an, er sei mit dem Titel Iovius, «der Jovier» (Jovis = Jupiter), und sein Mitregent Maximian als Herculius, «der Herculier», zu bezeichnen. Und in dieser Niedergangszeit des Reiches, in der die heiligen Überreste des Kaisers auf einen riesigen mehrstufigen Scheiterhaufen gelegt und dort verbrannt wurden, kam man auf den Gedanken, genau zum rechten Zeitpunkt von der Spitze dieses flammenden kosmischen Turmes einen Adler auffliegen zu lassen, den Sonnenvogel, der nun als die Seele des Verstorbenen, erlöst von ihrer irdischen Mühe und Plage, heimwärts strebte.

4
Der auferstandene Christus

Das sich ständig wiederholende mythische Ereignis des Todes und der Auferstehung eines Gottes, das jahrtausendelang das zentrale Mysterium aller großen Religionen des alten Nahen Ostens gewesen war, wurde im christlichen Denken zu einem nur ein einziges Mal geschehenen Ereignis in der Zeit, das den Zeitpunkt der Verklärung der Geschichte anzeigte. Durch Adams Fall am Baum im Garten Eden war der Tod in die Welt gekommen. Durch Gottes

Bund mit den Kindern Israel war ein Volk dazu bereitet worden, den lebendigen Gott zu empfangen und in Fleisch zu kleiden. Durch Maria war dieses göttliche Wesen in die Welt getreten, nicht im mythischen, symbolischen Sinne, sondern in Fleisch und Blut, historisch. Und am Kreuz hatte er dem Auge und Herzen ein stummes Zeichen gegeben – das je nach dem Standpunkt der diversen Sekten unterschiedlich verstanden wird und doch für alle, einerlei wie verstanden, ungeheure affektive wie auch symbolische Bedeutung besitzt.

Wir haben in Wirklichkeit keine Kenntnis davon, ob der historische Jesus von Nazareth wußte, daß er am Kreuz sterben würde. Ich vermute, es ließe sich behaupten, daß er es in seiner Eigenschaft als wahrer Mensch nicht gewußt haben könne, wohingegen er es als wahrer Gott von Ewigkeit an gewußt haben müsse. Das Paradox des Lebens, tragisch und zugleich aller Tragik enthoben zu sein, ist in seinem stummen Zeichen enthalten. Doch ob – und wenn, dann einerlei in welcher Weise – der inspirierte und inspirierende junge Verkünder des Tages Gottes, der unter Pontius Pilatus (dem römischen Prokurator von Judäa von 26 bis 36 n. Chr.) gekreuzigt wurde, es wußte, es ist jedenfalls eine Tatsache, daß binnen zwei Jahrzehnten nach seinem Tod sein Kreuz für seine Anhänger das Gegensymbol zum Baum des Sündenfalles im Garten geworden war.

Die ältesten uns überkommenen christlichen Urkunden sind die Briefe des Paulus, geschrieben zwischen 51 und 64 n. Chr. an von ihm Bekehrte in den geschäftigen hellenistischen Marktstädten, die er mit dem neuen Glauben bekannt gemacht hatte, und in ihnen war das grundlegende Mythologem vom Sündenfall am Baum und der Erlösung durch das Kreuz bereits fest umrissen. «Da nämlich durch einen Menschen der Tod gekommen ist», schrieb Paulus, «kommt durch einen Menschen auch die Auferstehung der Toten. Denn wie in Adam alle sterben, so werden in Christus alle lebendig gemacht werden.» (1 Kor 15,21–22; geschrieben etwa im Jahre 54.) Und in seinem Brief an die Philipper, geschrieben etwa 61–64, steht ein bemerkenswertes Zitat aus einem frühchristlichen Hymnus, dem ältesten, von dem wir Kenntnis haben, in dem der gekreuzigte Jesus bereits als der Messias begrüßt wird.[56] Es heißt dort:

> Er war Gott gleich, hielt aber nicht daran fest, wie Gott zu sein, sondern er entäußerte sich und wurde wie ein Sklave und den Menschen gleich. Sein Leben war das eines Menschen; er erniedrigte sich und war gehorsam bis zum Tod, bis zum Tod am Kreuz. Darum hat ihn Gott über alle erhöht und ihm den Namen verliehen, der größer ist als alle Namen, damit alle im Himmel, auf der Erde und unter der Erde ihre Knie beugen vor dem Namen Jesu und jeder Mund bekennt: «Jesus Christus ist der Herr» – zur Ehre Gottes, des Vaters. (Phil 2,6–11.)

Dies ist allerdings eine Messiasvorstellung, die sich stark von der orthodoxen jüdischen Erwartung unterscheidet, in der kein Gedanke an den Messias als Gott ist. Wie Joseph Klausner die Erwartung formuliert, war er – und ist er –

> ein wahrhaft überragender Mann, so hochstehend, wie die *jüdische* Vorstellungskraft ihn sich ausmalen konnte: Er war der höchste an Stärke und Heldenmut; er war auch der höchste an Sittlichkeit. Eine große Persönlichkeit, die unvergleichlich höher und stärker ist als gewöhnliche Menschen, eine Persönlichkeit, der sich alle äußerst bereitwillig unterordnen und die alles überwinden kann, aber gerade aus diesen Gründen ein sehr starkes Pflichtgefühl hat – das ist der überragende Mann des Judentums. Von einem überragenden Mann wie ihm läßt sich durchaus sagen: «Du hast ihn nur wenig geringer gemacht als Gott.» [Ps 8,6.] Denn von einem überragenden Mann wie ihm zu Gott ist nur ein Schritt. Diesen Schritt aber tat das Judentum *nicht*. Es bildete innerhalb der Grenzen einer Menschheit, die sich fortwährend selbst emporerzieht, das Ideal aus Fleisch und Blut, «den Gedanken der äußersten Grenze des Menschen» (in der Sprache Kants), diese große Persönlichkeit, durch die und mit deren Hilfe allein der Menschheit Erlösung und Heil werden können – den König-Messias.[57]

Im Gegensatz dazu machte die christliche Legende sich schon sehr frühzeitig (wie frühzeitig ist allerdings umstritten) ein Motiv zu eigen, das schon in der griechischen Mythologie – etwa in den Mythen von Leda und dem Schwan, von Danae und dem goldenen

Regen – und im zarathustrischen Mythos vom Saoshyant wohlbekannt war:

Die Jungfrauengeburt

> Im sechsten Monat wurde der Engel Gabriel von Gott in eine Stadt in Galiläa namens Nazareth zu einer Jungfrau gesandt. Sie war mit einem Mann namens Josef verlobt, der aus dem Haus David stammte. Der Name der Jungfrau war Maria. Der Engel trat bei ihr ein und sagte: «Sei gegrüßt, du Begnadete, der Herr ist mit dir.» Sie erschrak über die Anrede und überlegte, was dieser Gruß zu bedeuten habe. Da sagte der Engel zu ihr: «Fürchte dich nicht, Maria; denn du hast bei Gott Gnade gefunden. Du wirst ein Kind empfangen, einen Sohn wirst du gebären: dem sollst du den Namen Jesus geben. Er wird groß sein und Sohn des Höchsten genannt werden. Gott, der Herr, wird ihm den Thron seines Vaters David geben. Er wird über das Haus Jakob in Ewigkeit herrschen, und seine Herrschaft wird kein Ende haben.» Maria sagte zu dem Engel: «Wie soll das geschehen, da ich keinen Mann erkenne?» Der Engel antwortete ihr: «Der Heilige Geist wird über dich kommen, und die Kraft des Höchsten wird dich überschatten. Deshalb wird auch das Kind heilig und Sohn Gottes genannt werden.» ... Da sagte Maria: «Ich bin die Magd des Herrn; mir geschehe, wie du es gesagt hast.» Danach verließ sie der Engel. (Lk 1,26–35.38.)

Rein auf der Ebene der Legende, ungeachtet der Möglichkeit eines tatsächlichen Wunders, muß die Jungfrauengeburt als mythisches Motiv von der persischen oder griechischen, nicht von der hebräischen Seite des christlichen Erbes aufgefaßt werden; und in den zwei überlieferten Versionen der Weihnachtsszene tauchen noch mehr Motive von dieser heidnischen Seite auf.

Das Kind in der Krippe

> In jenen Tagen erließ Kaiser Augustus den Befehl, alle Bewohner des Reiches in Steuerlisten einzutragen. Dies geschah zum erstenmal; damals war Quirinius Statthalter von Syrien. Da ging jeder in

seine Stadt, um sich eintragen zu lassen. So zog auch Josef von der Stadt Nazareth in Galiläa hinauf nach Judäa in die Stadt Davids, die Bethlehem heißt; denn er war aus dem Haus und Geschlecht Davids. Er wollte sich eintragen lassen mit Maria, seiner Verlobten, die ein Kind erwartete. Als sie dort waren, kam für Maria die Zeit ihrer Niederkunft, und sie gebar ihren Sohn, den Erstgeborenen. Sie wikkelte ihn in Windeln und legte ihn in eine Krippe, weil in der Herberge kein Platz für sie war.

In jener Gegend lagerten Hirten auf freiem Feld und hielten Nachtwache bei ihrer Herde. Da trat der Engel des Herrn zu ihnen, und der Glanz des Herrn umstrahlte sie. Sie fürchteten sich sehr, der Engel aber sagte zu ihnen: «Fürchtet euch nicht, denn ich verkünde euch eine große Freude, die dem ganzen Volk zuteil werden soll: Heute ist euch in der Stadt Davids der Retter geboren; er ist der Messias, der Herr. Und das soll euch als Zeichen dienen: Ihr werdet ein Kind finden, das, in Windeln gewickelt, in einer Krippe liegt.» Und plötzlich war bei dem Engel ein großes himmlisches Heer, das Gott lobte und sprach:

«Verherrlicht ist Gott in der Höhe, und auf Erden ist Friede bei den Menschen seiner Gnade.»

Als die Engel sie verlassen hatten und in den Himmel zurückgekehrt waren, sagten die Hirten zueinander: «Kommt, wir gehen nach Bethlehem, um das Ereignis zu sehen, das uns der Herr verkünden ließ.» So eilten sie hin und fanden Maria und Josef und das Kind, das in der Krippe lag. Als sie es sahen, erzählten sie, was ihnen über dieses Kind gesagt worden war. Und alle, die es hörten, staunten über die Worte der Hirten. Maria aber bewahrte alles, was geschehen war, in ihrem Herzen und dachte darüber nach. Die Hirten kehrten zurück, rühmten Gott und priesen ihn für das, was sie gehört und gesehen hatten; denn alles war so gewesen, wie es ihnen gesagt worden war. (Lk 2,1–20.)

Diese Szene wiederholt in dem Detail der Hirten ein Motiv, das uns schon aus der Sage von Mithras Geburt aus dem mütterlichen Stein vertraut ist. Auch das Engelsheer läßt eher an einen zarathustrischen Hintergrund denken, zumal der Glanz des Herrn es umstrahlt. Ein solches Strahlen – avestisch *chvarnah*, «Glücksglanz»[58] – ist das Licht der Urschöpfung Ahura Mazdās, symbolisiert durch den Glorienschein, der erstmals in der persischen Kunst auftritt und dann nach Osten in die buddhistische und nach Westen in die christliche Sphäre wandert. Eine vollkommen andere Version der Geburt Christi gibt das Evangelium nach Matthäus – denkbar weit entfernt von der idyllischen Atmosphäre der friedlichen Hirtenszene bei Lukas.

Der Besuch der Sterndeuter

Als Jesus zur Zeit des Königs Herodes in Bethlehem in Judäa geboren worden war, kamen Sterndeuter aus dem Osten nach Jerusalem und fragten: «Wo ist der neugeborene König der Juden? Wir haben seinen Stern aufgehen sehen und sind gekommen, um ihm zu huldigen.» Als König Herodes das hörte, erschrak er und mit ihm ganz Jerusalem. Er ließ alle Hohenpriester und Schriftgelehrten des Volkes zusammenkommen und erkundigte sich bei ihnen, wo der Messias geboren werden solle. Sie antworteten ihm: «In Bethlehem in Judäa; denn so steht es bei dem Propheten:

‹Du, Bethlehem im Gebiet von Juda, bist keineswegs die unbedeutendste unter den führenden Städten von Juda; denn aus dir wird ein Fürst hervorgehen, der Hirt meines Volkes Israel.›» [Mi 5,1.3.]

Danach rief Herodes die Sterndeuter heimlich zu sich und ließ sich von ihnen genau sagen, wann der Stern erschienen war. Dann schickte er sie nach Bethlehem und sagte: «Geht und forscht sorgfältig nach, wo das Kind ist; und wenn ihr es gefunden habt, berichtet mir, damit auch ich hingehe und ihm huldige.» Nach diesen Worten des Königs machten sie sich auf den Weg. Und der Stern, den sie hatten aufgehen sehen, zog vor ihnen her bis zu dem Ort, wo das Kind war; dort blieb er stehen. Als sie den Stern sahen, wurden sie von sehr großer Freude erfüllt. Sie gingen in das Haus und sahen das Kind und Maria, seine Mutter; da fielen sie nieder und huldigten ihm. Dann holten sie ihre Schätze hervor und brachten ihm Gold, Weihrauch und Myrrhe als Gaben dar. Weil ihnen aber im Traum geboten wurde, nicht zu Herodes zurückzukehren, zogen sie auf einem anderen Weg heim in ihr Land. (Mt 2,1–12.)

Das Dreikönigsfest, das den Besuch der Sterndeuter feiert, wird heute am 6. Januar gehalten, im ägyptischen Alexandria der Festtag der Geburt des neuen Aion (eine synkretistische Personifikation des Osiris) durch Kore, «das Mädchen», das dort mit Isis identifiziert wurde, deren erwartetes Zeichen über Jahrtausende hin das Aufsteigen des hellen Sterns Sirius (Sothis) am Horizont gewesen war. Der Aufgang des Stern kündigte den Anstieg des Nilhochwassers an, durch das die welterneuernde Gnade des toten und wieder auferstandenen Herrn Osiris sich über das Land ergießen sollte. Vom Fest der Kore in ihrem Tempel in Alexandria schreibt Epiphanios (ca. 315–402 n. Chr.): «Am Vorabend jenes Tages war es Brauch, die Nacht mit Singen und Huldigung der Götterbilder zu verbringen. Bei Tagesanbruch stieg man in eine Gruft hinab und holte eine Holzfigur herauf, die das Zeichen eines Kreuzes und eines Sterns aus Gold auf Händen, Knien und Kopf hatte. Sie wurde in einer Prozession herumgetragen und dann in die Gruft zurückgebracht; und es hieß, dies geschehe, weil ‹das Mädchen› ‹den Aion› geboren habe.»[59]

Der heutige Brauch, die Geburt Christi am 25. Dezember zu feiern, wurde anscheinend erst im Jahre 353 oder 354 in Rom unter Papst Liberius eingeführt, möglicherweise um das Fest des Mithra zu vereinnahmen, der am gleichen Tag aus dem mütterlichen Stein geboren worden war. Denn der 25. Dezember war in den damaligen Jahrhunderten der Tag der Wintersonnwende: jetzt also konnte man in Christus wie in Mithra und dem Kaiser von Rom die aufgegangene Sonne sehen.[60] Damit haben wir zwei Mythen und zwei Daten der Weihnachtsszene, den 25. Dezember und den 6. Januar, mit Anknüpfungen einerseits an den persischen und andererseits an den altägyptischen Kulturkreis.

Die Version des Matthäus fährt fort:

Die Flucht nach Ägypten und der Kindermord zu Bethlehem

> Als die Sterndeuter wieder gegangen waren, erschien dem Josef im Traum ein Engel des Herrn und sagte: «Steh auf, nimm das Kind und seine Mutter, und flieh nach Ägypten; dort bleibe, bis ich dir etwas anderes auftrage; denn Herodes wird das Kind suchen, um es

zu töten.» Da stand Josef in der Nacht auf und floh mit dem Kind und dessen Mutter nach Ägypten. Dort blieb er bis zum Tod des Herodes. Denn es sollte sich erfüllen, was der Herr durch den Propheten gesagt hat: «Aus Ägypten habe ich meinen Sohn gerufen.» [Hos 11,1.]

Als Herodes merkte, daß ihn die Sterndeuter getäuscht hatten, wurde er sehr zornig, und er ließ in Bethlehem und der ganzen Umgebung alle Knaben bis zum Alter von zwei Jahren töten, genau der Zeit entsprechend, die er von den Sterndeutern erfahren hatte. Damals erfüllte sich, was durch den Propheten Jeremia gesagt worden ist:

«Ein Geschrei war in Rama zu hören, lautes Weinen und Klagen: Rahel weinte um ihre Kinder und wollte sich nicht trösten lassen, denn sie waren dahin.» [Jer 31,15.]

Als Herodes gestorben war, erschien dem Josef in Ägypten ein Engel des Herrn im Traum und sagte: «Steh auf, nimm das Kind und seine Mutter, und zieh in das Land Israel; denn die Leute, die dem Kind nach dem Leben getrachtet haben, sind tot.» Da stand er auf und zog mit dem Kind und dessen Mutter in das Land Israel. Als er aber hörte, das in Judäa Archelaos an Stelle seines Vaters Herodes regierte, fürchtete er sich, dorthin zu gehen. Und weil er im Traum einen Befehl erhalten hatte, zog er in das Gebiet von Galiläa und ließ sich in einer Stadt namens Nazareth nieder. Denn es sollte sich erfüllen, was durch die Propheten gesagt worden ist: «Er wird Nazarener genannt werden.» (Mt 2,13–23.)

Es ist interessant, mit dieser Schilderung der Bosheit des tyrannischen Königs eine jüdische Legende von der Geburt Abrahams zu vergleichen, die aus einem späten Midrasch stammt:

Bevor Abram geboren wurde, war Nimrod ein Leugner des Gottesglaubens; er überhob sich selber und sprach von sich, er sei Gott, und die Leute seiner Zeit dienten ihm und beteten ihn an.

Aber dieser König war auch ein Sternseher und ein Weiser, und er ersah aus der Stellung der Sterne, daß in seinen Tagen einer geboren werden würde, der sich wider ihn erheben und ihn besiegen würde. Da ließ Nimrod seine Ratmannen rufen, erzählte ihnen von dem, was er gesehen hatte, und fragte: «Was ratet ihr mir zu tun?» Die Weisen erwiderten: «Laß ein großes Haus bauen, in seinen Eingang einen Wächter stellen und im ganzen Reich verlauten, daß alle Weiber, die schwanger sind, dorthin kommen sollen; auch die Wehmütter sollen sich dort einfinden, die sollen bei den Weibern verbleiben, bis diese geboren haben. Wenn nun ein Weib gebiert und sie sehen, daß es ein Knabe ist, sollen sie ihn auf dem Schoße der Mutter abschlachten; ist's aber eine Tochter, so soll sie am Leben bleiben, und ihre Mutter soll Geschenke bekommen und in königliche Kleider gehüllt werden, und es soll vor ihr ausgerufen werden: ‹Also wird ein Weib geehrt, das eine Tochter geboren hat!›»

Der König befolgte den Rat seiner Weisen und ließ Baumeister kommen, die ein großes Haus bauen sollten, sechzig Ellen hoch und achtzig Ellen weit. Danach gab er Befehl, daß alle schwangeren Weiber in das Haus kommen und dort verbleiben sollten, bis sie geboren hätten. Er setzte Amtleute ein, die die Weiber dorthin bringen sollten, und auch Wächter, die das Haus behüten sollten, daß der Weiber keines entflöhe. Außerdem ließ er Wehmütter da einziehen und befahl ihnen, jeden neugeborenen Sohn auf dem Schoß seiner Mutter zu töten, jedes Weib aber, das eine Tochter gebäre, in köstliche Leinwand, Seide und Purpur zu kleiden und mit großen Ehren nach Hause zu führen.

Man erzählt, daß mehr als siebzigtausend Knaben auf diese Weise umgebracht wurden. Als die Engel im Himmel das Morden der Kinder sahen, sprachen sie vor dem Herrn: «Siehst du nicht, was Nimrod, der Sohn Kanaans, tut, der Gottlose, der Leugner deines Namens? Wie er so viele Kinder hinschlachtet, deren Hände doch kein Unrecht begangen haben?» Der Herr sprach: «Ihr heiligen Engel, wohl weiß ich es und sehe ich es, denn ich schlummere und schlafe nicht. Doch ihr sollt es noch schauen, was ich diesem Missetäter und Ungläubigen antun und wie ich Hand an ihn legen werde, um ihn zu strafen.»

In jenen Tagen ging ein Weib und nahm einen Mann namens Tarah und ward schwanger von ihm. Nach drei Monaten wurde ihr Leib stark und ihr Angesicht bleich. Da fragte Tarah: «Was ist dir, mein Weib, daß dein Angesicht bleich geworden ist und dein Leib stärker denn sonst?» Das Weib erwiderte: «Alljährlich um diese Zeit kommt diese Krankheit über mich.» Tarah sprach: «Laß mich deinen Leib befühlen, denn mir ist, als seiest du schwanger, und trifft das zu, so geziemt es sich nicht für uns, das Gebot unseres Gottes Nimrod zu übertreten.» Und Tarah legte seine Hand auf ihren Leib. Da vollbrachte der Herr ein Wunder, das Kind ging nach oben bis an die Brust, so daß Tarah nichts fand. Er sprach: «Du hast die Wahrheit gesagt.» Und so konnte man nichts merken und nichts wissen, bis die Monate der Schwangerschaft voll wurden.

Doch da hatte das Weib große Furcht; sie ging aus der Stadt und schritt durch die Wüste, bis sie an einen Fluß kam. In der Nähe des Flusses fand sie eine Höhle, und in die ging sie hinein. Am Tage darauf ward sie von Mutterwehen ergriffen und gebar einen Sohn. Da wurde auf einmal die ganze Höhle hell wie vom Sonnenschein – so leuchtete das Gesicht des Knaben –, und die Mutter ward voll großer Freude. Dieser Knabe aber war unser Vater Abraham, Friede sei mit ihm!

Und das Weib tat ihren Mund auf und sprach: «Ich habe dich zu einer Zeit geboren, da der König Nimrod siebzigtausend Kinder um deinetwillen getötet hat; nun aber fürchte ich, daß er, wenn er von dir erfährt, auch dich töten wird. So ist es wohl besser, du stirbst hier, als daß meine Augen schauen, wie du auf meinem Schoß hingeschlachtet wirst.» Und sie zog ihr Kleid aus, hüllte den Knaben darein und sprach: «Gott sei mit dir, mein Kind, er tue seine Hand von dir nicht ab und verlasse dich nicht.» Und sie ließ den Knaben in der Höhle liegen und kehrte nach Hause zurück.

Der Knabe fing an zu weinen, als er in der Höhle ohne Amme blieb. Der Herr aber, gelobt sei er, hörte das Weinen und schickte den Engel Gabriel, daß er dem Kinde Nahrung gebe. Und der Engel reichte ihm einen Finger der rechten Hand, aus dem quoll Milch, und der Knabe sog daran. Als er zehn Tage alt ward, fing er an zu gehen und verließ die Höhle...[61]

In Indien erzählt man sich eine ähnliche Geschichte von dem innig geliebten Heiland Krishna, in dessen Fall der tyrannische König sein schrecklicher Onkel Kansa war. Die Mutter des Heilands, Devakī, war königlicher Abstammung, die Nichte des Tyrannen, und zu der Zeit, als sie heiratete, hörte der böse Herrscher auf geheimnisvolle Weise eine Stimme, die ihm mitteilte, daß er durch ihr achtes Kind den Tod finden werde. Er sperrte daher sie samt ihrem Mann, dem frommen Edelmann Vāsudeva, in ein streng bewachtes Gefängnis , wo er ihre ersten sechs Kinder eines nach dem anderen umbringen ließ.

Denn in jenen Tagen hatten etliche Dämonen, nachdem sie die Frauen der Erde durch verschiedene Schliche verführt hatten, es fertiggebracht, überall auf der Welt als Tyrannen geboren zu werden, und Kansa war der größte unter ihnen. Der Druck ihrer Tyrannei war so groß, daß die Göttin Erde die Last ihrer kriegführenden Heere nicht mehr zu tragen vermochte, die Gestalt einer Kuh annahm und bitterlich weinend auf dem Gipfel des kosmischen Berges vor die Götter trat, um ihre Hilfe zu erflehen. Diese begaben sich daraufhin zusammen mit der Kuh an das Gestade des kosmischen Ozeans, auf dessen Oberfläche der Herr des Alls in ewigem Schlaf auf der unendlichen Schlange Ananta lag und den Traum träumte, der da die Welt ist. Am Ufer des kosmischen Meeres angekommen, verneigte sich der Anführer der versammelten Götter, der Schöpfer Brahmā, und betete zu der großen Gestalt, die weit draußen auf der Tiefe zu sehen war. «O großer Vishnu, gestalthaft und gestaltlos, Einer und Viele zugleich, der du hörst ohne Ohren, siehst ohne Augen, alles kennst und doch von niemand erkannt wirst: du bist die All-Mitte, der Beschützer aller Wesen, in dem alle ruhen. Es gibt nichts anderes als dich, o Herr, noch wird es jemals etwas anderes geben. Ehre sei dir, dem Größten der Großen, dem Kleinsten der Kleinen, dem Alldurchdringer. Sieh an die Göttin Erde, die hier in schrecklicher Bedrängnis zu dir kommt!»

Als das Gebet vorbei war, hörte man eine Stimme, tief, gewaltig und doch sanft und gütig, dem Rollen fernen Donners gleich, die sie alle ruhig sein hieß. Dabei zupfte sich die strahlende schlummernde Gestalt, die in der Farbe eines blauen Lotos auf den milchweißen Schlangenwindungen des vielköpfigen Ananta lag, sich zwei Haare aus, ein milchweißes und ein blauschwarzes, und ließ sie dann in die Luft fliegen.

Das weiße Haar, weiß wie Ananta, wurde als siebtes Kind der Devakī geboren, der Heiland Balarāma, und das schwarze Haar als achtes, der schwarze Krishna. Nun hatte aber Vāsudeva, der Mann der Guten, sieben Frauen, von denen eine über die Yamuna in einen Bezirk geschickt worden war, den man das Kuhland nannte; und als der Knabe Balarāma schon unterwegs war, wurde er durch ein Wunder in diesen Mutterleib auf der anderen Flußseite überführt, und an den tyrannischen König erging die Meldung, Devakī habe eine Fehlgeburt gehabt. Das achte Kind jedoch durfte im richtigen Mutterleib heranreifen, und während die Mutter es trug, war sie derart lichtumflort, daß niemand sie länger anschauen konnte. Und die den Sterblichen unsichtbaren Götter priesen sie ohne Unterlaß von dem Zeitpunkt an, da Vishnu als seine Inkarnation Krishna in sie eingegangen war.

Am Tag der Geburt erstrahlten die vier Weltgegenden vor Freude. Alle Gerechten empfanden an diesem Tag neues Glück, heftige Sturmwinde legten sich, und die Flüsse glitten friedlich dahin. Die murmelnden Meere machten eine Musik, zu der die himmlischen Nymphen tanzten. Und zu Mitternacht ergossen die Wolken mit leisem, wohligem Ton einen Blumenregen zum Willkommensgruß der Geburt.

Als aber Vāsudeva das Kind sah, von leuchtender, dunkelblauer Hautfarbe, mit vier Armen und auf der Brust eine weiße Haarlokke, da rief der Vater entsetzt: «Du bist geboren! Doch, o höchster Gott aller Götter, Träger des Muschelhorns, der Wurfscheibe und der Keule, sei gnädig und erscheine nicht in dieser deiner himmlischen Gestalt!» Auch seine Mutter Devakī betete also. Da nahm der Gott kraft seiner Māyā die Gestalt eines gewöhnlichen neugeborenen Kindes an.

Vāsudeva hob es nunmehr auf und eilte mit ihm in die regnerische Nacht hinaus, derweil die Wächter, verzaubert von der Macht Vishnus, fest schliefen. Die vielköpfige kosmische Schlange folgte dicht hinterdrein und spreizte ihre breiten milchweißen Hälse über den Häuptern von Vater und Kind auf. Und als Vāsudeva durch den Fluß ans andere Ufer watete, wurde das Wasser ruhig, so daß er mühelos in das Kuhland gelangte. Dort traf er abermals die Welt schlafend an. Aber eine gute Frau mit Namen Yashodā, bei der seine zweite Frau wohnte, hatte gerade ein Mädchen zur Welt gebracht. Vāsudeva tauschte seinen Sohn gegen dieses Mädchen aus, indem er ihn der schlafenden Mutter an die Seite legte, die daher, als sie aufwachte, voller Freude meinte, sie habe einen Jungen bekommen. Vāsudeva aber überquerte mit dem Mädchen auf dem Arm erneut den Fluß und gelangte unbemerkt an die Seite seiner Frau, und die Tore der Stadt und des Gefängnisses schlossen sich von selbst.

Jetzt weckte der Schrei des neugeborenen Kindes die Wächter auf, und diese fuhren hoch und benachrichtigten den Tyrannen, der sogleich in die Kammer gestürzt kam, die Kleine von der Brust der Mutter riß und gegen einen Felsen schleuderte. Jedoch das vermeintliche Opfer erhob sich in die Luft, dehnte sich aus und nahm die Gestalt einer riesenhaften Göttin mit acht Armen an, in jeder Hand eine furchtbare Waffe: einen Bogen, einen Dreizack, Pfeile und einen Schild, ein Schwert, ein Muschelhorn, eine Wurfscheibe und eine Keule. Und mit grausigem Lachen schrie dieses Schrekkensbild ihn an: «Kansa, was hast du jetzt davon, daß du mich auf den Boden geworfen hast? Er, der dich töten wird, ist bereits geboren.» Denn sie war die Göttin Mahāmāyā, «die große Illusion». Sie war Vishnus eigene welterhaltende Traumkraft; als dieser nämlich in Devakīs Schoß eingegangen war, hatte sie sich in Yashodās Schoß eingefunden – eigens zu diesem Streich. In herrliche Gewänder gehüllt und mit vielen prächtigen Girlanden, Schmuckstücken und Juwelen behängt, von den Geistern der Luft und der Erde gepriesen, füllte sie die Himmel und löste sich im Äther auf.[62]

Wenn es um Wunder geht, ist Indien nicht zu schlagen. Der Text, den ich hier zusammengefaßt habe, stammt aus dem *Bhāgavata-Purāna*, einem beliebten Werk aus dem zehnten Jahrhundert n. Chr. – dem ich in der *Mythologie des Ostens* eine der Versionen von Krishnas Mondscheintanz mit den Gopīs entnommen habe.[63] Doch die Verehrung Krishnas findet sich schon viel früher erwähnt, nämlich von Megasthenes, dem griechischen Gesandten am Hofe des Candragupta Maurya (300 v. Chr.), der den indischen Heroengott dem Herakles vergleicht. Die ältesten Berichte über seine Taten stehen in dem Epos *Mahābhārata* (ca. 400 v. Chr. – 400 n. Chr.) und dessen Anhang, dem *Harivamsha* (6. Jahrhundert n. Chr.). Somit deckt sich die Zeit der Entstehung der Krishnalegende ungefähr mit der Zeit der nachexilischen hebräischen Entwicklung, und Persien, die Griechen und schließlich Rom hatten in dem Austausch zwischen den Kulturen ihre Hand im Spiel. – Es kann nicht bezweifelt werden, daß die Mythologien große Ähnlichkeiten aufweisen, auch wenn es wichtige Bedeutungs- und Stilunterschiede gibt. Die levantinischen Sagen hatten eine soziale Stoßrichtung, indem sie ihre eigenen Kulte unter Diffamierung aller anderen, von denen Kenntnis bestand, beweihräucherten, während die indischen Sagen eine im wesentlichen psychologische Symbolik entwickelten, das heißt, der tyrannische Dämon bezeichnete nicht eine fremde Religion, sondern die Ausrichtung einer an das Ich und die Furcht vor dem Tod gefesselten Seele, und der Erlöser war eine Manifestation jenes jenseits von Leben und Tod stehenden Geistes, der die innere Wirklichkeit von uns allen ist. Das Übersetzen ans andere Ufer, ins Kuhland (man vergleiche die Hirten und ihre Herden), bedeutet eine Akzentverschiebung vom Ich, der Welt des tyrannischen Königs, auf die überall in der Natur offenbare Wirklichkeit, die Welt der großen Göttin Erde, personifiziert von frühneolithischen Zeiten an in der Gestalt einer Kuh (man vergleiche die ägyptische Hathor, die sumerische Ninchursag usw.).[64] Die Mythen gleichen sich weitgehend; dennoch wäre es nicht richtig, vom einen auf den Sinn des anderen schließen zu wollen. Sie sind nur durch Haaresbreite und doch durch Welten gtrennt.

Außerdem sind sie alle erheblich jünger als die griechische Sage von der Geburt des Zeus, die Hesiod um 750 v. Chr. in seiner *Theogonie* erzählt. Dort lesen wir:

> Rhea aber, Kronos [ihrem Bruder und Gatten] vereint, gebar ihm strahlende Kinder, Hestia, Demeter und Hera mit goldenen Schuhen und den erlauchten Hades, der unter der Erde seine Häuser bewohnt, kein Erbarmen kennt sein Herz, und gebar den laut dröhnenden Erderschütterer und Zeus den klugen, den Vater der Götter und Menschen, unter dessen Donner die weite Erde bebt.
>
> Und die Kinder verschlang der riesige Kronos, sogleich wenn ein jedes aus der Mutter heiligem Schoß hervorkam zu ihren Knien, weil er befürchtete in seinem Sinn, daß ein andrer der erlauchten Nachkommen des Himmels die königliche Würde unter den Unsterblichen übernähme. Er erfuhr nämlich von der Erde [Gaia] und dem gestirnten Himmel [Uranos], daß es ihm bestimmt war, von seinem

eigenen Sohn bezwungen zu werden, so stark er selber war – nach Zeus', des großen, Ratschluß. Darum stand er nicht unachtsam auf der Warte, sondern lauerte und verschlang seine Kinder. Und Rhea hielt unerträgliches Leid gefangen. Doch als sie nun Zeus gebären sollte, den Vater der Götter und Menschen, da geschah's, daß sie anflehte die lieben Eltern, die ihren, die Erde und den gestirnten Himmel, ihr zu helfen mit dem Ersinnen eines Plans, wie sie verborgen bleiben könnte beim Gebären ihres lieben Sohns und Kronos zahlen ließe die Schuld, die geschuldet wurde den Erinyen ihres Vaters (des Himmels) und denen ihrer Kinder, die verschlungen hatte der große Kronos, der Krummes sinnende. Und die hörten sehr gern auf ihre Tochter und waren ihr willig und zeigten ihr alles an, was nach der Bestimmung geschehen sollte mit Kronos dem König und dem starkgesinnten Sohn. Nach Lyktos rieten sie ihr zu gehen, in Kretas fruchtbaren Gau, wenn die Zeit käme, zu der sie den jüngsten ihrer Söhne gebären sollte, Zeus, den großen. Es sagte zu die gewaltige Erde, den von ihr zu übernehmen und ihn in Kreta, der breiten Insel, zu nähren und aufzuziehen. Dorthin kam sie, als sie ihn durch schnelle dunkle Nacht getragen, nach Lyktos, der ersten Stätte des Zeus. Sie nahm und verbarg ihn mit ihren Händen in einer hohen Grotte, in den Tiefen heiliger Erde, im Berg Aigaion, dicht mit Wald bedeckt. Einen großen Stein aber schlug sie in Windeln ein und übergab ihn dem mächtigen Herrn, dem Himmelssohn, der Götter früherem König. Den ergriff er damals mit seinen Händen und tat ihn in seinen Leib, der grimmige, und nahm es nicht wahr in seinem Sinn, daß ihm, ausgetauscht mit dem Stein, für die Zukunft zurückblieb sein Sohn, unbesiegt und unversehrt, der ihn alsbald bezwingen sollte mit seiner Stärke und seinen Händen und aus der Würde vertreiben, selber aber unter den Unsterblichen herrschen sollte.

Rasch wuchsen darauf heran der Mut und die strahlenden Glieder des so mächtigen Herren. Als aber das Jahr sich rundete, gab, überlistet von der Erde vielklugem Rat, seine Nachkommenschaft wieder heraus der große, Krummes sinnende Kronos, unterlegen Künsten und Macht seines eigenen Sohnes. Und zuerst spie er aus den Stein, den er zuletzt verschlungen. Den stemmte Zeus in die weitstraßige Erde im hochheiligen Pytho (Delphi) an des Parnaß Hängen, daß er künftig ein Zeichen sei, zum Staunen für die sterblichen Menschen.

Und des Vaters Brüder löste er von den schlimmen Fesseln, die Kinder des Himmels, die ihr Vater in seinem schlimmen Sinn gebunden hatte. Die, eingedenk seiner Wohltat, wußten ihm dafür Dank, und sie gaben ihm Donner und rauchenden Blitzkeil und Gleißen; früher hatte die gewaltige Erde diese verborgen. Auf die baut er und herrscht so über Sterbliche und Unsterbliche.[65]

Der Mythos geht zurück auf das Millenium Kretas und weiter zurück noch auf die neolithische Erdgöttin und ihren Sohn. Aus dem späteren Griechenland erinnern wir uns an die Geburt des Perseus und aus der Zarathustralegende an die Klage der Seele der Kuh. Ja, wir erinnern uns an eine zahllose Menge solcher Geschichten und Episoden und müssen angesichts von ihnen allen letztlich den Schluß ziehen, daß mit den neolithischen Fertigkeiten des Ackerbaus und dem seßhaften Dorfleben ein reichhaltiges Umfeld mythischer Überlieferungen über das ganze Antlitz der Erde verbreitet wurde, dem überall Elemente entnommen wurden, aus denen dann Heldenmythen entstanden: von Quetzalcoatl in Mexiko, von Osiris in Ägypten, von Krishna und Buddha in Indien und von Abraham und Christus im Nahen Osten. Zarathustra, Buddha und Christus waren anscheinend historische Personen, einige der anderen vielleicht nicht. Aber ob erdichtet oder historisch, die Namen und Gestalten der großen und kleinen Helden der Welt wirken unwiderstehlich als Magneten auf jene freischwebenden Mythenstäubchen, die überall in der Luft liegen. In einer Erörterung der Geschichte der Evangelien bemerkt Charles Guignebert zum Entwicklungsverlauf der Christuslegende: «Jesus der Nazarener verschwand und wich dem verherrlichten Christus.»[66] Es mußte so kommen. In der buddhistischen Sphäre wurde durch die Zusammenstellung von vielen derselben Motive aus der Lebensgeschichte Gautamas ein übernatürliches Geschehen gemacht. Durch einen solchen Vorgang geht die Geschichte verloren; doch es wird auch Geschichte gemacht. Denn die Funktion einer solchen Mythenbildung ist es, den Sinn eines Lebens zu deuten, nicht seine Tatsachen festzuhalten, und dann die Kunstform der Legende als ein aktivierendes Symbol zur Inspiration und Gestaltung zukünftiger Leben und sogar Kulturen anzubieten.

Doch schauen wir uns noch ein paar bedeutsame Episoden aus dieser Legende des Menschen, der Gott war, an.

Die Taufe im Jordan

Es ist im Laufe der Jahrhunderte viel aus der Tatsache gelesen worden, daß sich im Evangelium nach Markus weder die Jungfrauengeburt noch die Kindheit des Heilands geschildert findet. Der Text beginnt mit seiner Taufe und dem Niederfahren des Geistes als Taube dabei. Er ist so knapp und einfach, wie ein Bericht nur sein kann:

> In jenen Tagen kam Jesus aus Nazareth in Galiläa und ließ sich von Johannes im Jordan taufen. Und als er aus dem Wasser stieg, sah er, daß der Himmel sich öffnete und der Geist wie eine Taube auf ihn herabkam. Und eine Stimme aus dem Himmel sprach: «Du bist mein geliebter Sohn, an dir habe ich Gefallen gefunden.» (Mk 1,9–11.)

Die Taufe ist das erste Ereignis der Lebensgeschichte, das in allen drei synoptischen Evangelien steht, und da die Version des Markus von etwa 75 n. Chr. die älteste ist, lieferte sie den Stoff, aus dem die anderen beiden schöpften. Dem zum Trotz sagt in einem zuverlässigen Text des Lukasevangeliums die Stimme aus dem Himmel nicht: «Du bist mein geliebter Sohn», sondern: «Mein Sohn bist du, ich habe dich heute gezeugt.»[67]

Nun hängt sich der Streit um die Stellung Marias an der Frage auf, ob Jesus vom Augenblick der Empfängnis an Gottes Sohn war oder ob er erst bei seiner Taufe durch Johannes mit seiner göttlichen Sendung betraut wurde. Die historische Existenz Johannes' des Täufers läßt sich offenbar nicht leugnen. Der fast zur gleichen Zeit lebende jüdische Geschichtsschreiber Josephus erklärt, daß er «ein edler Mann war, der die Juden anhielt, nach Vollkommenheit zu streben, indem er sie ermahnte, Gerechtigkeit gegeneinander und Frömmigkeit gegen Gott zu üben und so zur Taufe zu kommen. Dann werde, verkündigte er, die Taufe Gott angenehm sein, weil sie dieselbe nur zur Heiligung des Leibes, nicht aber zur Sühne für ihre Sünden anwendeten; die Seele nämlich sei dann ja schon vorher durch ein gerechtes Leben entsündigt.» Und weiter: «Da nun infolge der wunderbaren Anziehungskraft solcher Reden eine gewaltige Menschenmenge zu Johannes strömte, fürchtete Herodes [Herodes Antipas, der von 4 v. Chr. bis 39 n. Chr. über Galiläa und Peräa herrschte], das Ansehen des Mannes, dessen Rat allgemein befolgt zu werden schien, möchte das Volk zum Aufruhr treiben, und hielt es daher für besser, ihn rechtzeitig aus dem Wege zu räumen, als beim Eintritt einer Wendung der Dinge in Gefahr zu geraten und dann, wenn es zu spät sei, Reue empfinden zu müssen. Auf diesen Verdacht hin ließ also Herodes den Johannes in Ketten legen, nach der Festung Machaerus bringen ... und dort hinrichten.»[68]

Das Markusevangelium (6,16–29) schildert in seiner berühmten Geschichte vom Tanz der Salome die Enthauptung Johannes' des Täufers. Und von der Lehr- und Tauftätigkeit des Johannes weiß dasselbe Evangelium zu berichten:

> So trat Johannes der Täufer in der Wüste auf und verkündigte Umkehr und Taufe zur Vergebung der Sünden. Ganz Judäa und alle Einwohner Jerusalems zogen zu ihm hinaus; sie bekannten ihre Sünden und ließen sich im Jordan von ihm taufen. Johannes trug ein Gewand aus Kamelhaaren und einen ledernen Gürtel um seine Hüften, und er lebte von Heuschrecken und wildem Honig. Er verkündete: «Nach mir kommt einer, der ist stärker als ich; ich bin es nicht wert, mich zu bücken, um ihm die Schuhe aufzuschnüren. Ich habe euch nur mit Wasser getauft, er aber wird euch mit dem Heiligen Geist taufen.» (Mk 1,4–8.)

Die Wirkungsstätte des Johannes lag, wie schon oben (S. 322) erwähnt, ungefähr fünfzehn Kilometer von der Essenergemeinde von Qumran entfernt, wo ein weißgewandetes Heer des Herrn in Erwartung genau eines solchen, wie er ihn voraussagte, wachte und sich vorbereitete. Die Wüstenluft war in jenen Tagen erfüllt von der Hoffnung auf einen Messias und das messianische Zeitalter. Johannes jedoch war kein Essener, wie wir sowohl seiner Kleidung als auch seiner Ernährung entnehmen. Er stand vielmehr in der

Nachfolge Elias, von dem es in 2 Könige 1,8 heißt: «Er trug einen Mantel aus Ziegenhaaren und hatte einen ledernen Gurt um die Hüften.» Und die Taufe, die er predigte, welche Bedeutung sie zu der Zeit auch immer gehabt haben mag, war ein uralter, aus der sumerischen Tempelstadt Eridu überkommener Ritus des Wassergottes Ea, «Gott des Hauses der Wasser», dessen Symbol das zehnte Tierkreiszeichen war, Capricornus (ein Mischwesen mit dem Vorderteil einer Ziege und dem Rumpf eines Fisches; der «Steinbock»), das Zeichen, in das die Sonne bei der Wintersonnwende zur Wiedergeburt eintritt. In der hellenistischen Zeit wurde Ea Oannes genannt, was dann zu griechisch Ioannes, lateinisch Johannes und hebräisch Johanan wurde. Einige Fachgelehrte haben daher die Ansicht geäußert, es habe niemals einen Johannes oder einen Jesus gegeben, sondern nur einen Wassergott und einen Sonnengott. Durch die Chronik des Josephus scheint allerdings Johannes verbürgt zu sein;[69] und ich überlasse es dem Leser, sich auszumalen, wie er sowohl zu dem Namen als auch zu dem Ritus des Gottes kam.

Die Episode der Taufe, ob als mythisches Motiv oder als biographisches Faktum genommen, steht somit für das unwiderrufliche Überschreiten einer Schwelle. In der Buddhalegende entspricht dem die lange Reihe von Besuchen bei Einsiedeleien und Asketen und zuletzt der Aufenthalt bei den fünf fastenden Bettelmönchen am Ufer der Nairañjana, nach dem der zukünftige Buddha im Wasser des Flusses badete und allein zum Baum der Erleuchtung davonzog.[70] Analog dazu beschreiben Johannes der Täufer und seine Schar den äußersten Horizont der Vollendung im heiligen Wandel vor dem Sieg des Erlösers: den letzten Außenposten, jenseits dessen er sein einsames, individuelles Abenteuer nun fortsetzen mußte. Und wie der zukünftige Buddha, nachdem er alle Weisen seiner Zeit erprobt hatte, in der Nairañjana badete und sich allein auf den Weg zu seinem Baum machte, so kam auch Jesus ein halbes Jahrtausend später, nachdem er die Weisheit des Gesetzes und die Lehre der Pharisäer hinter sich gelassen hatte, in gleicher Weise zu dem letztmöglichen Lehrer seiner Zeit – und ging über ihn hinaus.

Im Markusevangelium ist, wie gesagt, diese Begebenheit die erste, die vom Heiland erzählt wird: von der Jungfrauengeburt ist in diesem Text nicht die Rede. Aber sie wird auch weder von Paulus noch von Johannes erwähnt – und abgesehen von den zwei obengenannten Stellen, die späte Interpolationen sein können, auch nicht von Matthäus und Lukas. Außerdem erscheinen bei Matthäus und Lukas zwei ganz verschiedene Stammbäume, die jedoch beide die Linie des Hauses David über Josef bis auf Jesus fortführen (Mt 1,1–17; Lk 3,23–38). Es ist einigermaßen sicher, daß in der frühesten, rein jüdischen Entwicklungsphase dieser Legende die ganz unjüdische Vorstellung der Zeugung eines Helden durch einen Gott keine Rolle gespielt haben kann und daß die Episode der Einweihungstaufe im Jordan den Antritt der messianischen Laufbahn bezeichnet haben muß.

Die Versuchung in der Wüste

Nach den Worten «Du bist mein geliebter Sohn» fährt das Markusevangelium fort: «Danach trieb der Geist Jesus in die Wüste. Dort blieb Jesus vierzig Tage lang und wurde vom Satan in Versuchung geführt. Er lebte bei den wilden Tieren, und die Engel dienten ihm.» (Mk 1,12–13.)

Matthäus und Lukas führen diese Geschichte weiter aus. Die folgende Schilderung ist von Lukas:

> Erfüllt vom Heiligen Geist, verließ Jesus die Jordangegend. Darauf führte ihn der Geist vierzig Tage lang in der Wüste umher, und dabei wurde Jesus vom Teufel in Versuchung geführt. Die ganze Zeit über aß er nichts; als aber die vierzig Tage vorüber waren, hatte er Hunger. Da sagte der Teufel zu ihm: «Wenn du Gottes Sohn bist, so befiehl diesem Stein, zu Brot zu werden.» Jesus antwortete ihm: «In der Schrift heißt es: ‹Der Mensch lebt nicht nur von Brot.›» [Dtn 8,3; in Mt 4,4 steht ergänzend: «... sondern von jedem Wort, das aus Gottes Mund kommt.»]
>
> Da führte ihn der Teufel (auf einen Berg) hinauf und zeigte ihm in einem einzigen Augenblick alle Reiche der Erde. Und er sagte zu ihm: «All die Macht und Herrlichkeit dieser Reiche will ich dir geben; denn sie sind mir überlassen, und ich gebe sie, wem ich will. Wenn du dich vor mir niederwirfst und mich anbetest, wird dir alles gehö-

ren.» Jesus antwortete ihm: «In der Schrift steht: ‹Vor dem Herrn, deinem Gott, sollst du dich niederwerfen und ihm allein dienen.›» [Dtn 5,9; 6,13.]

Darauf führte ihn der Teufel nach Jerusalem, stellte ihn oben auf den Tempel und sagte zu ihm: «Wenn du Gottes Sohn bist, so stürz dich von hier hinab; denn es heißt in der Schrift: ‹Seinen Engeln befiehlt er, dich zu behüten›; und: ‹Sie werden dich auf ihren Händen tragen, damit dein Fuß nicht an einen Stein stößt.›» [Ps 91,11–12.]

Da antwortete ihm Jesus: «Die Schrift sagt: ‹Du sollst den Herrn, deinen Gott, nicht auf die Probe stellen.›» [Dtn 6,16; Matthäus vertauscht die Reihenfolge der zweiten und dritten Versuchung.] Nach diesen Versuchungen ließ der Teufel für eine gewisse Zeit von ihm ab. [Lk 4,1–13; in Mt 4,11 endet die Episode: «Darauf ließ der Teufel von ihm ab, und es kamen Engel und dienten ihm.»]

Es ist erwähnenswert, daß das epische Gedicht *Paradise Regained* des Puritaners Milton dieser Episode der Bezwingung des Teufels in der Wüste der Seele gewidmet ist; dagegen hätte ein Autor zur Zeit der Gotik (oder ein Katholik von heute) erwartet, daß ein Werk eines solchen Titels sich mit dem Welterlösungsopfer am Kreuz befaßt.

Ebenfalls zu erwähnen wäre – einzelnen Unterschieden zum Trotz – die Ähnlichkeit dieser Versuchung des Weltheilands durch einen Teufel, in dessen Hände die Macht und Herrlichkeit der Reiche der Welt gelegt sind, mit der des Buddha – des früheren Welterlösers – durch den Gott der Weltillusion, dessen Name «Begehren und Tod» lautet. Nachdem er sämtliche Lehren der Weisen und Übungen der Asketen erwogen und zuletzt in der Nairañjana gebadet hatte, stieg der zukünftige Buddha aus dem Wasser und setzte sich ans Ufer. Bewegt und gelenkt von den Göttern, brachte ihm die Tochter eines Hirten eine nahrhafte Schüssel Milch, von der sein abgezehrter Körper wieder zu Kräften kam; daraufhin begab er sich allein zum Baum der Erleuchtung, unter dem er sich niederließ – und dort erschien ihm dann der Schöpfer der Weltillusion.

Ich habe die Geschichte in der *Mythologie des Ostens* erzählt[71] und brauche sie hier nicht zu wiederholen, nur auf ihre Verwandtschaft mit der Wüstenszene Christi möchte ich hinweisen. Die erste Versuchung des Buddha erfolgte durch das Begehren (*kāma*), die zweite durch Furcht, die Furcht vor dem Tod (*māra*), und diese zwei stimmen überein mit den zwei wesentlichen Triebfedern der Verblendung, die die moderne Psychiatrie erkannt hat: Begehren und Aggression, Eros und Thanatos.[72] Sie sind die Hauptantriebskräfte des Lebens, und indem er über sie hinauswuchs, erhob sich der Buddha in eine Erkenntnissphäre, die einem die Weltillusion sonst verschließt. Und nachdem er Einlaß in sie gefunden hatte, wirkte der Buddha über fünfzig Jahre lang als Lehrer.

In der christlichen Szene war die erste Versuchung wirtschaftlicher Art: Erst kommt das Essen, den Geist kannst du später suchen. Das ist die Philosophie der «Fliegen des Marktes», wie Nietzsche sie nennt: Sicherheit, Raffsucht, ökonomischer Determinismus. Die zweite Versuchung (nach Lukas, die dritte nach Matthäus) war politisch: Beherrsche die Welt (im Namen Gottes natürlich, wie immer in der Levante) – was der Haltung der alttestamentlichen Messiashoffnung entsprach. Um noch einmal Joseph Klausner zu zitieren:

> Die Definition des Glaubens an den Messias lautet: *Die prophetische Hoffnung auf das Ende dieses Zeitalters, an dem ein starker Erlöser durch seine Kraft und seinen Geist dem Volke Israel vollständige Erlösung bringen wird, politisch und geistig, und in eins damit irdische Glückseligkeit und sittliche Vollkommenheit der gesamten Menschheit. ... Im Messiasglauben des Volkes Israel geht die politische Seite Arm in Arm mit der ethischen Seite und die nationalistische mit der universalistischen.* Es ist das Christentum, das versucht hat, die politische und nationalistische Seite, die da ist, wegfallen zu lassen und nur die ethische und geistige Seite zu behalten.[73]

In der christlichen Versuchungsszene haben wir genau das symbolische Gegenstück zu dieser autoritativen verbalen Definition des Wechsels vom alt- zum neutestamentlichen Denken. Es scheint also, als wäre schon in der frühesten christlichen Deutung des messianischen Zeitalters die politisch-ökonomische Orientierung verworfen und die Stufe eines Universalismus erreicht worden, der weder staatlich noch völkisch begrenzt war. Ob Christus selbst dafür verantwortlich war, kann niemand mit Gewißheit sagen; doch in jedem Fall ist er ein Grundzug der Evangelien und letztlich die Grundlage für die Bezeichnung des Christentums, ebenso wie des Buddhismus, als Weltreligion (nicht Gruppen-, Stammes-, Volks- oder Staatsreligion).

Die nächste Versuchung jedoch ist die Gefahr, die C. G. Jung mit dem Ausdruck «Inflation» benannt hat, die Überhebung des mystischen Bewußtseins, wenn es meint, die Erde unter sich gelassen zu haben (man vergleiche die Aiolos-Episode der *Odyssee* oben S. 194–195). Von Satan oben auf den Tempel entrückt, soll der Sohn Gottes, der soeben die zwei Machtansprüche der von Schopenhauer «vegetabilisch» und «animalisch» genannten Naturen überwunden hat, sich jetzt für einen Engel halten, ohne irdischen Makel, schwerelos. Doch Christus, ebenso wahrer Mensch wie wahrer Gott, ist (um noch einen Jungschen Ausdruck zu gebrauchen) ein «vereinigendes» oder «transzendentes» Symbol, das den Weg zwischen den Antithesen, in diesem Fall Erde und Himmel, weist. So erfahren wir denn als nächstes, daß dieser Menschen- und Gottessohn, statt in Ekstase zu vergehen, in seine Gemeinschaft zurückkehrt, um zu lehren.

Der Lehrer der Welt

> Nachdem man Johannes [den Täufer] ins Gefängnis geworfen hatte, ging Jesus wieder nach Galiläa; er verkündete das Evangelium Gottes und sprach: «Die Zeit ist erfüllt, das Reich Gottes ist nahe. Kehrt um, und glaubt an das Evangelium!»
>
> Als Jesus am See von Galiäa entlangging, sah er Simon und Andreas, den Bruder des Simon, die auf dem See ihr Netz auswarfen; sie waren nämlich Fischer. Da sagte er zu ihnen: «Kommt her, folgt mir nach! Ich werde euch zu Menschenfischern machen.» Sogleich ließen sie ihre Netze liegen und folgten ihm. Als er ein Stück weiterging, sah er Jakobus, den Sohn des Zebedäus, und seinen Bruder Johannes; sie waren im Boot und richteten ihre Netze her. Sofort rief er sie, und sie ließen ihren Vater Zebedäus mit seinen Tagelöhnern im Boot zurück und folgten Jesus nach.

Sie kamen nach Kapernaum. Am folgenden Sabbat ging er in die Synagoge und lehrte. Und die Menschen waren sehr betroffen von seiner Lehre; denn er lehrte sie wie einer, der (göttliche) Vollmacht hat, nicht wie die Schriftgelehrten.

In ihrer Synagoge saß ein Mann, der von einem unreinen Geist besessen war. Der begann zu schreien: «Was haben wir mit dir zu tun, Jesus von Nazareth? Bist du gekommen, um uns ins Verderben zu stürzen? Ich weiß, wer du bist: der Heilige Gottes.» Da befahl ihm Jesus: «Schweig und verlaß ihn!» Der unreine Geist zerrte den Mann hin und her und verließ ihn mit lautem Geschrei. Da erschraken alle, und einer fragte den andern: «Was hat das zu bedeuten? Hier wird mit Vollmacht eine ganz neue Lehre verkündet. Sogar die unreinen Geister gehorchen seinem Befehl.» Und sein Ruf verbreitete sich rasch im ganzen Gebiet von Galiläa. (Mk 1,14–28.)

Aus der Ferne betrachtet, ähnelt der wandernde Weise aus Galiläa mit seiner Jüngerschar, wie er da lehrt, Wunder wirkt und die etablierten Vorbeter des Gesetzes angreift, vielen anderen vor und nach ihm: dem Buddha, den zahlreichen Weltlehrern der Jainas, Elia und Elisa, Pythagoras, Parmenides, Apollonios von Tyana. Gerade die Wunder erinnern an die archetypische Figur des orientalischen Wundertäters. Tatsächlich werden einige solcher Gestalten im Neuen Testament selbst genannt: Simon Magus aus Samaria (Apg 8,9–24), Barjesus und Elymas, der Zauberer (Apg 13,6–12); in Ephesos sieben Söhne des jüdischen Oberpriesters Skeuas (Apg 19,13–20) und in Cäsarea der Prophet Agabus (Apg 21,10–11). Die Kirche hat viel Aufhebens von Christi Wundern gemacht; dabei kann man nur staunen, wie vernünftige Menschen jemals darauf verfallen konnten, in solchen okkulten Zeichen könnte der Beweis für eine höhere Religion oder gar das Bedürfnis nach ihr bestehen. Hat doch Charles Guignebert sehr richtig bemerkt:

Alle Religionen, die danach strebten, haben ihre Wunder gehabt, die *gleichen* Wunder, und auf der anderen Seite haben sie sich alle gleichermaßen als unfähig erwiesen, bestimmte andere Wunder zu wirken. Den unvoreingenommenen Forscher überrascht das nicht, weil er weiß, daß die gleichen Ursachen überall die gleichen Wirkungen zeitigen. Sonderbar ist bloß, daß den Gläubigen das auch nicht überrascht. Er beharrt unbeirrt darauf, daß ... *seine* Wunder die einzigen echten seien; die anderen seien bloß leerer Schein, Fälschung, Betrug, unbegriffene Tatsachen oder Hexerei.[74]

Näher betrachtet dagegen, im Kontext seiner Herkunft, beinhaltet das Evangelium des Nazareners zwei wesentliche Neuerungen. Die erste mußte umgedeutet werden, als ihre Verheißung sich nicht erfüllte, stützt aber dennoch bis heute die grundlegende mythische Erwartung der Gläubigen, während die zweite der christlichen Welt ihr ethisches und geistiges im Unterschied zum klerikalen und sakramentalen Fundament gegeben hat.

Denn schon im ersten festgehaltenen Ruf der frohen Botschaft sprach sich die Überzeugung aus, das Reich Gottes stehe unmittelbar bevor; und während des ganzen ersten Jahrhunderts der Kirche wurde diese Verkündigung wörtlich verstanden, im apokalyptischen, historischen Sinne, wie zum Beispiel im Paulusbrief an die Römer. «Bedenkt die gegenwärtige Zeit: Die Stunde ist gekommen, aufzustehen vom Schlaf. Denn jetzt ist das Heil uns näher als zu der Zeit, da wir gläubig wurden. Die Nacht ist vorgerückt, der Tag ist nahe.» (Röm 13,11–12.) Der von den Essenern vorhergesehene Tag des Messias war gekommen.

Doch im Unterschied zu den wartenden und wachenden Essenern, im Unterschied auch zum Täufer, war der Messias weder ein Moralist noch ein Asket im üblichen Sinne dieser Begriffe. Er übertrat bei einer Gelegenheit vorsätzlich die Bestimmungen des mosaischen Gesetzes und erklärte dabei: «Der Sabbat ist für den Menschen da, nicht der Mensch für den Sabbat. Deshalb ist der Menschensohn Herr auch über den Sabbat.» (Mk 2,27–28.) Und ein andermal: «Auch füllt niemand neuen Wein in alte Schläuche. Sonst zerreißt der Wein die Schläuche; der Wein ist verloren, und die Schläuche sind unbrauchbar. Neuer Wein gehört in neue Schläuche.» (Mk 2,22.) Und auf die Klage hin, er sitze und esse mit Sündern, erwiderte er: «Ich bin gekommen, um die Sünder zu rufen, nicht die Gerechten.» (Mk 2,17.) Ferner haben wir entgegen der weißgewandeten Bruderschaft von Qumran, die Liebe für die eigenen Brüder des Lichtes, aber Haß für alle Söhne der Finsternis gepredigt hatte, als krassestes Unterscheidungsmerkmal der christlichen von dieser essenischen Auffassung von Herzensreinheit die Worte Jesu: «Liebt eure Feinde!» (Mt 5,44.) Und als einer der Schriftgelehrten ihn fragte: «Welches Gebot ist das erste von allen?», da erwiderte er: «Das erste ist: ‹Höre, Israel, der Herr, unser Gott, ist der einzige Herr. Darum sollst du den Herrn, deinen Gott, lieben mit ganzem Herzen und ganzer Seele, mit all deinen Gedanken und all deiner Kraft.› [Dtn 6,4–5.] Als zweites kommt hinzu: ‹Du sollst deinen Nächsten lieben wie dich selbst.› [Lev 19,18.] Kein anderes Gebot ist größer als diese beiden.» (Mk 12,28–31.)

Des weiteren lesen wir im Evangelium nach Matthäus:

Das Amt der Schlüssel

Als Jesus in das Gebiet von Cäsarea Philippi kam, fragte er seine Jünger: «Für wen halten die Leute den Menschensohn?» Sie sagten: «Die einen für Johannes den Täufer, andere für Elia, wieder andere für Jeremia oder sonst einen Propheten.» Da sagte er zu ihnen: «Ihr aber, für wen haltet ihr mich?» Simon Petrus antwortete: «Du bist der Messias, der Sohn des lebendigen Gottes!» Jesus sagte zu ihm: «Selig bist du, Simon Barjona; denn nicht Fleisch und Blut haben dir das offenbart, sondern mein Vater im Himmel. Ich aber sage dir: Du bist Petrus, und auf diesen Felsen werde ich meine Kirche bauen, und die Mächte der Unterwelt werden sie nicht überwältigen. Ich werde dir die Schlüssel des Himmelreichs geben; was du auf Erden binden wirst, das wird auch im Himmel gebunden sein, und was du auf Erden lösen wirst, das wird auch im Himmel gelöst sein.» Dann befahl er den Jüngern, niemand zu sagen, daß er der Messias sei.

Von da an begann Jesus, seinen Jüngern zu erklären, er müsse nach Jerusalem gehen und von den Ältesten, den Hohenpriestern und den Schriftgelehrten vieles erleiden; er werde getötet werden, aber am dritten Tag werde er auferstehen. Da nahm ihn Petrus beiseite und machte ihm Vorwürfe; er sagte: «Das soll Gott verhüten, Herr! Das darf nicht mit dir geschehen!» Jesus aber wandte sich um und sagte zu Petrus: «Weg mit dir, Satan, geh mir aus den Augen! Du willst mich zu Fall bringen; denn du hast nicht das im Sinn, was Gott will, sondern was die Menschen wollen.» (Mt 16,13–23.)

Im Leben und der Legende des Buddha gibt es eine vergleichbar ambivalente Beziehung zwischen dem Weltlehrer und seinem geliebten Leibdiener Ānanda, der wie Petrus mit geistigen Dingen niemals ganz zu Rande kam und dennoch zum Oberhaupt der Kirche gemacht wurde. Es fällt auf, daß in der späteren christlichen Legende Petrus nicht in das himmlische Allerheiligste versetzt wird, sondern als Türhüter an der Pforte steht. Man könnte demnach vermuten, daß die Herde in seiner Obhut, die guten Mitglieder der Kirche, deren Felsen er ist, ebenfalls draußen stehen müssen. In der buddhistischen Gemeinde jedenfalls, wo die Amtshandlungen der Geistlichkeit lediglich ein vorbereitendes Hintreiben der guten Schafe *in Richtung* einer Erfahrung sind, zu der letztlich jeder in der Stille seines Herzens eigenständig kommen muß, ist das ganz bestimmt der Sinn der liebevoll gezeichneten schwerfälligen Menschlichkeit Ānandas. Man wird wohl annehmen dürfen, daß auch in den Schriften der Evangelisten etwas Derartiges angedeutet werden sollte, wenn sie Petrus als einen guten – ja, sehr guten – treuen, ehrbaren und vernarrten Parteigänger seines Meisters darstellten, nur ein ganz kleines Stückchen von der Einsicht entfernt, die ihn durch die Pforte der Erkenntnis geführt hätte.

Der letzte Tag

> Als es [am ersten Tag des Festes der Ungesäuerten Brote, an dem man das Passahlamm schlachtete] Abend wurde, kam Jesus mit den Zwölf. Während sie nun bei Tisch waren und aßen, sagte er: «Amen, ich sage euch: Einer von euch wird mich verraten und ausliefern, einer von denen, die zusammen mit mir essen.» Da wurden sie traurig, und einer nach dem andern fragte ihn: «Doch nicht etwa ich?» Er sagte zu ihnen: «Einer von euch Zwölf, der mit mir aus derselben Schüssel ißt. Der Menschensohn muß zwar seinen Weg gehen, wie die Schrift über ihn sagt. Doch weh dem Menschen, durch den der Menschensohn verraten wird. Für ihn wäre es besser, wenn er nie geboren wäre.»
>
> Während des Mahls nahm er das Brot und sprach den Lobpreis; dann brach er das Brot, reichte es ihnen und sagte: «Nehmt, das ist mein Leib.» Dann nahm er den Kelch, sprach das Dankgebet, reichte

ihn den Jüngern, und sie tranken alle daraus. Und er sagte zu ihnen: «Das ist mein Blut, das Blut des Bundes, das für viele vergossen wird. Amen, ich sage euch: Ich werde nicht mehr von der Frucht des Weinstocks trinken bis zu dem Tag, an dem ich von neuem davon trinke im Reich Gottes.»

Nach dem Lobgesang gingen sie zum Ölberg hinaus. Da sagte Jesus zu ihnen: «Ihr werdet alle (an mir) Anstoß nehmen und zu Fall kommen; denn in der Schrift steht: ‹Ich werde den Hirten erschlagen, dann werden sich die Schafe zerstreuen.› [Sach 13,7.] Aber nach meiner Auferstehung werde ich euch nach Galiläa vorausgehen.» Da sagte Petrus zu ihm: «Auch wenn alle (an dir) Anstoß nehmen – ich nicht!» Jesus antwortete ihm: «Amen, ich sage dir: Noch heute nacht, ehe der Hahn zweimal kräht, wirst du mich dreimal verleugnen.» Petrus aber beteuerte: «Und wenn ich mit dir sterben müßte – ich werde dich nie verleugnen.» Das gleiche sagten auch alle anderen.

Sie kamen zu einem Grundstück, das Gethsemane heißt, und er sagte zu seinen Jüngern: «Setzt euch und wartet hier, während ich bete.» Und er nahm Petrus, Jakobus und Johannes mit sich. Da ergriff ihn Furcht und Angst, und er sagte zu ihnen: «Meine Seele ist zu Tode betrübt. Bleibt hier und wacht!» Und er ging ein Stück weiter, warf sich auf die Erde nieder und betete, daß die Stunde, wenn möglich, an ihm vorübergehe. Er sprach: «Abba, Vater, alles ist dir möglich. Nimm diesen Kelch von mir! Aber nicht, was ich will, sondern was du willst (soll geschehen).» Und er ging zurück und fand sie schlafend. Da sagte er zu Petrus: «Simon, du schläfst? Konntest du nicht einmal eine Stunde wach bleiben? Wacht und betet, damit ihr nicht in Versuchung geratet. Der Geist ist willig, aber das Fleisch ist schwach.» Und er ging wieder weg und betete mit den gleichen Worten. Als er zurückkam, fand er sie wieder schlafend, denn die Augen waren ihnen zugefallen; und sie wußten nicht, was sie ihm antworten sollten. Und er kam zum drittenmal und sagte zu ihnen: «Schlaft ihr immer noch und ruht euch aus? Es ist genug. Die Stunde ist gekommen; jetzt wird der Menschensohn den Sündern ausgeliefert. Steht auf, wir wollen gehen! Seht, der Verräter, der mich ausliefert, ist da.»

Noch während er redete, kam Judas, einer der Zwölf, mit einer Schar von Männern, die mit Schwertern und Knüppeln bewaffnet waren; sie waren von den Hohenpriestern, den Schriftgelehrten und den Ältesten geschickt worden. Der Verräter hatte mit ihnen ein Zeichen vereinbart und gesagt: «Der, den ich küssen werde, der ist es. Nehmt ihn fest, führt ihn ab, und laßt ihn nicht entkommen.» Und als er kam, ging er sogleich auf Jesus zu und sagte: «Rabbi!» Und er küßte ihn. Da ergriffen sie ihn und nahmen ihn fest. Einer von denen, die dabeistanden, zog das Schwert, schlug auf den Diener des Hohenpriesters ein und hieb ihm ein Ohr ab. Da sagte Jesus zu ihnen: «Wie gegen einen Räuber seid ihr mit Schwertern und Knüppeln ausgezogen, um mich festzunehmen. Tag für Tag war ich bei euch im Tempel und lehrte, und ihr habt mich nicht verhaftet; aber (das ist geschehen), damit die Schrift in Erfüllung geht.» Da verließen ihn alle und flohen. Ein junger Mann aber, der nur mit einem leinenen Tuch bekleidet war, wollte ihm nachgehen. Da packten sie ihn; er aber ließ das Tuch fallen und lief nackt davon.

Darauf führten sie Jesus zum Hohenpriester, und es versammelten sich alle Hohenpriester und Ältesten und Schriftgelehrten. Petrus aber war Jesus von weitem bis in den Hof des hohepriesterlichen Palastes gefolgt; nun saß er dort bei den Dienern und wärmte sich am Feuer.

Die Hohenpriester und der ganze Hohe Rat bemühten sich um Zeugenaussagen gegen Jesus, um ihn zum Tod verurteilen zu können; sie fanden aber nichts. Viele machten zwar falsche Aussagen über ihn, aber die Aussagen stimmten nicht überein. Einige der falschen Zeugen, die gegen ihn auftraten, behaupteten: «Wir haben ihn sagen hören: ‹Ich werde diesen von Menschen erbauten Tempel niederreißen und in drei Tagen einen anderen errichten, der nicht von Menschenhand gemacht ist.›» Aber auch in diesem Fall stimmten die Aussagen nicht überein. Da stand der Hohepriester auf, trat in die Mitte und fragte Jesus: «Willst du denn nichts sagen zu dem, was diese Leute gegen dich vorbringen?» Er aber schwieg und gab keine Antwort. Da wandte sich der Hohepriester nochmals an ihn und fragte: «Bist du der Messias, der Sohn des Hochgelobten?» Jesus sagte: «Ich bin es. Und ihr werdet den Menschensohn zur Rechten der Macht sitzen und mit den Wolken des Himmels kommen sehen.» Da zerriß der Hohepriester sein Gewand und rief: «Wozu brauchen wir noch Zeugen? Ihr habt die Gotteslästerung gehört. Was ist eure Meinung?» Und sie fällten einstimmig das Urteil: «Er ist schuldig und muß sterben.»

Und einige spuckten ihn an, verhüllten sein Gesicht, schlugen ihn und riefen: «Zeig, daß du ein Prophet bist!» Auch die Diener schlugen ihn ins Gesicht.

Als Petrus unten im Hof war, kam eine von den Mägden des Hohenpriesters. Sie sah, wie Petrus sich wärmte, blickte ihn an und sagte: «Auch du warst mit diesem Jesus aus Nazareth zusammen.» Doch er leugnete es und sagte: «Ich weiß nicht und verstehe nicht, wovon du redest.» Dann ging er in den Vorhof hinaus. Als die Magd ihn dort bemerkte, sagte sie zu denen, die dabeistanden, noch einmal: «Der gehört zu ihnen.» Er aber leugnete es wieder ab. Wenig später sagten die Leute, die dort standen, von neuem zu Petrus: «Du gehörst wirklich zu ihnen; du bist doch auch ein Galiläer.» Da fing er an zu fluchen und schwor: «Ich kenne diesen Menschen nicht, von dem ihr redet.» Gleich darauf krähte der Hahn zum zweitenmal, und Petrus erinnerte sich, daß Jesus zu ihm gesagt hatte: «Ehe der Hahn zweimal kräht, wirst du mich dreimal verleugnen.» Und er begann zu weinen.

Gleich in der Frühe faßten die Hohenpriester, die Ältesten und die Schriftgelehrten, also der ganze Hohe Rat, über Jesus einen Beschluß: Sie ließen ihn fesseln und abführen und lieferten ihn Pilatus aus. Pilatus fragte ihn: «Bist du der König der Juden?» Er antwortete ihm: «Du sagst es.» Die Hohenpriester brachten viele Anklagen gegen ihn vor. Da wandte sich Pilatus wieder an ihn und fragte: «Willst du denn nichts dazu sagen? Sieh doch, wie viele Anklagen sie gegen dich vorbringen.» Jesus aber gab keine Antwort mehr, so daß Pilatus sich wunderte.

Jeweils zum Fest ließ Pilatus einen Gefangenen frei, den sie sich ausbitten durften. Damals saß gerade ein Mann namens Barabbas im Gefängnis, zusammen mit anderen Aufrührern, die bei einem Aufstand einen Mord begangen hatten. Die Volksmenge zog (zu Pilatus) hinauf und bat, ihnen die gleiche Gunst zu gewähren wie sonst. Pilatus fragte sie: «Wollt ihr, daß ich den König der Juden freilasse?» Er merkte nämlich, daß die Hohenpriester nur aus Neid Jesus an ihn ausgeliefert hatten. Die Hohenpriester aber wiegelten die Menge auf, lieber die Freilassung des Barabbas zu fordern. Pilatus wandte sich von neuem an sie und fragte: «Was soll ich dann mit dem tun, den ihr den König der Juden nennt?» Da schrien sie: «Kreuzige ihn!» Pilatus entgegnete: «Was hat er denn für ein Verbrechen begangen?» Sie schrien noch lauter: «Kreuzige ihn!» Darauf ließ Pilatus, um die Menge zufriedenzustellen, Barabbas frei und gab den Befehl, Jesus zu geißeln und zu kreuzigen.

Die Soldaten führten ihn in den Palast hinein, das heißt in das Prätorium, und riefen die ganze Kohorte zusammen. Dann legten sie ihm einen Purpurmantel um und flochten einen Dornenkranz; den setzten sie ihm auf und grüßten ihn: «Heil dir, König der Juden!» Sie schlugen ihm mit einem Stock auf den Kopf und spuckten ihn an, knieten vor ihm nieder und huldigten ihm. Nachdem sie so ihren Spott mit ihm getrieben hatten, nahmen sie ihm den Purpurmantel ab und zogen ihm seine eigenen Kleider wieder an.

Dann führten sie Jesus hinaus, um ihn zu kreuzigen. Einen Mann, der gerade vom Feld kam, Simon von Kyrene, den Vater des Alexander und des Rufus, zwangen sie, sein Kreuz zu tragen. Und sie brachten Jesus an einen Ort namens Golgatha, das heißt übersetzt: Schädelhöhe. Dort reichten sie ihm Wein, der mit Myrrhe gewürzt war; er aber nahm ihn nicht. Dann kreuzigten sie ihn. Sie warfen das Los und verteilten seine Kleider unter sich und gaben jedem, was ihm zufiel. Es war die dritte Stunde, als sie ihn kreuzigten. Und eine Aufschrift (auf einer Tafel) gab seine Schuld an: «Der König der Juden.» Zusammen mit ihm kreuzigten sie zwei Räuber, den einen rechts von ihm, den andern links. Die Leute, die vorbeikamen, verhöhnten ihn, schüttelten den Kopf und riefen: «Ach, du willst den Tempel niederreißen und in drei Tagen wieder aufbauen? Hilf dir doch selbst, und steig herab vom Kreuz!» Auch die Hohenpriester und die Schriftgelehrten verhöhnten ihn und sagten zueinander: «Anderen hat er geholfen, sich selbst kann er nicht helfen. Der Messias, der König von Israel! Er soll doch jetzt vom Kreuz herabsteigen, damit wir sehen und glauben.» Auch die beiden Männer, die mit ihm zusammen gekreuzigt wurden, beschimpften ihn.

Als die sechste Stunde kam, brach über das ganze Land eine Finsternis herein. Sie dauerte bis zur neunten Stunde. Und in der neunten Stunde rief Jesus mit lauter Stimme: «Eloï, Eloï, lema sabachtani?»; das heißt übersetzt: «Mein Gott, mein Gott, warum hast du mich verlassen?» Einige von denen, die dabeistanden und es hörten, sagten: «Hört, er ruft nach Elia!» Einer lief hin, tauchte einen Schwamm in Essig, steckte ihn auf einen Stock und gab Jesus zu trinken. Dabei sagte er: «Laßt uns doch sehen, ob Elia kommt und ihn herabnimmt.» Jesus aber schrie laut auf. Dann hauchte er den Geist aus.

Da riß der Vorhang im Tempel von oben bis unten entzwei.

Als der Hauptmann, der Jesus gegenüberstand, ihn auf diese Weise sterben sah, sagte er: «Wahrhaftig, dieser Mensch war Gottes Sohn.»

Auch einige Frauen sahen von weitem zu, darunter Maria aus Magdala, Maria, die Mutter von Jakobus dem Kleinen und Joses, sowie Salome; sie waren Jesus schon in Galiläa nachgefolgt und hatten ihm gedient. Noch viele andere Frauen waren dabei, die mit ihm nach Jerusalem hinaufgezogen waren.

Da es Rüsttag war, der Tag vor dem Sabbat, und es schon Abend wurde, ging Josef von Arimathäa, ein vornehmer Ratsherr, der auch auf das Reich Gottes wartete, zu Pilatus und wagte es, um den Leichnam Jesu zu bitten. Pilatus war überrascht, als er hörte, daß Jesus schon tot sei. Er ließ den Hauptmann kommen und fragte ihn, ob Jesus bereits gestorben sei. Als der Hauptmann ihm das bestätigte, überließ er Josef den Leichnam. Josef kaufte ein Leinentuch, nahm Jesus vom Kreuz, wickelte ihn in das Tuch und legte ihn in ein Grab, das in einen Felsen gehauen war. Dann wälzte er einen Stein vor den Eingang des Grabes. Maria aus Magdala aber und Maria, die Mutter des Joses, beobachteten, wohin der Leichnam gelegt wurde.

Als der Sabbat vorüber war, kauften Maria aus Magdala, Maria, die Mutter des Jakobus, und Salome wohlriechende Öle, um damit zum Grab zu gehen und Jesus zu salben. Am ersten Tag der Woche kamen sie in aller Frühe zum Grab, als eben die Sonne aufging. Sie sagten zueinander: «Wer könnte uns den Stein vom Eingang des Grabes wegwälzen?» Doch als sie hinblickten, sahen sie, daß der Stein schon weggewälzt war; er war sehr groß. Sie gingen in das Grab hinein und sahen auf der rechten Seite einen jungen Mann sitzen, der mit einem weißen Gewand bekleidet war; da erschraken sie sehr. Er aber sagte zu ihnen: «Erschreckt nicht! Ihr sucht Jesus von Nazareth, den Gekreuzigten. Er ist auferstanden; er ist nicht hier. Seht, da ist die Stelle, wo man ihn hingelegt hatte. Nun aber geht und sagt seinen Jüngern, vor allem Petrus: ‹Er geht euch voraus nach Galiläa; dort werdet ihr ihn sehen, wie er es euch gesagt hat.›» Da verließen sie das Grab und flohen; denn Schrecken und Entsetzen hatte sie gepackt. Und sie sagten niemand etwas davon; denn sie fürchteten sich. (Mk 14,17 – 16,8.)

5
Der Schein-Christus

Es ist klar, daß die rührende Legende vom gekreuzigten und auferstandenen Christus, ob biographisch im einzelnen stimmig oder nicht, geeignet war, den alten Motiven der innig geliebten Tammuz-, Adonis- und Osiriszyklen eine neue Wärme, Unmittelbarkeit und Menschlichkeit zu verleihen. Gerade diese alten Mythen, die die Atmosphäre des ganzen östlichen Mittelmeerraumes erfüllten, hatten ja den Boden der Aufnahmebereitschaft geschaffen, auf dem die christliche Legende so rasch gedieh und sich ausbreitete. Doch die heidnischen Mythologien und ihre Kulte befanden sich zu der Zeit selbst in einer Phase rasanter Veränderung. Die hellenistische Vorstellung der «Menschheit» als einer alle Volks-, Staats-, Stammes- und Sektenformen übergreifenden Totalität wirkte überall auf eine gegenseitige Befruchtung der Kulte hin. Und eine entschiedene Verschiebung des sozialen Schwerpunkts von ländlichen auf kosmopolitische Bevölkerungen hatte schon Jahrhunderte vorher die alten, geliebten Ackerbaugottheiten in traute persönliche, im Innern wirkende Seelenführer umgewandelt, die in Initiationsriten der Eliten ebenso wie des Volkes auftraten. Zudem machte eine allgemeine Anknüpfung des mystischen und philosophischen Denkens an die Symbole der Religion es überall möglich, von einer Darstellungsweise zur nächsten überzugehen, von neuen Definitionen mit Worten zu neuen Verbindungen in Bildern und umgekehrt. Einflüsse aus Indien aus der Zeit der buddhistischen Missionen des Ashoka[75] waren auch am Werk. Die Kulte vermehrten sich rasend, die Mythen desgleichen. In einer solchen Atmosphäre war es unvermeidlich, daß dem Heilandsbild der Christen nicht nur die Verunreinigung durch die Heiden drohte, sondern auch die so oder so geartete Vereinnahmung durch verwandte heidnische Kulte.

Schon in einem der späteren Briefe des Paulus, die er etwa in den Jahren 61–64 aus Rom an seine neu gegründete Gemeinde im kleinasiatischen Kolossai schickte, wird eine um sich greifende gnostische Häresie unter den Mitgliedern dieser jungen Herde erwähnt. Paulus warnt sie nachdrücklich:

> Gebt acht, daß euch niemand mit seiner Philosopie und falschen Lehre verführt, die sich nur auf menschliche Überlieferung stützen und sich auf die Elementarmächte der Welt, nicht auf Christus berufen. ... Die Fürsten und Gewalten hat er [Gott] entwaffnet und öffentlich zur Schau gestellt; durch Christus hat er über sie triumphiert. ... Niemand soll euch verachten, der sich in scheinbarer Demut auf die Verehrung beruft, die er den Engeln erweist, der mit Visionen prahlt und sich ohne Grund nach weltlicher Art wichtig macht. Er hält sich nicht an das Haupt, von dem aus der ganze Leib durch Gelenke und Bänder versorgt und zusammengehalten wird und durch Gottes Wirken wächst. ... Darum tötet, was irdisch an euch ist: die Unzucht, die Schamlosigkeit, die Leidenschaft, die bösen Begierden und die Habsucht, die ein Götzendienst ist. All das zieht den Zorn Gottes nach sich. Früher seid auch ihr darin gefangen gewesen und habt euer Leben davon beherrschen lassen. Jetzt aber sollt ihr das alles ablegen. (Kol 2,8.15.18.19; 3,5–8.)

Noch vor einigen Jahrzehnten waren die wirklichen Lehren dieser gnostisch-christlichen Sekten, die in den ersten nachchristlichen Jahrhunderten überall im römischen Reich aufsprossen, nicht bekannt; denn mit dem Sieg der orthodoxen Kirche im vierten und fünften Jahrhundert verschwanden die verbotenen Schriften, Lehren und Lehrer. Unsere Berichte über sie kamen nur von ihren Feinden, den Kirchenvätern, vor allem von Justinus Martyr und Irenaeus (2. Jahrhundert), Klemens von Alexandria (Ende des 2., Anfang des 3. Jahrhunderts), Hippolytos (gest. ca. 230) und Epiphanios (ca. 315–402). Daher war es ein Ereignis von nicht geringerer Bedeutung als die Auffindung der Schriftrollen vom Toten

Meer, als im Jahre 1945 im oberägyptischen Nag Hammadi ein großer Tonkrug ausgegraben wurde, der 13 Bände mit 53 gnostischen Schriften in koptischer Sprache enthielt, insgesamt 1153 Seiten. Die meisten befinden sich heute im Koptischen Museum von Kairo. Ein Band kam 1952 in das Züricher Jung-Institut [auch er wurde 1975 nach Kairo gegeben]. Editionen und Übersetzungen sind in Arbeit, vieles muß erst noch erscheinen, so daß die Wissenschaftler des nächsten Jahrzehnts eine viel umfassendere Kenntnis des Gnostizismus besitzen werden, als sie heute [1964] möglich ist. Jedoch bestimmte leitende Prinzipien und Inhalte der Gnosis hat man bereits herausgearbeitet.

Im Jahre 1896, als die Berliner Museen einen Papyruskodex ungefähr aus der Zeit dieser Hammadi-Texte erwarben, kamen drei wichtige gnostische Werke ans Licht: die *Sophia Jesu Christi*, das *Apokryphon des Johannes* und das *Mariaevangelium*. Eine Erwerbung des British Museum von 1785, die sogenannte *Pistis Sophia*, von der ab den fünfziger Jahren des vorigen Jahrhunderts Übersetzungen zu erscheinen begannen, hat ebenfalls Aufschlüsse gebracht. Und schließlich wird dem angeblichen Verfasser des vierten Evangeliums ein oft genanntes Werk gemischt gnostischer und orthodoxer Herkunft zugeschrieben, die sogenannten *Johannesakten*, die dem Konzil von Nicäa im Jahre 325 in Auszügen vorgelesen und in aller Form verdammt wurden. Wenn wir diese Schriften im Lichte dessen betrachten, was wir inzwischen aus dem großen Fund von Nag Hammadi erfahren haben und was sich uns aus dem in neuerer Zeit gewonnenen Verständnis der doketischen Grundgedanken des Mahāyāna-Buddhismus (dessen Wachstum und Blüte genau mit der großen Zeit der gnostischen Bewegung zusammenfiel) erschlossen hat, dann lassen sich die Bedeutungstiefen ihrer Vorstellungswelt mit geschärftem Urteil begreifen.

Zum Beispiel finden wir in den *Johannesakten* die folgende erstaunliche Fassung der Szene, wie Christus am See von Galiläa seine Apostel beruft. Der Messias ist soeben nach seinem vierzigtägigen Fasten und seinem Sieg über den Satan aus der Wüste gekommen. Johannes und Jakobus sind in ihrem Boot und fischen. Christus erscheint am Ufer. Und angeblich ist es Johannes, der jetzt die Begegnung schildert:

Als er nämlich die Brüder Petrus und Andreas auserwählt hatte, kam er zu mir und meinem Bruder Jakobus und sagte: «Ich bedarf eurer; kommt zu mir!» Und mein Bruder sagte Folgendes: «Johannes, dieses Knäblein dort am Strand, das uns gerufen hat – was will es?» Und ich sagte: «Welches Knäblein?» Er antwortete mir wiederum: «Das uns zuwinkt.» Und ich erwiderte: «Wegen unseres vielen Nachtwachens auf See siehst du nicht recht, mein Bruder Jakobus. Siehst du nicht den wohlgestalten, schönen, heiterblickenden Mann da stehen?» Er aber sagte zu mir: «Den sehe ich nicht, Bruder. Aber laß uns hinausgehen, und wir werden sehen, was das bedeuten soll.»

Und als wir dann das Boot ans Land gebracht hatten, sahen wir, wie auch er uns half, das Boot festzumachen. Als wir uns aber von der Stelle entfernten, weil wir ihm folgen wollten, erschien er wiederum mir ziemlich kahlköpfig, aber mit dichtem herabwallenden Bart, dem Jakobus aber als flaumbärtiger Jüngling. Wir waren daher beide ratlos, was das bedeuten sollte, was wir da zu sehen bekommen hatten. Und als wir ihm dann folgten, wurden wir allmählich immer ratloser, während wir über die Sache nachdachten.

Mir freilich zeigte sich damals das folgende noch Unbegreiflichere: ich versuchte nämlich, ihn für sich allein zu sehen, und niemals sah ich seine Augen sich schließen, vielmehr nur geöffnet. Oft aber erschien er mir als ein kleiner, ungestalter Mensch, und dann wieder zum Himmel hinblickend. Er hatte aber auch noch etwas Wunderbares an sich: Wenn ich zu Tisch lag, nahm er mich an seine Brust, und ich schloß ihn eng an mich, und bald fühlte sich seine Brust für mich glatt und weich an, bald hart und wie etwas Felsenähnliches...

Eine andere Herrlichkeit will ich euch berichten, Brüder: Manchmal, wenn ich ihn anfassen wollte, stieß ich auf einen materiellen, festen Körper; ein andermal dann wieder, wenn ich ihn berührte, war die Substanz immateriell und unkörperlich und so, als sei sie überhaupt nicht existent.

Wenn er aber einmal von einem Pharisäer eingeladen war und der Einladung nachkam, gingen wir mit ihm. Und jedem wurde ein Brot vorgesetzt von denen, die uns eingeladen hatten, wobei auch er eines erhielt. Das seinige aber segnete er und verteilte es unter uns, und von dem Wenigen wurde jeder satt, und unsere Brote blieben ganz erhalten, so daß die, die ihn eingeladen hatten, in Entsetzen gerieten.

Ich wollte aber oft, wenn ich mit ihm ging, seine Spur auf der Erde sehen, ob sie sich dort zeigte – sah ich doch, daß er sich von der Erde erhob – und sah sie niemals. Und dies erzähle ich euch noch, Brüder, gleichsam im Interesse der Ermunterung zum Glauben an ihn. Seine Groß- und Wundertaten nämlich sollen für jetzt verschwiegen werden, da sie unaussprechlich sind und wohl weder erzählt noch gehört werden können.[76]

Der Begriff «Doketismus» (von griechisch *dokein*, «scheinen») bezeichnet eine Auffassung vom Heiland, der zufolge der Leib Christi, wie die Menschen ihn sahen, ein bloßer Schein, die Wirklichkeit hingegen himmlisch oder göttlich war und darüber hinaus sein Aussehen abhängig von der Geisteshaltung des Blickenden, nicht von der Wirklichkeit des Erblickten: eine bloße Maske, die sich ändern, aber die man nicht ablegen kann. Wir müssen ferner anmerken, daß in Indien in eben diesen ersten nachchristlichen Jahrhunderten das Mahāyāna aufkam, wo die Erscheinung des Buddha in genau derselben Weise begriffen wurde. Der Buddha des Mahāyāna ist kein bloßer Mensch, der Erleuchtung erlangte, sondern das Gestaltwerden der Erleuchtung als Lehrer eigens zu dem Zweck, all jene zu erleuchten, die sich in den Schlingen ihrer eigenen verschleiernden Wahnvorstellungen verfangen haben, Wahnvorstellungen, die aus dem allgemeinen Durst nach Leben und der ebenso allgemeinen Furcht vor dem Tod erwachsen. Nach der mahāyāna-buddhistischen Anschauung war die gesamte erscheinende Welt gleichermaßen wahnhaft und ihre wirkliche Substanz der Buddha.

Die Sterne, Finsternis, ein Licht, ein Trug, Tau, eine Wasserblase,
Ein Traum, ein Blitzstrahl und eine Wolke –
So soll man das Gewirkte betrachten.[77]

Oder mit Shakespeares wunderbaren Worten:

... Wir sind aus solchem Stoff
Wie der zu Träumen, und dies kleine Leben
Umfaßt ein Schlaf.[78]

Doch damit sind wir wieder im eigentlichen Bereich des Mythos, nicht der Pseudogeschichte. Denn hier wird Gott nicht Mensch; vielmehr wird der Mensch, die Welt selbst, als göttlich erkannt, als ein Feld unerschöpflicher seelischer Tiefe. Und mit dem Problem der Schöpfung stellt sich die Frage nach dem Ursprung des Wahns, die, wie im Buddhismus, psychologisch behandelt wird. Auch das Problem der Erlösung ist daher nach dieser Auffassung ein psychologisches.

In einer späten griechisch-ägyptischen Sammlung heidnisch-gnostischer Schriften, die man das *Corpus Hermeticum* nennt und die als offenbart durch den synkretistischen Gott Hermes-Thot, den Führer der Seelen, ausgegeben wurde, findet sich zu diesem Punkt eine ganz und gar großartige Stelle, nämlich wie folgt:

> Wenn du dich also nicht Gott gleich machst, kannst du Gott nicht begreifen; denn Gleiches wird von Gleichem erkannt. Enthebe dich allem, was körperlich ist, und dehne dich aus wie die unermeßliche Größe; wachse hinaus über alle Zeit, und werde ewig; dann wirst du Gott begreifen. Denke, daß auch für dich nichts unmöglich ist; halte dich ebenfalls für unsterblich und für imstande, alle Dinge in deinem Denken zu fassen, jedes Werk und jedes Wissen zu verstehen! Sei heimisch in den Verstecken jedes lebendigen Wesens; werde höher als jede Höhe und niedriger als jede Tiefe! Führe in dir alle Gegensätze der Qualitäten zusammen, Hitze und Kälte, Trockenheit und Feuchtigkeit! Denke, daß du gleichzeitig überall bist, in der Erde, im Meer, im Himmel! Denke, daß du noch nicht gezeugt, daß du im Mutterschoß, daß du jung, daß du alt, daß du gestorben, daß du in der Welt jenseits des Grabes bist! Fasse in deinem Denken dies alles gleichzeitig, alle Zeiten und Orte, alle Stoffe und Qualitäten und Quantitäten zusammen; dann kannst du Gott begreifen. Doch wenn du deine Seele in deinem Körper einsperrst und dich erniedrigst und sprichst: «Ich weiß nichts, ich kann nichts tun; ich fürchte mich vor Erde und Meer, ich kann nicht zum Himmel fahren; ich weiß nicht, was ich war, noch was ich sein werde»; was hast du dann zu tun mit Gott? Dein Denken kann nichts Schönes und Gutes fassen, wenn du am Körper klebst und böse bist.
>
> Denn es ist der Gipfel des Bösen, Gott nicht zu erkennen; aber

> Gott erkennen zu können und zu wünschen und hoffen, ihn zu erkennen, ist die Straße, die geradewegs zu Gott führt; und sie ist leicht zu gehen. Überall wird Gott dir entgegenkommen, überall wird er dir erscheinen, an Orten und zu Zeiten, wo du nicht darauf gefaßt bist, in deinen Wachstunden und in deinem Schlaf, wenn du über Wasser und über Land fährst, in der Nacht und am Tag, wenn du sprichst und wenn du schweigst; denn es gibt nichts, was Gott nicht ist. Und sagst du: «Gott ist unsichtbar»? Sprich nicht so! Wer ist offenbarer als Gott? Aus eben diesem Grund hat er alle Dinge erschaffen. Nichts ist unsichtbar, nicht einmal etwas Unkörperliches; Geist wird in seiner Neigung erblickt und Gott in seinem Wirken.
>
> So weit, dreimal Größter, habe ich dir die Wahrheit gezeigt. Alles andere erdenke dir selbst in gleicher Weise, und du wirst nicht fehlgehen.[79]

In einem der gnostischen Kodizes aus dem Tonkrug von Nag Hammadi finden wir das folgende Jesus zugeschriebene Wort:

> Ich bin das Licht, das über allen ist. Ich bin das All. Das All ist aus mir hervorgegangen, und das All ist zu mir gelangt. Spaltet ein Holz: ich bin da. Hebt den Stein auf, und ihr werdet mich dort finden.[80]

Man hat festgestellt, daß die Worte, die in den Evangelien des Neuen Testaments Jesus zugeschrieben werden, aus einem gemeinsamen Bestand von «Sprüchen» (Logia) stammen, die dann, nachdem sie in den Gemeinden der Gläubigen zuerst mündlich bewahrt und weitergegeben worden waren, in diversen Schriften unterschiedlich fixiert wurden. Die Verfasser der Evangelien nach Markus, Matthäus und Lukas (in dieser Reihenfolge, etwa zwischen 75 und 90 n. Chr.) schöpften bei der Gestaltung ihrer eigenen, einander widersprechenden Berichte daraus. Matthäus und Lukas schöpften unabhängig voneinander aus Markus, aber auch aus einem anderen, verlorenengegangenen Text, der von der Forschung als «Q» (für Quelle) bezeichnet wird und der, so glaubt man, eine reine Sammlung von «Sprüchen» war. Markus könnte ebenfalls aus «Q» geschöpft haben, aber Matthäus und Lukas auf jeden Fall. Und jeder umrahmte die «Sprüche» auf seine eigene Art, wie Perlen in selbst erarbeiteten Fassungen.

Dann aber kam auf einmal aus Nag Hammadi eine Sammlung solcher bloßen «Sprüche», in der Worte, die wir seit langem in einem ganz anderen Sinne aus den orthodoxen Evangelien kennen, eine gnostische Wendung erhalten. Zum Beispiel:

> Nicht aufhören mit seiner Suche soll der, welcher sucht, bis er findet. Und wenn er findet, wird er verwirrt sein, und wenn er verwirrt ist, wird er sich wundern, und er wird Herr sein über das All.
>
> Seine Jünger sagten zu ihm: «An welchem Tage kommt das Königreich?» Er sprach: «Es kommt nicht, wenn man es erwartet. Man wird nicht sagen: ‹Siehe, jetzt ist es hier›, oder: ‹siehe, dort!› Sondern das Königreich des Vaters ist über die Erde ausgebreitet, und die Menschen sehen es nicht.»
>
> Wenn die, die euch (ver)führen, zu euch sagen: «Siehe, das Königreich ist im Himmel», so werden die Vögel des Himmels vor euch dort sein. Wenn sie euch sagen: «es ist im Meer», so werden die Fische euch zuvorkommen. Inwendig in euch ist das Königreich und außerhalb von euch. Wenn ihr euch erkennt, dann werdet ihr erkannt werden, und ihr werdet wissen, daß ihr die Söhne des lebendigen Vaters seid. Wenn ihr euch aber nicht erkennt, dann seid ihr in Armut, und ihr seid die Armut.[81]

Lukas benutzte anscheinend einen mit dem letzten dieser drei verwandten Spruch, als er Jesus in einem Wortwechsel mit den Pharisäern die folgenden viel umstrittenen Worte in den Mund legte:

«Das Reich Gottes kommt nicht so, daß man es an äußeren Zeichen erkennen könnte. Man kann auch nicht sagen: ‹Seht, hier ist es!›, oder: ‹Dort ist es!› Denn: Das Reich Gottes ist (schon) mitten unter euch» – ἐντὸς ὑμῶν ἐστὶν – oder wie andere den griechischen Ausdruck verstanden haben: «ist in euch» (Lk 17,20–21).

Das Problem bei dieser letzten Auslegung, bezogen auf eine kanonische christliche Stelle, nicht eine gnostische, ist jedoch, daß sie eine Theologie der Immanenz impliziert, genau das also, was die

Kirche in den Fußstapfen der Propheten die ganzen langen Jahrhunderte über als Häresie verdammt und mit Feuer und Schwert ausgemerzt hat. Mit den Worten von Charles Guignebert, geschrieben lange vor dem Fund von Nag Hammadi:

> Linguistische Argumente scheinen die Übersetzung von ἐντὸς mit *in* zu rechtfertigen: doch die Wahrscheinlichkeit spricht eindeutig dagegen. Jesus konnte schwerlich, ohne absurd zu erscheinen, den Pharisäern sagen, das Reich Gottes sei in ihnen, in ihren Herzen. Und, die Pharisäer einmal beiseite gelassen, keiner seiner Jünger, die alle echte Juden waren, hätte eine solche merkwürdige Äußerung verstehen können, die durch kein einziges Lehrwort in den Evangelien gestützt wird. Wenn dieser Logion der Kernpunkt der ganzen Lehre Jesu hinsichtlich des Reiches ist, dann ist sein einmaliges Vorkommen unglaubhaft. Diese Einwände werfen das Problem seiner Echtheit auf – und erledigen es allem Anschein nach auch gleich.
>
> Das ist noch nicht alles. Wenn wir den Vers in seinem Zusammenhang mit ἐντὸς als *in* lesen, ergibt sich ein Widerspruch. Lukas macht aus dieser Äußerung eine Art Einleitung zu einer Verkündigung des Reiches (17,22ff.). (Anm.: Sie wird in ihren wesentlichen Zügen auch in Matthäus 24 gegeben; Lukas verbindet sie mit der apokalyptischen Rede von Markus 13 [siehe oben S. 309–311]. Die Grundlage dafür gibt zweifellos Q ab.) Aber das Kommen des Menschensohnes wird dort 17,24 als ein plötzliches Geschehen dargestellt: «Denn wie der Blitz von einem Ende des Himmels bis zum andern leuchtet, so wird der Menschensohn an seinem Tag erscheinen.» In den Augen aller seiner Jünger war der einzige Zweck seines Kommens die Eröffnung des Gottesreiches. Er konnte daher kaum in ein und demselben Atemzug sagen, das Reich sei in den Herzen seiner Zuhörer und er käme, um es plötzlich zu gründen, an einem Tag, an dem man ihn nicht erwartete.
>
> Der naheliegende Schluß ist also, daß ἐντὸς ὑμῶν *mitten unter euch* bedeutet, was ebenfalls das tatsächliche Bestehen des Reiches zu implizieren scheint. Doch dann erhebt sich die Frage, ob das Verb ἐστὶν das reale Präsens ist oder ein prophetisches Präsens, das heißt die Zukunft. Das würde alles verändern, auch wenn man ἐντὸς als *in* verstünde. Die wahrscheinliche Bedeutung der ganzen Stelle ist:

«Wenn das Reich kommt, wird niemand sich schwertun, es zu erkennen, oder fragen müssen, wo es sei. Es wird plötzlich in eurer Mitte sein oder in euren Herzen, das heißt: all jene, die sich im Einklang mit den Lehren Jesu gehörig vorbereitet haben, werden darin eingehen.»

... In Übereinstimmung mit dem damaligen jüdischen Glauben lehrte Jesus, das Reich werde als ein Geschenk Gottes kommen. Aber er glaubte vielleicht, oder jedenfalls seine Jünger nach ihm glaubten, daß, da es seine Mission war, das unmittelbare Bevorstehen dieses Offenbarwerdens zu verkünden, seine Lehre oder – aus einem anderen Blickwinkel – der Glaube an seine Berufung die äußere Kammer sei, durch die die Menschen hindurchmußten, um ins Reich zu gelangen. ... Das Reich ist primär und wesentlich die grundsätzliche Umwandlung dieser bestehenden bösen Welt.[82]

Das ist eine feine, aber wichtige Klarstellung, denn an ihr hängt der ganze Unterschied zwischen dem Weg der von Petrus und Paulus gegründeten Kirche und den Wegen der Gnostiker, die so zahlreich sind wie die Spielarten der inneren Erfahrung.

Das *Evangelium nach Thomas*, der Text, aus dem ich eben zitiert habe, enthält 114 Logia. Seine koptische Abschrift wurde um das Jahre 500 angefertigt, aber der griechische Text, dessen Übersetzung sie war, entstand um das Jahr 140, was durchaus innerhalb der Abfassungszeit der Evangelien liegt, die alle vier immer wieder bearbeitet wurden, bis schließlich der Kanon erst gegen Anfang des vierten Jahrhunderts in Rom festgelegt wurde.

Die hohe Blütezeit der gnostischen Bewegung war die Mitte des zweiten Jahrhunderts, insbesondere die Zeit der zwei Antonine – Antoninus Pius (reg. 138–161) und Marc Aurel (reg. 161–180) –, die Edward Gibbon als den Höhepunkt der Herrlichkeit des römischen Reiches herausstellte: Zu der Zeit, schrieb er, umfaßte diese Weltordnung «die schönsten Länder der Erde und den zivilisiertesten Teil des Menschengeschlechts»,[83] und die verschiedenen Formen des Gottesdienstes, die in der bekannten Welt gebräuchlich waren, «wurden sämtlich von dem Volke als gleich wahr, von den Philosophen als gleich falsch, von der Staatsgewalt als gleich nützlich angesehen. So bewirkte die Duldung nicht nur gegenseitige Nachsicht, sondern sogar religiöse Eintracht. ... Rom wurde allmählich der gemeinsame Tempel seiner Untertanen und das römische Bürgerrecht allen Göttern des Menschengeschlechtes erteilt.»[84]

Beschließen möchte ich diesen kurzen Blick in die Geheimnisse des geächteten gnostischen Erbes mit einer zweiten Stelle aus den *Johannesakten*: der Stelle, die auf dem Konzil von Nicäa vorgelesen und verdammt wurde. Sie ist das erhellendste uns verbliebene Zeugnis für die Art, wie der Doketismus – oder wie man mit gleichem Recht sagen könnte, das Mahāyāna – das stumme Zeichen des Kruzifixes sah.

Zu der im ersten Satz erwähnten «gesetzeswidrigen Schlange» vergleiche man übrigens die Schlange Nehuschtan aus 2 Könige 18,4, die im Tempel Salomos verehrt wurde (siehe auch Abb. 25, 26 und 30). Für die Gnostiker ist, wenn denn die Welt böse ist, ihr Schöpfer auch böse: und ihr Schöpfer war eben Satan, der Christus in der Wüste erschien und der der Jahwe des Alten Testaments ist. Das buddhistische Gegenstück dazu ist der Versucher des Buddha, Kāma-Māra, der in den Upanishaden als das Selbst dargestellt wird, aus dessen Begierde und Furcht heraus die Welt entstand.[85]

In den *Johannesakten* also heißt es:

> Bevor er von den gesetzeswidrigen Juden, denen ihr Gesetz von einer gesetzeswidrigen Schlange gegeben ist, ergriffen wurde, versammelte er uns alle und sprach: «Bevor ich jenen preisgegeben werde, wollen wir dem Vater lobsingen und dann hinausgehen zu dem, was bevorsteht.» Er befahl uns nun, einen Kreis zu bilden, indem wir einander bei den Händen hielten, trat selber in die Mitte und sagte: «Mit dem Amen stimmt mir zu!» Er begann also einen Hymnus zu singen und zu sagen:
>
> «Ehre sei dir, Vater!»
>
> Und wir umkreisten ihn und stimmten ihm zu mit Amen.
>
> «Ehre sei dir, Logos!
> Ehre sei dir, Gnade!» – «Amen.»

«Ehre sei dir, Geist!
Ehre sei dir, Heiliger!
Ehre sei deiner Ehre!» – «Amen.»

«Wir preisen dich, Vater!
Wir danken dir, Licht,
in dem Finsternis nicht wohnt.» – «Amen.»
«Wofür wir aber danken, sage ich:
Gerettet werden will ich, und retten will ich.» – «Amen.»
«Gelöst werden will ich, und lösen will ich.» – «Amen.»
«Verwundet werden will ich, und verwunden will ich.» – «Amen.»
«Gezeugt werden will ich, und zeugen will ich.» – «Amen.»
«Essen will ich, und gegessen werden will ich.» – «Amen.»
«Hören will ich, und gehört werden will ich.» – «Amen.»
«Gedacht werden will ich, der ich ganz Gedanke bin.» – «Amen.»
«Gewaschen werden will ich, und waschen will ich.» – «Amen.»

Die Gnade tanzt.

«Flöten will ich, tanzet alle.» – «Amen.»
«Wehklagen will ich, wehklaget alle.» – «Amen.»
«Die eine Achtheit [Ogdoas] lobsingt mit uns.» – «Amen.»
«Die zwölfte Zahl tanzt oben.» – «Amen.»
«Dem All zu gehört der Tanzende.» – «Amen.»
«Wer nicht tanzt, begreift nicht, was sich begibt.» – «Amen.»

«Fliehen will ich, und bleiben will ich.» – «Amen.»
«Schmücken will ich, und geschmückt werden will ich.» – «Amen.»
«Geeint werden will ich, und einen will ich.» – «Amen.»

«Ein Haus habe ich nicht, und Häuser habe ich.» – «Amen.»
«Eine Stätte habe ich nicht, und Stätten habe ich.» – «Amen.»
«Einen Tempel habe ich nicht, und Tempel habe ich.» – «Amen.»
«Eine Leuchte bin ich dir, der du mich siehst.» – «Amen.»
«Ein Spiegel bin ich dir, der du mich erkennst.» – «Amen.»
«Eine Tür bin ich dir, der du bei mir anklopfst.» – «Amen.»
«Ein Weg bin ich dir, dem Wanderer.»

«Wenn du aber Folge leistest meinem Reigen,
sieh dich selbst in mir, dem Redenden,
und wenn du gesehen hast, was ich tue, schweige über meine Mysterien.
Der du tanzt, erkenne, was ich tue, weil dein ist
dieses Leiden des Menschen, das ich leiden werde.
Du könntest nämlich überhaupt nicht erkennen, was du leidest,
wenn ich dir nicht als Logos vom Vater gesandt wäre.
Der du sahst, was ich leide, als Leidenden sahst du mich,
und als du sahst, bliebst du nicht stehen, sondern gerietest ganz in Bewegung.
In Bewegung geraten, weise zu werden, hast du mich als Stütze; ruhe aus in mir.
Wer ich bin, wirst du erkennen, wenn ich fortgehe.
Wofür man mich jetzt ansieht, das bin ich nicht;
sehen wirst du es, wenn du kommst.
Würdest du das Leiden kennen, das Nichtleiden würdest du haben.
Das Leiden erkenne, und das Nichtleiden wirst du haben!
Was du nicht weißt, selbst will ich es dich lehren.
Dein Gott bin ich, nicht der des Verräters.
Ich will, daß ausgerichtet werden heilige Seelen nach mir.
Das Wort erkenne der Weisheit!
Was mich betrifft, wenn du erkennen willst, was ich war:
Mit dem Wort habe ich alles verspottet und bin durchaus nicht verspottet worden.
Ich hüpfte; du aber begreife das Ganze,
und wenn du es begriffen hast, sage:

Ehre sei dir, Vater!

Wiederum sage mir:

Ehre sei dir, Vater!
Ehre sei dir, Logos!
Ehre sei dir, Geist!» – «Amen.»[86]

Der Erzähler, Johannes, schickt sich nun an, die Kreuzigung selbst vom Standpunkt dieses doketischen Verständnisses des Mysteriums aus zu betrachten. Der Vater, dem in diesen Ausrufen Lobpreis zuteil wird, kann weder mit dem Gott des Alten Testamentes noch mit dem Vater des Neuen identifiziert werden. Die beste analoge Gestalt ist der Ahura Mazdā des persischen Mythos. Jahwe oder Elohim entspricht dann ungefähr dem Angra Mainyu, dem Schöpfer der Welt der Lüge, in der wir leben und aus der uns der Heiland befreien wird. Ferner steigt dieser Heiland wie Zarathustra aus der Lichtwelt herab; aber anders als Zarathustra hat er nur scheinbar Anteil an der Natur der Welt.

> Nachdem der Herr, Geliebte, so mit uns getanzt hatte, ging er fort. Und wir waren wie Verirrte oder auch in Schlaf Verfallene auf der Flucht, der eine dahin, der andere dorthin. Als ich ihn nun leiden sah, hielt ich nicht aus bei seinem Leiden, sondern floh auf den Ölberg und weinte über das Geschehene. Und als er am Freitag am Kreuz aufgehängt wurde, war zur sechsten Tagesstunde Finsternis auf der ganzen Erde. Und es stand mein Herr mitten in der Höhle und erhellte sie und sagte: «Johannes, für die Menschen unten werde ich in Jerusalem gekreuzigt und mit Lanzen und mit Rohren gestoßen und mit Essig und Galle getränkt. Mit dir aber rede ich, und was ich rede, höre! Ich habe es dir eingegeben, auf diesen Berg zu gehen, damit du hörst, was ein Jünger vom Meister lernen muß und ein Mensch von Gott.»
>
> Und da er das getan hatte, zeigte er mir ein festgemachtes Lichtkreuz und um das Kreuz herum eine große Volksmenge, die nicht nur eine Form hatte; und in ihm war eine Form und gleiches Aussehen. Den Herrn selbst aber sah ich oben auf dem Kreuz, und er hatte keine Gestalt, sondern nur eine Stimme, doch nicht die uns gewohnte Stimme, sondern eine liebliche und gütige und wahrhaft Gott gehörige, die sprach zu mir: «Johannes, einer muß von mir dieses hören; denn eines bedarf ich, der hören soll. Dieses Lichtkreuz wird von mir euretwegen bald Logos genannt, bald Vernunft, bald Jesus, bald Christus, bald Tür, bald Weg, bald Brot, bald Same, bald Auferstehung, bald Sohn, bald Vater, bald Geist, bald Leben, bald Wahrheit, bald Glaube, bald Gnade – und so heißt es für Menschen.
>
> Was es aber wirklich ist, an und für sich betrachtet und uns gegen-

über genannt –: Es ist die Begrenzung aller Dinge, und die starke Erhebung des aus Unbeständigem Gefestigten und die Harmonie der Weisheit, Weisheit nämlich in Harmonie. Es gibt aber Stätten zur Rechten und zur Linken, Mächte, Gewalten, Herrschaften und Dämonen, Wirkungen, Drohungen, Zornesregungen, Teufel, den Satan und die untere Wurzel, aus der die Natur des Werdenden hervorgegangen ist.

Dieses Kreuz also ist es, welches sich durch das Wort das All zusammengefügt hat und welches das vom Werden Herkommende und das darunter Befindliche begrenzt hat, welches dann auch in eines alles gefestigt hat. Dies ist nicht das hölzerne Kreuz, das du sehen wirst, wenn du von hier hinuntergehst. Auch bin ich nicht der am Kreuz, ich, den du jetzt nicht siehst, sondern dessen Stimme du nur hörst. Was ich nicht bin, dafür bin ich gehalten worden, der ich nicht bin, was ich für viele andere war. Vielmehr ist das, was sie von mir sagen werden, niedrig und mir nicht angemessen. Da nun der Ort der Ruhe weder zu sehen noch auszusagen ist, um wieviel mehr werde ich, der Herr dieses Ortes, weder zu sehen noch auszusagen sein?

Die nicht einförmige Menge um das Kreuz herum ist die untere Natur. Und wenn die, die du in dem Kreuz siehst, auch noch nicht eine einzige Form haben –: noch ist nicht jedes Glied des Herabgekommenen zusammengefaßt. Wenn aber die Menschennatur und ein mir nahekommendes und meiner Stimme folgendes Geschlecht aufgenommen ist, wird der, der mich jetzt hört, mit diesem vereint werden und nicht mehr sein, was er jetzt ist, sondern über ihnen sein wie ich jetzt. Denn solange du dich noch nicht selbst mein eigen nennst, bin ich nicht das, was ich bin. Wenn du aber mich hörst, wirst auch du als Hörender sein wie ich, und ich werde sein, was ich war, wenn du wie ich bei mir bist; denn von mir bist du das, was ich bin. Kümmere dich daher nicht um die Masse, und die außerhalb des Mysteriums sind, verachte. Erkenne nämlich, daß ich ganz beim Vater bin und der Vater bei mir.

Nichts von dem also, was sie über mich sagen werden, habe ich gelitten; aber auch jenes Leiden, das ich tanzend dir und den Übrigen gezeigt habe, will ich ein Mysterium genannt wissen. Denn was du bist, siehst du, das habe ich dir gezeigt. Was aber ich bin, das weiß allein ich, sonst keiner. Das Meine also laß mich haben, das Deine aber sieh durch mich, mich aber sieh wirklich – nicht, was ich, wie ich sagte, bin, sondern was du als Verwandter zu erkennen vermagst. Du hörst, daß ich gelitten habe – und doch habe ich nicht gelitten –, daß ich nicht gelitten habe – und doch habe ich gelitten –, daß ich gestochen worden sei – und doch bin ich nicht geschlagen worden –, daß ich aufgehängt worden bin – und doch bin ich nicht aufgehängt worden –, daß Blut aus mir geflossen sei – und doch ist es nicht geflossen –, kurz, daß ich das, was jene von mir sagen, nicht gehabt habe, jenes aber, was sie nicht sagen, gelitten habe. Was es aber ist, deute ich dir an; denn ich weiß, daß du es verstehen wirst. Erkenne mich daher als die Qual des Logos, das Durchbohren des Logos, das Blut des Logos, die Verwundung des Logos, das Anheften des Logos, den Tod des Logos. Und so rede ich unter Absehung vom Menschen. Als ersten also erkenne den Logos, dann wirst du den Herrn erkennen, an dritter Stelle aber den Menschen und was er gelitten hat.»

Als er das zu mir gesagt hatte und anderes, das ich, wie er will, nicht zu sagen weiß, wurde er aufgenommen, ohne daß jemand aus der Menge ihn sah. Und als ich hinuntergegangen war, verlachte ich jene alle, da er zu mir gesagt hatte, was sie über ihn geredet haben, und hielt nur das eine in mir fest, daß der Herr alles symbolisch und ökonomisch ausgeführt hatte zur Bekehrung und Rettung des Menschen.[87]

6
Die Mission des Paulus

Während der ersten Jahrhunderte der christlichen Ära waren drei Hauptauffassungen von der Sendung Jesu im Schwange. Die älteste war die der Judenchristen Palästinas, von denen wir im ersten Kapitel der Apostelgeschichte lesen, sie hätten, als sie beisammen waren und der auferstandene Christus ihnen erschien, gefragt: «Herr, stellst du in dieser Zeit das Reich für Israel wieder her?» (Apg 1,6.) Für sie kann es keine Jungfrauengeburt gegeben haben. Ihr Lehrer war der Messias, der Gesalbte des Herrn, wie er Israel seit alters her prophezeit war, und neu daran war bloß, daß der Tag Jahwes jetzt wirklich und historisch gekommen war: der Tag, an dem Israel vor der Welt Ruhm erlangen und Recht bekommen sollte. Wir können dies als die ursprüngliche apokalyptische Anschauung bezeichnen. Jesaja hatte von jenem Tag prophezeit: «Deine Toten werden leben, die Leichen stehen wieder auf.» (Jes 26,19.) Christus war auferstanden: das große Widderhorn wurde geblasen (Jes 27,13). Der Tag war angebrochen, von dem Jahwe durch seinen Propheten verkündet hatte: «Schon erschaffe ich einen neuen Himmel und eine neue Erde. Man wird nicht mehr an das Frühere denken, es kommt niemand mehr in den Sinn. ... Ich will über Jerusalem jubeln.» (Jes 65,17.19.)

Die zweite Auffassung war die der Gnostiker. Die Gnosis war, wie wir gesehen haben, in ihrer Theologie älter als das Christentum und den Juden fremd, und sie schloß sich während des ersten Jahrhunderts der christlichen Bewegung nur lose an. Jedoch im Laufe des zweiten Jahrhunderts, als die großartige Verheißung der frühchristlichen apokalyptischen Vision sich nicht erfüllte, so daß die Erwartung irgendwie vergeistigt werden mußte, schlugen die Samen eines christlichen Gnostiszismus Wurzeln und gewannen an Einfluß. Zudem erwuchs der Autorität der Paulinischen Kirche eine noch gefährlichere Bedrohung in dem energischen Häresiarchen Markion (um 150), von dem Justinus Martyr schrieb, er habe «von jeder Gattung Menschen mit Beihilfe der Dämonen Viele dahin gebracht, zu lästern und Gott den Schöpfer dieses Weltalls zu leugnen, dafür aber zu bekennen, daß irgend ein Anderer, eben als der Größere, auch die vornehmeren Dinge hervorgebracht habe als jener.»[88]

Denn Markion stellte den Gegensatz zwischen den alt- und neutestamentlichen Gottesvorstellungen heraus und vertrat einen christlichen Kanon, der in keiner Weise auf das Alte Testament Bezug nahm und sich vor allem auf Paulus und Lukas stützte. Nach seiner Lehre war der Gott des Alten Testaments in der Tat der Schöpfer der Welt gewesen, die wir als böse erkennen. Er hatte den Menschen aus der Materie erschaffen und ihm ein strenges Gesetz auferlegt, das niemand halten konnte, und so war die ganze Menschheit unter seinen Fluch gefallen. Er war jedoch nicht der höchste Gott, obwohl er sich dafür hielt. Über ihm stand ein Mächtigerer, von dem er keine Ahnung hatte, und dieser hatte voll Liebe und Mitleid für die Welt in ihrer Qual Christus, seinen Sohn, als Erlöser geschickt. Mit dem Scheinleib eines dreißigjährigen Mannes bekleidet, erschien der Sohn im fünfzehnten Jahr des Kaisers Tiberius (reg. 14–37 n. Chr.) und predigte in der Synagoge von Kapernaum. Die Juden hielten ihn fälschlich für ihren nationalen Messias, und sogar seine Apostel verstanden ihn nicht. Überdies hatte der alttestamentliche Gott selbst keine Vorstellung von der Hoheit dieses Lehrers, sondern ließ ihn voll Furcht kreuzigen und besiegelte mit diesem Akt seinen Untergang. Laut Markion erschien Christus nach seiner Kreuzigung dem Paulus, der als einziger von allen das Evangelium verstand und gegen den Widerstand der Judenchristen echt christliche Kirchen unter den Heiden gründete – die allerdings nunmehr von judaisierenden Tendenzen unterwandert wurden, gegen die zu predigen Markion vom wahren Gott berufen worden war.

Im Unterschied zu den Gnostikern legte Markion das Schwergewicht nicht auf die Erkenntnis, sondern auf den Glauben, was natürlich im Volk viel mehr Anklang fand und seine Lehre folglich zu einer realen Bedrohung für die frühe Kirche machte. Die Bedrohung war in der Tat so real, daß die Kirchenväter schleunigst ein Neues Testament nach ihrer Version schufen, hauptsächlich, um dem älteren Kanon der Markioniten entgegenzutreten. Ein ganzes Jahrhundert lang – von 150 bis 250 – sah es tatsächlich so aus, als behielte das unabhängige Testament des Häresiarchen die Oberhand.

Letztlich durchsetzen allerdings konnte sich das Buch, in dem das Neue Gesetz als Erfüllung des Alten gedeutet wurde, aber auf einer Ebene geistiger, nicht gesellschaftspolitischer Ideale, wenn man auch weiterhin an der Hoffnung festhielt, daß der prophezeite Jüngste Tag am Ende doch eintreten würde – weitgehend zarathustrisch ausgemalt mit Christus in der Rolle des Saoshyant zur Rechten des Vaters, zu richten die Lebendigen und die Toten. Das, so glaubte man, wäre dann buchstäblich das Ende der Welt. Aus irgendeinem Grund wollen christliche Autoren diesen Glauben und diese Hoffnung als eine positive, weltbejahende Lehre verstanden wissen und setzen sie gegen die gnostische Vorstellung, die sie als negativ bezeichnen. Auch sprechen sie allgemein von der großen

«Gefahr» des Gnostizismus, fördere dieser doch – jetzt wie ehedem – die Vielfalt und Vermehrung der Kulte; während mit dem Sieg der einen wahren Kirche im vierten Jahrhundert eine «allgemeine» Religion die Oberhand gewonnen habe, die (um eine namhafte Kapazität zu zitieren) «sich nicht als einen Klüngel der geistig Auserwählten begriff»[89] und (so ein anderer) «für einen gänzlich anderen Begriff von Religion stand», eine Religion nämlich, die «sich nach dem Gesetz ihrer eigenen Natur nicht entwickeln konnte, wenn sie sich nicht von den heimtückischen Kräften losriß, die sie an eine verflossene Welt gekettet hätten».[90]

Tatsächlich begünstigte der Gnostizismus – wie der Buddhismus noch heute – die Vielfalt, weil (wie die Kirche mit der Zeit herausfinden sollte) Individuen unterschiedliche geistige Fähigkeiten und Bedürfnisse haben; daher, wie schon die sinnreiche Episode von Jesus am Ufer in den *Johannesakten* lehrt (oben S. 415–416), kann niemand sicher behaupten, die Wahrheit ein für allemal erfaßt zu haben: am allerwenigsten ein Ausschuß (ob von Kardinälen oder von Kirchenältesten), der Gesetze erläßt im Namen der großen Mehrheit einer «allgemeinen» Volksreligion, für die metaphysische Spekulationen, Erfahrungen und Symbolbildungen auf einer ziemlich elementaren Ebene bleiben müssen. Es gibt ein altes römisches Sprichwort: «Senatus bestia est, senatores boni viri», und es ist kein bißchen veraltet.

Hinzu kommt, daß das höchste Anliegen einer Volksreligion «die Wahrheit» nicht sein kann und nie gewesen ist, sondern es ist die Aufrechterhaltung eines bestimmten Gesellschaftstyps, einer den Jungen eingeimpften und in den Alten aufgefrischten «Gefühlsordnung», auf der jeweils die Institutionen und die Herrschaft beruhen. Und wie sich im Fortgang unserer Darstellung erweist, zeichnet sich die Geschichte der Gesellschaft über die Jahrtausende durch eine allmähliche – sehr allmähliche – Erweiterung der Gruppenhorizonte aus: vom Stamm oder Dorf zum Volk oder Staat und schließlich, mit Buddhismus und Hellenismus, weiter zum allumfassenden Begriff der Menschheit – die jedoch kein staatlich regierbarer, sondern ein geistiger Verband von Individuen ist. In einem solchen Verband muß es viele Wohnungen geben, wie es sie im Gnostizismus gab. Auch ist es nicht richtig, solche eigenständigen Gruppen (jede mit sich selbst beschäftigt) zu verunglimpfen, indem man sie als Klüngel bezeichnet. Es sind vielmehr Schulen für Gleichgesinnte zur gegenseitigen Unterweisung, mit einem Beispiel: eher wie die Anonymen Alkoholiker als wie etwa die Abstinenzlervereinigung christlicher Frauen, die uns alle dazu bringen möchte, uns geistiger Stärkungen zu enthalten, die für manche eben zu stark sind.

Erinnern wir uns, daß Paulus seine Laufbahn als Verfolger der ersten Judenchristen im Namen seiner pharisäischen Herkunft begann. Er war, wie wir aus der Apostelgeschichte erfahren, bei der Steinigung des Stephanus zugegen. «Die Zeugen», heißt es, «legten ihre Kleider zu Füßen eines jungen Mannes nieder, der Saulus hieß. ... Saulus aber war mit dem Mord einverstanden. An jenem Tag brach eine schwere Verfolgung über die Kirche in Jerusalem herein. ... Saulus aber versuchte die Kirche zu vernichten; er drang in die Häuser ein, schleppte Männer und Frauen fort und lieferte sie ins Gefängnis ein.» (Apg 7,58; 8,1.3.)

Man könnte sagen, daß Paulus, indem er vom Pharisäer zum Christen wurde, einfach sein Temperament in den Dienst der anderen Seite stellte und daß die von im gegründete christliche Kirche so den Stempel seiner levantinischen Hochachtung für den monolithischen Consensus erbte und nach Europa trug. Der erste Grundsatz seiner Lehre besagte, daß in Christus das Gesetz aufgehoben worden sei. Er war sogar wie Markion der Ansicht, das Gesetz sei für die Menschen ein Fluch gewesen, schrieb er doch: «Christus hat uns vom Fluch des Gesetzes freigekauft, ... damit ... wir so aufgrund des Glaubens den verheißenen Geist empfangen.» (Gal 3,13–14.) Und weiter: «So hat das Gesetz uns in Zucht gehalten bis zum Kommen Christi, damit wir durch den Glauben gerecht gemacht werden. Nachdem aber der Glaube gekommen ist, stehen wir nicht mehr unter dieser Zucht. ... Es gibt nicht mehr Juden und Christen, nicht Sklaven und Freie, nicht Mann und Frau; denn ihr alle seid ‹einer› in Christus Jesus.» (Gal 3,24.25.28.) Das sind brennende, großartige Worte. Doch im nächsten Brief schon lesen wir, daß jetzt ein neues Statut in Kraft war, dessen Bestimmungen Paulus haarklein vorbeten konnte:

Ich ermahne euch aber, Brüder, im Namen Jesu Christi, unseres Herrn: Seid alle einmütig, und duldet keine Spaltungen unter euch; seid ganz eines Sinnes und einer Meinung. ... Ich habe euch in meinem Brief ermahnt, daß ihr nichts mit Unzüchtigen zu schaffen haben sollt. ... Habt nichts zu schaffen mit einem, der sich Bruder nennt und dennoch Unzucht treibt, habgierig ist, Götzen verehrt, lästert, trinkt oder raubt; mit einem solchen Menschen sollt ihr nicht einmal zusammen essen. ... Schafft den Übeltäter weg aus eurer Mitte! (1 Kor 1,10; 5,9.11.13)

Jedem aber wird die Offenbarung des Geistes geschenkt, damit sie anderen nützt. ... Denn wie der Leib eine Einheit ist, doch viele Glieder hat, alle Glieder des Leibes aber, obgleich es viele sind, einen einzigen Leib bilden: so ist es auch mit Christus. Durch den einen Geist wurden wir in der Taufe alle in einen einzigen Leib aufgenommen, Juden und Griechen, Sklaven und Freie; und alle wurden wir mit dem einen Geist getränkt. ... Ihr aber seid der Leib Christi, und jeder einzelne ist ein Glied an ihm. So hat Gott in der Kirche die einen als Apostel eingesetzt, die andern als Propheten, die dritten als Lehrer; ferner verlieh er die Kraft, Wunder zu tun, sodann die Gaben, Krankheiten zu heilen, zu helfen, zu leiten, endlich die verschiedenen Arten von Zungenrede. (1 Kor 12,7.12–13.27–28.)

Ihr sollt aber wissen, daß Christus das Haupt des Mannes ist, der Mann das Haupt der Frau und Gott das Haupt Christi. Wenn ein Mann betet oder prophetisch redet und dabei sein Haupt bedeckt hat, entehrt er sein Haupt. Eine Frau aber entehrt ihr Haupt, wenn sie betet oder prophetisch redet und dabei ihr Haupt nicht verhüllt. Sie unterscheidet sich dann in keiner Weise von einer Geschorenen. Wenn eine Frau kein Kopftuch trägt, soll sie sich doch gleich die Haare abschneiden lassen. Ist es aber für eine Frau eine Schande, sich die Haare abschneiden oder sich kahlscheren zu lassen, dann soll sie sich auch verhüllen. Der Mann darf sein Haupt nicht verhüllen, weil er Abbild und Abglanz Gottes ist; die Frau aber ist der Abglanz des Mannes. Denn der Mann stammt nicht von der Frau, sondern die Frau vom Mann. Der Mann wurde auch nicht für die Frau geschaffen, sondern die Frau für den Mann. Deswegen soll die

Frau mit Rücksicht auf die Engel das Zeichen ihrer Vollmacht auf dem Kopf tragen. (1 Kor 11,3–10.)

«Nehmt mich zum Vorbild», schrieb Paulus an seine Schafe, «wie ich Christus zum Vorbild nehme.» (1 Kor 11,1.) Was besagen soll: Niemand mache sich sein eigenes Bild von Christus oder richte sich danach, wie in den *Johannesakten*, sondern nur das des Paulus und seiner Gemeinde soll gelten. So geschah es denn, daß im Namen dieser Gemeinde, je weiter ihr Bild Christi allmählich gedieh, die Geschichte des Westens über die nächsten zweitausend Jahre behauen und beschnitten wurde.

Der erste große Wendepunkt in der Geschichte dieses neuen Consensus war die Steinigung des Stephanus gewesen. «An jenem Tag», lesen wir in der Apostelgeschichte 8,1, «brach eine schwere Verfolgung über die Kirche in Jerusalem herein. Alle wurden in die Gegenden von Judäa und Samarien zerstreut, mit Ausnahme der Apostel.»

Die Zerstreuung der Erschrockenen führte zu einer Verbreitung der Lehre über Jerusalem und Galiläa hinaus, die Paulus dann fortführte, indem er sogar außerhalb der jüdischen Herde den Heiden predigte – insbesondere in den völkisch und kulturell gemischten Handelsstädten, in denen Juden und Griechen (eine stehende Redewendung bei Paulus) zusammengewürfelt waren. In der rein griechischen Stadt Athen hatte er fast gar keinen Erfolg, und in der rein jüdischen Stadt Jerusalem kam er nur knapp mit dem Leben davon.

In Athen, so wird uns berichtet, «erfaßte ihn heftiger Zorn; denn er sah die Stadt voll von Götzenbildern.» (Apg 17,16.) Die Götzenbilder waren natürlich jene strahlenden Kunstwerke auf der Akropolis, die noch heute zu den krönenden Glanzstücken des menschlichen Geistes zählen. Und denen, die sich um den in der Mitte des Areopags Stehenden geschart hatten (denn schließlich: «Alle Athener und die Fremden dort taten nichts lieber, als die letzten Neuigkeiten zu erzählen oder zu hören.»), verkündete er: «Athener, nach allem, was ich sehe, seid ihr besonders fromme Menschen. Denn als ich umherging und mir eure Heiligtümer ansah, fand ich auch einen Altar mit der Aufschrift: EINEM UNBEKANNTEN GOTT. Was ihr verehrt, ohne es zu kennen, das verkünde ich euch.» (Apg 17,21–23.)

Vom heidnischen Standpunkt aus war das freilich ein elementarer Irrtum; denn das Unaussprechliche hat keinen Namen und wird auch von niemandem verkündet, sondern offenbart sich in allen Dingen, so daß, wer es einzig und allein zu kennen meint, sein Wesen überhaupt nicht erfaßt hat. Außerdem war der fragliche Altar gar nicht dem Unaussprechlichen errichtet worden, sondern jeglichem unbekannten Gott von Bedeutung, der womöglich im dortigen Kult keine Berücksichtigung gefunden hatte. Und als solchen hätte man den von Paulus verkündeten Gott ohne weiteres willkommen heißen können; doch als einen solchen verkündete der Prediger seinen Gott nicht.

Also erklärte Paulus der Stadt, in der Xenophanes, Sokrates, Platon, Aristoteles und Zenon gelehrt hatten:

> Gott, der die Welt erschaffen hat und alles in ihr, er, der Herr über Himmel und Erde, wohnt nicht in Tempeln, die von Menschenhand gemacht sind. Er läßt sich auch nicht von Menschen bedienen, als brauche er etwas: er, der allen das Leben, den Atem und alles gibt. Er hat aus einem einzigen Menschen das ganze Menschengeschlecht erschaffen, damit es die ganze Erde bewohne. Er hat für sie bestimmte Zeiten und die Grenzen ihrer Wohnsitze festgesetzt. Sie sollten Gott suchen, ob sie ihn ertasten und finden könnten; denn keinem von uns ist er fern. Denn in ihm leben wir, bewegen wir uns und sind wir, wie auch einige von euren Dichtern gesagt haben: «Wir sind von seiner Art.» Da wir also von Gottes Art sind, dürfen wir nicht meinen, das Göttliche sei wie ein goldenes oder silbernes oder steinernes Gebilde menschlicher Kunst und Erfindung. Gott, der über die Zeiten der Unwissenheit hinweggesehen hat, läßt jetzt den Menschen verkünden, daß überall alle umkehren sollen. Denn er hat einen Tag festgesetzt, an dem er den Erdkreis in Gerechtigkeit richten wird, durch einen Mann, den er dazu bestimmt und vor allen Menschen dadurch ausgewiesen hat, daß er ihn von den Toten auferweckte. (Apg 17,24–31.)

Einige spotteten, hören wir, aber andere sagten: «Darüber wollen wir dich ein andermal hören.» Einige schlossen sich Paulus an und wurden gläubig. Doch diese Ausbeute war enttäuschend. Also schüttelte er sich den Staub Athens von den Füßen und ging in die Handelsstadt Korinth, wo er achtzehn Monate lang unter Griechen und Juden lebte und lehrte.

In Jerusalem, der heiligen Stadt, in die Paulus bald darauf zurückkehrte, erging es ihm noch schlechter als in Athen – ja, fast so schlecht, wie es vor seinen eigenen Augen dem Stephanus ergangen war, viele Jahre zuvor. Denn, so wird berichtet:

> Da geriet die ganze Stadt in Aufregung, und das Volk lief zusammen. Sie ergriffen Paulus und zerrten ihn aus dem Tempel, und sofort wurden die Tore geschlossen.
>
> Schon wollten sie ihn umbringen, da brachte man dem Obersten der [römischen] Kohorte die Meldung hinauf: «Ganz Jerusalem ist in Aufruhr!» Er eilte sofort mit Soldaten und Hauptleuten zu ihnen hinunter. Als sie den Obersten und die Soldaten sahen, hörten sie auf, Paulus zu schlagen. Der Oberst trat hinzu, verhaftete ihn, ließ ihn mit zwei Ketten fesseln und fragte, wer er sei und was er getan habe. In der Menge schrien die einen dies, die andern das. Da er bei dem Lärm nichts Sicheres ermitteln konnte, befahl er, ihn in die Kaserne zu führen. Als Paulus an die Freitreppe kam, mußten ihn die Soldaten wegen des Andrangs der Menge tragen. Denn das Volk lief hinterher und schrie: «Weg mit ihm!» (Apg 21,30–36.)

Paulus stand wirklich zwischen zwei Welten. Doch die Zeit arbeitete für ihn. Denn sowohl die Religion der Polis als auch die Religion des Stammesgottes waren im Austausch der Völker miteinander im ganzen großrömischen Reich ins Hintertreffen geraten. Und außerdem sollte Rom selbst in Bälde den Zenit überschreiten.

7
Der Untergang Roms

Im Jahre 167 n. Chr., dem sechsten in der Regierungszeit des Marc Aurel, durchbrachen germanische Horden aus dem Norden die römische Grenzbefestigung zwischen Oberrhein und Donau und fielen in Norditalien ein. Da man sie nicht zurückschlagen konnte, ließ man zu, daß sie sich innerhalb der Grenzen auf einem zugewiesenen Landstreifen als Bauern ansiedelten. Marc Aurel starb im Jahre 180; sein ausschweifender Sohn Commodus trat die Thronfolge an; und in Germanien, Gallien, Britannien, Nordwestafrika und Judäa brachen Aufstände aus. Eine Verschwörung in Rom selbst wurde 183 erstickt, aber neun Jahre später wurde der Kaiser ermordet. Sein Nachfolger Pertinax wurde im folgenden Jahr durch eine Meuterei der Garde gestürzt, und die große Katastrophe des Reiches nahm seinen Anfang.

Die Prätorianer in Rom hoben M. Didius Julianus auf den Thron, aber die Streitkräfte in Syrien unterstützen C. Pescennius Niger, die in Britannien D. Clodius Albinus und die an der Donaugrenze L. Septimius Severus, der schließlich nach mehr als vierjährigem wütenden gegenseitigen Morden den Sieg davontrug. Unter ständigen Kriegen regierte Severus mit strenger Hand bis zum Jahr 211, gefolgt von seinem Sohn Caracalla, der 213 einen germanischen Einfall in Gallien zurückschlug, im folgenden Jahr Armenien niederwarf und im nächsten einen Aufstand in Ägypten. Im Jahre 216 wandte er sich gegen Parthien, wurde aber von seiner eigenen Garde ermordet – und so ging es weiter, von einem Schrecken zum nächsten. Die Goten an der Nordküste des Schwarzen Meeres wurden zu Seeräubern und machten bald mit ihren Überfällen das Mittelmeer unsicher. Andere germanische Stämme drangen in Italien ein, wieder andere in Gallien und Iberien, ein paar setzten nach Afrika über, und römische Städte, Dörfer und Gehöfte überall im Reich gingen in Flammen auf.

Die Germanen waren ein arisches Volk, das im Nordosten der Kelten wohnte, jenseits der Elbe, von der Ostsee bis zum Schwarzen Meer. Blond, blauäugig und hochgewachsen, waren sie – wie die Kelten – kühne Krieger und den römischen Legionen, die nicht mehr die gleichen waren wie zu Caesars Zeiten, mehr als ebenbürtig. Jedoch diese halbnomadischen streitbaren Hirten, die mit immer stärker werdendem Druck die nördlichen Stellungen bedrohten, waren nur eine der drei großen Bedrängnisse, denen die Zivilisation Roms zu der Zeit ausgesetzt war und schließlich erlag.

Die zweite war jenseits des Tigris im schlecht geschützten Osten die neue persische Dynastie der Sassaniden, die 226 n. Chr. die Parther gestürzt hatte. Und während die nördliche germanische Gefahr hauptsächlich die äußere Form betraf, zuinnerst aber in gewissem Sinne eine Barbarisierung und Verjüngung des europäischen Geistes bedeutete, so bedrohte die neue persische Gefahr diesen Geist selbst.

Diokletian (reg. 284–305) verlegte seinen römischen Hof nach Kleinasien, um der neuen Militärmacht entgegenzutreten, mit der er bedeutend besser fertig wurde als mit den Mächten des Nordens; doch mit der Verführung durch die orientalische Mythologie seines Feindes wurde er ganz und gar nicht fertig. Die Sassaniden waren Zarathustrier. Das *Bundahish* und andere heilige Schriften wurden in dieser Zeit bearbeitet, ausgelegt und erweitert, und es kam zur Blüte einer Staatskirche unter einem mächtigen Magierklerus. Die Offenheit des Westens für persische religiöse Ideen läßt sich an der raschen Ausbreitung des Mithraismus im ganzen römischen Reich von der Regierungszeit Vespasians (69–76 n. Chr.) an ermessen; aber in Persien selbst weckte das Wiederaufleben des Zarathustrismus keineswegs den Wunsch nach einem friedlichen Nebeneinander der Kulturen, sondern nach echt levantinischer Art die Gegnerschaft zur heidnischen Welt, insbesondere zum Westen, oder genauer gesagt, zum Hellenismus und Synkretismus, den die vorherige parthische Dynastie begünstigt hatte.

Nachdem Diokletian nunmehr im kleinasiatischen Nikomedia Hof hielt, nahm er Aufmachung und Pose eines asiatischen Despoten an: den symbolischen Himmelsmantel, bestickt mit den Perlen und Edelsteinen der das Weltall begrenzenden Gestirne. Und wie die Sonne als goldene Tür zur Ewigkeit in ihrer aller Mitte scheint, so ragte das königliche Haupt mit seinem Diadem herrscherlich über den Mantel heraus. Die Fußbank der Welt stand zu seinen Füßen, vor denen sich alle verneigen mußten. Als weitere Konsequenz aus dem Einfluß des archaischen asiatischen Ideals wurde das ganze römische Reich in einen orientalischen Maschinenstaat umgewandelt. Die Besteuerung hatte sich in dem Jahrhundert seit Marc Aurel erheblich verschärft, und es war jetzt Sitte geworden, die Verantwortung für das Steueraufkommen jedes Distrikts den

Wohlhabenden der Gegend zuzuweisen: was sie nicht aus dem Volk saugen konnten, mußten sie von ihrem eigenen Vermögen aufbringen. Der Mittelstand war infolge dessen zusammengebrochen, der Bauernstand war seit langem schon von den Kriegen aufgerieben worden, überall mehrten sich Armut, Bettlerei, Räuberei und Gewalt. Um dem Trend entgegenzuwirken, erließ Diokletian Gesetze, die es den Leuten verboten, ihren Beruf aufzugeben oder zu wechseln; die Zunft- und Genossenschaftszugehörigkeit wurde Pflicht und war unabänderlich. So entstand eine regelrechte Kastenordnung, und alle arbeiteten für den Staat. Löhne und Preise wurden vom Staat festgesetzt. Die Augen und Ohren des Kaisers, seine Spione, waren überall wachsam, um dafür zu sorgen, daß die Bestimmungen auch alle eingehalten wurden. James Breasted faßte vor vielen Jahren die Situation in einem Absatz zusammen, der mir seit meinen Studentenjahren als Prophezeiung einer Zeit durch den Kopf geht, die auch in unserem schönen «Land of the Free» auf uns zukommen könnte:

> Unter seiner erdrückenden Steuerlast in einem praktisch bankrotten Staat taumelnd, war der Bürger, einerlei welchen Standes, nunmehr ein bloßes Rädchen im ungeheuren Getriebe des Staatsapparates geworden. Er hatte keine andere Funktion, als für den Staat zu schuften, der ihm von den Früchten seiner Arbeit soviel abpreßte, daß er von Glück sagen konnte, wenn er von dem, was ihm übrigblieb, gerade eben überleben konnte. Als ein bloßes Arbeitstier für den Staat war er schließlich an den Punkt gelangt, an dem der Bauer am Nil schon seit Jahrtausenden war. Der Kaiser war ein Pharao geworden und das römische Reich ein kolossales Ägypten einstiger Zeiten. Das Jahrhundert der Revolution, das mit der despotischen Neuordnung durch Diokletian endete, zerstörte die künstlerische und literarische Schaffenskraft des antiken Menschen völlig, wie es auch alle wirtschaftlichen und sozialen Fortschritte zunichte machte. Insofern, als die Alte Welt im Fortschritt der Kultur lebte, war ihre Geschichte mit dem Regierungsantritt Diokletians beendet.[91]

Die Germanen auf der einen, der Orient auf der anderen Seite hatten dieses Rom entstehen lassen, in das jetzt das Christentum als dritte Kraft der Veränderung einziehen sollte. Diokletian ging hart gegen die Christen vor, die er als Staatsfeinde betrachtete, aber Galerius, sein Nachfolger (reg. 304–311), erließ nach dem guten alten heidnischen Grundsatz, daß jeder Gott Anrecht auf Verehrung durch sein Volk habe, ein Toleranzedikt. Inmitten der verwikkelten zwischenzeitlichen Morde, Palastintrigen, offenen Kriege und Metzeleien, die die Jahre zwischen dem Tod des Galerius und dem Regierungsantritt Konstantins (das heißt 311–324) überbrückten, hing die Christenfrage bedenklich in der Schwebe, bis – nach der berühmten Legende aufgrund der Schilderung, die Konstantin selbst seinem Biographen Eusebius gab – der noch heidnische Konstantin auf dem Marsch zur Entscheidungsschlacht gegen Maxentius, seinen Hauptrivalen um die Krone und einen Christenfeind, am Himmel ein Kreuz aus Licht mit den Worten *Hoc vince*, «Durch dieses siege!», sah und sein ganzes Heer auch. In der folgenden Nacht erschien ihm Christus im Traum und befahl ihm, dieses Zeichen als Feldzeichen zu nehmen. Er tat es, errang den Sieg und hielt von da an dem Kreuz die Treue.[92]

Die Stellung, die Konstantin der Große in der Geschichte des Christentums einnimmt, läßt sich mit der Bedeutung Ashokas für die Ausbreitung des buddhistischen Glaubens vergleichen. Beide kamen drei Jahrhunderte nach der Lebenszeit ihres jeweiligen Heilands, und beide formten einen Glauben, der zuvor der Politik und sogar der bestehenden Gesellschaftsordnung keine Beachtung geschenkt hatte, in die säkulare Religion eines Reiches um. Die entsprechen Daten sind:

Jesus Christus	Gautama Buddha
ca. 3 v. Chr. – 30 n. Chr.	563–483 v. Chr.
Konstantin der Große	Ashoka der Große
reg. 324–337 n. Chr.	reg. 268–232 v. Chr.

Während Ashoka jedoch Gewaltlosigkeit und religiöse Toleranz predigte und praktizierte,[93] ging Konstantin, sobald er den Thron errungen hatte, daran, zwei Häresien auszurotten. Die erste war die der Donatisten in Nordafrika. Sie vertraten die Auffassung, die Heilswirkung eines Sakramentes hänge vom geistigen Wert des Priesters ab: wer den Glauben von einem Unwürdigen annehme, erklärten sie, empfange nicht den Glauben, sondern den Fehl (*qui fidem a perfido sumpserit non fidem percipit, sed reatum*). Die orthodoxe Antwort auf diese Häresie lautete, die Sakramente seien von sich aus heilig, nicht durch die Menschen (*sacramenta per se esse sancta, non per homines*). Das Dilemma bei der Kontroverse bestand darin, daß einerseits, wenn die Donatisten recht hatten, das gesamte Zeremonialgebäude der Kirche von der sittlichen Qualität der Kleriker abhing und man niemals sicher sein konnte, ob ein bestimmter Ritus auch seine übernatürliche Wirkung getan hatte, während andererseits, wenn die Donatisten unrecht hatten, ein Sakrament auch von einem Ketzer oder Heiden mit Heilswirkung gespendet werden konnte.

Die zweite Kontroverse, der Konstantin sich gegenübersah, war noch schwerwiegender. Sie wurde mit den Anhängern des Arius geführt, die der Ansicht waren, daß Christus weder wahrer Gott noch wahrer Mensch gewesen sei. Gott, so erklärten sie kategorisch, sei absolut unerkennbar und einzig. Christus sei, wenn auch vor seiner Fleischwerdung schon seiend (präexistent), ein erschaffenes Wesen und daher nicht wahrhaft Gott, wenn auch als Schöpfer aller sonstigen Geschöpfe anbetungswürdig. In seiner Inkarnation als Jesus habe der Sohn einen menschlichen Körper, nicht aber eine menschliche Seele angenommen. Insofern sei er weder wahrer Gott noch wahrer Mensch.[94]

Vielleicht sollte man, wenn man die Haltungen Ashokas und Konstantins zu Glaubensdifferenzen vergleicht, die Tatsache berücksichtigen, daß der Inder bereits sein Reich gewonnen hatte, als das schreckliche Schauspiel der von seinen Heeren angerichteten Metzelei und Verheerung ihm die Seele mit dem Pfeil der Reue durchbohrte und er sich zur buddhistischen Ethik des Nichtverletzens und des Mitleids bekehrte; Konstantin dagegen hatte die Vision eines zukünftigen Sieges und wurde dadurch zu etwas bekehrt, das seitdem Christentum heißt – wenn auch dessen Beziehung zu der Moral von Christi Versuchung in der Wüste (siehe oben S. 399–402) schwer nachvollziehbar ist. Als nächstes müßte man dann allerdings anmerken, daß gegenüber dem buddhistischen Reich Ashokas, das schon ein halbes Jahrhundert nach dessen Tod einstürzte, das christliche Reich Konstantins sich bis zur Einnahme

Konstantinopels durch die Türken hielt, elfhundertneunundzwanzig Jahre, nachdem er den Thron bestiegen hatte. Und ausschlaggebend für die uns hier interessierende allgemeine Theorie der Mythologie wäre somit vielleicht die Feststellung, daß die gegensätzlichen Schicksale der zwei großen säkularen Heilsreligionen in Ost und West von den gegensätzlichen Charakteren ihrer ersten großen königlichen Konvertiten bestimmt wurden, nicht von den Propheten, deren Namen sie trugen.

Denn Ashokas Erkenntnis des Leids war von derselben Art (wenn auch nicht derselben Intensität) gewesen wie die des Buddha selbst, als dieser mit der ersten seiner vier edlen Wahrheiten erklärte: «Alles Leben ist leidvoll.» Folglich wurde in den königlichen Edikten der Kern der Lehre redlich bewahrt und wurden Gewaltlosigkeit und Mitleid aufrichtig gefördert. Im Abendland aber wurde die Religion Christi mit Konstantin zur Dienstmagd (oder besser, zur Pate stehenden Fee) der Politik und behauptete man, die Vollmacht für die Vorherrschaft einer bestimmten Gesellschaftsordnung von einem zu haben, der gesagt haben sollte: «Mein Königtum ist nicht von dieser Welt. Wenn es von dieser Welt wäre, würden meine Leute kämpfen.» (Joh 18,36.) Somit hätte auf die Frage, an der sich die Welten scheiden: «Sorgst du dich um die Gesellschaft oder um die Wahrheit?», der abendländische Herrscher, wenn er ehrlich war, antworten müssen: «Um die Gesellschaft», während der Inder hätte sagen können: «Um die Wahrheit.»

So ist es denn eine Ironie des Schicksals, daß bei uns im Westen, wo man die Religion des Heilands im Laufe ihrer ganzen Geschichte durch die Vermengung mit der Politik herabwürdigte, die politischen Praktiken durch ihren Einfluß erheblich gesitteter wurden, während im Gegensatz dazu das orientalische politische Denken bis heute von der elementaren politischen Naturgesetzlichkeit beherrscht wird, das heißt schlicht und ergreifend vom «Brauch der Fische» (sanskrit *matsya-nyāya*): Die Großen fressen die Kleinen, und die Kleinen müssen gewitzt sein.

Konstantin der Große wurde um 274 in Dakien im heutigen Rumänien geboren. Seine Mutter Helena war eine Frau niederen Standes aus Bithynien (im nordwestlichen Kleinasien) und die Konkubine des Constantius, der sich jedoch im Jahre 293 von ihr trennte, um Theodora, die Stieftochter Maximians, zu heiraten. Constantius wurde dann Caesar Roms, und der junge Konstantin wurde an den asiatischen Hof des Kaisers Diokletian befohlen – mit dem er nach Ägypten marschierte, wo er Eusebius, bald Bischof von Cäsarea und später sein Biograph, kennenlernte. Der junge Prinz nahm sich eine junge Frau namens Minervina zur Konkubine und zeugte mit ihr seinen Sohn Crispus – obwohl er schon 293 mit Fausta verlobt worden war, einer Tochter Maximians, die damals noch im Säuglingsalter gewesen war. Als sich am Hof das Schicksal gegen ihn wendete, floh er nach Gallien, wo er, als sein Vater bei der Niederschlagung eines Aufstands in Britannien ums Leben kam, den Befehl über den Westen des Reiches beanspruchte und bald auch errang. Über seine Kriege in Gallien von 306 bis 312 lesen wir: «Selbst heidnisches Empfinden war schockiert, als er Barbarenkönige samt ihren Anhängern den wilden Tieren vorwarf, Tausende auf einmal.»[95] Und wir wissen auch, daß er fast unmittelbar, nachdem er das Konzil von Nicäa, das der ganzen Menschheit Willen und Wesen Gottes verkündete und bestimmte, einberufen und dort den Vorsitz geführt hatte, seinen Sohn Crispus und seine Frau Fausta ermordete. Der Grund ist nicht bekannt, man vermutet eine Art Phaidra-Tragödie. Doch aus welchem Anlaß auch immer, es ist klar, daß Konstantin aus härterem Holz geschnitzt war als Ashoka.

Nachdem er im Jahre 324 das ganze Reich unter sich gebracht hatte, machte Konstantin der Große sich daran, einen geistig einheitlichen Block daraus zu schweißen, und berief zu diesem Zweck 325 das Konzil von Nicäa ein. Über dreihundert Bischöfe aus jeder Provinz des Reiches nahmen daran teil, und nach einem Vortrag des Kaisers über die Notwendigkeit der Einheit gingen sie daran, zunächst ein Datum für das Osterfest festzusetzen und dann die Arianer zu verdammen. Das schließlich gebilligte Glaubensbekenntnis (verfaßt von dem jungen Diakon Athanasius aus Alexandria) lautete wie folgt:

> Wir glauben an den einen Gott, den allmächtigen Vater, Schöpfer aller sichtbaren und unsichtbaren Dinge, und an den einen Herrn Jesus Christus, den Sohn Gottes, als Einziggeborener gezeugt vom

Vater, das heißt aus der Wesenheit des Vaters, Gott von Gott, Licht vom Lichte, wahrer Gott vom wahren Gott, gezeugt, nicht geschaffen, wesenseins mit dem Vater, durch den alles geworden ist, was im Himmel und was auf Erden ist, der um uns Menschen und um unseres Heiles willen herabgestiegen und Fleisch und Mensch geworden ist, gelitten hat und am dritten Tage auferstanden ist, aufgestiegen zu den Himmeln und kommen wird, zu richten die Lebenden und die Toten. Und an den Heiligen Geist.

Diejenigen aber, die da sagen, es habe eine Zeit gegeben, da der Sohn Gottes nicht war, und er sei nicht gewesen, bevor er gezeugt wurde, und er sei aus nichts geworden oder aus einer anderen Substanz oder Wesenheit, oder der Sohn Gottes sei wandelbar oder veränderlich, diese schließt die apostolische und katholische Kirche aus.[96]

Unter der Regierung Konstantins wurde dem Christentum der gleiche Rang zuerkannt wie den heidnischen Religionen des Reiches, doch ein halbes Jahrhundert später wurde es unter Theodosius dem Großen (reg. 379–395) zur einzigen zugelassenen Religion erklärt. Damit wurde per kaiserlichen Erlaß die Epoche eingeleitet, die man seither das «finstere Mittelalter» nennt. Edward Gibbon berichtet von ihrem Anbruch; und ich wüßte keinen passenderen Nachruf auf das Zeitalter der großen Klassiker als eine Probe seiner klassischen Prosa. Nachdem er die Szenen in verschiedenen anderen römischen Provinzen geschildert hat, schreibt er:

In Syrien beschloß der göttliche und vortreffliche Marcellus, wie er von Theodoret genannt wird, ein von apostolischem Eifer beseelter Bischof, die stattlichen Tempel innerhalb der Diözese von Apameia der Erde gleich zu machen. Seinem Angriff widerstand die Geschicklichkeit und Festigkeit, womit der Tempel des Jupiter erbaut worden war. Das Gebäude stand auf einer Anhöhe; auf jeder der vier Seiten wurde das hohe Dach von fünfzehn massiven, sechzehn Fuß im Umkreise haltenden Säulen getragen, und die großen Steine, aus denen sie bestanden, waren mit Blei und Eisen fest verkittet. Die Gewalt der stärksten und schärfsten Werkzeuge wurde ohne Wirkung versucht. Man sah sich genötigt, die Grundfesten der Säulen zu untergraben, welche zusammenstürzten, sowie die einstweiligen hölzernen Strebepfeiler vom Feuer verzehrt waren, ja die Schwierigkeiten des Unternehmens werden mit der Allegorie eines schwarzen Dämons beschrieben, welcher die Anstrengungen der christlichen Ingenieure verzögerte, obschon er sie nicht zunichte zu machen vermochte. Stolz auf seinen Sieg, zog Marcellus in Person gegen die Mächte der Finsternis zu Felde, ein zahlreicher Trupp Soldaten und Gladiatoren marschierte unter dem Banner des Bischofes, und er griff nacheinander die Tempel in den Flecken und auf dem Lande der Diözese von Apameia an. Sooft Widerstand oder Gefahr zu besorgen war, faßte der Verfechter des Glaubens, dessen Lahmheit ihm weder zu fechten noch zu fliehen gestattete, in gehöriger Entfernung jenseits des Bereiches der Pfeile Posto. Aber seine Vorsicht ward die Ursache seines Todes: eine Schar erbitterter Bauern überrumpelte und erschlug ihn, und die Synode der Provinz fällte ohne Zögern den Ausspruch, daß der heilige Marcellus in Gottes Sache sein Leben zum Opfer gebracht habe. Bei Verteidigung dieser Sache zeichneten sich die Mönche, welche mit tumultuarischer Wut aus der Wüste herbeiströmten, durch Eifer und Tätigkeit aus. Sie verdienten die Feindschaft der Heiden, und manche von ihnen mochten auch den Vorwurf der Habsucht und Unmäßigkeit verdienen; der Habsucht, die sie durch heilige Beute befriedigten, und der Unmäßigkeit, der sie sich auf Unkosten des Volkes überließen, das ihre zerlumpten Gewänder, ihr lautes Psalmodieren und ihre künstliche Blässe töricht bewunderte. Eine kleine Anzahl von Tempeln wurde durch die Besorgnisse, die Käuflichkeit, den Geschmack oder die Klugheit der bürgerlichen und kirchlichen Machthaber beschützt. Der Tempel der himmlischen Venus zu Karthago, dessen geheiligter Grund einen Umkreis von zwei Meilen hatte, wurde klugerweise in eine christliche Kirche verwandelt, und eine ähnliche Weihung hatte den majestätischen Dom des Pantheons zu Rom unverletzt bewahrt. Aber fast in jeder Provinz des römischen Reiches bekriegte ein Heer von Fanatikern ohne Ermächtigung und Zucht die friedlichen Einwohner, und der Ruin der schönsten Gebäude des Altertumes bezeugt noch die Verwüstungen dieser Barbaren, die allein Zeit und Neigung hatten, eine so mühsame Zerstörung zu bewerkstelligen. ...

Die Tempel des römischen Reiches waren geschlossen oder zerstört; aber der erfinderische Aberglaube der Heiden versuchte es fortwährend, die Gesetze des Theodosius, wodurch alle Opfer strenge verboten waren, zu umgehen. Die Bewohner des flachen Landes, deren Betragen dem Auge boshafter Neugierde minder ausgesetzt war, verschleierten ihre *religiösen* Versammlungen unter dem Scheine von *gastlichen* Zusammenkünften. An feierlichen Festtagen versammelten sie sich in großer Anzahl unter dem ausgebreiteten Schatten einiger geheiligter Bäume, Schafe und Rinder wurden geschlachtet und gebraten und dieses ländliche Gelage durch den Gebrauch des Weihrauches und durch Hymnen geweiht, die man zur Ehre der Götter sang. Man führte an, daß, da aus keinem Teile des Tieres ein Brandopfer gemacht, da für keinen Altar gesorgt ward, um das Blut zu empfangen, da man ferner die vorherige Weihegabe von Salzkuchen und die Schlußzeremonie der Libationen ausließ, diese festliche Zusammenkunft die Teilnehmer weder in die Schuld noch in die Strafe eines ungesetzlichen Opfers verwickeln könne. Wie jedoch die Wahrheit der Tatsachen oder der Gehalt der Unterscheidung immer beschaffen sein mochte, wurden diese nichtigen Vorwände doch durch das letzte Edikt des Theodosius entfernt, welches der abergläubischen Religion der Heiden eine tödliche Wunde beibrachte. Dieses Verbotsgesetz (390) war in den unbeschränktesten und umfassendsten Ausdrücken abgefaßt. «Es ist unser Wille und Befehl», sagt der Kaiser, «daß keiner unserer Untertanen, sie möchten Obrigkeiten oder Privatpersonen von noch so hohem oder noch so niedrigem Stande sein, es wage, in was immer für einer Stadt oder was immer für einem Platze ein lebloses Götzenbild durch das Opfer eines schuldlosen Geschöpfes zu verehren.» Die Handlung des Opferns und der Gebrauch der Wahrsagerei aus den Eingeweiden des Opfers werden (ohne Rücksicht auf den Gegenstand der Befragung) als ein Verbrechen des Hochverrates gegen den Staat erklärt, das nur durch den Tod des Schuldigen gesühnt werden kann. Die Zeremonien des heidnischen Aberglaubens, wie unblutig und wie wenig gräßlich sie auch scheinen mochten, werden, als der Wahrheit und Ehre der Religion in hohem Grade nachteilig, abgeschafft; Lichter, Blumenkränze, Weihrauch und Libationen von Wein werden namentlich aufgeführt und verdammt, und die harmlosen Rechte der häuslichen Genien, der Laren und Penaten, sind in diese strenge Ächtung mit eingeschlossen. Die Ausübung irgendeiner dieser profanen und ungesetzlichen Zeremonien unterwirft den Übertreter der Verwirkung des Hauses oder des Grundes, worauf sie vorgenommen worden sind, und sollte er listigerweise das Eigentum eines anderen zum Schauplatze seiner Gottlosigkeit gewählt haben, muß er ohne Verzug eine schwere Geldbuße von fünfundzwanzig Pfund Goldes oder mehr als eintausend Pfund Sterling bezahlen. Eine nicht minder beträchtliche Geldbuße wird der Nachsicht der geheimen Feinde der Religion auferlegt, welche die Pflicht ihrer jeweiligen Stellung, die Schuld der Götzenverehrung entweder anzuzeigen oder zu bestrafen, vernachlässigen sollten. So beschaffen war der Verfolgungsgeist der Gesetze des Theodosius, die von seinen Söhnen und Enkeln unter dem lauten und einstimmigen Beifalle der christlichen Welt wiederholt eingeschärft wurden. ...

Der Untergang der heidnischen Religion wird von den Sophisten als ein schreckliches und außerordentliches Wunderereignis geschildert, das die Erde mit Finsternis deckte und die alte Herrschaft des Chaos und der Nacht wiederherstellte. Sie erzählen in feierlichem und pathetischem Schwunge, daß die Tempel in Gräber verwandelt und die heiligen Stätten, die durch die Statuen der Götter geschmückt gewesen, durch die Überreste christlicher Märtyrer schmählichst befleckt worden wären. «Die Mönche» (eine Rasse schmutziger Tiere, denen Eunapius den Namen von Menschen zu verweigern versucht ist) «sind die Urheber der neuen Religion, welche an die Stelle jener Gottheiten, die durch den Verstand begriffen werden, die niedrigsten und verächtlichsten Sklaven gestellt hat. Die eingesalzenen und eingemachten Häupter dieser berüchtigten Übeltäter, welche für ihre zahllosen Verbrechen einen gerechten und schimpflichen Tod erlitten hatten, ihre Leiber noch gezeichnet durch den Eindruck der Geißel und die Narben jener Martern, die ihnen durch den Urteilsspruch des Richters zugefügt worden, das sind», fährt Eunapius fort, «die Götter, welche die Erde in unseren Tagen hervorbringt; das sind die Märtyrer, die obersten Schiedsrichter unserer Gebete und Bitten zur Gottheit, deren Gräber jetzt als Gegenstände der Verehrung des Volkes geweiht werden.» ...

Die zufriedenstellende Erfahrung, daß die Reliquien der Heiligen wertvoller waren als Gold und Edelsteine, befeuerte die Geistlichkeit, die Schätze der Kirche zu vervielfältigen. Ohne große Rücksicht auf Wahrheit oder Wahrscheinlichkeit erfanden sie Namen für Skelette und Taten für Namen. Der Ruhm der Apostel und der heiligen Männer, welche ihre Tugenden nachgeahmt hatten, wurde durch religiöse Dichtung umdunkelt. Zu der unbesieglichen Schar echter und uranfänglicher Märtyrer fügten sie Myriaden von erdichteten Heroen, die nie gelebt hatten, außer in der Phantasie schlauer oder leichtgläubiger Legendenschreiber; und man hat Grund zu glauben, daß Tours nicht die einzige Diözese war, in welcher die Gebeine eines Übeltäters statt jener eines Heiligen verehrt wurden.[97]

Theodosius der Große starb im Jahre 395, und genau fünfzehn Jahre später verheerten die Westgoten unter Alarich Rom. Augustinus (354–430) schrieb sein großes Werk *Vom Gottesstaat* als Erwiderung auf die Behauptung, unter ihren eigenen Göttern sei die Stadt tausend Jahre lang gediehen, aber als sie sich Christus zuwandte, sei sie zugrunde gegangen. Der Menschenstaat der Sünde, der Verdammnis sei zwar gefallen, räumte der gute Bischof ein, aber an seiner Stelle werde der Gottesstaat, die Kirche, der lebendige Leib Christi, in alle Ewigkeit bestehen. Als einer, der es wissen mußte, schrieb er:

> Und auch das wird jener glückselige Staat, betrachtet er sich selber, als hohes Gut preisen, daß hier kein Niedrigerer den Höheren beneidet, wie ja schon jetzt die übrigen Engel nicht neidisch sind auf die Erzengel. Keiner wird sein wollen, was ihm nicht zugefallen ist, aber mit dem, welchem es zufiel, in friedvoller Eintracht verbunden leben, wie im Leib das Auge nicht sein will, was der Finger ist, da beide Glieder das Friedensband des ganzen Leibes umschließt. Hat so freilich der eine an Gaben weniger empfangen als der andere, ward ihm doch die Gabe zuteil, nicht noch mehr zu verlangen.[98]

Alles gut und schön. Doch unterdessen wurde Europa nicht mehr nur ungehindert von den europäischen Barbaren unsicher gemacht, sondern auch von den asiatischen. Attila der Hunne fiel mit seiner berittenen Kriegerhorde aus den russischen Steppen in Europa ein, hielt in der Nähe des heutigen Budapest mit barbarischem Prunk Hof und machte bis zu seinem Tode 453 den halben Kontinent unsicher. Die Vandalen strömten über die Iberische Halbinsel nach Afrika, gefolgt von den Westgoten, die in Iberien ein westgotisches Königreich gründeten. Im von den Römern preisgegebenen Britannien siedelten sich germanische Juten, Angeln und Sachsen an, während die Franken sich in Gallien niederließen und dem Land ihren Namen gaben, Frankreich. Rom selbst kam weitgehend unter die Fuchtel christianisierter germanischer Offiziere, die eine allerletzte Serie kläglicher Marionettenkaiser ein- und absetzen, bis im September 476 der große blonde Odoaker die Regierung an sich riß. Für die nächsten 324 Jahre gab es im Westen keinen Kaiser mehr – bis sich ein anderer Germane, Karl der Große, am Weihnachtstag des Jahres 800 n. Chr. im Petersdom zu Rom eigenhändig die Sonnenkrone aufs Haupt setzte, nachdem er dieses strahlende Symbol Ahura Mazdās aus den Händen von Papst Leo III. empfangen hatte.

TEIL VIER

Das Zeitalter der großen Glaubenslehren

EINLEITUNG

Der Dialog Europas und der Levante

Während der Regierungszeiten Trajans (98–117) und seines Nachfolgers Hadrian (117–138) waren die Formen der Kuppel und der Wölbung in der Architektur Roms aufgetaucht, und damit kündigte sich – wie Spengler erkannte – das Weltgefühl der aufstrebenden Levante an. Das Pantheon ist, mit seinen Worten, *«die früheste aller Moscheen»*.[1] Gleichzeitig wurden jetzt den Augen der Porträtbüsten der Kaiser die Pupillen durchbohrt, während in der früheren antiken Plastik die Augen gleichsam blind geblieben waren: es hatte kein Hinausschauen eines inneren Geistes in den Raum gegeben.[2] Denn genau wie der griechische Tempel mit seinen Säulen das Außen hervorhob und es im Innern nur eine einfache Cella gab, so daß sich kein Gefühl von Innenraum einstellte, sondern nur eines von äußerer Körperlichkeit, so hat (um abermals Spenglers Worte zu gebrauchen) für den antiken Menschen «der Tempel auch des Leibes ... kein ‹Innen›».[3]

Im Gegensatz dazu war die Moschee ganz und gar Innen: ein architektonisches Abbild der Welthöhle, das dem levantinischen Geist als das gemäße Symbol für die geistige Form des Weltalls erscheint. «Eine geisterhaft verwirrende Durchdringung der Formen von Kugel und Polygon», schreibt Spengler darüber, «eine Last auf einem Steinring gewichtslos über dem Boden schwebend und das Innere dicht verschließend, alle tektonischen Linien verhüllt, kleine Öffnungen im höchsten Gewölbe, durch die ein ungewisses Licht hereinfällt, das die Wandung noch unerbittlicher betont – so stehen die Meisterwerke dieser Kunst, San Vitale in Ravenna, die Hagia Sophia in Byzanz, der Felsendom in Jerusalem vor uns.»[4]

Das beklemmende, alldurchdringende Gefühl einer Geschlossenheit von Raum und Zeit, gleichsam einer Art Aladdin-Höhle, in der Licht und Finsternis, Gut und Böse, Gnade und Eigensinn, Geist und Seele miteinander ringen, um anstelle der Geschichte eine gewaltige Märchenwelt wirkender Kräfte im Dienste Gottes oder des Teufels zu erschaffen, erfüllt sämtliche Mythologien der Levante – ob Judentum, Zarathustrismus, Mithraismus, Manichäismus, Ostchristentum, Neuplatonismus, Gnostizismus, die spätantiken Mysterien oder den Islam. Und das dazugehörige Bild vom Menschen in dieser Welt stellt ihn nicht als ein Individuum vor, sondern als ein Organ oder Teil des größeren Organismus – wie in Paulus' oder Augustinus' Auffassung vom lebendigen Körper Christi. In jedem Wesen sind, wie in der ganzen Welthöhle, die zwei gegensätzlichen, alles durchdringenden Prinzipien von Geist und Seele am Werk – hebräisch *ruach* und *nephesch*, persisch *ahu* und *urvan*, mandäisch *monuhmed* und *gyan*, griechisch *pneuma* und *psyche*.

«*Ruach*», bemerkt Spengler, «bedeutet ursprünglich den Wind, *nephesch* den Atem. Die *nephesch* ist immer irgendwie dem Leibe und Irdischen verwandt, dem Unten, dem Bösen, der Finsternis. Ihr Streben ist das ‹Hinauf›. Die *ruach* gehört zum Göttlichen, zum Oben und zum Lichte. Sie bewirkt im Menschen, indem sie sich herabsenkt, das Heldentum (Simson), den heiligen Zorn (Elias), die Erleuchtung des Richters, der ein Urteil fällt (Salomo), und alle Arten von Weissagung und Ekstase. Sie wird ausgegossen.»[5]

Das Hervorkommen einer neu entstehenden Kultur durch die Formen eines fremden Erbes – wie es etwa das Erscheinen der Kuppel in der spätrömischen Architektur und der Pupillen in den Augen römischer Porträts darstellen – belegte Spengler mit dem Begriff «Pseudomorphose». Das Wort entstammt dem Vokabular der Mineralogie und bezeichnet eigentlich den trügerischen äußeren

Bau, die «gefälschte Form» eines Kristalls, das in einer Felsspalte oder einer anderen, seiner inneren Struktur widersprechenden Hohlform erstarrt ist. Spengler definiert den Begriff so:

> Historische Pseudomorphosen nenne ich Fälle, in welchen eine fremde alte Kultur so mächtig über dem Lande liegt, daß eine junge, die hier zu Hause ist, nicht zu Atem kommt und nicht nur zu keiner Bildung reiner, eigener Ausdrucksformen, sondern nicht einmal zur vollen Entfaltung ihres Selbstbewußtseins gelangt. Alles was aus der Tiefe eines frühen Seelentums emporsteigt, wird in die Hohlformen des fremden Lebens ergossen; junge Gefühle erstarren in ältlichen Werken und statt des Sichaufreckens in eigener Gestaltungskraft wächst nur der Haß gegen die ferne Gewalt zur Riesengröße.[6]

Im Falle der levantinischen Kultur herrschte dieser Zustand, wie er zeigt, in der einen oder anderen Form vom Anfang bis zum Ende. Ihre früheste Entstehungsphase lag ganz im Bereich der uralten babylonischen Zivilisation; die nächste von etwa 529 v. Chr. an wurde durch die Diktatur einer winzigen persischen Stammesgruppe bezeichnet, eines Urvolkes wie die Ostgoten, dessen zweihundertjährige, bis zum Sieg Alexanders währende Herrschaft auf der unendlichen Müdigkeit der erschöpften babylonischen Bevölkerungen gründete. «Aber seit 300 v. Chr.», erklärt Spengler, «geht eine große Erweckung durch die jungen Völker dieser vom Sinai bis zum Zagros aramäisch redenden Welt.» Doch genau in diesem kritischen Augenblick kamen die Makedonier und breiteten eine dünne Schicht antiker Zivilisation über die Länder bis nach Indien und Turkestan. Mit dem Sieg des Pompeius in Syrien und dann dem des Augustus bei Actium (30 v. Chr.) legte die schwere Toga Roms sich über das Land. Und bis zu der geradezu explosionsartig plötzlichen Formwerdung des Islam mußte das levantinische Denken und Fühlen – außer im herausgelösten Bereich der persischen Sassanidenkönige – von da an jahrhundertelang unter Formen zum Ausdruck kommen, die von unseren Geschichtsforschern durchweg mißverstanden worden sind, nämlich im wesentlichen als Zeugnisse eines Zwischenstadiums im Übergang von der antiken zur gotischen Epoche unserer eigenen europäischen Zivilisation.

Spengler scheint unter den Historikern allein zu stehen, wenn er schreibt:

> Die magische Kultur ist geographisch und historisch die mittelste in der Gruppe hoher Kulturen, die einzige, welche sich räumlich und zeitlich fast mit allen andern berührt. Der Aufbau der Gesamtgeschichte in unserem Weltbilde hängt deshalb ganz davon ab, ob man ihre innere Form erkennt, welche durch die äußere gefälscht wird; aber gerade sie ist aus philologischen und theologischen Vorurteilen und mehr noch infolge der Zersplitterung der modernen Fachwissenschaft bis jetzt nicht erkannt worden. Die abendländische Forschung ist seit langem nicht nur dem Stoff und der Methode sondern auch dem Denken nach in eine Anzahl von Fachgebieten zerfallen, deren widersinnige Abgrenzung es verhindert hat, daß man die großen Fragen auch nur sah. Wenn irgendwo, so ist das «Fach» für die Probleme der arabischen Welt zum Verhängnis geworden. Die eigentlichen Historiker hielten sich an das Interessengebiet der klassischen Philologie, aber deren Horizont endete an der antiken Sprachgrenze im Osten. Infolgedessen haben sie die tiefe Einheit der Entwicklung diesseits und jenseits dieser seelisch gar nicht vorhandenen Schranke nie bemerkt. Das Ergebnis war die Perspektive Altertum – Mittelalter – Neuzeit, die *durch den griechisch-lateinischen Sprachgebrauch* abgegrenzt und zusammengehalten wird. Axum, Saba und auch das Sassanidenreich waren für den Kenner der alten Sprachen, der sich an «Texte» hielt, nicht erreichbar und deshalb geschichtlich so gut wie nicht vorhanden. Die Literaturforscher, ebenfalls Philologen, verwechselten den Geist der Sprache mit dem der Werke. Was im aramäischen Gebiet griechisch geschrieben oder auch nur erhalten war, wurde einer «spätgriechischen» Literatur einverleibt und daraufhin eine eigene Periode dieser Literatur angesetzt. Die Texte in anderen Sprachen fielen nicht in ihr Fach und wurden deshalb zu anderen Literaturgeschichten künstlich zusammengefaßt. Aber gerade hier lag das stärkste Beispiel dafür vor, daß keine Literaturgeschichte der Welt sich mit einer Sprache deckt. Es gab hier eine geschlossene Gruppe magischer Nationalliteraturen von einheitlichem Geist, aber in *mehreren* Sprachen, darunter auch den antiken. Denn eine Nation magischen Stils hat keine Mutter-

sprache. Es gibt eine talmudische, manichäische, nestorianische, islamische, sogar eine neupythagoräische *National*literatur, aber keine hellenische oder hebräische.

Die Religionsforschung zerlegte das Gebiet in Einzelfächer nach *westeuropäischen* Konfessionen, und für die christliche Theologie ist wieder die «Philologengrenze» im Osten maßgebend gewesen und ist es noch. Das Persertum fiel in die Hände der iranischen Philologie. Weil die Awestatexte in einem arischen Dialekt nicht abgefaßt, aber verbreitet wurden, ist dies gewaltige Problem als Nebenaufgabe für den Indologen betrachtet worden und verschwand damit völlig aus dem Gesichtskreis der christlichen Theologie. Für die Geschichte des talmudischen Judentums ist endlich, da die hebräische Philologie mit der alttestamentlichen Forschung *ein* Fach bildet, kein weiteres Fach abgegrenzt worden und es wurde deshalb in allen großen Religionsgeschichten, die ich kenne, die jede primitive Negerreligion – weil es eine Völkerkunde als Fach gibt – und jede indische Sekte in Betracht ziehen, vollständig *vergessen*. Das ist die gelehrte Vorbereitung der größten Aufgabe, welche der heutigen Geschichtsforschung gestellt ist.[7]

Auf den noch verbleibenden Seiten dieses Bandes werden wir, ohne selbst die wichtigsten der zahlreichen Einzeltraditionen mehr als streifen zu können, uns in groben Zügen anschauen, wie die zwei großen Geisteswelten der levantinischen und der europäischen Seele durch ein Wirrwarr von Mißverständnissen des Anderen und des Eigenen hindurch sich gegenseitig beeinflußten. Dabei werden zwei gegensätzliche Pseudomorphosen sichtbar werden. Über die erste hat Spengler uns eben unterrichtet, nämlich das Sprießen levantinischer Formen unter einer darüberliegenden Schicht hellenistisch-römischer Typen. Die zweite ließe sich als die levantinische Rache bezeichnen, nämlich die massive Ausbreitung des Paulinischen Christentums über das ganze Kulturfeld Europas, in deren Folge das Lebensgefühl und die Welterfahrung der einheimischen Kelten und Germanen sich notgedrungen Ausdruck und Stütze in fremden Begriffen und Formen verschaffen mußten, die jeder natürlichen Empfindung und Regung antipodisch oder sogar antipathisch gegenüberstanden. Der Durchbruch des entfesselten levantinischen Geistes in einer späten und dennoch mächtigen Selbstbehauptung wird sich im deutlichen, definitiven Sieg des Islam vom siebten Jahrhundert an zeigen. Und der vergleichbare Durchbruch des entfesselten europäischen Geistes wird im Doppelsieg des individiduellen Gewissens mit der Reformation und der unbehinderten Wissenschaft im Bunde mit einem wiederbelebten Humanismus mit der Renaissance zutage treten. Wir werden versuchen, sozusagen eine Luftaufnahme zuerst des levantinischen und dann des europäischen Raumes bis etwa 1350 n. Chr. zu machen, als die Risse in der alten Pseudomorphose aufzuplatzen begannen. Unser Ziel wird es sein, am Beispiel einiger weniger bedeutsamer Formen jeweils die Hauptzüge sowohl der angestammten Ordnung als auch des entstellenden Einflusses der Schicht über dem bodenständigen Wachstum herauszuarbeiten.

KAPITEL VIII

Kreuz und Halbmond

1
Die Magier

Von der parthischen Phase der iranischen Religionsgeschichte ist nahezu nichts bekannt. Unter den griechischen Seleukiden (312–64 v. Chr.) schien Alexanders Ideal einer Vermählung von Osten und Westen allgemein zu gedeihen. Jedoch das ganze Gebiet der aufstrebenden neuen Levante konnte nicht unter einem Szepter bleiben. Etwa 212 v. Chr. war es Euthydemos, einem makedonischen Statthalter in Baktrien, gelungen, einen unabhängigen Staat zu gründen.[1] Vier Jahre später etwa erhob sich Palästina mit den Makkabäern. Dann begann Rom, westliche Provinzen abzuknapsen. In jenen Jahren also kam in Parthien im östlichen Iran die einheimische Dynastie der Arsakiden auf. Begründet um 250 v. Chr. von dem geschichtlich nebelhaften Stammeshäuptling Arsakes, wurde sie von zwei Brüdern gefestigt, Phraates I. (reg. ca. 175–170) und Mithradates I. (reg. ca. 170–138); und obwohl die rauhbeinige Dynastie ständig nach allen Seiten hin Krieg führte – im Norden und Osten gegen Skythen, Baktrer und Kushānas, im Westen erst gegen die Seleukiden und dann zwei Jahrhunderte lang gegen Rom –, stärkte sie ihre Machtposition und hielt sich bis 226

n. Chr. Da wurde sie von innen von einem anderen persischen Haus verdrängt, den Sassaniden, die bis zum Sieg des Islam im Jahre 641 herrschten.

Im *Dēnkart*, einem spätsassanidischen Werk aus dem sechsten Jahrhundert, heißt es:

> Vālachsh, der Arsakide [Vologeses I., reg. 51–77 n. Chr.], befahl, eine Denkschrift für die Satrapien von Iran anzufertigen, man solle Avesta und Zend in der Reinheit bewahren, in der sie auf seine Zeit gekommen waren, samt der davon abgeleiteten Lehre, das heißt alles, was nach der Schädigung und dem Zerstörungswerk Alexanders und der Verheerung und Plünderung durch die Rhomäer [Griechen] im Reich von Iran in verstreuter Form schriftlich erhalten geblieben und was von der mündlichen Überlieferung unter den Dastūren [Großpriestern] im Reich zum Vorschein gekommen war.[2]

Im großen und ganzen hatte die ganze Partherzeit über ein starker Hellenisierungstrend geherrscht. In dieser Meldung jedoch ist der Anfang eines Wiederauflebens des Magier-Zarathustrismus festgehalten, das sich in der Zeit der Sassanidenherrschaft verstärkte und durchsetzte. Der Begründer der neuen Dynastie, Ardashīr I. (reg. 226–241 n. Chr.), begann sogleich, sich einen Überblick über das religiöse Erbe seines Reiches zu verschaffen, mit dem Gedanken, eine Orthodoxie ins Leben zu rufen, durch die seine heterogene Bevölkerung zusammengeschmolzen werden könnte. Mit der Durchführung dieser Aufgabe betraute er Tansar, ein Mitglied des zarathustrischen Klerus, dessen Leistung im *Dēnkart* verzeichnet steht.

> Seine Majestät Ardashīr, der König der Könige, Sohn des Pāpak, ließ auf Anraten des Großpriesters Tansar die [zuvor von Vologeses gesammelten] ganzen zerstreuten Lehren an den Hof bringen. Tansar machte sich ans Werk, er wählte eine Fassung aus, das übrige schied er aus. Er [der König] ließ verkünden: «Alle Festlegung der Lehren aus der Religion der Mazdā-Verehrer obliegt uns, denn das Wissen um sie und die Einsicht können jetzt nicht mehr zunehmen.»[3]

Genau wie der christliche Kanon Gestalt gewann, so auch ein orthodox zarathustrischer. Allerdings erwuchs dieser Rekonstruktion des zarathustrischen Erbes unter dem Magier Tansar eine Konkurrenz in den Lehren des größten Weisen und Predigers der Zeit, des babylonischen Propheten Mani (216?–276? n. Chr.), dessen großartige manichäische Synthese von zarathustrischen mit buddhistischen und christlich-gnostischen Ideen dem König der Könige eine Zeitlang eine noch breitere Verschmelzung von Glaubensinhalten zu verheißen schien als ein Kanon rein zarathustrischer Lehren. Der zweite Herrscher der Dynastie, Shāpūr I. (reg. 241–272), ein Mann mit einem weiten geistigen Horizont, war entsprechend beeindruckt. Von ihm heißt es weiter in unserem Text:

> Shāpūr, der König der Könige, der Sohn des Ardashīr, ließ zudem die Schriften aus der Religion über Heilkunde und Sternkunde und Bewegung und Zeit und Raum und Natur, Schöpfung, Werden und Vergehen, Qualitätsveränderung und Logik und sonstige Fertigkeiten und Kenntnisse, die in Indien und (Ost-)Rom und sonstigen Ländern zerstreut waren, versammeln. Er vereinigte sie wieder mit dem Avesta und befahl, von allem eine zuverlässige Abschrift in der Schatzkammer zu Shiz niederzulegen, und er prüfte die Möglichkeit, sämtliche Bemühungen um Erkenntnis auf die Religion der Mazdā-Verehrer zu gründen.[4]

Mani, der mit seiner Mission im Jahre 242 begann, bekam eine Audienz bei Shāpūr gewährt und erhielt die Freiheit zu predigen, wo er wollte. Anscheinend liebäugelte der König der Könige eine Zeitlang selbst mit der manichäischen Lehre. Dieser aufgeschlossene Herrscher starb jedoch 272, und der Prophet wurde im dreißigsten Jahr seiner Lehrtätigkeit von Bahrām I. (reg. 273–276), dem übernächsten König, dem orthodoxen Klerus ausgeliefert. Darauf wurde er nach echt levantinischer Art und Weise in der Hauptstadt als Irrlehrer hingerichtet – gekreuzigt wie Christus, seiner Legende zufolge.

Nach dem Tode Shāpūrs wurde die Reaktion der Magier gegen seine großzügig humanistische, hellenistische Anschauung von seinem eigenen Oberpriester Kartēr zum Sieg geführt – dem Inquisitor, von dem Mani verdammt wurde. Über ihn schreibt R. C. Zaehner in seinem Werk *The Dawn and Twilight of Zoroastrianism*:

> Unter ihm tritt der Zarathustrismus zum erstenmal als eine fanatische und verfolgende Religion auf. Die Liste der verfolgten Sekten jedoch zeigt, wie recht die frühen sassanidischen Könige damit hatten, eine einigende Kraft zu suchen, die ihr Reich zusammenschweißte, denn wir finden nicht nur Juden, Christen, Manichäer und Mandäer erwähnt, sondern auch Buddhisten und Brahmanen; sie alle will Kartēr gezüchtigt haben. ... «Ketzer und Abtrünnige», berichtet uns Kartēr, «die innerhalb der Magiergemeinde waren, wurden verschont um der Religion der Mazdā-Verehrer und der Riten der Götter willen, nicht aber, wenn sie Propaganda machten: ich züchtigte und maßregelte sie und besserte sie.»
>
> Bestimmt wurde damals eine Uniformität des Glaubens erzwungen, und aller Wahrscheinlichkeit nach wurde diese Einheit nach streng dualistischen und mazdaistischen Grundsätzen verwirklicht. Kartērs Vorgehen muß also als eine unter einer Reihe von schwachen Königen erfolgte Reaktion gegen die persönliche Religionspolitik Shāpūrs begriffen werden.[5]

Ich möchte vorschlagen, das zuvor an der makkabäischen und jetzt an dieser magischen Gegenreaktion auf den Einfluß des Hellenismus deutlich gewordene soziologische Prinzip als «Verträglichkeit» im organisch-chemischen Sinne zu fassen: die konstitutionelle Fähigkeit eines Systems, eine Speise oder Droge zu vertragen, die bis zu einem gewissen Grad oder für eine gewisse Zeit sogar positiv verarbeitet werden kann, aber darüber hinaus dann unverträglich wird und von selbst abgestoßen wird.

Ohne darüber rechten zu wollen, ob ein Staat überleben kann, wenn er seine Untertanen nicht zwingt, das Glaubenssystem, das die herrschende Elite gerade als göttliche Offenbarung auszugeben beschlossen hat, als absolute Wahrheit anzunehmen, werden wir lediglich festhalten, daß diese pseudoreligiöse Form gesellschaftlicher Ordnung sich in der Geschichte der Levante in unterschiedlichsten Ausführungen und gewissermaßen in Reinstkultur studieren läßt. Wo man sie einmal zur Herrschaft gelangen läßt, nimmt sie nur an Einfluß und Schrecken zu, indem die vergewaltigten, niedergehaltenen Faktoren immer unbändiger werden infolge des Wirkens eines zweiten Naturgesetzes: aus unterdrückten Göttern werden Dämonen. Das heißt, psychologische und gesellschaftliche Faktoren, die das bewußt kontrollierte System weder assimiliert noch erkannt hat, werden autonom und müssen letztlich das anerkannte System zerbrechen.

Aus dem nächsten Absatz des *Dēnkart* erfahren wir, daß während der Regierung des Königs Shāpūr II. (310–379) – ein Zeitgenosse von Konstantin, Augustinus und Theodosius dem Großen – die persische Gegenreaktion auf die «Häresie» (im orthodoxen Sprachgebrauch) in vollem Gange war. Der große Vertreter der Frömmigkeit hieß jetzt Āturpāt, auf den, wie Zaehner erklärt, «die Pehlevibücher zurückblicken als die reinste Verkörperung der Orthodoxie. Āturpāt unterzog sich eines Gottesurteils, indem er geschmolzenes Metall auf sich gießen ließ, und ging ‹während seiner Auseinandersetzung mit allen möglichen Sektierern und Ketzern› siegreich daraus hervor.»[6] Wie es im *Dēnkart* heißt:

> Shāpūr [II.], der König der Könige, der Sohn Ōhrmazds [= Ahura Mazdā], berief Männer aus allen Völkern zur Überlegung und Prüfung des ganzen religiösen Wortes, um so jeden Anlaß zum Streit auszuräumen. Nachdem Āturpāt durch die Entscheidung des Ordals die Richtigkeit des religiösen Wortes gegen alle anwesenden Vertreter der verschiedenen Sekten, Dogmen und Schulen erwiesen hatte, gab er [Shāpūr] folgende Erklärung ab: «Jetzt, da wir die Religion in der Welt erkannt haben, wollen wir uns mit wachsendem Eifer dafür einsetzen, daß niemand in einer falschen Religion verbleibt.» Demgemäß handelte er auch.[7]

Jedoch – und wen würde das überraschen? – die Gefahr der Häresie, rechter wie linker, für das Reich grassierte volle zwei Jahrhunderte später immer noch, in der Zeit Chosraus I. (reg. 531–579), eines Zeitgenossen seines christlichen Gegenspielers Justinian (reg. 527–563), dessen Probleme und Lösungen ungefähr die gleichen waren. Als letzte Probe aus dem *Dēnkart*, einem in Chosraus Regierungszeit abgeschlossenen Werk, werden wir seine eigene Urkunde sprechen lassen.

Jetzt also hat seine Majestät Chosrau, der König der Könige, der Sohn Kavāts, nachdem er die Ketzerei und die Feindseligkeit gemäß der Offenbarung der Religion bezüglich aller Ketzerei mit größter Schärfe niedergeschlagen und für die vier Stände das Wissen und die gründliche Überlegung gewaltig vermehrt hat, in einer Reichsversammlung folgende Erklärung abgegeben:

«Die Richtigkeit der Religion der Mazdā-Verehrer ist erkannt, und die Einsichtsvollen sind aufgrund der Erklärung imstande, sie zuverlässig festzustellen. Aber der höchste Vermehrer und der erste Ratu [= Ahura Mazdā und Zarathustra] hatten ein Buch nicht mit Erklärung, sondern im reinen Urzustand, so daß man im Denken, Reden und Handeln vom Guten Geist erfüllt sein und die Götter völlig getreu dem Gotteswort in reiner Weise anbeten konnte. Und wir haben den Magierherren des Ōhrmazd verkündet und verkünden noch, was durch geistiges Schauen unter uns geoffenbart ist. Und wir haben von ihnen gewünscht und wünschen noch beides vollständig: die volle Erklärung durch geistiges Schauen und den irdischen Maßstab durch Anweisung, mit der daraus stammenden Achtung der Götter. Dank den Fürsten, die über Iran sind, ist das Reich von Iran in der umfassenden Ganzheit der Religion der Mazdā-Verehrer fortgeschritten, nämlich in dem konzentrierten Wissen der Früheren, das für ganz Chvaniras mitgeteilt ist. Wir haben keinen Streit mit Andersdenkenden, denn sowohl in der Avesta-Sprache durch reine mündliche Überlieferung oder schriftlich durch Bücher und Denkschriften als auch in der Sprache des gemeinen Volkes durch mündliche Weitergabe besitzen wir selbst so vieles, nämlich das ganze quellenmäßige Wissen der Religion der Mazdā-Verehrer. Während wir dies angesichts der ganzen zweifelhaften, der Religion der Mazdā-Verehrer fremden Lehren, die aus aller Welt hierher gelangen, erkannt haben, erweisen weitere Untersuchung und Überlegung, daß die Aufnahme und Bekanntmachung solchen, der Religion der Mazdā-Verehrer fremden Wissens nicht so viel zum Nutzen und Gedeihen der Weltbewohner beiträgt wie ein einzelner Ratu [religiöser Führer], der viel untersucht und viel überlegt hat, mit seinem Rezitieren der Liturgie. Mit erhabenstem Streben und im Einvernehmen mit den klarsehenden, edelsten, ehrwürdigsten und besten Magierherren befehlen wir, das Avesta und Zend immer von neuem eifrig zu erklären und das hieraus gewonnene Verständnis in würdiger Weise dem Wissen der Weltbewohner als Vermehrung hinzuzufügen.

Solche, die den Weltbewohnern sagen, entweder es sei zu erlangen nicht möglich oder es sei zu erlangen möglich in seiner Gänze Erkenntnis des Schöpfers, des Geheimnisses geistiger Wesen und der Natur der Schöpfung des Schöpfers, werden für Menschen mit unzureichendem Verstand und Freidenker erachtet. Solche, die sagen, es sei möglich, die Wirklichkeit durch die Offenbarung der Religion und durch Analogieschluß zu verstehen, werden für Forschende erachtet. Solche, die deutliche Erklärung geben, werden für weise und in der Religion bewandert erachtet. Und da die Wurzel aller Erkenntnis die Lehre der Religion ist, sowohl in ihrer geistigen Macht als auch durch ihr Auftreten hier auf Erden, kann ein Mann Weises sprechen, auch wenn er die Lehre nicht von einer Avesta-Offenbarung hat. Er sollte also geachtet werden als einer in Einklang mit der Offenbarung der Religion, deren Aufgabe es ist, den Söhnen der Menschen Unterweisung zu erteilen.»[8]

2
Byzanz

Über den levantinischen Gottesbegriff schreibt Spengler:

Während der antike Mensch seinen Göttern gegenübersteht wie ein Körper dem andern, ... ist die magische Gottheit jene ungewisse, rätselhafte Kraft der Höhe, die nach Gutdünken zürnt oder Gnade spendet, sich in das Dunkel herabläßt oder die Seele in das Licht hinaufhebt. An einen eigenen Willen auch nur zu denken, ist sinnlos, denn «Wille» und «Gedanke» im Menschen sind schon Wirkungen der Gottheit auf ihn. Aus diesem unerschütterlichen Urgefühl, das sich durch alle Bekehrungen, Erleuchtungen und Grübeleien nur in seinem Ausdruck, nicht in seiner Art verändern läßt, ist mit Notwendigkeit die Idee des göttlichen Mittlers entsprungen, dessen, der diese Lage aus einer Qual in eine Seligkeit verwandelt, eine Idee, die alle magischen Religionen zusammenfaßt und sie von den Religionen aller andern Kulturen trennt.[9]

Im zarathustrischen Sektor der magischen Welt betraf die Kernfrage der Mythologie, an der sich die diversen rivalisierenden Sekten schieden, die Beziehung Angra Mainyus zu Ahura Mazdā, die Beziehung der Macht der Finsternis zu Quelle und Wesen des Lichtes; mit anderen Worten, sie betraf den Ursprung und die letztendliche Natur des Bösen. Für die christliche Herde dagegen war der Hauptstreitpunkt das Problem der Fleischwerdung, die Natur des Mittlers, der in das Reich von Zeit, Materie und Sünde eintrat, um die Menschen zu retten. Auf den Kirchenkonzilien, die nach Nicäa in rascher Folge abgehalten wurden, war dies die Frage, in der alle entweder einig blieben oder auseinandergingen. Wir müssen die Kontroverse nicht in ihren ganzen vielverschlungenen Windungen nachvollziehen. Jedoch die Bedeutung rein politischer Erwägungen bei der Entscheidung eines nach eigenem Verständnis theologischen Disputs «nicht von dieser Welt» verdient, daß wir uns ein paar Seiten lang damit beschäftigen. Denn gerade in der Geschichte dieser Konzilien wird die Entstehung der christlichen Doktrin in Abhängigkeit von der üblichen levantinischen Forderung nach einem monolithischen Meinungskonsens (der dann für die unanfechtbare Wahrheit gehalten werden soll) am deutlichsten sichtbar.

In der Debatte gab es vier führende Parteien: 1. die große ägyptische theologische Schule von Alexandria (aus der der junge Diakon Athanasius, dessen Glaubensbekenntnis sich auf dem Konzil von Nicäa durchgesetzt hatte [siehe oben S. 442–443], hervorgegangen war), die Christi *Göttlichkeit* hervorhob – damals hauptsächlich vertreten durch zwei mächtige Bischöfe, Kyrill und Dioskur, von denen der erste kanonisiert und der zweite für die im wesentlichen gleiche Anschauung verdammt wurde; 2. die kappadokisch-syrische Schule von Antiochia, die Christi *Menschlichkeit* hervorhob – vertreten hauptsächlich durch den großen Häresiarchen Nestorius, der von Kyrill verdammt und exkommuniziert wurde; 3. der Kaiser auf seinem Thron in Konstantinopel, dem neuen oder zweiten Rom, dessen oberste Sorge es war, daß das Reich sich nicht in Streitigkeiten zerfleischte; und 4. der Papst auf seinem Thron in Rom selbst, der bestrebt war, den Vorrang seines Heiligen Stuhles durchzusetzen, indem er darauf pochte, daß dieser auf Petrus zurückgehe: wie Petrus zum Haupt der Apostel gemacht worden war, so müsse jetzt der Papst das Haupt aller Bischöfe sein. Jedoch die große Mehrheit der Bischöfe waren Levantiner, und Rom war nicht mehr der Kaisersitz.

Phase Eins (ca. 370–431)

Die erste Hauptphase des großen Konflikts brach an, als der leidenschaftlich antiarianische Bischof Apollinaris von Laodicea (südlich von Antiochia) um 370 sich unterfing, einer bestimmten mißliebigen Auffassung zu widersprechen, daß nämlich, wenn alle Menschen Sünder seien und Christus keiner gewesen sei, Christus folglich kein wahrer Mensch gewesen sein könne. Die Entgegnung des guten Bischofs Apollinaris lautete, daß in Christus der Ort der menschlichen Seele vom Logos, dem fleischgewordenen Wort, eingenommen werde, da aber der menschliche Geist als Abbild des Logos erschaffen worden sei (Gen 1,27), mache der Unterschied Christus nicht weniger, sondern nur noch mehr zum Menschen. Logos und Mensch seien sich nicht fremd, sondern in ihrem innersten Wesen verbunden, und in gewissem Sinne sei einer ohne den anderen unvollständig.[10]

Das war eine geschickte Entgegnung. Anstatt jedoch den Streit beizulegen, verschärfte sie ihn nur, und zudem stellte sie Apollinaris selbst beinahe auf die Seite jener Gnostiker, die dem Heiland einen Scheinleib nachsagten (siehe oben S. 414–416). Er wurde 381 auf dem 2. Ökumenischen Konzil in Konstantinopel verdammt und starb neun Jahre später. Doch seine Ansicht lebte im Jahre 428 wieder auf, als Nestorius zum Bischof von Konstantinopel wurde. Geschult in Antiochia, wo man die Lehre von der Wirklichkeit der menschlichen Natur Christi vertrat, behauptete der neue Bischof des zweiten Rom, Maria sei nicht die Mutter Gottes (θεοτόκος) gewesen, sondern nur die Mutter der menschlichen Natur Christi. «Ich kann nicht von Gott sagen, er sei zwei oder drei Monate alt gewesen», soll er erklärt haben; und: «Macht aus der Jungfrau auf keinen Fall eine Göttin!»

An diesem Punkt schaltete sich der große Bischof Kyrill von Alexandria mit einem Schwall von Briefen an den Hof von Konstantinopel in die Auseinandersetzung ein – an den Kaiser Theodosius II. (reg. 408–450), den er als «Abbild Gottes auf Erden» anredete, und an seine Schwestern, «die höchst frommen Prinzessinnen», vor allem an Pulcheria, die älteste. Sie hatte die Erziehung des Theodosius als Kind beaufsichtigt, während seiner Minderjährigkeit als Regentin geherrscht, ihm eine ihre eigene Autorität nicht gefährdende Gemahlin ausgesucht und sowohl sich als auch ihre Schwestern ewiger Jungfräulichkeit geweiht – mit Blick nicht nur auf einen hohen Rang im Himmel, sondern auch auf unangefochtene Handlungsfreiheit im Palast des Reiches. Die Damen beschäftigten ihre Unschuld damit, Blumen vor Altäre zu legen, zu spinnen und sich mit der Geistlichkeit und hochgestellten Eunuchen zu beraten.

In seinen Briefen an sie und ihren Bruder rechtfertigte Kyrill von Alexandria den Ausdruck «Theotókos» mit Zitaten aus zahlreichen Autoritäten, und in Briefen an Nestorius warf er diesem vor, das Nicäanische Glaubensbekenntnis nicht begriffen zu haben. Einen Briefwechsel gab es auch zwischen Kyrill und dem Papst in Rom, der zu der Zeit Coelestin I. war (422–432). Daraufhin wurde in Rom eine Synode einberufen, auf der Nestorius verdammt wurde, und auf einer weiteren Synode in Alexandria wurde er abermals verdammt. Als er dann von seinem eigenen hohen Stuhl in Konstantinopel aus Gegenanathemata aussprach, schritt der Kaiser ein.

Theodosius II. berief im Jahre 431 ein Konzil in Ephesos ein, also gerade in der kleinasiatischen Stadt, wo Jahrtausende vor der christlichen Ära der bedeutendste Tempel der großen asiatischen Göttin Artemis gestanden hatte, Mutter der Welt und des immer wieder sterbenden auferstandenen Gottes. Wir dürfen mit einigem Recht annehmen, daß ihr anhaltender Einfluß nicht weniger als der der jungfräulichen Matriarchinnen des Palastes sich auf die Beratungen der dort versammelten Bischöfe auswirkte. Denn dort geschah es, daß die jungfräuliche Mutter zur Theotókos erklärt wurde, zur Gottesgebärerin – fünf Tage vor Ankunft der Delegierten aus Antiochia. Nestorius hatte es abgelehnt zu erscheinen. Er wurde verdammt und von seinem Bischofsstuhl gestoßen. Zusammen mit den Antiochenern jedoch hielt er ein eigenes Konzil ab, auf dem Kyrill verdammt wurde, war aber am Ende gezwungen, sich zu fügen. Im Exil in der ägyptischen Wüste wurde er schließlich umgebracht, anscheinend von der Hand eines bedeutenden und bekannten Wüstenmönches namens Senuti.[11]

Doch seine Lehre nahm ihren eigenen Gang. Sie spaltete sich von der Kirche Roms und Konstantinopels ab und breitete sich nach Osten aus, wo sie in Persien und weiter bis Madras und Peking prächtig gedieh. Marco Polo (1254–1323) fand nestorianische Kirchen entlang der Karawanenstraßen vor, wo auch die mahāyāna-buddhistischen Mönche ihre heiligen Stätten hatten. Und wenn irgend jemand ein noch kaum durchdrungenes Forschungsgebiet sucht, wird er reichen, wenn auch hart zu erlangenden Gewinn aus den asiatischen Umschlagplätzen ziehen können, wo ikonographische Währungen buddhistischer und brahmanischer, taoistischer und konfuzianischer, manichäischer, nestorianischer und zarathustrischer Prägung sämtlich akzeptiert und als Zahlungsmittel weitergereicht wurden.

Phase Zwei (448–553)

Die zweite Hauptphase in der Auseinandersetzung über die Natur der Fleischwerdung Christi begann im Jahre 448. Der – später kanonisierte – Bischof Kyrill war vier Jahre vorher gestorben, und der Inhaber seines alexandrinischen Bischofsstuhls war Dioskur. Die Kontroverse lebte wieder auf, als ein greiser Archimandrit namens Eutyches, der sich von seinem Kloster bei Konstantinopel aus wortgewaltig gegen Nestorius ausgesprochen hatte, beschuldigt wurde, Irrlehren der entgegengesetzten Art zu verbreiten. Vor ein Konzil in der Hauptstadt gebracht, trug er seine recht einfältige Auffassung vor, Christus habe vor der Vereinigung in der Fleischwerdung aus *zwei Naturen* (Gott und Mensch) bestanden, aber danach nur aus *einer Natur*; daraufhin wurde er in den Bann getan und abgesetzt. Er appellierte jedoch an den Kaiser, Papst Leo den Großen (440–461) und die Mönche von Konstantinopel. Theodosius berief ein zweites Konzil zur Revision der Beschlüsse des ersten ein, und Dioskur von Alexandria wurde der Vorsitz angetragen. Jetzt aber begann Papst Leo, Briefe zu schreiben, und zwar an den Kaiser, an Pulcheria und zahlreiche andere hohe Würdenträger, des Inhalts, daß: 1. Eutyches im Irrtum sei, 2. wenn überhaupt ein Konzil stattfinden solle, dann in Rom, und 3. er als Nachfolger Petri es sei, der die maßgebende Aufstellung der zur Debatte stehenden Punkte (Tomus) zu verfassen habe. Das Konzil wurde 449 einberufen – vom Kaiser: nicht in Rom, sondern in Ephesos; und nicht Leo, sondern Dioskur, der Bischof von Alexandria, hatte den Vorsitz. Leo schickte drei Legaten, einen Bischof, einen Priester und einen Diakon; doch sein Tomus wurde nicht einmal verlesen. Die Eutyches verdammt hatten, wurden selbst verdammt, und mit den Unterschriften von 115 Bischöfen wurde der alte Abt für rechtgläubig und wieder in sein Amt eingesetzt erklärt. Der einzige Einwand – *Contradicitur* – wurde von Hilarius erhoben, dem von Papst gesandten Diakon, der nur knapp mit dem Leben davonkam und die Meldung von der Katastrophe nach Rom trug, wo Leo dem Konzil den Namen gab, unter dem es heute noch bekannt ist: die Räubersynode.

Als Theodosius II. im Juli 450 vom Pferd in den Fluß Lykos stürzte, sich das Rückgrat brach und starb, wurde Pulcheria zur Kaiserin ausgerufen, «und zum ersten Male unterwarfen sich die Römer der Regierung einer Frau», wie Gibbon schreibt.[12] Sie heiratete Marcianus, einen klugen Senator, der ihre Jungfräulichkeit respektierte und als Kaiser mit ihr die Forderung Papst Leos nach einem neuen Konzil unterstützte – das er jedoch nicht in Rom einberief, wie man erwartet hatte, sondern in Chalkedon bei Konstantinopel. Der Tomus des Papstes setzte sich diesmal durch, und Dioskur wurde verdammt und von seinem Bischofsstuhl abgesetzt – doch mit dem bestürzenden Ergebnis, daß noch vor dem Verstreichen des Jahrzehnts die alexandrinische Kirche sich zum großen Teil von Konstantinopel abgespalten hatte und den kaiserlichen Ernennungen zum Trotz ihre eigenen Bischöfe einsetzte.

So entstand der sich zum Monophysitismus (Eine-Natur-Lehre) bekennende, unabhängige koptische Zweig des rasch zerfallenden lebendigen Körpers Christi. Von ungeheurem Einfluß bei seiner

Herausbildung waren die Unmengen von Eremiten, die seit der Zeit des heiligen Antonius (251–356??) die verschiedenen ägyptischen Wüstenstriche heimsuchten, um dort den abartigsten Askeseübungen nachzugehen. Manche zum Beispiel, die sogenannten Styliten (Säulenheilige) und Dendriten, verurteilten sich wie bestimmte indische Yogis[13] zu andauernder Regungslosigkeit: jene saßen oben auf Säulen, die zwischen den Ruinen alter Tempel stehengeblieben waren, diese hockten auf den Ästen von Bäumen. Andere, die sogenannten «Weidenden», ernährten sich wie die Tiere von Gras. Andere ketteten sich an Felsen. Einige trugen ein schweres Joch auf den Schultern. Dennoch kamen bei Pöbelaufläufen noch ganze Massen von ihnen zusammen und schrien Parolen wie «Eine Natur! Eine Natur!», als die alexandrinischen Theologen lautstarke Unterstützung nötig hatten.

Nach dem Schisma von Chalkedon entwickelte sich die koptische monophysitische Kirche in einer ganz eigenen Zone außerhalb des europäischen Einflußbereichs, im Bunde mit einer wenig untersuchten Kultur, die sich in den Gegenden rund um das Arabische Meer erhob: Abessinien und Somaliland, Hadramaut, Bombay und Malabar. Wer zum Beispiel hat von Leben und Zeit der über vierzig Monolithkirchen im äthiopischen Lalibela und ihrer Beziehung zu den Höhlentempeln von Ajanta geschrieben?[14] Und was ist mit dem legendären Schlangenkönig im nahegelegenen Axum, von dessen Töter der einstige äthiopische Negus oder Nahas, «König», abstammte (vgl. sanskrit *nāga*, «Schlange, Schlangenkönig»)?[15] Oder wer hat den Hintergrund der Sagen von Issa (Jesus) und von den Königen Persiens und Roms erforscht, die Leo Frobenius vom Sudan westwärts bis zum Niger verfolgte?[16] Was die moderne wissenschaftliche Mythologie, oder die katholische Kirche, betrifft, ist das alles eine verlorene Welt.

Doch der praktische Verlust Afrikas war nicht das einzige Unglück, das das Konzil von Chalkedon bescherte, es begann sich auch eine Spaltung zwischen Byzanz und Rom abzuzeichnen. Der Stuhl Petri hatte zuvor fast gar keine Rolle auf den Kirchenversammlungen gespielt, die alle von Kaisern einberufen, in levantinischen Städten abgehalten und buchstäblich zu Hunderten von Bischöfen des Orients, aber von kaum einem halben Dutzend aus dem Westen besucht worden waren. Der hohe Anspruch des Papstes auf die Würde Petri war ganz einfach nicht zur Kenntnis genommen worden. Doch Leo der Große war kein Mann, der die Ansprüche des Papsttums zurückgeschraubt hätte; sogar inmitten der Trümmer seiner Stadt stehend, bewies er noch Format und Charakter, als er im Jahre 451 als Hirte seiner Herde dem Hunnen Attila vor den Toren Roms die Stirn bot und ihn dadurch – dank irgendeiner unerklärten Kraft – tatsächlich zum Rückzug veranlaßte. Und der Orient, der sein Format erkannte, antwortete in Chalkedon mit einer offenen Herausforderung, dem sogenannten XXVIII. Kanon. Nachdem sie eingangs die Entscheidungen des Theodosianischen Konzils bekräftigt hatten, kamen die Bischöfe zur Sache:

> Wir folgen in allem den Dekreten der heiligen Väter und erkennen den Kanon der hundertfünfzig Bischöfe an ..., der soeben verlesen worden ist. So entscheiden und genehmigen wir durch unsere Abstimmung das gleiche bezüglich der Vorrechte der hochheiligen Kirche von Konstantinopel, des neuen Rom. Die Väter haben nämlich dem bischöflichen Stuhl des alten Rom seine Vorrechte zu Recht deswegen zugestanden, weil diese Stadt die Kaiserstadt ist. Aus demselben Grunde haben die hundertfünfzig frommen Bischöfe die gleichen Vorrechte auch dem hochheiligen Bischofsstuhl des neuen Rom zuerkannt. Denn mit Recht haben sie es für billig gehalten, daß die Stadt, die durch die Anwesenheit von Kaiser und Senat geehrt wird und die gleichen Vorrechte genießt wie die alte Kaiserstadt Rom, auch in kirchlichen Dingen erhöht wird; denn sie folgt dieser doch auch im Range unmittelbar nach. Deshalb sollen aus den Diözesen Pontus, Asien und Thracien nur die Metropoliten, in den von den Barbaren besetzten Teilen der genannten Diözesen aber auch die Bischöfe durch den heiligen Stuhl von Konstantinopel geweiht werden. Hingegen soll der Metropolit der oben genannten Diözesen zusammen mit den Provinzbischöfen die Bischöfe dieser Provinz weihen, wie es in den Kanones vorgesehen ist. Die Metropoliten dagegen sollen durch den Erzbischof von Konstantinopel geweiht werden, nachdem sie wie üblich einträchtig gewählt sind und die Wahl letzterem zur Kenntnis gebracht ist.[17]

Das byzantinische Ideal vom Reich Gottes auf Erden war wie das alttestamentliche Ideal Israels politisch, materiell und konkret. Wie Mose zu Aaron, so stand der Kaiser zur Priesterschaft in einem Staat, der selber als das alleinige Werkzeug von Gottes Gesetz in der Weltgeschichte begriffen wurde. «Der Dreh- und Angelpunkt des [byzantinischen] Baues», schreibt Adda B. Bozeman in ihrer meisterhaften Studie über die gegenseitige Beeinflussung von Politik und Kultur in der internationalen Geschichte, «war der Gedanke des zentralisierten Staates, und dieser Gedanke wurde durch viele getrennte, aber ineinandergreifende Regierungseinrichtungen umgesetzt. Jede dieser Einrichtungen hatte ihren eigenen Zuständigkeitsbereich, weil jede darauf abgestellt war, einem bestimmten Aspekt des Staatsganzen zu dienen. Aber alle, einschließlich der mit Kirchendingen befaßten, gingen von der Prämisse aus, daß der letztendliche Erfolg aller Regierungstätigkeit davon abhinge, daß man die menschliche Beeindruckbarkeit richtig ausnutzte, und nicht vom getreuen Gehorsam gegen vorgefaßte Theorien und Bilder.»[18]

Ferner: «Da der Staat im allgemeinen als höchster Ausdruck der Gesellschaft angesehen wurde, hielt man es für selbstverständlich, daß alle menschlichen Tätigkeiten und Werte in direkten Bezug dazu gesetzt werden sollten. Das hieß, daß man nach Erkenntnis nicht allein um ihrer selbst willen zu streben hatte, sondern auch als Dienst am Staat. Es hieß im Grunde, daß die Bildung einen amtlichen politischen Wert besaß, genau wie der Glaube.»[19] Und nicht nur der Glaube, müssen wir hinzufügen, sondern auch die Mythologie des Glaubens, die ehrfürchtige Scheu des Glaubens und der Wille zum Dienen.

In seiner enzyklopädischen Untersuchung der Symbolik von Königsmänteln und Königsthronen in Europa und der ganzen Welt zitiert Robert Eisler aus den Schriften eines zeitgenössischen Besuchers die folgende Beschreibung einer kaiserlichen Audienz in Byzanz:

> Ein eherner, aber vergoldeter Baum stand vor dem Thron des Kaisers, dessen Zweige ebenfalls eherne und vergoldete Vögel verschiedener Art ausfüllten, welche jeder nach seiner Art Stimmen verschiedener Vögel ertönen ließen. Des Kaisers Thron aber war

> derart eingerichtet, daß er augenblicklich niedrig, dann höher, dann ganz erhaben erschien. Diesen bewachten gleichsam Löwen von ungeheurer Größe, ob eherne oder hölzerne ist zweifelhaft, aber mit Gold überzogen, welche, mit dem Schweif schlagend, mit offenem Rachen und beweglichen Zungen ein Gebrüll hervorstießen. Hierher wurde ich ... vor den Kaiser geführt. Und als bei meiner Ankunft die Löwen das Gebrüll von sich gaben, die Vögel nach ihrer Art Geräusch machten, wurde ich weder von Schrecken noch von Staunen erschüttert... Nachdem ich daher langhingestreckt dreimal den Kaiser verehrt hatte, erhob ich den Kopf, und den ich vorher in mäßiger Entfernung vom Fußboden erhoben hatte sitzen sehen, erblickte ich jetzt mit andern Kleidern angetan, dicht am Gebälk des Hauses sitzend, und wie dies geschah, konnte ich mir nicht denken, wenn er nicht vielleicht durch jene Maschine in die Höhe gehoben wurde, mit der die Bäume der Keltern hinaufgebracht werden.»[20]

«Da Chosrau [II.] Parvez einen solchen Wunderthron – mit beweglichen Sternen unter dem Baldachin – besessen haben soll», bemerkt Eisler dazu, «wird man kaum fehlgehen, wenn man annimmt, daß die rhomäischen Kaiser diesen altehrwürdigen, aber im Grunde recht kindlichen Apparat nur deshalb übernommen haben, um nicht hinter den persischen Reichsfeinden zurückzustehen.»[21] Die damit zusammenhängende Symbolik geht bis auf altsumerische Zeiten zurück, und im Mittelalter gelangte sie von Byzanz nach Westeuropa und Rußland, größtenteils, wie wir annehmen dürfen, infolge ihrer Wirkung auf Gesandte, die aus diesen barbarischen Gegenden an den großen Hof kamen. So meint Norman H. Baynes in einer Passage, die in diesem Zusammenhang von Adda Bozeman zitiert wird:

> Man stelle sich einmal für einen Moment die Ankunft eines Barbarenhäuptlings aus der Steppe oder Wüste an diesen byzantinischen Hof vor. Er ist königlich bewirtet worden, hat unter der wachsamen Obhut kaiserlicher Beamter die Wunder der Hauptstadt besichtigt, und heute soll er eine Audienz beim Kaiser haben. Durch ein verwirrendes Labyrinth von Marmorkorridoren, durch Gemächer, die mit Mosaiken und Goldstoffen prunken, vorbei an langen Reihen

von Palastwachen in weißen Uniformen, inmitten von Patriziern, Bischöfen, Generälen und Senatoren, zur Musik von Orgeln und Kirchenchören schreitet er, von Eunuchen geführt, dahin, bis er sich zuletzt, überwältigt von der nicht abreißenden Prachtentfaltung, angesichts der stummen, unbewegten, hieratischen Gestalt des Gebieters über das neue Rom niederwirft, des Erbens Konstantins auf dem Thron der Cäsaren. Bevor er sich erheben kann, sind Kaiser und Thron hinaufbefördert worden, und mit anderen Gewändern als gerade eben noch blickt der Souverän auf ihn nieder – wie Gott auf die Sterblichen, unbedingt. Wer ist er, da er das Gebrüll der goldenen Löwen hört, die den Thron umringen, oder den Gesang der Vögel auf den Bäumen, wer ist er, daß er sich den Befehlen des Kaisers widersetzen könnte? Er hält sich nicht mit Gedanken über den Mechanismus auf, der die Löwen brüllen oder die Vögel singen läßt: Er kann kaum die Frage des Logotheten beantworten, der für seinen kaiserlichen Gebieter spricht: seine Gefolgschaft ist gewonnen: er wird für den römischen Christus und sein Reich kämpfen.[22]

Wenn wir uns diese aberwitzige Szene vorhalten, entdecken wir eine unvermutete Dimension in Kyrills Schmeichelei, als er einen solchen kaiserlichen Clown als «Abbild Gottes auf Erden» anredete.

Gott im Himmel jedoch hat keine Frau. Der Kaiser hatte eine Kaiserin. Und während der mächtige Monarch Justinian, der diesen spielfreudigen Thron im Jahre 527 n. Chr. bestieg, mit der heiklen Aufgabe beschäftigt war, den überkommenen Bruch mit Rom mythologisch und damit politisch zu kitten, begann Theodora, seine unerhört mächtige, angebetete Frau, Rom zu beleidigen, indem sie offen ihre persönlichen Freunde und Vertrauten begünstigte, die Monophysiten.

«Theodora die Große», wie wir sie einmal nennen wollen, war alles andere als eine zweite Pulcheria. Als Tochter eines der Bärenwärter im Hippodrom von Konstantinopel hatte sie bereits durch eine zwielichtige Bühnenkarriere eine Art Weltruf erlangt, als der unverheiratete Prinz Justinian im Alter von ungefähr siebenunddreißig Jahren sich hoffnungslos in ihre Schönheit, Intelligenz und Klugheit verliebte. Viele Geschichtsschreiber haben die Ansicht geäußert, ihr politisches Talent sei größer gewesen als das ihres Gatten und ihr Sinn für die Seelenverwandtschaft von Byzanz mit der Levante hätte das zweite Rom zu einer weitaus stärkeren und dauerhafteren Feste des Christentums machen können, als es das infolge von Justinians fehlgeleitetem Kurs wurde – mühte sich dieser doch damit ab, eine organische Trennung von zwei unvereinbaren Kulturwelten zu heilen. Jedenfalls war der kosmische Intrigenroman, der sich infolge ihres levantinischen Talentes für politische Theologie entspann, großartig. Gibbon stellt ihn in aller Ausführlichkeit dar. Der einzige Aspekt jedoch, der hier wirklich ins Gewicht fällt, ist seine Auswirkung auf das Credo von Papst Vigilius (537–555).

Justinian hatte die Thronfolge 527 im Alter von fünfundvierzig Jahren angetreten und sollte achtunddreißig Jahre, sieben Monate und dreizehn Tage regieren. Von Anfang an bestrebt, alle noch übriggebliebenen Heiden zu vertilgen, schloß er im zweiten Jahr seiner Regierung die Akademie von Athen, verordnete Massenbekehrungen durch kaiserlichen Erlaß und wurde von der strengen Verfolgung der Monophysiten Ägyptens nur durch die sanfte, aber schicksalsschwere Hand seiner schönen Frau abgehalten.

Im Jahre 543 gab er auf den Rat dieser kühnen Kaiserin hin ein Edikt aus, das die Schriften von drei verstorbenen Theologen der Schule von Antiochia als häretisch verdammte; man meinte, damit den Bruch mit den Monophysiten heilen und Rom zum Einlenken zwingen zu können, denn der neue Papst Vigilius war weitgehend durch Theodoras Einfluß auf seinen Stuhl gehoben worden, und man erwartete von ihm, daß er sich ihrem Willen beugte. Er zögerte so lange damit, sein ihr gegebenes Versprechen einzulösen und das Edikt ihres Mannes zu unterstützen, daß Justinian ihn gewaltsam nach Konstantinopel bringen ließ, wo er am Ostersamstag 548 unter Zwang sein *Judicatum* erließ. Jedoch die Geistlichkeit des Westens reagierte mit einem solchen Aufruhr, daß Justinian es seinem Gefangenen bis auf weiteres gestattete, seine Erklärung zurückzuziehen.

Theodora starb im gleichen Jahr ungefähr vierzigjährig an Krebs, und der Fall blieb liegen und der Papst gefangen, bis schließlich Justinian, um die Sache voranzutreiben, im Jahre 557 das 5. Ökumenische Konzil einberief, an dem teilzunehmen Vigilius sich weigerte. Er legte statt dessen sein eigenes unbefriedigendes Dokument vor, das sogenannte *Constitutum ad Imperatorem*, in dem er nur sechzig Stellen von bloß einem einzigen der Antiochener Theologen verdammte, nicht aber den Verfasser selbst, mit der Begründung, es sei nicht üblich, die Toten in Bann zu tun. Von den anderen beiden wollte er nicht einmal die Werke verdammen, was er damit rechtfertigte, daß sie beide auf dem Konzil von Chalkedon vom Vorwurf der Häresie freigesprochen worden waren. Justinians Konzil dagegen verdammte daraufhin nicht nur die fraglichen Werke und Verfasser, sondern auch den gefangengehaltenen Papst. Am Boden zerstört setzte der arme Mann schließlich seinen Namen mit darunter, und nachdem er nun auf seinen heiligen Stuhl zurückkehren durfte, starb er auf der Fahrt in Syrakus.[23]

Phase Drei (630–680)

Das letzte Kapitel dieser Scheherazade-Geschichte begann acht lange Jahrzehnte später in der Regierungszeit des Kaisers Herakleios (reg. 610–641), als der Patriarch von Konstantinopel Sergios eine Formel vortrug, von der er glaubte, sie werde das ganze mythisch-politische Gezänk endlich beilegen, nämlich die Formel von einer einzigen «Energie» in Christus hinter seinen zwei «Naturen» und durch beide hin wirkend. Herakleios, der Kaiser, hielt den Gedanken für vielversprechend, und als die Monophysiten Alexandrias ihn im Jahre 633 guthießen, wurde ein optimistischer Brief an den Papst – nunmehr Papst Honorius (625–638) – geschickt, der sich gleichfalls dafür aussprach, allerdings den Begriff «Wille» anstelle von «Energie» vorschlug. Mit dieser letztendlichen Übereinkunft von Byzanz, Rom und Alexandria schien nun alles gelöst zu sein, als sich leider Gottes plötzlich ein neues Gebiet zu Wort meldete. Der Patriarch Sophronios von Jerusalem fühlte sich berufen, einen kräftigen Synodalbrief zu verfassen, in dem er die «monergetische» Theorie für gleichbedeutend mit Monophysitismus erklärte, und wieder setzte sich das Karussell in Bewegung: Kirche, Reich und das ganze Drum und Dran.

Im Jahre 638 ließ der Kaiser durch seinen Patriarchen Sergios die Rechtgläubigkeit der Lehre vom einen «Willen» verkünden und den Gebrauch des Begriffes «eine Energie» sowie die Lehre von «zwei Willen» verbieten. Im Osten wie im Westen erhob sich ein Orkan von Protesten, und der nachfolgende Kaiser Constans II. (reg. 641–668) verbot ganz einfach die Diskussion der Frage. Ihm zum Trotz berief jedoch ein kühner neuer Papst, Martin (649–654), ein Konzil in Rom ein und verdammte sowohl die «monotheletische» Lehre seines Vorgängers als auch das Verbot der Diskussion durch den Kaiser; für diesen Eifer wurde er gewaltsam nach Konstantinopel geschleppt, öffentlich an den Pranger gestellt, nahezu nackt ausgezogen und mit einer Kette um den Hals und von einem Schwert bedroht über rauhe Steine zu einem gemeinen Gefängnis geschleift, um dort enthauptet zu werden. Er wurde begnadigt und auf die Krim verbannt, wo er an den Folgen der erlittenen Mißhandlungen starb.[24]

Das letzte Wort mußte daher bis zum 6. Ökumenischen Konzil des Jahres 680 warten, auf dem die Lehre von den «zwei Naturen» bestätigt und sämtliche Mitwirkenden am früheren «monotheletischen» Kompromiß mitsamt allen großen Monophysiten verdammt wurden.[25]

Jedoch eine neue und ungleich weniger komplexe Theologie hatte bereits in Arabien ihre Stimme erhoben: *Lā ilāha illā 'llāh*, und es ist ohne weiteres verständlich, daß dieser einfache Schrei: «Es gibt keinen Gott außer Gott», inzwischen beträchtliche Anziehungskraft besaß. Der Schrei riß innerhalb von zwei flammenden Jahrzehnten den gesamten Nahen Osten mit, floh über ganz Nordafrika dahin und brach im Jahre 711 über Spanien herein. Im Jahre 732 stand er im Begriff, das Frankenreich zu verschlingen, und damit war wieder – wie in Marathon und bei den Makkabäern – einer der Momente gekommen, in denen eine Ost-West-Ost-West-Ost-Pendelung an ihre Grenze stieß. Denn wie alle derartigen Momente gezeigt haben, gibt es einen Punkt, über den hinaus ein überfremdeter großer Kulturraum nicht gegen seine Wesensart verstoßen läßt. Und der kam diesmal in Europa mit der Schlacht von Poitiers, in der der fränkische Hausmeier Karl Martell («Hammer») die Rufer des Islam bis zu den Pyrenäen zurückschlug.

3
Der Prophet des Islam

Im Namen Gottes, des Erbarmers, des Barmherzigen.

Lob sei Gott, dem Herrn der Welten, dem Erbarmer, dem Barmherzigen, der Verfügungsgewalt besitzt über den Tag des Gerichtes. Dir dienen wir, und Dich bitten wir um Hilfe. Führe uns den geraden Weg, den Weg derer, die Du begnadet hast, die nicht dem Zorn verfallen und nicht irregehen.[26]

Wir lesen den Heiligen Koran. Der Text fährt fort mit einer Version des biblischen Mythos von der Schöpfung und dem Sündenfall.

Und als dein Herr zu den Engeln sprach: «Ich werde auf der Erde einen Nachfolger einsetzen.» Sie sagten: «Willst Du auf ihr einen einsetzen, der auf ihr Unheil stiftet und Blut vergießt, während wir dein Lob singen und deine Heiligkeit rühmen?» Er sprach: «Ich weiß, was ihr nicht wißt.» Und Er lehrte Adam alle Dinge samt ihren Namen. Dann führte Er sie den Engeln vor und sprach: «Tut mir die Namen dieser kund, so ihr die Wahrheit sagt.» Sie sagten: «Preis sei Dir! Wir haben kein Wissen außer dem, was du uns gelehrt hast. Du bist der, der alles weiß und weise ist.» Er sprach: «O Adam, tu ihnen ihre Namen kund.» Als er ihre Namen kundgetan hatte, sprach Er: «Habe Ich euch nicht gesagt: Ich weiß das Unsichtbare der Himmel und der Erde, und Ich weiß, was ihr offenlegt und was ihr verschweigt?» Und als Wir zu den Engeln sprachen: «Werft euch vor Adam nieder.» Da warfen sie sich nieder, außer Iblīs. Der weigerte sich und verhielt sich hochmütig, und er war einer der Ungläubigen.

Und Wir sprachen: «O Adam, bewohne du und deine Gattin das Paradies. Eßt reichlich von ihm zu eurem Wohl, wo ihr wollt. Aber naht euch nicht diesem Baum, sonst gehört ihr zu denen, die Unrecht tun.» Da ließ sie Satan beide vom Paradies fallen und vertrieb sie vom Ort, wo sie waren. Und Wir sprachen: «Geht hinunter. Die einen von euch sind Feinde der anderen. Ihr habt auf der Erde Aufenthalt und Nutznießung für eine Weile.» Da nahm Adam von seinem Herrn Worte (der Umkehr) entgegen, so wandte Er sich ihm gnädig zu. Er ist der, der sich gnädig zuwendet, der Barmherzige.

> Wir sprachen: «Geht von ihm alle hinunter. Wenn dann von Mir eine Rechtleitung zu euch kommt, dann haben diejenigen, die meiner Rechtleitung folgen, nichts zu befürchten, und sie werden nicht traurig sein. Diejenigen aber, die nicht glauben und unsere Zeichen für Lüge erklären, das sind die Gefährten des Feuers; sie werden darin ewig weilen.»[27]

Iblīs, «der Verleumder» (zugrunde liegend der Gedanke des Aufruhrs), und Satan, «der Hasser» (zugrunde liegend der Gedanke der Verkehrtheit oder Feindschaft), sind zwei Namen für die Macht des Bösen und entsprechen dem zarathustrischen Angra Mainyu. In einer späteren Sure des Koran lesen wir, daß Iblīs ein Dschinn war: «Er gehörte zu den Dschinn. So frevelte er gegen den Befehl seines Herrn.»[28] Die obige Stelle jedoch impliziert, daß Iblīs ein Engel war. Die Dschinn sind die vom Islam übernommenen alten Wüstendämonen der vormohammedanischen Araber, während die Engel von der biblisch-zarathustrischen Seite des Erbes stammen. Es heißt: «Er hat den Menschen aus einer Trockenmasse wie dem Töpferton erschaffen. Und Er hat die Dschinn aus einer Feuerflamme erschaffen.»[29] Es gibt zwei Arten von Dschinn: solche, die den Islam angenommen, und solche, die ihn verworfen haben. Die Macht des Bösen, Iblīs, läßt sich daher entweder als gefallener Engel oder als nicht bekehrter Dschinn auffassen. Es wird noch mehr von Iblīs zu erzählen sein.

Aus dem obigen Zitat ist offensichtlich, daß der Islam in jeder Beziehung eine Fortsetzung des zarathustrisch-jüdisch-christlichen Erbes ist, nun aber (wie behauptet wird) in seinem eigentlichen Sinn wiederhergestellt und (wie weiter behauptet wird) in seine endgültige Fassung gebracht. Die ganze Legende von den Patriarchen und vom Auszug aus Ägypten, vom goldenen Kalb, dem Wasser aus dem Felsen, der Offenbarung auf dem Sinai usw. wird den ganzen Koran hindurch mit ihren Lektionen in einem fort wiederholt, desgleichen bestimmte Stücke des christlichen Mythos.

Die grundlegende koranische Ursprungslegende handelt von der gemeinsamen Abstammung von Arabern und Juden aus dem Samen Abrahams, von dem bereits in der Bibel berichtet wird, daß er zwei Frauen hatte, Sara und Hagar. Hagar, eine ägyptische Magd, sollte als erste schwanger werden, und sie gebar dem Abraham, der damals sechsundachtzig Jahre alt war, den Ismael. Doch als Abraham neunundneunzig war, wurde Sara, seine erste Frau, schwanger und gebar Isaak. Im Buch Genesis heißt es:

> Das Kind wuchs heran und wurde entwöhnt. Als Isaak entwöhnt wurde, veranstaltete Abraham ein großes Festmahl.
>
> Eines Tages beobachtete Sara, wie der Sohn, den die Ägypterin Hagar Abraham geboren hatte, umhertollte. Da sagte sie zu Abraham: «Verstoß diese Magd und ihren Sohn! Denn der Sohn dieser Magd soll nicht zusammen mit meinem Sohn Isaak Erbe sein.» Dieses Wort verdroß Abraham sehr, denn es ging doch um seinen Sohn. Gott sprach aber zu Abraham: «Sei wegen des Knaben und deiner Magd nicht verdrossen! Hör auf alles, was dir Sara sagt! Denn nach Isaak sollen deine Nachkommen benannt werden. Aber auch den Sohn der Magd will ich zu einem großen Volk machen, weil auch er dein Nachkomme ist.» Am Morgen stand Abraham auf, nahm Brot und einen Schlauch mit Wasser, übergab beides Hagar, legte es ihr auf die Schulter, übergab ihr das Kind und entließ sie. Sie zog fort und irrte in der Wüste von Beerscheba umher. (Gen 21,8–14.)

Nach der koranischen Version dieser alten Familiengeschichte bauten Abraham und Ismael einige Jahre, bevor diese Trennung stattfand, die Ka'ba der Großen Moschee von Mekka. Im Koran heißt es:

> Und als Abraham dabei war, vom Haus die Fundamente hochzuziehen, (er) und Ismael. Sie beteten: «Unser Herr, nimm es von uns an. Du bist der, der alles hört und weiß. Unser Herr, mache uns beide Dir ergeben und (mache) aus unserer Nachkommenschaft eine Gemeinschaft, die Dir ergeben ist. Und zeige uns unsere Riten, und wende Dich uns gnädig zu. Du bist der, der sich gnädig zuwendet, der Barmherzige.»[30]

Des weiteren waren nicht nur Abraham und seine Söhne Moslems, sondern auch Jakob und seine Söhne. «Oder wart ihr zugegen», fährt der Text fort, «als Jakob im Sterben lag? Als er zu seinen

Söhnen sagte: ‹Wem werdet ihr dienen nach mir?› Sie sagten: ‹Dienen werden wir deinem Gott und dem Gott deiner Väter Abraham, Ismael und Isaak, dem einzigen Gott. Und wir sind Ihm ergeben [*muslim*].›»[31]

Der uneingeweihte Leser wird vielleicht fragen: «Wie soll ich dieser Mitteilung Glauben schenken, die ich noch nie zuvor gehört habe?» Die Art der Antwort aber wird jeder Jude oder Christ sicherlich wiedererkennen: nämlich daß das Buch (hier allerdings der Koran) von Gott offenbart ist.

«Oder wollt ihr sagen», lesen wir, «daß Abraham, Ismael, Isaak, Jakob und die Stämme Juden oder Christen gewesen sind? Sprich: Wißt ihr es besser oder Gott? Wer ist denn ungerechter als der, der ein Zeugnis, das er von Gott hat, verschweigt? Aber Gott läßt nicht unbeachtet, was ihr tut.»[32]

«Die Leute des Buches», wie die Juden im Koran genannt werden, sollen vor der Bestätigung ihres eigenen Erbes die Augen verschlossen haben, als sie die Botschaft des Islam zurückwiesen; und die Christen mit ihrer Dreifaltigkeitslehre fügten Gott mehrere Götter hinzu, indem sie die Worte ihres eigenen Propheten Jesus falsch auffaßten, die doch direkt im Sinne von Abraham, Mose, Salomo und Mohammed verstanden werden wollen.

«O ihr Kinder Israels», so ruft Gott jetzt die Juden, «gedenket meiner Gnade, mit der Ich euch begnadet habe, und erfüllt euren Bund mit Mir, so will Ich meinen Bund mit euch erfüllen. Vor Mir sollt ihr Ehrfurcht haben. Und glaubt an das, was Ich hinabgesandt habe zur Bestätigung dessen, was bei euch ist. Und seid nicht die ersten, die es verleugnen. Und verkauft nicht meine Zeichen für einen geringen Preis. Mich sollt ihr fürchten.»[33]

> Und Wir ließen dem Mose das Buch zukommen und nach ihm die Gesandten folgen. Und Wir ließen Jesus, dem Sohn Marias, die deutlichen Zeichen zukommen und stärkten ihn mit dem Geist der Heiligkeit. Wollt ihr euch denn jedesmal, wenn euch ein Gesandter etwas bringt, was ihr nicht mögt, hochmütig verhalten und einen Teil (von ihnen) der Lüge zeihen und einen (anderen) Teil töten? Und sie sagen: «Unsere Herzen sind unbeschnitten.» Aber nein! Gott hat sie wegen ihres Unglaubens verflucht. Darum sind sie sowenig gläubig.[34]

Es ist nicht genau bekannt, wie der Koran vom Himmel empfangen und niedergeschrieben wurde. Tatsächlich ist das Leben Mohammeds zum größten Teil eine Sache von Mutmaßungen. Die maßgebende Biographie von Mohammed Ibn Ischāq wurde über ein Jahrhundert nach dem Tode des Propheten für den Kalifen al-Mansūr (reg. 754–775) verfaßt; und dieses Werk selbst ist nur in zwei späteren Schriften erhalten, dem Kompendium des Ibn Hischām (gest. 840) und der Chronik des at-Tabarī (gest. 932). In geraffter Form läßt sich die rekonstruierte Lebensgeschichte zwanglos in vier Hauptperioden einteilen.[35]

1. Kindheit, Jugend, Ehe und erster Ruf: ca. 570–610

Der Knabe, der in Mekka in eine Familie vom mächtigen Stamm der Koraisch geboren wurde, verlor kurz nach der Geburt seinen Vater und nur wenige Jahre später seine Mutter. Aufgewachsen bei Verwandten in bescheidenen Verhältnissen, aber mit zahlreichen Kindern, trat der junge Mann im Alter von ungefähr vierundzwanzig Jahren in den Dienst einer reichen Frau namens Chadīdscha, älter als er, zweimal verheiratet gewesen und mit mehreren Kindern, die ihn auf eine Handelsreise nach Syrien schickte und ihn nach seiner Rückkehr zum Mann nahm. Sie gebar ihm zwei Söhne, die noch im Kindesalter starben, und mehrere Töchter.

In seinem vierzigsten Lebensjahr begann Mohammed, Offenbarungen zu empfangen, deren erste die spätere Sure 96 gewesen sein soll: «Lies im Namen deines Herrn, der erschaffen hat, den Menschen erschaffen hat aus einem Embryo. Lies. Dein Herr ist der Edelmütigste, der durch das Schreibrohr gelehrt hat, den Menschen gelehrt hat, was er nicht wußte.»[36]

Die offizielle moslemische Legende erzählt, daß Mohammed diese Offenbarung in einer Höhle am Berg Hira nördlich von Mekka hatte, wohin er sich gelegentlich zu stiller Einkehr zurückzog – oft allein, aber manchmal mit Chadīdscha. In einer Beschreibung lesen wir, daß er dort gerade über das Geheimnis des Menschen aus verderblichem Fleisch nachsann, als eine blendende Vision voller Schönheit und Licht seine Seele und seine Sinne überwältigte und er das Wort «Lies!» [*iqra'*; auch «Trag vor!», «Sag her!»] hörte.

Er war verwirrt und bestürzt; doch der Ruf erscholl klar und deutlich, dreimal, bis die erste übermächtige Verwirrung einer gesammelten Erkenntnis seiner Sendung wich. Der Ruf kam von Gott, er galt dem Menschen, Gottes Geschöpf, und sein Instrument war die Feder, das geheiligte Buch, das die Menschen lesen, studieren, rezitieren und in ihrer Seele hüten sollen.

Seine Seele war von göttlicher Ekstase erfüllt; doch als diese verging, kehrte er in die Welt der Zeit und der Notwendigkeit zurück, die ihm jetzt zehnmal so dunkel erschien. Seine Glieder wurden von einem heftigen Beben erfaßt, und er wandte sich geradewegs an die eine, die das Leben mit ihm teilte, Chadīdscha, die verstand, sich freute, seine erschütterten Nerven beruhigte und wußte, daß es keine bloße Täuschung gewesen war. Sie befragte ihren Vetter Waraqa ibn Naufal, der Gott im Glauben an Christus diente. Auf ihre Mitteilung hin freute auch er sich, und Chadīdscha kehrte zu ihrem Mann zurück.

«O Auserwählter», sagte sie, «gesegnet seist du! Sehen wir nicht dein inneres Leben, wie wahr und lauter es ist? Sehen nicht alle dein äußeres Leben, wie gütig und freundlich du bist, aufopfernd da für die Angehörigen, gastfreundlich gegen Fremde? Kein Gedanke an Arg oder Bosheit hat jemals deinen Sinn befleckt, kein Wort, das nicht wahr gewesen wäre und die Gemüter der Engherzigeren nicht besänftigt hätte, ist jemals über deine Lippen gekommen. Stets bereit im Dienste Gottes, bist du es, von dem ich Zeugnis ablege: Es gibt keinen Gott außer Gott, und du bist sein erwählter Gesandter.»[37]

2. Der erste Freundeskreis: ca. 610–613

Drei Jahre lang machten Mohammed und Chadīdscha im stillen Propaganda, erst in der Familie und unter Freunden, dann unter den Nachbarn. Mekka, ihre Stadt, war ein wohlhabender Handelsplatz in einem unfruchtbaren Tal, gut achtzig Kilometer landeinwärts vom Roten Meer entfernt. In ihrer Mitte stand ein vollkommen rechteckiger Steinbau, die sogenannte Ka'ba, «Würfel», die eine Bildsäule des Schutzgottes Hubal wie auch einige andere Gegenstände enthielt, dazu den schwarzen Stein (möglicherweise meteorischen Ursprungs), der heute das zentrale Kultobjekt der gesamten islamischen Welt ist. Von diesem Stein heißt es nun, er sei Abraham von Gabriel gegeben worden, und sein Bau sei das Haus gewesen, das Abraham mit Ismaels Hilfe errichtet hatte. Tatsächlich wurde schon vor Mohammeds Zeit das ganze Gebiet um Mekka als Stätte von besonderer Heiligkeit angesehen. Ein jährliches Fest fand dort statt, zu dem die Menschen aus allen Himmelsrichtungen zahlreich zusammenströmten, und viele davon statteten der Ka'ba einen Besuch ab.

Eines der literarischen Probleme des Koran ist die Herkunft des reichlich darin enthaltenen biblischen Sagengutes, das größtenteils von der christlichen Seite stammt und einen eindeutig nestorianischen Zuschnitt hat; der Überlieferung nach konnte der Prophet nämlich nicht lesen. Allerdings muß er von Kindheit an bestimmt mit vielen Religionen in Berührung gekommen sein: hauptsächlich natürlich mit den arabischen Kulten der einzelnen Stämme und Regionen, aber auch mit Christentum, Judentum und vielleicht sogar mit dem Zarathustrismus. Gut dreihundert Kilometer weiter nördlich in Medina gab es eine große jüdische Gemeinde. Direkt gegenüber auf der anderen Seite des Roten Meeres in Äthiopien gab es ein koptisch-christliches Königreich. Waraqa, der Vetter seiner Frau, war ein Christ, wahrscheinlich monophysitischer Glaubensrichtung. Und auf den großen Handelsrouten von Norden nach Süden, das Rote Meer hinunter und hinüber nach Indien, waren seit Jahrhunderten außer Kaufleuten auch Philosophen, Missionare und andere vielbeschlagene Männer hin- und hergereist.

Man muß sich nur eine Kindheit und Jugend voll wachem Interesse an der mündlichen Überlieferung und dem religiösen Leben ringsherum vorstellen: einen aufgeweckten Knirps mit gespitzten Ohren und dann einen Jüngling von hohen Geistesgaben, religiöser Inbrunst und einer außerordentlichen Fähigkeit zu ausgedehnten auditorischen Trancezuständen, überdies von großer Körperkraft und überzeugendem Auftreten, wie die späteren Episoden seiner Lebensgeschichte beweisen. Und wie ein Stein, der sich von einem verschneiten Gipfel löst und beim Hinunterrollen Schnee ansammelt, zu einer Lawine anwachsen kann, so war es auch mit dem Wirken Mohammeds und Chadīdschas. Zu den ersten, die sie bekehrten, gehörten Mohammeds junger Vetter 'Alī, der später sein Schwiegersohn werden sollte, ein älterer, standhafter Freund (wenn auch Angehöriger einer anderen Sippe), der wohlhabende Abū Bakr, und ein treuer Diener im Hause Chadīdschas, Zaid.

Die Legende berichtet:

> Chadīdscha glaubte, mehr als alle glaubensstarken Frauen. 'Alī, der vielgeliebte, der damals erst ein zehnjähriger Knabe war und dennoch schon löwenmütig, gelobte den Glauben und wurde von dem Augenblick an die rechte Hand des Islam. Dann schloß sich Abū Bakr, aufrichtig und wahrhaftig, ein Mann von Wohlstand und Einfluß, der beide rückhaltlos für die Sache einsetzte, als besonnener Ratgeber und treuer Freund an. Und Zaid, dem von Mohammed Freigelassenen, galt die Freiheit nichts im Vergleich zum Dienst an Gott. Sie waren die ersten Früchte der Missionstätigkeit: eine Frau, ein Knabe, ein Reicher und ein Freigelassener, als Gleiche zusammengeschlossen im Islam.[38]

3. Die größer werdende Gemeinde in Mekka: ca. 613–622

> Der du dich eingehüllt hast, steh auf (zum Gebet) die ganze Nacht, bis auf einen kleinen Teil, die halbe Nacht, oder verringere sie um einen kleinen Teil, oder füge etwas hinzu. Und trage den Koran Abschnitt für Abschnitt vor. Wir werden dir Worte auferlegen, die schwer zu tragen sind.[39]

Diese eindrucksvollen Zeilen der Sure 73 sollen die zweite festgehaltene Offenbarung sein, die Mohammed zuteil wurde, wie man glaubt, nur einige Zeit nach der ersten – vielleicht zwei Jahre, vielleicht sechs Monate – und angeblich wieder in der Höhle.

Der Ausdruck «der sich eingehüllt hat» (*al-muzzammil*), einer der Titel des Propheten, ist mehrsinnig zu verstehen. Wörtlich bezieht er sich auf den äußeren Zustand des Propheten in seinen schweren Augenblicken der ekstatischen Trance, in denen er der Überlieferung nach in eine Decke gehüllt lag oder saß und göttliche Verse von sich gab, wobei er heftig schwitzte. In einem zweiten Sinne jedoch ist jeder Moslem beim Gebet gemeint. Nach dem

Vorbild des reinherzigen Propheten sei ein jeder «recht gekleidet zum Gebet: in einen Mantel gehüllt wie einer, welcher den Eitelkeiten der Welt entsagt». Und schließlich können wir auf der mystischen Ebene darunter die äußere Umhüllung der Erscheinungswelt verstehen, die für das Dasein wesentlich ist, aber aus der man möglichst bald hinauszuwachsen habe, woraufhin die innere Natur mit aller Nachdrücklichkeit zu ihrem Recht kommen müsse.[40] In der nächsten Sure wird dieses Bild weiter ausgeführt:

> Der du dich zugedeckt hast, steh auf und warne, und preise die Größe deines Herrn, und reinige deine Kleider, und entferne dich von der Unreinheit (des Götzendienstes), und poch nicht auf dein Verdienst, um mehr zu erhalten, und sei geduldig, bis dein Herr sein Urteil fällt. Wenn dann in das Horn gestoßen wird, dann ist es an jenem Tag ein schwerer Tag, für die Ungläubigen nicht leicht.[41]

Der alte apokalyptische Sinn des Kommens des Gerichtstages erfüllte die Botschaft des Propheten mit der Dringlichkeit eines unmittelbar bevorstehenden Ereignisses. Wir wissen nicht, welche anderen prophetischen Bewegungen sich in der arabischen Welt jener Zeit regten. Ekstatiker der einen oder anderen Art gab es sicher reichlich, damals wie heute. Außerdem gab es Propheten, die als Hanīfen bezeichnet wurden und die in unterschiedlicher Weise den Einfluß einer allgemeinen monotheistischen Tendenz, ausgehend von den zarathustrischen, jüdischen und christlichen Zentren ringsum, zum Ausdruck brachten. Chadīdschas Verwandter Waraqa ibn Naufal könnte einer von ihnen gewesen sein. Ein anderer war der Mekkaner Zaid ibn ʻAmr, der anscheinend in der Kindheit Mohammeds starb.[42] Jedenfalls gab es in Mekka zu Mohammeds Zeit genug Leute, die bereit waren, auf den Ruf einer prophetischen Stimme zu antworten und binnen weniger Jahre einen typisch magischen Consensus zu bilden, mit dem Willen, die Welt nach seinem Bilde umzuformen.

Die erste große Gruppe, an die Mohammed seine Botschaft richtete, waren die Mitglieder seines eigenen zahl- und einflußreichen Stammes. Die Koraisch waren Hüter der Kaʻba und eine führende Volksgruppe der Region. Er rief sie auf, alle heidnischen

Bildnisse aus ihrem Heiligtum zu entfernen und sich zu dem Einen Gott des Islam zu bekennen. Eine frühe Sure aus dieser Periode beschwört sie:

> Dafür, daß Er die Koraisch zusammenbringt, daß Er sie zusammenbringt für die Reise des Winters und des Sommers, sollen sie dem Herrn dieses Hauses [Ka'ba] dienen, der ihnen Speise gegen den Hunger gibt und Sicherheit gegen die Furcht gewährt.[43]

Der Glaubenseifer der wachsenden Gruppe des Propheten führte mit der Zeit bei denjenigen Bürgern der Stadt zu Gegenreaktionen, für die die alten Gottheiten ihres Stammes und der Handel und Wandel Lebensinhalt genug waren. Diese wurden bald so stark, daß die Anhänger des Islam sich als eine verfolgte Sekte betrachten konnten – mit allen Vorteilen, die aus einem solchen Umstand für die Gruppensolidarität und die Glaubensinbrunst erwachsen. Um seine Schar zu schützen, schickte Mohammed sie über das Rote Meer nach Axum im christlichen Abessinien, wo der König sie mit soviel Wohlwollen willkommen hieß, daß die Einwohnerschaft Mekkas Grund zu der Befürchtung hatte, der Schrecken einer früheren Serie abessinischer Raubüberfälle und Verwüstungen könne wiederaufleben. Der Prophet, der in Mekka geblieben war, wurde beschimpft, geschmäht und geriet in große Not. Um diese Zeit geschah es dann, daß sich – durch göttliche Fügung – ein neuer und bedeutender Mann zu ihm bekehrte, der junge und strahlende 'Omar ibn al-Chattāb, der bis dahin öffentlich gegen den neuen Glauben aufgetreten war, nun aber – als eine Art Paulus – sein tatkräftigster Anführer werden sollte.

Jedoch ein großes und tiefes Leid ereilte den ohnehin schon geschlagenen Propheten, als ihm seine geliebte Frau Chadīdscha starb, «die große, edle Herrin», wie sie durchaus zu Recht gepriesen wurde,

> die sich ihm gewogen gezeigt, als er mittellos, ihm vertraut hatte, als sein Wert kaum bekannt gewesen war, ihn in seinen geistigen Kämpfen unterstützt und verstanden und zitternden Schrittes an ihn geglaubt hatte, als er dem Ruf zu folgen begann. Sie blieb standhaft

unter Verleumdungen, Verfolgungen, Beleidigungen, Drohungen und Qualen, bis sie in seinem einundfünfzigsten Jahr zu den Heiligen versammelt wurde: eine vollkommene Frau, die Mutter der Gläubigen.[44]

Dann aber geschah das Wunder: als ob der Muezzinruf einer planetarischen Bestimmung erschallte und den Anbruch eines neuen Weltalters verkündete. An Mohammed erging ein Gesuch aus der Stadt Medina dreihundert Kilometer weiter im Norden, wo der Streit zwischen den zwei dort führenden arabischen Stämmen, den Aus und den Chazradsch, sich so weit zugespitzt hatte, daß eine Versammlung führender Bürger Mohammed bat, zu ihnen zu kommen und mit seinem Einfluß den Frieden wiederherzustellen. Man befürchtete, daß die ansehnliche jüdische Gemeinde dort, die größtenteils aus konvertierten Arabern bestand, das Übergewicht bekommen könnte, wenn die innerarabische Fehde weiterging. Mohammed schickte klugerweise seine ganze Gemeinde voraus und trat dann gegen Ende des epochemachenden Jahres 622 n. Chr. zusammen mit Abū Bakr selbst heimlich die Flucht von Mekka nach Medina an, wobei er sich unterwegs ein paar Tage lang in seiner Höhle versteckt hielt. Wir lesen im Koran:

> Wenn ihr ihn nicht unterstützt, so hat Gott ihn (schon damals) unterstützt, als diejenigen, die ungläubig sind, ihn zusammen mit einem zweiten Mann vertrieben haben. Sie waren beide in der Höhle, und er sagte zu seinem Gefährten: «Sei nicht traurig. Gott ist mit uns.» Da sandte Gott seine Ruhe spendende Gegenwart auf ihn herab und stärkte ihn mit Truppen, die ihr nicht sehen konntet. Und Er machte das Wort derer, die ungläubig sind, unterlegen. Siehe, Gottes Wort ist überlegen. Und Gott ist mächtig und weise.[45]

4. Mohammed in Medina: 622–632

Mit der «Auswanderung», Hidschra, des Propheten nach Medina beginnt das erste Jahr der mohammedanischen Zeitrechnung, denn mit ihr geht das Gesetz des Islam aus dem Reich der Theorie in die Praxis über und macht sich auf dem Feld der Geschichte geltend.

In Medina hatte, wie H. A. R. Gibb dargelegt hat, Mohammed die für Mekka lebenswichtige Handelsstraße nach Norden in der Hand, und diesen Vorteil machte er sich sieben Jahre lang sehr geschickt zunutze, um den Widerstand der Oligarchie seiner Stadt zu brechen.[46] Zuerst überfiel er als bloßer Straßenräuber Karawanen und bereicherte die neue Gemeinschaft unter Gott mit der Beute, die sie ihren Nachbarn abgewann. Dann bekämpfte und besiegte er als glänzender Generalissimus die zahlenmäßig überlegenen Streitkräfte, die von den verzweifelten Kaufleuten seiner Heimatstadt ausgesandt worden waren. Dabei kamen ihm häufig Engel zu Hilfe: Wie Konstantin und sein Heer vor dem entscheidenden Sieg über Maximian das «Kreuz aus Licht» gesehen hatten (siehe oben S. 439), so sahen Mohammed und sein Heer während der Entscheidungsschlacht bei Badr Engel, die sie unterstützten. Alle hatten weiße Turbane auf bis auf Gabriel, dessen Turban den Augenzeugen zufolge gelb war.[47] Schließlich, nachdem er einige Beduinenstämme auf seine Seite gezogen hatte, kehrte Mohammed im Jahre 630 ohne nennenswerten Widerstand nach Mekka zurück und stellte dort mit einer großen symbolischen Säuberung die neue Ordnung her, indem er alle Götzenbilder in der Stadt zerstörte. Eine der Stadtgöttinnen, Nā'ila, soll damals in Gestalt einer schwarzen Frau erschienen und kreischend entflohen sein.[48] Doch es blieb der schwarze Stein der Ka'ba – der ursprünglich weiß gewesen sei, wie erzählt wurde; er sei nämlich einer der Steine des Paradieses, durch die Küsse sündiger Lippen schwarz geworden.[49]

Zwei Jahre später jedoch, auf dem Gipfel des Sieges, ging der Prophet dahin – in eine ewige Heimat, wie wir annehmen dürfen, wo der goldene Koran seiner Vision für alle Zeit leuchtet. Und darin hat Gott geschrieben:

> Und Wir haben die Himmel und die Erde und das, was dazwischen ist, nicht zum Zeitvertreib erschaffen. Wir haben sie in Wahrheit erschaffen. Aber die meisten von ihnen wissen nicht Bescheid.
>
> Der Tag der Scheidung ist der Termin für sie alle, der Tag, an dem kein Schutzherr seinem Schützling etwas nützen kann und sie keine Unterstützung erfahren werden, ausgenommen wessen sich Gott erbarmt. Er ist der Mächtige, der Barmherzige.

Der Zaqqūm-Baum ist die Speise des Sünders; wie geschmolzenes Erz kocht er in den Bäuchen, wie das heiße Wasser kocht. «Nehmt ihn und zerrt ihn mitten in die Hölle. Dann gießt über seinen Kopf etwas von der Pein des heißen Wassers. Koste es. Du bist doch der Mächtige, der Treffliche!» «Das ist, worüber ihr Zweifel hegtet.»

Die Gottesfürchtigen befinden sich an einer sicheren Stätte, in Gärten und an Quellen. Sie tragen Gewänder aus Seide und Brokat, und (sie liegen) einander gegenüber. So ist es. Und Wir geben ihnen als Gattinnen Hūrī mit schönen, großen Augen. Sie rufen darin nach Früchten jeder Art (und leben) in Sicherheit. Sie erleiden darin nicht den Tod, außer dem ersten Tod. Und Er hütet sie vor der Pein der Hölle, als Huld von deinem Herrn. Das ist der großartige Erfolg.

Wir haben ihn [den Koran] durch deine Zunge leicht gemacht, auf daß sie es bedenken. Warte nun ab; auch sie warten ab.[50]

4
Das Gewand des Gesetzes

Die Maske Gottes genannt Allah ist ein Produkt derselben Wüste, aus der Jahrhunderte vorher die Maske Jahwe gekommen war. Tatsächlich ist das Wort *Jahwe*, wie T. J. Meek gezeigt hat (siehe oben S. 155–156), nicht hebräischer, sondern arabischer Herkunft. Damit sind wir gezwungen, bis zu einem gewissen Grad Mohammeds verblüffendem Anspruch Recht zu geben, daß Menschen seiner eigenen semitischen Volksgruppe die ersten Diener des in der Bibel verkündeten Gottes waren.

Als Gott eines semitischen Wüstenvolkes legt Allah genau wie Jahwe die Züge einer typischen semitischen Stammesgottheit an den Tag, deren erster und wichtigster ist, daß er nicht der Natur immanent, sondern transzendent ist. Solche Götter können durch keinerlei Erforschung der natürlichen Ordnung, sei es der äußeren (durch die Wissenschaft) oder der inneren (durch Meditation), erkannt werden, denn die Natur, ob außen oder innen, beherbergt sie nicht. Das zweite Merkmal ist vom ersten abgeleitet: nämlich daß der oberste Gott eines jeden semitischen Stammes sein – und nur sein – Beschützer und Gesetzgeber ist. Er gibt sich nicht in der Sonne, dem Mond, der kosmischen Ordnung zu erkennen, sondern in den lokalen Gesetzen und Gebräuchen – die natürlich von Gruppe zu Gruppe verschieden sind. Während bei den Ariern, deren oberste Götter Naturgottheiten waren, immer und überall die Neigung bestand, in fremden Kulten die eigenen Gottheiten zu erkennen, also eine Tendenz zum Synkretismus, neigten daher die Semiten im Dienst ihrer Stammesgötter stets zu Ausschließlichkeit, Separatismus und Intoleranz.

Auf der untersten Stufe besteht weder die Notwendigkeit noch auch nur die Möglichkeit, daß ein einzelner Stammesgott als Herr der ganzen Welt begriffen wird. Jede Gruppe hat einfach ihren eigenen Gesetzgeber und Beschützer; die übrige Welt – falls es so etwas überhaupt gibt – kann sich unter ihren eigenen Göttern um sich selber kümmern, denn man geht davon aus, daß jedes Volk seinen eigenen göttlichen Gesetzgeber und Beschützer hat. Ein solches Denken nennen wir *Monolatrie* (siehe oben S. 278–279). In diesem Sinne wurde während der ersten langen und schrecklichen Phase der israelitischen Besitzergreifung von Kanaan Jahwe einfach als ein Stammesgott aufgefaßt, der mächtiger war als die übrigen.

Die nächste bedeutsame Phase in der biblischen Entwicklung trat ein, als der derart begriffene Gott mit dem göttlichen Schöpfer der Welt identifiziert wurde. Keines von allen Völkern auf Erden außer Israel konnte nun den Anspruch erheben, diesen einen allein wahren Gott zu erkennen und zu verehren oder ihm am Herzen zu liegen.

> So spricht Jahwe: Gewöhnt euch nicht an den Weg der Völker, erschreckt nicht vor den Zeichen des Himmels, wenn auch die Völker vor ihnen erschrecken. Denn die Gebräuche der Völker sind leerer Wahn. ... Niemand, Jahwe, ist wie du: Groß bist du, und groß an Kraft ist dein Name. Wer sollte dich nicht fürchten, du König der Völker? Ja, das steht dir zu. Denn unter allen Weisen der Völker und in jedem ihrer Reiche ist keiner wie du. Sie alle sind töricht und dumm. Was die nichtigen Götzen zu bieten haben – Holz ist es. ... Jahwe aber ist in Wahrheit Gott. (Jer 10,2–3.6–8.10.)

Ironischerweise ging die Vorstellung dieses Gottes von kosmischer

Größe den wüstenbewohnenden Habiru erst auf, als sie in die höhere Kultursphäre der seßhaften Zivilisationen eingedrungen waren, wo man schon seit Jahrtausenden die Schrift gekannt und mathematische Aufzeichnungen von den Bewegungen nicht nur der üblichen Gestirne, sondern sogar von den Planeten unter ihnen geführt hatte. Die kosmische Ordnung war im Verständnis der Priester jener hochbronzezeitlichen Kulturen von wunderbarer mathematischer Regelmäßigkeit, ewig kreisend, ewig entstehend und ins Chaos vergehend nach feststehenden Gesetzen, die die priesterlichen Sterngucker als erste erkannt hatten. Und der Urgrund dieses Daseinsrhythmus war nicht als eine eigenwillige Person dargestellt worden: als ein Gott wie Jahwe zum Beispiel. Im Gegenteil: Person, Wille, Gnade und Zorn waren in diesen Systemen einer absolut unpersönlichen, ewig vor sich hin mahlenden Ordnung untergeordnet gewesen, deren ausführende Organe die Götter – alle Götter – nur waren.

In drastischem, unauflösbarem Gegensatz zu dieser Anschauung hielten die Völkerschaften des semitischen Wüstenkomplexes, als sie in das höhere Kulturgebiet eintraten, an den Schutzgöttern ihrer Stämme fest; und obwohl sie den Gedanken einer kosmischen Ordnung im großen und ganzen anerkannten, unterwarfen sie ihren Gott dieser Ordnung nicht, sondern machten ihn statt dessen zu ihrem Urheber und Erhalter – wenn auch keineswegs zu ihrem immanenten Sein. Denn er war und blieb wie eh und je eine abgesonderte Gestalt: personal, anthropomorph. Zudem sollte er sich genau wie in den Wüstentagen der Stämme nur durch die sozialen Gesetze der Gruppe zu erkennen geben, die immer noch als einzige in seiner Gunst stand. Nicht die allen scharfen Augen und denkenden Köpfen offenbaren Gesetze der Natur, sondern allein die Gesetze dieses bestimmten gesellschaftlichen Moleküls im unübersehbaren Gewimmel der Menschheitsgeschichte sollten die eine einzige Lektion Gottes fassen können. Daher die Warnung Jeremias: «Erschreckt nicht vor den Zeichen des Himmels, wenn auch die Völker vor ihnen erschrecken. Denn die Gebräuche der Völker sind leerer Wahn.» Und die Mohammeds: «Wir sehen, wie du dein Gesicht zum Himmel hin und her richtest. So werden Wir dir eine Gebetsrichtung festlegen, mit der du zufrieden sein wirst. Wende also dein Gesicht in Richtung der heiligen Moschee. Und wo immer ihr seid, wendet euer Gesicht in ihre Richtung.»[51] (Die Gebetsrichtung, *qibla*, des Islam ist die Ka'ba der Großen Moschee von Mekka, die kein «natürliches», sondern ein soziohistorisches Symbol ist, das seine Geltung aus der Geschichte und Legende des Islam selbst bezieht.) Ferner: «Wer eine andere Religion als den Islam sucht, von dem wird es nicht angenommen werden. Und im Jenseits gehört er zu den Verlierern.»[52]

Gewisse Unterschiede bestehen jedoch zwischen der biblischen und der koranischen Vorstellung von der von Gott begünstigten Gruppe und der Beschaffenheit von Gottes Gesetz; so war etwa, als erster und augenfälligster Unterschied, die alttestamentliche Gemeinschaft ein Stamm, während der Koran sich an die ganze Menschheit wendet. Wie Buddhismus und Christentum war der Islam in seinem Grundgedanken eine Weltreligion, während das Judentum wie der Hinduismus gedanklich und faktisch die Form eines Volkes blieb. Denn in den Tagen Mohammeds hatte die hellenistische Vision der Gesamtmenschheit sogar schon die Völker der Wüste erfaßt. «Fremde», hatte der hebräische Jesaja erklärt, «stehen bereit und führen eure Herden auf die Weide, Ausländer sind eure Bauern und Winzer. Ihr alle aber werdet ‹Priester des Herrn› genannt, man sagt zu euch ‹Diener unseres Gottes›. Was die Völker besitzen, werdet ihr genießen, mit ihrem Reichtum könnt ihr euch brüsten.» (Jes 61,5–6.) In deutlichem Gegensatz dazu trägt im Koran kein Stamm und kein Volk die Krone davon, vielmehr herrscht im Islam absolute Gleichheit. «Darin», sagt das Buch, «ist eine Ermahnung für den, der Herz hat oder hinhört, während er zugegen ist.»[53] Die Wüstenvorstellung der einen authentischen Gesellschaftsordnung unter ihrem Gott hatte sich erweitert, um die neue Erkenntnis einer größeren Welt zu fassen.

Dennoch ergab sich eine gewisse Schwierigkeit. Denn die Gesetze Gottes in der Fassung der älteren Wüstenoffenbarung Jahwes waren die Sittenvorschriften einer tatsächlich bestehenden Gesellschaft gewesen, während die Gesetze Gottes in der Fassung des Islam sich von einer Reihe von Äußerungen herschreiben sollten, die ein Einzelner im Laufe von nur dreiundzwanzig Jahren im Trancezustand von sich gegeben hatte. Diese Äußerungen zu einem lebbaren System für eine lebendige Weltgemeinschaft auszubauen, war eine Großtat von beispielloser Verwegenheit – und, mirabile dictu, sie gelang.

In der Findung dieser moslemischen Rechtsordnung wurden drei Kontrollinstanzen anerkannt, deren erste natürlich der Koran selber war. Wo im Koran klar ausgesprochene Ge- und Verbote standen, gab es nichts zu diskutieren und mußten diese fraglos befolgt werden. Es gab jedoch nicht derart klar geregelte Eventualitäten, und für sie mußten die moslemischen Rechtsgelehrten andere «Wurzeln» ermitteln. Ihre zweite Stütze war daher eine nebenher laufende Sammlung von Überlieferungen, den sogenannten «Erzählungen» (*hadīth*). Es sind Anekdoten über den Propheten, die angeblich von dem einen oder anderen seiner nächsten Gefährten berichtet wurden. Eine ungeheure Menge solcher «Erzählungen» entstand während der ersten zwei oder drei Jahrhunderte des Islam, und die vertrauenswürdigsten wurden in kanonischen Editionen zusammengetragen – vor allem in denen von al-Buchārī (gest. 870) und Moslem (gest. 875) –, die dann, wie H. A. R. Gibb gezeigt hat, «rasch fast kanonische Autorität gewannen».[54]

Dennoch ergaben sich in der Praxis immer noch Rechtsfragen, die nicht von einer klaren Aussage im Koran oder im Hadīth abgedeckt wurden, und diese Fragen wurden dann per «Analogieschluß» (*qijās*) entschieden, das heißt (um noch einmal Gibb zu zitieren), «indem man auf ein neues Problem die Grundsätze anwandte, die einer bestehenden Entscheidung in einer anderen Sache zugrunde lagen, bei der man davon ausgehen konnte, daß sie mit dem neuen Problem genau übereinstimmte.»

Gibb fährt fort:

> Auf dieser anscheinend schmalen und formalistischen Grundlage erarbeiteten die Theologen und Rechtsgelehrten des zweiten und dritten Jahrhunderts [der Hidschra] nicht allein das Recht, sondern auch die Rituale und die Lehren, die die besondere Eigenheit der islamischen Gemeinschaft im Unterschied zu anderen Religionen und gesellschaftlichen Ordnungen sein sollten. Jedoch die Schmalheit tritt mehr in der Theorie als in der Praxis zutage, denn ... vieles wurde vermittelt über Traditionen, die angeblich vom Propheten

stammten, und auf anderen Wegen aus außerislamischen Quellen aufgenommen.

Doch da die Grundsätze, auf denen dieser logische Bau errichtet wurde, unwandelbar waren, so wurde auch das System selbst, sobald es aufgestellt war, für unwandelbar, ja sogar für ebenso gottgegeben gehalten wie die Quellen, aus denen es genommen war. Von dem Tage an bis heute ist die *Scharī'a* oder *Schar'*, wie sie genannt wird, die «Straße» göttlicher Weisung und Lenkung, in ihren Grundzügen unverändert geblieben.[55]

In seinem Vergleich dieser Rechtsauffassung mit der antiken erklärt Spengler:

> Das antike Recht wird von Bürgern auf Grund praktischer Erfahrungen geschaffen; das arabische stammt von Gott, der es durch den Geist der Berufenen und Erleuchteten verkündet. ... Das Ansehen antiker Rechte beruht auf dem Erfolg, dasjenige arabischer auf der Autorität des Namens, den sie tragen. Es ist aber ein gewaltiger Unterschied im Gefühl des Menschen, ob er ein Gesetz als Willensausdruck eines Mitmenschen oder als Bestandteil der göttlichen Ordnung hinnimmt. Im einen Falle sieht er das Richtige ein oder weicht der Gewalt, im andern beweist er seine Ergebung («*islam*»). Der Orientale verlangt weder den praktischen Zweck des Gesetzes, das auf ihn angewendet wird, noch die logischen Gründe des Urteils einzusehen. Das Verhältnis des Kadi zum Volk läßt sich deshalb mit dem des Prätors überhaupt nicht vergleichen. Dieser stützt seine Entscheidungen auf eine in hohen Stellungen erprobte Einsicht, jener auf einen Geist, der irgendwie in ihm wirksam wird und aus ihm spricht. Daraus folgt aber ein vollkommen verschiedenes Verhältnis des Richters zum geschriebenen Rechte – des Prätors zu seinem Edikt, des Kadi zu den Juristentexten. Jenes ist die Quintessenz von Erfahrungen, die er sich zu eigen gemacht hat, diese sind eine Art Orakel, das man in geheimnisvoller Weise befragt. Denn die praktische Absicht, der ursprüngliche Anlaß der Textstelle kommt für den Kadi gar nicht in Betracht. Er befragt die Worte und sogar die Buchstaben, und zwar nicht nach ihrer Bedeutung im alltäglichen Leben, sondern nach der *magischen* Beziehung, in der sie zu dem vorliegen-

den Fall stehen müssen. Wir kennen dies Verhältnis des Geistes zum Buch aus der Gnosis, der frühchristlichen, jüdischen, persischen Apokalyptik und Mystik, der neupythagoräischen Philosophie, der Kabbala, und es besteht gar kein Zweifel, daß die lateinischen Codices in der niederen aramäischen Rechtspraxis ganz ebenso gebraucht worden sind. Die Überzeugung, daß der Geist Gottes in den Geheimsinn der Buchstaben eingegangen ist, findet einen sinnbildlichen Ausdruck in der schon erwähnten Tatsache, daß alle Religionen der arabischen Welt eigene Schriftarten ausbilden, mit denen die heiligen Bücher geschrieben sein müssen und die sich mit erstaunlicher Zähigkeit als Kennzeichen der «Nationen» behaupten, auch wenn sie die Sprache wechseln.[56]

Sowohl Gibb als auch Spengler, ebenso alle anderen, die jemals in ernstzunehmender Weise über den Islam geschrieben haben, weisen ferner darauf hin, daß die Gesamtheit der Tradition (*scharī'a*, «die Straße»), die durch das Zusammenspiel der Vorschriften des Koran (*kitāb*, «das Buch»), der überlieferten Aussprüche (*hadīth*) und der Erweiterung durch Analogieschlüsse (*qijās*) gebildet worden ist, ein genauer Ausdruck der Unfehlbarkeit der Gruppe (*idschmā'*, «Consensus») in allen den Glauben und die Sitte berührenden Fragen sein soll.

Gibb schreibt:

Eines der Dinge, deren sich der Islam rühmt, ist, daß er das Bestehen eines Klerus, der sich anmaßen dürfte, zwischen Gott und Mensch zu treten, nicht zuläßt. So sehr das stimmt, brachte der Islam jedoch in dem Maße, als er sich zu einem Lehrgebäude verfestigte, durchaus einen Klerikerstand hervor, der genau die gleiche Art von gesellschaftlichem und religiösem Gewicht und Ansehen gewann wie der Klerus in den christlichen Gemeinschaften. Dies war der Stand der *'Ulamā'*, der «(Rechts-)Gelehrten», die den «Schriftgelehrten» im Judentum entsprechen. Angesichts der Heiligkeit des Koran und der Überlieferung und der Notwendigkeit eines Standes, der sich von Berufs wegen mit deren Auslegung beschäftigte, war das Aufkommen der 'Ulamā' eine natürliche und unvermeidliche Entwicklung, wenn auch der Einfluß der älteren Religionsgemeinschaften die rasche Festigung ihrer gesellschaftlichen und religiösen Autorität begünstigt haben mag.

In dem Maße, als seine Autorität von der öffentlichen Meinung der Gemeinschaft stärker und allgemeiner anerkannt wurde, erhob der Stand der 'Ulamā' (unter allgemeiner Billigung) den Anspruch, die Gemeinschaft in allen Glaubens- und Rechtsfragen zu vertreten, insbesondere gegen die Autorität des Staates. Schon frühzeitig – wahrscheinlich irgendwann im zweiten Jahrhundert [der Hidschra] – wurde der Grundsatz verankert, daß der «Consensus der Gemeinschaft» (was praktisch den der 'Ulamā' bedeutete) bindende Kraft besitze. Der Idschmā' wurde so in die Rüstkammer der Theologen und Juristen gebracht, um alle noch verbliebenen Lücken in ihrem System zu stopfen. Wie die Überlieferung die Abrundung des Koran war, so wurde der Consensus der Gelehrten die Abrundung der Überlieferung.

Tatsächlich ist es bei strenger logischer Analyse offensichtlich, daß der Idschmā' dem ganzen eindrucksvollen Bau zugrunde liegt und er allein diesem seine letzte Gültigkeit verleiht. Denn es ist in erster Linie der Idschmā', der die Textechtheit des Koran und der Überlieferungen verbürgt. Es ist der Idschmā', der bestimmt, wie die Worte ihrer Texte ausgesprochen werden sollen und was sie bedeuten und in welcher Richtung sie angewandt werden sollen. Doch der Idschmā' geht noch viel weiter; er wird zu einer Theorie der Unfehlbarkeit aufgebaut, einem dritten Kanal der Offenbarung. Die geistigen Vorrechte des Propheten – die moslemischen Autoren sprechen von ihnen als dem «Licht des Propheten» – wurden nicht nur an seine Nachfolger in der weltlichen Regierung der Gemeinschaft, die Kalifen, weitervererbt, sondern an die Gemeinschaft als ganze. ...

Als daher die Gelehrten des zweiten und dritten Jahrhunderts [d. H.] in allen Punkten einen Meinungskonsens erreicht hatten, war damit die Verbreitung neuer Ideen über die Auslegung der relevanten Texte des Koran und der Hadīth so gut wie verboten. Ihre Entscheidungen waren unwiderruflich. Das Recht der individuellen Deutung (*idschtihād*) war theoretisch (und auch praktisch sehr weitgehend) auf die Punkte beschränkt, an denen man noch keine allgemeine Übereinstimmung erzielt hatte. Da diese Punkte von Generation zu Generation weniger wurden, mußten die Gelehrten späterer

Jahrhunderte sich damit bescheiden, die Abhandlungen zu kommentieren und zu erläutern, in denen diese Entscheidungen aufgezeichnet waren. Die große Mehrheit der moslemischen Doctores vertrat die Ansicht, «die Pforte des Idschtihād» sei ein für allemal geschlossen und kein Gelehrter, einerlei wie bedeutend, könne von nun an als Mudschtahid gelten, als maßgebender Ausleger des Gesetzes; allerdings nahmen einige spätere Theologen von Zeit zu Zeit das Recht des Idschtihād für sich in Anspruch.[57]

Gibb führt aus, daß eine gewisse Analogie zwischen dieser Festlegung der Lehre durch den «Consensus» im Islam und den Konzilien der christlichen Kirche besteht, trotz der Abweichungen in der äußeren Form, und daß in gewisser Hinsicht auch die Ergebnisse sehr ähnlich ausfielen. «Zum Beispiel», erklärt er, «wurde eine eindeutige Rechtsprobe auf ‹Häresie› erst nach der allgemeinen Anerkennung des Idschmā‘ als Quelle des Rechts und der Lehre möglich und auch durchgeführt.»[58] Auch Spengler weist auf diese Analogien hin und interpretiert sie gemäß seiner Auffassung von der geschichtlichen Form der magisch-levantinischen Seelengemeinschaft, indem er sie allgemein dem ureuropäischen Gefühl für den Wert des Individuums gegenüberstellt.

> Wir suchen jeder für sich die Wahrheit durch eigne Überlegung zu finden. Der arabische Gelehrte aber prüft und ermittelt jedesmal die allgemeine Überzeugung der Zugehörigen, die deshalb nicht irren kann, weil der Geist Gottes und der Geist der Gemeinde dasselbe sind. Ist ein *consensus* erzielt, so steht die Wahrheit fest. «*Idschmā‘*» ist der Sinn aller frühchristlichen, jüdischen und persischen Konzile. Es ist aber auch der Sinn des berühmten Zitiergesetzes Valentinians III. von 426... Das Gesetz schränkt die Zahl der großen Juristen, deren Text zitiert werden darf, auf fünf ein. Damit ist ein Kanon im Sinne des Neuen und Alten Testaments geschaffen, die beide ebenfalls die Summe der Texte enthalten, die als kanonisch zitiert werden dürfen.[59]

In sehr interessanter Weise erinnert einen das auch an die Konzilien, Säuberungen, Manifeste und Anmaßungen der sogenannten

Volksregierungen in dem Kulturraum hinter dem Eisernen Vorhang, wo die Vorschriften des Propheten Marx, umgedeutet von einer 'Ulamā'-Elite, als der Idschmā' einer rein mythischen Größe ausgegeben werden, des Volkes. Bemerkenswert ist auch, daß die Symbole selbst so einer plumpen Parodie des Gottesstaates die Kraft haben, auf die Nerven freier Individuen einzuwirken, die außerhalb des geographischen Einflußbereiches dieses Consensus stehen, aber in denen die magische Gefühlsordnung noch lebendig ist. Wie die Heilswirkung der Sakramente der katholischen Kirche, die von den Realitäten der Welt, dem Sturz christlicher Reiche, der persönlichen Lebensführung der Kleriker oder der vollkommenen Widerlegung der sie fundierenden Mythologie durch die Wissenschaft unbeeinträchtigt bleibt, so ist auch das Gewand des Islam – und heute auch das des «Volkes» – etwas Transzendentes, das von den Realitäten der Zeit oder von den Sünden derjenigen, auf deren Schultern das Gewand sich legt, nicht berührt wird. Der indische moslemische Dichter und Philosoph Sir Mohammed Iqbal (gest. 1938) hat uns seinerzeit eine Warnung zukommen lassen, die in Adda Bozemans Werk treffend zitiert wird:

> Glaubt mir, Europa ist heute das größte Hindernis auf dem Weg zur sittlichen Vollendung des Menschen. Der Moslem dagegen ist im Besitz dieser letztgültigen Gedanken auf der Grundlage einer Offenbarung, die, indem sie aus den innersten Tiefen des Lebens spricht, ihre scheinbare Äußerlichkeit verinnerlicht. Der geistige Grund des Lebens ist ihm eine innere Überzeugung, für die auch der Unbedarfteste unter uns ohne weiteres sein Leben lassen kann; und angesichts des Grundgedankens des Islam, daß keine weitere die Menschheit bindende Offenbarung mehr kommen kann, sollten wir geistig eines der emanzipiertesten Völker auf Erden sein. ... Der Moslem von heute sollte seine Stellung erkennen, sein gesellschaftliches Leben im Lichte letztgültiger Grundsätze neu ordnen und aus den bislang teilweise eröffneten Grundbestrebungen des Islam heraus jene geistige Demokratie verwirklichen, die das letzte Ziel des Islam ist.[60]

Noch eine Bemerkung zu dem Unterschied zwischen der jüdischen, der byzantinischen, der moslemischen und der kommunistischen Vorstellung vom unanfechtbaren Consensus: Die ersten drei dieser vier magischen Kirchen unterscheiden sich von der vierten offensichtlich darin, daß ihr letzter Bezugspunkt Gott ist, während die letzte sich gerade auf ihren sturen Atheismus aus dem industriellen Geist des späten neunzehnten Jahrhunderts besonders viel einbildet. Ihr heiliges Kultobjekt, der Arbeiter, ist ein in jeder Fabrik der Welt Fleisch gewordenes mythisches Wesen. Doch mit dieser Übertragung der Aura der Autorität vom Himmel auf eine angenommene gesellschaftliche Größe auf Erden wird einfach der kollektive Begriff eines authentischen Gesetzes in eine Symbolbildung moderner, weltlicher Art umgesetzt, eines Gesetzes, das nur den mit orthodoxem Wissen begnadeten Gläubigen bekannt ist und das voll in Erscheinung treten wird, wenn der Tag der Tage anbricht. Bis dahin sind die sogenannten Gesetze der Völker nichts als Wahngebilde, die all jene benebeln, in deren Herzen das Licht noch nicht aufgegangen ist. So heißt es denn im Koran:

> Was ist mit ihnen, daß sie sich von der Ermahnung abwenden, als wären sie aufgeschreckte Wildesel, die vor einem jagenden Löwen fliehen? ... Wir halten für die Ungläubigen Ketten und Fesseln und einen Feuerbrand bereit. Die Frommen ... lehnen sich darin [im Garten] auf Liegen, und sie leiden darin weder unter heißer Sonne noch unter bitterer Kälte. Seine Schatten hängen über ihnen herab, und seine Früchte sind ihnen sehr leicht erreichbar gemacht. Herumgereicht werden ihnen Gefäße aus Silber und Humpen wie Gläser, Gläser aus Silber, die sie nach Maß bemessen.[61]

Der Unterschied zwischen der jüdischen und den übrigen drei Idealvorstellungen vom Gesetz dagegen ist der zwischen einem Gesetz, das, wenigstens bis zu einem gewissen Grad, organisch dem Leben entspringt, den wirklichen Erfahrungen einer wirklichen Gemeinschaft, und Gesetzen, die aus einem vorgesetzten Text gezogen sind, um einer künftigen idealen Gemeinschaft aufgeprägt oder durch sie verkörpert zu werden. Das jüdische Ideal ist ein organisches, schmiegsames Gewächs, während die anderen demgegenüber von einer hirngeborenen, relativ brüchigen und – für die außerhalb des Systems Stehenden – nicht überzeugenden Künstlichkeit oder sogar unglaubwürdigen Absurdität sind und durch ihre Ansprüche auf allgemeine Geltung einen bedrohlichen Unterton des Schreckens haben, der die reine Märchendrohung des jüdischen apokalyptischen Tages des Herrn bei weitem übertrifft.

5
Das Gewand der Mystik

Gott ist dem Gesetz nicht unterworfen, sondern darüber erhaben, kann nicht nach dessen Maßstäben erkannt oder beurteilt werden. Folglich muß es für diejenigen, in denen der Wunsch brennt, über den Dienst hinaus Gott auch zu erkennen, einen Weg jenseits des Gesetzes geben, wie denn Gott selbst jenseits davon ist und wie Mohammed, der Prophet, jenseits davon sah.

Der Ausdruck *Sunna* bezeichnet das allgemeine, orthodoxe, konservative große Ganze des Islam, für das das Gewand des Gesetzes in seiner von der und für die Gemeinschaft verkündeten und gespendeten Form, der Consensus (*idschmā'*), ausreicht. Zwei andere mächtige Bewegungen haben jedoch die absolute Autorität dieser konservativen Sunna angegriffen: erstens die *Schī'a* (arabisch «Partei» ['Alīs]), auch Schī'iten genannt, deren politisch ausgerichtete Geheimbündlerei eine aggressive Prägung hat, und zweitens die *Sūfīs* (arabisch «Wollträger», das heißt, wer ein wollenes Gewand trägt, Asketen), mit deren Ekstasen alle geläufigen Inhalte und Erfahrungen der asketischen wie der antinomischen Mystik sich ironischerweise gerade im Islam eingenistet haben. Denken wir an Sprüche 'Omar Chajjāms (1050?–1123?) wie etwa die folgenden:

Im seligen Jenseits, so sagen die Lehren,
erwarten uns Hūrīs, und Wein strömt aus Brunnen –
ists denn ein Verbrechen, wenn hier wir verehren,
was am Ende der Zeit man uns dort wird bescheren?

Das Ritual der Religion halt ein,
erfülle treulich deine Nächstenpflichten,

dann wirst du nach dem Tode selig sein.
So, das wär das, und nun: Tisch auf den Wein![62]

Besser im Wirtshaus mit Dir wohlbekannt
als am Altar zu flehn, von Dir verbannt![63]

Einen ähnlichen Angriff, nur schärfer und bedrohlicher, führte Dschelāladdīn Rūmī (1207–1273), der Gründer des mystischen Ordens der Tanzenden Derwische:

Viele sind's, die Werke der Andacht verrichten und in ihrem Herzen darauf aus sind, dafür gelobt und belohnt zu werden. In Wahrheit aber ist das eine schleichende Sünde: Was der Frömmler für rein hält, ist in Wirklichkeit schmutzig. – Wie im Falle des Tauben, der meinte, er wäre gefällig gewesen, obwohl er das Gegenteil bewirkt hatte.

Der Taube setzte sich selbstzufrieden hin und sprach bei sich: «Ich habe meinem kranken Freund meine Aufwartung gemacht, ich habe getan, was meinem Nachbarn gebührte»; aber er hatte nur im Herzen des Invaliden ein Feuer des Grolls entfacht und sich verbrannt. Hüte dich also vor dem Feuer, das du entfachst: in Wahrheit hast du an Sünden zugenommen. ...

Denn der Taube hatte sich gesagt: «Gehörlos, wie ich bin, wie soll ich da die Worte des kranken Nachbarn verstehen, den ich besuchen gehen will? – Nun, wenn ich sehe, wie sich seine Lippen bewegen, werde ich analog zu mir auf das schließen, was er meint. Wenn ich frage: ‹Wie geht es dir, mein leidender Freund?›, wird er natürlich erwidern: ‹Gut› oder ‹Recht gut›. Dann werde ich sagen: ‹Gott sei Dank! Welchen Trank hast du zu dir genommen?› Er wird erwidern: ‹Sorbet› oder ‹Bohnensud›. Dann werde ich sagen: ‹Hoffentlich wirst du davon gesund. Welcher Arzt sieht nach dir?› Er wird antworten: ‹Soundso.› Und ich werde bemerken: ‹Das ist ein hervorragender Heiler. Wenn er kommt, wird es dir bald wieder gut gehen. Ich habe den Segen seiner Behandlung an mir selbst erlebt: Wo er hingeht, wird das gewünschte Ergebnis erzielt.›»

Nachdem der Taube sich diese vorbedachten Antworten zurechtgelegt hatte, ging er seinen kranken Freund besuchen. «Wie geht es dir?» fragte er. «Ich liege im Sterben», sagte der andere. «Gott sei Dank!» sagte der Taube – woraufhin der Patient verärgert und empört wurde und vor sich hin murmelte: «Was gibt es da zu danken? Er ist mein Feind gewesen.» Der Taube hatte eine logische Vermutung angestellt, aber wie sich jetzt zeigt, war sie falsch. Als nächstes fragte er, was sein Freund getrunken habe. «Gift», sagte dieser. «Hoffentlich wird es dir gut tun und dich gesund machen», sagte der Besucher, und der Zorn des Invaliden schwoll an. Dann erkundigte er sich: «Welcher Arzt sieht nach dir?» Der Kranke antwortete: «Der Todesengel! Mach, daß du fortkommst!» Darauf der Taube: «Sein Kommen ist ein Segen. Freue dich!»

So wurde eine zehnjährige Freundschaft durch Analogieschlüsse zunichte gemacht. Das soll dich lehren, Herr, vor allem Analogieschlüsse auf die Offenbarung – die unermeßlich ist –, gezogen von den niederen Sinnen, zu vermeiden. Wisse, wenn dein sinnliches Ohr auf das Verständnis des Buchstabens der Offenbarung eingestellt ist, dann ist das Ohr, das den verborgenen Sinn empfängt, taub.[64]

Die Sekte der Schī'a geht ursprünglich zurück auf die Zeit unmittelbar nach dem Ableben des Propheten, als die Frage, wer die Nachfolge als Oberhaupt des Islam antreten solle, durch eine Folge von Morden entschieden wurde.

Der erste «Genosse», der – hauptsächlich durch den Einfluß 'Omars – zum Kalifen ausgerufen wurde, war der prächtige alte Abū Bakr, der allerdings zwei Jahre später (634) starb, nachdem er 'Omar zu seinem Nachfolger bestimmt hatte. Stark Anstoß nahmen an diesem Wechsel die Parteigänger (*schī'i*) von Mohammeds Vetter 'Alī, der Fātima, eine Tochter des Propheten, geheiratet hatte und der Vater von Mohammeds zwei geliebten Enkeln war, Hasan und Husain. Jedoch für 'Omar und die Sache des Islam entwickelten sich die Dinge zu der Zeit außerordentlich gut. Eine drohende Gärung unter den arabischen Stämmen der Halbinsel war von islamischen Generälen in einer Reihe glänzender Schlachten eingedämmt worden, und im Anschluß daran brachten kühne Feldzüge gegen Persien und das zweite Rom Syrien, Palästina, den Irak und bald auch den ganzen Iran unter moslemische Herrschaft. Das byzantinische Heer des Herakleios (siehe oben S. 475) wurde

636 im Jarmuktal zerschlagen. Damaskus, Baalbek, Emesa, Aleppo und Antiochia wurde daraufhin leicht genommen; und obwohl die stärker hellenisierten Städte Jerusalem und Cäsarea länger aushielten, fiel die eine 638 und die andere 640. Im Jahre 637 war eine persische Streitmacht am Euphrat vernichtend geschlagen worden, und 641 fiel Mosul. Das byzantinische Ägypten brach 643 zusammen. Und auf der Höhe seiner Macht wurde der Kalif ʿOmar 644 von einem persischen Sklaven ermordet.

Dadurch wurde das ganze Problem des Kalifats voll ins Rollen gebracht. Statt nämlich einen Nachfolger zu bestimmmen, hatte ʿOmar ein Wahlkomitee eingesetzt, dem ʿAlī, ʿOthmān und noch vier andere angehörten. ʿOthmān wurde gewählt. Aber er überlebte kaum länger als ein Jahrzehnt, denn er wurde am 17. Juni 656 beim Gebet unter Umständen umgebracht, die viele an ein Komplott von seiten der Parteigänger ʿAlīs denken ließen.

ʿOthmān hatte den mächtigen Omajjaden angehört, einer alten mekkanischen Sippe, die den Propheten jahrelang bekämpft, nach seinem Sieg aber die Seiten gewechselt hatte und nach Medina gezogen war. Eines ihrer vornehmsten Mitglieder, Muʿāwija ibn abī Sufjān, der von ʿOmar zum Statthalter Syriens ernannt worden war, begann jetzt, gegen ʿAlī und dessen Söhne einen verwickelten militärischen und diplomatischen Kampf (im Grunde eine Familienvendetta) um das Kalifat zu führen. Von seiner Hauptstadt Kufa im Irak aus erhob ʿAlī Anspruch auf das Amt. Jedoch der Omajjade stach ihn sowohl im Krieg als auch im Ränkespiel aus und proklamierte sich im Juli 660 in Jerusalem zum Kalifen. ʿAlī wurde am 24. Januar 661 erdolcht, woraufhin sein älterer Sohn Hasan gegen eine finanzielle Entschädigung der anderen Seite den Sieg einräumte. Hasan starb 669 (vergiftet, wie man, vielleicht zu Unrecht, sagt), und sein Bruder Husain fiel am 10. Oktober 680 im Kampf bei seinem Versuch, den zweiten Omajjadenkalifen Jazīd vom Thron zu stoßen. Dieses Datum wurde danach gewissermaßen zum Karfreitag der Schīʿiten. «Rache für Husain» ist die Losung und der Schrei, den man langgezogen und laut inmitten des Geheuls der rituellen Totenklage in allen Provinzen des Islam hören kann, in denen die Schīʿa sein Märtyrertum noch heute betrauert. Der junge Mann wird beinahe höher geehrt als der Prophet selbst, und sein Grab, Meschhed Husain in Kerbala im Irak, wo er starb, ist für die Schī'a der heiligste Platz auf Erden.

Kurz gefaßt, besagt die schī'itische Position, daß die regierenden Kalifen sowohl der Omajjaden- als auch der nach ihr kommenden Abbasidendynastie Usurpatoren gewesen seien und daß demzufolge der historische Islam eine Fälschung sei: der Kalif ein Thronräuber, die Sunna verblendet und der Idschmā' eine falsche Richtschnur. Der Islam im eigentlichen Sinne des Koran liege in dem – der Volksgemeinschaft verlorengegangenen – Wissen, das vom Propheten an 'Alī übergegangen und allein in der Linie der wahren Imāme überliefert sei.

Das Wort *Imām* bedeutet geistliches Oberhaupt und wird allgemein auf den Vorbeter in der Moschee und im engeren Sunnagebrauch auf die Gründer der vier orthodoxen theologischen Schulen angewandt; doch für die Schī'a bezeichnet es ausschließlich die enterbten, wahren Oberhäupter aus der Linie 'Alīs und des Propheten. Ihre bekannte Zahl beträgt nur zwölf, denn irgendwann zwischen den Jahren 873 und 880 verschwand der damals lebende Imām Mohammed al-Mahdī. Er wird der «verborgene Imām» genannt, lebt immer noch in dieser Welt, und seine Wiederkunft als «Rechtgeleiteter» (*mahdī*), der den Islam wiederherstellt, wird von den Gläubigen sehnsüchtig erwartet. Nach einer abweichenden Auffassung war es der siebte Imām, der verschwand, wieder eine andere nennt den fünften. Zahlreiche Anwärter auf die Rolle sind zu verschiedenen Zeiten hier und da aufgetaucht und haben politische Aufstände angezettelt, etwa «der wahnsinnige Mulla» aus Somaliland oder der von britischen Truppen bezwungene sudanesische «Mahdī».

Von den vielen schī'itischen Sekten, die es gibt, könnte man anführen: die *Zaiditen*, die Zaid, den Enkel Husains, als ihren Imām verehren; die *Ismā'īliten*, die in ihrer Haltung der Weltentsagung, der Verborgenheit und des Imāmdienstes extrem sind; die *Qarmaten*, eine gewalttätig auftretende Spielart der Ismā'īliten; die recht ähnlich gearteten *Fātimiden*, die eine ägyptische Dynastie gründeten, die von 909 bis 1171 regierte; die *Assassinen*, noch eine terroristische Abart der Ismā'īliten, deren Großmeister, der sogenannte «Alte vom Berge», den halben Nahen Osten in Angst und Schrekken hielt, bis er im Jahre 1256 von den Tataren unter Hülägü vernichtet wurde: der Aga Khan ist der jüngste Nachkomme des Meisters. Auch in der Black-Moslem-Bewegung in den Vereinigten Staaten lassen sich schī'itische Einflüsse erkennen. In allen schī'itischen Sekten gehen Esoterik und Politik eine explosive Verbindung ein, und ihrer aller Hauptglaubenssatz lautet, daß sowohl die geistliche Autorität als auch die weltliche Macht im Grunde nicht dem Consensus (*idschmā'*) der Sunna zukommen, sondern der Person des verborgenen Imām, dem gegenüber man absolute Unterordnung fordert und in dem allein Gott sich zu erkennen gibt. In der extremsten dieser Sekten werden 'Alī und die von ihm abstammenden Imāme sogar als göttliche Inkarnationen betrachtet. Von allen werden sie für sündlos und unfehlbar gehalten. Um sie herum hat sich eine mit christlichem, gnostischem, manichäischem und neuplatonischem Gedankengut durchsetzte esoterische Mythologie angesammelt, die sehr schön anschaulich wird in einem Mythos von der Erschaffung der Welt, geschildert von Louis Massignon, dem französischen Meister auf diesem Gebiet, der ihn dem Werk eines der frühen schī'itischen Oberhäupter in Kufa namens Moghīra (gest. 736) entnahm. In seiner Erörterung dieses Textes erklärt Massignon:

> In einer, nur scheinbar naiven, mythologischen Form zeigt er uns die gnostische Lehre in einem schon sehr entwickelten Zustande. Gott hat eine Lichtform; das Aussehen eines Menschen, dessen Glieder aus den Buchstaben des Alphabetes gebildet sind. Dieser Lichtmensch hat ein Herz, das die Quelle der Wahrheit ist. Als Er das All schaffen wollte, sprach Er seinen höchsten Namen aus, der davonflog und sich auf seinem Haupte als Krone niederließ. Dann schrieb er auf seine Handfläche die Taten der Menschen: Er entrüstete sich über die Sünden, die sie begehen würden. Seine Entrüstung brach als Schweiß hervor, der zwei Ozeane bildete: der eine von Salzwasser, der andere von Süßwasser, der eine finster, der andere licht. Da sah Gott in ihnen seinen Schatten und riß ihm die Augen aus. Aus diesen zwei Augen machte er die Sonne und den Mond, d. h. Mohammed und 'Alī. Dann zerstörte er, was von seinem Schatten noch übrig war, und schuf alles andere aus den zwei Ozeanen; die Gläubi-

gen aus dem lichten; die Ungläubigen aus dem finsteren. Er schuf sie gleich Schattenrissen, denn dies geschah noch vor der Schöpfung der Körperwelt. Dann schlug er den Menschen vor, 'Alī als ihren rechtmäßigen Herrscher anzuerkennen. Unter ihnen waren zwei, die sich weigerten: die beiden ersten Gegner 'Omar und Abū Bakr (unwirkliche Schatten seiner beiden Augen im finsteren Ozean).[65]

Im allgemeinen wird im Islam die geistige Natur der Frauen sehr niedrig veranschlagt. Nach mindestens einem schī'itischen Text wurden sie aus dem Bodensatz der Sünden der Dämonen erschaffen, um Sündhafte in Versuchung zu führen. Sie sind zu den Weihen nicht zugelassen und sind nur als Vermittlungsinstanzen von Wert, über die Geister, die zur Strafe für ihre Sünden vorübergehend Fleisch annehmen, in die Welt eintreten; selbst aber haben sie keine Seele.[66] Dennoch ist in der Mythologie dieser Sekten die Person Fātimas, der Frau 'Alīs, Tochter Mohammeds und Mutter Hasans und Husains, zu einem geradezu göttlichen Wesen geworden, das schon existierte, bevor sein eigener Vater ins Dasein trat. Im *Omm al-Kitāb*, einem persischen schī'itischen Text mit gnostischem Einschlag, finden wir die folgende erstaunliche visionäre Schilderung:

> Als bei Erschaffung der materiellen Welt Gott mit den Menschen einen Pakt abschloß, baten sie ihn, ihnen das Paradies zu zeigen. Er zeigte ihnen ein Wesen, geschmückt mit einer Million verschiedenfarbiger glitzernder Lichter, das auf einem Throne saß, eine Krone auf dem Haupte, Ringe an den Ohren, ein gezücktes Schwert im Gürtel. Die von ihm ausgehenden Strahlen erleuchteten den ganzen Garten. Da die Menschen fragten, wer das sei, ward ihnen die Antwort, es sei die Form der Fātima, die so im Paradies erscheine, ihre Krone sei Mohammed, ihre Ohrringe Hasan und Husain, ihr Schwert sei 'Alī; der Thron aber sei der Sitz der Herrschaft und Ruheplatz Gottes, des Allerhöchsten.[67]

Fātima wird von der gesamten mohammedanischen Welt verehrt, war sie doch die einzige Tochter des Propheten, die Söhne gebar und so seine Linie fortführte. Sie war seine Lieblingstochter und starb nur wenige Monate nach ihm. Doch in einigen schī'itischen

Sekten geht ihre Verehrung so weit, daß sie sogar als «Mutter ihres Vaters», «Ursprung der Sonne» bezeichnet wird und einen männlichen Namen erhält, *Fātir* («Schöpfer»), bei dem der Zahlenwert der Buchstaben – 290 – genau der gleiche ist wie bei Maryam, Maria, der Mutter Jesu. Denn als Tochter, Gattin und Mutter verkörpert sie das Zentrum des Abstammungsgeheimnisses; und mindestens ein schī'itischer Dichter hat sie verglichen mit dem brennenden Dornbusch des Mose; mit der Al-Aqsā-Moschee in Jerusalem, wo der Prophet die nächtliche Himmelfahrt erlebt haben soll; und mit der Nacht der Bestimmung, in der der Schicksalsengel Gabriel auf die Erde niederstieg, um der Menschheit Vergebung zu bringen.[68]

Die Schī'iten sind demnach Dualisten und kommen in der Art, wie sie dem Zustand der Welt abschwören, dem gnostisch-doketischen Standpunkt nahe (siehe oben S. 416). Von den verschiedenen islamischen Regierungen grausam verfolgt, sahen sie sich frühzeitig in ihrer Geschichte vor das Rätsel einer bösen Welt gestellt, in der jeder treue Gottliebende unbarmherzig vernichtet wird; und aus diesem tiefen Geheimnis ergaben sich, so Massignon, zwei Fragen:

«1. Bringt das Martyrium der Liebe ein wirkliches körperliches Leiden mit sich, oder ist dieses Leiden nur anscheinend? 2. Was geschieht nach dem Tode mit den freiwilligen Opfern, die sich aus Liebe im Namen Gottes verfluchen lassen?»[69]

Der Koran erklärt zur Kreuzigung Jesu, daß ein anderer, nicht er, ans Kreuz gehängt wurde. «Sie haben ihn aber nicht getötet, und sie haben ihn nicht gekreuzigt, sondern es erschien ihnen eine ihm ähnliche Gestalt.»[70] Die christlichen Gnostiker vertraten, wie wir schon (oben S. 425–427) gesehen haben, dieselbe Auffassung. Auch Märtyrer für die Sache 'Alīs leiden, der Schī'a zufolge, nur zum Schein. Ihre wahren Körper werden in den Himmel erhoben, während in den Händen ihrer Henker nur ein Ersatz zurückbleibt. Das volkstümliche Passionsspiel um Husain, das darstellt, wie er im Jahre 680 in der Schlacht von Kerbala verraten und ermordet wurde, wird alljährlich am zehnten Tag des Monats Moharram aufgeführt. Der Muezzin ruft an jenem Morgen von der Höhe des Minaretts: «O Schī'iten, dieser Tag ist ein Trauertrag; der Leichnam Husains liegt nackt in der Wüste.» Doch die mit einer extrem gnostischen Einstellung lobpreisen an jenem Tag voll Freude, da der zum Märtyrer Gemachte auf keinen Fall gelitten haben könne, sondern an jenem Tag in seinem wahren Körper wieder zum Himmel aufgestiegen sei, während ein Unbekannter für ihn auf dem Schlachtfeld den Tod erlitten habe.[71]

Von den Sūfīs dagegen wird das Leiden als wirklich und segensreich betrachtet: es ist selbst der Weg zum Heil. Mit den Worten des größten aller sūfīschen Märtyrer und Meister, al-Hallādsch (858–922):

> Der Falter gaukelt um die Lampe, bis die Morgenröte kommt. Dann kehrt er zurück zu seinen Genossen und spricht in den süßesten Worten von dem, was ihm geschehen. Dann fliegt er wieder hin, zu spielen mit der Zutraulichkeit der Gnade (der Flamme) in seinem Wunsche, zum vollkommenen Glück zu gelangen. ...
>
> Nicht ihr Licht genügt ihm, nicht ihre Wärme, er stürzt sich ganz in sie hinein. Die Genossen harren seiner während dieser Zeit. Daß er ihnen erkläre, was er selbst gesehen, denn er wollte ja den Berichten Anderer nicht trauen. Aber er, der Falter, verbrennt, geht in Rauch auf, bleibt in der Flamme, ohne Körper, ohne Namen, ohne Zeichen. Und dann – zu welchem Zweck, in welchem Zustande sollte er wohl zu den Genossen zurückkehren, jetzt, wo er im Besitze ist!
>
> Da er geworden war «der, der gesehen hat» (= der Wissende), hatte er darauf verzichtet, Berichte anzuhören. Jetzt, da er eines ist mit «dem, den er schaute», wozu soll er noch schauen?
>
> Schließ Dich nicht mehr aus von Mir, wenn du glaubst sagen zu können «Ich bin es» (der spricht).[72]

Die Wurzeln der Sūfī-Bewegung liegen nicht im Koran, wo Mohammed sich deutlich gegen den monastischen Lebensweg ausspricht, sondern in den christlichen monophysitischen und nestorianischen Mönchsgemeinden der Wüste und darüber hinaus in ihren buddhistischen, hinduistischen und jainistischen Vorbildern weiter im Osten. Denn der Islam ist wie das Judentum vor allen Dingen auf das Gedeihen eines geheiligten weltlichen Consensus ausgerichtet, in dem Heiraten und Kinderzeugen, mittels eines beschnittenen – das heißt rituell geweihten – Organs, die erste Bürgerpflicht ist. «Verheiratet die noch ledigen Frauen unter euch», heißt es im Koran.[73] Jedoch schon im zweiten Jahrhundert islamischer Zeitrechnung legten Asketen, ausdrücklich «in Nachfolge Christi», als Zeichen persönlicher Buße ungefärbte Wollgewänder (*sūf*) an («Ich folge lieber dem Beispiel des Propheten, der Baumwolle trug», entrüstete sich Ibn Sīrīn, gest. 729),[74] und zu der Zeit tauchten auch die ersten Einsiedeleien auf, ebenso Versammlungen, in denen man sich in Koranrezitation, ständiger Wiederholung (*dhikr*) der Namen Gottes und geistlichem Gesang (*samā'*) erging, bis zur Ekstase.

Die früheste Phase dieser Bewegung war laut Gibb nicht von der Liebe zu Gott angetrieben, sondern von der Furcht vor ihm, vor allem vor seinem kommenden Zorn, «die gleiche Furcht, die Mohammed angetrieben hatte».[75] Doch im achten Jahrhundert n. Chr. trug eine berühmte Heilige, Rābi'a al-'Adawijja (gest. 801), den Gedanken der göttlichen Liebe als Antrieb wie Ziel des mystischen Weges vor. In ihrem leidenschaftlichen Streben nach Gott wurden alle anderen Interessen («Götter») ausgelöscht. Sie erklärte, sie kenne weder Furcht vor der Hölle noch Sehnsucht nach dem Paradies, sondern nur eine derart gänzlich vereinnahmende Liebe zu Gott, daß nicht Liebe noch Haß für irgendein anderes Wesen – nicht einmal für den Propheten – in ihrem Herzen bliebe.[76] Wie Epiktet soll sie eine Sklavin gewesen sein. Ihre Herkunft ist unbekannt. Doch in ihrer Dichtung hören wir das ewige Lied der Mystiker aller Zeiten wieder, ob aus Indien, Spanien, Japan oder Persien:

Ich liebe dich mit zwei Arten von Liebe, der Liebe (meines)
  Verlangens
Und einer Liebe, weil du dessen würdig bist.
Die Liebe (meines) Verlangens besteht darin,
Daß ich mich mit dem Gedanken an dich beschäftige, unter
  Ausschluß eines anderen als du.
Aber (die Liebe), deren du würdig bist, besteht darin,
Daß du die Schleier fallen läßt, so daß ich dich sehe.
Weder in diesem noch in jenem kommt mir der Preis zu,
Sondern dir kommt der Preis zu in diesem und in jenem.[77]

Es ist ein Gesetz der Mythologie, das sich immer wieder bewahrheitet hat, daß dort, wo die Orthodoxien der Welt sich scheiden, der mystische Weg sich als einer herausstellt. Den Orthodoxien geht es hauptsächlich um die Aufrechterhaltung einer bestimmten Gesellschaftsordnung, in deren Grenzen der Einzelne seine Pflicht zu erfüllen hat, in deren Interesse jedem Glied eine bestimmte «Gefühlsordnung» eingeimpft werden muß und zu deren Verteidigung alle Abweichler auf die eine oder andere Art entweder bekehrt, umgekrempelt oder beseitigt werden müssen. Der mystische Weg dagegen spricht, indem er sich ins Innere vertieft, die Nervenzentren an, die bei allen Mitgliedern der Menschheit gleich sind und zugleich die Quellgründe und eigentlichen Gefäße des Lebens und sämtlicher Lebenserfahrungen.

Ich habe dieses Problem in der *Mythologie der Urvölker* besprochen und brauche hier nicht noch einmal näher darauf einzugehen.[78] Von besonderem Interesse in diesem Zusammenhang ist aber die Tatsache, daß selbst in einer Zwangsjacke wie dem Gewand des islamischen Gesetzes Männer und Frauen zu einer allgemeingültigen *menschlichen* Erfahrung erwachen können – wenn sie ihr Sinnen und Trachten klug für sich behalten. Es gibt ein Wort von Emerson, im letzten veröffentlichen Werk von E. E. Cummings als Motto zitiert, das es wert ist, hier wiederholt zu werden: «Die Gesellschaft hat sich überall gegen das Menschsein jedes einzelnen ihrer Mitglieder verschworen. ... Die vulgäre Anschauung der Mehrheit der Stimmen beschlagnahmt den Platz der Anschauung der Seele.»[79] Besonders im Islam, aber auch allgemein in der ganzen levantinischen Welt des Consensus übt diese schreckliche Dichotomie eine große Wirkung aus. In Indien und dem Fernen Osten wird der Mystik ein anerkannter, ja sogar geehrter Platz gegenüber der normalen Gesellschaftsordnung eingeräumt; doch in der orthodoxen Levante, wo die Vorstellung herrscht, der Weg Gottes bestehe ausschließlich in den jeweils heiliggesprochenen Rechtsatzungen (ob auf ein Volk bezogen wie im Judentum oder aus einer bestimmten Anzahl von Axiomen algebraisch abgeleitet wie in der moslemischen Welt), in der Levante also wird der Einzelne derart gegen Null heruntergeschraubt, daß man sich als Auswärtiger fragen muß, ob die Dienste eines

Sigmund Freud in dem ganzen Raum nicht schon vor Jahrhunderten notgetan hätten.

Die Mystikerin Rābi'a al-'Adawijja aus Basra scheint die erste gewesen zu sein, die sich des Bildes vom Wein als der «göttlichen Liebe» und vom Becher als der «gefüllten Seele» oder dem «gefüllten Herzen» bediente, das später ein typischer Tropus der islamischen Mystiker wurde. Der Perser Abū Jazīd (Bājazīd) Bistāmī (gest. 874) führte das Bild zu einem ganz und gar indischen Schluß fort, als er sang: «Ich bin der Weintrinker, der Wein und der Schenke!» «Gott spricht mit meiner Zunge, und ich bin vergangen.» «Ich bin aus der Bājazīdheit hervorgekommen wie eine Schlange aus ihrer Haut. Dann schaute ich mich um. Und ich sah, daß Liebender, Geliebter und Liebe eins sind; denn in der Welt der Einheit kann alles eins sein.» «Preis sei mir!»

Man vergleiche die *Ashtāvakragītā*, die ungefähr gleichen Datums ist: «Oh ich – Anbetung mir! ... Erkennen, Erkennbares, Erkenner: Diese Drei ist nicht wesenhaft. In mir entfaltet sich ihr Schein dank Nichterkennen, und ich bin's, der ohne Trübung ist.»[80]

Ein solcher Überschwang war in Indien zulässig, ja sogar normal, im Islam jedoch gefährlich. Und so geschah es, daß, als der nächste große Mystiker in dieser Linie, al-Hallādsch, das aussprach, was überall sonst als mystischer Gemeinplatz begriffen worden wäre: «Ich bin Gott, ich bin die Wahrheit», er gekreuzigt wurde. Das Vorbild des mystischen Lebens war für Hallādsch Jesus, nicht Mohammed, und der Weg bestand für ihn (wie uns sein Gleichnis vom Falter gezeigt hat) in der Selbstaufgabe durch Leiden. Als er das Kreuz für sich gerüstet sah und die Nägel, wandte er sich – in genauer *Imitatio Jesu* – an die Umstehenden und betete; dabei schloß er mit den Worten:

> Diese Deine Diener haben sich versammelt, um mich zu töten, aus Eifer für Deine Religion, und um Dir näherzukommen. Vergib ihnen, denn wenn Du ihnen enthüllt hättest, was Du mir enthüllt hast, so täten sie nicht das, was sie tun, und wenn Du mir verhüllt hättest, was Du ihnen verhüllt hast, so würde ich nicht mit dem heimgesucht, womit ich nun heimgesucht werde. Dir gebührt Lob für das, was Du tust, und Dir gebührt Lob für das, was Du willst.[81]

Das entscheidende gesellschaftliche Problem des Mystikers überall ist es, gleichzeitig in beiden zu verweilen: in Gott (als seine Manifestation oder als sein Diener) und in der Erscheinungswelt (als ein körperhaftes, gesellschaftliches Wesen). Für den Dualisten bleibt das schwierig: Gott und Welt gelten ihm als getrennt. Für den Nichtdualisten jedoch besteht die Schwierigkeit nur auf einer Vorstufe des mystischen Weges, vor dem Innewerden, denn für ihn erweist sich letztlich alles auf die eine oder andere Art als Gott – wie es die oben (S. 418) schon zitierten Worte sagen, die das *Thomasevangelium* Jesus in den Mund legt: «Ich bin das All. Das All ist aus mir hervorgegangen, und das All ist zu mir gelangt. Spaltet ein Holz: ich bin da. Hebt den Stein auf, und ihr werdet mich dort finden.»

Bei Bājazīd werden zwei Stadien des mystischen Weges unterschieden: erstens «das Entwerden» (*fanā*) und zweitens «das einige Leben in Gott» (*baqā*).[82] Das erste gemahnt an einen Vers aus dem Koran: «Alle, die auf ihr [der Erde] sind, werden vergehen»; und das zweite an den nächsten Vers derselben Sure: «bleiben wird nur das Antlitz deines Herrn, das erhabene und ehrwürdige.»[83] Unter den Sūfīs ist jede Nuance der mystischen Einstellung und Erfahrung vertreten – allerdings werden, wie in Indien, schwergewichtig die weltauflösenden Exerzitien der Fanā, der Entrückung, betont. Der nach Ekstase Strebende unterwirft sich rückhaltlos einem Meister (sanskrit Guru, arabisch Scheich, persisch Pīr) und gelangt durch diese Tür zu dem umfassenderen vollen Aufgehen in Gott oder, noch umfassender, in der Leere. Jetzt aber kann das orthodoxe koranische Bekenntnis: «Es gibt keinen Gott außer Gott», mit einer Sinnverschiebung esoterisch verstanden werden als: «Alles ist Gott. Jeder Stock oder Stein, jede Person oder Kraft, alles, was jemals als Gott verehrt worden ist, ist in der Tat Gott; denn Gott ist alles.» Und mit anderen hintersinnigen Auslegungen dieser Art ist zahlreichen Koranstellen eine mystische, nichtdualistische Bedeutung untergeschoben worden; zum Beispiel: «Wir sind ihm [dem Menschen] näher als die Halsschlagader.»[84] Oder: «Wohin ihr euch auch wenden möget, dort ist das Antlitz Gottes. Gott umfaßt und weiß alles.»[85]

Nach Hallādschs Kreuzigung – der der Mystiker sich ekstatisch überließ wie der Falter der Flamme (und wir dürfen fragen, ob in der Kreuzigung Jesu nicht vielleicht ein ähnliches Moment im Spiel war) – zog eine neue Vorsichtigkeit in die Sūfī-Bewegung ein, die typisch zum Ausdruck kommt in der Formel: «Er macht das Gesetz zu seinem Obergewand und die Mystik zu seinem Untergewand.» Hier wird die Einhaltung des Gesetzes selbst als die Kreuzigung hingenommen, wodurch man die Fanā, «das Entwerden», vollzieht. In den Werken des großen krönenden Theologen des Islam, al-Ghazzālī (1058–1111) – ein Zeitgenosse ʻOmar Chajjāms – wurde der Sūfīsmus mit dieser Formel für die Orthodoxie hoffähig gemacht; die Glanzzeit der anfänglichen Heiligen des Islam ging zu Ende, und die Zeit der mystischen Dichter brach an: ʻOmar Chajjām (1050?–1123?), Nizāmī (1140–1203), Saʻdī (1184–1291, sic!), Rūmī (1207–1273), Hāfiz (1325–1389) und Dschāmī (1414–1492).

Das Liebesleid selbst ist demnach für die Sūfīs die Erlösungskraft, im Gegensatz zu der schīʻitischen Auffassung, der das Leiden des Märtyrers als unwirklich gilt. Und eine ebenso bezeichnende Antwort wird auf die oben gestellte zweite Frage gegeben, nämlich was nach dem Tod mit dem freiwilligen Opfer geschieht, das sich aus Liebe im Namen Gottes verfluchen läßt. Könnte so einer zum Beispiel nach dem Gesetz Gottes um der Liebe willen zu ewiger Verdammnis verurteilt werden?

Als Beispiel für die Möglichkeit wird der Fall Satans untersucht, und zwar mit einem Ergebnis, daß es dem Leser, könnte ich mir vorstellen, vor Staunen den Atem verschlagen wird. Wie wir zu Eingang des Koran gelesen haben, wurde Satan verdammt, weil er sich geweigert hatte, sich mit den anderen Engeln vor Adam niederzuwerfen – was natürlich völlig richtig war, da man niemand anbeten darf als Gott. Satan muß daher als der Inbegriff des wahren Mohammedaners betrachtet werden. Da er Gott allein liebte und verehrte, konnte er sich nicht dazu überwinden, sich vor dem Menschen niederzuwerfen, obwohl es ihm unlogischerweise von seinem Gott befohlen wurde, der ihm zuvor befohlen hatte, niemand anzubeten als Gott. Wie im Buch Hiob steht Gott über der Gerechtigkeit, über der Logik, über jeglicher Art von Recht und Ordnung. Das Buch Hiob, konsequent zu Ende gedacht, hätte diesen sūfīschen Gedanken der Verbannung Satans, des vollkommenen Frommen, in die ewigen Qualen der Hölle als abschließende Lektion bringen können. Und der große Hallādsch schlug in seiner Betrachtung dieses tiefgründigen Mythologems als zusätzliche Vertiefung des Mysteriums vor: Satan bewahrte sich im Rachen der Hölle seine Liebe unversehrt. Genau die nämlich war es, was ihn dort, verstoßen vom Gegenstand seiner Liebe, festhielt – und der Schmerz dieses Verlustes Gottes war die schlimmste von allen Qualen. Wenn wir also fragen, wodurch er dort in seinem Verlust und seinem Schmerz für alle Zeit erhalten wird, so ist es dies: die Verzückung seines Herzens in der Erinnerung an den Klang von Gottes geliebter Stimme, als er sein Urteil sprach: «Hebe dich hinweg!»

Dabei wurde Satan letzten Endes keineswegs ungerechtfertigt verdammt (und das gilt durchaus auch für Hiob). Denn er hatte bereits seinen Geliebten für die Vorstellung aufgegeben, die er sich von diesem gemacht hatte, und diese Vorstellung war ein Götzenbild im höchsten Sinne. Das heißt: Satans (Hiobs, Mohammeds, Abrahams) starrer Monotheismus war nur eine andere Form der Gottlosigkeit, und die Anbetung Adams durch die Engel war – richtig.[86] Gott, heißt es im Koran, führt die Frevler irre.[87]

6
Der Bann bricht

Als die Omajjaden im Jahre 750 n. Chr. von den Abbasiden gestürzt wurden, verlegte man die Hauptstadt des mittlerweile riesigen islamischen Reiches nach Bagdad, wo die arabische kulturelle Vormachtstellung einem zunehmenden persischen Einfluß Platz machte und der Puritanismus der Wüste den Raffinessen einer glänzenden levantinischen Zivilisation wich. Bagdad, die Hauptstadt, war in erster Linie eine Metropole der Lustbarkeiten, und der Umfang wie auch der Reichtum des Imperiums auf dem Höhepunkt seiner Ausdehnung zur Zeit Hārūn ar-Raschīds (reg. 786–809) waren gewaltig.

In Afrika: Ägypten, Fez, Tripolis, Tunis, Algier und Marokko waren in sicherer Hand. In Europa: Spanien war genommen, ebenso nahezu halb Frankreich, dazu Korsika, Sardinien, Sizilien und Malta. In Asien erstreckte sich der Herrschaftsbereich, ausgehend von Arabien, Palästina, Syrien und Teilen von Anatolien, über Armenien und den Irak, Persien, Turkestan, Beluchistan, Afghanistan und Sind bis an die Grenzen der blühenden buddhistischen Welt Indiens und des Fernen Ostens. Und das war zudem das goldene Zeitalter Asiens. Die Künste und Literaturen, Philosophien, Wallfahrtsheiligtümer und Königspaläste, die in den Phantasien der Menschen späterer Jahrhunderte bis heute strahlen, waren damals greifbare Wirklichkeiten – wo heute Wüsten und Trümmer sind.

Karawanen durch die mongolischen Wüsteneien verflochten die Reiche der chinesischen T'ang, der indischen Rāshtrakūta und des Kalifats. Kaufleute befuhren die Meere in arabischen, chinesischen und Pallava-Segelschiffen von heute vergessener Bauart und stießen kühn zu unbekannten Inseln vor, die in der Fabel als bizarre Märchenreiche fortleben: etwa die wundersamen sieben Inseln von Wāk jenseits des Landes der Dschinn, wo ein Baum wächst, der Früchte gleich Menschenköpfen trägt, die mit Sonnenaufgang und Sonnenuntergang schreien: «Wāk! Wāk! Preis sei dem König, der die Welt erschuf!»[88] Oder die Länder, die in den Wundergeschichten vom schiffbrüchigen Kaufmann Sindbad beschrieben werden: die Insel in der Nähe von Indien zum Beispiel, wo die jungen Stuten eines Königs an der Meeresküste festgebunden wurden, um zu jedem Neumond von magischen Seehengsten gedeckt zu werden und Fohlen zur Welt zu bringen, die beim Verkauf einen Schatz Gold einbrachten; oder das Land, wo der schreckliche Vogel Ruch seine Jungen mit Elefanten fütterte, wo Täler mit verstreut herumliegenden Diamanten bedeckt waren und aus den Bäumen flüssiger Kampfer gezapft wurde.[89]

Wir haben heute alle diese fernen Länder selbst erforscht und sogar kartographiert, aber ihr Zauber ist irgendwie verflogen. Denn das Erstaunliche am asiatischen goldenen Zeitalter war, daß die Wirklichkeit, wie grausam und hart sie auch für alle war (das zeigen die historischen Berichte), nicht nur in der Fabel, sondern auch in der Anschauung und Erfahrung überall in ein Wunder verwandelt wurde – und genau das ist die Wirklichkeit auch, wie unsere eigenen Physiker heute vorführen. Das wesentliche verlorene Wissen des Altertums, könnte man sagen, war daher die Kunst, im Bewußtsein des puren Wunders der Welt zu leben: zwischen der Erfahrungsebene ihrer harten Kruste und der allgegenwärtigen Tiefe ihres unerschöpflichen inneren Zaubers problemlos hin- und hergleiten zu können. Die persischen Dichter faßten dieses Geheimnis in ihr Bild vom Becher und dem darin enthaltenen Wein, so etwa 'Omar Chajjām:

> Der Mensch ein Kelch, die Seel der Wein in ihm,
> Fleisch eine Flöt, der Geist der Ton darin.
> Chajjām! Hast du ergründt, was der Mensch ist?
> Magische Lamp mit einem Licht darin.[90]

«*Die Welt des magischen Menschen ist von einer Märchenstimmung erfüllt*», hat Spengler treffend bemerkt. «Teufel und böse Geister bedrohen den Menschen, Engel und Feen schützen ihn. Es gibt Amulette und Talismane, geheimnisvolle Länder, Städte, Gebäude und Wesen, geheime Schriftzeichen, das Siegel Salomos und den Stein der Weisen. Und über alles ergießt sich schimmernd das höhlenhafte Licht, das immer davon bedroht ist, durch eine gespenstische Nacht verschlungen zu werden.»[91]

In der großen goldenen Zeit des Islam, des China der T'ang-Dynastie und der Herrlichkeit Indiens warf eine unendlich schöne und verheißungsvolle Blüte der Kunst und mit der Kunst der aristokratischen Sensibilität und Zivilisation ihren Bann über die Welt von Córdoba bis Kyoto – und weiter noch, wie es heute scheint, sogar bis nach Yucatán und Peru. Die levantinische magische Gemeinschaft des unfehlbaren Consensus traf und verband sich harmonisch mit dem indischen Dharma und dem chinesischen Tao; denn in allen diesen Weltanschauungen herrschte die Vorstellung einer von oben auferlegten Ordnung, vor der der Einzelne sich schlicht und demütig voll Unterwürfigkeit und, wo möglich, in ekstatischem Erkennen zu verneigen hatte. Weder im Fernen Osten noch in Indien gab es nämlich eine Lehre, in der der freie Wille eine grundlegende Rolle spielte, während in all jenen «Kirchen» der Levante, in denen der freie Wille tatsächlich eine Rolle spielte, sein einziger Sinn in der Unterordnung unter den Consensus lag – das heißt, unter dasjenige «Gesetz Gottes» (oder unter die «Normalität», wie wir heute sagen würden), das gerade die gesellschaftlich gestützte «Gefühlsordnung» begründete. «Ungehorsam», die Wahrnehmung der individuellen Urteilsfähigkeit und Entscheidungsfreiheit, war gerade Satans Verbrechen. Die sittliche und geistige Volljährigkeit der griechischen und römischen Denker war mit dem Untergang Roms vom Erdboden verschwunden, und Europa war eine zurückgebliebene Grenzregion, die auf dem Stand eines «Entwicklungslandes», wie man heute sagen würde, abseits von dem weiten Feld der höheren Kultur lag. Karl der Große, ein Zeitgenosse des Moslems Hārūn ar-Raschīd, war eine Art Kongohäuptling in den riesigen Wäldern des Nordwestens, dem der große Kalif einen Elefanten als Geschenk sandte, so wie wir heute Hubschrauber und Jachten verschenken und im neunzehnten Jahrhundert Perlen. Niemand, der in jener glorreichen Zeit der blühenden großen Glaubenslehren einen Blick über die Erde geworfen hätte, wäre auf den Gedanken gekommen, daß die geistigen und seelischen Samen des nächsten Jahrtausends nicht in Bagdad, Ch'ang-an oder Benares keimten, sondern in der kleinen Palastschule von *Carles li reis, nostre emperere magnes* und in seiner noch nicht gotischen Aachener Pfalzkapelle.

Es kam nämlich etwas dazwischen:

Im Jahre 1258 ließ der Mongole Hülägü mit seiner Goldenen Horde Bagdad über die Klinge springen, während seine Brüder Mangu und Khublai Khan zur selben Zeit das gleiche Mordbrennerwerk an China verrichteten. Indien war bereits von der Dampfwalze des Islam überrollt worden (angefangen 1001 mit Mahmūd al-Ghazni) und sollte ein Jahrhundert später von den zentralasiatischen Horden Tamerlans überfallen und erneut niedergemacht werden (1398). Der strahlende Traum vom Göttlichen in der Zivilisation zerrann; und der mächtige Orient von Peking bis Casablanca wurde von da an ein Gebiet, in dem die Kultur nur noch sekundäre Blüten trieb, keine primären mehr.

KAPITEL IX

Das Wiedererwachen Europas

1
Die Insel der Heiligen

Als Irland seinerzeit erstmals andeutungsweise Christi Namen gehört hatte, gab Kieran der christlichen Frömmigkeit ihren ersten Anstoß; seine Eltern und alle anderen staunten darüber, in welch großem Unfang alle seine Taten rechtschaffen waren. Bevor Kierans Mutter ihn in ihrem Schoß empfing, hatte sie einen Traum: Ein Stern fiel gleichsam in ihren Mund. Diesen Traum erzählte sie den Zauberern und den Wissenden jener Zeit, und diese sprachen zu ihr: «Du wirst einen Sohn gebären, dessen Ruhm und dessen Tugenden bis ans Ende der Welt groß sein werden.» Danach wurde dieser heilige Sohn Kieran geboren; und er kam zur Welt und wuchs heran auf der Insel, die da heißt Clare. Wahrlich, Gott erwählte ihn in seiner Mutter Schoß. Er war von sanftem Wesen und freundlicher Rede; was er anfing, zog Gedeihen nach sich, was er riet, war Belehrung, und so war es mit allem übrigen, wie es einem heilig lebenden Mann anstand.

Eines Tages dort auf Clare, da begab es sich, daß er, der zu der Zeit noch ein junger Knabe war, einen Anfang machte mit seinen Wundern. Gerade über ihm in der Luft kam nämlich ein Falke angeschossen, stieß vor seinen Augen herab und riß ein kleines Vogelweibchen empor, das auf seinem Nest saß. Mitleid für den kleinen Vogel überkam Kieran, und es dünkte ihn ein schlimmes Ding, ihn in solcher Not zu sehen. Daraufhin kehrte der Falke um und setzte das Vögelchen vor Kieran ab, halb tot, arg verletzt; Kieran aber hieß es sich erheben und heil sein. Der Vogel erhob sich, und dank Gottes Gnade flog er wieder heil in sein Nest.

Dreimal zehn Jahre nun, bevor er überhaupt getauft wurde, brachte Kieran in Irland in heiliger Lebensführung und in Vollkommenheit des Körpers und der Seele zu, waren doch die Iren zu der Zeit allesamt keine Christen. Da aber der Heilige Geist in Seinem Diener Wohnung genommen hatte, in Kieran, lebte er diese Frist in frommer Andacht und vollkommenem Wandel. Dann kam ihm zu Ohren, die christliche Frömmigkeit weile in Rom, und so verließ er Irland und begab sich dorthin, wo er im katholischen Glauben unterwiesen wurde. Zwanzig Jahre lang war er dort: las die Heilige Schrift, sammelte seine Bücher und lernte die Regel der Kirche. Als die Römischen daher das Wissen und die Klugheit unseres Kieran sahen, seine Frömmigkeit und seinen Glauben, bekam er die kirchlichen Weihen. Danach gelangte er wieder nach Irland; auf dem Weg von Italien aber hatte Patrick ihn getroffen, und als sie (Gottesmänner) einander sahen, gab es reichlich Frohlocken und große Freude.

Nun war Patrick zu der Zeit noch nicht Bischof, vielmehr wurde er erst später einer. Papst Coelestin [422–432; siehe oben S. 466] war es, der ihn zum Bischof machte und ihn dann aussandte, den Iren zu predigen. Denn obzwar es vor Patrick in Irland Heilige gegeben hatte, behielt Gott dennoch ihm den Magistrat und Primat über das Land vor, bis er kam; auch waren vor seiner Ankunft die dortigen Könige und Fürsten nicht durch irgendein anderes Wirken gläubig geworden.

Patrick sprach zu Kieran: «Geh mir nach Irland voraus. Und wo der nördliche Teil auf den südlichen trifft, im Mittelpunkt, dort wirst du eine Quelle finden. An selbiger Quelle (ihr Name lautet Uaran) erbaue ein Kloster; dort wird deine Ehre für alle Zeit fortleben und deine Auferstehung sein.»

Kieran antwortete und sprach: «Tu mir die Stelle kund, wo die Quelle ist.»

Patrick sagte zu ihm: «Der Herr wird mit dir sein: Gehe nur geradezu; zuerst einmal nimm mein Glöckchen an dich, das sprachlos sein wird, bis du die erwähnte Quelle erreichst. Doch wenn du dort anlangst, wird das Glöckchen mit klarer, wohlklingender Stimme sprechen: daran wirst du die Quelle erkennen, und am Ende von neun und zweimal zehn Jahren werde ich dir an jenen Ort folgen.»

Sie segneten und küßten sich, und Kieran ging seines Weges nach Irland; Patrick aber verweilte in Italien. Kierans Glocke tat keinen Klang, bis er an die Stelle kam, wo die Quelle war, von der Patrick gesprochen hatte: Uaran nämlich. Denn als Kieran nach Irland gekommen war, leitete Gott ihn zu dieser Quelle, und kaum war er angekommen, gleich sprach das Glöckchen mit heller, klarer Stimme: *barcán Ciaráin* heißt sie, und zum Zeichen ist sie jetzt in Kierans Pfarre und in seinem Bistum. ...

Und was die Quelle betrifft, von der wir gesprochen haben: die Stelle, wo sie sich befindet, liegt genau an der Grenze zwischen zwei Teilen Irlands, Munster im Süden und Ulster im Norden; die Leute in Munster allerdings nennen die Gegend Ely. An jenem Ort begann Kieran, als Einsiedler zu wohnen (denn zu der Zeit war der Ort ganz von riesigen Wäldern umschlossen), und als ersten Schritt machte er sich daran, eine kleine Zelle von wackliger Bauart zu errichten (dort war es, wo er später ein Kloster und einen Erzbischofssitz gründete, den heute alle im allgemeinen *Saighir Chiaráin* nennen).

Als Kieran zuerst hierherkam, setzte er sich im Schatten eines Baumes nieder; da erhob sich von der anderen Seite des Stammes ein wilder Eber voll großer Wut, der aber beim Anblick Kierans floh und dann als sein zahmer Diener wieder umkehrte, denn Gott hatte ihn sanftmütig gemacht. Selbiger Eber war der erste Mönch, den Kieran dort hatte, und er ging überdies in den Wald, um dort Ruten und Binsen mit den Zähnen zu rupfen, daß er bei der Zelle mithelfe (Menschen waren zu der Zeit nicht einer bei Kieran, denn allein und fern von seinen Jüngern kam er zu diesem Eremitentum). Und aus jedem Winkel der Wildnis, wo sie gerade waren, kamen unverständige Tiere zu Kieran: nämlich ein Fuchs, ein Dachs, ein Wolf und eine Hirschkuh. Sie waren zahm gegen ihn und beugten sich als Mönche seiner Lehre und taten alles, was er ihnen gebot.

Doch als eines Tages der Fuchs (der roh war in seinen Begierden, verschlagen und voll Bosheit) auf Kierans Schuhe stieß, stahl er sie gar und drückte sich von der Gemeinde fort zu seiner alten Höhle und lechzte dort danach, das derbe Schuhwerk zu verschlingen. Als dieses nun Kieran angezeigt ward, schickte er einen anderen Mönch von den Mönchen seiner Ehehaltung (den Dachs nämlich) los, den Fuchs zu holen und ihn an den nämlichen Ort zu bringen, wo alle waren. Zum Bau des Fuchses ging also der Dachs und ertappte ihn just dabei, wie er die Schuhe fressen wollte (ihre Schlaufen und Riemen hatte er schon verschlungen). Der Dachs setzte ihm sogleich zu, daß er mit ihm zum Kloster käme; gegen Abend langten sie bei Kieran an, und die Schuhe mit ihnen. Kieran sprach zum Fuchs: «Bruder, weshalb hast du diesen Diebstahl begangen, den zu verüben sich für einen Mönch nicht gehörte? Wo du doch wußtest, daß du dergleichen nicht nötig hattest. Denn wir haben Wasser gemein, das frei von allem Anstoß ist, auch Fleisch selbiger Art haben wir. Wenn aber deine Natur dich zwang, es dir von Nutzen zu dünken, daß du Fleisch äßest, so hätte Gott gar aus der Rinde, die an diesen Bäumen rings um dich her ist, solches für dich geschaffen.» Von Kieran erflehte da der Fuchs Vergebung für seine Sünden, und er möge ihm eine Buße auferlegen; so geschah es. Und solange Kieran ihm nicht die Erlaubnis gab, aß der Fuchs auch kein Fleisch mehr; und von der Zeit an war er rechtschaffen wie alle übrigen.[1]

Die Ankunft Patricks in Irland wird traditionell auf das Jahr 432 n. Chr. gelegt; doch das Datum ist suspekt, zumal es, multipliziert mit 60 (dem altsumerischen sexagesimalen Soss), die Zahl 25 920 ergibt, was genau die Anzahl der Jahre eines sogenannten «Großen» oder «Platonischen Jahres» ist, das heißt die Zeit, in der die Präzession der Tagundnachtgleichen einen Umlauf des Tierkreises vollendet. Ich habe diese interessante Figur in der *Mythologie des Ostens* besprochen,[2] wo sich ergab, daß die Kriegerhalle des germanischen Gottes Odin 540 Tore hat, durch die jeweils 800 Krieger ausziehen, wenn es am Ende des kosmischen Äons «mit Fenrir [dem Wolf] zu fechten gilt». 540 x 800 = 432 000, was auch die Summe der Jahre ist, die man in Indien dem kosmischen Äon zuschreibt. Erstmals in einem solchen Zusammenhang kam diese Zahl jedoch um 280 v. Chr. in den Schriften des babylonischen Priesters Berossos vor, wo es heißt, daß zwischen dem legendären Datum der «Herabkunft der Königswürde» auf die Städte von Sumer und dem Datum der mythischen Sintflut zehn Könige 432 000 Jahre lang regierten. Ich habe gezeigt, daß im Buch Genesis zwischen der Erschaffung Adams und der Zeit von Noahs Sintflut zehn Patriarchen kamen, die eine Spanne von 1656 Jahren lebten. Aber in 1656 Jahren gibt es *86 400 (hellenistisch-hebräische) Siebentagewochen*, während, wenn man die babylonischen Jahre als Tage nimmt, 432 000 Tage *86 400 (sumerisch-babylonische) Fünftagewochen* ergeben. Und schließlich 86 400 : 2 = 43 200 – was alles auf eine seit langem bestehende Beziehung der Zahl 432 zur Vorstellung der Erneuerung des Äons hindeutet. Eine solche Erneuerung im Übergang vom heidnischen zum christlichen Äon aber ist es genau, was das Datum der Ankunft Patricks in Irland bedeutet.

Nach der Legende starb Patrick im Jahre 492 oder 493 im Alter von 120 Jahren (wie Mose).[3] Tatsächlich scheint er von etwa 389 bis 461 gelebt zu haben, und wir halten fest, daß Papst Coelestin I., von dem er angeblich eingesetzt wurde, im Jahre 432 starb. Patrick lebte also in der Zeit, die einerseits das Ende des antiken Heidentums durch die Maßnahmen Theodosius' I. (reg. 379–395) und andererseits den Durchbruch der germanischen Stämme und ihre Eroberung eines großen Teils von Europa sah. Irland jedoch hatte zu der Zeit keine Invasionen, so daß dort eine ferne Kolonie Christi, abgeschnitten von Rom, unversehrt erhalten blieb, während England und das Festland zur Beute rivalisierender germanischer Stämme wurden.

Selbstverständlich war Patricks Leben von Wundern umrankt. In einer altirischen Version seiner Lebensgeschichte lesen wir:

> Frisch geboren, wurde er zu dem blinden, plattgesichtigen Jungen namens Gornias gebracht, um getauft zu werden; aber Gornias hatte kein Wasser, um damit die Taufe zu vollziehen. Also machte er mit der Hand des Kindes das Zeichen des Kreuzes über der Erde, und ein Wasserquell brach daraus hervor. Gornias strich sich selbst das Wasser aufs Gesicht und war sogleich geheilt, und er verstand die Buchstaben des Alphabets, obwohl er sie nie zuvor gesehen hatte. Hier also wirkte Gott Patricks wegen mit einem Mal ein dreifaches

> Wunder: den Wasserquell aus dem Erdboden, das Augenlicht für den blinden Jungen und das Vorlesenkönnen der Taufordnung, ohne vorher die Buchstaben gekannt zu haben. Anschließend wurde Patrick getauft.[4]

Als Patrick in einer Gruppe von vierundzwanzig Männern als Primat nach Irland reiste, fand er ein leichtes Segelboot seetüchtig an der Meeresküste Britanniens liegen.

> Doch als er das Boot bestiegen hatte, bat ihn ein Aussätziger um einen Platz, und es gab keinen leeren Platz mehr darin. Also setzte er den tragbaren Steinaltar aus, auf dem er täglich zu danken pflegte, um ihn vor sich auf dem Meer schwimmen zu lassen. *Sed tamen*, Gott wirkte hier ein großes Wunder, nämlich der Stein ging nicht auf den Grund und blieb auch nicht hinter ihnen zurück, sondern er schwamm mit dem Aussätzigen darauf um das Boot herum, bis er in Irland ankam.
>
> Da sah Patrick einen dichten Ring von Dämonen um Irland, nämlich an allen Seiten eine Sechstagefahrt weit.[5]

Der grimmige heidnische Hochkönig Irlands in jenen Tagen war Laeghaire (Leary), der Sohn Nialls (reg. 428–463), und es begab sich, als Patrick eine Zeitlang dort war und predigte, daß er eines Ostersamstags sein Schiff in die Mündung des Boyne lenkte. Am Königshof von Tara war aber gerade ein Festschmaus im Gange, und solange er dauerte, durfte kein Feuer angezündet werden. Dennoch verließ Patrick sein Boot und ging bei Slane an Land, wo er sein Zelt aufschlug und ein Osterfeuer anzündete, das ganz Mag Breg erleuchtete; und die Leute in Tara sahen das Feuer von weitem.

Der König sprach: «Das ist ein Verstoß gegen das Verbot unseres Gesetzes. Geht und stellt fest, wer das getan hat!» Und seine Zauberer sagten: «Wir haben das Feuer auch bemerkt. Ferner wissen wir, wenn es nicht in der Nacht, in der es entfacht wurde, gelöscht wird, so wird es bis zum Jüngsten Gericht nicht gelöscht werden. Und wer es entzündet hat, wird überdies, sofern man es ihm nicht verbietet, für alle Zeit das Königreich Irland für sich haben.»

Auf diese Nachricht hin war der König äußerst beunruhigt, und er sprach: «Das darf nicht sein. Wir werden hingehen und ihn töten.» Seine Pferde wurden vor die Wagen gespannt, und er und seine Männer brachen am Ende der Nacht in Richtung des Feuers auf.

Da sagten seine Zauberer: «Gehe du nicht zu ihm, es könnte als Ehrbezeigung aufgefaßt werden. Nein, er soll zu dir kommen, und niemand soll sich vor ihm erheben; und wir werden in deinem Beisein streiten.» Und so geschah es auch. Als Patrick sah, wie die Pferde ausgespannt wurden, sang er: «Manche bauen auf Wagen, manche auf Pferde, wir aber auf den Namen des Herrn, unseres mächtigen Gottes.»

Alle saßen sie vor ihm, das Kinn an den Rand ihrer Schilde gepreßt, und keiner erhob sich bis auf einen, in dem eine Anlage von Gott war, nämlich Erc, der spätere Bischof Erc, der in Slane verehrt wird. Patrick spendete ihm seinen Segen, und er glaubte an Gott, bekannte sich zum katholischen Glauben und wurde getauft. Patrick sagte zu ihm: «Deine Stadt auf Erden wird hoch sein, wird edel sein.»

Patrick und Laeghaire befragten dann einer den andern nach seinem Stand, und einer der Zauberer, Lochru hieß er, zog wütend und laut mit Anfeindungen und Fragen über Patrick her und verstieg sich dazu, die Dreifaltigkeit zu lästern. Patrick blickte ihn daraufhin zornig an und rief mit großer Stimme Gott an, und er schrie: «Herr, der Du alle Dinge vermagst und auf dessen Macht alles, was ist, beruht und der Du uns hierher gesandt hast, daß wir den Heiden Deinen Namen predigen: Laß diesen gottlosen Mann, der Deinen Namen lästert, emporgehoben und im Beisein aller vernichtet werden!»

Schneller als gesagt, hoben auf Patricks Wort hin Dämonen den Zauberer in die Luft und ließen ihn dann zu Boden fallen: Sein Kopf schlug gegen einen Stein, an dem sein Gehirn zerspritzte, und vor aller Augen wurde er zu Staub und Asche. Und die heidnischen Heere, die dem beiwohnten, waren schreckensstarr.

König Laeghaire war daraufhin sehr erzürnt über Patrick und wollte ihn auf der Stelle töten. Er sagte zu denen ringsum: «Tötet den Kleriker!» Als Patrick den Ansturm der Heiden wider sich erblickte, rief er abermals mit großer Stimme aus: «Möge Gott sich erheben, und mögen seine Feinde zerstreut werden! Mögen diese, die ihn hassen, vor ihm fliehen! Wie Rauch verweht, so sollen sie verwehen! Und wie Wachs am Feuer schmilzt, so sollen die Gottlosen schmelzen vor Gott!» Sofort überzog eine Finsternis die Sonne, ein großes Erdbeben und Waffenschüttern fand statt: es schien, als wäre der Himmel auf die Erde gestürzt. Pferde flohen voll Schrekken, und der Wind wirbelte die Wagen über die Felder. Und alle in der Versammlung wandten sich gegeneinander, einer wollte den andern umbringen, und es blieben mit dem König nur vier Leute an jenem Ort übrig, nämlich er selbst, seine Gemahlin und zwei seiner Zauberpriester.

Die Königin aber, Angas, Tochter des Tassach, Sohn des Liathan, kam voll Entsetzen zu Patrick. Sie sprach zu ihm: «O gerechter und mächtiger Mann, vernichte doch nicht den König. Er wird zu dir kommen und deinen Willen tun und niederknien und an Gott glauben.» Also ging Laeghaire hin und kniete vor Patrick nieder und gelobte ihm einen falschen Frieden; denn kurze Zeit später sagte er zu ihm: «Komm, Kleriker, folge mir nach Tara, daß ich dich im Beisein der Männer Irlands anerkenne.» Er hatte aber auf jedem Pfad einen Hinterhalt gelegt.

Patrick jedoch und seine achtköpfige Schar mit seinem Gillie (Knappen) Benén entgingen zusammen allen diesen Hinterhalten in der Form von acht Rehen und dahinter einem Kitz mit einem weißen Vogel auf der Schulter: das war Benén mit Patricks Schreibtafeln auf dem Rücken.[6]

Die berühmteste Tat des Bekehrungswerkes ist die Episode, wie Patrick auf einem Hügel in Mag Slecht gegen das große steinerne Götzenbild auftrat, Cenn oder Cromm Cruach genannt, der «Kopf» oder der «Krumme des Hügels», das umringt war von zwölf kleineren Idolen, alle aus Stein. Es wird erzählt, zum Winteranfangsfest (Samhain) opferten die Iren ein Drittel ihrer Kinder diesem Gott – der wahrscheinlich eine Erscheinungsform jenes Dagda der Tuatha Dé Danann war (siehe oben S. 344–345), dessen Kessel das Essen nie ausging, dessen Bäume immer mit Früchten beladen waren und dessen Schweine (eines lebendig, das andere immer fertig zum Kochen) der unerschöpfliche Festschmaus seiner ewig lebenden Síde waren. Die Legende von Patrick berichtet, daß dieser übers Wasser nach Mag Slecht ging, wo das mit Gold und Silber überzogene Hauptidol Irlands stand, dazu ringsherum die anderen mit Bronze überzogen. Als er dieses Ding vom Wasser aus sah und näher herankam, erhob er die Hand mit seinem Stab dagegen, und obwohl sein Stab nicht lang genug war, schlug er dennoch dem Ding auf die Seite. Es hat auf seiner linken Seite immer noch den Abdruck des Stabes, und trotzdem prellte Patrick der Stab nicht aus der Hand. Und die Erde verschluckte die anderen zwölf bis zu ihren Köpfen, und so stehen sie immer noch, zum Zeichen des Wunders. Er verfluchte den Dämon und verbannte ihn in die Hölle; dann gründete er an dieser Stätte eine Kirche, nämlich Domnach Maige Slecht, und ließ Mabran dort zurück, der sein Verwandter war und ein Prophet. Dort ist auch Patricks Quelle, in der viele getauft wurden.[7]

Jedoch der für unsere Untersuchung wichtigste Aspekt der Christianisierung Irlands ist nicht der Konflikt, sondern die Eintracht, die letztlich zwischen den älteren Mysterien der Feenburgen und den neuen der römisch-katholischen Kirche erzielt wurde. Die Magie der Zauberer des Königs Laeghaire wurde von der des mächtigen Gottes Patricks übertroffen, und die Insel wurde noch zu Lebzeiten des Heiligen an Christus übergeben, mit dem ganzen dazu erforderlichen Betrieb von Klöstern, Kirchen, Reliquien und Glokkengeläut. Jedoch ein heutiger Kulturhistoriker hat gewiß das Recht, nach dem Sinn einer solchen Massenbekehrung zu fragen, zu der es kommt, wenn ein heidnischer König sich der Taufe unterzieht und alle seine Untertanen sich ihm anschließen. Und die Frage verschärft sich, wenn die Lehren der neuen Religion unterdessen gerade in Versammlungen zurechtgehämmert werden, die zweitausend Meilen entfernt tagen.

Wir hatten bereits Anlaß, auf die Häresie der Donatisten hinzuweisen, die zuerst vom Kaiser Konstantin (reg. 324–337) und dann von Patricks nordafrikanischem Zeitgenossen Augustinus (354–430) bekämpft wurden (siehe oben S. 439–440 und 447). Die Auseinandersetzung kreiste um die Frage, ob die Heilswirkung eines Sakramentes von der geistigen Lauterkeit des Menschen abhänge, der es spendet, und die orthodoxe Antwort lautete: nein, die Kirche sei (mit den Worten des Vorgängers Augustins, Optatus von Mileve) eine Institution, «deren Heiligkeit aus den Sakramenten folgt und nicht nach dem Selbstbewußtsein von Personen gewogen wird. ... Die Sakramente sind von sich aus heilig, nicht durch die Menschen.»[8] So weit die Lehre. Was aber war mit den keltischen Landeskindern, die sie empfingen? Gewiß ist es zulässig (ja, in einem Werk wie diesem sogar notwendig) zu fragen: Wie wurde diese levantinische Institution mit dem sie stützenden Mythos von der eben noch heidnischen, hyperboreischen Bevölkerung, für deren Wohlergehen im Jenseits ihre Magie jetzt sorgen sollte, tatsächlich aufgenommen und verstanden?

Einen wichtigen Aufschluß über das Naturell des Nordens erhalten wir durch die Häresie der zwei Landsleute und Zeitgenossen Patricks, des Pelagius und seines bedeutendsten Schülers Coelestius. Mit ihrer im wesentlichen stoischen Doktrin der Willensfreiheit und ursprünglichen Güte der Natur, die durch die Sünde nicht verderbt, sondern nur modifiziert werde, stellten sie sich diametral gegen ihren großen Widersacher Augustinus, für den (wie für die Kirche) die Natur, obgleich gut erschaffen, durch die Sünde Adams so verderbt war, daß Tugend ohne Gnade unmöglich sei: Die Gnade gehe einzig von den Sakramenten aus, dank Jesus Christus; ohne Gnade könne der freie Wille des Menschen nur das Laster wollen und damit die Hölle; folglich könne der Mensch (der gefallene Mensch) sich nicht selbst erlösen, sondern werde tugendhaft gemacht allein durch jenes unverderbliche levantinische Dispensarium, das Augustinus bereis mannhaft gegen die Donatisten verteidigt hatte. Die Sünden des Menschen, heißt das, können die Kirche nicht verderben, so wenig wie die rein menschlichen Tugenden den Menschen wieder heil machen können. Gegen das, was Pelagius als den Manichäismus seines nordafrikanischen Gegenspielers schmähte, verkündeten die irischen Ketzer die folgenden sechs Lehrsätze, für die sie in aller Form verdammt wurden:

1. Adam wäre gestorben, auch wenn er nicht gesündigt hätte.

2. Durch seine Sünde schadete Adam nur sich selbst, nicht der ganzen Menschheit.

3. Neugeborene Kinder sind in demselben Stand, in dem Adam

vor dem Fall war. Folgesatz: Auch ungetaufte Kinder haben das ewige Leben.

4. Die ganze Menschheit stirbt nicht wegen Adams Tod oder Sünde, und sie wird auch nicht wegen Christi Auferstehung wieder leben.

5. Das alttestamentliche Gesetz verschafft einem ebenso wie das neutestamentliche Evangelium den Eintritt in den Himmel.

6. Auch vor dem Kommen Christi gab es Menschen, die völlig ohne Sünde waren.

Dieser Häresie zufolge ergibt sich aus der Güte und Gerechtigkeit Gottes, daß alles von ihm Erschaffene gut ist. Die menschliche Natur sei unabänderlich gut und könne nur akzidentiell modifiziert werden. Die Sünde, das heißt aktiv tun wollen, was die Rechtschaffenheit verbietet, sei eine solche Modifikation: sie sei stets eine vorübergehende Eigenwilligkeit und könne niemals in die Natur übergehen, so daß daraus etwa eine böse Natur entstünde. Wenn aber dies nicht geschehen könne, dann könne um so weniger Böses weitervererbt werden. Außerdem sei der solcherart unverderbte Wille immer imstande, das Gute zu wollen. Und Christus wirke durch sein Beispiel, so daß die Sakramente keine Kraft-, sondern eine Lehrwirkung hätten. Dies alles zusammengenommen ergibt eine Variante der orientalischen und stoischen Lehre des Vertrauens auf die eigene Kraft (japanisch *jiriki*),[9] oder mit dem Ausdruck des Pelagius: *homo libero arbitrio emancipatus a deo*; der Mensch hat sich durch den freien Willen mit seinem ganzen Wesen von Gott und der Kirche, dem lebendigen Leib Christi, freigemacht – wenn auch Christus, Kirche und Sakramente ungemein lehrreich und hilfreich sein können.[10]

Einen zweiten Aufschluß über das Naturell des Nordens gibt uns der irische neuplatonische Philosoph – der «gelehrteste und vielleicht auch klügste Mann seines Zeitalters», wie Adolf Harnack ihn genannt hat[11] – Johannes Scotus Eriugena (ca. 815–877), der im Alter von ungefähr zweiunddreißig Jahren von Karl dem Kahlen nach Frankreich berufen wurde, um die karolingische Hofschule zu leiten. Sein Hauptwerk *De divisione naturae* (ca. 865–870) faßt die Natur als ein Offenbarwerden Gottes in vier Aspekten auf, die nicht etwa Formen Gottes, sondern Formen unseres

Denkens sind. Es sind: 1. das ungeschaffene Schaffende, 2. das geschaffene Schaffende, 3. das geschaffene Nichtschaffende und 4. das nichtgeschaffene Nichtschaffende. Das erste ist Gott als Urgrund alles Seienden gedacht. Das zweite ist die Natur unter dem Aspekt jener unwandelbaren göttlichen Willensakte, Urideen oder Prototypen, die die Urbilder der Formen sind. Das nächste ist die Natur unter dem Aspekt einzelner Dinge oder Formen in Raum und Zeit. Und das vierte ist Gott als Endziel alles Seienden gedacht. Ein aufmerksamer Leser Schopenhauers wird hier keinerlei Schwierigkeiten haben. Es ist unmöglich, Gott zu erkennen, wie er ist. *Dasselbe Prädikat kann Gott zu Recht sowohl zugesprochen als auch abgesprochen werden: jedoch die Affirmation (zum Beispiel, Gott ist gut) gilt nur metaphorisch, während die Negation (Gott ist nicht gut) wörtlich gilt, da Gott jenseits aller Prädikate, Kategorien und Gegensätze steht.* (Vgl. oben S. 13). Ferner weiß Gott nicht, was er ist, weil er kein Was ist: Dieses «göttliche Nichtwissen» übertrifft alles Wissen, und daher muß die wahre Theologie negativ sein. Gott kennt auch kein Böses; kennte er es, so würde Böses existieren, wo doch das Böse nur eine Wirkung unserer falschen Erkenntnis ist (des geschaffenen Nichtschaffenden). Alle scheinbaren Unterschiede in Zeit und Raum, von Qualität und Quantität, von Geburt und Tod, Mann und Frau usw. sind nur Wirkungen dieser falschen Erkenntnis. Alles, was Gott schafft, ist dagegen unsterblich; und der unverderbliche Körper, unser von Gott geschaffenes Urbild, ist gleichsam in den geheimen Nischen unserer Natur verborgen und wird wieder erscheinen, wenn diese Sterblichkeit von unserem Denken abgetan ist. Die Sünde ist der fehlgeleitete Wille und wird durch die Entdeckung bestraft, daß seine falschen Urteile vergebens sind. Die Hölle ist nichts als die innere Verfassung eines sündigen Willens. Und das Paradies und der Fall im Buch Genesis sind demzufolge allegorische Bewußtseinszustände, die nicht als Episoden in der vorgeschichtlichen Vergangenheit verstanden werden dürfen. Die Läuterung des Bewußtseins wird erleichtert durch die Philosophie (Vernunft) und die Theologie (Autorität), aber jene ist das Kriterium für diese, nicht umgekehrt. Daraus folgt, daß der lebendige Leib Christi nicht die Kirche ist, sondern die Welt; denn Gott ist in allen Dingen, und daher *sind* alle Dinge sowohl, als sie *nicht sind*.

Selbstredend wurde Eriugenas neuplatonische Philosophie von Rom verdammt; und es wird außerdem die (möglicherweise wahre, für einen großen Lehrer nicht unwahrscheinliche) Geschichte von ihm erzählt, daß seine Schüler ihn mit ihren Federn erstachen.[12]

Um einen letzten Aufschluß über die Denkungsart der Gemüter des Nordens zu geben, möchte ich auf die eigenartigen Illuminationen des irischen *Book of Kells* aufmerksam machen, die aus der Zeit Eriugenas stammen («Ende des neunten Jahrhunderts», laut Edward Sullivan)[13] und von denen ich in Abbildung 30 die sogenannte Tunc-Seite wiedergebe, auf der die Worte des Evangeliums nach Matthäus (27,38) stehen: «Dann kreuzigten sie mit ihm zwei Räuber» (*Tunc cru/cifixerant / XPI cum / eo du/os la/trones*).[14]

Wir erkennen die sich selbst verzehrende und erneuernde kosmische Schlange, deren Löwenkopf an den altsumerischen Löwenvogel erinnert, während das T des Wortes *Tunc* ein Löwe mit Schlangenmerkmalen ist, der ein verschlungenes Gegensatzpaar verschluckt oder ausspeit (oder beides). Die Schlange symbolisiert, wie wir gelernt haben, im allgemeinen sowohl die sich selbst verzehrende als auch die sich selbst erneuernde Lebenskraft, das heißt das lunare Geheimnis der Zeit, während der Löwe die solare Kraft ist, das Sonnentor zur Ewigkeit. Die Schlange ringsherum ist daher das demiurgische, welterschaffende und welterhaltende Prinzip beziehungsweise, nach der gnostisch-christlichen Auffassung, der Gott des Alten Testaments, während der Löwe des T der Ausweg aus diesem Jammertal ist: «der Weg und das Licht», das heißt der Erlöser.

Die nach *crucifixerant* in den Text eingeschobenen griechischen Buchstaben XPI sind das Signum Christi (griechisch χριστός). Dieselben drei Buchstaben bilden den Aufbau der ganzen Komposition, was deutlich wird, wenn man die Seite im Uhrzeigersinn dreht, so daß rechts unten ist. In dieser Position verbindet sich die große Initiale mit dem Schriftbalken in der Mitte zum P: dem mittleren Buchstaben des Signums, das jetzt den Heiland zwischen den beiden Räubern symbolisiert, hier dargestellt durch das X und

Abbildung 30. Tunc-Seite, Book of Kells

das I und somit eins mit XPI oder Christus, seine Glieder. Man vergleiche damit die oben (S. 299) besprochenen Dadophoren des Mithraopfers.

Ferner steht am *fünfzehnten* Tag jedes Mondmonats der untergehende Vollmond (Mondstier: Opfer) dem feurigen Strahlen der aufgehenden Sonne (stiertötender Mithra) gegenüber, das ihn direkt über die Erdfläche hinweg trifft, woraufhin der Mond abnimmt. Wir bemerken an dem von dem Schlangenkörper gebildeten Rand drei Gruppen von je fünf Menschen, also insgesamt fünfzehn. Nun wird Ostern am ersten Sonntag nach dem ersten Vollmond nach Frühlingsanfang gefeiert; und nach den Angaben der synoptischen Evangelien fand die Kreuzigung am fünfzehnten Tag des jüdischen Monats Nisan statt (März-April: erster Monat des jüdischen Jahres). Es sieht so aus, als ob hier eine Anspielung auf dieses lunare Motiv von Tod und Auferstehung beabsichtigt wäre. Außerdem könnte es von Bedeutung sein, daß der Buchstabe T zu den Formen und Symbolen des Kreuzes zählt, wohinzu kommt, daß das Kreuz ein traditionelles Zeichen der Erde ist, des Prinzips des Raumes, während das Wort *Tunc*, dessen Anfangsbuchstabe das T ist, «dann» bedeutet und somit ein Wort der Zeit ist. Die Raumzeit aber ist das Feld des Erscheinens, das heißt das Feld des Mysteriums der Fleischwerdung und Kreuzigung. Schließlich ist die Flamme das gebräuchliche christliche Symbol für den Paraklet, den Heiligen Geist, wie auch für jenen Zustand gnostischer Erleuchtung (sanskrit *bodhi*, griechisch *gnosis*), durch den die Weltillusion aufgehoben wird. Somit ließe sich durchaus begründet vermuten, daß die in der ringsherum laufenden Schlange symbolisierten Mächte der Vater und der Heilige Geist sind (möglicherweise zusammenhängend mit Eriugenas ungeschaffenem Schaffenden und nichtgeschaffenem Nichtschaffenden), während wir im Löwen den Sohn im Feld von Raum und Zeit haben – eine Interpretation, die vielleicht (vielleicht auch nicht) durch die Tatsache gestützt wird, daß im irischen *Lebar Brecc*, das Patricks Lebensgeschichte enthält, Christus, der Sohn, nicht als zweite, sondern als *dritte* Person der Trinität dargestellt wird.[15]

In jedem Fall sind die Symbole auf dieser wichtigen Seite bestimmt keine bloße Filigranarbeit, sondern ein Kommentar zum Text, nämlich die Andeutung eines Zusammenhangs der christlichen mit älteren symbolischen Formen. Und der Hintergrund ihrer Aussage war ebenso bestimmt ein Christentum, das noch nicht mit der augustinischen Orthodoxie der byzantinischen Kirchenkonzilien übereinstimmte. Edward Sullivan, dessen schöne Wiedergabe von vierundzwanzig Farbtafeln des *Book of Kells* die Vorlage für unsere Abbildung lieferte, hat angemerkt, daß in der orthodoxen lateinischen Vulgata-Übersetzung des Matthäusevangeliums die hier illuminierte Stelle nicht *Tunc crucifixerant* lautet, sondern *Tunc crucifixi sunt*, was ein weiteres Anzeichen, eines von vielen, für eine abweichende Überlieferungslinie ist.[16]

Der Kernpunkt, den ich mit all dem herausschälen möchte, ist jedoch einfach, daß es in der abgelegenen, eben noch heidnisch gewesenen irischen Provinz seitens der Mönche keine derart radikale Ablehnung der Tugenden des natürlichen Menschen oder der Symbole der heidnischen Ikonographie gab, wie sie für die spätere Missionierung der germanischen Stämme kennzeichnend werden sollte. Mit den Worten von T. G. E. Powell in seinem Werk über die Kelten:

> In den frühen germanischen Königreichen des nach-römischen Europa fand die Kirche nur den Ansatz eines Staats- und Rechtssystems vor, wogegen die Missionare in Irland auf einen sehr organisierten Gesellschaftskörper stießen, in dem es Gelehrte und Fachleute für das Recht, für Kulthandlungen, Heldendichtung und Ahnenforschung gab. Das Heidentum als solches wurde wohl verdrängt, aber die überlieferten Lehren blühten abseits der Klöster weiter. Seit dem 7. Jahrhundert n. Chr., wenn nicht früher, gab es adlige irische Mönche, die in einheimischer Tradition erzogen worden waren. Dies führte zu den frühesten Aufzeichnungen der Dichtung; sie ist neben der griechischen und lateinischen Literatur die älteste in Europa. ... Die Kontinuität der überlieferten einheimischen irischen Literatur und Dichtung vom Mittelalter zurück bis in vorgeschichtliche Zeit ist von großer Bedeutung und wurde bisher wenig gewürdigt.[17]

Die alte druidische Ausbildung der Filid (Barden), wodurch sie nicht nur die gesamte mythische Dichtung des Landes auswendig lernten, sondern auch die Gesetze, nach denen mythologische Analogien erkannt und symbolische Formen gedeutet werden mußten, wurde in der frühchristlichen Zeit sowohl für die Auslegung der Symbolik des christlichen Glaubens als auch für die Feststellung von Analogien zwischen diesem und den einheimischen heidnischen Mythen und Sagen nutzbar gemacht. Die Geburts- und Todesdaten von Cúchulinns Onkel König Conchobor zum Beispiel wurden mit denen der Geburt und Kreuzigung Christi zur Dekkung gebracht. Außerdem erklärte man, er sei gestorben, als er durch das Hellsehertum eines Druiden von der Kreuzigung Christi erfuhr. Und die Seele Cúchulinns nach seinem Tod von der Hand Lugaids (als er sich an einen Säulenstein geschnallt hatte, um stehend zu sterben, nicht sitzend oder liegend) sahen dreimal fünfzig Königinnen, die ihn geliebt hatten, in seinem Geistwagen dahinschweben, ein Lied vom Kommen Christi und dem Tag des Jüngsten Gerichtes singend. Sodann kehrte er, wie auch zahlreiche andere große Helden der Vorzeit, aus seiner heidnischen irischen Jenseitswelt zurück, um sich in aller Freundlichkeit mit dem heiligen Patrick zu unterhalten. Und nach sämtlichen Berichten (man bedenke: alle von Klerikern verfaßt) segnete Patrick die alten Heiden, entzückt von ihren Geschichten, die sein Schreiber alle in dem Werk festhielt, das wir als «Das Gespräch mit den Alten» kennen.

Zum Beispiel war da der Riese Caeilte, der mit einer Schar von seinesgleichen und ihren gewaltigen Wolfshunden erschien, gerade als Patrick in einem Lobpreis des Schöpfers eine alte Festung segnete, in der Finn Mac Cumhaill (Finn McCool) einst gewohnt hatte. Die Kleriker sahen die großen Männer näherkommen, und Furcht überkam sie, denn das waren keine Menschen aus ihrer Zeit oder Welt. Da erhob sich Patrick, der Apostel der Gälen, nahm seinen Weihwedel und besprengte die alten Helden, über denen tausend Dämonenlegionen flogen, mit heiligem Wasser. Daraufhin verzogen sich die Dämonen in alle Richtungen, in die Hügel und Felsnasen, an die äußeren Grenzen der Gegend und des Landes; und die großen Männer setzten sich.

«So ist's recht», sagte Patrick zu Caeilte. «Wie ist dein Name?»

«Ich bin Caeilte», sagte dieser, «Sohn des Crundchu, Sohn des Ronan.»

Die Kleriker wunderten sich sehr bei diesem Anblick, reichte doch der größte Mann von ihnen dem nächstbesten der alten Heiden gerade bis zur Hüfte oder, da sie gerade saßen, bis zur Schulter.

Patrick sagte: «Caeilte, ich muß dich um einen Gefallen bitten.» Darauf dieser: «Wenn es denn in meiner Stärke oder Macht liegt, sei er gewährt. Sag nur, was du willst.» «Hier in unserer Nähe eine Quelle mit reinem Wasser zu haben», sagte Patrick, «aus der wir die Menschen in Bregia, Meath und Usnach taufen können.» Da sprach der Riese: «Edler und Gerechter, den Gefallen kann ich dir tun.» Sie überquerten den Wall der Festung und kamen ins Freie. Der große Mann hatte die Hand des Heiligen gefaßt, und nach einem Weilchen sahen sie die Quelle eines Loch vor sich, funkelnd und glasklar. ...

Patrick sagte: «War er nicht ein guter Herr, bei dem ihr wart, Finn Mac Cumhaill meine ich?» Worauf Caeilte den folgenden Lobpreis aussprach:

Wäre das braune Blatt, das der Wald von sich wirft, Gold,
Wäre die weiße Woge Silber:
Finn hätte alle weggegeben.

«Wer oder was war es, das dich in deinem Leben so rüstig hielt?» fragte Patrick. Und der andere antwortete: «Die Wahrheit, die in unseren Herzen war, die Stärke in unseren Armen und das Worthalten in unseren Zungen.»

Viele Tage verbrachten sie zusammen, und an einem dieser Tage taufte Patrick sie alle. Da griff Caeilte an den Rand seines Schildes, riß davon eine wulstartige Masse Gold herunter, dreimal fünfzig Unzen, und sprach: «Das war das letzte Geschenk des Häuptlings Finn an mich, und jetzt, Patrick, nimm es um meiner Seele und um der Seele meines Anführers willen.»

In ihrer Länge reichte jene Masse Gold an Patrick von der Spitze seines Mittelfingers bis zum höchsten Punkt seiner Schulter, während sie in Breite und Dicke, wie es heißt, die Unterarmlänge eines Mannes maß. Dieses Gold wurde dann auf die Meßglocken, Psalter und Meßbücher der Mission verwendet.

Doch schließlich, nach vielen mit Spazierganggesprächen hingebrachten Tagen, kam für die großen Männer die Zeit, Abschied zu nehmen, und Caeilte wandte sich an den Heiligen. «Heiliger Patrick, meine Seele», sagte er. «Ich denke, morgen ist es für mich an der Zeit zu gehen.»

«Und weshalb gehst du?» fragte Patrick.

«Um die Hügel und Klippen und Moorgebiete aller Gegenden aufzusuchen, in denen meine Gefährten und meine Ziehbrüder und der Fian-Führer mit mir waren», antwortete er. «Denn es ermüdet mich, an einem Ort zu sein.»

Sie blieben noch diese Nacht; am Morgen standen alle auf. Caeilte legte seinen Kopf auf Patricks Brust, und der Heilige sagte zu ihm: «Von mir zu dir: An welchem Ort – ob im Haus oder im Freien – Gott auch Hand an dich legen mag, der Himmel ist dir sicher.»

Dann ging der christliche König von Connacht, der sich zu ihnen gesellt hatte, seiner Wege, um die Königsherrschaft auszuüben. Auch Patrick ging seiner Wege, um Glauben und Frömmigkeit zu säen, Teufel und Zauberer aus Irland zu vertreiben, Heilige und Gerechte heranzuziehen, Kreuze, Stationssteine und Altäre aufzustellen und Götzen- und Elfenbilder und das ganze Hexenwesen umzustürzen. Und was Caeilte anlangt: Er ging nach Norden auf die weiten Ebenen von Boyle, über den Wasserfall von Neras Sohn, weiter noch nach Norden in die Curlieu-Berge, nach Keshcorann hinein und wieder ins Freie auf das flache Land am Corann.[18]

2
Das Schicksal der Götter

Der Römer P. Cornelius Tacitus (ca. 55–120 n. Chr.) hat in seiner *Germania* die früheste bekannte Schilderung des Lebens und der Religion der germanischen Stämme jenseits von Donau und Rhein gegeben, die zu seiner Zeit bereits Rom bedrohten und in den folgenden dreihundert Jahren sein Untergang werden sollten. Tacitus schreibt:

> In alten Liedern, der einzigen Art ihrer geschichtlichen Überlieferung, feiern die Germanen Tuisto, einen erdentsprossenen Gott. Ihm schreiben sie einen Sohn Mannus als Urvater und Gründer ihres Volkes zu, dem Mannus wiederum drei Söhne; nach deren Namen, heißt es, nennen sich die Stämme an der Meeresküste Ingävonen, die in der Mitte Herminonen und die übrigen Istävonen. Einige versichern – die Urzeit gibt ja für Vermutungen weiten Spielraum –, jener Gott habe mehr Söhne gehabt und es gebe demnach mehr Volksnamen: Marser, Gambrivier, Sueben, Vandilier, und das seien

die echten, alten Namen. Die Bezeichnung Germanien sei übrigens neu und erst vor einiger Zeit aufgekommen. Denn die ersten, die den Rhein überschritten und die Gallier vertrieben hätten, die jetzigen Tungrer, seien damals Germanen genannt worden. So habe der Name eines Stammes, nicht eines ganzen Volkes, allmählich weite Geltung erlangt: zuerst wurden alle nach dem Sieger, aus Furcht vor ihm, als Germanen bezeichnet, bald aber nannten auch sie selbst sich so, nachdem der Name einmal aufgekommen war. Auch Herkules, berichtet man, sei bei ihnen gewesen, und sie singen von ihm als dem ersten aller Helden, wenn sie in den Kampf ziehen.[19] ...

Deshalb nehmen die Germanen auch gewisse Bilder und Zeichen, die sie aus den heiligen Hainen holen, mit in die Schlacht.[20] ...

Von den Göttern verehren sie am meisten den Merkur (Wotan); sie halten es für geboten, ihm an bestimmten Tagen auch Menschenopfer darzubringen. Herkules (Donar) und Mars (Ziu) stimmen sie durch bestimmte Tiere gnädig. Ein Teil der Sueben opfert auch der Isis. Worin der fremde Kult seinen Grund und Ursprung hat, ist mir nicht recht bekannt geworden; immerhin beweist das Zeichen der Göttin – es sieht wie eine Barke aus –, daß der Kult auf dem Seewege gekommen ist.

Im übrigen glauben die Germanen, daß es der Hoheit der Himmlischen nicht gemäß sei, Götter in Wände einzuschließen oder irgendwie der menschlichen Gestalt nachzubilden. Sie weihen ihnen Lichtungen und Haine, und mit göttlichen Namen benennen sie jenes geheimnivolle Wesen, das sie nur in frommer Verehrung erblikken.[21] ...

Als die ältesten und vornehmsten Sueben betrachten sich die Semnonen. Den Glauben an ihr hohes Alter bestätigt ein religiöser Brauch. Zu bestimmter Zeit treffen sich sämtliche Stämme desselben Geblüts, durch Abgesandte vertreten, in einem Haine, der durch die von den Vätern geschauten Vorzeichen und durch uralte Scheu geheiligt ist. Dort leiten sie mit öffentlichem Menschenopfer die schauderhafte Feier ihres rohen Brauches ein. Dem Hain wird auch sonst Verehrung bezeigt: niemand betritt ihn, er sei denn gefesselt, um seine Unterwürfigkeit und die Macht der Gottheit zu bekunden. Fällt jemand hin, so darf er sich nicht aufheben lassen oder selbst aufstehen; auf dem Erdboden wälzt er sich hinaus. Insgesamt gründet sich der Kultbrauch auf den Glauben, daß von dort der Stamm sich herleite, dort die allbeherrschende Gottheit wohne, der alles andere unterworfen, gehorsam sei. Der Wohlstand der Semnonen erhöht ihr Ansehen: sie bewohnen hundert Gaue, und die Größe ihrer Gemeinschaft veranlaßt sie, sich für den Hauptstamm der Sueben zu halten.

Dagegen macht die Langobarden die geringe Zahl berühmt: inmitten zahlreicher, sehr starker Stämme sind sie nicht durch Gefügigkeit, sondern durch Kampf und Wagemut geschützt. Dann folgen die Reudigner, Avionen, Anglier, Variner, Eudosen, Suardonen und Nuitonen; ihnen allen gewähren Flüsse oder Wälder Sicherheit. Im einzelnen haben sie nichts Bemerkenswertes, insgesamt aber verehren sie Nerthus, das heißt die Mutter Erde, und glauben, die Göttin nehme teil am Treiben der Menschen, sie fahre bei den Stämmen umher. Es gibt auf einer Insel des Weltmeeres einen heiligen Hain, und dort steht ein geweihter Wagen, mit Tüchern bedeckt; einzig der Priester darf ihn berühren. Er bemerkt das Eintreffen der Göttin im Allerheiligsten; er geleitet sie in tiefer Ehrfurcht, wenn sie auf ihrem mit Kühen bespannten Wagen dahinfährt. Dann folgen frohe Tage; festlich geschmückt sind alle Orte, denen die Göttin die Huld ihrer Ankunft und Rast gewährt. Man zieht nicht in den Krieg, man greift nicht zu den Waffen; verschlossen ist alles Eisen. Dann kennt, dann liebt man nur Ruhe und Frieden, bis die Göttin, des Umgangs mit Menschen müde, vom gleichen Priester ihrem Heiligtum zurückgegeben wird. Dann werden Wagen und Tücher und, wenn man es glauben will, die Gottheit selbst in einem entlegenen See gewaschen. Sklaven sind hierbei behilflich, und alsbald verschlingt sie derselbe See. So herrscht denn ein geheimes Grauen und heiliges Dunkel, was das für ein Wesen sei, das nur Todgeweihte schauen dürfen.[22] ...

Bei den Naharnavalern zeigt man einen Hain, eine uralte Kultstätte. Vorsteher ist ein Priester in Frauentracht; die Gottheiten, so wird berichtet, könnte man nach römischer Auffassung Kastor und Pollux nennen. Ihnen entsprechen sie in ihrem Wesen; sie heißen Alken. Es gibt keine Bildnisse; keine Spur weist auf einen fremden Ursprung des Kultes; gleichwohl verehrt man sie als Brüder, als Jünglinge.[23] ...

An seiner Ostküste bespült das suebische Meer die Stämme der Ästier. In Brauchtum und äußerer Erscheinung stehen sie den Sueben nahe, in der Sprache eher den Britanniern. Sie verehren die Mutter der Götter. Als Wahrzeichen ihres Kultes tragen sie Bilder von Ebern: die dienen als Waffe und Schutzwehr gegen jede Gefahr und gewähren dem Verehrer der Göttin selbst unter Feinden Sicherheit. Selten werden Waffen aus Eisen verwendet, häufiger Knüttel. Getreide und andere Feldfrüchte ziehen die Ästier mit größerer Geduld, als die übliche Trägheit der Germanen erwarten läßt. Doch auch das Meer durchsuchen sie, und als einzige unter allen Germanen sammeln sie an seichten Stellen und schon am Strande den Bernstein, der bei ihnen «Glesum» heißt. Was er ist oder wie er entsteht, haben sie nach Barbarenart nicht untersucht oder in Erfahrung gebracht; ja er lag sogar lange Zeit unbeachtet unter den übrigen Auswürfen des Meeres, bis ihm unsere Putzsucht Wert verlieh. Sie selbst verwenden ihn gar nicht; roh wird er gesammelt, unbearbeitet überbracht, und staunend nehmen sie den Preis entgegen.[24] ...

Die Germanen glauben sogar, den Frauen wohne etwas Heiliges und Seherisches inne; deshalb achten sie auf ihren Rat und hören auf ihren Bescheid. Wir haben es ja zur Zeit des verewigten Vespasian erlebt, wie Veleda lange Zeit bei vielen als göttliches Wesen galt. Doch schon vor Zeiten haben sie Albruna und mehrere andere Frauen verehrt, aber nicht aus Unterwürfigkeit und als ob sie erst Göttinnen aus ihnen machen müßten.[25] ...

Bei Totenfeiern meiden sie Prunk; nur darauf achten sie, daß die Leichen berühmter Männer mit bestimmten Holzarten verbrannt werden. Den Scheiterhaufen beladen sie nicht mit Teppichen oder Räuchwerk. Jeden begleiten die Waffen; einigen wird auch das Pferd ins Feuer mitgegeben. Über dem Grabe erhebt sich ein Rasenhügel; die Ehre hoher und kunstvoller Denkmäler lehnt man ab: sie sei eine Last für die Toten. Jammer und Tränen währen nur kurz, doch Schmerz und Trauer lange. Den Frauen ziemt Klage, den Männern stilles Gedenken.[26]

Bemerkenswert ist die herausragende Bedeutung, die hier Göttinnen eingeräumt wird und ihrer Verbindung zur Erde, zum Pflanzen, zum Schwein, zum Menschenopfer und zu einem solchen festlichen Wagenumzug, wie man ihn bis auf den heutigen Tag in jedem Teil der Welt miterleben kann, in dem der Kult der Göttin noch besteht. Die Ästier, deren Sprache dem keltischen Idiom des damaligen Britannien ähnelte, bauten Getreide an, hielten den Eber heilig und beteten die Mutter der Götter an. Mit diesem Syndrom sind wir bereits vertraut. Die Anglier (Angeln, die zukünftigen Engländer) beteten die Göttin Nerthus an, die Mutter Erde, deren Bildnis in einem Wagenumzug verehrt und gewaschen wurde – woraufhin diejenigen, die das Bildnis gewaschen hatten, in einem See auf ihrer heiligen Insel ertränkt wurden. Man denkt dabei an die Sage vom griechischen Jäger Aktaion, der zufällig auf die in ihrem Waldteich badende Artemis traf und dafür von ihr in einen Hirschen verwandelt und von seinen eigenen Hunden zerrissen wurde; ebenso an den vorwitzigen jungen Adepten im Tempel der Göttin im ägyptischen Sais, der sich erkühnte, den Schleier von ihrem Bildnis zu lüften, und dem daraufhin das Grauen die Zunge für immer lähmte. War sie es doch gewesen, die erklärt hatte: «Niemand hat meinen Schleier aufgehoben» (οὐδεὶς ἐμὸν πέπλον ἀνεῖλε); das heißt: Niemand hat das Geheimnis meiner göttlichen Weltmutterschaft aufgedeckt und ist am Leben geblieben.[27]

Der Priester der Naharnavaler, der in Frauentracht dem heiligen Hain vorstand, wo Zwillinge ähnlich wie Kastor und Pollux verehrt wurden, läßt ferner an die Eunuchenpriester der großen syrischen Göttin Kybele denken. Und schließlich könnte die Göttin, die Tacitus mit Isis identifizierte – wie sie als eine Göttin des Meeres und der Schiffe geehrt –, unter Umständen durchaus die späte ausländische Neuerung gewesen sein, für die er sie hielt. Denn der von diesen germanischen Formen gelieferte Anhalt für einen uralten Zusammenhang schon von den allerersten neolithischen Einflüssen in Europa an ist stark genug, um nahezu jede Datierungstheorie zu stützen, die man nur aufstellen möchte. Tatsächlich sind diese verschiedenen Göttinnen der germanischen Stämme des ersten nachchristlichen Jahrhunderts genau das, was man in einer Zone zahlreicher neolithischer Diffusionslinien erwartet hätte. Die Herleitung der Stämme von dem der Göttin Erde entsprossenen Gott Tuisto, die so sehr an die erdstämmigen Genealogien Hesiods erinnert, verleiht diesem Bild zusätzlichen Rückhalt. Es scheint also, als könnten wir guten Mutes behaupten, daß das europäische neolithische Erbe, ob in den frühen griechischen und keltischen oder in den späteren römischen und germanischen Zonen, weitgehend homologe mythische Formen hervorbrachte, die der alten Ordnung des großen Zeitalters der Göttin entstammten und Ausdruck verliehen: und dies war der Untergrund, über den sich die späteren Schichten hochkultureller Mythen legten.

Die Frage bleibt also bestehen, was für spätere Schichten das gewesen sein mögen; und zu dieser Frage gehört, daß Tacitus die Namen Herkules, Merkur und Mars als lateinische Entsprechungen dreier wichtiger germanischer Götter aufführt, denen zu seiner Zeit Opfer gebracht wurden. Man hat diese drei unzweifelhaft als Thor (Donar), Odin (Wotan) und Ziu identifiziert – nach denen, wie wir gesehen haben, die Wochentage Donnerstag, im Englischen Wednesday und Dienstag benannt sind. In der herrlichen Dichtung der isländischen Eddas und des mittelhochdeutschen *Nibelungenliedes*, aus der Wagner seinen gewaltigen *Ring* schöpfte, stehen sie unter den männlichen Gottheiten obenan. Und genau wie zur Zeit des Taciteischen Berichtes, so war auch in der eddischen Zeit, ein langes Jahrtausend später, die Gestalt Odin-Merkurs der höchste Gott, der über allen stand.

Die Gestalt Thors jedoch weist Anzeichen dafür auf, die älteste des Pantheons zu sein und möglicherweise sogar bis auf das Paläolithikum zurückzugehen, in dem sein berühmter Hammer durchaus eine typische Waffe gewesen wäre. Er ist niemals mit Schwert oder Lanze bewaffnet oder beritten wie Odin, sondern zieht zu Fuß gegen seine Feinde. Und als listiger Riesentöter finden sich seinesgleichen in den Ungeheuertötern praktisch jeder urtümlichen Jägermythologie, von der wir Kenntnis haben.[28] Der griechische Herakles gehörte ebenfalls zu diesem urwüchsigen Heldenschlag. Doch in der unerhört grotesken Komik der Siege Thors – die in vieler Hinsicht den Vergleich mit den Sagen um den keltischen Dagda aushalten (siehe oben S. 344–345) – schlägt die urmythische Atmosphäre der Schamanentaten, wie sie die alten Heroen der Völker der Großen Jagd begingen, stärker durch als selbst in den bizarrsten Heldensagen der Griechen.

Beispielsweise war er einmal voll Zorn auf das ganze Geschlecht der Riesen, als die ihn eben in ihrer Stadt Jötunheim zum Narren gehalten hatten, und er zog aus, um an der bekanntesten der ganzen Brut Rache zu nehmen, der Midgardschlange, deren Wohnstatt der weltumringende Ozean war. Thor nahm die unscheinbare Gestalt eines jungen Burschen an und kam auf seinem Weg eines Abends an den Rand der Welt, wo der Riese Hymir wohnte, den er um Unterkunft für die Nacht bat. Bei Tagesanbruch stand Hymir, der Riese, auf, kleidete sich an und machte sich fertig, allein zum Fischen aufs Meer zu rudern. Als Thor das sah, sprang er auf und kleidete sich rasch an, um mitzufahren. Hymir wies ihn ab: von ihm würde er keine Hilfe haben, klein und halbwüchsig, wie er sei, und er würde frieren bei einer so weiten und so langen Angelfahrt, wie der Riese sie immer unternahm. Über diesen Schimpf war der junge Bursche, Thor, so wütend, daß er nur deshalb nicht mit seinem Hammer Mjöllnir zuschlug, weil er auf See eine weit größere Probe seiner Kraft zu geben gedachte. Also erwiderte Thor lediglich, Hymir könne so weit hinausrudern und so lange sitzen, wie er wolle, es sei durchaus nicht sicher, wer als erster die Umkehr verlangen werde. Er fragte, was sie als Köder mitnähmen, aber Hymir hieß ihn sich selbst Köder verschaffen. Darauf drehte der Bursche sich um, ging in seinem Zorn zu einer Herde Ochsen, die dem Riesen gehörte, packte sich den größten – er hieß «Der den Himmel aufreißt» – und riß ihm den Kopf ab. Dann sprang er damit zum Strand, wo Hymir schon das Boot flottgemacht hatte.

Der Gast ging an Bord, setzte sich in den Schöpfraum, nahm zwei Ruder und legte sich ins Zeug; und Hymir fand, daß sie tüchtig vorankamen. Der Riese selbst ruderte vorn im Bug, und sie machten solche Fahrt, daß er bald erklärte, sie hätten jetzt die Fischgründe erreicht, wo er Schollen zu angeln pflegte. Der Gast jedoch verlangte, weiter hinauszufahren, und sie legten abermals ein Gewaltrudern ein, bis Hymir rief, sie wären jetzt so weit draußen, daß es gefährlich wäre, noch weiter zu fahren, wegen der Schlange. Der junge Bursche aber erklärte erneut, er wolle noch weiterrudern, und das tat er auch. Und der Riese bekam es langsam mit der Angst zu tun.

Endlich zog Thor die Ruder ein und machte sich eine starke Angelschnur zurecht, und der Angelhaken, den er mitgebracht hatte, war auch nicht gerade klein, dünn oder schwächlich. Er befestigte den Ochsenkopf an diesem Haken und warf ihn über Bord. Er sank auf den Grund, und die Midgardschlange ließ sich drankriegen. Sie schnappte nach dem Ochsenkopf, der Angelhaken drang ihr in den Gaumen, und als sie das spürte, zog sie so heftig zurück, daß Thors beide Fäuste gegen das Dollbord prallten. Erzürnt fuhr Thor in seine Götterkraft, stemmte die Füße so fest gegen den Boden des Bootes, daß sie beim Ziehen glatt hindurchstießen und er auf dem Meeresgrund zu stehen kam, während er seinen Fang einholte.

Man kann mit Recht sagen, daß niemals etwas Furchtbareres auf der Welt zu sehen war als Thors Augen, wie sie der Schlange entgegensprühten, und die Schlange, wie sie ihn von unten her anstierte und Gift ausblies. Da erblaßte der Riese Hymir, er wurde ganz gelb und ängstigte sich, als er die Midgardschlange dort sah und zugleich, wie die See in sein Boot hinein- und wieder herauswogte. Thor ergriff den Hammer und schwang ihn zum Schlag, aber Hymir schnappte nach dem Fischmesser und schnitt die Leine über dem Bordrand durch, so daß die Schlange ins Meer versank. Thor warf ihr den Hammer nach, und man erzählt, er habe ihr damit in der Höhe der Wogenkämme den Kopf abgeschlagen. Andere jedoch glauben, daß die Midgardschlange noch lebt und im Abgrund des allumschlingenden Ozeans liegt. Der erboste Gott jedenfalls ballte die Faust und setzte sie dem Hymir ans Ohr, so daß dieser kopfüber ins Meer flog. Dann watete Thor zurück ans Land.[29]

Thor wird in Skandinavien der «Schirmer der Erde» genannt, und jahrhundertelang hat man kleine Nachbildungen seines Hammers als schützende Amulette getragen. Im Stockholmer Museum befindet sich eines aus Bernstein aus jungpaläolithischer Zeit, und aus dem Frühmetallikum hat man fünfzig oder mehr winzige T-förmige Hämmer aus Silber und Gold gesammelt. Noch Anfang dieses Jahrhunderts – vielleicht sogar heute noch – herrschte bei den Fischern auf Manx die Sitte, das T-förmige Zungenbein eines Schafes zum Schutz auf See zu tragen; und in deutschen Schlachthäusern hat man Arbeiter mit dem gleichen Knochen am Hals hängen gesehen.[30]

Ein unvorgesehener, leicht bestürzender Nebensinn kommt

durch diese Beobachtung dem T-Motiv zu, das wir bereits in Verbindung mit der keltisch-christlichen Tunc-Seite (aus einer Zeit vielfältiger Verflechtung des keltischen und des wikingischen Einflußbereichs) erörtert haben, und natürlich auch umgekehrt: Die scheinbar bloß groteske Fischfangepisode gewinnt ein ganz neues Spektrum möglicher Bedeutungen, wenn das T der keltischen Buchseite mit Thors Hammer wie auch mit Christi Kreuz identifiziert wird. Wir könnten im Grunde sogar fragen, ob der T-förmige Schafknochen (Opferlamm!) im Brauchtum von Manx und Deutschland nicht unbewußt ebenso mit dem welterlösenden Kreuz des Gottmenschen Christus wie mit dem erdschirmenden Hammer des einheimischen, viel älteren, womöglich sogar paläolithischen Gottmenschen Thor identifiziert worden sein könnte.

Zu Tacitus' Zeiten wurde, wie wir gesehen haben, Thor mit Herkules identifiziert; doch in der späteren germanisch-römischen Zeit bestand die Analogie vielmehr zu Jupiter (Jovis). Der Jovistag in der lateinischen Welt (italienisch *giovedi*, französisch *jeudi*) wurde bei den Germanen zum Thorstag (englisch *thursday*) beziehungsweise Donarstag (Donnerstag). Thors Hammer wurde dementsprechend mit dem feurigen Blitzkeil des Zeus gleichgesetzt – und mit dieser Analogie tut sich ein riesiges Spektrum neuer Verbindungen zur Sphäre des hellenistischen synkretistischen Gedankenguts auf.

Schauen wir uns zunächst die Verbindung von Jovis und seinem Planeten Jupiter mit dem Prinzip der Gerechtigkeit und des Gesetzes an. Skandinavische Versammlungen wurden im allgemeinen am Donnerstag – dem Tag Thors – eröffnet. Der Hammer des Vorsitzenden ist nach wie vor Thors Hammer. Und auf den isländischen Thingen (Gerichtsversammlungen) war der Gott, der zum Zeugnis bei Eiden als «allmächtiger Gott» angerufen wurde, Thor.[31]

Der Blitzkeil Jupiters ist überdies sinnverwandt und gleichursprünglich mit dem Vajra, «Diamant», «Blitzkeil», der mahāyāna-buddhistischen und tantrisch-hinduistischen Vorstellungswelten. Wie nämlich bereits oben (S. 302–303) bemerkt, ist der Blitzkeil die unwiderstehliche Kraft der Wahrheit, durch die Illusionen und Lügen vernichtet werden, sowie in einem tieferen Sinne die Kraft der Ewigkeit, wodurch die Erscheinungswelt zunichte wird. Wie die schlagartige initiatorische Erkenntnis kommt der Blitz von selbst und ist gefolgt vom Dröhnen und Rumoren des erwachenden Lebens und Regens – des Gnadenregens. Auch die Vorstellung des Diamanten ist in diesem Zusammenhang am Platz, denn wie der Blitz alle Dinge zerschmettert, so zerschneidet der Diamant alle Steine, während das harte, reine Leuchten des Diamanten die adamantene Qualität der Wahrheit und des wahrhaftigen Geistes versinnbildlicht.

Die zwei Vorstellungsbilder Blitz und Diamant, die im indischen Vajra vereinigt sind, lassen sich also ohne weiteres auf den Hammer Thors beziehen. Wir haben bereits einen Zusammenhang zwischen diesem Zeichen und dem großen mithräischen Löwen-Schlangenmann Zervan Akarana (Abb. 24) festgestellt. Es ist die Waffe des Shiva und des Sonnenbuddhas Vairocana, der feurige Donnerkeil Jupiters und jetzt der gewaltige Hammer Thors. Es ist auch die kretische Doppelaxt des Stieropfers und das Messer in der Hand des Helden Mithra, mit dem er den Weltstier ersticht.

Schauen wir uns noch einmal Thors Angelhaken – und den Köder daran – an, und blättern wir dann zu Abbildung 23 zurück, wo die Weltschlange zu dem Mithraopfer dazustößt. Schauen wir uns auch noch einmal die Tunc-Seite des *Book of Kells* an, und erinnern wir uns, daß nach christlicher Auffassung Christus, das Opfer, das den Zorn des Vaters besänftigte, quasi der Köder war, durch den der Schlangenvater gebändigt wurde. Wie der Priester in der Messe die geweihte Hostie verzehrt, so verzehrte der Vater das freiwillige Opfer, seinen immer wieder sterbenden und immer wieder zum Leben erwachenden Sohn, der natürlich letzten Endes er selber war.

Wieviel von alledem in den Mythologien der Germanen zur Zeit Tacitus' faßbar war, weiß kein Mensch. Hinsichtlich der Periode der Eddas, der Sagas und des *Nibelungenliedes* jedoch besteht kein Zweifel. Es ist auch nicht einmal schwer, die Bahnen und Wege auszumachen, auf denen der große hellenistische synkretistische Stil mythischer Sage über das Römergebiet hinausgelangte und die Wehre der deutschen Flüsse und Wälder überwand.

Zunächst einmal besitzen wir das Zeugnis der Runenschrift, die bei den nördlichen Stämmen unmittelbar nach der Zeit des Tacitus aufkam. Man ist heute der Ansicht, daß sie sich aus dem griechischen Alphabet in den hellenisierten gotischen Provinzen nördlich und nordwestlich des Schwarzen Meeres entwickelte. Von dort aus wanderte sie – möglicherweise über die alte Handelsstraße donauauf- und elbabwärts – ins südwestliche Dänemark, wo sie um 250 n. Chr. auftauchte und von wo aus ihre Kenntnis bald nach Norwegen, Schweden und England getragen wurde. Die ursprüngliche Runenreihe bestand aus 24 (3 x 8) Staben, denen jeweils eine magische – wie auch mystische – Bedeutung zugesprochen wurde. In England wurde die Zahl der Zeichen auf 33 vermehrt, in Skandinavien wurde sie auf 16 vermindert. Denkmäler und bewegliche Gegenstände im gesamten Raum der germanischen Völkerwanderung tragen Inschriften in diesen verschiedenen Runenschriften, manche mit einem Bannfluch, manche mit einem Liebesgruß zum Inhalt. So steht etwa auf einem Stein in Schweden aus dem späten siebten Jahrhundert: «Der Glanzrunenreihe barg ich hier, Zauberrunen. Durch Argheit rastlos, draußen (= in der Fremde) ist eines tückischen Todes, wer dies (sc. Denkmal) zerstört.» Und auf einer deutschen Bügelfibel aus dem sechsten Jahrhundert: «Boso ritzte die Rune. Dich grüßte Dathina.»[32]

Die Erfindung und Verbreitung der Runen lassen einen Einfluß erkennen, der unabhängig in den barbarischen germanischen Norden drang, und zwar ausgehend von denselben hellenistischen Zentren, aus denen in diesen Jahrhunderten die Mysterien des Mithra zu den römischen Legionen an Donau und Rhein gelangten. Wir wissen nicht, welche «Weisheit» zu diesem frühen Zeitpunkt mit den Runen einherging, aber daß ihre mystische Weisheit in späteren Zeiten von einer allgemein neuplatonischen, gnostisch-buddhistischen Art war, kann kaum bezweifelt werden. Odins berühmte Worte in der isländischen *Lieder-Edda*, mit denen er von seinem Erwerb des Runenwissens durch Selbstaufgabe berichtet, machen diesen Zusammenhang ganz deutlich:

Ich weiß, daß ich hing
am windigen Baum
neun Nächte lang,
mit dem Ger verwundet,
geweiht dem Odin,

ich selbst mir selbst,
an jenem Baum,
da jedem fremd,
aus welcher Wurzel er wächst.

Sie spendeten mir
nicht Speise noch Trank;
nieder neigt ich mich,
nahm auf die Runen,
nahm sie rufend auf;
nieder dann neigt ich mich. ...

Zu wachsen begann ich
und wohl zu gedeihn,
weise ward ich da;
Wort mich von Wort
zu Wort führte,
Werk mich von Werk
zu Werk führte.[33]

Niemand weiß, wer diese Zeilen geschrieben hat. Sie stehen in einer kostbaren Handschrift in der Königlichen Bibliothek zu Kopenhagen, dem sogenannten *Codex Regius*, der offenbar um 1300 n. Chr. geschrieben wurde und dessen Inhalt (der Sprachform nach zu urteilen) etwa zwischen 900 und 1050 n. Chr. verfaßt worden sein muß.[34] Das heißt, die Entstehungszeit fällt zusammen mit den großen Wikingerfahrten von Skandinavien aus gegen die Küsten und Landstriche Frankreichs und der Britischen Inseln – und weiter nach Island, nach Grönland, nach Neuschottland und nach Massachusetts. Es war auch die Zeit der wikingischen Könige und Fürsten von Nowgorod und Kiew, nach deren Benennung Rhos oder Rus (von altnordisch *rodr*, «Ruderstraße»?)[35] Rußland seinen Namen hat: Jahre, in denen den Stoßgebeten der europäischen christlichen Litaneien die Bitte hinzugefügt wurde: «Von der Wut der Normannen, erlöse uns!»

Vieles hatte sich zugetragen seit der Zeit des von Tacitus geschilderten Urzustandes. In erster Linie hatte der Anstoß der Hunnenüberfälle aus Asien das gesamte Germanentum in Bewegung gesetzt, so daß Stämme von Osten nach Westen, von Norden nach Süden und nach allen Seiten hin und her geworfen wurden. Zweitens hatte sich ein anhaltender Strom von Einflüssen in diesen Kessel ergossen, zuerst seit dem sechsten Jahrhundert, gleich stark einsetzend, aus Byzanz im Südosten und dann ganz plötzlich aus dem Islam auf Sizilien und in Spanien. Die Iren waren unterdessen fleißig dabei, die Botschaft Christi in die Länder zurückzutragen, aus denen sie sie einst empfangen hatten, und kamen dabei im Süden bis zum Bodensee und nach Mailand – größtenteils Missionare aus St. Columbas Inselkloster auf Iona (gegründet 563), die Vorderpartie des Kopfes von einem Ohr zum anderen geschoren und hinten mit langen wallenden Locken, in der Hand einen langen Stab und eine lederne Wasserflasche auf dem Rücken, dazu Provianttasche, Schreibtafel und Reliquienkästchen.[36] Um die Zeit der ersten Wikingerfahrten, etwa 750 n. Chr., waren die Germanen der älteren Wanderphase schon seßhafte Mitglieder eines klar umrissenen rohen, aber christlichen europäischen Kulturraumes, abgegrenzt einerseits von den Mauren im Südwesten und andererseits von dem neuen wackeligen byzantinischen Christenreich im Südosten: in keiner Weise eine bloße Fortführung oder Afterzivilisation der älteren, verbrauchten römischen Ordnung, sondern die neue und rasch Gestalt annehmende Verheißung einer bald schon entstehenden gotischen Ordnung. Und die Wikinger der nördlichen Randgebiete waren nicht die Hinterwäldler, die Tacitus siebenhundert Jahre vorher geschildert hatte, sondern hochstehende, mächtige Barbaren mit großen, kunstvoll verzierten Seeschiffen, die in Flotten von bis zu sechshundert, viele davon fünfundzwanzig Meter lang und mit über dreißig Registertonnen Rauminhalt, über die Meere segelten.

Ein Chronist schrieb um das Jahr 800 über sie:

> Die Zahl der Schiffe wächst. Der endlose Strom von Wikingern hört nie auf anzuschwellen. Überall sind die Christen Opfer von Massakern, Bränden, Plünderungen; die Wikinger erobern alles, was ihnen in den Weg kommt, und niemand widersteht ihnen: sie nehmen Bordeaux, Perigueux, Limoges, Angoulême und Toulouse. Angers,

> Tours und Orléans sind vernichtet, und unzählige Flotten segeln die Seine hinauf, und das Übel wächst in der ganzen Region: Rouen verwüstet, geplündert und verbrannt, Paris, Beauvais und Meaux genommen, Meluns starke Festung dem Erdboden gleichgemacht, Chartres besetzt, Evreux und Bayeux geplündert, und jede Stadt belagert. Kaum eine Stadt, kaum ein Kloster werden verschont: alles Volk flieht, und wenige sind es, die zu sagen wagen: «Steht und kämpft, für unser Land, unsere Kinder, unsere Häuser!» In ihrer Benommenheit, in Rivalitäten verstrickt, fordern sie dort Abgaben, wo sie mit dem Schwert verteidigen sollten, und lassen das Reich der Christenheit zugrunde gehen.[37]

Von der anderen Seite des feurigen Strafgerichts hören wir das folgende Knabengedicht des großen wikingischen Skalden und Kriegerzauberers Egil Skallagrimsson (um 930):

> Meine Mutter sagte,
> Mir gebühr ein Kriegschiff
> Bald mit rüstigen Rudrern,
> Raub zu holen als Wiking.
> Stehen müßt ich am Steven,
> Steuern kühn den Meerkiel:
> Heldengleich im Hafen
> Hieb' ich auf die Männer![38]

Wenn der Gott Thor sich in seiner Wesensart etwas von den rohen Frühzeiterinnerungen seines Volkes bewahrt hat – den paläolithischen Hammer und die kühnen Taten des urwüchsigen Riesentöters –, so sind in der Wesensart Odins die urtümlichen Züge fast völlig verschwunden und einer stahlhellen symbolischen Gestalt gewichen, überaus durchgeformt und von strahlendem Äußeren, aber auch von erstaunlicher Tiefe. Odin ist der Allvater einer fest strukturierten, riesenhaft ausgemalten Kosmologie, wie alle großen Ordnungen, die wir untersucht haben, angeregt von dem Lehrgebäude der Priesterdenker des alten Sumer: ausgebildet jedoch unter Beeinflussung durch zarathustrisches, hellenistisches und möglicherweise auch christliches Gedankengut; mit der Kraftbetonung einer Kriegermystik, wie sie uns bereits in den militärischen Mysterien des Mithra entgegengetreten ist, und mit einem eigentümlichen Schicksalsgefühl, das sich kristallisiert in dem ehrfurchtgebietenden alten angelsächsischen Wort *wyrd* – von dem noch das englische Wort *weird* («Schicksal») stammt, man denke etwa an die *weird sisters* («Schicksalsschwestern») in *Macbeth*.

Wir haben bereits oben erwähnt, daß in Odins himmlischer Kriegerhalle 432 000 Kämpfer wohnen,[39] die am Ende des kosmischen Äons zum Krieg mit dem Fenriswolf herausstürmen, der gegenseitigen Vernichtungsschlacht der Götter und Riesen. Am Anbruch jenes Tages wird Eggdir, der Wächter der Riesen, seine Harfe schlagen, und über ihm wird der feuerrote Hahn krähen, der Fjalar heißt. Bei den Göttern wird der Hahn Gullinkambi krähen und unter der Erde noch ein anderer, braunroter Hahn, in den Tiefen der Göttin Hel. Und dann, so lesen wir in den schicksalsschweren Versen, wird vor seiner Höhle der Höllenhund Garm heulen, die Fessel wird reißen und der Wolf rennen. «Vieles weiß ich, Fernes schau ich», verkündet die Prophetin dieser Zeilen, «der Rater Schicksal, der Schlachtgötter Sturz»:

Brüder kämpfen
und bringen sich Tod,
Brudersöhne
brechen die Sippe;
arg ist die Welt,
Ehbruch furchtbar,
Schwertzeit, Beilzeit,
Schilde bersten,
Windzeit, Wolfzeit,
bis die Welt vergeht –
nicht einer will
des andern schonen. ...

Yggdrasils Stamm
steht erzitternd,
es rauscht der Baumgreis;
der Riese kommt los. ...

Was gibt's bei den Asen?
Was gibt's bei den Alben?
Riesenheim rast;
beim Rat sind die Götter.
Vor Steintoren
stöhnen Zwerge,
die Weisen der Felswand –
wißt ihr noch mehr?[40]

Eine weitere Apokalypse erscheint so vor unseren Augen.

Von Osten kommt der Riese Hrym mit hoch erhobenem Schild. Die Midgardschlange rast im Meer, und ein riesiger Adler schreit in der Höhe. Das Schiff Naglfar, aus abgeschnittenen Fingernägeln gebaut, segelt ebenfalls von Osten heran, bemannt mit Muspells Söhnen und mit dem Gestaltenwechsler Loki am Steuer. Von Süden eilt Surt, der Herr der Feuerwelt, mit sengender Glut herbei. Odin zieht wider den Wolf. Der Gott Freyr geht gegen Surt. Odin fällt, und sein Sohn Widar rächt ihn, er stößt dem Wolf sein Schwert ins Herz. Thor tritt wieder gegen den Wurm an. Die gleißende Schlange gähnt zum Himmel, und Thor erschlägt sie voll Zorn, doch als er sich umdreht, geht er noch neun Schritte und fällt dann tot um.[41]

Die Sonne verlischt,
das Land sinkt ins Meer;
vom Himmel stürzen
die heitern Sterne.
Lohe umtost
den Lebensnährer;
hohe Hitze
steigt himmelan.

Dann aber wendet sich das Schicksal wieder:

Seh aufsteigen
zum andern Male
Land aus Fluten,

frisch ergrünend:
Fälle schäumen;
es schwebt der Aar,
der auf dem Felsen
Fische weidet. ...

Unbesät werden
Äcker tragen;
Böses wird besser:
Balder kehrt heim;
Hödur und Balder
hausen im Sieghof,
froh, die Walgötter –
wißt ihr noch mehr?[42]

Es bedarf keiner langen Ausführungen. Die ganze Bilderwelt des kosmischen Baumes des Lebens und der Runenweisheit, der Himmelsrichtungen mit den Scharen ihrer Kräfte, des großen Äons von 432 000 Jahren samt kosmischem Endkampf mit Auflösung und Erneuerung – alles stimmt vollkommen mit dem Schema überein, das uns inzwischen vertraut ist. Von großem Interesse ist in diesem Fall der starke Eindruck eines unpersönlichen kosmischen Prozesses, den der ganze Mythos erweckt, während gleichzeitig ein solcher Nachdruck auf das Spiel der Gegensätze gelegt wird, daß manche Forscher eine persische, zarathustrische Herkunft vermutet haben. Das aus abgeschnittenen Fingernägeln gemachte Riesenschiff Naglfar deutet ebenfalls auf Persien hin, wo es als ein Vergehen galt, die Fingernägel nicht ordentlich zu beseitigen. Jedoch in der eddischen Mythologie werden die miteinander ringenden Gegensätze nicht moralisch aufgefaßt, und es besteht auch nicht die Erwartung, daß in der nächsten Runde der Konflikt der Gegensätze zu Ende sein wird.

In der altgermanischen Vorstellung vom Anfang und Neuanfang der Welt war der Streit oder die Wechselwirkung im wesentlichen materieller, nicht moralischer Art. So erzählt Snorri Sturluson in seiner *Prosa-Edda*:

«Urzeit war es, da nichts noch war: ... Gähnung grundlos, doch Gras nirgend.» ...

Es war viele Menschenalter vor Erschaffung der Erde, daß das Nebelheim geschaffen wurde; mitten darin liegt ein Brunnen, der Hwergelmir heißt, und aus diesem strömen Achen... Doch zu allererst gab es auf der Südseite die Welt, die Muspell heißt; die ist hell und hat heiteren Himmel, die ganze Gegend loht und brennt und ist unbetretbar für die, die dort fremd sind und nicht den dortigen Odelsitzen entstammen. ...

Die Ströme, die man Eliwagar nennt, als die so weit von ihrem Ursprung vorgedrungen waren, daß der giftige Gischt, den sie mitführten, hart wurde wie die Schlacken, die aus dem Schmelzfeuer kommen, da wurde das zu Eis; und als dieses Eis sich festsetzte und nicht mehr strömte, da bildete sich Reif darauf... Als der heiße Luftstrom [von Muspell] auf den Reif stieß, so daß dieser schmolz und herniederträufelte, da wurden durch die Kraft dessen, der die Hitze sandte, diese Tropfen lebendig, und es entstand eine Menschengestalt, das ist Ymir... Es wird erzählt, daß er im Schlaf anfing zu schwitzen, und da wuchsen ihm unter dem linken Arm ein Mann und eine Frau, und sein eines Bein bekam einen Sohn mit dem andern: so entstanden die Nachkommen, die Reifriesen. ...

Das Nächste, was geschah, als der Reif tropfte, war dies, daß daraus eine Kuh entstand, Audhumla hieß sie, und aus ihren Eutern rannen vier Milchflüsse, und sie ernährte den Ymir. ... Sie leckte die salzigen Reifsteine ab, und am ersten Tag, wo sie die Steine leckte, kam abends aus dem Gestein Menschenhaar zum Vorschein, am zweiten Tage ein Menschenkopf, und am dritten Tage war ein ganzer Mensch da, der hieß Buri, war von schönem Äußern, groß und stark, und er bekam einen Sohn namens Borr. Dieser nahm die Bestla, Tochter des Riesen Bölthorn zur Frau, und diese bekamen drei Söhne: Odin, Wili und We. ...

Borrs Söhne erschlugen den Riesen Ymir. ... Sie nahmen den Ymir ... und machten aus ihm die Erde, aus seinem Blute das Meer und die Seen, die Erde selbst wurde aus dem Fleisch gemacht und die Berge aus den Knochen; Gestein und Geröll machten sie aus Zähnen und Kiefern und solchen Knochen, die zerbrochen waren. ... Sie nahmen auch seinen Schädel, machten daraus den Himmel und stellten ihn über der Erde auf mit seinen vier Enden, und unter jede Ecke stellten sie einen Zwerg... Dann nahmen sie die sprühenden Funken, die frei herumfuhren, und die das Muspellheim ausgeworfen hatte, und setzten sie mitten ins Ginnungagap an den Himmel, oben und unten, um Himmel und Erde zu beleuchten. Sie wiesen allen Lichtern ihre Stätte an, den einen am Himmel, andere bewegten sich frei unterhalb des Himmels, und sie gaben ihnen doch ihre Stätte und bestimmten ihre Bahn. ...

Die Erde ... ist kreisrund von außen, und außen herum liegt das tiefe Meer, und an dessen äußerem Strande wiesen sie den Geschlechtern der Riesen Land zur Siedlung an, drinnen aber auf der Erde legten sie einen Zaun um die Welt herum an zum Schutz gegen die Riesen, und zu diesem Zaun verwendeten sie die Wimpern des Riesen Ymir und nannten die so entstandene Burg Midgard. Sie nahmen auch sein Gehirn, warfen es in die Luft und machten daraus die Wolken...

Als Borrs Söhne am Meeresstrande entlanggingen, fanden sie zwei Baumstämme, nahmen sie auf und machten daraus Menschen [siehe oben S. 236]: der erste Gott gab ihnen Atem und Leben, der zweite Verstand und Bewegung, der dritte Antlitz, Rede, Gehör und Sehkraft; sie gaben ihnen Kleider und Namen, der Mann hieß Ask und die Frau Embla, und von diesen stammte das Menschengeschlecht ab, dem das Land unter Midgard verliehen wurde. Danach bauten sie eine Burg mitten in der Welt, die heißt Asgard. Dort wohnten die Götter und ihre Nachkommen, und daher kam vieles, was sich auf Erden und in der Luft zugetragen hat. ... Wenn Allvater sich dort in den Hochsitz setzte, so schaute er über alle Welten... Seine Gemahlin hieß Frigg, Fjörgwins Tochter, und von ihnen beiden stammt die Linie, die wir die Asen nennen... Allvater kann er heißen, weil er Vater ist aller Götter und Menschen und alles dessen, was durch ihn und seine Macht geschaffen worden ist.[43]

Die Götter sitzen jeden Tag zu Gericht am Fuße der Esche Yggdrasil, des größten und besten aller Bäume. Ihre Äste breiten sich über die ganze Welt aus, und sie steht auf drei Wurzeln: eine geht zu den Asen, eine zu den Reifriesen, wo vorher Ginnungagap war, die «Gähnung grundlos», und eine steht über dem Nebelheim, und unter ihr liegt der große Wurm Nidhögg, der von unten an der Wurzel nagt (siehe oben S. 64–66). Unter der Wurzel bei den Reifriesen liegt der Quell der Weisheit, deren Hüter Mimir ist; er weiß viele alte Sagen, weil er allmorgendlich aus dem Quell trinkt. Die Wurzel bei den Asen aber ist im Himmel, wo unter ihr der heilige Urdbrunnen liegt, an dem die Götter Rat halten. Oben auf der Esche sitzt ein Adler und zwischen seinen Augen ein Falke, an der Wurzel nagt der Wurm, und das Eichhörnchen Ratatosk rennt immer den Stamm der Esche hinauf und hinab und trägt mißgünstige Worte zwischen Wurm und Adler hin und her. Weiter laufen vier Hirsche in den Ästen umher und fressen die Knospen ab...

Wie wir gesehen haben, hing Allvater Odin an diesem Baum, und wie Christus wurde er von einer Lanze durchbohrt: von seiner eigenen Lanze sich selbst geopfert (er selbst seinem Selbst), um die Weisheit der Runen zu erwerben. Jedoch die Analogie besteht eher zum Buddha am Bodhibaum als zu Christus am Kreuz, denn Ziel und Krönung war hier die Erleuchtung, nicht die Versöhnung eines beleidigten Gottes, um einer in Sünde gefangenen Natur die Gnade der Erlösung zu erringen. Andererseits aber zeichnet sich dieser Mann am Baum, im Gegensatz zum Buddha, dadurch aus, daß er ganz und gar *zu* der Welt steht, und zwar mit einer heroisch-dichterischen Grundeinstellung. Tagtäglich stehen in seiner großen Kriegerhalle die Kämpfer in der Frühe auf, legen ihre Heergewänder an, gehen in den Hof und kämpfen und erschlagen einander. Das ist ihr Spiel. Zur Essenszeit kehren sie zurück, lassen sich von den Walküren mit unerschöpflichem Met bewirten und sitzen später einträchtig beisammen. Und dieser Gott ist auch der Besitzer und Schenke des Dichtermets. Darin nämlich bestand die Macht und Herrlichkeit der Wikingerflotten: in der Kunst des Krieges, in der Kunst der Skaldendichtung und in der Weisheit der Runen.

Die Dichtung selbst war Odins Bier, und der Dichtung seines Zeichens wohnte die Kraft des Lebens inne. Doch gibt es für ihn so viele Formen und Namen, daß ein nach Wissen begehrender verwirrter König einst klagte: «Mächtig viele Namen habt ihr ihm gegeben, und wahrlich, der muß sehr gelehrt sein, der genau Bescheid weiß, welche Geschichten zu jedem einzelnen dieser Namen gehören.» Worauf der Gott selbst in der Gestalt eines mystischen Lehrers erwiderte: «Es gehört wirklich viel Verstand dazu, das genau auseinanderzusetzen. Aber in Kürze ist dir zu melden, daß die meisten Namen daher rühren, daß in jeder der vielen Sprachen, die es in der Welt gibt, die Leute sich den Namen haben aneignen wollen zu Anrufung und Gebet im eigenen Gebrauch. Einige hierher gehörige Geschichten aber haben sich auf seinen Reisen zugetragen, und du kannst kein Gelehrter heißen, wenn du nicht von diesen großen Ereignissen Rechenschaft zu geben vermagst.»[44]

Vielleicht das bemerkenswerte von allen Wundern Odins jedoch ist die Tatsache, daß die letzten seiner Dichter, denen wir die Weitergabe seines Wissens an uns zu verdanken haben, bekennende Christen waren. Sowohl Sämund der Gelehrte (1056–1133), dem die Sammlung der *Lieder-Edda* zugeschrieben wird, als auch Snorri Sturluson (1179–1241), der große Kriegerhäuptling, Skalde und Verfasser der *Prosa-Edda*, nehmen etwas von dem Geist jener Renaissancedichter vorweg, denen die Götter der Griechen die mystische Sprache einer Offenbarung eingaben, die älter war als die der Kirche. Die eddische Lehre sprach – zu den Lesekundigen – von denselben stoischen und neuplatonischen Lehren, aus denen die edelsten Geister Europas seit Jahrhunderten schon Kraft geschöpft hatten; und für solche, die im Herzen Pelagianer waren und der Verleumdung der Natur niemals wirklich Glauben geschenkt hatten, waren die alten Götter keine unpassenden Gefährten der Engel. Sie waren im Grunde die nördlichen Gegenstücke zu den Göttern jener hellenistischen Mysterien der Selbstauslöschung, aus deren Ikonographien das Evangelium des Christentums seine rituellen Inhalte und Formen bezogen hatte. Somit haben wir in den Eddas nicht weniger als in den keltischen Heldensagen gewissermaßen die Schlangenlöwen des *Book of Kells* ohne den Evangelitext: die Fassung (könnte ein Gläubiger sagen) ohne das kostbare Juwel. Denjenigen jedoch, die das Lesen der Runen – wofür Odin sich persönlich zum Pfand gab – erlernt hatten, offenbarte die Natur selbst das allgegenwärtige Juwel.

3
ROMA

Die folgende maßgebliche Formulierung des christlichen Mythos wurde von dem mächtigen Papst Innozenz III. (1198–1216) auf dem IV. Laterankonzil im November 1215 verkündet. Ihr Zweck war es, für alle Zeit das endgültige Prokrustesbett zu zimmern, auf dessen Maße alle denkenden Menschen fortan zurechtgestutzt werden sollten. Und zurechtgestutzt wurden sie wirklich in der Zeit dieses glänzenden Staatsmannes der Kirche, von dem nicht weniger als 4800 mit eleganter Feder meisterhaft verfaßte persönliche Briefe erhalten sind. Historiker nennen ihn «den größten aller Päpste». In den Annalen der Religion bezeichnete das IV. Laterankonzil, das er einberief und auf dem er den Vorsitz führte, die Vollendung des schrecklichsten Sieges, den ein orthodoxer Consensus bis dahin über die Häresie errungen hatte, und damit den Gipfel der päpstlichen Macht bei der Umsetzung eines Evangeliums, das zweitausend Jahre lang als der reinste Ausdruck des Prinzips der Liebe verehrt worden ist, den die Menschheit kennt.

Also ließ dieser große Erbe der Schlüssel Petri erklären:

> Wir glauben fest und bekennen mit aufrichtigem Herzen, daß es nur Einen, wahren, ewigen, unermeßlichen und unveränderlichen, unfaßbaren, allmächtigen und unaussprechlichen Gott gibt: den Vater, den Sohn und den Heiligen Geist: drei Personen, aber Eine Wesenheit, Substanz und ganz einfache Natur: der Vater (ist) von keinem, der Sohn vom Vater allein und der Heilige Geist von beiden zugleich: ohne Anfang, immerwährend und ohne Ende zeugt der Vater, wird der Sohn gezeugt, geht der Heilige Geist hervor: gleichen Wesens und gleicher Vollkommenheit, gleichallmächtig und gleichewig, der Eine Ursprung aller Dinge, der Schöpfer der sichtbaren und unsichtbaren, der geistigen und der körperlichen. Er hat in seiner allmächtigen Kraft zu Anfang der Zeit in gleicher Weise beide Ordnungen der Schöpfung aus dem Nichts geschaffen, die geistige und die körperliche, d. h. die Engelwelt und die irdische Welt, und dann die Menschenwelt, die gewissermaßen beide umfaßt, da sie aus Geist und Körper besteht. Denn der Teufel und die anderen bösen Geister

sind von Gott ihrer Natur nach gut geschaffen, aber sie sind durch sich selbst schlecht geworden. Der Mensch aber sündigte auf Eingebung des Teufels. Diese heilige Dreifaltigkeit, ungeteilt in der gemeinsamen Wesenheit und unterscheidbar durch die Eigentümlichkeiten der Personen, hat zuerst durch Mose, die heiligen Propheten und seine anderen Knechte nach einem vollkommen geordneten Plan für die (einzelnen) Zeiten die Heilslehre dem Menschengeschlecht mitgeteilt. Endlich aber hat der einziggeborene Sohn Gottes, Jesus Christus, den Weg des Lebens noch deutlicher offenbart, (er) dessen Menschwerdung von der ganzen Dreifaltigkeit gemeinsam gewirkt wurde, der, empfangen aus der immerwährenden Jungfrau Maria unter Mitwirkung des Heiligen Geistes, wahrer Mensch wurde: bestehend aus einer vernünftigen Seele und dem menschlichen Fleisch, eine Person in zwei Naturen. Er, der eine und selbe, ist der Gottheit nach unsterblich und leidensunfähig und ist der Menschheit nach leidensfähig und sterblich geworden. Ja, er hat für das Heil des Menschengeschlechts am Holz des Kreuzes gelitten und ist gestorben. Er stieg nieder zu denen in der Unterwelt, er erstand von den Toten und stieg auf in den Himmel; dabei stieg er nieder in seiner Seele, erstand er im Fleisch, stieg er auf in beidem zugleich. Am Ende der Zeit wird er wiederkommen, er wird die Lebenden und die Toten richten und jedem, den Verworfenen wie den Erwählten, vergelten nach seinen Werken. Diese alle werden mit dem eigenen Leib, den sie hier tragen, auferstehen, damit die einen mit dem Teufel die ewige Strafe, und die andern mit Christus die ewige Herrlichkeit empfangen, je nach ihren guten oder schlechten Werken.

Es gibt nur Eine allgemeine Kirche der Gläubigen. Außer ihr wird keiner gerettet. In ihr ist Jesus Christus Priester und Opfer zugleich. Sein Leib und Blut ist im Sakrament des Altars unter den Gestalten von Brot und Wein wahrhaft enthalten, nachdem durch Gottes Macht das Brot in den Leib und der Wein in das Blut wesensverwandelt sind: damit wir von dem Seinigen empfangen, was er von dem Unsrigen annahm, und so die geheimnisvolle Einheit vollendet werde. Dieses Sakrament bringt nur der Priester zustande, der gültig geweiht ist, entsprechend der Schlüsselgewalt der Kirche, die Christus selbst den Aposteln und ihren Nachfolgern verlieh. Das Sakrament der Taufe wird im Wasser unter Anrufung Gottes und der un-

> geteilten Dreifaltigkeit, nämlich des Vaters und des Sohnes und des Heiligen Geistes, vollzogen. Es gereicht Kindern und Erwachsenen zum Heil, von wem immer es auch in der Weise der Kirche gespendet werden mag. Ist jemand nach Empfang der Taufe in Sünde gefallen, so kann er immer durch wahre Buße wieder geheilt werden. Nicht bloß die Jungfrauen und Enthaltsamen, sondern auch die Eheleute sind würdig, zur ewigen Seligkeit zu gelangen, wenn sie nur durch den rechten Glauben und ein gutes Leben Gott wohlgefällig sind.[45]

Vorausgesetzt in dieser imposanten Doktrin, wie in allen Verkündigungen der Kirche, ist der von Augustinus gegen die Häresie des Pelagius verfochtene Glaube, durch Adams Fall sei die menschliche Natur dermaßen verderbt worden, daß der Wille, obzwar frei, nur wollen könne, was sündig ist, bis er (ohne eigenes menschliches Verdienst, allein durch Gottes freien Akt) mit göttlicher Gnade gesegnet werde. Ebenfalls vorausgesetzt ist die nicht minder grundlegende, von Augustinus gegen die Donatisten verfochtene Ansicht, daß die Vollmacht der Kirche als auf Erden einziger gültiger Spenderin der Gnade, durch die der Mensch gerettet werden könne, nicht vom Charakter ihres Klerus abhänge. Obwohl in der Zeit Augustins ein solches garantiertes Monopol auf die unsichtbare Ware genannt Gnade (für deren Erteilung oder Verweigerung kein Beweis erbracht oder gefordert werden konnte) vorteilhaft für das unanfechtbare Wachstum und Umsichgreifen der spendenden Institution unter denjenigen gewesen sein mag, denen man einen Bedarf nach der Ware eingetrichtert hatte, war dennoch ironischerweise in der Zeit Innozenz' III. die dunkle und gefährliche Seite der Machtgarantie zugunsten eines unantastbaren Klerus in einem solchen Ausmaß zutage getreten, daß das Konzil selbst einberufen worden war, um ihr zu begegnen. Häresien gnostischen wie donatistischen Schlages, die den Machtmißbrauch durch den orthodoxen Klerus beanstandeten, nahmen an Zahl und Einfluß beängstigend zu. Mit den Worten von Henry Charles Lea in seiner klassischen *Geschichte der Inquisition im Mittelalter*: «Nicht mehr durch die Anmut und Lieblichkeit des Christentums wurden die Völker angezogen; die Unterwerfung derselben wurde vielmehr erkauft durch das Versprechen der Seligkeit, die man durch Glauben und Gehorsam erlangte, oder sie wurde erzwungen durch die Androhung der Verdammnis oder durch die noch schärferen Schreckmittel irdischer Verfolgung.»[46] Die Kleriker unterdessen glänzten mit «Tugenden», die eher den Böcken zur Linken als den Schafen zur Rechten des Richterthrones des Herrn bei seiner Wiederkunft geziemten. Zwei Beispiele aus der Zeit Innozenz' III. selbst werden genügen: erstens der Fall des Erzbischofs von Besançon, Gerhard von Rougemont, und zweitens der des Bischofs von Toul, Matthäus von Lothringen.

Im Jahre 1198 wurde Gerhard von seinem Kapitel des Meineids, der Simonie und der Blutschande angeklagt, doch als er nach Rom zitiert wurde, wagten die Ankläger nicht, ihre Beschuldigungen aufrechtzuerhalten. Sie zogen sie allerdings auch nicht zurück, und mit einem nachsichtigen Hinweis auf die Worte Christi im Fall der Ehebrecherin («Wer von euch ohne Sünde ist, werfe als erster einen Stein auf sie»; Joh 8,7) schickte der Großmeister des Gesetzes Gottes, Innozenz III., den Prälaten wieder zurück, damit er sich reinige und absolviert werde. Und Gerhard kehrte in der Tat zurück: um in Blutschande mit seiner Cousine, der Äbtissin von Remiremont, und in nicht ganz so anstößiger Intimität mit seinen anderen Konkubinen zu leben, eine davon eine Nonne, eine andere die Tochter eines Priesters. Keine Kirche in seiner Diözese konnte geweiht werden ohne Bezahlung an ihn, Mönche und Nonnen, die seine Gunst gewannen, durften ihre Klöster verlassen und heiraten, und seine gewöhnlichen Geistlichen waren durch seine Erpressungen und Bedrückungen gezwungen, wie die Bauern zu leben, von ihrer Hände Arbeit. Im Jahre 1211 wurde ein zweiter Versuch unternommen, ihn abzusetzen, der sich jedoch bloß dahinschleppte, bis sich schließlich um die Zeit des besagten Laterankonzils seine Pfarrkinder erhoben und ihn vertrieben. Er zog sich in die Abtei Bellevaux zurück, wo er im Jahre 1225 friedlich starb.[47]

Der Bischof von Toul, Matthäus von Lothringen, der ein passionierter Jäger war, hatte als Lieblingskonkubine seine eigene Tochter von einer Nonne aus Épinal. Er wurde 1200 geweiht. Zwei Jahre später ersuchte sein verarmtes Kapitel bei Innozenz um seine Absetzung, und erst nach einer höchst verwickelten Reihe von Verhandlungen und Berufungen, begleitet von Gewalttaten, wurde er 1210 seines Amtes enthoben. Sieben Jahre später ließ er seinen Nachfolger Renaud von Senlis ermorden; als er daraufhin seinem eigenen Onkel, dem Herzog Thiébault von Lothringen, zufällig begegnete, wurde er von diesem auf der Stelle erschlagen.[48]

Der Troubador Peire Cardenal (ca. 1205–1305?), der selbst eine Zeitlang Student der Theologie gewesen war, hat sich zu dem Thema «Kleriker und Priester» folgendermaßen geäußert:

> Gewiß! dem Anscheine nach legen sie sich diese strengen Regeln auf. Aber wenn ihr näher hinseht, leben sie noch einmal so gut als früher, da sie noch unter dem Dache ihres Vaters wohnten. Sie machen es wie die Bettelmönche, die unter der Hülle ihres Mantels die Welt täuschen und sich auf ihre Kosten nähren. Deshalb treten so viele Lumpen und Taugenichtse in die Klöster ein. Gestern noch hatten sie kein Brot, und heute bringt ihnen das Ordensgewand Renten ein und gewährt ihnen Tausende von Kniffen.[49]

Der große Minnesänger Walther von der Vogelweide (um 1198–1228) schrieb seinerseits vom «Stuhl zu Rom»:

> Was ruft man nicht auf ihn herab des Himmels Strafen,
> Und fraget Gott, wie lang er wolle schlafen?
> Sie hintertreiben seine Werk' und fälschen seine Wort',
> Sein Kämmerer veruntreut seinen Himmelshort,
> Sein Mittler mordet hier und raubet dort,
> Sein Hirte wird zu einem Wolf ihm unter seinen Schafen.[50]

Vom hl. Bernhard von Clairvaux (1090–1153) kommt die Frage: «Welchen Prälaten könnt ihr mir zeigen, der nicht lieber die Taschen seiner Herden leert, als ihre Laster unterdrückt?»[51] Und Hildegard von Bingen (1098–1179) erklärt: «Die Prälaten sind Räuber der Kirche; ihre Habgier verschlingt alles, was sie erreichen können; sie machen uns mit ihren Bedrückungen arm und beflecken sich und uns.»[52]

Man braucht sich also kaum zu fragen, weshalb im Laufe des zwölften Jahrhunderts eine tiefe Bewegung nicht allein des Antiklerikalismus, sondern radikaler Häresie in ganz Europa aufkam, für die die Katharer oder Albigenser in den schönsten Städten und Gegenden Südfrankreichs die bedrohlichsten Beispiele waren. Wir müssen die wohlbekannte schreckliche Geschichte der Ausrottung dieser Sekte auf päpstliches Geheiß nicht noch einmal in aller Ausführlichkeit erzählen. Die Hauptsache für unsere Zwecke ist, daß das Katharertum anscheinend eine wiedererwachende Spielart der manichäischen Religion war, die kurz davor über Bulgarien, Bosnien, Ungarn und dann Italien in Europa eingezogen war und nun größtenteils im südlichen Frankreich der Troubadours florierte.

Wie das Christentum Augustins betrachtete der Manichäismus die Natur als verderbt, nicht jedoch wegen Adams Fall, sondern weil ein böser Gott sie erschaffen habe. Die Erlösung sei nicht durch Sakramente, die aus eigener, gewissermaßen magischer Kraft wirkten, zu erlangen, sondern durch ein Leben in Tugend. Christliche Kritiker haben sich gewöhnlich über die Meinung der Manichäer mokiert, die Tugend ihres Klerus sei das wirkliche und einzige Mittel, wodurch das im Netz materieller Finsternis gefangene Prinzip des Geistes und des Lichtes befreit und in seinen eigentlichen Stand zurückgeführt werden könne. Wie bizarr der Mythos denen vorgekommen sein mag, die nicht in seinen Sinn eingeweiht waren (wenn er freilich auch nicht bizarrer ist als der christliche Mythos oder überhaupt jeder Mythos, der wörtlich als Tatsachenbeschreibung verstanden wird), so zeitigte er doch das für die damalige Zeit erstaunliche Ergebnis, den Typ eines Geistlichen hervorzubringen, den man als Vorbild in den von ihm gepredigten Tugenden ehren konnte. Die Folge war eine ungeheure und für die Kirche gefährliche Popularität, wogegen die einschneidendsten Maßnahmen getroffen wurden.

Es gab anscheinend zahlreiche Katharersekten, doch das herausragende Merkmal aller war die extreme strenge Einfachheit der höchsten lebenden Heiligen unter diesen «Reinen», der sogenannten «Vollkommenen» (*perfecti*). Wie im Buddhismus, so war auch hier der Grundgedanke die Wiedergeburt und Befreiung: der Fortschritt der in Unwissenheit und Trug gefangenen Seele durch viele Leben zu einem letzten Zustand der Freiheit durch

Erleuchtung. Wie die lebenden Buddhas, so wirkten die «Vollkommenen» ebenso als Initiatoren wie als Vorbilder für diejenigen «Gläubigen» (*credentes*), die für die große Entsagung des letzten Sprungs zur Befreiung geistig noch nicht reif waren. Die Gläubigen (auch *auditores*, «Hörer», genannt) durften heiraten und Fleisch essen; die Vollkommenen waren asketische Vegetarier. Da die Schriften der albigensischen Katharer vernichtet wurden und unser Wissen von ihrer Religionsausübung hauptsächlich von ihren Feinden stammt, läßt sich über die genaueren Einzelheiten wenig sagen. Sicher scheint jedoch zu sein, daß die Perfecti von den Credentes verehrt wurden; daß der alles überragende katharische Ritus ein Mysterium geistiger Einweihung war, *Consolamentum* genannt; daß eine Form rituellen Selbstmords durch Fasten bis zum letzten, die sogenannte *Endura*, gelegentlich von den Heiligen (wie von den Jainas in Indien)[53] vollzogen werden konnte; und daß, wenn sich ihnen unter christlicher Verfolgung die Alternative Widerrufung oder Scheiterhaufen bot, sowohl die einfachen Gläubigen als auch die Vollkommenen unweigerlich den letzteren wählten.

Henry Charles Lea hat recht, wenn er schreibt: «Wenn das Blut der Märtyrer wirklich die Saat der Kirche wäre, dann würde jetzt der Manichäismus die herrschende Religion in Europa sein.»[54] Schon im Jahre 1017, bei der ersten uns überlieferten öffentlichen Ketzerverbrennung, blieben von fünfzehn Katharern, die man in Orléans festgenommen hatte, dreizehn standhaft und wurden auf den Scheiterhaufen gebracht. Aus Toulouse wird 1022 eine weitere derartige Hinrichtung gemeldet; 1051 gab es wieder eine in Goslar am Harz.[55] Ein Jahrhundert später hinterließen diejenigen, welche 1163 in Köln verbrannt wurden, einen tiefen Eindruck durch ihre heitere Unbekümmertheit, mit der sie den Feuertod hinnahmen. Als ihr Führer Arnold schon brannte, legte er einen freigekommenen Arm auf die Häupter der neben ihm Brennenden und sagte ruhig: «Seid standhaft in eurem Glauben, denn heute werdet ihr beim heiligen Laurentius sein.» Gerhard, der Führer einer anderen Gruppe, die zu der Zeit in Oxford verbrannt wurde, sang, als er mit seiner Herde zum Feuer ging: «Selig seid ihr, wenn die Menschen euch schmähen.» Und während des ganz und gar abscheulichen

Albigenserkreuzzuges in Südfrankreich von 1209–1229 zogen nach der Einnahme des Schlosses Minerve einhundertachtzig zusammen zum Scheiterhaufen, wozu der Mönch, der das Ereignis aufschrieb, bemerkte: «Ohne Zweifel gingen alle diese Märtyrer Satans von zeitlichen zu ewigen Flammen über.»[56]

Das Problem für die Kirche in Südfrankreich lag in der Gleichgültigkeit des Adels gegen Bannflüche, Exkommunikationen, Bullen, Gesandtschaften, Legaten oder sonst ein Mittel, mit dem Rom versuchte, die sich erhebende Häresie zu ersticken. Der Gipfel wurde im Jahre 1167 erreicht, als die Katharer tatsächlich ein eigenes Konzil in St.-Félix-de-Caraman bei Toulouse abhielten. Ihr höchster Würdenträger, der Bischof Niketas, kam aus Konstantinopel, um den Vorsitz zu führen; für die unbesetzten Bischofsstühle von Toulouse, Val-d'Aran, Carcassonne, Albi und dem Teil Frankreichs nördlich der Loire wurden Bischöfe gewählt; zur Beilegung einer Grenzstreitigkeit zwischen den Bischofsstühlen von Toulouse und Carcassonne wurden Bevollmächtigte ernannt; «kurz», bemerkt Lea: «die Geschäfte des Konzils waren die einer fest begründeten, unabhängigen Kirche, welche sich dafür bestimmt hielt, an die Stelle der römischen Kirche zu treten.»[57]

Rom jedoch blieb die Antwort nicht schuldig. Papst Alexander III. (1159–1181) berief ein Laterankonzil ein, das im Jahre 1179 den beispiellosen Schritt tat, zu einem Kreuzzug innerhalb der Christenheit aufzurufen. Ein zweijähriger Ablaß (das heißt eine Verkürzung des Aufenthalts der Seele im Fegefeuer um zwei Jahre) wurde all denen versprochen, die zu den Waffen griffen, und denen, die im Dienst der Sache fielen, wurde die ewige Seligkeit zugesichert. So wurde ein Heer ausgehoben, das ohne greifbaren Sold diente, und im Jahre 1181 fiel diese geistliche Streitmacht über die Ländereien des Vicomte von Béziers her und nahm nach einer Belagerung die Festung Lavaur (zwischen Albi und Toulouse), wo die Vicomtesse Adelaide und mehrere andere führende Katharer Zuflucht gesucht hatten. Die Festung sei durch ein Wunder eingenommen worden, wird berichtet, und in ganz Frankreich hätten blutende Hostien den Gläubigen den Sieg ihrer christlichen Waffen kundgetan.[58] Da es sich somit den Himmel erkämpft hatte, löste das Kreuzfahrerheer sich auf, und wegen der fortbestehenden Häresie wurde nichts mehr unternommen, bis im Jahre 1209 Papst Innozenz III. eine Armee von großer Stärke von Lyon aus zum Morden losschickte.

In diesen Jahrhunderten kamen überall in Europa alle möglichen sich hysterisch gebärdenden Gruppen auf. Die Predigt des Erstens Kreuzzuges (1096–1099) zunächst durch Papst Urban II. und dann durch wandernde Fanatiker, dessen berühmtestes Exemplar Peter der Einsiedler war (selbst sein Esel wurde zum Gegenstand religiöser Verehrung), hatte zur Folge, daß die Bauern entwurzelt wurden und Tausende voll Feuereifer in ihr Verderben zogen, das sie in der einen oder anderen Art auch fanden, entweder auf den Straßen oder im Heiligen Land selbst. Die berühmte Rattenfängerei des Kinderkreuzzuges von 1212 war nur ein weiterer Fall solcher Gruppenhysterie, und ähnliche Phänomene von geringerem Ausmaß waren überall ebenso mannigfaltig wie gängig: etwa die eigenartigen Tanzepidemien, die im vierzehnten Jahrhundert, in den Jahren des Schwarzen Todes, ihren Höhepunkt erreichten.[59] Schwärme von Flagellanten, nackt bis zur Hüfte, die Köpfe in Tücher gehüllt, Standarten, brennende Kerzen und bluttriefende Peitschen tragend, mit denen sie sich zum Klang geistlicher Gesänge geißelten, konnte man ebenfalls auf den Straßen antreffen.[60] Es war ein Zeitalter, in dem die Mahnung Christi – «geh in deine Kammer, wenn du betest, und schließ die Tür zu» (Mt 6,6) – wenig beachtet wurde. Der Ruf nach einem Heer, den Innozenz erhoben hatte, war daher überaus emotionsgeladen befolgt worden. Rekruten adeligen wie gemeinen Geblüts wurden aus ganz Europa zusammengezogen, aus dem fernen Bremen ebenso wie aus dem nahen Burgund und Nevers; und in Deutschland füllten sich Städte und Dörfer mit geistentflammten Frauen, die, da sie ihre religiöse Begeisterung nicht durch den Eintritt ins päpstliche Kreuzfahrerheer ausleben konnten, sich entblößten und einzeln und in Gruppen schweigend und nackt durch Straßen und Gassen liefen.

Papst Innozenz hatte zwei Jahre, bevor er seine Horde zusammentrommelte, den Grafen Raimund von Toulouse exkommuniziert, der als einer der führenden Schützer des Rechtes seiner albigensischen Verwandten und Freunde, Gott nach eigenem Gutdünken zu dienen, aufgetreten war; und kurz nach dieser Exkommunikation, die alle Untertanen des Grafen von ihrer Gefolgschaft, allen Lehnseiden und Verpflichtungen ihm gegenüber entband, geschah es, daß ein päpstlicher Legat fast unmittelbar im Anschluß an einen Disput mit dem Grafen von einem Herrn des Hofes erdolcht wurde. Raimund schien der Anstifter zu der Tat gewesen zu sein – obwohl er das in Wirklichkeit vielleicht gar nicht war –, und um der Reinheit seines Charakters und seiner Seele willen erbot er sich voll Verwirrung, sich reumütig den Bedingungen des Papstes zu unterwerfen. Diese lauteten, wie ihm eröffnet wurde, er solle seine sieben wichtigsten Festungen in die Hände der Kirche geben, und wenn er danach beweisen könne, daß er frei von Schuld war, werde er Absolution erhalten.

Zu seinem späteren Leidwesen besann Raimund sich angesichts dieser Eventualität nicht auf den anerkannten christlichen Grundsatz, daß Verträge, die man mit Häretikern geschlossen hatte, nicht eingehalten werden mußten, ja sollten. Er ließ sich daher, bis zur Hüfte entblößt, am Portal der Kirche von St. Gilles dem päpstlichen Legaten vorführen, wo er bei den Reliquien des hl. Ägidius schwor, der Kirche in allen Dingen, deren er angeklagt war, zu gehorchen. Der Legat legte ihm eine Stola nach Art eines Halfters um den Hals, und während man seine nackte Rücken- und Schulterpartie mit Ruten züchtigte, führte er ihn durch die neugierige Menge, die zusammengelaufen war, um Zeuge der Demütigung ihres Herrn zu sein, zum Hochaltar, wo er absolviert wurde – unter der Bedingung, daß er die Ketzerei in seinem Reich ausrottete, alle Juden aus ihren Ämtern entließ, alles der Kirche geraubte Eigentum zurückgab, alle willkürlichen Zölle abschaffte und sich selbst dem Kreuzzug anschloß. Als dann die Städte, die er ausgehändigt hatte, besetzt waren, wurde er erneut exkommuniziert – was Innozenz von vornherein beabsichtigt hatte –, und der große Vormarsch der mächtigen Armee des christlichen Kreuzes in die reichsten Gebiete Frankreichs begann.

Es waren mehr als zwanzigtausend Ritter und zweihunderttausend Fußsoldaten. Alle Geldmittel des Reiches wurden bei Androhung der Exkommunikation unter Kontribution gelegt, und der Sold ewigen Lohnes wurde großzügig an alle verteilt. Die Mauern der schönen Stadt Béziers sollten als erste fallen, und das Gemetzel, das sich anschloß, war bis zu dem Tag ohnegleichen in der europäischen Geschichte: der päpstliche Legat meldet die Abschlachtung von fast zwanzigtausend Menschen – siebentausend allein in der Kirche der Maria Magdalena, in der sie Zuflucht gesucht hatten. Als der mit aller Machtvollkommenheit ausgestattete Legat gefragt wurde, ob die Katholiken geschont werden sollten, erwiderte er aus Besorgnis, einige der Ketzer könnten durch Vorschützung von Rechtgläubigkeit entkommen, mit dem wahren Geist eines Gottesmannes im Herzen: «Tötet sie alle, denn Gott kennt die Seinen!» Die Stadt wurde in Brand gesteckt, und die Sonne ging an jenem Abend über einer rauchenden Szene unter, die das beste Anschauungsbeispiel für die katharische Meinung war, der Papst und seine Kirchen seien nicht die Saat göttlicher Liebe, AMOR, sondern deren Umkehrung (wie das Wort, rückwärts gelesen, zu erweisen schien), buchstäblich die Bereiter der Hölle auf Erden, der einzigen Hölle, die es laut ihrer Lehre gibt. Es folgte der Fall Carcassonnes: die entmutigte Stadt ergab sich, und ihre Einwohner durften abziehen, aber nichts anderes mitnehmen als ihre Sünden, die Männer in Unterhosen, die Frauen im Hemd, und das mit der Verheißung des Reiches Christi bezahlte Heer marschierte ein. Als der Sommer zu Ende war, konnte der mächtige Papst in seinem eleganten lateinischen Stil von seiner glühenden Freude darüber schreiben, daß fünfhundert Städte und Schlösser den Dienern der Ränke und Anschläge des Teufels so wunderbar entrissen worden waren.[61]

Graf Raimunds Toulouse war die nächste Stadt auf der Liste... Doch der interessierte Leser kann den Rest dieser schmutzigen Geschichte allein weiterverfolgen. Sie zog sich noch einmal zwanzig Jahre lang hin, an deren Ende Südfrankreich in Trümmern lag und die Kirche Roms nicht sicherer auf ihrem Tyrannenstuhl saß als zuvor. Denn im Unterschied zu den großen Reichsgeschichten Chinas, Indiens und der Levante, wo die herrschenden Eliten, wie wir gesehen haben, ohne ernsthaften Widerspruch behaupten konnten, übernatürlich begnadet zu sein, konnte sich diese hochfahrende mythische Pose in Europa niemals lange halten. Weder in Griechenland und Rom noch im späteren keltisch-germanischen Westen haben sich die besten einheimischen Köpfe jemals der üblichen orientalischen Auffassung verschrieben, bestimmte Amtsträger, ob Könige oder Priester, hätten von Gott das Recht und die Macht, nicht nur anzugeben, was die Menschen tun, sondern auch, was sie denken sollten. Im frühen Mittelalter, als die christliche Mission ihren Anfang nahm, mochten die Kleriker sich noch eingebildet haben, sie könnten im Laufe der Zeit dem Land ein für allemal den Stempel ihres Mythos aufdrücken und damit als Bürokratie eines europäischen Kalifats oder päpstlichen Pharaonenhofes regieren. Doch schon auf dem Höhepunkt ihrer Macht unter der Regierung Innozenz' III. war das ganze Vorhaben offensichtlich im Niedergang begriffen und konnte nur noch mit dem Scheitern enden. Die Menschen hatten angefangen zu denken, und der europäische Sinn für das selbständige Individuum untergrub ganz einfach das äußere Gebaren eines absoluten levantinischen Consensus.

Das Symptom der katharischen Häresie war nur eines aus einer steigenden Zahl, die durch keinerlei Drohungen, Verbrennungen, Auspeitschungen oder Bannflüche aus der Welt geschafft oder auch nur gesenkt werden konnte. Zum Beispiel:

Joachim von Floris (ca. 1145–1202), der Gründer der Abtei San Giovanni in Fiore auf dem Monte Nero, dem am 21. Januar 1204 von Innozenz III. die Approbation ausgesprochen wurde, starb in der Gnade seiner Kirche. In seiner interessanten *Expositio in Apocalypsin* jedoch hatte er eine Geschichtsauffassung vorgetragen, die 1260 von einem Konzil in Arles verdammt wurde – zusammen mit seinen sämtlichen Werken und zusammen auch mit all jenen ekstatischen Mönchsbewegungen, die ihm auf dem Fuße gefolgt waren. Kurz gesagt, war er der Ansicht, daß die Geschichte der Menschheit in drei Epochen eingeteilt werden müsse: 1. das Zeitalter des Vaters (Altes Testament), 2. das Zeitalter des Sohnes (Neues Testament und Kirche) und 3. das Zeitalter des Heiligen Geistes, in dem die Hierarchie Roms aufgelöst und die ganze Welt gleichsam ein Kloster von Seelen in direkter Kommunion mit Gott werden würde.

Joachims antipapalistische Polemik sprach ungemein viele Glaubenseiferer seiner Zeit an, darunter zahlreiche Franziskaner, die in Franz von Assisi (1182–1226) den Stifter des dritten Zeitalters sahen, in dem das Papsttum verschwinden würde. Auch etliche merkwürdige Bewegungen entstanden um Figuren herum, die für Inkarnationen des Heiligen Geistes gehalten wurden. Vor allem zu nennen wäre da eine fromme Dame namens Guglielma, die um das Jahr 1260 in Mailand ankam und 1281 starb, und ein interessanter, recht einfältiger junger Mann namens Segarelli, der in der Aufmachung eines Apostels in Parma auftauchte, und zwar ebenfalls in jenem schicksalsträchtigen Jahr 1260 – mit dem nach den Prophezeiungen Joachims von Floris das Zeitalter des Heiligen Geistes beginnen sollte. Segarelli wurde der Mittelpunkt einer zunächst relativ harmlosen antiklerikalen Sekte, die rasch weiten Einfluß gewann und auf die einsetzende Verfolgung hin fanatisch gewalttätig wurde, was viele ihrer Mitglieder auf den Scheiterhaufen brachte. Segarelli selbst wurde in dem großen päpstlichen Jubeljahr 1300 verbrannt, und die Führer der größten Schar seiner Anhänger – der mutige Dolcino, sein Stellvertreter Longino Cattaneo und Margarete von Trient – wurden nach einem der erstaunlichsten Fälle eines verzweifelten Guerillakrieges in der Geschichte Europas sieben Jahre später gefangengenommen und hingerichtet: die Frau, von vornehmer Geburt und gewinnender Schönheit, wurde vor Dolcinos Augen langsam verbrannt, und er selbst wurde daraufhin in der Stadt Vercelli auf einem Karren durch die Straßen gefahren und mit rotglühenden Zangen nach und nach in Stücke gerissen, während sein Mitstreiter Longino Cattaneo zur Erbauung der christlichen Stadt Biella die gleiche Zerstückelungsmarter erlitt.[62]

Dante Alighieri (1265–1321) versetzte den Mönch Joachim ins Paradies,[63] aber Dolcino verwies er offenbar in die Hölle[64] – während er, wie wir wissen, seine eigene mythische Antwort auf den weltlichen Hochmut der Päpste gab, nachdem er selbst im Jahre 1302 von der päpstlichen Partei mit dem Feuertod bedroht worden war. Dantes These lautete, das Kaiserreich Roms sei nicht minder auf göttliches Geheiß hin gegründet worden als das Reich Jerusalems und der von Rom beerbte Kaiser vertrete ebenso die weltliche Ordnung wie der von Jerusalem beerbte Papst die geistliche Ordnung, deren Reich, wie Christus gesagt hatte, nicht von dieser Welt sei. «Nicht in der Gewalt, sondern in der Vernunft, ja sogar in der göttlichen Vernunft liegt das Prinzip des römischen Kaisertums», schrieb Dante im vierten Traktat seines *Convivio*;[65] und er zeigt, in welch wunderbarer Weise die Geschichten der zwei Ordnungen, der Roms und der Jerusalems, im Laufe der Zeit sich immer wieder getroffen hatten: Aeneas' Ankunft in Italien hatte sich mit der Geburt Davids getroffen; die Vollendung Roms unter Augustus hatte sich mit der Geburt Christi getroffen. Sodann war das ganze Wachstum Roms durch eine Folge göttlich inspirierter Bürger gefördert und durch göttliche Wunder geschützt worden. Dante breitet die Reihe aus und ruft zum Schluß: «Ich bin der festen Überzeugung, daß ihre Mauersteine Verehrung verdienen, desgleichen der Boden, auf dem sie steht, ja mehr als der [anderer Städte], dessen Wert sonst von den Leuten angepredigt und bewiesen wird.»[66]

Der ausschlaggebende Punkt in dieser Gegenüberstellung war, daß in der christlichen Welt die Mächte des Staates und der Kirche in gleicher Weise göttlichen Ursprung und demnach auch Vollmacht hätten, jede in der ihr zugewiesen Sphäre, und daß die beiden zwei verschiedene Erbschaften angetreten hätten: die religiöse Macht das Erbe des Bundes Moses und der Lehre der Propheten, die weltliche Macht das Erbe des römischen Rechtes. Wir können in diesem Band nicht die immer länger werdende Kette von Fehlschlägen auflisten, durch die das Bestreben der Kirche, die Funktionen des Staates an sich zu reißen, scheiterte. Der erste ereignete sich noch zu Dantes Zeit, als nämlich Papst Bonifaz VIII. (1294–1303), den er in seiner *Göttlichen Komödie* in den achten Kreis der Hölle verwies, in der berühmten Bulle *Unam Sanctam* den kühnsten Anspruch auf die Weltherrschaft anmeldete, den je ein Herrscher auf Erden erhoben hatte. «So erklären wir denn», hatte dieser Papst geschrieben, «daß alle menschliche Kreatur bei Verlust ihrer Seelen Seligkeit untertan sein muß dem Papst in Rom, und sagen es ihr und bestimmen es.»[67] Und in einer zweiten Verlautbarung, gerichtet an den König der Römer, hatte er hinzugefügt, daß, wie Gott Sonne und Mond geschaffen habe, so habe Er auch die metaphorische Sonne der kirchlichen Macht und den metaphorischen Mond der weltlichen Macht geschaffen: «Und wie der Mond kein Licht hat außer dem, das er von der Sonne empfängt, so hat auch keine irdische Macht irgend etwas außer dem, was sie von der kirchlichen

Macht empfängt.»[68] Was für eine Überraschung muß es daher für diese metaphorische Sonne, Bonifaz selbst nämlich, gewesen sein, als der König von Frankreich, Philipp IV. der Schöne (reg. 1285–1314), ihn im Juni 1303 der Häresie bezichtigte und einen bewaffneten Trupp aussandte, der ihn verhaftete. Der alte Prälat starb an dem Schock; und der folgende Papst war ein Franzose, der nicht in Rom, sondern in Avignon residierte.

1377 gab es dann zwei Päpste, einen in Avignon und einen in Rom, die einer den andern exkommunizierten, bis im Jahre 1409 ein Konzil der Kardinäle in Pisa noch einen anderen wählte, so daß es nunmehr drei Päpste gab. Das große Konzil von Konstanz (1414–1418) mit seinen etwa 60 500 Teilnehmern – davon wenigstens 16 000 Männer adligen Geblüts und 700 Freudenmädchen, letztere verstärkt durch zahllose Sukkubi (Teufel in Frauengestalt, die Männer im Schlaf verführen) – trieb den zunehmenden Zerfallsprozeß der Kirche nur noch weiter voran, indem es den beliebten Jan Hus (ca. 1373–1415) in eine Falle lockte und schließlich verbrannte, womit es, wie ein Kenner der Materie bemerkt hat, «die bedeutungsvollste Tat des Jahrhunderts» vollzog.[69]

Nachdem er mit der Zusicherung freien Geleits aus freien Stükken zu dem Konzil gekommen war, um seine Gründe für die Notwendigkeit von Reformen vorzutragen, wurde der sanftmütige böhmische Priester gefangengenommen, mit Händen und Füßen an die Mauern einer moderigen Zelle gekettet und unerbittlich angeherrscht, er solle die Verbreitung von Lehren gestehen, die er niemals vertreten hatte. Als er sich standhaft weigerte abzuschwören, bekam er am 6. Juli 1415 in dem pompösesten Autodafé, von dem die Überlieferung berichtet, vor einer erlauchten Menge vor dem Konstanzer Münster feierlich seine Priestergewänder ausgezogen, seine Tonsur mit einer Schere beseitigt und die Finger abgekratzt (um die Haut zu entfernen, die bei seiner Ordination mit Priesteröl gesalbt worden war). Dann setzte man ihm eine ellenhohe, kegelförmige Papiermütze auf, auf die Teufel gemalt waren und auf der «Haeresiarcha» geschrieben stand, und übergab ihn endlich dem weltlichen ausführenden Arm des unfehlbaren Willens der Kirche zur Verbrennung. «Jesus Christus, Sohn des lebendigen Gottes, erbarme dich meiner!» hörte man ihn zweimal ausrufen.

Dann erhob sich ein Wind, und die Flammen und der Rauch wallten um seine aufrecht stehende Gestalt. Die Asche samt der ganzen Erde ringsherum wurde dann in den Rhein geworfen, um zu verhindern, daß sie als Reliquie verehrt würde.[70] Genau ein Jahrhundert später jedoch erstand aus dieser Asche die Sonne Luthers, und von da an war die römisch-katholische Kirche nur noch eines von mehreren rivalisierenden Christentümern im europäischen Westen.

4
AMOR

Läßt man in groben Zügen die Geschichte der Weltmythologie Revue passieren, so ragt als entscheidende schöpferische Entwicklung in der Zeit des ausgehenden Mittelalters und der nahenden Reformation der Aufstieg des Prinzips des individuellen Gewissens über die kirchliche Autorität heraus. Er bedeutete den Anfang vom Ende der Herrschaft der priesterlichen Gesinnung erstens über das europäische Denken und zweitens, wie wir heute sehen, über das auf der ganzen Erde. Damit brach ein neues Weltalter an, das in seinem Hinausgehen über die Hochkulturen der Vergangenheit – geistig und moralisch ebenso wie materiell – heute schon so groß ist, wie es deren Hinausgehen über die einfachen Stammesordnungen des paläolithischen Menschen war.

In unserer Untersuchung der Mythologien der Urvölker, des Ostens und des Westens haben wir immer wieder gesehen, daß während der fast endlosen ersten Periode unserer Spezies, als Jagen und Sammeln die einzigen Weisen der Nahrungsbeschaffung waren, die sozialen Gruppen vergleichsweise klein waren und es unter den Menschen wenig oder gar keine Spezialisierung gab. Zwar waren die Geschlechterrollen durchaus verschieden, und es gab auch einen anerkannten Unterschied zwischen denen, die die Gabe der schamanischen Schau besaßen, und dem Rest der Gemeinschaft. Im wesentlichen jedoch galt, was in der *Mythologie der Urvölker* über die Zeit der frühen Jägerstämme gesagt wird: «jeder Einzelne gebot über das gesamte kulturelle Erbe, und die Gemeinwesen bestanden daher aus praktisch gleichwertigen Individuen.»[71]

Eine neue und großartige Epoche begann mit der Erfindung der Techniken des Nahrungsanbaus, Ackerbau und Viehzucht, in der Kernzone des Nahen Ostens zwischen 7500 und 5500 v. Chr. etwa. In ihrer Folge entstanden Gemeinwesen von ansehnlicher Größe, in denen unterschiedlich spezialisierte Menschen- und Wissenstypen sich ausbildeten. Für unsere Untersuchung am wichtigsten ist die Klasse hauptberuflicher Priester, zu deren Beschäftigungen unter anderem die Beobachtung der Bewegungen am Sternenhimmel gehörte. In den älteren Urkulturen hatte eine Ausrichtung auf die Tier- und Pflanzenreiche der unmittelbaren Umgebung bestanden. Die Mythen und Riten der schweifenden Stämme der Großen Jagd, für die die Tiere der weiten Ebenen, ob groß oder klein, die hauptsächlichen Manifestationen der Mächte und Geheimnisse der Natur waren, gründeten größtenteils auf der Vorstellung, daß zwischen den Menschen und den wilden Tieren ein Bund bestehe. Die zur Nahrung dienenden Tiere gaben ihre Körper freiwillig hin, sofern bestimmte Riten durchgeführt wurden, die ihre Wiedergeburt und Rückkehr sicherten. Tiere erschienen auch in Visionen und wurden daraufhin die Schützer, Initiatoren und Reittiere der Schamanen, denen sie Wissen, Macht und geistige Erkenntnis verliehen. Und die Menschen verkleideten sich in ihren Riten als Tiere und machten diese nach.

In Regionen dagegen, wo die Pflanzenwelt sowohl als Nahrungsquelle als auch als Exempel der Lebensgeheimnisse das Übergewicht hatte, waren die vorherrschenden Mythen geprägt von der Erkenntnis von Analogien zwischen den Vorgängen des pflanzlichen und des menschlichen Daseins – Entstehung und Wachstum aus Tod und Verfall, Gleichgültigkeit gegenüber dem Individuum – und drehten sich die Riten dementsprechend um oft geradezu verschwenderisch gebrachte Menschenopfer unterschiedlicher Form, durch welche die Lebenskräfte (aus dem Tod erwachsend, wie man meinte) gesteigert werden sollten.

Es hat außerdem den Anschein, als ob in der Kernzone des Nahen Ostens, wo die ältesten Ackerbau treibenden Dörfer des neolithischen Kulturstadiums entstanden, eine Pflanzenmythologie geherrscht hätte, die eng mit der der urtümlichen Pflanzerzonen verwandt war. Wir haben die Zeugnisse dafür in der *Mythologie der Urvölker* besprochen und brauchen den Nachweis nicht noch einmal anzutreten.

Dort haben wir auch das einschneidende Ereignis behandelt, daß zum Anbruch der Bronzezeit eine völlig neue priesterliche Mythologie auftauchte, der als Manifestation der Gesetze und des Geheimnisses des Seins im wesentlichen nicht die Tier- oder die Pflanzenwelt galt, sondern die kreisende, mathematisch berechenbare Ordnung der Sterne, von Sonne und Mond, Merkur, Venus, Mars, Jupiter und Saturn. Wie im Himmel, so auf Erden. Den priesterlichen Kennern jener kosmischen Ordnung wurde eine absolute, göttlich geleitete moralische Autorität zugeschrieben; und von der Zeit an, als im alten Nahen Osten die ersten großen Tempel in die Höhe wuchsen (um 4000 v. Chr.), bis zu der Epoche, zu der unsere Untersuchung uns jetzt gebracht hat, bezog jede bekannte Hochkultur – nur die griechisch-römische eine Zeitlang nicht – ihre geistliche Unterweisung von diesen priesterlichen Himmelsguckern, die angeblich der kosmischen Ordnung das Wissen darum entnommen hatten, welche Ordnung auch den Menschen auf Erden frommte.

In der *Mythologie des Ostens* ebenso wie im vorliegenden Band haben wir das Wachstum und die weltweite Ausbreitung der von diesen Himmelsbeobachtungen abgeleiteten majestätischen Mythologien verfolgt, denen die Erfahrung, das Denken, das Sehnen und die Erfüllung der Menschen in jeder Form untergeordnet werden mußten. Und wir haben auch gesehen, wie sie im Zuge ihrer Verbreitung auf die Mythologien der minder entwickelten Urvölker, zu denen sie gelangten, stießen und diese vereinnahmten – oder andererseits von ihnen vereinnahmt wurden.

Beim Einzug in Indien gelangte die Hochmythologie des rituellen Königsmordes in einen Bereich, in dem die brutalen Opferriten des tropischen Pflanzerkomplexes bereits wuchsen und gediehen, und die zwei Linien vereinigten sich zu einer der am mannigfaltigsten entwickelten Traditionen des Ritualmords in der Geschichte unseres Themas. Beim Einzug in Europa dagegen kam derselbe hochkulturelle Komplex in die klassischen Gefilde der nördlichen, paläolithischen Großen Jagd, die Gegenden der großen Höhlen und der Höhlenkunst der Dordogne und der Pyrenäen. Wir haben gesehen, daß es im Paläolithikum in diesem Gebiet keine solche pflanzenbezogene Vorrangstellung des rituellen Kannibalismus gab wie in den Dörfern der Tropen. Auch stand im Mittelpunkt der charakteristischen Mythen keine Gottheit, die zum Gedeihen des Dorfes, des Stammes oder des Alls rituell getötet wurde.

Bei den Stämmen, die für ihren Lebensunterhalt auf das jägerische Können von Einzelnen angewiesen sind, wird das Individuum gefördert: sogar die Vorstellung der Unsterblichkeit ist individuell, nicht kollektiv. Ferner wird die geistige Führung in erster Linie von Schamanen ausgeübt, also von Einzelnen, die sich durch persönliche Erfahrungen geistige Kräfte erworben haben, nicht von gesellschaftlich eingesetzten Priestern, die durch ihre Weihe zu Amtsträgern in einer Organisation geworden sind.[72] Wir haben gesehen, daß sich aus dem anfänglichen Austausch dieser nördlichen Jäger- und Kriegerformen mit den eindringenden neolithischen und bronzezeitlichen Kulturformen keine Verschmelzung ergab, sondern eine wechselseitige Beeinflussung von zunehmender Spannweite und Stärke. Und das gleiche geschah im Jahrtausend der christlichen Mission, die wie die anderen höheren Kulturformen abermals aus der Kernzone des Nahen Ostens kam.

Wie jene Kulturformen ging auch die christliche Ordnung einher mit und wurde gestützt von einer Mythologie priesterlicher Autorität, die – angeblich – übernatürlicher Herkunft war. Von den Priestern verlangte man nicht, ja erwartete man nicht einmal, daß sie eigene geistige Erfahrungen hatten; drohte doch denen, die welche hatten, der Scheiterhaufen. Sie wurden durch ihre Salbung gewissermaßen verbeamtet, und ihre persönliche Macht leitete sich nicht von der Würde ihrer Personen her, sondern von der Institution, der sie dienten, und diese wiederum wurde nicht nach ihrem Beitrag zur irdischen Würde des Menschen beurteilt, sondern nach ihrer angeblichen Abkunft von oben. Wir haben gesehen, daß nach einem hohen Augenblick des Sieges in der Regierungszeit Innozenz' III. die Autorität dieser Priesterorganisation angefochten und im wesentlichen zunichte gemacht wurde. Und wie in unserem nächsten Band geschildert werden soll, schob sich unmittelbar im Anschluß daran (und schiebt sich noch) allmählich eine neue – ganz neue – Mythologie in den Vordergrund: eine Mythologie weder von Tier- noch von Pflanzengöttern, auch nicht von der kosmischen Ordnung und ihrem Gott, sondern eine Mythologie des Menschen, und sie ist heute in der Tat der einzige schöpferische Hauch im Dienste der Zukunft einer Menschheit, die in ihrer eigenen irdischen Wahrheit, Seligkeit und Willensfreiheit gründet.

Bevor ich fortfahre, möchte ich jedoch noch anmerken, daß sich schon zur Zeit der Blüte des Artusromans im zwölften und dreizehnten Jahrhundert die Anfänge dieser neuen Mythologie des Menschen erkennen lassen, der in seiner angeborenen Trefflichkeit fähig ist, selbst in den durchwachsenen Verhältnissen dieses unseres Lebens auf Erden Seligkeit zu erleben und zu schenken. Man nehme etwa das Gralsgeheimnis: Aus welchem Grund sollte bitte ein christlicher Ritter zur Suche nach dem Gral ausreiten, wenn ihm in jeder Kapelle der gesegnete Leib und das gesegnete Blut Christi winkten, substantiell gegenwärtig im Sakrament des Altars zur Erlösung und Beseligung seiner Seele?

Die Antwort lautet naheliegenderweise, daß die Gralssuche ein Abenteuer der individuellen Erfahrung war. Die Hintergründe der Sage liegen im heidnischen, besonders im keltischen Mythos. Ihre Helden waren die alten Recken, Cúchulinn und die übrigen, die nunmehr in ritterlicher Rüstung als Gawan, Parzival oder Galahad zurückgekehrt waren, um wunderbare Abenteuer zu bestehen wie eh und je. Hinzugekommen waren überdies durch den Einfluß des Islam verwandte Symbole, aufgeladen mit der mystischen Überlieferung Asiens, ebenso Elemente aus Byzanz und von noch weiter östlich. Von verschiedenen Forschungsrichtungen ist der Gral gleichgesetzt worden mit Dagdas Kessel der Fülle, der Bettelschale des Buddha, in der vier Schalen aus den vier Himmelsrichtungen vereint waren, der Ka'ba der Großen Moschee von Mekka und dem höchsten talismanischen Symbol eines gnostisch-manichäischen Einweihungsritus, den möglicherweise die Tempelritter praktizierten.[73] Alle solche fremdartigen, urzeitlichen oder verwandten orientalischen Formen wurden jedoch in den europäischen Versromanen umgeschaffen und auf die eigene geistige Situation der Zeit bezogen. Insbesondere erzählt die Sage von der Wiederherstellung eines verödeten Landes, verödet durch einen schmerzvollen Speerstoß, den ein König von einer unwürdigen Hand empfing, die sich in den Besitz einer heiligen Lanze gebracht hatte – in späteren Versionen wird sie mit der Lanze identifiziert, die einst Christi Seite durchbohrte.[74] Und wir brauchen nicht zu fragen oder zu raten, worauf sich eine solche Sage bezogen haben könnte oder weshalb die Allegorie zu ihrer Zeit so viele Herzen rührte: der oben beschriebene Zustand der Kirche erklärt das zur Genüge.

Der Gralsheld – vor allem in der Person Parzivals oder Percevals, des «großen Toren» – ist der offene, schlichte, unverdorbene, edle Sohn der Natur, ohne Falsch, stark in der Reinheit seiner Herzenssehnsucht. Der Dichter Wolfram von Eschenbach (ca. 1165–1220) beschreibt die Kindheit seines Gralshelden im Walde so: «Sorgen kannte er nicht. Wäre nur nicht der Vogelsang in den Wipfeln über ihm gewesen! Das süße Klingen drang ihm ins Herz und erstraffte ihm die kleine Brust ... Dazu zwang ihn seine Art und seine Lust.»[75] Seine verwitwete edle Mutter, die mit ihm weltabgeschieden im Wald lebte, hatte ihm von Gott und dem Satan berichtet und «ihn das Finstere und das Lichte unterscheiden» gelehrt.[76] In seinen eigenen Taten jedoch waren Lichtes und Finsteres gemischt. Er war kein Engel oder Heiliger, sondern ein lebendiger, suchender Mann der Tat, ausgezeichnet mit dem Gabenpaar Tapferkeit und Mitleid, dem noch Treue hinzukam. Und weil er darin standhaft war – nicht übernatürlicher Gnade wegen –, gewann er zuletzt den Gral.

Oder was sollen wir zu dem anderen großen Thema der Tafelrunde des Königs Artus sagen: der leidenschaftlichen ehebrecherischen Liebe von Tristan und Isolde und von Lanzelot und der Königin Ginevra? Es geht dabei abermals um eine mystische individuelle Tiefenerfahrung im Gegensatz zum Geltungsanspruch der Sakramente – diesmal der Ehe. Denn im Mittelalter war die von der Kirche abgesegnete Ehe eine gesellschaftspolitische Abmachung, die in keinem Verhältnis zum Geheimnis und Wunder der Liebe stand. Mit den Worten von Johan Huizinga in seinem lehrreichen Büchlein *Herbst des Mittelalters*: «Von seiten der Religion wurden über die Liebe in allen ihren Aspekten Verwünschungen ausgegossen.»[77] Von seiten des Hofes und der Dichtung der

Erfahrung dagegen (um abermals Huizinga zu zitieren), «wurde die Liebe das Feld, auf dem man alle ästhetische und sittliche Vollkommenheit erblühen ließ.»[78] Die Liebe war eine göttliche Heimsuchung, die die rein animalische Lust bezwang, während die feudale Ehe eine ganz äußerliche Sache war. Der Liebende, dem der Dienst an seiner Dame das Herz veredelte, wurde in eine Sphäre hoher Erkenntnisse und Erlebnisse eingeweiht, die jemand, der sie erfahren hatte, unmöglich mit Sünde identifizieren konnte (wie die Kirche es tat). Man muß nur die Gedichte in Dantes *Vita nuova* lesen, um zu begreifen, in welche Höhen mystischer Entrückung die höfische Liebe führen konnte.

Vieles deutet darauf hin, daß einige der Troubadours mit der albigensischen Häresie in Verbindung standen. Darüber hinaus sind zahlreiche Anknüpfungen an die mystische Poesie der islamischen Sūfīs bekannt. Auch ergeben sich Analogien zu den Shaktikulten Indiens und vor allem zu Jayadevas Gedicht *Gītagovinda*, dessen Entstehungszeit, etwa 1175, ungefähr der des *Tristan* von Chrétien de Troyes entspricht.[79] Wir erkennen auch – hier wie im Gralskreis – Züge aus der keltischen Mythenwelt. Die Prototypen Markes, Tristans und Isoldes waren nachweislich die beliebten irischen Sagengestalten Finn Mac Cumhaill, sein Stellvertreter Diarmuid und seine entführte Braut in spe Gráinne.

Kurz, es besteht zwischen der heidnischen Vergangenheit und dem Hochmittelalter Europas ein eindrucksvoller Geistes- und Entwicklungszusammenhang, eine Zeitlang schwer überdeckt gewesen von einem geistlichen Despotismus orientalischen Typs, der aber schließlich zersetzt, aufgesogen und verarbeitet wurde. In höfischen und poetischen Kreisen siegte das Ideal der individuellen Erfahrung über das der unfehlbaren Autorität von Männern, deren Charakter man nicht in Betracht ziehen sollte. Und auch in der Kirche wurde der Grundsatz einer solchen Fehlbarkeit hinterfragt, in Zweifel gezogen und verworfen. John Wyclif (gest. 1384) schrieb in England, die ganze Hierarchie vom Papst abwärts sei verflucht wegen ihrer Habgier, ihrer Simonie, ihrer Grausamkeit, ihrer Herrschsucht und ihres schlechten Lebenswandels; die Päpste der Epoche seien der Antichrist, man brauche ihnen keinen Gehorsam zu leisten, ihre Dekretalen seien null und nichtig, und um ihre Exkommunikationen brauche man sich nicht zu kümmern. Sofern sie nicht Sühne leisten, schrieb er, «werden sie tiefer als Judas Ischariot verdammt werden». Und: «Sicherlich, so wie die Priester von heiligem Lebenswandel und tüchtiger Kenntnis der Heiligen Schrift die Schlüssel des Himmels besitzen und Stellvertreter von Jesus Christus sind, so haben lasterhafte Priester, die die Heilige Schrift nicht kennen, aber voll Stolz und Begierde sind, die Schlüssel der Hölle und sind die Stellvertreter Satans.»[80]

Wyclif war praktisch Donatist, desgleichen Hus und seine Anhänger. Niemand, der in Todsünde lebe, schrieb Hus, könne ein weltlicher Herr, ein Prälat oder ein Bischof sein. Und in Deutschland, wo die Reformation schließlich zur vollen Entfaltung kommen sollte, zeigte Meister Eckhart (ca. 1260–1327), der fast genau ein Zeitgenosse Dantes war, den Weg zu einem neuen christlichen, mystischen inneren Leben. Also predigte er seiner Gemeinde:

> «Wo ist, der nun geboren ist als König der Juden?» (Mt 2,2.) Beachtet nun bei dieser Geburt, *wo* sie geschehe. «*Wo* ist, der geboren ist?» Ich sage aber, wie ich schon öfters gesagt habe, daß diese ewige Geburt in der Seele ganz in der Weise geschieht, wie sie geschieht in der Ewigkeit, nicht weniger und nicht mehr; denn es ist (nur) *eine* Geburt, und diese Geburt geschieht im *Sein* und im *Grunde* der Seele. ...
>
> Gott ist in allen Dingen wesenhaft, wirkend, gewaltig. *Gebärend* aber ist er nur in der *Seele*; denn *alle* Kreaturen sind ein Fußstapfe Gottes, die Seele aber ist naturhaft nach Gott gebildet. ... Wahrlich, was an Vollkommenheit in die Seele kommen soll, sei's göttliches, einförmiges Licht oder Gnade und Seligkeit, das alles muß notwendig *mit dieser Geburt* in die Seele kommen und in keiner Weise sonst. Warte nur auf diese Geburt in dir, so findest du alles Gute und allen Trost, alle Wonne, alles Sein und alle Wahrheit. Versäumst du *dies*, so versäumst du *alles* Gute und alle Seligkeit. Was dir *in diesem* einkommt, das bringt dir lauteres Sein und Stetigkeit; was du (aber) *außerhalb* dieses suchst oder liebst, das verdirbt, nimm's, wie du willst und wo du willst: es verdirbt alles. ...
>
> Und so, in dieser Weise, mußt du dich aller deiner Betätigungen entschlagen und alle deine Kräfte zum Schweigen bringen, wenn du

wirklich diese Geburt in dir erfahren willst. Willst du den geborenen König finden, so mußt du alles, was du sonst finden magst, überlaufen und hinter dich werfen.

Daß wir alles das überlaufen und ablegen, was diesem geborenen König nicht wohlgefällt, dazu helfe uns der, der darum ein *Menschenkind* geworden ist, damit wir *Gotteskinder* werden. Amen.[81]

Wir stehen hier auf der Schwelle zu Indien; so wie wir dort stehen, wenn wir die schöne kleine Madonnenfigur im Cluny-Museum betrachten, die in Abbildung 31 und 32 gezeigt wird. Eckharts Predigt über die Geburt Jesu Christi in der Seele könnte aufgefaßt werden als eine Auslegung des Bedeutungsgehaltes dieser Statuette, die sich zudem auch mit der oben (S. 506–507) beschriebenen schī'itischen Fāṭima vergleichen läßt, ebenso mit der bronzezeitlichen göttlichen Mutter des Alls und seines lebendigen Gottes, in der die makro- und die mikrokosmische Ordnung als eine erkannt werden.

Von Eckhart ein weiteres Wort:

Darum gibt man eine Jungfrau einem Mann: weil man von ihr erwartet, daß sie gebiert. Darum hat Gott diese Seele geschaffen: damit er seinen eingeborenen Sohn in sie gebären kann. Daß diese Geburt in Maria geistig geschah, das war beglückender für Gott, als daß er leiblich von ihr geboren wurde. Daß diese Geburt noch heutigen Tages in einer Gott liebenden Seele geschieht, das ist beglükkender für Gott, als daß er Himmel und Erde schuf.[82]

Noch ein Wort, und dann noch eines:

Ich bin des so gewiß wie, daß ich ein Mensch bin, daß mir nichts so «nahe» ist wie Gott. Gott ist mir näher, als ich mir selber bin; mein Sein hängt daran, daß mir Gott «nahe» und gegenwärtig ist. So auch ist er es einem Steine und einem Holz, sie aber «*wissen*» nichts davon.[83]

Ich sage: Hätte Maria Gott nicht zuerst geistig geboren, er wäre nie leiblich von ihr geboren worden. Eine Frau sprach zu unserm Herrn:

Abbildung 31. Madonna und Kind

«Selig ist der Leib, der dich trug.» Da sprach unser Herr: «Nicht nur der Leib ist selig, der mich getragen hat; selig sind, die das Wort Gottes hören und es behalten» (Lk 17,27–28). Es ist Gott wertvoller, daß er geistig geboren werde von einer jeglichen Jungfrau oder (= will sagen) von einer jeglichen guten Seele, als daß er von Maria leiblich geboren ward.

Darunter ist zu verstehen, daß wir ein einziger Sohn sein sollen, den der Vater ewiglich geboren hat. Als der Vater alle Kreaturen gebar, da gebar er mich, und ich floß aus mit allen Kreaturen und blieb doch drinnen in dem Vater. Ganz so, wie das Wort, das ich jetzt spreche: das entspringt in mir, zum andern verweile ich bei der Vorstellung, zum dritten spreche ich es aus, und ihr alle nehmt es auf; dennoch bleibt es im eigentlichen Sinne in mir. So auch bin ich im Vater geblieben.[84]

Mose sah Gott von Angesicht zu Angesicht, sagt die Heilige Schrift. Die Meister verneinen das. Sie sagen so: Wo zwei Gesichter sind, da wird Gott nicht gesehen, denn Gott ist einer, nicht zwei. Wer Gott

Abbildung 32. Die Mutter des lebendigen Gottes

sieht, der sieht nichts als ein Eines. ... Die Seele ist mit Gott eins – nicht vereint.[85]

Und schließlich:

Wenn ihr nun die rechten vernünftigen, wahren Gottschauenden kennen wollt, die durch nichts zu betrügen oder irrezuleiten sind, so sollt ihr sie erkennen an vierundzwanzig Zeichen.

Das erste Zeichen setzt uns der allerhöchste Meister an Wissen und an Weisheit und an hoher Vernunft, der auch selber die Wahrheit ist, unser lieber Herr Jesus Christus, indem er spricht: «Daran sollt ihr erkennen, daß ihr meine Jünger seid: ob ihr einander liebt und mein Gebot haltet. Was ist mein Gebot? Daß ihr einander liebt, wie ich euch geliebt habe», ganz als ob er sagte: Ihr werdet wohl meine Jünger an Wissen und an Weisheit und an hoher Vernunft, aber wenn ihr die rechte Liebe nicht habt, so hilft es euch wenig oder gar nichts. Bileam war so vernünftig, daß er Dinge erkannte, die Gott erst nach vielen hundert Jahren eröffnen wollte. Das half ihm wenig, denn er hatte die rechte Liebe nicht. Sodann Luzifer, der Engel, der in der Hölle ist, der hatte eine so klare Vernunft, daß er noch heute vieles erkennt. Er leidet um so mehr höllische Pein, weil er nämlich seine Liebe und Treue auf das Nichts gesetzt hat, das er erkannte. – Das zweite Zeichen: daß sie ihrer selbst ledig geworden sind und sich von sich selbst freimachen: so lassen sie alle Dinge los. – Das dritte Zeichen: sie haben sich Gott ganz und gar überlassen: so wirkt Gott in ihnen sein Werk ungehindert. – Das vierte Zeichen: wo sie sich noch finden, da gehen sie von sich fort: so haben sie ein wahres Zunehmen. – Das fünfte Zeichen: sie suchen in keiner Weise irgendwo das Ihre: das gibt ihnen ein gutes Gedenken (Gottes). – Das sechste Zeichen: sie warten ohne Unterlaß, was Gott von ihnen wolle: dem tun sie aufs allerhöchste Genüge. – Das siebte Zeichen: sie beugen ihren Willen dem göttlichen Willen und wollen darum nichts anderes, als was Gott will. – Das achte Zeichen: sie fügen und binden sich so eng an Gott und Gott an sie in der Kraft der Liebe, daß Gott nichts ohne sie wirkt und sie nichts ohne Gott wirken. – Das neunte Zeichen: sie befleißigen sich und gebrauchen Gott in allen ihren Werken und an allen Orten und in allen Dingen. – Das zehnte Zeichen: von keiner Kreatur empfangen sie irgend etwas, weder Freud noch Leid, sondern alles bloß von Gott, ob Gott es gleich durch seine Kreatur wirke. – Das elfte Zeichen: sie werden von keinem Gelüst noch Genuß der Natur oder der Kreatur gefangen. – Das zwölfte Zeichen: sie werden von keinem Widerspruchsgeist gedrängt oder getrieben: so bleiben sie fest bei der Wahrheit. – Das dreizehnte Zeichen: sie werden von keinem falschen Licht betrogen und nicht vom Äußeren der Kreatur: sie lassen alle Dinge in sich selber stehen. – Das vierzehnte Zeichen: sie sind gewappnet und geziert mit allen Tugenden: so können sie in allen Kämpfen gegen alle Untugenden siegen. – Das fünfzehnte Zeichen: sie schauen und erkennen die Wahrheit nackt und loben Gott ohne Unterlaß dafür. – Das sechzehnte Zeichen: sie sind vollkommen und gerecht, aber halten sich nicht dafür. – Das siebzehnte Zeichen: sie haben wenig Worte und viel Leben. – Das achtzehnte Zeichen: sie predigen allen Leuten mit einem wahrhaften Leben. – Das neunzehnte Zeichen: sie suchen in allen Dingen Gottes Ehre und sonst gar nichts. – Das zwanzigste Zeichen: wenn einer sie bekämpft, lassen sie ihn gewinnen und wehren sich nicht, einerlei wogegen, sondern halten sich allein an Gott. – Das einundzwanzigste Zeichen: sie begehren weder Trost noch Eigentum, sie dünken sich des Geringsten nicht wert. – Das zweiundzwanzigste Zeichen: sie halten sich für die allerunwürdigsten Menschen, die es auf der Erde gibt: so können sie sich vor allen demütigen. – Das dreiundzwanzigste Zeichen: sie nehmen das Leben und die Lehre unseres Herrn Jesus Christus zu einem Vorbild ihres ganzen Lebens, damit sie sich in diesem Spiegel ohne Unterlaß prüfen, weil sie nämlich so ablegen können, was dem würdigen Vorbild ungleich ist. – Das vierundzwanzigste Zeichen: sie erscheinen als solche, die Kleines wirken, und bemühen sich alle Zeit um ein gutes Leben: so werden sie von vielen Leuten nicht geachtet, was ihnen aber lieber ist als aller Menschen Gunst.

Das sind die Zeichen eines wahrhaften Seelengrundes, in dem das Bild aller Wahrheit lebt, und wer sie in sich selber nicht findet, der soll auf seine Vernunft nichts halten und auch nicht auf die anderer Leute.[86]

Eckharts Lehren wurden selbstverständlich verurteilt, und zwar in einer Bulle des Papstes Johannes XXII. vom 27. März 1329; danach gingen seine Schriften sozusagen in den Untergrund als «Lehrbücher der gottestrunkenen Frömmigkeit», wie sie genannt wurden, und als Inspirationsquelle der Prediger aus seiner Schule, Johannes Tauler (1300–1361), Heinrich Seuse (1300–1365) und Jan van Ruisbroeck (1293–1381).[87] Der dabei für unsere Untersuchung und für alle Untersuchungen des mythischen Bildgebrauchs – nicht nur des Christentums, sondern auch des Judentums und überhaupt aller Religionen – wesentliche Punkt ist der radikale Unterschied, der sich hier auftut zwischen Eckharts Auslegung der christlichen Symbole und der Innozenz' III. (siehe oben S. 558-560). Eckharts Auslegung würde ich bezeichnen als poetisch und somit dem Wesen und der Funktion des Symbols angemessen, das nicht als Tatsache von Wert ist, sondern als Erwecker der Seele; moderner ausgedrückt: Symbole sind energiefreisetzende und -lenkende Zeichen: Reize, die, wenn sie nicht wirken, keinen größeren Nutzen haben als eine leere Batterie. Innozenz' Auslegung des christlichen Mythos dagegen würde ich buchstäblich, rational und dem Wesen und der Funktion des Symbols unangemessen nennen, von daher also tot und nur mit Gewalt durchzusetzen und (mit Verlaub) mit Wahnsinn – der genau darin besteht, daß man ein visionäres Bild für eine Tatsache hält.

In seinem ausgezeichneten Buch *Myth and Ritual in Christianity* hat Alan Watts es so ausgedrückt:

> Das Christentum ist von einer orthodoxen Hierarchie ausgelegt worden, die den Mythos beständig zur wissenschaftlichen Aussage und zum geschichtlichen Bericht herabgewürdigt hat... Der lebendige Gott ist zum abstrakten Gott geworden und kann seine Geschöpfe nicht von dem Leiden erlösen, von dem er selbst befallen ist. ... Denn wenn Mythos mit Geschichte verwechselt wird, verliert er seine Geltung für das innere Leben des Menschen. ... Die Tragödie der christlichen Geschichte liegt darin, daß sie ein beständiges Scheitern daran ist, dem christlichen Mythos das Leben abzugewinnen und seine Weisheit aufzuschließen. ...
>
> Mythos ist nur solange «Offenbarung», als er eine Botschaft vom Himmel ist – das heißt aus der zeitlosen und ungeschichtlichen Welt – und nicht ausdrückt, was einmal wahr *war*, sondern was immer wahr *ist*. Die Menschwerdung ist demnach für heute lebende Menschen ohne Wirkung oder Bedeutung, wenn sie bloß Geschichte ist; sie ist nur dann eine «Heilswahrheit», wenn sie ewig gültig ist, die Offenbarung eines zeitlosen Ereignisses, das sich im Menschen immerzu abspielt.[88]

Es ist eine der großen Lehren, die wir aus unserer Untersuchung ziehen müssen, daß für die schlecht oder gar nicht aufgeklärte Allgemeinheit Mythen leicht Geschichte werden und daraus eine Bindung an die bloßen Äußerlichkeiten der lokalen Formen entsteht. Dadurch werden die sogenannten Gläubigen einerseits in einander bekämpfende Gruppen zusammengeschlossen und andererseits der ganzen Substanz der Botschaft beraubt, von der jede Gruppe meint, sie allein empfangen zu haben. Alle Orthodoxien legen diese Tendenz mehr oder minder stark an den Tag, und folglich stehen sie sich feindlich gegenüber. Wenn man dagegen eine der großen mythischen Bilderwelten, irgendeine, als Dichtung versteht, als Kunst, als Mitteilung nicht von empirischen Informationen, sondern von Erfahrungen – mit anderen Worten: nicht auf dem Niveau von Zeitungsmeldungen –, dann entdecken wir eine übereinstimmende Botschaft, nämlich, grob gesagt, eine Botschaft des lebendigen Gottes, der nicht irgendwo außerhalb ist, sondern in allen und ohne Festlegung auf irgend etwas. «Gott», spricht Eckhart, «wird in der leeren Seele geboren, indem er sich ihr in einer neuen gestaltlosen Gestalt entdeckt, lichtlos in göttlichem Licht.»[89]

Die orthodoxe christliche Auffassung, die Natur sei verderbt und die christliche Kirche unverderblich, läßt sich bezeichnen als ein extremer Ausdruck des weitergedachten jüdischen Mythos vom Gott, der von der Welt getrennt ist, sie erschafft, richtet, verdammt und sich dann wie von außen dazu herabläßt, ein winziges Teilchen ihrer unermeßlichen Größe mit seiner besonderen Aufmerksamkeit zu bedenken – etwa durch einen Bund, einen Koran oder eine Fleischwerdung. Ironischerweise jedoch enthielten genau die Symbole, mit denen die Kirche diesen mutmaßlichen Sachverhalt unters Volk brachte, unterschwellig eine gegenteilige Aussage, die durch das Schweigen ihrer vielsagenden Formen von selbst zu einem offenen Herzen sprach – und in Eckhart ebenso wie in Dante oder wie in den Grals- und Tristanromanen erwachte die alte Kunde vom ewigen Menschen, in dem alle Formen und Erfahrungen des Himmels wie der Hölle wohnen und aus dessen Herzen sie auch hervorgegangen sind. Die Marienstatuette der Abbildungen 31 und 32 sagt uns erstens, daß die Dreifaltigkeit, wie Eckhart wußte, jedem von uns immanent ist und von uns nach unserer Erkenntnis geboren wird; zweitens, daß die Göttin, wie die Kreter wußten, der Mutterschoß ist, der äußerste Umfang allen Daseins; und drittens etwas, das anscheinend alle Welt gewußt hat und weiß, bis auf unsere autorisierten Ausdeuter der Bildwerke unseres gemeinsamen Erbes: daß Mikrokosmos und Makrokosmos in Gott eines Wesens sind – und der ist keineswegs verderbt oder verderbbar und läßt sich auch durch keinerlei Glaubensdefinition spotten.

SCHLUSSBETRACHTUNG

Im Ausklang eines Zeitalters

In allen unseren mythologischen Untersuchungen muß ein Unterschied getroffen werden zwischen der Haltung, die der Priester und seine Herde, und der, die der schöpferische Dichter, Künstler oder Philosoph zum Göttlichen einnehmen. Der Priester neigt meines Erachtens zu einer positivistischen Auslegung der Vorstellungswelt seines Kultes. Eine solche Auslegung wird von der Gebetshaltung gefördert, da es im Gebet außerordentlich schwierig ist, das Gleichgewicht zwischen Glauben und Unglauben zu wahren, das man braucht, um sich in ein Bild oder eine Vorstellung von Gott richtig versenken zu können. Der Dichter, der Künstler und der Philosoph dagegen erkennen als selbständige Gestalter von Bildern und Präger von Vorstellungen, daß alle Darstellung – ob im sichtbaren Stoff des Steines oder im geistigen Stoff des Wortes – zwangsläufig von der Fehlbarkeit der menschlichen Organe bedingt ist. Überwältigt von seiner Muse, kann ein schlechter Dichter sich einbilden, seine Visionen seien übernatürliche Tatsachen, und so in die Pose eines Propheten verfallen – dessen Äußerungen ich als «übertriebene Dichtung» definieren würde, überinterpretiert; deshalb wird er der Stifter eines Kultes und der geistige Vater von Priestern. Aber so kann ein begabter Priester auch die Entdeckung machen, daß seine übernatürlichen Wesen ihre Festigkeit verlieren, in die Leere absinken, die Form verändern, sich sogar auflösen: woraufhin er möglicherweise entweder ein Prophet oder, wenn er begnadeter ist, ein schöpferischer Dichter wird.

Wir müssen daher drei große Metamorphosen der mythologischen Motive und Inhalte erkennen, grundsätzlich verschieden voneinander, wenn auch grundsätzlich miteinander verwandt, nämlich: die wahre Dichtung des Dichters, die übertriebene Dichtung des Propheten und die zu Tode getriebene Dichtung des Priesters. Während die Religionsgeschichte größtenteils von den letzten beiden berichtet, umfaßt die Geschichte der Mythologie alle drei und setzt damit nicht nur die Dichtung, sondern auch die Religion in ein frisches und heilsam belebtes Verhältnis zu den Quellgründen des schöpferischen Denkens. Denn es gibt in der Dichtung eine Tendenz («untertriebene Dichtung»), stehenzubleiben bei den Absonderlichkeiten persönlicher Überraschung, Freude oder Not angesichts der Realitäten des Lebens in einer Welt, die kein Dichterwerk ist; während in der Religion die entgegengesetzte Tendenz tonangebend sein kann: überhaupt keine persönliche Erfahrung zur Sprache zu bringen, sondern bloß abgesegnete Klischees.

Im weiten Rückblick über die Geschichte der Menschheit lassen sich vier grundlegende Funktionen der Mythologie herausheben. Die erste, markanteste und alle anderen beflügelnde Funktion besteht darin, ein Gefühl heiliger Scheu vor dem Geheimnis des Seins hervorzurufen und zu stützen. Rudolf Otto hat diese Wahrnehmung des *Numinosen* die charakteristische Gemütsgestimmtheit aller Religionen genannt, die zu Recht so heißen.[1] Sie ist vor jeder und wider jede Definition. Auf der Ebene der Urkultur ist sie dämonisches Grauen, auf der höchsten Ebene mystische Verzückung, und dazwischen gibt es viele Abstufungen. Definiert kann sie beredet und gelehrt werden, aber Reden und Lehren bringen sie nicht hervor. Sie kann auch von keiner Autorität erzwungen werden. Nur das Eintreten einer Erfahrung und die Schlüsselsymbole eines lebendigen Mythos können sie hervorrufen und stützen; aber solche Symbole lassen sich nicht erfinden. Sie werden *ge*funden. Dann aber wirken sie von selbst. Und ihre Finder sind die feinfühligen, schöpferischen, lebendigen Seelen, die man einst Seher nannte, aber die heute Dichter und schöpferische Künstler sind. Wichtiger, wirkender noch für die Zukunft einer Kultur als ihre Staatsmänner oder ihre Armeen sind diese Meister des geistigen Hauches, durch den der Lehm des Menschen zum Leben erwacht.

Die zweite Funktion der Mythologie ist es, eine Kosmologie zu entwerfen, ein Bild der Welt, das dieses Gefühl heiliger Scheu vor dem Geheimnis einer Gegenwart und der Gegenwart eines Geheimnisses stützt und davon gestützt wird. Die Kosmologie muß jedoch der wirklichen Erfahrung, dem wirklichen Erkenntnisstand und der wirklichen Mentalität des betroffenen Kulturvolkes gemäß sein. Als die priesterlichen Himmelsgucker im alten Sumer um 3500 v. Chr. die Ordnung der Planeten in Erfahrung brachten, rückte das gesamte mythische Gebäude des damaligen Nahen Ostens von den einfachen urzeitlichen Mythologemen der Jäger- und Pflanzerstämme ab. Die großartige Vision einer mathematisch unpersönlichen Ordnung von Raum und Zeit entstand, von der das Weltbild des Mittelalters – nicht weniger als das Altindiens, das Chinas und das Yucatáns – nur eine späte Variante war. Heute ist dieses Weltbild zerronnen. Und damit berühren wir ein entscheidendes Problem der Religionen unserer Zeit: denn die Geistlichkeiten predigen im allgemeinen nach wie vor Mythologeme aus dem ersten bis vierten vorchristlichen Jahrtausend.

Niemand, der geistig erwachsen ist, würde heute das Buch Genesis zu Rate ziehen, wenn er die Ursprünge der Erde, der Pflanzen, der Tiere und des Menschen erfahren wollte. Es gab keine Sintflut, keinen Turm zu Babel, kein erstes Paar im Paradies, und zwischen dem ersten bekannten Auftreten des Menschen auf der Erde und dem ersten Bau von Städten müssen nicht eine Generation (von Adam zu Kain), sondern gute zwei Millionen in diese Welt gekommen und wieder dahingegangen sein. Heute beziehen wir unsere Vorstellung von der Vergangenheit und dem Aufbau der Welt von der Wissenschaft, und was die «drillenden Dämonen» des Atoms und die Galaxien des Teleskopenauges enthüllen, ist ein Wunder, dem gegenüber das Babel der Bibel wie ein Spielzeugland aus der Kinderzeit unseres Gehirns dasteht.

Eine dritte Funktion der Mythologie ist es, die jeweilige Gesellschaftsordnung zu stützen, den Einzelnen organisch in seine Gruppe einzugliedern; und auch hier wieder sehen wir im weiten Rückblick, daß eine allmähliche Erweiterung des Umfangs und Inhalts der Gruppe das charakteristische Merkmal des menschlichen Fortschreitens vom anfänglichen Stammeshaufen zum posthellenistischen Entwurf einer einzigen Weltgesellschaft war. Von der Weite dieses faszinierenden umfassenderen Entwurfes heben sich immer noch zahlreiche Sonderräume ab, zum Beispiel die der verschiedenen völkischen, staatlichen, religiösen oder klassenspezifischen Mythologien, die einmal ihre Berechtigung gehabt haben mögen, aber heute veraltet sind.

Die gesellschaftliche Funktion einer Mythologie und der Riten, in denen sie umgesetzt wird, besteht darin, in jedem Angehörigen der betreffenden Gruppe eine «Gefühlsordnung» zu verankern, bei der man sicher sein kann, daß sie ihn zwanglos an ihre Ziele bindet. Die einem Jägerstamm angemessene «Gefühlsordnung» wäre für Bauern unangemessen, die einem Matriarchat angemessene unangemessen für ein Patriarchat und die einer beliebigen Stammesgruppe unangemessen für diese Zeit ausgeprägter Individuen, deren Wege von Ost nach West und von Nord nach Süd sich überall kreuzen.

Die älteren mythischen Ordnungen verliehen ihren Symbolen Autorität, indem sie sie Göttern, Kulturheroen oder einem hohen, unpersönlichen Faktor wie der Ordnung des Weltalls beilegten; und das Bild der Gesellschaft selbst wurde, derart in das größere Bild der Natur eingefügt, ein Gegenstand religiöser Ehrfurcht. Heute wissen die meisten von uns, daß unsere Gesetze nicht von Gott oder vom Weltall kommen, sondern von uns selbst, daß sie vereinbart sind, nicht absolut und daß wir nicht Gott beleidigen, wenn wir sie übertreten, sondern den Menschen. Weder Tiere noch Pflanzen, weder der Tierkreis noch sein angeblicher Schöpfer, sondern unsere Mitmenschen sind jetzt die Herren unseres Schicksals und wir die des ihren geworden. In der jüngeren Vergangenheit mag es für intelligente Menschen guten Willens möglich gewesen sein, ehrlich zu glauben, ihre eigene Gesellschaft (einerlei welche) sei das einzige Gut, jenseits ihrer Grenzen lebten die Feinde Gottes, und sie seien folglich aufgerufen, das Prinzip des Hasses nach außen auf die Welt zu projizieren und dabei gleichzeitig im Innern die Liebe zu denen zu pflegen, deren «Gefühlsordnung» von Gott war. Heute jedoch gibt es kein solches Außen. Enklaven völkischer, staatlicher, religiöser und klassenspezifischer Eigenbrötlerei bestehen noch, aber die materiellen Tatsachen haben abgeschlossene Horizonte illusorisch gemacht. Der alte Gott mit seiner kleinen Welt und seiner kleinen, abgeschlossenen Gesellschaft ist tot. Der neue Brennpunkt des Glaubens und Hoffens ist die Menschheit. Und wenn das Prinzip der Liebe nicht tatsächlich in jedem geweckt werden kann – wie es den Mythen nach wach war in Gott –, so daß es das Prinzip des Hasses besiegt, bleibt nichts anderes, als daß das «wüste Land» unser Schicksal wird und die Feinde der Welt ihre Herren werden.

Die vierte Funktion der Mythologie besteht darin, den Einzelnen in die Wirklichkeiten seiner eigenen Psyche einzuweihen und ihn so zu seiner eigenen geistigen Bereicherung und Erfüllung hinzuleiten. Früher – und in archaischen Kulturen immer noch – erreichte man das, indem alles Individuelle: Urteil, Wille, Fähigkeiten, absolut der Gesellschaftsordnung untergeordnet wurde. Das Ich-Prinzip sollte (wie wir in der *Mythologie des Ostens* gesehen haben) unterdrückt und, wenn möglich, sogar ganz getilgt werden; dafür sollten die Archetypen der Gesellschaft, die idealen Rollen, jedem nach seinem sozialen Stand unerbittlich eingeprägt werden. In einer Welt statischer Formen war ein solches Abschlachten der schöpferischen Persönlichkeit zumutbar, und wo die archaische Geisteshaltung heute noch vorherrscht, wird diese Prägung nach wie vor vollzogen. Man kann es als Beleg für die Vorreiterrolle Europas in puncto Respekt für das Individuum auffassen, daß zwar Hitlers Massenmord an über 5 Millionen Juden auf allen Seiten (weiß Gott berechtigtes) Entsetzen hervorruft, der Stalins an 25 Millionen Russen aber fast kommentarlos hingenommen und das chinesische Gemetzel vollständig übersehen wird. Beide, Orient wie Okzident, betrachten eine solche Unmenschlichkeit geradezu als normal für den Osten, während man von uns Besseres erwartet – und zu Recht. Denn allein in Europa wurde das Prinzip individueller Urteilsfähigkeit und Verantwortung entwickelt, nicht in Abhängigkeit von einer feststehenden Ordnung mutmaßlicher göttlicher Gesetze, sondern gegenüber einem sich verändernden Kontext menschlicher Belange, die vernünftig geregelt werden wollen. Die Förderung des Ich-Prinzips in Europa, zuerst bei den

Griechen, dann bei den Römern, galt nicht dem bloßen «Ich-will» des Kindergartens (Freuds «Lustprinzip»), sondern der gebildeten, vernünftigen Fähigkeit verantwortungsbewußten Urteilens («Realitätsprinzip»);[2] diese Förderung hat uns und der uns eigentümlichen Welt eine Art der Geisteshaltung und der psychologischen Problematik beschert, die sich in jeder Hinsicht von der der archaischen orientalischen Seele unterscheidet. Und dieser humanistische Individualismus hat Schaffenskräfte freigesetzt, durch die in nur zwei Jahrhunderten Veränderungen im Wohl und Wehe der Menschen herbeigeführt wurden, wie sie davor keine zwei Jahrtausende jemals bewirkt hatten. Das Ergebnis ist, daß die alten Moralbegriffe dort, wo man noch an ihnen festhält, nicht mehr den tatsächlichen Gegebenheiten am Orte gerecht werden, ganz zu schweigen von den weltweiten. Das Gralsabenteuer – die innere Suche nach jenen schöpferischen Werten, durch die das «wüste Land» erlöst wird – ist heute für jeden eine unumgängliche Aufgabe geworden; denn es gibt keinen festen Horizont mehr, es gibt kein festes Zentrum mehr, kein Mekka, Rom oder Jerusalem. Unser Kreis ist heute so, wie Nikolaus von Kues es um 1450 verkündet hat: der Umkreis nirgendwo, der Mittelpunkt überall – der Kreis mit dem unendlichen Radius, der zugleich eine Gerade ist.

Deshalb wird es im nächsten Band, *Schöpferische Mythologie*, unser Anliegen sein, von der Zeit der Tafelrunde (wo keiner oben saß, sondern jeder der Beste war) bis zur heutigen Stunde systematisch die Detonation des Atoms zu verfolgen, den langen Prozeß, in dessen Verlauf der europäische Mensch die Augen für einen Zustand öffnete und öffnet, der kein Zustand ist, sondern ein Werden. Dieser Prozeß ist zugleich das Verschwinden aller früheren Masken Gottes, hinter denen sich, wie man jetzt erkennt, der heranwachsende Mensch selbst verbarg.

Einige werden vielleicht den Wunsch verspüren, sich noch immer vor einer Maske niederzuwerfen, aus Furcht vor der Natur. Aber wenn nichts Göttliches in der Natur ist, in der von Gott geschaffenen Natur, wie sollte es dann in der Vorstellung von Gott sein, geschaffen von der Natur des Menschen?

«Bei meiner Liebe und Hoffnung beschwöre ich dich», rief Nietzsches Zarathustra: «wirf den Helden in deiner Seele nicht weg!»[3]

ANMERKUNGEN

Die Anmerkungen wurden für die deutsche Ausgabe bearbeitet und stellenweise ergänzt. – Die Schreibung fremdsprachiger Namen und Begriffe wurde in den Zitaten nach der im Text gewählten Fassung vereinheitlicht. – Bibelzitate werden im Text nachgewiesen, benutzt wurde durchweg die Einheitsübersetzung (1980). – Für Verweise auf die beiden vorausgehenden Bände der *Masken Gottes*, *Mythologie der Urvölker* und *Mythologie des Ostens*, werden die Kurzformen *MythUr* und *MythOst* gebraucht.

Mitgeholfen bei der Klärung einzelner Sach- und Übersetzungsprobleme haben Barbara Müller (München), Karen Nölle-Fischer (Hamburg) und Ruprecht Paqué (Düsseldorf). Herzlichen Dank.

Teil Eins: Das Zeitalter der Göttin
Einleitung: Mythos und Ritual in Ost und West

1 *Kena-Upanishad* 2,3; Übers. Bettina Bäumer: *Upanishaden. Befreiung zum Sein*, Zürich u.a. 1986, S. 108.
2 Lao-tzu: *Tao-te ching* 56; zit. nach Laudse: *Daudedsching*, Übers. Ernst Schwarz, München [3]1988, S. 106.
3 *Chāndogya-Upanishad* 6,8,7.
4 Mumon: *Wu-men-kuan* 23; zit. nach Paul Reps: *Ohne Worte – ohne Schweigen (Zen Flesh, Zen Bones)*, Übers. Ulli Olvedi, Bern u.a. [6]1987, S. 139.
5 *Prajñāpāramitāhridāya-Sūtra (Herz-Sūtra)*, Schluß-Mantra.
6 Bibelzitate nach der Einheitsübersetzung (1980).

Kapitel I: Die Braut der Schlange

1 William Hayes Ward: *The Seal Cylinders of Western Asia*, Washington, D.C., 1910, S. 129; Quelle: Léon Heuzey: *Catalogue des antiquités chaldéennes*, Paris 1902, S. 281, Abb. 125.

2 Stephen Herbert Langdon: *Semitic Mythology. The Mythology of All Races*, Band V, Boston 1931, S. 177; Quelle: J. de Morgan: *Délégation en Perse. Mémoires*, Band XII, Paris 1911, S. 173, Abb. 288.

3 Henri Frankfort: «Sargonid Seals», *Iraq*, Band I, Teil I, 1934, S. 11, Abb. 2.

4 Ward, op. cit., S. 275.

5 Siehe *MythOst*, S. 27–33.

6 Ward, op. cit., S. 276.

7 Ebd., S. 139; Quelle: Joachim Ménant: *Recherches sur la glyptique orientale*, Paris 1883–1886, Teil I, S. 191, Abb. 121.

8 Ward, op. cit., S. 138; Quelle: Ménant, op. cit., S. 189, Abb. 120.

9 Die Sündenfalltheorie wurde vertreten von George Smith: *The Chaldean Account of Genesis*, New York 1876 (deutsch: *Chaldäische Genesis*, Leipzig 1876), und von Langdon, op. cit., S. 179; abgelehnt allerdings von Ménant, op. cit., S. 189–191, und von Ward, op. cit., S. 138–139.

10 Jane Ellen Harrison: *Themis*, Cambridge ²1927, S. 286; Quelle: Johannes A. Overbeck: *Atlas der griechischen Kunstmythologie*, Leipzig 1872, Band I, Tafel XVI,2.

11 Hesiod: *Theogonie* 973–974, in *Sämtliche Gedichte*, Übers. Walter Marg, Zürich – Stuttgart 1970, S. 79. Vgl. auch Harrison, op. cit., S. 286.

12 *Jātaka* 1,74,26, *Nidānakathā*.

13 *Mahāvagga* 1,3,1–3.

14 In den meisten Fällen bleiben in Bibelzitaten die Namen Jahwe und Elohim unübersetzt; so wird auch der Unterschied zwischen den beiden Quellen J und E sichtbar (siehe Kap. III).

15 Jane Ellen Harrison: *Prolegomena to the Study of Greek Religion*, Cambridge ³1922, S. 7.

16 Ebd., S. 19; Quelle: Staatliche Museen Berlin, *Beschreibung der antiken Skulpturen*.

17 Ebd., S. 18.

18 Ebd., S. 14–15; Scholiast zu Lukian: *Ikaromenippos* 24.

19 James G. Frazer: *Der goldene Zweig (The Golden Bough)*, Abgekürzte Ausgabe, Übers. Helen von Bauer (1928), Neuausgabe Köln – Berlin 1968, S. 1–2.

20 Claudius Aelianus: *De natura animalium* XI,2; zit. nach *Werke*, 7. Band: *Thiergeschichten*, 4. Band, Übers. Friedrich Jacobs, Stuttgart 1841, S. 836 (leicht verändert).

21 Harrison: *Themis*, S. 431, Abb. 130.

22 Hesiod: *Theogonie* 215.

23 *Theogonie* 823–880. Abb. 10 stammt von einer frühen rotfigurigen Vasenmalerei in den Münchner Antikensammlungen (ca. 650 v. Chr.), aus A. Furtwängler und K. Reichold: *Griechische Vasenmalerei*, München 1900–1932, Nr. 32.
24 Siehe *MythOst*, S. 214–216.
25 Siehe *MythOst*, S. 216–222.
26 Harrison: *Themis*, S. 459.
27 Ovid: *Metamorphosen* III,320–321, 324–331, Übers. Erich Rösch, München - Zürich [11]1988, S. 105.
28 *MythUr*, S. 122–123.
29 Von einer frühen rotfigurigen Vasenmalerei in den Staatlichen Museen Berlin. Harrison: *Prolegomena*, S. 633, Abb. 168; Quelle: Furtwängler und Reichold, op. cit.
30 Theophile James Meek: *Hebrew Origins*, New York 1960, S. 123.
31 Leo Frobenius: *Monumenta Terrarum: Der Geist über den Erdteilen. Erlebte Erdteile*, Band VII, Frankfurt/M. 1929, S. 213–214.
32 Leo Frobenius: *Kulturgeschichte Afrikas*, Zürich 1933, S. 103–104.
33 R. A. S. Macalister: *Ancient Ireland*, London 1935, S. 13–14.
34 R. A. S. Macalister: *The Archaeology of Ireland*, London [2]1949, S. 9.
35 Ebd., S. 15.
36 Macalister: *Ancient Ireland*, S. 131.
37 *Táin bó Cuailnge*; nach *Der Rinderraub. Altirisches Epos*, nach der englischen Übertragung von Thomas Kinsella deutsch von Susanne Schaup, München 1976, S. 77–79 (leicht gekürzt und verändert).
38 H. Zimmer (1851–1910) ist nicht zu verwechseln mit seinem gleichnamigen Sohn, dem hervorragenden Indologen Heinrich Zimmer (1890–1943), auf den ich mich in der *Mythologie des Ostens* des öfteren gestützt habe. Um Mißverständnisse zu vermeiden, schreibe ich den Älteren H. Zimmer und den Jüngeren Heinrich Zimmer.
39 H. Zimmer: «Der kulturhistorische Hintergrund in der altirischen Heldensage», *Sitzungsberichte der Königlich Preußischen Akademie der Wissenschaften*, Phil.-hist. Classe, 16. Febr. 1911, S. 217, unter Berufung auf *Ancient Laws of Wales* I,92.12.
40 Ebd., S. 215–216.
41 Ebd., S. 218.
42 *Táin bó Cuailnge*; nach *Der Rinderraub*, S. 79–81.
43 W. B. Yeats: *Irish Fairy and Folk Tales*, New York o.J., S. 1–3.

Kapitel II: Die Geliebte des Stieres

1 Apuleius: *Metamorphosen oder Der goldene Esel* 11,5, Übers. Rudolf Helm, Berlin (Ost) 1956, S. 327, 329; zit. in *MythUr*, S. 74.
2 Seit der amerikanischen Erstveröffentlichung der *Mythologie der Urvölker* (1959) ist es in der Archäologie Südwestanatoliens zu einem dramatischen Durchbruch gekommen, denn man hat dort in Hacilar eine entwickelte neolithische Dorfkultur um 7000 v. Chr.

nachweisen können. Tonwaren, darunter eine beeindruckende Serie naturalistischer Statuetten der Muttergöttin, erscheinen dort in einer auf etwa 5700–5400 v. Chr. datierten Schicht. Siehe James Mellaart: «Excavations at Hacilar. Fourth Preliminary Report, 1960», *Anatolian Studies*, Band 11, 1961; ebenso Mellaart: «Hacilar: A Neolithic Village Site», *Scientific American*, Band 205, Nr. 2, August 1961.

3 Zu Krishna und den Gopīs siehe *MythOst*, S. 396–419.

4 Swami Nikhilananda (Hrsg.): *The Gospel of Sri Ramakrishna*, New York 1942, S. 371.

5 Siehe *MythUr*, S. 349–372.

6 Anrufungen aus der «Lauretanischen Litanei»; nach *Der große Sonntags-Schott. Das vollständige Meßbuch* I, hrsg. von den Benediktinern der Erzabtei Beuron, Freiburg 1976, S. 1768–1770.

7 Siehe *MythOst*, S. 184–203. Abb. 12 ist aus Arthur John Evans: *Annual of the British School at Athens*, Band VII, 1900–1901, S. 29, Abb. 9.

8 Frazer: *Der goldene Zweig*, S. 408–409. Siehe auch Bedřich Hrozný: *Ancient History of Western Asia, India, and Crete*, New York 1953, S. 198, Anm. 1; und *MythUr*, S. 471–472.

9 Die synodische Umlaufzeit der Venus beträgt 584 Tage. Fünf solche Zyklen (584 x 5 = 2920 Tage), das heißt acht Jahre (365 x 8 = 2920 Tage), benötigt sie, um wieder an denselben Punkt des Tierkreises zurückzukehren.

10 Arthur John Evans: *The Palace of Minos*, London, Band I, 1921, bis Band IV, Teil II, 1935.

11 Ebd., Band II, Teil I, S. 277.

12 Martin P. Nilsson: *Geschichte der griechischen Religion*, 1. Band, München ^{2}1955, S. 298.

13 Michael Ventris: «Evidence for Greek Dialect in the Mycenaean Archives», *Journal of Hellenic Studies*, Band LXXIII, 1953, S. 84ff.

14 Leonard R. Palmer: *Mycenaeans and Minoans*, New York 1962, S. 127 (unter Berufung auf Paul Kretschmer).

15 Michael Ventris und John Chadwick: *Documents in Mycenaean Greek*, Cambridge 1956, S. 128.

16 Palmer, op. cit., S. 123–124.

17 Ebd., S. 82, 94.

18 Homer: *Odyssee* VI,291–293, Übers. Friedrich Georg Jünger, Stuttgart 1979, S. 96. Auf die Stelle verweist in diesem Zusammenhang Palmer, op. cit., S. 95.

19 Palmer, op. cit., S. 124–125.

20 Harrison: *Prolegomena*, S. 555.

21 Palmer, op. cit., S. 124; und Harrison: *Prolegomena*, S. 273, 555, 562f., 609.

22 Harrison: *Prolegomena*, S. 273; Quelle: O. Rubensohn: «Eleusinische Beiträge», *Mittheilungen des Kaiserlichen Deutschen Archäologischen Instituts. Athenische Abteilung*, Band XXIV, 1899, Tafel VII. Aus den Staatlichen Museen Berlin.

23 Ebd., S. 272–273.
24 Platon: *Gorgias* 497c.
25 Evans: *The Palace of Minos*, Band III, S. 145–155, mit einem Einschub in Klammern über den heiligen Efeu aus Band II, Teil II, S. 482–483. Siehe auch Evans in *Journal of Hellenic Studies*, Band XLIV, 1925, S. 65, Abb. 55.
26 Vergil: *Aeneis* VI,640–641, Übers. Johannes und Maria Götte, München – Zürich ^{7}1988, S. 256–257.
27 Siehe *MythOst*, S. 130.
28 *Odyssee* IV,563–568, Übers. Jünger, S. 64.
29 Nilsson, op. cit., Band I, S. 845.
30 *MythUr*, S. 448–451.
31 *MythOst*, S. 83.
32 Robert H. Dyson jr.: «Art of the Twin Rivers», *Natural History*, Band LXXI, Nr. 6, Juni–Juli 1962, S. 39.
33 *MythOst*, S. 131 und 134.
34 Siehe *MythUr*, S. 105.
35 Siehe *MythOst*, passim.
36 Euripides: *Die Mänaden (Bakchai)* 1018–1020, Übers. Ernst Buschor, in *Sämtliche Tragödien und Fragmente*, 6 Bände, Hrsg. Gustav Adolf Seeck, Band V, München 1977, S. 327.
37 Ventris und Chadwick, op. cit., S. 127.
38 Siehe *MythOst*, S. 64–112, bes. S. 69.
39 Nilsson, op. cit., Band I, S. 297 und 277, Anm. 1.
40 Ebd., Band I, S. 303.
41 Evans: *The Palace of Minos*, Band II, Teil I, S. 279.
42 Siehe Joseph Campbell: *Der Flug der Wildgans*, Basel 1990, S. 153, Abb. 7.
43 Mellaart: «Hacilar: A Neolithic Village Site», loc. cit.
44 *MythUr*, S. 164–165.
45 *MythOst*, S. 51–56.
46 M. Untersteiner: *La fisiologia del mito*, Mailand 1946; Giovanni Patroni: *Commentari mediterranei all'Odissea di Omero*, Mailand 1950.
47 Nilsson, op. cit., Band I, S. 257.
48 Siehe *MythOst*, S. 184–279.
49 R. J. C. Atkinson: *Stonehenge*, Harmondsworth 1960, S. 148–150.
50 Ebd., S. 151–153.
51 Macalister: *The Archaeology of Ireland*, S. 16.
52 Siehe *MythOst*, S. 341.
53 Atkinson, op. cit., S. 154–156 und 172.
54 Ebd., S. 68, 101, 171–172.
55 Siehe *MythOst*, S. 530–531.
56 Atkinson, op. cit., S. 157.
57 Ebd., S. 157–158, 173–174.
58 Ebd., S. 176.
59 Ebd., S. 101, 158.

60 Ebd., S. 161–165.
61 Ebd., S. 68–69, 77–85, 88–92, 101, 165–167, 176–179.
62 Ebd., S. 165–167.
63 Palmer, op. cit., S. 229–247.
64 Marija Gimbutas: «Culture Change in Europe at the Start of the Second Millenium B.C.: A Contribution to the Indo-European Problem», *Selected Papers of the Fifth International Congress of Anthropological and Ethnological Sciences, Philadelphia, 1956*, Philadelphia 1960, S. 544, Beitrag 19.
65 Abb. 19 ist aus Arthur Evans in *Journal of Hellenic Studies*, Band XXI, 1901, S. 108, Abb. 4.
66 «Die Geburtslegende Sargons»; Übers. Erich Ebeling in Hugo Greßmann (Hrsg.): *Altorientalische Texte zum Alten Testament*, Berlin – Leipzig [2]1926, S. 234.
67 Otto Rank: *Der Mythus von der Geburt des Helden*, Leipzig – Wien [2]1922.
68 *MythOst*, S. 75–102.
69 «Das Gesetzbuch des Hammurapi»; Übers. Erich Ebeling in Greßmann (Hrsg.), op. cit., S. 380–381.
70 *Tao-te ching* 6, Übers. Ernst Schwarz, op. cit., S. 56; zit. in *MythOst*, S. 489.
71 Siehe *MythOst*, S. 131–134.
72 «Das Weltschöpfungsepos» (*Enuma Elisch*); aufgrund von Ebeling in Greßmann (Hrsg.), op. cit., S. 108–129; Arthur Ungnad: *Die Religion der Babylonier und Assyrer*, Jena 1921, S. 27–52; Alexander Heidel: *The Babylonian Genesis*, Chicago [2]1951, S. 18–48; E. A. Speiser in James B. Pritchard (Hrsg.): *The Ancient Near East*, Princeton 1958, S. 31–38; Leonard William King: *Babylonian Religion and Mythology*, London – New York 1899, S. 61–80.
73 Heidel, op. cit., S. 130.
74 Thorkild Jacobsen: *The Sumerian King List*, Chicago 1939, S. 77–85.
75 William Foxwell Albright: *Von der Steinzeit zum Christentum (From Stone Age to Christianity)*, Übers. Irene Lande, Bern 1949, S. 196.
76 Eine assyrische Rezension des *Gilgamesch-Epos* in zwölf Tafeln (ca. 650 v. Chr.), kollationiert mit Fragmenten einer älteren akkadischen Version (ca. 1750 v. Chr.?) und einer unvollständigen hethitischen Übersetzung derselben, waren die Hauptquellen der modernen wissenschaftlichen Rekonstruktion der Erzählung. Die Wiedergabe hier folgt vor allem der Übersetzung von Hartmut Schmökel, Stuttgart u.a. 1966; außerdem benutzt wurden die von Albert Schott und Wolfram von Soden, Stuttgart 1958; sowie von Ungnad, op. cit., S. 66–118.

Teil Zwei: Das Zeitalter der Helden
Kapitel III: Götter und Helden der Levante: 1500–500 v. Chr.

1 Wilhelm Martin Leberecht de Wette: *Beiträge zur Einleitung in das Alte Testament*, 2 Bände, Halle 1806–1807.
2 Nach Eduard Meyer: *Geschichte des Altertums*, 2. Band, 2. Abteilung, Stuttgart – Berlin 1931, S. 189.
3 Eine übersichtliche und gründliche Analyse der Elemente, Daten und kritischen Theorien findet man bei W. O. E. Oesterley und Theodore H. Robinson: *An Introduction to the Books of the Old Testament*, New York 1958.
4 *Pentateuch und Haftaroth*, mit Kommentar von Joseph Herman Hertz, 5 Bände, 1. Band: *Genesis*, Berlin 1937, S. 19, Anm. 9.
5 *MythOst*, S. 129–134.
6 *MythUr*, S. 175–255.
7 S. N. Kramer: *Sumerian Mythology*, Philadelphia 1944, S. 102.
8 *Kena-Upanishad* 1,4; Übers. Bäumer: *Befreiung zum Sein*, S. 69.
9 *Shvetāshvatara-Upanishad* 4,20; ebd., S. 193.
10 *Kena-Upanishad* 2,5; ebd., S. 109.
11 *Shvetāshvatara-Upanishad* 6,12; ebd., S. 81.
12 *Tao-te ching* 25, 35, 37; Übers. Ernst Schwarz, op. cit., S. 75, 85, 87.
13 Zenrin-Vers aus Alan W. Watts: *Zen-Buddhismus*, Übers. Manfred Andrae, Reinbek 1961, S. 158; zit. in *MythOst*, S. 577.
14 *Brihadāranyaka-Upanishad* 1,4,10; Übers. Paul Deussen: *Sechzig Upanishad's des Veda*, Leipzig 1897, S. 395–396.
15 *Shvetāshvatara-Upanishad* 4,4; ebd., S. 300–301.
16 *Brihadāranyaka-Upanishad* 1,4,7; ebd., S. 394.
17 Aus R. H. Blyth: *Haiku*, Band 1, Kamakura 1949, S. 197.
18 *The Gospel of Sri Ramakrishna*, S. 627 (vgl. auch Ramakrishna: *Das Vermächtnis*, Übers. Kurt Friedrichs, Bern – München 1981, S. 134).
19 Stith Thompson: *Motif-Index of Folk Literature*, Bloomington, Ind., 1932, Motive C 600–649.
20 Zum Beispiel: Washington Matthews: *Navaho Legends*, New York 1897, S. 107ff.
21 Gerald Vann: *Der Lebensbaum. Studien zur christlichen Symbolik (The Paradise Tree)*, Übers. Alfred Kuoni, Einsiedeln u.a. 1962, S. 68.
22 Aus *Der große Sonntags-Schott*, S. 215, 218.
23 Siehe *MythOst*, S. 103–112.
24 Jean Piaget: *Das Weltbild des Kindes*, Übers. Luc Bernard, Stuttgart 1978, S. 61; zit. in *MythUr*, S. 106.
25 *MythOst*, S. 145–155.
26 Siehe *MythOst*, S. 127–129.
27 Hertz, op. cit., S. 60, 109.
28 *A Dictionary of the Holy Bible*, Artikel «Abraham», New York 1859, S. 10.

29 Alexander Scharff und Anton Moortgat: *Ägypten und Vorderasien im Altertum*, München 1950, S. 269–271.
30 Ebd., S. 281–282.
31 Hertz, op. cit., S. 110–111; Zusatz in eckigen Klammern fehlt, zit. nach der englischen Ausgabe *The Pentateuch and Haftorahs*, London 5721 [1961], S. 200.
32 Gudea-Zylinder A; zit. nach Scharff und Moortgat, op. cit., S. 275–278 (gekürzt).
33 Scharff und Moortgat, op. cit., S. 279.
34 Ebd., S. 285.
35 Siehe z.B. James Henry Breasted: *The Conquest of Civilization*, New York – London 1926, S. 145.
36 Meek: *Hebrew Origins*, S. 14.
37 Ebd., S. 15–16.
38 *MythOst*, S. 449–455.
39 Kathleen M. Kenyon: *Archäologie im Heiligen Land (Archaeology in the Holy Land)*, Übers. Christine von Mertens, Neukirchen–Vluyn 1967, S. 187–188.
40 Ebd., S. 216; Scharff und Moortgat, op. cit., S. 385.
41 Sigmund Freud: *Der Mann Moses und die monotheistische Religion*, in *Gesammelte Werke*, XVI. Band, Frankfurt/M. [5]1978, S. 174.
42 Ebd., S. 135.
43 Eduard Meyer: *Die Israeliten und ihre Nachbarstämme*, Halle 1906, S. 47; zit. von Freud, op. cit., S. 135.
44 Freud, op. cit., S. 103.
45 Diese Beobachtung verdanke ich Herrn Edwin M. Wright aus Washington, D.C., auf dessen unveröffentlichtem Aufsatz *The «Image» of Moses* diese Erörterung stark aufbaut.
46 Freud, op. cit., S. 111–112.
47 Meyer: *Geschichte des Altertums*, 2. Band, 2. Abteilung, S. 208.
48 Nach Karl Kerényi: *Die Mythologie der Griechen*, Band II: *Die Heroengeschichten*, München [6]1983, S. 44–46, 50–51.
49 Meek, op. cit., S. 108–109.
50 Freud, op. cit., S. 127–128.
51 Siehe die Besprechung der Auffassungen in Meek, op. cit., S. 7ff. und 18ff.
52 Die Theorie des Josephus. Siehe Meek, op. cit., S. 18.
53 James W. Jack: *The Date of the Exodus in the Light of External Evidence*, Edinburgh 1925.
54 Thomas Mann: *Joseph in Ägypten*, Wien 1936.
55 Freud, op. cit., S. 127.
56 Albright: *Von der Steinzeit zum Christentum*, S. 256.
57 Scharff und Moortgat, op. cit., S. 165.
58 Meek, op. cit., S. 35.
59 *Der Talmud*, Mischna Pesachim X,1–7, Übers. Reinhold Mayer, München 1986, S. 589.

Kapitel IV: Götter und Helden des europäischen Westens: 1500–500 v. Chr.

1 N.G.L. Hammond: *A History of Greece to 322 B.C.*, Oxford 1959, S. 36–37.
2 Leo Frobenius: *Indische Reise*, Berlin 1931, S. 222; zit. in *MythOst*, S. 182–183.
3 Leo Frobenius: *Schicksalskunde im Sinne des Kulturwerdens*, Leipzig 1932, S. 99.
4 Siehe *MythUr*, S. 195–255.
5 *MythOst*, S. 184.
6 Palmer: *Mycenaeans and Minoans*, S. 120; Hammond, op. cit., S. 74.
7 Nilsson: *Geschichte der griechischen Religion*, Band I, S. 347. Abb. 20 und 21 nach Statuetten im Museum Heraklion, erstmals abgedruckt von Evans.
8 Nach Karl Kerényi: *Die Mythologie der Griechen*, Band I: *Die Göttergeschichten*, München ^{7}1984, S. 95–96.
9 Hammond, op. cit., S. 60.
10 Robert von Ranke-Graves: *Griechische Mythologie (The Greek Myths)*, Übers. Hugo Seinfeld unter Mitwirkung von Boris von Borresholm, Neuausgabe Reinbek 1984, S. 16 und 221.
11 Hammond, op. cit., S. 39.
12 *MythOst*, S. 224–231.
13 *MythUr*, S. 195–230, 486–496.
14 *MythUr*, S. 490ff.
15 Palmer, op. cit., S. 130–131.
16 Ranke-Graves, loc. cit.
17 Frazer: *Der goldene Zweig*, S. 7.
18 *MythUr*, S. 185.
19 Aischylos, Fragment 261; zit. in Kerényi, op. cit., Band II, S. 48.
20 Nach ebd., Band I, S. 44–45, und Band II, S. 44–52; auch Ranke-Graves, op. cit., S. 214–221.
21 Sigmund Freud: *Vorlesungen zur Einführung in die Psychoanalyse*, *Gesammelte Werke*, XI. Band, Frankfurt/M. ^{7}1978, S. 140.
22 Harrison: *Prolegomena*, S. 292.
23 Ebd., S. 298.
24 C. G. Jung: *Zwei Schriften über Analytische Psychologie*, *Gesammelte Werke*, Band 7, Zürich – Stuttgart 1974, S. 196.
25 Ebd., S. 57.
26 Ebd., S. 77–78.
27 Harrison: *Prolegomena*, S. 294. Abb. 22 von einer griechisch-etruskischen schwarzfigurigen Vase im Louvre wurde erstmals erörtert von Harrison im *Journal of Hellenic Studies*, Band VII, 1886, S. 203.
28 Nilsson, op. cit., Band I, S. 25–26.
29 Gilbert Murray: *The Rise of the Greek Epic*, Oxford ^{3}1924, S. 211.
30 Ebd., S. 211–212.

31 Sämtliche Zitate aus der *Odyssee* nach der Übersetzung von Friedrich Georg Jünger, auch die im Murray-Zitat oben, Anm. 30. Die Stellen sind jeweils in Klammern im Text nachgewiesen.
32 Siehe *MythUr*, S. 209–217.
33 Sophokles, Fragment 19 (753/837) zu *Triptolemos*, in *Tragödien und Fragmente*, Übers. Wilhelm Willige, überarb. von Karl Bayer, München 1966, S. 13.
34 Siehe *Chāndogya-Upanishad* 5,3–10; zit. in *MythOst*, S. 235–238.
35 Siehe *Kena-Upanishad* 3,1 bis 4,1; zit. in *MythOst*, S. 239–240.
36 *MythOst*, S. 246–279.
37 Karl Kerényi: «Vater Helios», in *Eranos-Jahrbuch 1943*, Band X, Zürich 1944, S. 83.
38 Thukydides: *Geschichte des Peloponnesischen Krieges* II,37–40, Übers. Georg Peter Landmann, Zürich – München ²1976, S. 140–142.
39 H. D. F. Kitto: *Die Griechen (The Greeks)*, Übers. Hartmut von Hentig, Stuttgart 1957, S. 17.
40 Lehrberichte über Thales; zit. nach *Die Anfänge der abendländischen Philosophie*, Übers. Michael Grünwald, Zürich 1949, S. 5–6.
41 Anaximander, Fragment 1; ebd., S. 9.
42 Siehe ebd., S. 16.
43 Siehe *MythOst*, S. 254–279, 291–294, 298–300; auch Heinrich Zimmer: *Philosophie und Religion Indiens*, Hrsg. Joseph Campbell, Frankfurt/M. 1973, S. 171ff.
44 *MythUr*, S. 122–123.
45 Euripides, Fragment 471 zu *Kreter*, Übers. Gustav Adolf Seeck, in *Sämtliche Tragödien und Fragmente*, Band VI, München 1981, S. 203.
46 *MythOst*, S. 163–172, 246–254.
47 Karl Kerényi: «Die orphische Kosmogonie und der Ursprung der Orphik», in *Eranos-Jahrbuch 1949*, Band XVII, Zürich 1950, S. 60–64.
48 Aristoteles: *Metaphysik* A, 986a.

Teil Drei: Das Zeitalter der großen Klassiker
Kapitel V: Die Perserzeit: 539–331 v. Chr.

1 L. H. Mills: *The Zend Avesta*, Teil III, *Sacred Books of the East*, Band XXXI, Oxford 1887, S. xxxiii–xxxvii.
2 Eduard Meyer: *Geschichte des Altertums*, 3. Band, Stuttgart ²1937, S. 97.
3 Hans Heinrich Schaeder: *Der Mensch in Orient und Okzident*, München 1960, S. 103.
4 Zum Beispiel in *Yasna* 28,8; 46,14; 51,16.19; 53,2.
5 Ernst Herzfeld: *Zoroaster and His World*, Princeton 1947, Band I, S. 1–30; A. T. Olmstead: *History of the Persian Empire*, Chicago 1959, S. 94; R. C. Zaehner: *The Dawn and Twilight of Zoroastrianism*, New York – London 1961, S. 33–36.

6 Meyer, op. cit., Band III, S. 110, Anm. 3.
7 Ebd., S. 97.
8 Ebd., S. 97, Anm. 2.
9 Sadānanda: *Vedāntasāra* 18 (30), Übers. Ludwig Poley, Wien 1870, S. 59.
10 *Yasna* 45,2–3; Übers. Walter Hinz: *Zarathustra*, Stuttgart 1961, S. 188.
11 *Yasna* 28,2; ebd., S. 168.
12 *Yasna* 30,2; ebd., S. 169–170.
13 *Yasna* 48,4; ebd., S. 195.
14 *Ardā Virāf Nāmak* IV,7–33; nach Martin Haug, Destur Hoshangji Jamaspji Asa und E. W. West: *The Book of Ardā Virāf*, London – Bombay 1872, S. 154–155; auch M. A. Barthélémy: *Le livre d'Ardā Virāf*, Paris 1887, im Auszug abgedruckt in B. L. van der Waerden: *Die Pythagoreer*, Zürich – München 1979, S. 140–146.
15 *Ardā Virāf Nāmak*; nach Haug u.a., op. cit. (gekürzt und zusammengefaßt); auch Geo Widengren: *Iranische Geisteswelt*, Baden-Baden 1961, S. 236–242.
16 E. W. West: *Pahlavi Texts*, Teil I, *Sacred Books of the East*, Band V, Oxford 1880, S. xlii, xliii.
17 James Darmesteter: *The Zend Avesta*, Teil I, *Sacred Books of the East*, Band IV, Oxford 1880, S. xii.
18 *Yasna* 30,3.9; Übers. Hinz, op. cit., S. 170–171.
19 Nach *Bundahish* I–XV (gekürzt und mit kurzen Zusätzen aus XXIV, XXVII und *Zātsparam* II,6; V,1–2; VII,3–6; VIII,3–5; IX,2–6; X,3–4; nach West, op. cit., S. 3–58, 88, 99, 161–162, 167, 174, 176–177, 177–179 und 183; und Widengren, op. cit., S. 58–76, 91–92.
20 *MythUr*, S. 195ff.
21 Joseph Klausner: *The Messianic Idea in Israel*, engl. Übers. W. F. Stinespring, London 1956, S. 59.
22 Ebd., S. 65–66.
23 Ebd., S. 10.
24 Ebd., S. 56–57 und Anm. 8.
25 *Yasht* 19,11–12; Übers. Hermann Lommel: *Die Yäšt's des Awesta*, Göttingen – Leipzig 1927, S. 177.
26 *Yasht* 19,79; ebd., S. 184.
27 *Yasht* 13,93; ebd., S. 123.
28 *Vendīdād*, Fargard 19,1–2; nach Darmesteter, op. cit., Band I, S. 204.
29 *Bundahish* 32,8–9; nach Darmesteter: *The Zend Avesta*, Teil II, *Sacred Books of the East*, Band XXIII, S. 195, Anm. 1.
30 *Yasht* 13,141–142; vgl. ebd.
31 *Bundahish* 30,1–3; zit. nach Widengren, op. cit., S. 216.
32 *Bundahish* 30,10–33; zit. nach Karl F. Geldner: *Die zoroastrische Religion. Religionsgeschichtliches Lesebuch*, Hrsg. Alfred Bertholet, Band I, Tübingen 1926, S. 48–50.
33 Meyer, op. cit., Band III, S. 6–8.
34 Ebd., S. 11–12.

35 Ebd., S. 161.
36 Ebd., S. 188
37 G. Buchanan Gray: «The Foundation and Extension of the Persian Empire», in J. B. Bury, S. A. Cook, F. E. Adcock (Hrsg.): *The Cambridge Ancient History*, Band IV, Cambridge 1939, Kap. I, S. 13, Anm. 1; eine ausführliche Analyse der Häresie Nabonids gibt Sidney Smith: *Babylonian Historical Texts*, London 1924, S. 27–123.
38 Kyroszylinder 6–36; zit. nach F. H. Weißbach: *Die Keilinschriften der Achämeniden*, Leipzig 1911, S. 3–7 (gekürzt).
39 Siehe *MythUr*, S. 175–189.
40 Meyer, op. cit., Band III, S. 187–197.
41 Große Inschrift von Behistan 1–15; Weißbach, op. cit., S. 9–23 (gekürzt).
42 Oswald Spengler: *Der Untergang des Abendlandes*, Sonderausgabe in einem Band, München 1980, S. 843–844.
43 Platon: *Symposion* 196c, in *Meisterdialoge*, Übers. Rudolf Rufener, Zürich – München [2]1986, S. 139.
44 Warner Fite: *The Platonic Legend*, New York – London 1934, S. 153.
45 *MythUr*, S. 113–138.
46 Heinrich Zimmer: *The Art of Indian Asia*, fertiggestellt und herausgegeben von Joseph Campbell, New York 1955, Band I, S. 131.
47 Juvenal 6,324; zit. nach Karl Kerényi: *Die Religion der Griechen und Römer*, München – Zürich 1963, S. 34.
48 *Symposion* 201d; Übers. Rufener, S. 148.
49 *Symposion* 210a–212a; Übers. Rufener, S. 161–164.
50 Spengler, op. cit., S. 229–230.
51 Hesiod: *Theogonie* 120–122, Übers. Walter Marg, op. cit., S. 33.
52 *MythUr*, S. 195–196.
53 *MythOst*, S. 100–102.
54 *MythOst*, siehe Register unter «Opfer, von Menschen» und «Satī-Begräbnis».

Kapitel VI: Der Hellenismus: 331 v. Chr. – 324 n. Chr.

1 Maximos von Tyros: *Diatriben* XXXVIII; Übers. nach Gilbert Murray: *The Five Stages of Greek Religion*, Garden City, o.J., S. 74–75, Anm. 44; auch in Thomas Taylor: *The Dissertations of Maximus Tyrius*, London 1804, Band II, S. 196–198.
2 Gilbert Murray: *Aischylos*, Übers. Siegfried Melchinger, Hannover 1969, S. 103.
3 Aischylos: *Die Perser* 807–814, in *Tragödien und Fragmente*, Übers. Oskar Werner, München – Zürich [4]1988, S. 311.
4 Nach Hammond: *A History of Greece to 322 B.C.*, S. 212–244.
5 Siehe *MythUr*, S. 462ff.
6 *Rigveda* 1,164,46; Übers. Karl Friedrich Geldner: *Der Rig-Veda*, I. Teil, Cambridge, Mass., 1951, S. 236.

7 Alexander Pope: «The Universal Prayer», Strophen 1, 7, 13.
8 Xenophanes, Fragmente 23, 24, 26, 14, 16, 11, 15; zit. nach Hermann Diels: *Fragmente der Vorsokratiker*, Hamburg 1957, S. 19–20.
9 Antisthenes, Fragment 24; zit. in *MythUr*, S. 42.
10 Aristoteles: *Metaphysik* A, 986b.
11 *MythOst*, S. 485–493.
12 Matthew Arnold: «An Essay on Marcus Aurelius», in *Essays in Criticism. First Series*, London u. a. 1865, S. 262.
13 Marc Aurel: *Wege zu sich selbst* 4,4, Übers. Willy Theiler, Zürich 1951, S. 77.
14 Ebd. 7,55, S. 167.
15 Ebd. 8,59, S. 201.
16 Ebd. 5,6, S. 103.
17 Arnold, loc. cit.
18 Murray: *The Five Stages of Greek Religion*, Kapitel IV.
19 William Tarn: *Die Kultur der hellenistischen Welt (Hellenistic Civilization)*, Übers. Gertrud Bayer, Darmstadt ^{3}1966, S. 353–354.
20 Ebd., S. 359–363.
21 Ebd., S. 363–364.
22 Siehe z.B. die zahlreichen Vergleiche griechischer und chinesischer Wissenschaft in Joseph Needham und Wang Ling: *Science and Civilization in China*, Band II, Cambridge 1956, S. 216–345; vgl. auch Joseph Needham: *Wissenschaft und Zivilisation in China*, Band 1 der von Colin A. Ronan bearbeiteten Ausgabe, Frankfurt/M. 1984, S. 163–249.
23 Arrian: *Diatriben des Epiktet* 3,22,45–46; zit. nach Epiktet, Teles, Musonius: *Wege zum Glück*, Übers. Rainer Nickel, Zürich – München 1987, S. 122.
24 Marc Aurel 12,32, op. cit., S. 291.
25 Tarn, op. cit., S. 393.
26 Seneca: *Über die Vorsehung (De providentia)* II,4, in *Philosophische Schriften*, Übers. Manfred Rosenbach, 1. Band, Darmstadt 1969, S. 7.
27 Seneca: *Trostschrift an die Mutter Helvia (Ad Helviam matrem de consolatione)* VIII,5, in ebd., 2. Band, Darmstadt 1971, S. 317.
28 Arrian 3,20,12; zit. nach Epiktet u. a., op. cit., S. 106–107.
29 Arrian 1,16,15–18; ebd., S. 83–84.
30 Arrian 2,8,10–11; ebd., S. 75.
31 *Bhagavadgītā* 2,15, Übers. Helmuth Maldoner, Hamburg 1986, S. 25.
32 *Bhagavadgītā* 3,19, ebd., S. 39.
33 Arrian 2,8,2; Epiktet u. a., op. cit., S. 74.
34 Jacob Hoschander: *The Priests and Prophets*, New York 1938, S. 48ff.
35 Joseph Klausner: *Von Jesus zu Paulus*, Übers. Friedrich Thieberger, Jerusalem 1950, S. 186.
36 Ebd., S. 183.
37 Epiktet, Fragment 17; zit. nach *Was von ihm erhalten ist*, Übers. R. Mücke aufgrund von J. G. Schulthess, Heidelberg 1926, S. 340.

38 *MythOst*, S. 351, 565–566.
39 *MythOst*, S. 125–135.
40 Franz Cumont: *Die Mysterien des Mithra*, Übers. Georg Gehrich, Leipzig 1903, S. 112–117.
41 *Yasht* 10,1; zit. nach Lommel: *Die Yäšt's des Awesta*, S. 67.
42 Cumont, op. cit., S. 17. Abb. 23 ist aus Franz Cumont: *Textes et monuments figurés relatifs aux mystères de Mithra*, Brüssel 1896–1899, Band II, S. 228, Abb. 59.
43 *MythUr*, S. 195–255.
44 William Blake: *The Marriage of Heaven and Hell/Die Vermählung von Himmel und Hölle*, Übers. Lillian Schacherl, München 1975 («Sprichwörter der Hölle»).
45 Cumont: *Die Mysterien des Mithra*, S. 162.
46 Ebd., S. 136.
47 C. G. Jung: *Symbole der Wandlung*, *Gesammelte Werke*, Band 5, Olten ²1977, S. 251–253.
48 Hieronymus: *Adversus Jovinianum* I,7; zit. in ebd., S. 133, Anm. 49.
49 Ebd., S. 315.
50 Cumont: *Die Mysterien des Mithra*, S. 97–100.
51 Ebd., S. 81–82. Abb. 24 ist aus Cumont: *Textes et monuments figurés*, Band II, S. 238, Abb. 68.
52 Zimmer: *The Art of Indian Asia*, Band I, S. 194.
53 *MythOst*, S. 559.
54 Siehe L. de la Vallée Poussin: «Tantrism (Buddhist)», in James Hastings (Hrsg.): *Encyclopaedia of Religion and Ethics*, New York 1928, Band XII, S. 193–197.
55 *MythOst*, S. 350ff.
56 Cumont: *Die Mysterien des Mithra*, S. 112.
57 Siehe *MythOst*, S. 208 und im Register unter «Varuna».
58 *Shatapatha-Brāhmana* 4,1,4; erörtert in Ananda K. Coomaraswamy: *Spiritual Authority and Temporal Power in the Indian Theory of Government*, New Haven 1942, S. 6.
59 *Taittirīya-Samhīta* 2,1,9,3; zit. nach ebd., S. 28–29, Anm. 22.
60 Ebd., S. 34–36, Anm. 24.
61 Cumont: *Die Mysterien des Mithra*, S. 11ff.
62 Siehe z.B. Arthur Avalon: *Die Schlangenkraft*, Weilheim 1961; und *The Gospel of Sri Ramakrishna*, im Register unter «Kundalini».
63 Cicero: *Über die Gesetze (De legibus)* II,36, in *Staatstheoretische Schriften*, Übers. Konrat Ziegler, Berlin (Ost) 1974, S. 277.
64 Zur Bedeutung der Zahl 72 für die sumerisch-biblische Astrologie siehe *MythOst*, S. 140–145 und 154.
65 Tarn, op. cit., S. 258–269, Zitate auf S. 267 und 268.
66 Erwin R. Goodenough: *Jewish Symbols in the Greco-Roman Period*, 12 Bände, New York 1953–1965, Band 2, S. 216; Erörterung des Anguipeden auf S. 245–258. Die hier abgedruckten Abbildungen sind aus Band 3, Abb. 1083, 1094, 1097, 1104, 1109.

67 Ebd., Band 2, S. 248.

68 Papyrus IV,555–561 aus Karl Preisendanz (Hrsg.): *Papyri Graecae Magicae. Die griechischen Zauberpapyri*, Stuttgart ^{2}1973, S. 93. Siehe auch Goodenough, op. cit., Band 2, S. 270.

69 Flavius Josephus: *Der jüdische Krieg (De bello Judaico)* 2,8,14, Übers. Hermann Endrös, München 1980, S. 170.

70 Ebd.

71 Ebd.

72 Ebd. 1,2,3–7, S. 21–23.

73 Ebd. 1,2,8, S. 23.

74 Ebd. 1,3,1, S. 24.

75 Ebd. 1,3,2–6, S. 24–26.

76 Ebd. 1,4,4, S. 28.

77 Ebd. 1,4,4–5, S. 28–29.

78 Ebd. 1,4,6, S. 29.

79 Duncan Howlett: *The Essenes and Christianity. An Interpretation of the Dead Sea Scrolls*, New York 1957, S. 14.

80 «Die Kriegsrolle», Kol. III,2–9; IV,6–8; Übers. Eduard Lohse: *Die Texte aus Qumran*, München ^{4}1986, S. 185–189; vgl. auch Millar Burrows: *Die Schriftrollen vom Toten Meer (The Dead Sea Scrolls)*, Übers. Friedrich Cornelius, München 1957, S. 328–330.

81 Howlett, op. cit., S. 22.

82 «Die Gemeinderegel» III,17 - IV,1; IV,18 - V,2; Übers. Lohse, op. cit., S. 11–17; vgl. Burrows, op. cit., S. 312–314.

83 *MythOst*, S. 338.

84 Felsen-Edikt XII; siehe *MythOst*, S. 340.

85 Howlett, op. cit., S. 18.

86 «Der Habakuk-Kommentar» II,10 - III,1; Übers. Lohse, op. cit., S. 231; vgl. Burrows, op. cit., S. 303.

87 «Der Habakuk-Kommentar» I,10–13; Übers. Lohse, op. cit., S. 229; vgl. Burrows, op. cit., S. 303.

88 Millar Burrows: *Mehr Klarheit über die Schriftrollen (More Light on the Dead Sea Scrolls)*, Übers. Friedrich Cornelius, München 1958, S. 183–184, 194 (unter Berufung u.a. auf T. J. Milik und G. Vermès).

89 Frank Moore Cross: *Die antike Bibliothek von Qumran und die moderne biblische Wissenschaft*, Übers. Klaus Bannach und Christoph Burchard, Neukirchen-Vluyn 1967, S. 133–149; besprochen von Burrows: *Mehr Klarheit*, S. 184.

90 Howlett, op. cit., S. 48–58 und 66–67.

91 Der Text bei Lohse, op. cit., S. 263 (vgl. Burrows: *Mehr Klarheit*, S. 352); die Identifikation mit Alexander Jannaios bei Howlett, op. cit., S. 68–78.

92 Howlett, op. cit., S. 76.

93 Burrows: *Mehr Klarheit*, S. 293–294.

94 Ebd., S. 295.

95 Cross, op. cit., S. 185.

96 Ebd.; die zitierte Stelle ist aus Rudolf Bultmann: *Theologie des Neuen Testaments*, Tübingen ^{5}1965, S. 45.
97 Cross, op. cit., S. 215–216; siehe auch Bultmann, loc. cit.
98 «Die Gemeinderegel» I,1–11; Übers. Lohse, op. cit., S. 5; vgl. Burrows: *Die Schriftrollen vom Toten Meer*, S. 309.

Kapitel VII: Großrom: ca. 500 v. Chr. – 500 n. Chr.

1 Mircea Eliade: *Schmiede und Alchemisten (Forgerons et alchimistes)*, Übers. Emma von Pelet, Stuttgart 1960, S. 53ff.
2 Ebd., S. 95.
3 Der französische Name *Chartres* kommt von lateinisch *Carnutes*. Der Stamm bewohnte ungefähr das Gebiet der heutigen Departements Eure-et-Loir und Loiret.
4 Daß Caesar diese keltischen Göttern nur mit den Namen ihrer römischen Entsprechungen anführt, läßt uns ein wenig im Ungewissen. Allerdings lassen sich ihre wahrscheinlichen keltischen Namen und Rollen angeben, wie im folgenden geschehen.
5 C. Julius Caesar: *Der Gallische Krieg* VI,13–18, Übers. Georg Dorminger, München 1962, S. 265–271.
6 Einen Überblick über die antike Literatur gibt T. D. Kendrick: *The Druids*, London 1927, Kapitel III.
7 «Das Geheimnis Amergins», in Hans Trausil (Hrsg.): *Irische Harfe. Gedichte vom achten Jahrhundert bis zur Gegenwart*, Ebenhausen 1957, S. 15.
8 Alfred Nutt: *The Voyage of Bran*, London 1897, Band II, S. 92–93, Anm. 6.
9 John Arnott MacCulloch: *Celtic Mythology. The Mythology of All Races*, Band III, Boston 1918, S. 45–46.
10 Nutt, op. cit., Band II, S. 91–96.
11 MacCulloch, op. cit., S. 43.
12 Nutt, op. cit., Band II, S. 92.
13 Siehe *MythUr*, S. 259–315.
14 Geoffrey Keating (ca. 1570–1646): *History of Ireland* 105–106, engl. Übers. John O'Mahony, London 1866; zit. nach J. A. MacCulloch: *The Religion of the Ancient Celts*, Edinburgh 1911, S. 50.
15 Keating 107; ebd., S. 50–51.
16 *MythUr*, S. 476–478.
17 Strabon: *Geographika* 4,4,6; nach Kendrick, op. cit., S. 139.
18 Mela: *De chorographia* 3,6,48; nach ebd., S. 138–139.
19 *MythUr*, S. 209–217.
20 Kendrick, op. cit., S. 139–140.
21 *The Book of Leinster (Leabhar Laignech)* 5; nach MacCulloch: *The Religion of the Ancient Celts*, S. 50–51.
22 MacCulloch: *The Religion of the Ancient Celts*, S. 32; zit. in *MythUr*, S. 476.

23 MacCulloch: *The Religion of the Ancient Celts*, S. 69.
24 Nach Lady Gregory: *Gods and Fighting Men*, London 1904, S. 51–52.
25 *Táin bó Regamna*; nacherzählt der wörtlichen Übersetzung von Ernst Windisch: «Vier kleine Táin», in Wh. Stokes und E. Windisch: *Irische Texte*, 2. Serie, 2. Heft, Leipzig 1887, S. 248–254; und Eleanor Hull: *The Cuchulinn Saga in Irish Literature*, London 1898, S. 103–107.
26 H. d'Arbois de Jubainville: *Les Celtes depuis les temps les puis anciens jusqu'en 100 avant notre êre*, Paris 1904, S. 63ff.
27 MacCulloch: *The Religion of the Ancient Celts*, S. 138–141.
28 Otto-Wilhelm von Vacano: *Die Etrusker in der Welt der Antike*, Hamburg 1957, S. 59–61.
29 Ebd., S. 42.
30 Ebd., S. 17, 43. Die bei von Vacano besprochene Abb. 29 ist aus Eduard Gerhard: *Miroirs étrusque*, Berlin 1841–1867, Band II, Tafel CLXXVI.
31 Ovid: *Metamorphosen* VIII,285–289, Übers. Erich Rösch, S. 291.
32 Nach Kerényi: *Die Mythologie der Griechen*, Band II, S. 95–101.
33 Vacano, op. cit., S. 165.
34 Seneca: *Quaestiones naturales* II,32,2; zit. nach ebd., S. 142.
35 Plutarch: «Romulus» 11, *Große Griechen und Römer*, Übers. Konrat Ziegler, Band I, Zürich – Stuttgart 1954, S. 88–89.
36 Ebd. 27–28, S. 110–113.
37 Ebd. 28–29, S. 113–114, 116.
38 Charlton T. Lewis und Charles Short: *A Latin Dictionary*, Oxford 1879, S. 1224–1225.
39 *MythOst*, S. 545–550.
40 Seneca: *An Lucilius. Briefe über Ethik* 41,3, *Philosophische Schriften*, 3. Band, Übers. Manfred Rosenbach, Darmstadt 1974, S. 325, 327.
41 Ludwig Deubner: «Die Römer», in *Lehrbuch der Religionsgeschichte*, begr. von Chantepie de la Saussaye, hrsg. von Alfred Bertholet und Edvard Lehmann, 2. Band, Tübingen ^{4}1925, S. 434–438, 443.
42 Ebd., S. 438–442.
43 *MythUr*, S. 175–193.
44 Plutarch: «Warum weissagt die Pythia jetzt nicht in Versen?» 9, in *Über Gott und Vorsehung, Dämonen und Weissagung. Religionsphilosophische Schriften*, Übers. Konrat Ziegler, Zürich – Stuttgart 1952, S. 80.
45 Servius, Kommentar zu Vergil: *Bucolica* IV,4; in *Servii Grammatici Qui feruntur in Vergilii carmina commentarii*, Rec. Georgius Thilo et Hermannus Hagen, Band III, Nachdruck Hildesheim 1961 (1902), S. 44–45.
46 Vergil: *Bucolica* IV,4–10, Übers. Johannes und Maria Götte, in *Landleben*, München – Zürich ^{5}1987, S. 45–47.
47 Cicero: *Über den Staat (De re publica)* VI,10–26 (29), in *Staatstheoretische Schriften*, Übers. Konrat Ziegler, S. 189–199 (stark gerafft).

48 Ebd. VI,14–16, S. 191, 193.
49 Ebd. VI,13, S. 191.
50 Siehe *MythOst*, S. 233–238.
51 Cicero: *Über den Staat* VI,26 (29), S. 199.
52 Vergil: *Aeneis* VI,789–807.
53 Ovid: *Metamorphosen* XV,745–870.
54 Deubner, op. cit., S. 469–471.
55 Ebd., S. 472.
56 Als überkommenes Christuslied wurde Phil 2,6–11 erstmals erkannt von Ernst Lohmeyer: «Kyrios Jesus», in *Heidelberger Akademie der Wissenschaften. Sitzungsberichte. Phil.-hist. Klasse, 1927–1928.* Siehe Rudolf Bultmann: *Das Urchristentum im Rahmen der antiken Religionen*, Zürich 1949, S. 219.
57 Klausner: *The Messianic Idea in Israel*, S. 24.
58 Siehe Henri Corbin: «Terre céleste et corps de résurrection d'après quelques traditions iraniennes», in *Eranos-Jahrbuch 1953*, Zürich 1954, S. 109 (dort «lumière de gloire»).
59 Epiphanios: *Panarion* 51; zit. nach Kirsopp Lake: «Epiphany», in Hastings (Hrsg.): *Encyclopaedia of Religion and Ethics*, Band V, S. 332.
60 Kirsopp Lake: «Christmas», in ebd., Band III, S. 602.
61 *Die Sagen der Juden*, gesammelt von Micha Josef Bin Gorion, Frankfurt 1962, S. 186–188.
62 *Bhāgavata-Purāna* 10,1,17 – 10,4,14 (stark gerafft).
63 *MythOst*, S. 400–404.
64 Siehe *MythOst*, S. 51–135, und oben S. 73–74.
65 Hesiod: *Theogonie* 453–506, Übers. Walter Marg, op. cit. S. 51–54.
66 Charles Guignebert: *Jesus*, Übers. S. H. Hooke, New York 1956, S. 43.
67 «Westlicher Text», nach *Neue Jerusalemer Bibel*, Freiburg 1985, S. 1465; siehe auch Guignebert, op. cit., S. 108.
68 Flavius Josephus: *Jüdische Altertümer* 18,5,2, Übers. Heinrich Clementz, II. Band, Wiesbaden [8]1989, S. 525–526.
69 Siehe die Erörterung dieser Frage in Guignebert, op. cit., S. 149, wo zu jedem Punkt eine vollständige Bibliographie gegeben wird.
70 *MythOst*, S. 307–316.
71 *MythOst*, S. 27–33 und 316.
72 Siehe *MythOst*, S. 26.
73 Klausner: *The Messianic Idea in Isael*, S. 9–10.
74 Guignebert, op. cit., S. 191–192.
75 Siehe oben S. 327 und *MythOst*, S. 340.
76 *Johannesakten* 88–89, 93; Übers. K. Schäferdiek in Edgar Hennecke und Wilhelm Schneemelcher: *Neutestamentliche Apokryphen*, Band II: *Apostolisches, Apokalypsen und Verwandtes*, Tübingen [3]1964, S. 151–152.
77 *Vajracchedikā* 32, in Max Walleser (Hrsg.): *Prajñā-Pāramitā*, Göttingen 1914, S. 158; zit. in *MythUr*, S. 264, und *MythOst*, S. 368.

78 William Shakespeare: *Der Sturm* IV,1, Übers. A. W. Schlegel; zit. in *MythUr*, S. 265.
79 *Corpus Hermeticum*, Buch XI (ii), 20b–22b; Übers. nach Walter Scott (Hrsg.): *Hermetica*, Band I, Oxford 1924, S. 220–223. Die Kenntnis dieser Stelle verdanke ich der Freundlichkeit und Belesenheit von Alan W. Watts und Frau Ananda K. Coomaraswamy.
80 *Thomasevangelium*, Log. 77; Übers. Otto Betz und Tim Schramm: *Perlenlied und Thomas-Evangelium*, Zürich u.a. 1985, S. 74.
81 *Thomasevangelium*, Log. 2, 113, 3; ebd., S. 59–60, 79–80.
82 Guignebert, op. cit., S. 339–341.
83 Edward Gibbon: *Geschichte des allmäligen Sinkens und endlichen Unterganges des römischen Weltreiches (The Decline and Fall of the Roman Empire)*, Übers. Johann Sporschil, 12 Bände, Leipzig [4]1862–1863, 1. Band, S. 1 (Rechtschreibung modernisiert).
84 Ebd., S. 30, 34.
85 Siehe *MythOst*, S. 20–21, 25–34.
86 *Johannesakten* 94–96; Übers. Schäferdiek in Hennecke und Schneemelcher, op. cit., S. 153–157; mit geringfügigen Änderungen nach Max Pulver: «Jesu Reigen und Kreuzigung nach den Johannes-Akten», in *Eranos-Jahrbuch 1942*, Zürich 1943, S. 155–158.
87 *Johannesakten* 97–102; Übers. Schäferdiek in Henneckeund Schneemelcher, op. cit., S. 157–159.
88 *Die Apologien des heiligen Justinus, Philosophen und Martyrs*, I,26, Übers. P. A. Richard, Kempten 1871, S. 57–58.
89 R. M. Grant: *Gnosticism and Early Christianity*, New York 1959, S. 185.
90 E. F. Scott: «Gnosticism», in Hastings (Hrsg.), op. cit., Band VI, S. 241.
91 James Henry Breasted: *The Conquest of Civilization*, S. 673.
92 Eusebius von Cäsarea: *Über das Leben des seligen Kaisers Konstantin (Vita Constantini)* I,28–29, Übers. Joannes Maria Pfättisch, in *Ausgewählte Schriften*, 1. Band, Kempten – München 1913, S. 25–26.
93 *MythOst*, S. 339–340.
94 Erörtert finden sich diese Kontroversen bei Adolf Harnack: *Lehrbuch der Dogmengeschichte*, Tübingen [5]1932, und zwar der Donatistenstreit im 3. Band, S. 140–165, und «Die Lehre von der Homousie des Sohnes Gottes mit Gott selbst» im 2. Band, S. 184–284.
95 H. M. Gwatkin: «Constantine and His City», in *The Cambridge Medieval History*, Band I, S. 3.
96 «Glaubensbekenntnis von Nicäa»; zit. nach Josef Neuner und Heinrich Roos: *Der Glaube der Kirche in den Urkunden der Lehrverkündigung*, Regensburg [3]1949, S. 416.
97 Gibbon, op. cit., 5. Band, S. 260–261, 266–267, 271–274 (leicht verändert).
98 Augustinus: *Vom Gottesstaat (De civitate Dei)* XXII,30, Übers. Wilhelm Thimme, Band II, Zürich – München [2]1978, S. 831–832.

Teil Vier: Das Zeitalter der großen Glaubenslehren
Einleitung: Der Dialog Europas und der Levante

1 Spengler: *Der Untergang des Abendlandes*, S. 273.
2 Ebd., S. 423.
3 Ebd., S. 289.
4 Ebd., S. 258.
5 Ebd., S. 841–842.
6 Ebd., S. 784.
7 Ebd., S. 785–787.

Kapitel VIII: Kreuz und Halbmond

1 Siehe *MythOst*, S. 342–343.
2 *Dēnkart* 412; nach Zaehner: *The Dawn and Twilight of Zoroastrianism*, S. 175–176; und Widengren: *Iranische Geisteswelt*, S. 311.
3 *Dēnkart* 412; nach Zaehner, S. 176; und Widengren, S. 311.
4 *Dēnkart* 413; nach Zaehner, S. 176; und Widengren, S. 311–312.
5 Zaehner, op. cit., S. 186.
6 Ebd., S. 187; zit. wird *Shkand Gumānīk Vicār* 10,70–71.
7 *Dēnkart* 413; nach Zaehner, S. 176; und Widengren, S. 312.
8 *Dēnkart* 414–415; nach Zaehner, S. 176f; und Widengren, S. 312f.
9 Spengler: *Der Untergang des Abendlandes*, S. 844.
10 H. M. Gwatkin: «Arianism», in *The Cambridge Medieval History*, Band I, S. 135–136.
11 Nach Alice Gardner: «Religious Disunion in the Fifth Century», in *The Cambridge Medieval History*, Band I, S. 494–503; und R. M. French: *The Eastern Orthodox Church*, London 1951, S. 23–33.
12 Gibbon: *Geschichte des allmäligen Sinkens*, 6. Band, S. 244.
13 Vgl. *MythOst*, S. 310.
14 Eine Einleitung zu den Tempeln mit Photographien gibt Irmgard Bidder: *Lalibela. Monolithkirchen in Äthiopien*, Köln 1959.
15 Siehe Ugo Monneret de Villard: *Aksum. Ricerche di Topografia Generale*, Rom 1938; Enno Littmann und Theodor von Lüpke: *Deutsche Aksum-Expedition*, 4 Bände, Band I, Berlin 1913, S. 39 (Die «Geschichte des Drachens»).
16 Leo Frobenius: *Und Afrika sprach...*, Berlin 1912, S. 605–636.
17 Zit. nach Pierre-Thomas Camelot: *Ephesus und Chalcedon*, Übers. Karl Heinz Mottausch, Mainz 1963, S. 182–183.
18 Adda B. Bozeman: *Politics and Culture in International History*, Princeton 1960, S. 327.
19 Ebd., S. 322.
20 Liutprant: *Antapodosis* VI,5, übers. in J.P. Richter: *Quellen zur byzantinischen Kunstgeschichte*, Wien 1897, S. 303; zit. nach Robert Eisler: *Weltenmantel und Himmelszelt*, 1. Band, München 1910, S. 36, Anm. 2.

21 Eisler, loc. cit.
22 Norman H. Baynes: *The Byzantine Empire*, London 1925, S. 72–73; zit. nach Bozeman, op. cit., S. 335–336.
23 Nach Charles Diehl: «Justinian's Government in the East», in *The Cambridge Medieval History*, Band II, S. 25–27, 45–49; French, op. cit., S. 34–40.
24 Nach E. W. Brooks: «The Successors of Heraclius to 717», in *The Cambridge Medieval History*, Band II, S. 401–402.
25 French, op. cit., S. 38–44.
26 Sure 1; *Der Koran*, Übers. Adel Theodor Khoury, unter Mitwirkung von Muhammad Salim Abdullah, Gütersloh 1987, S. 1.
27 Sure 2,30–39, ebd., S. 4–5.
28 Sure 18,50, ebd., S. 225.
29 Sure 55,14–15, ebd., S. 411.
30 Sure 2,127–128, ebd., S. 15.
31 Sure 2,133, ebd., S. 15.
32 Sure 2,140, ebd., S. 16.
33 Sure 2,40–41, ebd., S. 5.
34 Sure 2,87–88, ebd., S. 10.
35 In diesem Teil folge ich D. S. Margoliouth: «Muhammad», in Hastings (Hrsg.): *Encyclopaedia of Religion and Ethics*, Band VIII, S. 873.
36 Sure 96,1–5, *Der Koran*, S. 475.
37 Koran-Kommentar 27–33 von Abdullah Yusuf Ali: *The Holy Qur'an*, New York o. J., Band I, S. 8–10 (gekürzt).
38 Koran-Kommentar 34, ebd., S. 10.
39 Sure 73,1–5, *Der Koran*, S. 449.
40 Nach dem Koran-Kommentar von Abdullah Yusuf Ali, op. cit., Band II, S. 1633–1640, Anm. 5754, 5755, 5778.
41 Sure 74,1–10, *Der Koran*, S. 451.
42 A. A. Bevan: «Mahomet and Islām», in *The Cambridge Medieval History*, Band II, S. 306; und H. A. R. Gibb: *Mohammedanism*, New York 1962, S. 38.
43 Sure 106, *Der Koran*, S. 481.
44 Koran-Kommentar 26 von Abdullah Yusuf Ali, op. cit., Band I, S. 8.
45 Sure 9,40, *Der Koran*, S. 144–145.
46 Gibb, op. cit., S. 29.
47 Bevan, op. cit., S. 318, Anm. 1; Quelle: Ibn Hischām.
48 Ebd., S. 325.
49 A. E. Crawley: «Kissing», in Hastings (Hrsg.), op. cit., Band VII, S. 743.
50 Sure 44,38–59, *Der Koran*, S. 380–381.
51 Sure 2,144, *Der Koran*, S. 17.
52 Sure 3,85, *Der Koran*, S. 45.
53 Sure 50,37, *Der Koran*, S. 400.
54 Gibb, op. cit., S. 78–79.
55 Ebd., S. 94.

56 Spengler, op. cit., S. 641–642.
57 Gibb, op. cit., S. 95–98.
58 Ebd., S. 98.
59 Spengler, op. cit., S. 642.
60 Mohammed Iqbal: *The Mysteries of Selflessness*, engl. Übers. Arthur J. Arberry, London 1953, S. XV; zit. nach Bozeman, op. cit., S. 360, Anm. 7.
61 Sure 74,49–51; 76,4–5.13–16, *Der Koran*, S. 452, 454–455.
62 *Die Rubaijat des Omar Khaijam*, Übers. Max Barth, Frankfurt/M. 1963, Nr. 84, 107.
63 *Die Vierzeiler 'Omar Chajjāms*, Übers. C. H. Rempis, Dessau – Leipzig 1940, S. 61, Nr. 81.
64 Rūmī: *Mathnawī* I,3360–3395; übers. nach Reynold A. Nicholson: *The Mathnawí of Jalálu'ddín Rúmí*, Band II, London 1926, S. 183–184 (gekürzt).
65 Louis Massignon: «Die Ursprünge und die Bedeutung des Gnostizismus im Islam», in *Eranos-Jahrbuch 1937*, Zürich 1938, S. 58–59.
66 Siehe ebd., S. 59–61; unter Berufung auf das persisch-gnostische *Omm al-Kitāb* und die Lehre der syrischen Sekte der Noseïren (Nusairī).
67 *Omm al-Kitāb*; zit. nach ebd., S. 64–65.
68 Ebd., S. 62, 66; siehe auch *Koran*, Sure 97.
69 Massignon, op. cit., S. 69.
70 Sure 4,157, *Der Koran*, S. 76.
71 Massignon, op. cit., S. 69–70.
72 Mansūr al-Hallādsch: *Kitāb at-tawāsīn* II,2–4; zit. nach Massignon, op. cit., S. 73–74 (leicht verändert). Vgl. auch Annemarie Schimmel: *Gärten der Erkenntnis. Texte aus der islamischen Mystik*, Düsseldorf – Köln 1982, S. 54.
73 Sure 24,32, *Der Koran*, S. 267.
74 Gibb, op. cit., S. 132.
75 Ebd., S. 133.
76 Reynold A. Nicholson: «Sufis», in Hastings (Hrsg.), op. cit., Band XII, S. 11–12.
77 Zit. nach Josef Schacht: *Der Islam. Religionsgeschichtliches Lesebuch*, Hrsg. Alfred Bertholet, Band 16, Tübingen 1931, S. 90.
78 *MythUr*, S. 507–519.
79 Marion Morehouse und E. E. Cummings: *Adventures in Value*, New York 1962, Motto.
80 *Ashtāvakragītā* 2,14–15; Übers. Heinrich Zimmer in *Bhagavadgita/Aschtavakragita. Indiens heilige Gesänge*, Köln [4]1985, S. 128–129.
81 Zit. nach Schimmel, op. cit., S. 59.
82 R. A. Nicholson: «Mysticism», in Thomas Arnold und Alfred Guillaume (Hrsg.): *The Legacy of Islam*, Oxford 1931, S. 215.
83 Sure 55,26–27, *Der Koran*, S. 412.
84 Sure 50,16, *Der Koran*, S. 399.

85 Sure 2,115, *Der Koran*, S. 13.
86 Massignon, op. cit., S. 74–75.
87 Sure 2,26, *Der Koran*, S. 4.
88 «Die Geschichte des Juweliers Hasan von Basra», in *Die Erzählungen aus den Tausendundein Nächten*, Übers. Enno Littmann, Band V, Wiesbaden 1953, S. 425.
89 «Die Geschichte von Sindbad dem Seefahrer», in ebd., Band IV, S. 106ff., 120ff.
90 'Omar Chajjām: *Rubā'ījāt*; nach der engl. Übersetzung von E. H. Whinfield: *The Rubáiyát of Omar Khayyám*, Vers 491.
91 Spengler, op. cit., S. 845–846.

Kapitel IX: Das Wiedererwachen Europas

1 Standish H. O'Grady: *Silva Gadelica*, Band II, London 1892, S. 1–4. Aus Egerton Ms. 112 im British Museum, aufgeschrieben 1780–1782 von Maurice O'Conor aus Cork, wahrscheinlich nach einer Abschrift (heute in der Royal Irish Academy), die sein Tutor John Murphy aus Raheenagh bei Blarney anfertigte. «Der Text», meint O'Grady (S. vi), «ist ein Beispiel für gutes neuzeitliches Irisch (17. Jahrhundert etwa), förmlich und in der Wortwahl korrekt; er ist jedoch eine zu wörtliche Übersetzung aus dem Lateinischen (*Codex Kilkenniensis*, abgedruckt von dem irischen Franziskanerpriester John Colgan in seinen *Acta Sanctorum Hiberniae*, Louvain 1645), um ‹streng irisch› im Stil zu sein.» Kierans Lebensdaten sind gänzlich ungewiß.
2 *MythOst*, S. 138–145, 154.
3 Siehe Whitley Stokes: *The Tripartite Life of Patrick with Other Documents Relating to That Saint*, London 1887, Band I, S. cxxvi.
4 «Homily on Saint Patrick», *Lebar Brecc,* S. 24, Kol. 2; übers. nach ebd., Band II, S. 433.
5 *Lebar Brecc*, S. 26, Kol. 1; übers. nach ebd., S. 448–449.
6 *Bethu Phátraic*, Egerton 93, Fo. 3a.; ebd., Band I, S. 41–47; und *Lebar Brecc*, S. 27, Kol. 1; ebd., Band II, S. 455–459.
7 *Bethu Phátraic*, Rawlinson B. 512, Fo. 11; ebd., Band I, S. 91–93.
8 Optatus: *De schismate Donatistarum* II,1 und V,4; übers. nach Harnack: *Lehrbuch der Dogmengeschichte*, 3. Band, S. 43–44.
9 Siehe *MythOst*, S. 351, 565, und oben S. 292.
10 Nach Harnack, op. cit., S. 165–220.
11 Ebd., S. 270, Anm. 1.
12 Nach Henry Bett: *Joannes Scotus Erigena*, Cambridge 1928. Die Legende von Eriugenas Martyrium stammt von Wilhelm von Malmesbury.
13 Edward Sullivan: *The Book of Kells*, London ^{4}1933, S. vii.
14 Nach ebd., Tafel XI. Das *Book of Kells* befindet sich heute in der Bibliothek des Trinity College von Dublin.
15 Stokes, op. cit., Band I, S. clxi; Quelle: *Lebar Brecc*, S. 257a.

16 Sullivan, op. cit., S. 18.
17 T. G. E. Powell: *Die Kelten (The Celts)*, Köln 1959, S. 64–65.
18 O'Grady, op. cit., S. 103–104, 108, 137.
19 Tacitus: *Germania* 2–3, Übers. Manfred Fuhrmann, Stuttgart 1971, S. 3–4.
20 *Germania* 7, S. 7.
21 *Germania* 9, S. 8–9.
22 *Germania* 39–40, S. 28–29.
23 *Germania* 43, S. 30.
24 *Germania* 45, S. 32.
25 *Germania* 8, S. 8.
26 *Germania* 27, S. 20–21.
27 Siehe *MythUr*, S. 82.
28 Siehe *MythUr*, S. 93–94, 300–312.
29 «Gylfaginning» 48, in Snorri Sturluson: *Die jüngere Edda, Sammlung Thule*, 20. Band, Übers. Gustav Neckel und Felix Niedner, Jena 1925, S. 101–103.
30 B. Phillpotts: «German Heathenism», in *The Cambridge Medieval History*, Band II, S. 481–482; unter Berufung auf A. C. Haddon: *Magic and Fetishism*, London 1906.
31 Phillpotts, op. cit., S. 481.
32 Runen auf dem Stein von Björketorp und der Bügelfibel von Freilaubersheim; zit. nach Walter Krause und Herbert Jankuhn: *Die Runeninschriften im älteren Futhark*, I. Text, Göttingen 1966, S. 217, 284.
33 Die Runenlehren B 1, 2, 4, in *Die Edda*, Übers. Felix Genzmer, Köln [6]1987, S. 164.
34 Henry Adams Bellows, Einleitung zu *The Poetic Edda*, New York 1923, S. xviii.
35 Holger Arbman: *The Vikings*, New York 1961, S. 90.
36 Eleanor Hull: *Early Christian Ireland*, London 1905, S. 167–168.
37 Ermentarius von Noirmoutier; übers. nach Arbman, op. cit., S. 79–80.
38 *Die Geschichte vom Skalden Egil (Egilssaga), Sammlung Thule*, 3. Band, Übers . Felix Niedner, Jena 1911, S. 109.
39 «Grímnismál» 24, in *Die Edda*, op. cit., S. 47.
40 «Völospá» 36, 37, 39, 40, in ebd., S. 31–32.
41 «Völospá» 42–48, in ebd., S. 32–33.
42 «Völospá» 49, 51, 54, in ebd., S. 33.
43 «Gylfaginning» 4–9, in Snorri, op. cit., S. 52–57 (gerafft).
44 «Gylfaginning» 20, in Snorri, op. cit., S. 69–70.
45 «Dekret des IV. Laterankonzils»; zit. nach Raymonde Foreville: *Lateran I–IV*, Übers. Nikolaus Monzel, Mainz 1970, S. 400–401.
46 Henry Charles Lea: *Geschichte der Inquisition im Mittelalter*, Übers. bearb. von Heinz Wieck und Max Rachel, Band 1, Neudruck Aalen 1980 (Bonn 1905), S. 5.
47 Ebd., S. 15–16.

48 Ebd., S. 16.
49 «La Gesta de Fra Peyre Cardinal», in François J. M. Raynouard: *Lexique Roman*, Paris 1836–1844, Band I, S. 464; zit. nach ebd., S. 61. [Laut dem deutschen Herausgeber stammt die Gesta eigentlich von Raimund von Cornet.]
50 Karl Pannier: *Walthers von der Vogelweide Sämmtliche Gedichte*, Leipzig 1876, S. 118, Nr. 110; zit. nach ebd., S. 59.
51 Zit. nach ebd., S. 56–57.
52 Zit. nach ebd., S. 57.
53 Siehe *MythOst*, S. 272–279.
54 Lea, op. cit., Band I, S. 114.
55 A. S. Turberville: «Heresies and the Inquisition in the Middle Ages, c. 1000–1305», in *The Cambridge Medieval History*, Band VI, S. 701–702.
56 Lea, op. cit., Band I, S. 115.
57 Ebd., S. 132.
58 Ebd., S. 136–137.
59 Einen Überblick über diese Tanzbewegungen gibt E. Louis Backman: *Religious Dances in the Christian Church and in Popular Medicine*, engl. Übers. E. Classen, London 1952, S. 170ff.
60 Ebd., S. 161–170.
61 Lea, op. cit., Band I, S. 142–179.
62 Lea, op. cit., Band III (Bonn 1913), S. 102–135.
63 Dante Alighieri: *Die Göttliche Komödie*, Paradiso 22,140–141.
64 Ebd., Inferno 28,55.
65 Dante Alighieri: *Das Gastmahl (Convivio)* IV,4, Übers. Constantin Sauter, München 1965, S. 176.
66 Ebd. IV,5, S. 181.
67 Bulle «Unam Sanctam»; in Heiko A. Oberman, A. M. Ritter, H.-W. Krumwiede: *Kirchen- und Theologiegeschichte in Quellen*, Band II, Neukirchen-Vluyn 1980, S. 158.
68 Übers. nach Hilda Johnstone: «France: The Last Capetians», in *The Cambridge Medieval History*, Band VII, S. 315.
69 Lea, op. cit., Band II, (Bonn 1909), S. 561.
70 Ebd., S. 521–562.
71 *MythUr*, S. 444.
72 Siehe *MythUr*, S. 261.
73 Franz Rolf Schröder: *Die Parzivalfrage*, München 1928.
74 Siehe Jessie Weston: *From Ritual to Romance*, Cambridge 1920, S. 11–22; ebenso Roger Sherman Loomis: *From Celtic Myth to Arthurian Romance*, New York 1927, S. 250–270.
75 Wolfram von Eschenbach: *Parzival* 118,14–17.28, Übers. Wilhelm Stapel, München – Wien 1981, S. 63.
76 *Parzival* 119,29–30, ebd., S. 64.
77 Johan Huizinga: *The Waning of the Middle Ages*, New York o.J., S. 127 [in der deutschen Ausgabe nicht auffindbar].

78 Johan Huizinga: *Herbst des Mittelalters*, Übers. Kurt Köster, Stuttgart [10]1969, S. 147.
79 Siehe *MythOst*, S. 396–419.
80 Zit. nach Lea, op. cit., Band II, S. 503–504.
81 Meister Eckehart: *Deutsche Predigten und Traktate*, Übers. Josef Quint, Zürich 1979, S. 425, 431 (Predigt 58).
82 Übersetzt aus dem Mittelhochdeutschen nach Franz Pfeiffer (Hrsg.): *Deutsche Mystiker des 14. Jahrhunderts*, 2. Band: *Meister Eckhart*, Göttingen [3]1914, S. 100 (Predigt XXVI).
83 Meister Eckhart: *Die deutschen Werke. Predigten*, 3. Band, Übers. Josef Quint, Stuttgart u. a. 1976, S. 531 (Predigt 68).
84 Ebd., S. 517 (Predigt 22).
85 Rückübersetzt nach C. de B. Evans, engl. Übers. von Franz Pfeiffer (Hrsg.): *Meister Eckhart*, London 1947, Band II, Nr. I, S. 89.
86 Übersetzt aus dem Mittelhochdeutschen nach «Diu zeichen eines wârhaften grundes», in Pfeiffer (Hrsg.), op. cit., S. 476–478.
87 C. de B. Evans, op. cit., Band I, S. xii–xiii.
88 Alan W. Watts: *Myth and Ritual in Christianity*, New York 1953, S. 78–82.
89 Rückübersetzt nach C. de B. Evans, op. cit., Band I, S. 46.

Schlußbetrachtung: Im Ausklang eines Zeitalters

1 Siehe *MythOst*, S. 49–51, 60–62.
2 *MythOst*, S. 25–35.
3 Friedrich Nietzsche: *Also sprach Zarathustra, Kritische Gesamtausgabe* VI,1, Hrsg. Giorgio Colli und Mazzino Montinari, Berlin 1968, S. 50.

ABBILDUNGEN

1 Der Schlangengott; von König Gudeas Weihkelch, Sumer, ca. 2025 v. Chr. (Louvre). 20
2 Der Weltbaum; elamitische Keramikmalerei, Susa, Sassanidenzeit (Louvre). 21
3 Der Schlangengott auf dem Thron; akkadisches Rollsiegel, Tell Asmar, ca. 2350–2150 v. Chr. 21
4 Gilgamesch an der Axis mundi; syrisch-hethitisches Rollsiegel,ca. 1600–1350 v. Chr. 22
5 Der Garten der Unsterblichkeit; babylonisches Rollsiegel, ca. 1750–1550 v. Chr. (Museum Den Haag). 24
6 Die Göttin des Baumes; sumerisches Rollsiegel, ca. 2500 v. Chr. (British Museum). 24
7 Demeter und Plutos; Votivtafel, Eleusis, ca. 5. Jahrhundert v. Chr. (Uffizien, Florenz). 25
8 Zeus Meilichios; Votivtafel, Piräus, 4. Jahrhundert v. Chr. (Staatliche Museen Berlin). 29
9 Der Baum der Hesperiden; Vasenmalerei, Herkunft und Entstehungszeit unbekannt. 32
10 Zeus gegen Typhon; frühe rotfigurige Vasenmalerei, ca. 650 v. Chr. (Antikensammlungen München). 34
11 Aphrodite mit Eroten; frühe rotfigurige Vasenmalerei, ca. 5. Jahrhundert v. Chr. (Staatliche Museen Berlin). 40
12 Die Göttin des Weltberges; kretischer Siegelabdruck, Knossos, ca. 1500 v. Chr. 58
13 Die zwei Königinnen und der König; mykenische Elfenbeinschnitzerei, ca. 1300 v. Chr. (Nationalmuseum Athen). 62

14 Demeter, Triptolemos und Persephone; frühe rotfigurige Vasenmalerei, Boiotien, 5. Jahrhundert v. Chr. (Staatliche Museen Berlin). 63
15 Der Baum des ewigen Lebens; mykenischer «Siegelring des Nestor», Pylos, ca. 1550–1500 v. Chr. 64
16 Mondstier und Löwenvogel; sumerische Terrakotta-Reliefplatte, ca. 2500 v. Chr. (University Museum, Philadelphia). 69
17 Minotauros und Löwenmensch; kretische Karneolgemme, ca. 1400–1100 v. Chr. (Museum Heraklion). 74
18 Das Opfer; kretisches Goldsiegel, ca. 1400–1100 v. Chr. 75
19 Die Göttin mit der Doppelaxt; goldener Siegelring, Mykene, ca. 1550–1500 v. Chr. 86
20 Die Schlangengöttin; kretische Fayencestatuette, Knossos, ca. 1700–1580 v. Chr. (Museum Heraklion). 174
21 Aspekte der Schlangengöttin; kretische Kalksteinstatuetten, Knossos, ca. 1700–1580 v. Chr. (Museum Heraklion). 175
22 Das Urteil des Paris; griechisch-etruskische schwarzfigurige Vasenmalerei, ca. 6. Jahrhundert v. Chr. (Louvre). 187
23 Stiertötender Mithra; mithräische Marmorgruppe, Italien, 3. Jahrhundert n. Chr. (British Museum). 296
24 Zervan Akarana; mithräische Marmorstatue, Ostia, Italien, geweiht 190 n. Chr. (Vatikan). 301
25 und 26 IAO als Anguipede; Amulette mit jüdischen Symbolen 2.–1. Jahrhundert v. Chr. 314 und 315
27 Esus; gallisch-römischer Altar, «Le Pilier des Nautes», unter Notre-Dame de Paris gefunden, 14–37 n. Chr. (Cluny-Museum). 349
28 Der Stier mit den drei Kranichen (Tarvos Trigaranos); Rückseite desselben Altars. 350
29 Das Einschlagen des Jahresnagels; etruskischer Bronzespiegel, Toskana, ca. 320 v. Chr. (Staatliche Museen Berlin). 353
30 Tunc-Seite; Book of Kells, Irland, ca. 900 n. Chr. (Trinity College, Dublin). 532
31 Madonna und Kind; bemalte Holzstatuette, Frankreich, 15. Jahrhundert n. Chr. (Cluny-Museum). 582
32 Die Mutter des lebendigen Gottes; dieselbe Statuette offen, im Innern die Dreifaltigkeit und Anbetende. 583

Die Zeichnungen für die Abbildungen 8, 13, 15, 16, 17, 20, 21, 27, 28, 30, 31, 32 stammen von John L. Mackey.

REGISTER

Aaron 156, 471
A-bar-gi 70
Abbasiden 504, 514
Abel 123-125
Abendländischische Weltanschauung, vgl. mit orientalischer 13-18, 125-129, 134, 219f., 276-278, 284-287, 289f., 374-376, 439-441, 494f., 568f., 593f.
Abessinien, *siehe* Äthiopien
Abimelech 145f., 157
Abraham (Abram) 120, 134-138, 141f., 144-146, 154f., 157, 160, 387, 389, 395, 478-480, 483, 514
Abū Bakr 484, 487, 502, 506
Acalanātha 334
Achaier 170
Achaimeniden 252
Achbor 115
Achilleus 199, 346, 355
Ackerbaukultur, *siehe* Neolithikum
Actium, Schlacht von 377, 453
Adam 24, 27, 42, 71, 123, 129f., 132, 135, 177, 239, 300, 304, 380f., 477, 513f., 523, 528f., 560, 563, 591
Adler 68, 316, 356, 380, 552
Admetos 354
Adonis 62, 73, 161f., 204, 269, 354f., 369, 412
Adria 82
Aelianus, Claudius, *zit.* 31
Aeneas 65, 357, 571
Afghanistan 327, 515
Afrika 124, 436, 448, 469, 514; Nordafrika 44f., 303, 439, 476; Nordostafrika 46; Nordwestafrika 46, 436; *siehe auch* (einzelne Länder)
Aga Khan 505
Agabus 403
Ägäis 31, 45, 49, 53, 79, 169-171, 173, 178f., 186, 251, 269, 345; *siehe auch* Griechenland
Agamemnon 83, 85, 187, 199
Agathon 261, 263
Agni 173
Agrippa 378
Ägypten 17, 45, 49, 56, 68, 72ff., 75, 80, 82, 89, 128, 132, 137, 143, 170, 173, 213, 251f., 258, 270, 274, 277, 313, 315, 324, 369, 386f., 395, 414,

417, 436, 438, 442, 467, 469, 503f., 514; Hebräer in 144f., 147-164; *siehe auch* Alexandria; Auszug aus Ägypten
Ahikam 115
Ahmose I. 159
Ahuna Vairya 241
Ahura Mazdā 218, 220, 222, 225, 230, 232-237, 240f., 243f., 248, 252-254, 261, 296, 385, 425, 448, 461f., 464
Aigina 168
Ailill von Leinster 49-52, 346
Aiolos 194, 402
Aion 386
Aischylos 275f., 284; *zit.* 182, 275f.
Ajātashatru 376
Ajanta 469
Ākāsha 211
Akkad/Akkader 21, 36, 89, 128, 137, 140f., 169, 249f., 600; *siehe auch* Sargon von Akkad
Akki 89
Akrisios 151
Aktaion 541
Al-Aqsā-Moschee 507
Alarich 356, 447
Albigenser/Katharer 563-569, 579
Albigenserkreuzzug 564-569
Albright, William F. 160; *zit.* 108
Albruna 540
Alderney (Kanalinsel) 342
Aleppo 503
Alexander der Große 15, 231, 274-281, 284, 296, 453, 457f.
Alexander II. von Epiros 327
Alexander III., Papst 565
Alexander Jannaios 321f., 329
Alexandra (Makkabäerin) 321
Alexandria 308, 314, 369, 386, 442, 464, 466, 468, 475
'Alī 484, 500, 502-506; *siehe auch* Schī'a
Alken 539
Alkimus 319
Alkinoos 61
Alkmene 363
Allah 489
Alleingeschaffenes Rind 234-236, 241, 298
Alpen 334
Altes Testament 18, 28, 40, 114, 142, 156, 174, 239, 261, 314, 323, 331f., 401, 422, 425, 428, 455, 471, 497, 529, 531, 569; *siehe auch* Bibel; (einzelne Bücher)
Althaia 354
Amarna 158-160; Amarnabriefe 159
Amasis von Ägypten 247
Amenhotep I. 159; II. 159; III. 160; IV. 160
Amergin 339-341, 343
Amesha Spentas 221
Amida-Buddhismus 292, 303
Amitābha 303
Amitāyus 303
Ammoniter 117, 258
Amoriter 154f., 258
Amos 245, 331; Buch, *zit.* 245
Amrafel 141
Amulius 357f.
Amun 158, 160, 194, 277
An 71
Ānanda 406
Ananta 390
Anatolien 78, 84, 178, 247, 313, 515, 597
Anaximander 210, 268; *zit.* 210
Anaximenes 210, 268
Andreas 309, 402, 415
Angas, Königin 526
Angeln/Anglier 448, 539, 541
Angra Mainyu 220, 224, 231-237, 241, 244, 254, 296, 425, 464, 478
Anguipede 314-316
Anki 71
Anquetil-Duperron, Abraham

Hyacinthe 217
Anschar 93, 97-100
Anthesterien 198
Antigonos (Makkabäer) 321
Antigonos Gonatas von Makedonien 327
Antike Weltanschauung 266-268, 277f., 285, 451, 463, 494; *siehe auch* Griechenland; Rom
Antiochia 464-467, 474f., 503
Antiochos II. von Syrien 327
Antiochos IV. Epiphanes 312, 315, 319
Antisthenes, *zit.* 281
Antonine 15, 421; *siehe auch* Antoninus Pius; Marc Aurel
Antoninus Pius 421
Antonius, hl. 469
Antonius, Marcus 377
Antrim 47
Anu (irisch) 344
Anu (sumerisch) 91, 93, 95, 98, 100f., 103, 105, 107
Anubis 316
Anunnaki 91, 96
Apameia 443f.
Apeiron 210
Aphrodite 40, 56, 61, 89, 178, 185, 188, 190, 269, 346, 354, 366, 369
Apis 369
Apisstier 74
Apokalypsevorstellungen 297, 309-311, 317, 321-332, 368, 378, 404, 427-429, 485, 495, 500
Apokryphon des Johannes 414
Apollinaris von Laodicea 465
Apollo(n) 31, 36, 187-189, 277, 338, 345, 377-379
Apollonios von Tyana 370, 403
Apollonius 319
Apostelgeschichte 403; *zit.* 427, 431, 433-435
Apsu 92-97, 101, 103, 176
Apuleius, *zit.* 56
Araber: Mythologie 148, 156, 483, 489, 494f.; Volk 36, 478, 485f., 502; *siehe auch* Beduinenstämme
Arabien 18, 88, 170, 173, 315, 476, 515
Arabisches Meer 469
Aramäer 158, 245, 454, 495
Arbois de Jubainville, H. d' 349
Arché 209f., 214, 268
Archelaos 387
Ardā Virāf 222-230
Ardā Virāf Nāmak 222-230
Ardashīr I. 458f.
Ares 316, 366
Areté 184-187, 195, 282, 284
Argolis 166, 169
Argos 151, 181
Ariadne 199
Arianismus 440, 442, 465
Arier 18, 29f., 32, 36, 49, 67f., 80f., 84f., 142f., 168, 173, 178f., 200, 295, 305, 436, 490; *siehe auch* Germanen; Griechen; Kelten; Meder; Persien; vedische Kultur
Aristarchos von Samos 286
Aristeas von Proikonnessos 362
Aristobulos (Makkabäer) 321
Aristoteles 132, 175, 214, 274, 281, 434
Arius 440
Arkadien 166
Armenien/Armenier 36, 245, 436, 515
Arnold, Matthew, *zit.* 282-284
Arsakes 457
Arsakiden 457f.
Artaxerxes I. 258; II. 114, 258
Artemis 269, 354, 466, 541
Arthashāstra 260
Artus, König 43, 84, 345, 578
Artusroman 334, 339, 577-579
Aruru 105

Asaja 115
Ascher 157
Aschera 117; *siehe auch* Ischtar
Asen 552, 555f.
Ashoka, König 327, 412, 439-442
Ashtāvakragītā, zit. 511
Ashvins 142, 295, 306
Ask 555
Asklepios 37
Assarhaddon 244
Assassinen 504
Assur 141, 250
Assurbanipal 92, 244
Assyrer/Assyrien 92, 244-246, 600
Astarte 117
Ästier 540f.
Astrologie 298, 369, 371; *siehe auch* Tierkreis
Astronomie 277, 286, 294, 298; *siehe auch* Himmelskörper; Planeten
Astyages von Medien 246
Atalante 354
Ataraxía 290
Athanasius 442, 464
Athen 205-207, 262, 276, 288, 308, 433, 435, 474
Athene 37, 61, 87f., 176f., 182f., 185, 188, 203
Äthiopien/Abessinien 56, 180, 280, 469, 483, 486
Athrpa 354
Atkinson, R. J. C. 80, 83; *zit.* 82-84
Atlantis 186
Ātman 127
Aton 149, 160
Atreus 213
Atropos 354
Attalos I. von Pergamon 333
Attika 166
Attila 447, 470
Attis 162, 204, 269, 369
Atune 354
Āturpāt 461
Audhumla 554
Aufklärung, Zeitalter der 16
Augustinus 447, 452, 461, 527f., 533, 560, 563; *zit.* 447
Augustus, Gaius Octavianus 376-380, 383, 453, 571
Aurelianus 303, 380
Aus (arabischer Stamm) 487
Auserwähltes Volk, Juden als 134, 161-163, 309
Australien 262
Auszug aus Ägypten 120, 144, 146, 149, 156-161, 478
Avernus 65
Avesta 217, 295, 455, 458f., 462f.; *siehe auch* (einzelne Schriften)
Avignon, Päpste in 572
Axis mundi 22f., 38, 304
Axum 454, 486
Azteken 190

Baal 117
Baalbek 503
Baba 140
Babel 141; Turm zu 120, 133, 591
Babylon 49, 91, 101f., 114, 141, 246-251, 258
Babylonien/Babylonier: Geschichte 143, 245-252, 453; Mythologie/Religion 36, 92ff., 102ff., 128, 277, 286, 313, 315, 459, 522
Babylonische Gefangenschaft 120, 246f., 258
Badb 349; *siehe auch* Mórrígan
Badr, Schlacht von 488
Bagdad 514, 517
Bahrām I. 459
Bājazīd (Abū Jazīd) 511f.
Baktrer/Baktrien 251, 277, 457
Balarāma 390f.
Balder 553
Balor mit dem bösen Blick 343, 345
Banba 341f., 344

Baqā 512
Barabbas 409f.
Barbarossa 84
Barjesus 403
Baum als Symbol 19, 21-28, 32, 64-66, 79, 86f., 108, 122, 124-126, 129f., 135, 190, 199, 234, 300, 304, 380f., 398, 400, 477, 553, 555f.; *siehe auch* Bodhibaum; Gaokerena-Baum; Yggdrasil; Zaqqūm-Baum
Baynes, Norman H., *zit.* 472f.
Beduinenstämme 160, 488
Behistan, Felsinschrift von, *zit.* 252-254
Bel 249f.
Bellona 56
Beluchistan 515
«Bemalte Keramik»: Volk 168
Benén 526
Benjamin 157, 259
Berg, heiliger 58f., 68, 72
Bernhard von Clairvaux, *zit.* 562
Bernstein 82, 169f., 540, 544
Berossos 522
Bethel 117f., 153
Bethlehem 384-387
Bethu Phátraic 524-527
Béziers 565, 567
Bhagavadgītā, *zit.* 290
Bhāgavata-Purāna 389-392
Bhakti 212
Bibel 19, 22f., 27f., 71, 89, 92, 103, 125, 129f., 133, 178, 202, 208, 237-240, 280, 290f., 323, 341, 377, 478, 489, 492, 591, 608; *siehe auch* Altes Testament; Neues Testament; (einzelne Bücher)
Bienenkorbgrab 63, 78
Bileam 583
Bithynien 441
Black-Moslem-Bewegung 505
Blake, William, *zit.* 86, 297
Blitzkeil/Donnerkeil 302, 309, 334, 395, 545f.; *siehe auch* Hammer
Blumengirlande, Lehre von der 72
Bodhi 533
Bodhibaum 556
Böhmen 82, 335
Boiotien 166, 169
Bolsena 353; Bolsenasee 351
Bombay 469
Bonifaz VIII., Papst 571f.; *zit.* 571f.
Book of Kells 531-534, 546, 557
Boreas 143
Borr 554f.
Böser Priester 328-330
«Böser Sinn» (Dämon) 221, 233
Bosnien 563
Bozeman, Adda B. 472, 498; *zit.* 471
Brahmā 390
Brahman 127, 129, 211, 281
Brahmanismus 278, 460, 467
Brasilien 124
Breasted, James Henry, *zit.* 438
Bretagne 335, 342
Brigit (Brig) 344
Brihadāranyaka-Upanishad, *zit.* 127f.
Britannien/Britische Inseln/England 45, 47, 80-85, 170, 255, 335, 337, 342, 436, 442, 448, 523f., 540f., 547f.
Bronze 49, 82, 171, 173
Bronzezeit 16-18, 24, 27, 30, 32, 42, 47ff., 53, 57, 59, 67, 72, 76f., 79, 82, 103, 157, 165, 168, 171f., 190, 208, 213, 220, 304, 345, 351, 356, 366, 575, 581; Hochbronzezeit 45, 124, 170, 172, 491
Brutus 84
Brythonen 335
Buch von Armagh 54
al-Buchārī 493
Buddha 26f., 127, 211, 240, 254, 281, 284f., 293, 302, 395, 398, 400f., 403, 406, 416, 422, 439, 441, 556, 564, 577

Buddhismus: in China und Japan 72, 127, 281, 292, 302f., 334, 515; indischer 14, 23, 219, 278, 280, 285, 289, 302, 327, 385, 402, 406, 412, 417, 422, 430, 439f., 459f., 467, 492, 508, 515, 547, 563; *siehe auch* Amida; Mahāyana
Bukranion 78
Bulgarien 563
Bultmann, Rudolf, *zit.* 330
Bundahish 231-237, 242, 437; *zit.* 242-244
Burias 143
Burrows, Millar, *zit.* 330
Byzanz 15, 17, 255, 452, 459, 463, 469-475, 499, 502, 533, 549, 577; *siehe auch* Konstantinopel

Caduceus 19, 22, 38, 42, 188, 190, 198, 203, 304
Caeilte 535-537
Caesar, Julius 333, 336, 339f., 344, 377, 380, 436, 610; *zit.* 336-339
Candragupta Maurya 260, 392
Capricornus («Steinbock») 398
Capsien 45f.
Caracalla 436
Carcassonne 565, 568
Carmenta 366
Carnuten 337, 610
Cäsarea 403, 442, 503
Cenn Cruach 526
Ceres 56, 366
Cernunnos 344; *siehe auch* Dagda
Cessair 341
Chadīdscha 481-485
Chaldäa/Chaldäer 119, 136, 246, 248, 255, 294, 328, 369
Chalkedon, Konzil von 468-470, 475; XXVIII. Kanon, *zit.* 470
Chalkidike 167
Chāndogya-Upanishad, *zit.* 14
Chantepie de la Saussaye 378
Chaos 208, 269
Chartres 55, 176, 610
Chazradsch (arabischer Stamm) 487
Chelléen 46
China 14, 17, 72, 89, 127, 143, 162, 190, 254, 260, 274, 277, 281, 284-286, 303, 467, 515-517, 568, 591, 593
Choresmien 251
Chosrau I. Anushirvan 461f.
Chosrau II. Parvez 472
Chrétien de Troyes 579
Christentum 15, 28, 39, 41, 90, 128, 134ff., 161f., 174, 217, 221, 231, 273, 278, 280, 283f., 290, 292f., 297, 299, 301, 304, 308f., 332, 344, 368, 376f., 379-387, 395-413, 419-421, 427-435, 455, 459f., 464-476, 558-561, 563f., 576-587; Frühchristentum 255, 284, 309, 330-332, 341, 427-435, 495, 497, 534; im germanischen Europa 549f., 557; in Irland 519-537, 545f., 549; und Islam 478-480, 483, 485f., 492, 495, 497, 505; Ostchristentum 452; im römischen Reich 439-448; *siehe auch* Albigenser; Byzanz; Donatisten; Gnostizismus; Hellenismus und; katholische Kirche; Kopten; Manichäismus; Monophysitismus; Nestorianer
Christus: Fleischwerdung 440, 464-476, 533, 586; in gnostischer Sicht 413-416, 418-427; Leben 240, 281, 283, 377, 381, 395f., 398-412, 439, 513, 571; als Mythos 39f., 130, 162, 240, 273, 281, 290, 297-300, 309-311, 328, 359, 361f., 368, 377, 381-387, 395f., 398-412, 418-421, 427-433, 439-442, 447, 452, 459, 480, 482, 507, 509, 511f., 519, 523, 527-535, 545f., 549, 556, 559, 561, 566, 570, 577f., 580f., 583, 585

Chrysaor 178, 180, 182
Chrysippos 267, 288
Churriter 141-143, 168, 178
Cicero 370, 377; *zit.* 308, 370-376
Cinvat-Brücke 222, 227, 244
Clodius Albinus, D. 436
Coatlicue 56
Codex Babylonicus Petropolitanus 323
Codex Regius 548
Coelestin I., Papst 466, 520, 523
Coelestius 528
Coirpre Niafer 51
Columba, hl. 549
Commodus 303, 380, 436
Conchobor 51, 534
Conditor 365
Connacht 49, 53, 348, 537
Consensus, Prinzip des 162, 257, 318, 334, 431, 433, 485, 495-500, 505, 508, 510, 516, 558, 569
Constans II. 476
Constantius 441f.
Convector 365
Cornwall 49, 170, 335
Corpus Hermeticum, *zit.* 417f.
Crispus 442
Cromm Cruach 526
Cross, F. M., *zit.* 330
Cruachan 50, 347f.
Cuailnge 52f., 346f.
Cúchulinn 346-351, 534f., 577
Cumae 367f.
Cummings, E. E. 510
Cumont, Franz 297
Cupido 269f.; *siehe auch* Eros

Dadophoren 299, 306f., 532
Daēvas 221
Dagda 344f., 526, 542, 577
Dáire mac Fiachna 52f., 347
Daiti (Fluß) 234, 241
Dakien 441
Damaskus 503
«Damaskusschrift» 330
Dan 157
Danae 151, 181, 382
Dänemark 547
Dante Alighieri 222, 224, 229, 278, 371, 376, 570, 579f., 587; *zit.* 570f.
Danu 54, 343
Dareios I. 218, 252-255, 258, 276
Darmesteter, James, *zit.* 231
David 119, 309, 318, 321, 331, 383f., 399, 571
Delphi 31, 333, 363, 394
Demeter 23-25, 39, 41, 62f., 179, 198, 277, 308, 342, 366, 393
Demetrios 322
Demokrit 267
Dendriten 469
Dēnkart, *zit.* 458-463
Derwische, tanzende 501; *siehe auch* Sūfīs
Deubner, Ludwig, *zit.* 378-380
Deus 364; deus absconditus 280
Deuteronomist (D) 121
Deuteronomium, Buch 114; *zit.* 399f., 405
Deutschland 82, 255, 334f., 544-546, 566, 580
Devakī 389-392
Dharma 516
Dhikr 509
Diana 56, 180, 378f.
Diarmuid 204, 579
Didius Julianus, M. 436
Diktys 181
Dilmun 67
Dimini 167
Diodorus Siculus 339
Diogenes 281
Diokletian 380, 437-439, 442
Dionysischer Kult 211f., 277, 369
Dionysos 25, 39f., 73, 162, 211, 268-270, 277, 304

Dioskur 464, 467f.
Diotima 263-266, 268
Dis 338, 344
Disciplina Etrusca 356, 358
Doketismus 414-416, 422-427, 507
Dolcino, Fra 570
Donar, *siehe* Thor
Donatisten 439f., 527f., 560, 580
Donau 168, 303, 436, 537, 547
Donegal 343
Donnerkeil, *siehe* Blitzkeil
Doppelaxt 78, 86f., 90, 177, 546
Dordogne 576
Dorier 53, 171, 268
Dörpfeld, Wilhelm 188
Drachen 66, 205
Dravidas 35
Dreikönigsfest 386
Dreizack 68f., 79
Druiden 49, 336-340, 342, 534f.
Dschāmī 513
Dschelāladdīn Rūmī, *siehe* Rūmī
Dschinn 478, 515
Dublin 50
Dumuzi 25, 61f., 73, 88, 105, 107, 162, 351, 369
Dyson jr., Robert, *zit.* 70f.

Ea 93-95, 97f., 101-103, 398
Eber 182, 189, 198, 203f., 269f., 354f., 521, 540f.; *siehe auch* Schwein
Echnaton 147f., 158-160, 170, 218
Eckhart, Meister 585, 587; *zit.* 580-585, 587
Eddas 542, 546; *Lieder-Edda* 557; *zit.* 547f., 551-553; *Prosa-Edda* 543ff., 553, 557; *zit.* 554-557
Eden, Garten 21, 27, 32, 120, 122-124, 130, 199, 380; *siehe auch* Garten des Lebens; Paradies
Eggdir 551
Egil Skallagrimsson, *zit.* 550
«Eine verbotene Sache»: Motiv 129f.
Eisenzeit 18, 27, 32f., 80, 157, 304, 334f., 352
Eisler, Robert, *zit.* 471f.
Eje, Pharao 160
El-Schaddai 155
Elam(iten) 140f., 143, 245
Elatha 343
Elbe 335, 436, 547
Eleasar 320, 329
Eleaten 280
Elemente, Lehre der 209-211
Eleusinische Mysterien 25f., 56, 62f., 179, 198, 203, 308
Elia 275, 398, 403, 405, 411, 452
Eliade, Mircea 334
Elisa 275, 403
Elohim 103, 121, 131-133, 145f., 153f., 425, 596
Elohist (E) 121, 145, 150-156, 171
Elymas, der Zauberer 403
Elysisches Feld 66f.
Embla 555
Emer 346
Emerson, Ralph Waldo, *zit.* 510
Emesa 503
Emmaus 361
Empedokles 214
Enantiodromia 186
England, *siehe* Britannien
Eninnu 139f.
Enkidu 105-108, 123
Enlil 71, 91, 101, 139
Enuma Elisch, *zit.* 92-102
Eochaid Bec 51
Eochaid Feidlech 50
Eos 189
Ephesos 58, 403; Konzil von 58, 466-468
Epiktet 287, 291f., 509; *zit.* 287, 289, 292
Epikureismus 280
Epiphanios 413; *zit.* 386
Epiros 31

Er Lanic 342
Eran Vej 234f., 241
Erasistratos von Iulis 286
Eratosthenes von Kyrene 286
Erc, Bischof 525
Erdgöttin, *siehe* Göttin
Eredat-fedhrī 242
Eremiten 469
Ereschkigal 61f.
Ergamenes, König 180
Erichthonios 89
Eridu 398
Erinyen 394
Eris 184
Eriugena, *siehe* Johannes Scotus Eriugena
Erlösungsmythen: christliche 134f., 381, 560; jüdische (messianische) 161f., 237-240; persische 220f., 231, 237, 240-244
Ermentarius von Noirmoutier, *zit.* 549f.
Eros 261, 263-270, 401
Eroten 40
Erzväter, *siehe* Patriachen
Esau 125, 142, 153
Escharra 101
Eskimo 44
Esra 114, 121, 257-260, 291; Buch, *zit.* 247, 258-260
Essener 323-331, 368, 397, 404
Esus 349f.
Etrurien 336, 351-354, 356, 358f.
Etrusker 351-354, 356f., 367, 369
Euklid 267
Eunapius 446
Euphrat 76, 503
Euripides, *zit.* 73, 212
Europa 13-18, 43-49, 80-85, 170, 255, 270f., 276, 280, 282, 293, 296, 303, 333-336, 352, 437, 447f., 472, 476, 514f., 517, 523, 534, 541f., 558-573, 575f., 593f.; Mythologie, vgl. mit levantinischer 14-17, 126, 165, 190, 256f., 311f., 341, 344, 359, 451-456, 497-500
Europäische Weltanschauung 255, 270f., 282, 455f.
Eurylochos 196f.
Eusebius 439, 442
Euthydemos 457
Eutyches 467f.
Eva 24, 42, 71, 129f., 132, 135, 177f., 239, 304
Evangelien 359, 395, 402, 404, 406, 418-421, 529; gnostische 414, 418f., 421, 512; synoptische 533; *siehe auch* (einzelne Namen)
Evans, Arthur 58-60, 63, 77, 188; *zit.* 64-66, 76f.
Exodus, Buch 114, 159, 300; *zit.* 42, 150-155, 157

Fall des Menschen, *siehe* Sündenfallmythen
Fanā 512f.
Fata Morgana 345
Fātima 502, 506f., 581
Fātimiden 504
Faunus 366
Fausta 442
Felsendom 452
Fenriswolf 522, 551f.
Fianna 43
Finn Mac Cumhaill (Finn McCool) 535f., 579
Finnian, hl. 343
Finnland 90
Finntain 341
Fir-Bolg 343
Fite, Warner 261
Flora 366
Fomore 342f., 345
Fortuna 353, 366
Franken 448, 476
Frankreich 44f., 80, 255, 303, 448,

476, 515, 529, 548, 563-568, 572; *siehe auch* Gallien
Franz von Assisi 569
Frauenfigurinen 57, 78, 85, 166f., 598
Fravashi 223
Frazer, James G. 30, 59, 180, 356; *zit.* 30f., 180
Freier Wille, *siehe* Willensfreiheit
Freud, Sigmund 94, 147-150, 158-160, 163, 171, 177, 182f., 278, 511, 594; *zit.* 148-150, 158f., 183
Freyr 552
Frigg 305, 555
Frobenius, Leo 45, 59, 80, 469; *zit.* 45f., 172
«Frömmigkeit» (Erzengel) 221, 233
Fudō 334

Gabriel 383, 389, 483, 488, 507
Gad 157
Gaia 34f., 92, 173, 178, 269, 343, 366, 394f.
Galahad 577
Galater/Galatien 333
Galaterbrief, *zit.* 431
Galerius 439
Galiläa 383f., 387, 396f., 402f., 407, 412, 414, 433
Gallien/Gallier 336-339, 344, 349f., 436, 442, 448, 538; *siehe auch* Frankreich
Gallische Kriege 333, 336
Ganges 173
Gaokerena-Baum 234
Garm 551
Garten des Lebens (der Unsterblichkeit) 23f., 27, 86-88, 108, 122f.; *siehe auch* Eden; Paradies
Gāthās 217f., 221, 223-225, 295; *zit.* 221f., 232
Gatumdug 138
Gaumāta 251-254
Gawan 43, 577
Gayōmart 235f., 241f., 299f.
«Geheimnis der beiden Männer» 72, 270
Gelobtes Land 161-163, 300, 323
Genesis, Buch 19, 23, 125, 130, 133, 136, 141f., 237, 465, 523, 530, 591; *zit.* 27, 41, 103, 121-124, 129, 131, 133, 136, 146, 153, 479
Genius/Genien 365, 380, 446
Gerhard von Rougemont 561
Germanen 435-438, 447f., 455, 523, 534, 537-557, 568; Mythologie 15, 36, 49, 89, 165, 185, 277, 294, 303, 305, 341, 344, 349, 522, 537-557; *siehe auch* Deutschland; (einzelne Stämme)
Gesetzbuch des Mose 114-119, 121
«Gespräch mit den Alten» 535-537
Gethsemane 407
al-Ghazzālī, Abū Hāmid 513
Gibb, H. A. R. 488, 495; *zit.* 493f., 495-497, 509
Gibbon, Edward 474; *zit.* 421f., 443-447, 468
Gideon 174
Gilgamesch 22, 104-110, 122, 179
Gilgamesch-Epos 600; *zit.* 105-110
Ginnungagap 555
Glockenbecherleute 81, 85
«Glücksglanz» 224, 226, 230, 241, 384
Gnosis/Gnostizismus 255, 413-430, 452, 459, 465, 495, 505-507, 531, 533, 547, 560, 577; *siehe auch* *Thomasevangelium*
Gōcīhar 243f.
Gog und Magog 240
Goidelen 335, 339f.
Gold 48f., 51, 82, 168-170, 173
Golf von Morbihan 342
Golgatha 410
Goodenough, Erwin R. 315f.
Gopīs 57, 392
Gordon, Cyrus 84

Gorgoneion 177f.
Gorgonen 28, 37, 88, 177f., 180, 182
Gornias 523
Goten: Ostgoten 453; Westgoten 356, 436, 447f.
Gotik 45, 266-268, 400, 453, 517, 549
«Gottesgehorsam» (Engel) 223-230
Göttin (Erdgöttin, Muttergöttin) 17-19, 23-26, 28-33, 35-43, 49, 55-65, 68, 73f., 76, 78f., 83, 85-89, 92-105, 110, 173-184, 187, 200f., 269, 273f., 279, 302, 343-345, 349-351, 355, 369, 390, 392-395, 466, 539-542, 581, 587, 598; *siehe auch* weibliches Prinzip; zwei Königinnen
Graien 178, 181
Gráinne 579
Gral 577-579, 587, 594
Grant, R. M., *zit.* 430
Grau-minyische Ware 168
Griechen(land) 15, 45, 53, 57, 60, 67, 76, 143, 166-171, 174-177, 200f., 205, 247, 260-262, 270f., 275f., 284, 333, 336, 343, 458, 568, 594; Kunst 88, 262, 266-268, 451; Mythologie 15, 17f., 28-41, 49, 53, 56, 60-67, 76, 86-88, 92, 96, 148, 151, 165f., 173-205, 208, 263, 268-270, 273f., 343f., 349, 382, 392-395, 542, 557; Philosophie 186, 209f., 238, 263-266, 268, 277f., 280-282, 285-287, 517; Polis/Stadtstaaten 205-214, 247, 261, 267, 274, 277; Sprache 60, 84f., 155, 314; *siehe auch* Hellenismus
Griechisch-römische Kultur 25, 37, 40
Grönland 548
Große Wende 213
Großes Jahr 522
Guadalupe 55, 57
Gudea von Lagasch, König 19, 22f., 136-140, 304
«Gudea-Zylinder», *zit.* 138-140
Guglielma 570
Guignebert, Charles, *zit.* 395, 403f., 420f.
Gula-Bau 23f.
«Gute Religion» (Erzengel) 233
«Guter Sinn» (Erzengel) 221, 225, 233, 241
Guti 136
Gwatkin, H. M., *zit.* 442

Habakuk, Buch 328, 330; *zit.* 323, 328
Habiru 142, 158-160, 170, 491; *siehe auch* Hebräer
Hacilar 85, 597
Hades 35, 66, 198f., 268f., 317, 344, 393
Hadīth 493, 495f.
Hadramaut 469
Hadrian 255, 451
Hāfiz 513
Hagar 478f.
Hagia Sophia 255, 452
Hahn 304, 316, 551
Halafware 78
Haliakmon (Fluß) 166
al-Hallādsch, Husain ibn Mansūr 511f., 514; *zit.* 508, 511
Hallstattkultur 334f., 339, 351
Ham 342
Hamat 245
Hammer als Symbol 307, 542-546, 550; *siehe auch* Blitzkeil
Hammond, N. G. L. 177; *zit.* 166f.
Hammurabi 88, 91f., 141, 143f.; *zit.* 91
Hanīfen 485
Hannibal 369f.
Haoma 234, 244
Haran 136, 142, 144, 248
Harappa 36, 59, 172
Haremhab 158, 160
Hari 129; *siehe auch* Krishna; Vishnu

Harivamsha 392
Harmagedon 323
Harnack, Adolf, *zit.* 529
Harpokrates 316
Harrison, Jane Ellen 28, 40, 53, 184, 186, 304; *zit.* 28f., 36, 63, 184f., 187
Hārūn ar-Raschīd 514, 517
Hasan 502f., 506
Hasmonäer 313, 323; *siehe auch* Makkabäer
Hathor 56, 73, 393
Hatschepsut 159
Hebräer 119, 124f., 142, 144f., 147-164, 171, 491f.; Mythologie 23, 27, 33f., 36, 41-43, 120-134, 383, 392, 489-492
Hebräisch 133, 155f., 455, 489
Heiden(tum) 383, 429, 433, 445, 474, 523
Heiligkeitsgesetz (H) 121
Hekate 56
Hel 551
Held: Begriff 36f., 103f., 161f., 184f.; und Göttin 89, 91-104, 173-177, 180-184; Mythen 33ff., 85, 104-110, 130, 151f., 171, 186-205, 346-351, 399, 542-544; Mythen von der Geburt des 89f., 150f., 382-395; *siehe auch* männliches Prinzip; Willensfreiheit
Helena, schöne 67, 185, 187, 346
Helena (Mutter Konstantins) 441
Helios 189, 196, 199f., 316
Hellenismus 303f., 333, 412, 430, 437, 492; in Ägypten 369; und Christentum 292, 309, 332, 382f.; und Germanen 545-547, 550f., 557; griechischer 274-278, 280-282, 285-290, 381, 433-435; in Indien 274, 277f., 280f., 303f.; und Juden 291, 309, 313-319, 330; Mythologie 175f., 274f., 297, 307f., 369, 392f.; im Nahen Osten 280, 293, 296-298, 303-308, 318, 327, 369, 398, 458-460; römischer 274, 277, 280, 282-289, 292f., 303, 316, 365-367, 370-372, 455
Helvetischer Bund 336
Henotheismus 279
Hephaistos 35, 177
Hera 37, 185, 188, 365, 393
Herakleios 475, 502
Herakles 277, 392, 542
Heraklit 186, 291, 363
Herkules 538, 542, 545
Herm (Kanalinsel) 342
Hermaphroditos 190
Hermes 19, 187f., 190, 197f., 201, 203, 269, 277, 289, 292, 294, 417
Herodes Antipas 397
Herodes der Große 327, 385-387
Herodot 261
Herophilos von Chalkedon 286
«Herrschaft» (Erzengel) 221, 233
Hertz, Joseph Herman, *zit.* 135, 137
Hesiod 34f., 59, 269, 280, 541; *zit.* 25, 269, 393-395
Hesperiden 32, 178
Hestia 393
Hethiter 22, 84, 142f., 154f., 170, 258, 295, 306f., 600
Hidschra 487, 493
Hieronymus, *zit.* 300
Hilarius 468
Hildegard von Bingen, *zit.* 562
Hilkia 114-116, 118
Hillel, Rabbi 240
Himmelskörper 294, 305, 371, 575; *siehe auch* Planeten; (einzelne Namen)
Hinduismus 279f., 304, 327, 340, 492, 508, 545
Hiob 33, 289, 514; Buch 103, 513f.; *zit.* 14, 33f.
Hipparchos von Nikaia 286
Hippolytos 180, 413

Hippolytus, hl. 180
Hira, Berg 481
Hiskia, König 43, 240, 257, 275
Hitler, Adolf 593
Hiwiter 154f.
Hödur 553
Höhlenmalereien 44, 46, 576
Hölle 228, 230, 233, 243, 299, 489, 514, 530; *siehe auch* Unterwelt
Homer 53, 83, 143, 166, 171, 185f., 205, 208, 269, 280, 284; *Ilias* 60, 171, 186, 188; *Odyssee* 147, 171, 186, 188f., 402; *zit.* 61, 67, 191-205
Honorius, Papst 475
Horaz 379
Horeb, Berg 121, 153, 156
Horus 73f., 277, 316
Hoschander, Jacob 290
Hosea 331; Buch, *zit.* 387
Howlett, Duncan, *zit.* 329
Hrym 552
Hubal 482
Huizinga, Johan, *zit.* 578f.
Hülägü 505, 517
Hulda 115
Hund 237, 298, 302
Hunnen 447, 470, 548
Hūrīs 489, 500
Hus, Jan 572, 580
Husain 502-504, 506f.
Hvōvi 241
Hyksos 143, 158f.
Hymir 543f.
Hystaspes 218, 252

IAO 314-316
Iason 36, 315, 354
Iberien/Iberische Halbinsel 80, 333, 335f., 343, 436, 448; *siehe auch* Spanien
Iblīs 477f.
Ibn Hischām 481
Ibn Ischāq, Mohammed 481
Ibn Sīrīn, *zit.* 509
Idas 354
Idschmā 495-498, 500, 504f.; *siehe auch* Consensus
Idschtihād 496f.
Igigi 91
Île de Sein 342
Ilithyien 378
Illyrer 36
Imām, verborgener 504f.
Imdugud 138f.
Immanentes Göttliches 13f., 23f., 126-129, 290f., 295, 305, 308, 364, 419, 489, 587
Immanent-transzendentes Göttliches 128f., 288, 292f., 295, 307, 340f.
Imporcitor 365
Inanna 61f., 89, 107, 137, 369
Indien 36, 79f., 133, 143, 172f., 179, 217, 260, 274, 284, 286, 412, 453, 483, 515-517, 568; Kunst 214, 262; Mythologie/Religion/Philosophie 13f., 17, 26f., 35ff., 57, 69, 72f., 79, 89, 124, 126-129, 162f., 172f., 182f., 190, 199-201, 210-213, 219, 239, 254, 270, 277f., 280f., 284f., 290, 303, 305f., 307f., 340, 376, 389-393, 395, 416, 459, 469, 508-512, 522, 564, 575, 579, 581, 591; *siehe auch* Buddhismus; Hellenismus; Hinduismus; Jainas; vedische Kultur
Individualität, Prinzip der 16, 35f., 201, 257, 261, 270f., 277, 334, 497, 569, 573, 576-579, 591-594; *siehe auch* Willensfreiheit
Indra 35f., 142, 173, 295f., 306
Indus(tal) 17, 57, 59, 79, 171-173, 251, 255
Inflation, psychische 91, 195, 402
Innozenz I., Papst 357
Innozenz III., Papst 558, 560f., 566f., 569, 576, 585; *zit.* 558-560
Ioannes 398

Iolkos 169
Iona 549
Ionische Inseln 255
Iqbal, Mohammed, *zit.* 498
Irak 17, 142, 502-504, 515
Iran 13, 16f., 79, 89, 251, 293, 295, 298, 303, 352, 455, 457-463, 502; *siehe auch* Persien
Irenaeus 413
Iris 269
Irland: christliches 519-537, 549; Geschichte 43f., 47-49, 53, 80, 82f., 173, 335, 549; keltisches 43, 49, 51, 53f., 179, 335, 339f., 342-351, 526ff.; Literatur 49-53, 339f., 346-348; Mythologie 43, 49, 54, 85, 179, 204, 340-351
Isaak 125, 144, 146, 154f., 157, 479f.
Ischtar 56, 89, 107, 117, 122, 125, 369
Isin 141
Isis 56, 274, 277, 308, 369, 386, 538, 541
Islam 15, 17, 28, 128, 136, 208, 217, 231, 255, 280, 290, 293, 308, 318, 452f., 455f., 458, 476-517, 549, 577
Island 542, 545, 547f.; *siehe auch* Eddas
Island Magee 47f.
Ismael 125, 479f., 483
Ismāīliten 504
Ismaros 191
Israel/Israeliten 41-43, 116, 118-121, 150, 154f., 157, 160, 162, 238f., 245f., 248, 257f., 312, 315, 318f., 325, 362, 381, 385, 387, 401, 405, 427, 471, 480, 490; *siehe auch* Hebräer; Judentum
«Israelitenstele» 160
Issa 469
Issachar 157
Italien 45, 303, 333, 369, 436, 520f., 563, 571; *siehe auch* Etrurien; Rom
Ithaka 188f.
Iuno 365; *siehe auch* Juno

Jack, J. W. 159
Jägerkultur, *siehe* Paläolithikum
Jahī 233
Jahresnagel 353, 378
Jahwe 27, 33, 36, 41-43, 71f., 103, 120-123, 127, 129, 133, 136, 145f., 148f., 153-156, 161, 163, 174, 208, 245-248, 252, 257-259, 314f., 317, 330, 334, 422, 425, 427f., 489-492, 596
Jahwist (J) 120-131, 133, 136, 145f., 152-156, 159, 171
Jaibali 376
Jainas 210, 213, 278, 403, 508, 564
Jakob 125, 142, 144, 146, 152-157, 174, 248, 257, 291, 383, 479f.
Jakobus 309, 402, 407, 414f.
Janus 365
Japan 14, 81, 89, 190, 274, 364, 509, 529; Buddhismus in 72, 127, 281, 292, 302f., 334
Jarmuktal, Schlacht im 503
Jayadeva 579
Jazīd, Kalif 503
Jebusiter 154f., 258
Jehova 279; *siehe auch* Jahwe
Jeremia 119, 246, 331, 387, 405; Buch 246; *zit.* 128, 387, 490f.
Jericho 144, 245, 320
Jerobeam 117
Jerusalem 43, 114-119, 121, 134, 239, 247, 250, 257-259, 274, 312, 315, 317, 319, 321f., 328f., 361f., 385, 397, 400, 405, 411, 425, 428, 431, 433, 435, 452, 503, 507, 570f., 594
Jesaja: erster 239, 257; zweiter 247, 257, 291; Buch 291, 334; *zit.* 72, 247f., 257, 428, 492
Jesus, *siehe* Christus
Jethro 153, 156
Jiriki 292, 529

Jīva-ajīva 211
Joachim von Floris 569f.
Johanan 398
Johannes 309, 407, 414-416, 424-427; Evangelium 291, 399; *zit.* 441, 561; Offenbarung 309
Johannes der Täufer 321f., 396-398, 402, 404f.
Johannes Hyrkanos (Makkabäer) 320f., 329
Johannes Scotus Eriugena 340, 529-531, 533
Johannes XXII., Papst 585
Johannesakten 414, 422, 430, 433; *zit.* 415f., 422-427
Jōmon-Ware 81
Jonathan (Makkabäer) 319, 329
Jordan 321, 396f., 399
Josef (AT) 125, 146, 157, 160f.
Josef (NT) 383f., 386f., 399
Josef von Arimathäa 411
Josephus, Flavius 327, 398; *zit.* 317f., 320-322, 329, 396f.
Josia, König 114-119, 275
Josua 245; Buch, *zit.* 245
Jötunheim/Riesenheim 543, 552
Joyce, James 130; *zit.* 9
Juda 157
Juda, Königreich 115-120, 240, 246f., 258f., 385
Judäa 310, 312, 315, 322, 381, 384f., 387, 397, 433, 436
Judas Ischarioth 298, 407, 580
Judas Makkabäus 318f.
Juden/Judentum 15, 28, 114, 128, 135f., 161-163, 171, 231, 239, 251, 255, 258, 274, 290f., 293, 298, 308f., 313-315, 318, 330f., 382, 385, 420, 422, 428f., 452, 455, 460, 495, 567, 585, 587, 593; und Islam 478-480, 483, 485, 487, 492, 495, 497-499, 508, 510; *siehe auch* Hebräer; Israel
Judenchristen 420, 427-429, 431
Jüdischer Aufstand 323, 327
Julian, Kaiser 303
Jung, C. G. 195, 278, 300, 402; *zit.* 185f.
Jungfrau Maria, *siehe* Maria
Jungfrauengeburt 89, 151, 156, 273, 299f., 382-386, 396, 398, 427
Juno 56, 365, 378
Jupiter: Gott 338, 356, 366f., 378, 380, 443, 545f.; Planet 294f., 305, 371, 575
Justinian 461, 473-475
Justinus Martyr 413; *zit.* 428
Juten 448
Juvenal 262; *zit.* 263

Ka'ba 479, 482f., 485f., 488, 492, 577
Kabbala 495
Kadesch 145, 149, 156
Kailasa 69
Kain 123-125, 341, 591
Kaiserkult 376-380
Kaka 98
Kalender 189, 367
Kālī 37, 172f., 200, 270
Kalne 245
Kalydon 354
Kalypso 187, 191, 201-203, 263
Kāma-Māra 26, 401, 422
Kambyses 250-253
Kami 364
Kanaan/Kanaaniter (Kanaanäer) 120, 125, 128, 136, 141, 144, 154f., 157-160, 258, 388, 490
Kanal/Kanalinseln 335, 342
Kandahar 327
Kansa 389-392
Kant, Immanuel 382
Kappadokisch-syrische Schule 464
Karl der Große 448, 517
Karl der Kahle 529
Karl Martell 476

Karmanien 248, 251
Kartēr 459f.
Karthago 369, 444
Karunā 289
Kaspisches Meer 251, 255
Kassiten 143, 168, 178
Kastor und Pollux 354, 539, 541
Katharer, *siehe* Albigenser
Katholische Kirche (römische Kirche) 130, 162, 180, 400, 403, 413, 421, 428-430, 443, 447, 465, 467, 469f., 473-476, 497f., 520, 527-530, 558-573, 576, 578-580, 586f.
Kaukasus 141, 352
Kautilya 260
Keating, Geoffrey, *zit.* 341
Kelten: in Irland 43, 49, 51, 53, 179, 335, 339-351, 526f., 534, 542, 545; in Kontinentaleuropa 333-340, 342, 349-352, 356, 436, 455, 541, 568; Mythologie 15, 36, 43, 49, 89, 165, 179, 185, 277, 303, 339-351, 542, 545, 557, 577, 579, 610
Kemosch 117
Kena-Upanishad 200; *zit.* 14, 126
Kendrick, T. D., *zit.* 342
Kentauren 354
Kenyon, Kathleen, *zit.* 144
Kerbala 504, 507
Kerberos 66
Kerényi, Karl 213; *zit.* 201, 213
Kessel 344, 526, 577
Keto 178
Khublai Khan 517
Ki 71
Kieran 519-522, 617
Kildare 344
Kilroot 47
Kimmerer 199
Kinderkreuzzug 566
Kingu 96-100, 102, 104
Kirchenkonzilien, *siehe* Ökumenische Konzilien
Kirke 187, 190, 195-203, 263, 342
Kischar 93
Kitāb 495
Kittäer 328
Kitto, H. D. F., *zit.* 207
Klausner, Joseph, *zit.* 238-240, 291, 382, 401
Kleanthes 288
Kleinasien 17, 45, 60, 78, 166, 168, 170, 260, 308, 314, 333, 335, 437, 441
Klemens von Alexandria 413
Kleomedes von Astypalaia 362
Kleopas 362
Kleopatra 377
Klotho 354
Klytemnaistra 187
Knossos 58, 169f., 176, 188
Kohelet, Buch, *zit.* 109
Kolossai 413
Kolosserbrief, *zit.* 413
Kommunistische Weltanschauung 231, 497-500
Konfuzianismus 220, 285, 487
Konfuzius 254, 284f.
Könige, Buch der 41, 114, 318, 422; *zit.* 43, 114-119, 398
Königsmord, ritueller 74f., 79, 180f., 356, 366, 575
Königtum 17, 90f., 254, 260f., 287, 568f.
Konstantin der Große 439-443, 461, 473, 488, 527
Konstantinopel (neues oder zweites Rom) 15, 255, 441, 464-468, 470, 473-476, 502, 565; *siehe auch* Byzanz
Konstanz, Konzil von 572
Konzilien, *siehe* Ökumen. Konzilien
Kopernikus, Nikolaus 278, 286
Koptisches Christentum 414, 421, 468f., 483; *siehe auch* Monophysitismus

Koraisch 481, 485f.
Koran 290, 308, 478, 480f., 483, 492f., 495f., 504, 507-509, 512-514, 587; *zit.* 477-482, 484-489, 491f., 499, 507, 509, 512
Kore 63, 386; *siehe auch* Persephone
Korinth 435
Korintherbrief, *zit.* 381, 432f.
Korinthischer Krieg 284
Kos 170
Kosmische Ordnung kreisender Äonen 16, 219, 285, 356, 366f., 369, 371ff., 491, 522f., 553, 575, 591
Kosmischer Tänzer 69, 73
Kramer, S. N., *zit.* 125
Kraniche 349f.
Kraut der Unsterblichkeit 108, 110
Kreta 17, 31, 146, 394; minoische Kultur 30, 36, 49, 53, 56, 58-61, 63-66, 68, 73-80, 82-85, 87f., 168-170, 173f., 176f., 186, 263, 298, 395, 546, 587; *siehe auch* Mykene; Schriften
Kretisches Meer 46, 80, 170
Kreuz 130, 134f., 297, 381f., 425f., 439, 488, 533, 545, 556
Kreuzzüge 43, 255; Albigenserkreuzzug 564-569; erster Kreuzzug 566; Kinderkreuzzug 566
Kriegerkultur 18, 32f., 35f., 53, 67f., 77, 85, 92, 142f., 167, 173, 549f.; *siehe auch* männliches Prinzip
Krishna 57, 277, 389-392, 395
Kroisos von Lydien 247
Kronos 178, 204, 393f.
Kufa 503, 505
Kuh, heilige 79, 390, 393, 395
Kundalinī-Yoga 190, 307
Kupfer 48f., 170, 173
Kurdistan 142
Kushānas 457
Kyaxares 246
Kybele 56, 59, 308, 369, 541
Kykladen 30, 168
Kyklopen 191-193, 202
Kyniker 281f., 285
Kyrill, hl. 464, 466f., 473
Kyros der Große 246-253, 255, 257, 291
«Kyros-Zylinder», *zit.* 249f.

Laban 153
Lachesis 354
Lachmu und Lachamu 93, 95
Ladru 341
Laeghaire (Leary) 524-527
Lagasch 138; *siehe auch* Gudea
Laistrygonen 195
Lakonien 166
Lalibela 469
Langobarden 539
Lanzelot und Ginevra 578
Lao-tzu 281; *siehe auch Tao-te ching*
Laren 365, 446
Larne 47f.
Larsa 141
La-Tène-Kultur 334-336, 339, 352
Laterankonzilien: III. 565; IV. 558; Dekret, *zit.* 558-561
Laubhüttenfest 319
«Lauretanische Litanei», *zit.* 58
Lea 153
Lea, Henry Charles, *zit.* 560f., 564f., 572
Lebar Brecc 524-526, 533; *zit.* 523f.
Lebor Gabála 340
Leda und der Schwan 382
Lehrer der Gerechtigkeit 328-330
Leinster 51
Leo I. der Große, Papst 467f., 470
Leo III., Papst 448
Leonidas 276
Levante 13, 15, 17f., 45f., 59, 67, 254, 260f., 274, 303, 309, 312, 318, 333, 395, 401, 431, 437, 457, 459f., 464f., 469, 474, 510, 514-517, 528, 568; Mythologie 14f., 33, 36, 57, 122,

209, 237-240, 255-257, 359, 393, 451-456, 463f.; *siehe auch* Naher Osten
Levantinische Weltanschauung 256f., 451-456, 495-500
Leviathan 33, 36, 43, 103
Leviten (Stamm Levi) 43, 150, 157, 258
Levitikus, Buch 114, 121; *zit.* 405
Liberius, Papst 386
Lingam 69
Liutprant, *zit.* 471f.
Lochru 525
Logos 263, 291, 422, 424f., 427, 465
Loki 552
Longino Cattaneo 570
Lot 145
Lotophagen 191
Lotos 182f.
Löwe: Sternbild 298; als Symbol 65, 69, 73, 75, 79, 86f., 92, 138f., 205, 302, 304-306, 316, 332, 531, 533, 557
Löwenvogel 19, 22f., 27, 69, 71f., 75f., 87, 94, 138, 298, 531
Lucina 368
Lugalbanda 105
Lukasevangelium 134, 309, 385, 399, 401, 418-420, 428; *zit.* 361f., 383f., 396, 399f., 419f., 582
Lulla 101
Lunare Mythologie, *siehe* Mond als Symbol
Luther, Martin 573
Luwier 84
Luzifer 584
Lynkeus 354

Mabran 527
Mac Roth 52f.
Macalister, R. A. S. 80; *zit.* 48, 50
Macbeth 551
MacCulloch, John A. 350; *zit.* 340, 344
Madonna 582f.; Schwarze 55; *siehe auch* Maria
Madras 467
Magas von Kyrene 327
Magdalénien 44
Magier (persische Priesterschaft) 251-254, 275, 437, 457-462
Magische Weltanschauung 256f., 266, 454f., 463f., 485, 497-499, 516
Magna Mater 15, 369
Mahābhārata 392
Mahāmāyā 392
Mahāyāna-Buddhismus 220, 414, 416, 422, 467, 545
Mahdī 504
Mahmūd al-Ghazni 517
Makedonien 166f., 178, 453
Makkabäer 312f., 316-323, 327-330, 457, 460, 476; Buch der, *zit.* 312f., 315, 318-320
Malabar 469
Mana 364
Manasse 117, 245
Mandäer 460
Manen 365
Mangu 517
Mani 459f.
Manichäismus 452, 455, 459f., 467, 505, 528, 563f., 577; *siehe auch* Albigenser/Katharer
Manitu 364
Mann, Thomas 159f.
Männliches (patriarchales) Prinzip 18, 27f., 32f., 38-43, 49, 53, 67f., 76, 92, 96f., 103f., 125, 167, 173-176, 180-188, 200f., 345; *siehe auch* Kriegerkultur
Mannus 537
al-Mansūr, Kalif 481
Manx, Insel 544f.
Māra, *siehe* Kāma-Māra

Marathon 15, 276, 311, 476
Marc Aurel 282, 287, 421, 435-437; *zit.* 282-283, 287f.
Marcellus 443f.
Marcianus 468
Marduk 91f., 95, 98-104, 122, 132, 247-252
Margarete von Trient 570
Mari 141
Maria, Jungfrau 39-41, 55f., 58, 273, 381, 383-385, 396, 411, 465, 480, 507, 559, 581f., 587
Maria aus Magdala 411
Mariaevangelium 414
Markion 428f., 431
Markusevangelium 134, 396-398, 418, 420; *zit.* 309-311, 396f., 399, 402-412
Mars: Gott 338, 357, 366, 377, 538, 542; Planet 294f., 305, 371, 575
Martin, Papst 476
Marut 143
Maruttas 143
Marx, Karl 231, 498
Māshya und Māshyoi 236f., 242
Masoretische Bearbeitung des AT 323
Massignon, Louis, *zit.* 505-507
Mater Matuta 366
Mathematik 6, 214, 267, 277
Matriarchales Prinzip, *siehe* weibliches Prinzip
Matsya-nyāya 441
Mattathias (Makkabäer) 312f., 318, 323
Matthäus von Lothringen 561
Matthäusevangelium 134, 309, 399, 401, 418, 420, 531, 533; *zit.* 281, 283, 331f., 385-387, 399f., 405, 566, 580
Mauren 549
Maxentius 439
Maximian 380, 442, 488
Maximos von Tyros, *zit.* 274f.
Māyā 239, 391f.
Medb, Königin 49-53, 345f.
Medea 352
Meder/Medien 218, 246, 249, 253f.
Medina 483, 487f., 503
Medusa 37, 177-182, 191, 199
Meek, T. J. 155, 160, 489; *zit.* 141f., 155f.
Megalithkultur 80, 194, 343
Megaron 167f.
Megasthenes 392
Meilichios, *siehe* Zeus Meilichios
Mekka 479, 481-488, 492, 503, 577, 594
Mela, Pomponius 342
Melanesien 124, 172, 179, 198, 203, 364
Meleager 354f.
Mellaart, James, *zit.* 78
Melos 166
Menelaos 67, 85, 185, 187, 315
Menschenopfer, *siehe* Opfer
Merenptah 160
Merkur/Mercur: Gott 338, 538, 542; Planet 294, 305, 371, 575
Merlin 43
Meroe 251
Mesolithikum 43, 47, 166, 172, 179
Mesopotamien 17, 70, 79, 88f., 124, 141-143, 173, 176, 213, 314, 324
Messe, katholische 39-41, 162, 273, 546
Messenien 166
Messia 365
Messiasvorstellungen: christliche 231, 297f., 300f., 311, 328, 330-332, 368, 378, 381f., 384f., 399, 401f., 404f., 408, 413-416 (*siehe auch* Christus); jüdische 239f., 257, 309, 317, 321, 323, 330f., 382, 397, 401, 427-429; persische 241ff., 297-302 (*siehe auch* Saoshyant)

Metis 176-178, 263
Meton 189
Mexiko 17, 55, 124, 395
Meyer, Eduard 150, 218; *zit.* 149, 218, 246f.
Micha, Buch 385
Midgard 555
Midgardschlange 543f., 552
Midian(iter) 147-149, 152f., 155f.
Midrasch 135; *zit.* 387-389
Milesier 341, 343
Milkom 117
Mills, L. H. 218
Milton, John 400
Mimir 556
Minerva 56, 338, 344
Minervina 442
Minjan 162
Minoische Kultur, *siehe* Kreta
Minos 199
Minotauros 31, 68, 74f., 88
Mitannireich 142, 295, 306f.
Mithra 15, 293-303, 305-308, 334, 350, 384, 386, 532, 546f., 551; stiertötender 296-298, 306f., 532
Mithradates I. 457
Mithraismus 15, 292-308, 316, 334, 369, 437, 452, 546f.
Mithredath 247
Mitra 36, 142, 173, 295, 305f.; *siehe auch* Mithra
Mittelalter 43, 558-573, 576-587, 591
Mjöllnir 543
Moabiter 117, 258
Modeïn 312f.
Moeren 378; *siehe auch* Moira; Parzen
Moghīra 505
Mohammed 15, 255, 480-489, 491-493, 496, 500, 502-509, 511, 514
Mohammed al-Mahdī 504
Mohenjo-Daro 36, 59, 172
Moira 208f., 366; *siehe auch* Moeren; Parzen
Moksha 212
Moloch 117
Moly 197
Mond 101, 189, 209, 294, 371, 575; als Symbol 20, 22f., 25, 39, 68, 73, 75, 87f., 91f., 179, 189f., 209, 235, 301, 305, 531-533; Mondgott 107; Mondkönig 75, 269; Mondstier 68-72, 87, 92, 268, 532
Monergetismus 475
Mongolei/Mongolen 515, 517
Monolatrie 278, 291, 490
Monophysitismus 468f., 473-476, 483, 508
Monotheismus 218, 273, 279, 291, 485, 514; ethnischer 275, 279f., 291, 490f.; synkretistischer 279f., 287
Monotheletismus 475f.
Montezuma 55
Moortgat, Anton, *zit.* 136f., 140f.
Morgan la Fée 345
Mórrígan 345, 348-350
Mose 42f., 89, 114, 119, 121, 132, 144, 146-156, 158f., 161, 163, 174, 245, 300, 362, 471, 480, 507, 523, 559, 571, 582
Moslem (Hadīth-Sammler) 493
Moslems, *siehe* Islam
Mosul 503
Mu'āwija ibn abī Sufjān, Kalif 503
Mucalinda 26
Mucius Scaevola, Q. 368
Mudschtahid 497
Müller, Max 279
Mummu 92-94, 176; Mummu-Haus 70
Munster 521
Murray, Gilbert 188f., 284; *zit.* 189
Mursilis II. 170
Muspell 552, 554f.

Muttergöttin, *siehe* Göttin
Mutterrecht 33, 47, 49, 53, 187; *siehe auch* weibliches Prinzip
Mykene 60f., 63, 69, 78, 82f., 85-88, 167-170, 177, 180f., 188
Mystik 67, 199f., 297, 299, 302f., 340f., 412, 495, 500-502, 508-514, 551, 579-585, 590
Mythische Dissoziation 125, 134, 293
Mythische Identifikation 72, 90, 134
Mythische Inflation 90
Mythische Wiederaufrichtung 134
Mythologische Anverwandlung 101
Mythologische Diffamierung 96

Nabonid von Babylon 247-250
Nabopolassar 246
Nabu 249f.
Naftali 157
Nag Hammadi, Schriften von 414, 418-420
Nāga 469
Naglfar 552f.
Naharnavaler 539, 541
Naher Osten (Kernzone) 17, 23, 27, 45, 47, 57, 63, 79, 88, 119, 143, 169, 171, 173, 246f., 254f., 280, 293, 307, 336, 351, 368, 380, 395, 476, 574-576, 591; *siehe auch* Levante
Nahum, Buch 329
Nāila 488
Napata 251
Narasimha 304
Nāsatyas 295, 306
Nausikaa 61, 188, 191, 202
Navaho 190
Nazareth 383f., 387, 396
Nebelheim 554f.
Nebukadnezar II. 119, 246f.
Nebusaradan 119
Negeb 145, 156, 245
Negus, äthiopischer 469
Nehemia 258
Nehuschtan 43, 422
Nemed/Nemedier 343
Nemi 180, 356; Nemi-See 30
Neolithikum 17, 27, 45f., 57, 67, 79ff., 84, 124, 143, 166ff., 171f., 179, 304, 366, 393, 395, 541f., 574-576, 597
Nephesch 452
Neptun 366
Nerthus 539, 541
Nestor 60f., 85; Ring des 63-66
Nestorianer 455, 467, 483, 508
Nestorius 464-467
Nét 343
Neues Testament 18, 379, 401, 403, 418, 425, 428f., 497, 529, 569; *siehe auch* Bibel; (einzelne Bücher)
Neuplatonismus 268, 340, 452, 505, 529, 531, 547, 557
Neupythagoreismus 455, 495
Neuschottland 548
Nibelungenlied 542, 546
Nicäa, Konzil von 414, 422, 442, 464
Nicäanisches Glaubensbekenntnis 466; *zit.* 442f.
Nidhögg 66, 556
Nietzsche, Friedrich 165f., 278, 288, 401; *zit.* 594
Niger 469
Nigidius Figulus, Publius 370
Niketas, Bischof 565
Nikolaus von Kues 594
Nikomedia 437
Nil 57, 77, 156, 251, 255, 386
Nilsson, Martin P. 60, 75, 79; *zit.* 59f., 67, 76, 176, 188
Nimrod 387-389
Nin-dub 139
Ninchursag 393
Ningirsu 138-140
Ningizzida 19, 21, 42, 136, 139
Ninive 246
Nirjarā 212
Nirvāna 72, 284, 290, 292

Nisaba 139
Nizāmī 513
Noah 120, 133, 135, 341-343, 523
Noduterensis 365
Nordsee 47, 81, 84
Normannen 548; *siehe auch* Wikinger
Nortia 353
Norwegen 547
Nubien 170, 173, 251
Numen/Numina 364-366, 377
Numeri, Buch 114, 149, 163; *zit.* 42f.
Numitor 357
Nusairī 616
Nutt, Alfred, *zit.* 340

Oannes 398
Odin/Wotan 64, 294, 305, 522, 538, 542, 547f., 550-552, 554-557
Ödipuskomplex 95, 163
Odoaker 448
Odysseus 61, 85, 185-205
Offenbarung des Johannes 309
O'Grady, Standish H., *zit.* 519-522, 617
Ogygia 201
Ōhrmazd 461f.; *siehe auch* Ahura Mazdā
Oineus 354
Okeanos 67, 176, 178, 196
Ökumenische Konzilien: 1. (Nicäa) 414, 422, 442, 464; 2. (Konstantinopel I) 465; 3. (Ephesos) 58, 466-468; 4. (Chalkedon) 468-470, 475; 5. (Konstantinopel II) 474f.; 6. (Konstantinopel III) 476; 11. (Lateran III) 565; 12. (Lateran IV) 558-561; 16. (Konstanz) 572
Olympia 262
Olympisches Pantheon 28ff., 34, 37, 39, 49, 176, 208, 273f.
Omajjaden 503f., 514
'Omar Chajjām 513; *zit.* 500f., 516
'Omar ibn al-Chattāb, Kalif 486, 502f., 506
Omm al-Kitāb, *zit.* 506
Omophagie 212
Oniaden 315, 319
Opfer 28, 31, 81, 87, 297-299, 445f., 532; Menschenopfer 28, 81, 124, 172f., 269f., 297f., 337f., 350, 538, 541, 574-576; *siehe auch* Königsmord, ritueller; Roßopfer
Optatus von Mileve, *zit.* 528
Orchomenos 169
Orenda 364
Orientalische Weltanschauung, vgl. mit abendländischer 13-18, 125-129, 134, 219f., 276-278, 284-287, 289f., 374-376, 439-441, 494f., 568f., 593f.
Orpheus 129, 213f., 268
Orphik 41, 211-214, 262, 268, 277, 304, 327, 369, 374f.
Osiris 73f., 268f., 277, 369, 386, 395, 412
Ostern 130, 161, 442, 533
Österreich 335
Ostgoten 453
Ostia 302
Ostsee 47, 82, 84, 170, 436
'Othmān ibn 'Affān, Kalif 503
Otto, Rudolf 590
Ovid 370, 377; *zit.* 38, 354

Päderastie 261f.
Padma 183
Paläolithikum 43-47, 49, 57, 166, 168, 172f., 542, 545, 550, 573-576
Palästina 141, 146, 149, 160, 170f., 313, 427, 457, 502, 515; *siehe auch* Kanaan
Palmer, Leonard, *zit.* 61
Panjab 260
Pantheismus 126, 290f.
Pantheon (Rom) 444, 451

Paradies 72, 88, 110, 131f., 178, 199, 229, 243, 292, 299f., 477, 488f., 506, 530, 591; *siehe auch* Eden
Paraklet 533
Parentes 365
Paris, Urteil des 184-187
Parmenides 403
Parther/Parthien 251, 436f., 457f.; *siehe auch* Arsakiden
Partholon/Partholonier 343
Pārvatī 69
Parzen 354; *siehe auch* Moeren; Moira
Parzival 577f.
Pashupati 73
Pasiphae 31
Passahfest 118, 161f.
Pater familias 365f.
Patriachales Prinzip, *siehe* männliches Prinzip
Patriarchen, hebräische 137, 142ff., 152, 157, 159, 161, 163, 478, 523
Patrick, hl. 520-528, 533, 535-537
Paulus, Apostel 359, 381, 399, 413, 421, 428f., 431-435, 452, 455, 486; *zit.* 130, 381f., 404, 413, 431-435
Paulus (Vater des Scipio Africanus) 374f.
Pegasos 37, 178, 180, 182
Peire Cardenal, *zit.* 562
Peking 467
Pelagianer 557
Pelagius 528f., 560
Pelasger 35
Peleus 184, 354f.
Pelias 352
Peloponnes 166
Peloponnesischer Krieg 205, 284
Penaten 365, 446
Penelope 187-190, 200, 204f.
Pentateuch 41, 157, 291
Peräa 397
Perceval 578
Pergamon 296
Perikles 261, 277; *zit.* 205-207
Perisiter 154f., 258
Persephone (Proserpina) 23f., 39f., 56, 62f., 179, 198f., 308, 342, 379
Persepolis 260
Perseus 36f., 151, 177, 180-182, 345, 395
Persien 15, 17, 21, 36, 114, 143, 207, 217-244, 246-255, 260f., 274-276, 284, 293-308, 315, 318, 332, 383-386, 392, 425, 437, 453-455, 457-463, 467, 469, 472, 495, 497, 502, 506, 509, 514, 553; *siehe auch* Arier; Hellenismus; Iran; Mithraismus; Zarathustrismus
Persischer Golf 141
Pertinax 436
Peru 17, 124, 516
Pescennius Niger, C. 436
Pessinus, Göttin von 56, 369
Peter der Einsiedler 566
Petra generix 299
Petrus 309, 402, 405-409, 412, 415, 421, 465, 468-470
Pferd 168f., 178-180
Phaiaken 61, 202
Phaidra 199, 442
Pharao 42, 145, 149, 151-157, 163
Pharisäer 317f., 320-323, 329f., 398, 415, 419f., 431
Phidias 275
Philipp IV. der Schöne 572
Philipperbrief 381, 612; *zit.* 382
Philister 146, 245
Philo Judaeus 291, 314
Phokis 166
Phöniker 36; Phönikisch 84
Phorkys 178
Phraates I. 457
Phryger 15, 36, 56, 369
Phrygische Mütze 295f., 299
Piaget, Jean 72; *zit.* 132

Pilatus, Pontius 298, 381, 409-411
Pindar 363
Pistis Sophia 414
Pithom und Ramses 159f.
Planeten 101, 208, 294f., 491, 591; *siehe auch* Himmelskörper; (einzelne Namen)
Platon 214, 261, 268, 280, 434; *zit.* 261, 263-266
Platonisches Jahr 522
Plinius 339
Plotin 370
Plutarch 357-359, 370; *zit.* 358-364, 367
Pluto(n) 25, 344, 379
Plutos 25
Poitiers 15, 476
Polis 205-214, 261, 267, 274, 277
Polites 196
Polo, Marco 467
Polydektes 181
Polynesien 89, 124
Polyphemos 191-193, 202
Polytheismus 273, 278
Pomona 366
Pompeius, Gnaeus 322, 333, 453
Pontifex Maximus 366
Pontos 178
Pope, Alexander, *zit.* 279
Portrush 47
Poseidon 37, 60f., 69, 76, 178-180, 191, 193, 202, 366
Poseidonios 288, 370
Potnia 61
Powell, T. G. E., *zit.* 534
Prajñāpāramitāhridāya-Sūtra, *zit.* 14
Prāna 211
Prescelly Top, Wales 82, 85
Priester 589f.; Priesterkultur 76, 90, 137, 574-576
Priesterschrift (P) 121, 131-133, 155, 157, 160, 163f., 291
Proculus, Julius 361
Prokris 199
Prometheus 177, 274
Promitor 365
Proserpina 56; *siehe auch* Persephone
Proteus 67
Psalmen 34; *zit.* 382, 400
Pseudomorphose 452f., 455f.
Ptah 277
Ptolemaeus, Claudius 149, 370f.
Ptolemaios II. Philadelphos 180, 327
Pulcheria 466, 468, 473
Pylos 60, 63
Pyrenen 476, 576
Pythagoras 211, 214, 372, 403
Pythagoreismus 214, 268, 340, 369, 374
Pythia 363
Python 31

Qarmaten 504
Qibla 492
Qijās 493, 495
«Quelle» (Q) 418, 420
Quetzalcoatl 395
Quirinus 361
Qumran 327-331, 368, 397, 404; *siehe auch* Essener

Rabe 293f., 301
Rābi'a al-'Adawijja 509, 511; *zit.* 509
Rahab 103
Rahel 142, 153, 387
Raimund von Cornet 619
Raimund von Toulouse, Graf 566-568
Rāma 129
Rāmakrishna, *zit.* 57, 129
Ramses I. 160; II. 159f.
Rank, Otto 89f., 94, 150
Ranke-Graves, Robert von, *zit.* 177, 180
Ratatosk 556

Räubersynode 468
Ravenna 452
Re 277
Rebekka 146
«Rechte Ordnung» (Erzengel) 221, 233
Rechtsgelehrte 493, 495
Redarator 365
Reformation 16, 456, 573, 580
Reguël 152f., 156
Reifriesen 554-556
Renaissance 16, 280, 369, 456, 557
Renaud von Senlis 562
Rhadamanthys 67
Rhamnusia 56
Rhea 59, 178, 393f.
Rhein 81, 303, 335, 436, 537, 547, 573
Rhodos 170, 288
Richter, Buch der 171, 245
Riesenheim, *siehe* Jötunheim
Rigveda, *zit.* 279
Rimsin 141
Rita 305
Rom: Kultur 45, 49, 568; Kunst 451f.; Literatur und Philosophie 290, 359, 368-376; Mythologie 15, 31, 33, 36, 89, 180, 227, 280, 349, 356, 361, 364-369, 376-380, 392, 542
Rom (Stadt) 30, 255, 313f., 332f., 335, 350, 352, 356-361, 367-369, 413, 436, 451; christliches 386, 421, 439-448, 465ff., 473-476, 520, 523, 531, 565, 572, 594 (*siehe auch* katholische Kirche); neues oder zweites Rom, *siehe* Konstantinopel
Römerbrief, *zit.* 130, 404
Römische Kirche, *siehe* katholische Kirche
Römisches Reich 17, 58, 274, 291-293, 304, 315, 319, 322f., 328, 333, 336, 339, 350f., 352f., 356, 368, 377f., 413, 421f., 435-448, 453, 457, 517, 537, 546f., 570f.
Romulus und Remus 89, 357-364, 367
Roßopfer 179
Rotes Meer 161, 482f., 486
Rousseau, Jean-Jacques 281
Ruach 452
Ruben 125, 157
Ruisbroeck, Jan van 585
Rūmī, Dschelāladdīn 513; *zit.* 501-502
Runen(schrift) 546-548, 553, 556f.
Rußland 18, 81, 335, 448, 472, 548, 593

Saba 454
Sabaoth 314
Sabazios 304, 314
Sabiner(innen) 359
Sacharja, Buch, *zit.* 407
Sachsen 448
Sadduzäer 317f., 320, 323
Sadī 513
Sagas, isländische 546
Sais 541
Säkularfeier 378f.
Salamis, Schlacht von 275f.
Salmanassar V. 244
Salome 397, 411
Salomo 114, 117, 119, 422, 452, 480, 516
Samā‘ 509
Samādhi 212
Samaria/Samarien 118, 245, 319, 403, 433
Samhain 526
Samsāra 212
Samuel, Buch 41
Sämund der Gelehrte 557
San Vitale 452
Sanherib 240, 244
Sānkhya 210, 213
Sanskrit 133
Saoshyant 241-243, 297, 309, 383, 429

Sara/Sarai 144-146, 478f.
Sardinien 515
Sardinisches Meer 46, 80
Sargon von Akkad 88f., 122, 136, 149, 169
Sargon II. 244
Sassaniden 21, 222, 231, 437, 453f., 458-463
Satan 399, 402, 405, 414, 422, 426, 478, 513f., 517, 578, 580
Satī-Motiv 70, 270
Sator 365
Saturn: Gott 368, 379; Planet 294f., 305, 371, 379, 575
Säulenheilige 469
Saulus 431; *siehe auch* Paulus
Schachtgräberdynastien 168f.
Schaeder, Hans Heinrich, *zit.* 218
Schafan 114f.
Schamanismus 334, 340f., 352, 542, 573f., 576
Schamasch 91
Scharff, Alexander 160
Scharīa 494f.
«Schatzhaus des Atreus» 170
Scheol 178
Scheschbazar 247
Schīa/Schīiten 500, 502-508, 513, 581; *siehe auch* 'Alī
«Schlagende Felsen» 199
Schlange als Symbol 19-23, 25, 27, 29, 31-43, 68, 73, 110, 124, 148f., 173, 177-179, 188, 190, 198, 212, 298, 302, 304-306, 316, 332, 390f., 422, 469, 531-533, 543f., 546, 557; Schlangengemahl/Schlangenvater 26, 28f., 39f., 42, 86, 268, 351, 546; Schlangengöttin 174-177; Schlangenkönig 26, 469; Schlangenköniginnen 263; Schlangenkraft 190, 307
Schliemann, Heinrich 166, 188
Schmiede 334, 352
Schopenhauer, Arthur 166, 402, 530
Schöpfungsmythen: ägyptische 132; babylonische 92-103; biblische 103, 121-133, 237; germanische 554-556; islamische 477f.; 505-507; patriarchale 182ff.; persische 220f., 231-237
Schottland 293, 303, 335, 339
Schriften, kretische: Hieroglyphen 78, 84; Linear A 78, 84; Linear B 60f., 63, 73, 78, 85, 87, 170, 176, 180
Schriftrollen vom Toten Meer 320, 322-331, 413; *zit.* 324-326, 328f., 331; *siehe auch* Essener; Qumran
Schub-ad 70
Schwarzer Tod 566
Schwarzes Meer 436, 547
Schweden 547
Schwein als Opfertier 28, 30, 179, 197f., 203, 341f., 355, 526, 541
Schweiz 80, 335
Scipio Africanus der Ältere 370-376
Scipio Africanus der Jüngere 360, 370-376
Scott, E. F., *zit.* 430
Sebulon 157, 245
Segarelli 570
Seleukiden 312, 318, 320, 322, 457
Sellisternia 378
Semiten 18, 32f., 36, 68, 84, 92, 103, 136, 141-143, 158, 245, 489-491; *siehe auch* Akkader; Araber; Assyrer; Babylonier; Hebräer
Semnonen 538f.
Seneca, L. Annaeus 287, 289; *zit.* 289, 357, 364f.
Senuti 467
Septuaginta 314, 323
Serapis 369
Sergios, Patriarch 475
Seriphos, Insel 181f.
Servia 166f.

Sesklo 167
Seth 269f., 277
Sethos I. und II. 160
Seuse, Heinrich 585
Severus, L. Septimius 436
Shakespeare, William, *zit.* 416
Shang-tzu 260
Shāpūr I. 459f.; II. 461
Shatapatha-Brāhmana, *zit.* 305
Shatvaīr 243
Shih Huang-ti 260
Shingon 302
Shintoismus 220, 364
Shiva 69f., 72f., 212, 277, 279, 546
Shūnyatā 211
Shvetāshvatara-Upanishad, *zit.* 126f., 340
Sibylle 367
Sibyllinische Bücher 367, 369
Síde 54, 347, 527
Sidonier 117
Siduri 109, 179
Silber 168, 173
Silbury Hill 84
Silvanus 366
Simeon 157
Simon (Makkabäer) 320, 329
Simon Magus 403
Simon Petrus, *siehe* Petrus
Simon von Kyrene 410
Simson 452
Sin 248
Sinai 121, 135, 156, 170, 290, 453, 478
Sindbad 515
Sintflut 110, 120, 133, 135, 341, 523, 591
Sirenen 199
Sirius 386
Sizilien 46, 515, 549
Skandinavien 64, 335, 544f., 547f.
Skeuas 403
Skorpion 298f., 302
Skylla und Charybdis 199-201
Skythen 457
Slawen 36
Smerdis 251-253
Snorri Sturluson 553, 557; *siehe auch* Edda, Prosa-
Sokrates 63, 263-266, 434
Sol invictus 298, 303, 379
Solare Mythologie, *siehe* Sonne als Symbol
Soma 234
Soma-sema 211, 374f.
Somaliland 469, 504
Sonne 189, 294, 305, 371, 575; als Symbol 23, 39, 68, 74, 87, 91f., 189f., 194, 205, 294f., 298f., 305, 379, 531f.; *siehe auch* Helios
Sophia Jesu Christi 414
Sophokles, *zit.* 198f.
Sophronios von Jerusalem 475
Soss 522
Sothis 386
Spanien 44-46, 48, 170, 173, 286, 303, 476, 509, 514, 549; *siehe auch* Iberien
Sparta 247, 276
Spengler, Oswald 254-256, 266, 289, 455, 495, 497; *zit.* 256f., 267f., 451-455, 463f., 494f., 497, 516
Srūtat-fedhrī 242
Stalin 593
Stephanus, hl. 431, 433, 435
Sterculinius 365
Sterndeuter (hl. drei Könige) 386f.
Stier, heiliger 52f., 68-77, 79, 86, 94, 179, 268, 296-302, 306, 346f., 349f., 546; *siehe auch* Mondstier
Stoa/Stoizismus 15, 267, 284-292, 295, 368, 370, 374, 528f., 557
Stonehenge 80-85, 170
Strabon 339, 342
Streitaxtleute 81, 85
Streitwagen 142f., 169, 173
Styliten (Säulenheilige) 469

Sublimierung 177, 183
Sudan 251, 469, 504
Sueben 537-540
Sūfīs 500, 508-514, 579
Sullivan, Edward 531, 533
Sumer 18f., 24f., 61-63, 67f., 71-73, 75-77, 79, 101, 103, 105, 108, 122, 125, 128, 136-141, 169, 249f., 286, 294, 398, 472, 522f., 531, 550, 591, 608
Sünde 129, 528f.
Sündenfallmythen: biblische 120, 123f., 130, 134f., 237-239, 332, 380f., 530, 560;
islamische 477f.;
persische 220, 231ff., 300
Sunna 500, 504f.
Surias 143
Surt 552
Sūrya 143
Svasvarūpam 212
Synkretismus 275, 277, 279f., 287, 303f., 307, 369, 417, 437, 490, 545f.; *siehe auch* Hellenismus
Syrer/Syrien 17f., 22, 59, 78, 84, 88, 141f., 170, 254, 288, 312f., 315, 319f., 322, 324, 333, 383, 436, 443, 453, 481, 502f., 515, 541

at-Tabarī 481
Tacitus 537, 541f., 545f., 548f.; *zit.* 537-540
Tafelrunde 43, 594
Tailtiu 343
Táin bó Cuailnge 49-53, 348
Táin bó Regamna, *zit.* 346-348
Taittirīya-Samhīta, *zit.* 306
Talmud 240, 455; *zit.* 162
Tamerlan 517
Tammuz 73, 107, 268f., 314, 351, 369, 412; *siehe auch* Dumuzi
Tansar 458f.
Tantrismus 302, 545
Tao(ismus) 72, 126, 162, 220, 281, 285, 467, 516
Tao-te ching, *zit.* 14, 97, 126
Tapas 212
Tara 340, 524, 526
Tarah 388f.
Tariki 292, 303
Tarn, W. W., 314; *zit.* 314f.
Tarquinier 367
Tarquinii 367
Tartaros 35, 269
Tarvos Trigaranos 349f.
Tataren 505; *siehe auch* Hunnen; Mongolen
Taube 39f., 396
Taufe 396-399, 523, 559f.
Tauler, Johannes 585
Taurobolium 298, 306
Taurusgebirge 78, 85
Tausendundeine Nacht, Märchen aus 515
Tehom 102f.
Teiresias 37-39, 198f., 332
Telemachos 203
Tellus Mater 366
Tempelritter 577
Tethys 176, 178
Thales 209f., 268
Thanatos 401
Theben 169, 284
Themis 178
Theodora 473f.
Theodoret 443
Theodosius I. der Große 443, 445-447, 461, 523
Theodosius II. 466-468, 470
Theos Hypsistos 314
Theotókos 58, 465f.; *siehe auch* Maria
Thermopylai 276
Theseus 36, 354
Thessalien 166f., 333
Thessalonicherbrief 309

Thetis 184
Thiébault von Lothringen 562
Tholosgräberdynastie 169f.
Thomasevangelium 421; *zit.* 418f., 512
Thor/Donar 305, 538, 542-546, 550, 552
Thora 137
Thot 277, 294, 417
Thraker 36, 191, 280
Thukydides, *zit.* 205-207
Thutmose I. und II. 159
Tiamat 92-103, 105, 176
Tiberius 429
Tierkreis(zeichen) 101, 117, 205, 294, 298f., 398, 522, 598; *siehe auch* (einzelne Zeichen)
Tiglatpilesar III. 244f.
Tigris 76, 138, 245, 250, 437
Tinia 356
Titanen 34f., 42, 92, 96f., 178f., 211, 269f.
Tobiaden 315, 319
Tory, Insel 343
Toskana 351; *siehe auch* Etrurien
Tote und auferstandene Götter 25-27, 39f., 56f., 59, 61, 75f., 161f., 172, 180, 198, 268-270, 273, 294, 369, 380f., 386, 412, 466, 533, 546
Totes Meer 323, 327, 331; *siehe auch* Schriftrollen vom Toten Meer
Toulouse 564f., 568
Trajan 451
Transzendentes Göttliches 14, 128f., 162, 290-293, 295, 304, 307f., 341, 489-491
Triptolemos 62f.
Tristan und Isolde 43, 578f., 587
Troja 49, 166, 168-171, 178, 187f., 191
Trojanischer Krieg 143, 171, 184, 186, 188
Troubadours 563, 579
Túan mac Cairill 343
Tuatha Dé Danann 54, 343, 349, 526
Tuisto 537, 541
Tunc-Seite (Book of Kells) 531-534, 545f.
Tungrer 538
Türkei/Türken 89, 143, 441; *siehe auch* Anatolien
Turkestan 453, 515
Tutanchamon 160
Tutilina 365
Typhon 34

Uchshyat-ereta 242
Uchshyat-nemah 242
'Ulamā' 495-498
Ulster 51f., 346, 521
Umā 200
Ungarn 170, 173, 563
«Unsterblichkeit» (Erzengel) 221, 233
Unterwelt 61f., 156, 161-163, 188, 198f., 201; *siehe auch* Avernus; Hades; Hölle; Tartaros
Upanishaden 200, 376, 422; *zit.* 14, 126-128, 340
Ur 70, 136f., 140, 146, 268f.
Uranos 92, 178, 269, 393f.
Urban II., Papst 566
Urea 178
Uroboros 20
Uruk 105, 107, 110, 123, 137
Utnapischtim 110

Vacano, Otto-Wilhelm von, *zit.* 351-353
Vairocana 546
Vajra 302, 545f.; *siehe auch* Blitzkeil; Hammer
Vajracchedikā-Sūtra, *zit.* 416
Vajradhara 302
Vajrayāna 302
Vālachsh (Vologeses) 458
Valentinian III. 497

Vandalen 448
Vanghu-fedhrī 242
Vann, Gerald, *zit.* 130
Vansee 142
Varuna 142, 173, 295, 305f.
Vāsudeva 390-392
Vāyu 36, 173
Vedānta 213
Vedāntasāra, *zit.* 219
Vedische Kultur 14, 80, 173, 179; Götter 35f., 142, 173, 279, 295, 305-307
Veji 356, 359
Veleda 540
Vendidād, *zit.* 241
Ventris, Michael 60f.
Venus: Göttin 56, 269, 366, 444; Planet 59, 74, 294, 305, 371, 575, 598
Vercingetorix 336
«Verehrungswürdiges Feuer» (Engel) 223f., 226, 228, 230
Vergil 367f., 370, 376-378; *Aeneis* 65, 376f.; *zit.* 66; *Bucolica* 367, 378; *zit.* 368
Vervactor 365
Vespasian 437, 540
Vesta 365f., 377
Vestalinnen 357, 366, 377
Vigilius, Papst 474f.
Villanovazeit 351
Vishnu 182, 279, 304, 390-392
Vishtāspa 218
«Vollkommenheit» (Erzengel) 221, 233
Volsinii 353
Voltaire 288
Voltumna 353
Vritra 35, 306
Vulcanus 304, 360
Vulgata 533
Vyāsa 89

Wagner, Richard 166, 542
Wakon 364
Wales 82, 335, 339
Walküren 556
Walther von der Vogelweide, *zit.* 562
Waraqa ibn Naufal 482f., 485
Wasser als Symbol 20-22, 68f., 89, 209, 300
Wassermann (Sternzeichen) 298
Watts, Alan, *zit.* 586
Weibliches (matriarchales) Prinzip 33, 40f., 49-53, 76f., 92, 96f., 103f., 167, 173-176, 180f., 186f., 190f., 200f., 345; *siehe auch* Göttin
Wessex-Kultur 82
Westgoten 356, 436, 447f.
Wette, Wilhelm Martin Leberecht de 114
Widar 552
Wieland der Schmied 334
Wikinger 545, 548-550, 556
Willensfreiheit 16, 36, 201, 207-209, 220-222, 256, 317, 516f., 528-530, 560, 577, 593f.; *siehe auch* Individualität, Prinzip der
Windmill-Hill-Kultur 80f.
Wochentage 305, 542
Wolfram von Eschenbach, *zit.* 578
Woodhenge 81
Wotan 294, 305, 538, 542; *siehe auch* Odin
Wu-men-kuan, *zit.* 14
Würm-Vereisung 44
Wyclif, John 579f.; *zit.* 580
Wyrd 551

Xenophanes 280f., 434; *zit.* 280
Xerxes der Große 276

Yang und Yin 286
Yashodā 391f.
Yasht, *zit.* 240f., 296
Yasna 217f.; *zit.* 221f., 232; *siehe auch* *Gāthās*

Yazatas 295
Yeats, William Butler, *zit.* 54
Yggdrasil 64, 66, 551, 555
Ymir 554f.
Yoga/Yogis 162, 262, 278, 285, 290, 307, 340, 376, 469
Yoni 69
Yucatán 516, 591

Zadok 317, 321
Zaehner, R. C., *zit.* 460f.
Zagreus 212
Zagros 453
Zaid 484
Zaid ibn 'Amr 485
Zaiditen 504
Zaqqūm-Baum 489
Zarathustra 217f., 220, 225, 231f., 235, 240f., 295f., 307, 395, 425, 462
Zarathustrismus 15, 217-244, 248, 251-255, 293, 296-299, 301, 308, 317, 324, 329, 331f., 383f., 429, 437, 452, 458-464, 467, 478, 550, 553; vgl. mit Islam 478, 483, 485; *siehe auch* Magier
Zauberpapyri, griechische, *zit.* 316
Zebedäus 402
Zen-Buddhismus 281, 292
Zend 217, 458, 463; *siehe auch* Avesta
Zenon 287f., 434
Zephyros 67, 194, 200, 269
Zervan Akarana 301f., 305-307, 316, 546
Zeus 29f., 34-40, 59f., 151, 155, 173-177, 181, 183f., 187, 191, 193, 199, 201, 204, 208f., 212, 263, 271, 277, 279, 314f., 345, 366, 393f., 545; Zeus Meilichios 29, 31, 39f.; Zeus Sabazios 314
Zikkurats 102, 133, 137f., 371
Zimmer sr., H. 597; *zit.* 51f.
Zimmer, Heinrich 597; *zit.* 262, 302
Zinn 49, 170
Zippora 152
Ziu 305, 538, 542
Zwei Königinnen; und der junge Gott 61-63, 88; und der König 60-62, 70; und Poseidon 60f., 178, 191